KB203749

의심 없이 확신하고 있던 것들은 종종 우리를 광기로 이끈다. 그것들을 잠시라도 내려놓고 다른 목소리를 경청할 수 있다면 비로소 대화가 시작될 것이다. 과학과 신앙이 마치 서로 적대적인 것처럼 믿는 사람이 여전히 많다. 특히 인간의 기원 문제는 그 사이를 첨예하게 갈라놓는 주범 중 하나다. 아담이 첫 인간이라는 창세기의 이야기가 우리의 믿음을 넘어 참인 명제가 되기 위해선 객관적인 검증이 필요하다. 물론 그 검증은 영원히 끝나지 않을 확률이 높다. 중요한 것은 아담의 역사성을 묻고 따져보는 작업은 금지된 일도 두려운 일도 아니라는 점이다. 그 탐구를 위해선 창세기를 읽고 해석하는 균형잡힌 시선을 갖추는 작업이 선행되어야 한다. 그리고 고고학, 고인류학, 고생물학, 유전학 등의 과학이 발견하고 밝혀낸 가치중립적인 이야기도 들어봐야 한다. 건전하고 건강한 통합적인 탐구는 우리가 바라는 어떤 하나의 정답을 가리키지 않을지도 모른다. 그러나 진리가 우리를 자유롭게 한다면, 그것은 불건전한 두려움과 비이성적인 고집으로부터 우리를 해방시키고 자유를 선사할 것이다. 여기 그 방대한 탐구를 간결하게 정리한 책이 있다. 자, 이제 이 책을 읽고 그 해방과 자유를 만끽하자.

김영웅 기초과학연구원 선임연구원

이 책은 참 흥미롭고 동시에 긴장을 불러일으키는 책이다. 저자 윌리엄 레인 크레이그는 보수적 신학 노선을 취하는 침례교신학대학원 철학과 조직신학 교수다. 그럼에도 그는 경직되고 폐쇄적인 복음주의자도 아니며, 개방적이고 정직한 다학문적 지식의 소유자다. 그는 구약성경, 고대 신화 문서, 고신경학(DNA 등 연구결과)의 최신연구결과들을 잘 종합해 역사적 아담을 100-75만년 전 실제로 거주했던 "역사적 인물"이라고 주장한다. 아담의 역사성을 부정하는 급진적인 성경 해석자들에 비해서는 보수적인 아담 이해를 견지한다. 이런 점에서 한국교회 신자들에게 수용될만하다. 그럼에도 창세기 1-11장을 실제 일어난 역사적 사건을 기록한 역사문서로 읽지 않고 신화-이야기로 읽는 저자의 입장이 창세기 1-11장을 태곳적 인류의 기원을 사실대로 기록한 문서라고 믿는 신자들에게는 다소 불편할 수 있는 책이다. 이런 양면성을 갖는 이 책을 추천하는 이유는 세 가지다. 첫째, 이 책은 인간에 대한 성경의 창조신앙과 고생물학, 진화인류학, 고신경학 등의 과학적 연구성과들을 정직하게 비교해 보고 자신의 신앙 자리를 점검하기를 원하는 독자들에게 친절한 안내서가 되기 때문이다. 둘째, 이 책은 역사적 아담의 실재성을 인정하면서도 진화론에 대해서도 개방적인 신자들에게 위로가 되기 때문이다. 셋째, 다학문적 연구의 풍요를 예증해주는 책이기 때문이다. 기독교 신앙은 성경 몇 구절에 대한 해석 여하에 따라 흔들리는 가건물이 아니다. 정통 기독교 신앙은 하나님의 이 세상 창조와 하나님의 세상 사랑에 뿌리내리는 진리다. 기독교 신앙은 망가지고 부서진 세상을 회복하기 위해 당신의 독생자를 보내신 하나님의 사랑 이야기다. 이 책을 읽는 독자들이 안심해도 될 사실은 기독교 신앙은 전심으로의 하나님 사랑과 이웃 사랑을 100% 화육하신 나사렛 예수에 뿌리내리고 있다는 사실이다. 나사렛 예수를 통해 드러난 하나님의 세상 창조와 회복, 그리고 완성으로 구성된 하나님의 우주적 사랑이야말로 역사적 사실 논쟁을 초월하여 굳게 서 있는 기독교 신앙의 알파와 오메가다.

김회권 숭실대학교 기독교학과 교수

상당히 오래전부터 창세기 첫 장들은 학계의 논쟁거리였다. 논란은 신학계에서 과학계로 번져갔다. 우주와 인류의 기원에 관한 논쟁이다. 성서학자, 고대 근동학자, 고고학자, 고인류학자, 고유전학자, 고신경학자, 고단백체학자, 고(古)고고학자, 고생물학자, 천체물리학자, 과학철학자들이 논쟁 터에 참가한다. 인류의 기원에 관한 주제 핵심이 "역사적 아담"이다. 예를 들어, 기독교에서 예수가 역사적 인물이라면 그에 상응하는 아담 역시 역사적 인물이어야 한다고 믿어왔다. 그런데 아담이 역사적 인물이라는 게 과학적으로 사실인가? "역사적"과 "사실적"이란 용어는 도대체 무슨 뜻인가? 창세기의 앞 장들을 문자적으로 해석하여 젊은 지구창조론과 "역사적 아담"을 받아들여야 한다는 뜻일까?

　　미국의 분석철학자, 기독교 변증가이자 신학자인 윌리엄 레인 크레이그가 역사적 아담 논의에 혼신의 열정을 쏟아 넣는다. 다루는 논제들은 생각보다 쉽지 않은 난맥상을 보이기 때문이다. 그가 주장하는 "신화-역사"라는 개념부터 로마서 5장에 관한 논의까지 독자들은 정신을 차려야만 크레이그를 따라갈 수 있다. 거기서 멈추지 않고 크레이그는 과학적·철학적 측면에서 "역사적 아담"을 살핀다. 누구를 인류(인간)라 부를 수 있을까? 인간의 최초 출현은 언제인가? 그 인간은 누구인가? 학계에서 말하는 수많은 "호모"들(예, 호모 루돌펜시스, 호모 하빌리스, 초기 호모 에르가스테르/에렉투스, 호모 하이델베르겐시스, 호모 네안데르탈렌시스, 호모 사피엔스) 중 누가 완전한 의미에서 인간인가? 크레이그는 흥미로운 연구의 결론을 이렇게 제시한다. "따라서 아담과 하와는 호모 하이델베르겐시스의 구성원이자 모든 인간종(種)의 근원에 위치한 시조 부부로 지목되는 것이 타당할 수 있다." 그는 "신화-역사적"인 역사적 아담은 실재했을 것으로 추론한다.

　　역사적 아담에 관한 흥미진진한 기독교 변증적 저술이다. 읽는 내내 빨려 들어가는 흡인력이 대단하다. 한순간도 한눈팔지 말아야 할 속도감 있는 글 흐름이다. 영화 인디애나 존스 시리즈를 보는 것처럼 손에 땀을 쥐게 하는 긴장과 놀라운 발견에 대한 흥분을 감추지 못한다. 저자의 논의에 전적으로 동의하든 덜 동의하든 혹은 안 하든 상관없이 목회자들과 신학도는 물론 과학과 신앙의 관계에 대해 고민하는 젊은이들에게 시간을 내어 읽어볼 것을 강력하게 권장한다.

류호준 백석대학교 신학대학원 은퇴 교수, 다니엘의 샘 원장 저자에 따르면 창세기 1-3장에서 묘사되는 세계와 인간의 창조가 역사적 관심에서 원인론적 모티브를 가지고 기술된 텍스트지만, 거기에 기술된 묘사들을 문자적 사실로 이해하기보다는 문학적, 신학적 표현으로 이해해야 한다. 이미 원저자와 당대 독자들도 우주 창조와 관련된 텍스트를 문자적으로 이해하지 않았고, 권위 있는 문헌으로 받아들이면서 은유적으로 이해했다. 따라서 문자적으로 이해할 때 발견되는 텍스트 내의 모순이나 불일치에 대해서 성서 저자는 실제로 아무런 부담을 느끼지 않았다. 이런 관점에서 저자는 신약성서에서 아담에 대한 언급이 역사적 아담을 반드시 전제로 하고 있는지, 역사적 아담과 원죄의 관계가 필연적인지도 묻는다. 매우 흥미로운 책이다. 기독교 신앙의 시대 적합성과 성서 적합성을 진지하게 고민하는 독자에게 일독을 권한다.

박영식 서울신학대학교 교수, 『창조의 신학』 저자

기독교 변증가이자 신학자인 크레이그는 역사적 아담이 존재했다는 성경의 가르침이 과학적 증거와 어떻게 일치할 수 있는지를 성경적이고 과학적으로 철저히 숙고한다. 저자는 아담의 존재가 사실은 인간의 기원에 관한 과학적 증거와 양립할 수 있다고 주장한다. 현대의 신화와 고대 근동의 신화들과의 비교 연구를 바탕으로 창세기 1-11장은 "신화-역사"의 장르를 따르고 있다고 결론을 내린다. 이는 창세기 1-11장이 문자적으로 읽힐 필요가 없음을 가리킨다. 이 점에서 저자는 성경을 문자적으로 해석하는 젊은 지구창조론자들과 거리를 둔다. 저자는 여러 측면에서 인간과 비슷하지만 합리적 사고 능력은 결여된, 예컨대 5,000명의 호미닌이라는 최초의 집단에서 최초의 인간이 기원했다고 추정한다. "하나님이 이 집단에서 두 명(아담과 하와)을 선택해서 그들의 뇌를 혁신하고 그들에게 합리적인 영혼을 부여함으로써 그들에게 지성을 갖추어 주었다. 어느 시점에 그들이 하나님의 도덕적 요구를 인식하게 되었고, 그것이 그들을 책임이 있는 도덕적 행위자로 만들었다." 저자는 "아담은 아마도 100만-75만 년 전의 어느 시점에 살았을 것"으로 추정한다. 역사적 아담 탐구는 영원한 수수께끼로 남을 것이라는 사실을 저자도 잘 알고 있고 이점을 명시적으로 시인한다. 그럼에도 고대 근동의 신화와 창세기 1-11장, 그리고 고고학과 고신경학의 데이터까지 꼼꼼히 분석하고 내린 무게 있는 학자의 성실한 연구에 고개가 숙여진다. 이제 성실한 독자들이 답을 할 차례다. 이 책은 지성적인 그리스도인들의 고민에 답하고 사유의 폭을 확장할 수 있는 기회가 될 것이다.

차준희 한세대학교 구약학 교수, 한국구약학연구소 소장, 한국구약학회 회장 역임

이 책은 역사적 아담과 하와 문제에 관련된 성경 연구 및 과학적 연구 모두에서 놀라우리만큼 넓은 영역을 다룬다. 책 전체에서 저자의 폭넓은 독서, 놀라운 박식함, 그리고 주의 깊게 진술된 판단이 빛을 발한다. 독자는 저자의 모든 주장, 그의 논쟁에서의 모든 단계, 또는 그의 모든 결론에 동의하지 않더라도 이 책을 읽음으로써 많은 것을 얻을 수 있다. 그는 문제들을 정직하게 대하고, 명확하게 설명하며, 독자들을 잘 인도한다. 이 논의에 좀 더 기여하고자 하는 이들은 학문적으로 큰 성과를 이룬 이 학자가 이 책에서 매우 뛰어나게 제시한 내용에 세심한 주의를 기울여야 한다.

리처드 E. 에이버벡 트리니티 복음주의 신학교 구약학 교수

이 책은 참으로 성경에서 시작해서 과학과의 의미 있는 의견 교환으로 끝나는, "탐구", 즉 지적 여행이다. 이 탐구 과정에서 크레이그는 고대 세계로 들어가 여러 신학자와 과학자 그리고 철학자들과 인간의 기원에 관해 점점 더 깊은 대화를 나누고 의견을 교환한다. 이 대화에서 많은 이들이 우리의 핵심적인 헌신들을 타협함으로써만 진화 과학의 여지가 있다고 두려워한다. 이 책은 그와 반대로 이 세상에 대한 과학만의 관점에 굴복하지 않고서도 진화의 여지를 두는 인간의 기원 설명을 보여준다. 크레이그는 신학과 과학 사이에 건설적인 대화가 가능하다는 것뿐만 아니라 신학적 질문들이 우리의 과학 이해를 증진할 수 있다는 것도 보여준다. 이 책에 수록된 과학적 내용은 많은 사람에게 놀랍겠지만, 그것은 건전하며 진화적 창조론자들에 의해 너무 멀리 나간 데 대해 절실한 되돌리기도 제공한다. 우리는 많은 과학자가 우리 모두의 조상인 아담과 하와에 반하는 과학적 증거를 오해했고 심지어 과장했음을 발견한다. 유전자 증거가 어떻게 인간의 기원의 한계를 정하는지와 정하지 않는지에 관한 크레이그의 설명은 우리의 현재의 과학적 이해에 부합한다. 명확하게 과학적 교정을 해주는 이 책은 획기적인 책으로서 교회에 대한 선물이 될 것이고 그 대화에 대해 계속 중요한 책으로 남아 있을 것이다. 과학에 관한 그의 설명은 모든 것을 종합해서 이해할 수 있는 많은 방법에 대한 여지를 두므로 그 대화가 여기서 끝나서는 안 된다. 우리 모두 그 신비 속으로 좀 더 깊이 이끌리고, 우리의 과거에서 "인간 됨"이 언제 그리고 어떻게 출현했는지에 관해 과학이 발견하고 있는 바를 서로 탐구하도록 자극되기를 바란다. 신성한 역사와 자연사가 얽혀서 우리가 누구인지 그리고 인간이 된다는 것이 무엇을 의미하는지에 관해 우리에게 무언가를 말해줄 수 있을 것인가?

S. 조슈아 스와미다스 세인트루이스 소재 워싱턴 대학교 연구실 및 유전체 의학 부교수

이 책은 진리를 추구하기 원하는 사람들을 위한 책이다. 이 책에서 윌리엄 레인 크레이그는 철저한 리서치와 주장들에 대한 꼼꼼한 평가를 결합해서 인간의 기원에 대한 성경의 그림이 올바로 이해되면 올바로 이해된 과학의 최상의 결과들과 잘 조화할 수 있음을 보여준다. 그는 완전히 다른 이 모든 분야가 건전한 추론의 요건에 책임을 지게 한다. 크레이그의 정직성과 치열한 논리 덕분에 우리가 그의 상세한 논의를 즐겁게 따라갈 수 있으며 그가 제안한 아담과 하와의 위치에 매력을 느낄 수 있다. 그는 이 문제들을 자신의 높은, 그리고 책임 있는 수준에서 다루도록 우리에게 도전하고 우리를 그렇게 준비시켜주는데 나는 그 점에 대해 그에게 감사한다.

C. 존 콜린스 커비넌트 신학교 구약학 교수

최근에 아담과 하와의 역사성에 관해 학계의 많은 논쟁과 논의가 있었다. 그러나 그 주제에 관한 성경적, 신학적, 철학적, 그리고 과학적 관점들을 동시에 종합할 수 있는 것들은 적었다. 이 책에서 크레이그 박사는 바로 그 일을 한다. 즉 그는 정통 기독교 교리들을 존중하고 우리의 종에 대한 현재의 우리의 최상의 이해를 통합하는 방식으로 이 실들을 짠다. 이 주제와 씨름하는 모든 그리스도인 학자들은 크레이그의 깊이 있고 박식한 책으로부터 유익을 얻을 것이다.

마이크 J. 머레이 프랭클린 앤 마샬 칼리지 철학 시니어 방문 교수

In Quest of the HISTORICAL ADAM

A Biblical and Scientific Exploration

William Lane Craig

성경적·과학적 탐험

역사적
아담을
추적하다

IN QUEST OF
THE HISTORICAL
ADAM

윌리엄
레인 크레이그
지음

노동래
옮김

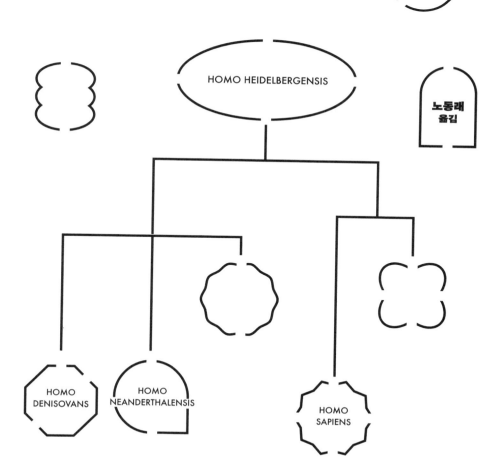

새물결플러스

내 손주 올리버에게 헌정합니다.

그 아이의 명료한 모음 발음은

모든 네안데르탈인의 부러움의 대상일 것입니다.

목차

그림 목록

서문

구약 학자인 리처드 에이버벡은 "창세기 앞장들에 대해 당신이 뭐라 말하든(또는 쓰든) 당신은 많은 사람과 많은 문제에 빠지게 된다"고 주의를 주었다.[1] 대중 앞에 본서를 제시하는 나는 에이버벡의 말을 아주 잘 알고 있다. 불행하게도 좌파와 우파에 속한 사람들 모두 본서 및 본서의 저자에 대해 화를 낼 것으로 예상할 수 있다. 나는 그들이 내가 결론을 내리기 위해 제시하는 논거들을 정직하고 열린 마음으로 읽어보기를 요청할 수 있을 뿐이다. 나는 본서가 내가 역사적 아담에 관한 성경의 증거 및 과학적 증거와 성실하게 씨름한 결과라는 것을 보장한다. 본서는 논증을 뒷받침하기 위해 높은 수준의 학문에 의존하기는 하지만 본서 자체가 학문적인 논문은 아니다. 내가 본서에 등장하는 많은 전문 영역에 대해 익숙하지 않은 독자들에게 전문 용어를 설명하기는 하지만 본서는 피상적인 대중화도 아니다. 내가 목표로 하는 독자층은 나 자신 같은 그리스도인 철학자, 신학자 또는 다른 분야의 학자이면서 구약 학자나 과학자는 아닌 사람들이다. 그러나 나는 구약 학자들이 본서에 수록된 인간의 기원에 대한 과학적 증거의 논의로부터 큰 유익을 얻을 것이고, 인간의 기원과 관련된 다양한 과학 분야의 전문가들 역시 본서에 수록된 성경의 주제들에 대한 논의로부터 큰 유익을 얻을 것이라고 서둘러 덧붙인다. 우리는 모두 자신의 전문 분야가 아닌 분야에서는 평범한 사람

---

1   Richard E. Averbeck, "The Lost World of Adam and Eve: A Review Essay," *Themelios* 40, no. 2 (2015): 226.

이기 때문에 나는 전문가가 아닌 사람들을 위해 자료를 단순화함으로써 본서가 학자들이 아닌 일반인에게도 도움이 되도록 했다.

독자들은 곧바로 본문에 상당히 긴 각주가 달렸다는 것을 알아차릴 것이다. 본문 텍스트에 대한 일종의 연속된 논의를 제공하는 이 각주들에서 본문 텍스트의 흐름을 방해함이 없이 자세한 내용이 좀 더 제공될 수 있다. 이를 통해서 나는 본문 텍스트를 간소화하고 그것을 간결하게 하면서 적절한 속도로 앞으로 나아갈 수 있다. 좀 더 자세한 내용을 알기 원하는 독자들은 각주의 내용을 참고하도록 권고하는 바이다.

본서는 간략한 서론 및 마무리하는 숙고 외에 주로 두 개의 부분으로 구성된다. 첫 번째 주요 부분은 인간의 기원에 관련된 성경의 데이터를 다루며, 두 번째 부분은 인간의 기원에 대한 과학적 증거를 다룬다. 이 두 부분의 순서가 중요하다. 우리는 그리스도인으로서 우선 그리고 무엇보다도 현대 과학과 무관하게 성경이 인간의 기원에 관해 뭐라고 말하는지를 알기 원한다. 우리는 역사적 아담에 관해 우리의 성경적 책무가 무엇인지를 알기 원하는데, 우리는 성경에 대한 우리의 해석학적 접근법이 현대 과학을 통해 형성되지 않아야만 그런 것을 알 수 있다. 성경의 가르침이 현대 과학의 진술과 갈등을 빚으면 우리는 그것을 알고 그에 따라 행동하기를 원한다. 나는 성경 연구에 비추어, 그리고 오직 그러고 나서야 현대 과학의 진술들을 살펴보고 현대 과학의 발견사항들이 아담과 하와의 역사성과 양립하는지를 살펴볼 것이다.

다양한 관점을 논의하면서 나는 "자유주의적", "진보적", "보수적" 같은 딱지 붙이기를 피하려고 노력했다. 정치적인 함의를 띠는 이 용어들은 편견이 있기 때문이다. 하지만 경쟁하는 관점들을 특징짓는 약간의 용어들이 필요하기 때문에 나는 가장 문제가 적은 용어로서 "전통적"과 "수정주의적"이라는 용어를 채택했다. 교회사를 지배했던, 아담과 하와에 대한 전통적인 견해가 있으며 정도를 달리 해서 그런 견해를 변경하는, 대개 비교적 최근의 다양한 수정주의 견해가 있다. 전통적인 견해에서 아담과 하와는 그리스도가 오기 몇천 년 전에 기적적으로 새롭게 창조된 최초의 인간 부부다. 그들은 전체 인류의 조상들이며 따라서 이 행성의 지면에서 살았던 모든 인간은 그들의 자손이다. 그들은 레반트 동쪽의 어느 곳에 있었던 에덴동산이라는 낙원에서 살았는데, 뱀의 유혹에 굴복하고 하나님의 명령에 불순종하여 하나님에 의해 그곳에서 쫓겨났고, 자신들과 자신들의 후손에게 불행을 가져왔다.

용어와 관련하여 좀 더 설명하자면, 나는 좀 더 정확하지만 번거로운 표현인 "역사적 아담과 하와"라는 어구에 대한 편리한 약어로서 "역사적 아담"이라는 어구를 사용할 것이다. 과학적 명명법과 관련해서 나는 **호모 사피엔스**처럼 종을 가리키는 용어를 사용해서 특정한 호미닌 (사람족) 부류 또는 그 부류의 구체적인 구성원을 가리킬 것이다. 특정한 경우에 우리는 **호모 네안데르탈렌시스** 같은 부류의 이름과 그 부류의 구성원을 가리키는 말인 "네안데르탈인"을 쉽게 구분할 수 있다. 아쉽게도 **호모 에렉투스**나 심지어 **호모 사피엔스** 같은 다른 종을 가리키는 용어에 대해서는 이런 구분을 발견하기 어렵다. 나는 독자들이 내가 "**호모 에렉투스**의 구성원들" 같은 현학적인 용어를 자주 사용하기를 회피하는 것을 괘념치 않으리라고 확신한다.

나는 이름을 다 언급할 수 없이 많은 동료 학자들과의 대화에서 유익을 얻었다. 하지만 S. J. 스와미다스가 3부에 수록된, 집단 유전학에서 역사적 아담에 제기되는 도전들을 논의할 때 매우 귀중한 인도를 제공해준 데 대해 그에게 감사를 표하고자 한다. 또한 2부에 수록된 성경 자료에 대한 논의에 관해 논평해 준 구약 학자 리처드 헤스와 리처드 에이버벡에게 감사를 표하고자 한다. 종종 난해한 자료들로부터 많은 연구

자료들을 구해주고 참고문헌과 색인들을 작성한 내 연구 조교 티머시 베일리스에게 충심으로 감사를 표한다. 나는 텍스트를 그림으로 설명하는 대다수 그림에 대해 가브리엘 존스와 제임스 어번에게 큰 빚을 졌다. 많은 그림을 사용하도록 허락을 받아 주고 텍스트를 면밀하게 읽고 논평을 제공해 준 편집인 앤드류 냅에게 감사한다. 매의 눈으로 교정에 도움을 준 케빈 화이트헤드에게 감사한다. 이 연구에 대한 내 아내 잔의 관심과 지원에 감사한다.

조지아주 애틀랜타에서

윌리엄 레인 크레이그

약어 목록

일반 용어

ANE	ancient Near East(ern), 고대 근동
bk	book, 책
ca.	*circa*, about, 대략
EQ	encephalization quotient, 대뇌화 지수
ESA	Early Stone Age, 초기 석기 시대
et al.	*et alii*, and others, 외
frag(s).	fragment(s), 파편(들)
HLA	human leukocyte antigen, 인간 백혈구 항원
kya	thousand years ago, 1천 년 전
LSA	Later Stone Age, 후기 석기 시대
MIS	Marine Isotope Stages, 해양 동위원소 단계
MR	metabolic rate, 대사율
MSA	Middle Stone Age, 중기 석기 시대
mya	million years ago. 1백만 년 전
NT	New Testament, 신약성서
OT	Old Testament, 구약성서
pt.	part, 부
SVT	supralaryngeal vocal tract, 후두 상방 성도
TMR4A	4개의 대립유전자가 존재하게 된 가장 최근의 시기
TMRCA	가장 최근의 공통조상이 존재한 때

문헌

AnBehav	*Animal Behavior*
ACPQ	*American Catholic Philosophical Quarterly*
AJPA	*American Journal of Physical Anthropology*

AMM	*American Mathematical Monthly*
AO	*Aula Orientalis*
ARA	*Annual Review of Anthropology*
Aramazd	*Aramazd: Armenian Journal of Near Eastern Studies*
ARL	*Annual Review of Linguistics*
AS	Assyriological Studies
AYB	Anchor Yale Bible
BAR	*Biblical Archaeology Review*
BBS	*Behavioral and Brain Sciences*
BDAG	Danker, Frederick W., Walter Bauer, William F. Arndt, F. Wilber Gingrich. *A Greek-English Lexicon of the New Testament and Other Early Christian Literature*. 3rd ed. Chicago: University of Chicago Press, 2000.
BN	*Biblische Notizen*
BSac	*Bibliotheca Sacra*
BZABR	Beihefte zur Zeitschrift fur altorientalische und biblische Rechts-geschichte
BZAW	Beihefte zur Zeitschrift fur die alttestamentliche Wissenschaft
CA	*Current Anthropology*
CAJ	*Cambridge Archaeological Journal*
CB	*Current Biology*
CBQMS	Catholic Biblical Quarterly Monograph Series
CD	Damascus Document
CENTJ	*Creation Ex Nihilo Technical Journal*
COBS	*Current Opinion in Behavioral Sciences*
CPF	Contemporary Philosophy in Focus
CR	*Clergy Review*
CSEL	Corpus Scriptorum Ecclesiasticorum Latinorum
CSR	*Christian Scholar's Review*
EA	*Evolutionary Anthropology*
EBC	Expositor's Bible Commentary
EPSL	*Earth and Planetary Science Letters*
EvQ	*Evangelical Quarterly*
FC	Fathers of the Church
FJB	*Frankfurter Judaistische Beitrage*

FP	*Frontiers in Psychology*
GB	*Genome Biology*
JANESCU	*Journal of the Ancient Near Eastern Society of Columbia University*
JAOS	*Journal of the American Oriental Society*
JAS	*Journal of Archaeological Science*
JBL	*Journal of Biblical Literature*
JHE	*Journal of Human Evolution*
JICA	*Journal of Island and Coastal Archaeology*
JP	*Journal of Phonetics*
JPSTC	JPS Torah Commentary
JSL	*Journal of Symbolic Logic*
JSOTSup	Journal for the Study of the Old Testament Supplement Series
JSPSup	Journal for the Study of the Pseudepigrapha Supplement Series
JTS	*Journal of Theological Studies*
JTVI	*Journal of the Transactions of the Victorian Institute*
KAR	Keilschrifttexte aus Assur religiosen Inhalts
LHBOTS	Library of Hebrew Bible/Old Testament Studies
LI	*Linguistic Inquiry*
NAC	New American Commentary
NACG	*Newsletter of the Affiliation of Christian Geologists*
NCBC	New Cambridge Bible Commentary
NICNT	New International Commentary on the New Testament
NICOT	New International Commentary on the Old Testament
NIGTC	New International Greek Testament Commentary
NTA	Neutestamentliche Abhandlungen
OTL	Old Testament Library
PBR	*Psychonomic Bulletin and Review*
Philos. Christi	*Philosophia Christi*
PNAS	*Proceedings of the National Academy of Sciences*
PRS	*Proceedings of the Royal Society*
PSCF	*Perspectives on Science and Christian Faith*
PTRSB	*Philosophical Transactions of the Royal Society B: Biological Sciences*
QI	*Quaternary International*
RGRW	Religions in the Graeco-Roman World
RSR	*Religious Studies Review*

SA	*Science Advances*
SAIPS	Stone Age Institute Publication Series
SANE	Sources from the Ancient Near East
SBT	Studies in Biblical Theology
SBTS	Sources for Biblical and Theological Studies
Sci. Am.	*Scientific American*
SCL	Sather Classical Lectures
SGBC	Story of God Bible Commentary
SJA	*Southwestern Journal of Anthropology*
SR	*Scientific Reports*
TEE	*Trends in Ecology and Evolution*
TL	*Theologische Literaturzeitung*
TM	*Time and Mind*
VIBS	Value Inquiry Book Series
VT	*Vetus Testamentum*
VTSup	Supplements to Vetus Testamentum
WBC	Word Biblical Commentary
WTJ	*Westminster Theological Journal*
WUB	*Welt und Umwelt der Bibel*
YES	Yale Egyptological Studies
ZAW	*Zeitschrift für die alttestamentliche Wissenschaft*

1부
역사적 아담의 중요성

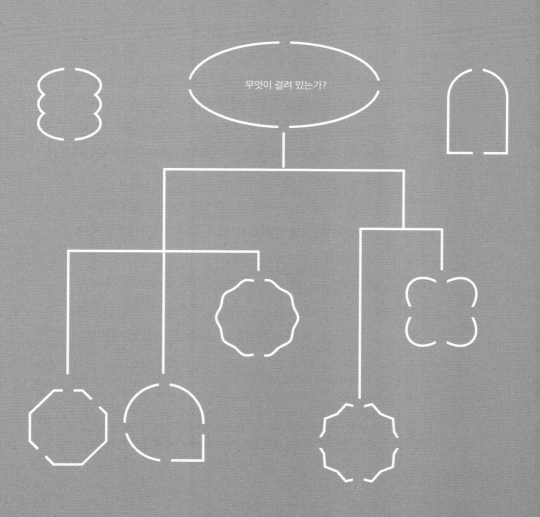

무엇이 걸려 있는가?

1장

무엇이 걸려 있는가?

서론

역사적 아담에 관한 탐구에 착수하기 전에 우리가 이 노력에 무엇이 걸려 있는지 자문할 필요가 있다. 그 문제가 별로 중요하지 않다면 우리는 애초에 그 탐구에 시간과 노력을 기울일 가치가 없으니 자신의 자원을 좀 더 중요한 일에 사용하기로 작정할 수도 있을 것이다.

한편 역사적 아담 문제가 별로 중요하지 않으며 기독교 신학의 중심적인 문제가 아니라고 여기려는 유혹을 받기 쉽다. 그 문제는 세계 교회 회의에서 다뤄진 적이 없었는데, 교회의 무관심이 그 교리가 보편적으로 받아들여진 결과였다고 치부될 수 없다. 이는 오리게네스와 아우구스티누스 같은 교부들이 창세기 내러티브의 비유적 해석에 개방적이었기 때문이다.[1] 그 교리는 확실히 삼위일체, 성육신, 그리고 속죄 같은

---

1   오리게네스는 조직신학 논문 『제1원리에 관하여』(*On First Principles*)에서 다음과 같이 회의적으로 질문했다.

     나는 어떤 지성인이 태양과 달과 별들이 없이 아침과 저녁이 있었다고 말해지는 첫째 날과 둘째 날과 셋째 날이 존재했다는 것을 합리적인 진술이라고 생각하겠는지 묻는

핵심 교리는 말할 것도 없고 칭의와 성화에 관한 교리들처럼 중심적인 교리가 아니다.

아담이 역사적 인물이 아니었다면 전통적인 의미의 역사적 타락이 없었을 것이기 때문에 많은 전통적인 신학자들은 아담의 역사성이 인죄론, 즉 죄의 교리에 매우 중요하다고 생각할 것이다. 특히 역사적 아담이 없었다면 모든 인간에게 귀속될 수 있는 아담의 죄가 없거나 없었을 것이기 때문에, 역사적 아담이 없었고 따라서 타락이 없었다면 원죄 교리가 버려져야 할 것이다. 확실히 우리가 일어나지도 않은 위반에 관해 책

다. 더구나 첫째 날에는 하늘도 없었는데 말이다. 그리고 누가 어리석게도 하나님이 농부가 하는 방식으로 "에덴의 동쪽에 나무들을 심고" 그곳에 "생명의 나무", 즉 볼 수 있고 만질 수 있는 나무를 심어서 누구라도 신체의 치아로 이 나무의 열매를 먹으면 생명을 얻으리라는 것과 또 다른 나무 열매를 먹는 사람은 "선과 악"의 지식을 얻으리라는 것을 믿을 수 있겠는가? 그리고 나아가 나는 하나님이 "저녁에 낙원에 거니실 때" 아담이 나무 뒤로 숨었다는 진술이 특정한 신비한 진리를 나타내기 위해 성경에 비유적으로 진술되었음을 아무도 의심하지 않으리라고 생각한다(4.3.1; trans. G. W. Butterworth [New York: Harper & Row, 1966], 288-89).

아우구스티누스는 창세기에 수록된 창조 이야기의 문자적 해석이 불신자들의 조롱을 초래하고 따라서 구원하는 신앙에 장애가 될 것을 우려했다. 『문자적 창세기 주석』(*Literal Commentary on Genesis*)에서 그는 다음과 같이 쓴다. "나는 이 사안들에 대한 과학적 지식이 있는 사람들과 사실관계를 아는 사람들에게 조롱을 받을 것을 두려워한다"(1.10; 참조. 1.19.39; FC 41:30). 따라서 그는 텍스트의 문자적 의미가 옹호될 수 없을 때 비유적 해석에 대한 개방성을 표명했다: "확실히 이 대목에 언급된 유형의 것들이 진리에 부합하는 유형의 의미로 취해질 수 없을 때 우리가 불경건하게도 거룩한 성경의 흠을 잡기보다 그것들을 비유적으로 이해하는 것 외에 어떤 방법을 취할 수 있는가?"(8.1.4; CSEL 28:1, 232) 오리게네스에게서 유래한, 문자적으로 취할 경우 오류나 불결을 암시하는 텍스트들은 비유적으로 해석되어야 한다는 아우구스티누스의 원칙은 중세 시대 내내 서방 교회와 동방 교회의 석의에서 널리 받아들여졌다(Richard Swinburne, "Authority of Scripture, Tradition, and the Church," in *The Oxford Handbook of Philosophical Theology*, ed. Thomas P. Flint and Michael C. Rea [Oxford: Oxford University Press, 2011], 16). 이 점을 잘 설명해주는 논의는 Gavin R. Ortlund, *Retrieving Augustine's Doctrine of Creation: Ancient Wisdom for Current Controversy*(Downers Grove, IL: IVP Academic, 2020)를 보라.

임이 있고 따라서 벌을 받아 마땅한 것으로 여겨질 수는 없다. 같은 맥락에서 아담의 죄가 일어난 적이 없다면 우리가 그 죄의 결과로 말미암은 부패한 인간 본성의 후계자들일 수도 없다. 따라서 역사적 아담이 없을 경우 전통적인 원죄 교리가 유지될 수 없다.

바울이 아담과 그의 죄를 그리스도와 그의 속죄 죽음과 비교한 것 때문에 몇몇 신학자들은 역사적 아담이 부인되면 속죄 교리가 훼손된다고 단언하기까지 한다. 다이슨 헤이그는 『근본주의 총서』(*The Fundamentals*)에서 다음과 같이 썼다. "그 사도는 아담의 타락이 없다면 신학의 가장 두드러진 특성인 속죄를 제거해야 할 정도로 아담의 타락과 그리스도의 죽음을 매우 밀접하게 연결시킨다. 첫 번째 아담이 생령으로 만들어져 타락하지 않았다면 하늘에서 온 주님인 두 번째 사람이 사역할 이유가 없다."[2] 그런 결과는 기독교의 중요한 내용을 제거할 것이다. 따라서 몇몇 전통적인 신학자들은 아담의 역사성은 대중적인 용어로 말하자면 "복음 문제", 즉 기독교 신앙이 그것에 의존하는 문제라고 주장했다.[3]

---

2   Dyson Hague, "The Doctrinal Value of the First Chapters of Genesis," in *The Fundamentals*, ed. R.A. Torrey and A. C. Dixon(Grand Rapids: Baker Books, 2003), 1:285, Matthew Barrett and Ardel. B. Caneday, eds., *Four Views on the Historical Adam*, Counterpoints(Grand Rapids: Zondervan, 2013[『아담의 역사성 논쟁』, 새물결플러스 역간])에서 인용됨. William. D. Barrick, "A Historical Adam: Young-Earth Creation View," in Barrett and Caneday, *Four Views on the Historical Adam*, 222은 Hague에 동의한다. 덜 걱정하는 수정주의 관점에서 Daniel Harlow는 아담의 비역사성에 의해 요구되는 원죄 교리의 재형성은 "이제 우리가 승리자 그리스도 모형이나 도덕적 영향 이론 같은 속죄 이론들을 선호할 것을 요구한다"고 생각한다("After Adam: Reading Genesis in an Age of Evolutionary Science," *PSCF* 62 [2010]: 192).

3   예컨대 Donald Carson의 다음과 같은 경고를 보라: "아담의 역사성, 그의 개체성과 대표자 지위, 타락의 성격과 결과, 이런 것들과 그리스도의 인격 및 사역 사이의 연결, 그리고 새 창조에서 그것들의 예표론적 위치에 관한 바울의 주장이 혼란에 빠지도록 허용되면 (바울신학만이 아니라) 기독교 신학의 기초들이 위협을 받는다. 다양하게 해석되

그러나 원죄 교리를 속죄 교리의 필요조건으로 만들려는 시도는 지나친 처사다. 신약성서의 어느 곳에서도 그리스도가 원죄를 위해 죽었다고 말하지 않는다. 오히려 바울이 인용한 전통적인 선포 공식의 말로 표현하자면, "성경대로 그리스도께서 우리 죄를 위하여 죽으셨다"는 것이 사도들을 통해 선포된 복음이었다(고전 15:3). 아담의 죄에 신경 쓰지 말라. 우리의 죄들만으로도 구원을 위해 그리스도의 속죄 죽음을 요구하기에 충분하다! 아담을 인간의 죄와 타락의 보편성을 표현하는 일종의 모든 사람에 대한 순전히 상징적인 인물로 해석하더라도 그리스도의 속죄 죽음을 통한 구원의 복음이 약화되지 않을 것이다. 그러므로 원죄 교리의 부인이 속죄 교리를 훼손하지 않는다.

그럼에도 우리는 아담의 역사성에 원죄 교리가 수반하며 따라서 아담의 역사성이 원죄 교리의 필요조건이라는 데 동의할 수도 있다. 하지만 이 결론은 원죄 교리 자체가 매우 중요할 때에만 아담의 역사성이 중요함을 나타낸다. 그러나 원죄 교리가 기독교 신앙에 필수적인지 의심스럽다.[4] 원죄 교리는 온건하게 말하자면 성경의 지지를 별로 받지 못한다. 창세기 3장에 기록된 타락에 이은 저주 기사에서 원죄 교리가 발견되지 않는다. 그 교리는 로마서 5:12-21 한 곳의 성경 구절에만 의존하

고 별로 관련이 없는 다양한 진리들, 또는 이름만 기독교이고 본질적으로 성경적이지 않은 신학 체계만 교회에 남게 될 것이다"(D. A. Carson, "Adam in the Epistles of Paul," in *In the Beginning…: A Symposium on the Bible and Creation*, ed. N. M. de S. Cameron [Glasgow: Biblical Creation Society, 1980], 41).

4 반대 견해에 대해서는 Matthew Levering, *Engaging the Doctrine of Creation: Cosmos, Creatures, and the Wise and Good Creator* (Grand Rapids: Baker Academic, 2017), 6장에서 다뤄진 내용을 보라. 가톨릭 신학자인 Levering은 그의 신학 연구에서 성경보다는 주로 가톨릭교회의 교도권의 가르침의 인도를 받으며, 성경은 그의 논의에서 부수적인 역할을 한다. 그와 대조적으로 복음주의적 개신교도인 내게는 성경의 가르침이 가장 중요하다. 따라서 역사적 아담의 중요성에 관한 우리의 입장에는 현저한 차이가 있다.

는데, 그 구절은 모호하며 여러 가지로 해석될 수 있다. 바울은 (1) 아담의 죄가 그의 모든 후손에게 귀속된다거나, (2) 아담의 죄가 인간 본성의 타락이나 원의(original righteousness) 상실로 귀결되었고 그것이 그의 모든 후손에게 전해졌다고 명확하게 가르치지 않는다. 기독교가 (1) 없이도 존속할 수 있다는 사실은 원죄 교리에서 (2)만을 긍정하는 정교회의 예에서 명백히 알 수 있다. (2)조차도 본질적이라고 말할 수 없다. 로마서 5장에서 명확히 그렇게 가르쳐지지 않을 뿐만 아니라, 인간의 죄의 보편성만으로도 우리를 구원하기 위한 그리스도의 속죄 죽음이 필요하다. "모든 사람이 죄를 범하였으매 하나님의 영광에 이르지 못하더니 그리스도 예수 안에 있는 속량으로 말미암아 하나님의 은혜로 값없이 의롭다 하심을 얻은 자 되었느니라"(롬 3:23-24). 인간의 죄의 보편성을 아담에게서 물려받은 인간 본성의 부패 또는 손상으로 가정함으로써 설명하려는 시도는 신학적 첨가물인데, 기독교 신학자들은 그것에 충실할 필요가 없다.[5]

　　따라서 원죄 교리는 역사적 아담의 사실성에 결정적으로 의존하는 반면 기독교는 전통적인 원죄 교리를 수용할 필요가 없고 인간의 보편적인 죄와 그들이 스스로 구원할 수 없음을 긍정하는 데 만족할 수도 있다.

　　하지만 우리가 역사적 아담 문제를 신학적으로 사소한 문제로 일축

5　　Cornelius Plantinga가 우리에게 다음과 같이 상기시켜주듯이 말이다: "비록 부분적으로는 성경이 침묵하기 때문에 신학적으로 다양한 입장을 취하는 그리스도인들이 원죄 교리의 핵심적인 문제들―예컨대 아이들이 어떻게 죄에 대한 치명적인 경향을 획득하는지, 이 경향 자체가 죄인지, 이에 수반하는 의지의 속박을 어떻게 묘사하고 평가할지―에 관해 의견을 달리하지만, 그들은 모두 죄의 보편성, 연대성, 완고성, 그리고 역사적 계기에 동의한다"(Cornelius Plantinga Jr., *Not the Way It's Supposed to Be: A Breviary of Sin* [Grand Rapids: Eerdmans, 1995], 33).

하기 전에 다른 고려사항들로 말미암아 그것이 기독교 신앙에 중요할 수도 있는지 살펴봐야 한다. 실제로 그런 고려사항들이 있는 것으로 보인다. 성경이 인류의 근원에 역사적 아담이 있었다고 명확히 가르친다면 그 교리가 거짓일 경우 성경의 진실성 및 신뢰성과 관련한 교리가 영향을 받을 것이다. 그러면 성경이 허위를 가르친다는 비난을 받을 것이다. 피터 엔스는 "로마서에 수록된 바울의 아담은 아담 이야기의 '평이한 독법'이 아니라 창세기에 뿌리를 두지 않은 신학적 목적을 위해 그 이야기를 해석한 것이다"라고 올바로 강조한다. 그러나 문제는 성경의 영감에 비추어 볼 때 바울의 해석은 하나님이 영감을 불어넣은 것이며 따라서 바울이 가르치려고 의도한 모든 것에서 권위가 있다는 점이다. 엔스는 성경에 접붙여질 필요가 있는 것은 현대 과학이 아니라 오히려 "사실은…접붙이기를 허용하도록 우리의 창세기와 로마서 독법이 조정될 필요가 있다"고 주장한다.[6] 그러나 우리가 신적 영감을 받은 저자(엔스는 이 점을 인정하는 것으로 보인다)—이 경우 바울—의 가르침을 올바로 해석했다는 것을 확신한다면 성경 구절의 독법이 어떻게 조정될 수 있는가? 정직한 석의에 그런 조정이 가능치 않다면 오류의 가르침이 성경이 신적으로 영감을 받았다는 것과 일치한다는 식으로 영감 교리에 중대한 변경이 요구될 것이다.

설상가상으로, 역사적 아담이 없었는데 예수 자신이 아담과 하와의 역사성을 믿었다면(그랬을 수도 있는 것으로 보인다. 마 19:4-6), 설사 예수가 잘못된 교리를 가르치지는 않았다 하더라도 아담과 하와에 관한 잘못된 믿음을 가졌던 셈이고 그것은 예수의 전지성과 일치하지 않을 것이다.

---

6   Jim Stump et al., "Adam and the Genome: Responses," *BioLogos* (blog), January 30, 2017, https://biologos.org/articles/adam-and-the-genome-responses.

이 대목에서 관심사는 예수의 지식이 제한적인 것이 아니라는 점을 주목하라. 전통적인 그리스도론은 그리스도가 지식 면에서 제한된 인간의 정신 또는 의식을 가졌다는 것과 평생에 걸쳐 발전했다는 것을 인정한다.[7] 따라서 우리는 구유에 누워있는 아기 예수가 미적분학이나 양자역학을 생각하는 기괴함을 믿지 않는다. 오히려 예수는 그의 생애의 모든 순간에 전형적인 인간의 의식을 소유했다. 그러나 예수가 그릇된 믿음을 가졌다고 말하는 것은 다른 문제다. 예수는 그의 인간의 정신 또는 의식에서는 로고스의 정신의 완전한 내용을 몰랐거나 그것에 접근하지 못했을지라도, 여전히 그리스도의 정체인 삼위일체의 두 번째 위격은 자신의 신적 본성과 관련하여 전지한 존재에 적절한 완전한 지식을 지녔다. 정통적인 그리스도론의 고백에 따르면 그리스도라는 한 위격만 존재하고 그 위격은 신이기 때문에 그 위격은 전지하다.

그러나 정의상 전지한 존재는 그릇된 믿음을 가질 수 없다. 표준적인 정의에 따르면 모든 명제 p에 대해 만일 p가 있다면 어떤 주체 S가 그 p를 알고 p가 아닌 것을 믿지 않을 경우, 그리고 오직 그 경우에만 그 주체 S가 전지하다.[8] [그리스도가 자신을 비웠다는] 케노시스 신학자들의

---

7   따라서 Jud Davis가 표명한 우려는 칼케돈 그리스도론에는 부적절하다: "나는 예수가 그의 위격의 통일성 안에 우주의 분자들을 붙들고 있을 때 지구가 평평하다고 생각했는지 또는 구유 안에 무력하게 누워 있을 때 별들을 하나씩 불러내고 각각의 이름을 불렀는지 궁금하다"("Unresolved Major Questions: Evangelicals and Genesis 1-2," in *Reading Genesis 1-2: An Evangelical Conversation*, ed. J. Daryl Charles [Peabody, MA: Hendrickson, 2013], 212). Davis는 그리스도가 그의 위격의 통일성에도 불구하고 로고스의 완전한 의식이 아닌 인간의 의식을 가졌다는 것을 인식하지 못한다. 따라서 그의 인성과 관련하여 전능한 로고스가 "구유에 무력하게 누워" 있을 수 있듯이 전지한 로고스가 그의 재림의 날짜를 포함하여 많은 사실을 모를 수 있다. Davis의 성육신 이해는 클라크 켄트로 변장한 슈퍼맨의 선상을 따르는 것으로 보인다. Davis의 Wayne Grudem 인용은 Davis가 무엇을 상상하는지에 관해 아무것도 말하지 않는다는 것을 주의하라.

8   신의 전지 및 그것이 제기하는 많은 질문에 대한 간략한 설명을 나와 J. P. Moreland 의 *Philosophical Foundations for a Christian Worldview*, 2nd ed.(Downers Grove, IL:

주장에도 불구하고 우리가 전지는 하나님의 본질적인 속성으로서 하나님이 가장 위대한 존재라는 사실에 수반한다고 생각하는 것이 타당하다.[9] 따라서 예수는 틀림없이 전지했을 것이고 실제로 전지하다. 전형적인 인간의 의식은 오류에 빠지기 쉽고 따라서 예수는 소위 그의 굴욕의 상태(그가 잉태된 때부터 매장된 때까지의 상태) 동안 그의 인성에 따라 그릇된 믿음을 가졌다고 말해봐야 소용이 없다. 본성이 아니라 인격(위격)이 믿음을 가지는데 그리스도 안의 유일한 위격은 신적인 위격이기 때문에 그리스도는 그릇된 믿음을 가질 수 없었다.[10] 그리스도의 위격은 신적이며 따라서 전지하고 그러므로 모든 진리를 믿고 어떤 오류도 믿지 않는다. 그러므로 무리하게 들릴 수도 있지만, 역사적 아담의 부인은 그리스도의 신성을 부정하고 정통 기독교 신앙을 파괴하려는 위협이 된다.

우리의 선택지

우리 시대의 많은 신학자는 그런 결과를 수용해서 성경이 비교 대상인 고대 근동 신화들보다 인간의 존재에 관해 어떤 식으로든 더 권위가 있다는 것을 부정하거나 심지어 예수가 단순한 인간일 뿐이었음을 긍정하기도 할 것이다. 그러나 이 입장들은 정통 기독교와 어느 정도라도 유사

InterVarsity Press, 2017), 524-30에서 찾아볼 수 있다.

9   케노시스 그리스도론에 대한 비평은 Moreland and Craig, *Philosophical Foundations*, 601-5을 보라.

10 그리스도가 *p*를 믿었는데 *p*가 그의 신성에 따라서는 참이었지만 그의 인성에 따라서는 거짓이었다고 말하는 것은 논리적으로 불합리할 것이다. 만일 *p*가 "본디오 빌라도는 유대의 총독이다"와 같은 역사적 진술이라면, 이 진술이 그리스도의 신성에 따라서는 참이고 그의 인성에 따라서는 거짓이라고 말하는 것은 자기모순일 것이다. "아담은 역사적 인물이었다"라는 진술도 마찬가지다.

성을 유지하기를 원하는 신학자들에게는 받아들여질 수 없다. 그렇다면 정통 그리스도인으로서 우리의 선택지들은 무엇인가?(그림 1.1을 보라)

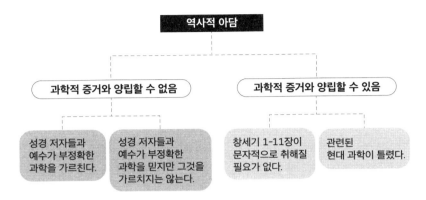

그림 1.1 현대 과학과 역사적 아담 사이에 존재한다고 주장되는 갈등들에 관한 정통 그리스도인의 선택지

우리가 위의 그림의 오른쪽에 적시된 바와 같이 적절히 해석될 경우 역사적 아담의 존재가 사실은 인간의 기원에 관한 과학적 증거와 양립할 수 있다고 주장함으로써 위에 언급된 비참한 결과를 피하려고 노력할 수도 있을 것이다. 그러나 기독교 신앙에 대한 도전들을 평가할 때 먼저 최악의 시나리오를 고려하고 그런 경우 우리의 선택지들이 무엇인지 묻는 것이 유익하다. 그렇다면 위의 그림의 왼쪽에 묘사된 바와 같이 과학적 증거가 역사적 아담의 존재와 양립할 수 없다고 가정할 경우 정통적인 그리스도인 신학자가 위에 언급된 결과들을 수용하지 않고서 어떻게 대응할 수 있는가?

역사적 아담이 존재하지 않았음에도 우리가 여전히 성경이 모종의 방식으로 권위가 있다는 입장을 유지하기 원한다면 한 가지 선택지는 성경이, 아무리 잘못되었다고 하더라도, 역사적 아담의 존재를 가르친다고 인정하면서도—영감이 진리를 보장한다는 전제에서—영감 및 그에 따른 진리성의 보장을 성경의 영적 또는 신학적 내용으로 제한하는 것이다. 많은 수정주의 신학자들이 이 선택지를 취했다. 역설적이게도 아마 그들은 전통적인 문자주의자에게는 성경 해석학적으로 나쁜 친구들일 것이다. 전통적인 문자주의자들은 성경의 평이한 해석은 다음과 같다고 주장한다. 즉 세상은 하나님에 의해 최근의 연속적인 6일 동안 창조되었고, 최초의 인간 부부가 에덴동산에 살았는데 그들이 선과 악을 알게 하는 나무의 열매를 먹음으로써 죄를 지었고, 세계적인 홍수가 있었는데 그 홍수로 노아가 지은 방주에 들어간 사람들과 짐승들을 제외한 지상의 모든 생명이 죽었으며, 세상의 언어들은 바벨탑에서 언어들이 혼잡하게 된 데 기인한다는 것이다. 수정주의자는 성경이 이 모든 것을 가르친다는 데 대해 젊은 지구 창조론자에게 동의하지만, 이 모든 가르침이 오류라고 생각한다. 따라서 하나님이 문화의 잘못된 사고 형태를 통해 말함으로써 성경이 가르치는 과학적, 역사적 오류의 껍질 안에 신학적 진리를 내장하도록 자신을 적응시켰기 때문에 그 가르침들은 신적 계시의 일부가 아니다. 이 선택지는 영감과 성경의 권위 교리를 전면적으로 재검토할 것이고 우리에게 모종의 방식으로 영감을 받은 신학적 진리와 영감을 받지 않은 문화적 껍질을 구분하도록 강제할 것이다.

또는 우리가 성경의 저자들이 6일 창조, 역사적 아담, 세계적인 홍수 등을 **믿었을** 수도 있지만 그런 사실들을 **가르치지**는 않았다는 입장을 취할 수도 있을 것이다. 영감의 진리성 보장은 성경이 가르치는 내용에만 해당하므로 우리는 저자들의 개인적인 믿음의 진리성을 수용하지 않는다. 당대의 많은 학자가 창세기 내러티브에 들어있는 3층 우주, 궁창, 궁창 위의 물 같은 요소들에 대처하기 위해 이 선택지를 받아들였으며 몇몇 학자는 이 접근법을 확장하여 인류의 조상으로서 역사적 아담에 대한 믿음을 이 선택지에 포함시켰다. 그런 믿음들은 참이고 권위가 있는 성경의 가르침에 부수적인 것으로 생각된다. 이 선택지는 성경이 이의를 제기할 수 있는[11] 교리를 가르친다는 것을 부정한다는 점에서 첫 번째 선택지와 다르다. 이 선택지의 도전은 성경의 저자가 믿은 내용과 가르친 내용을 어떻게 그럴법하게 구분하느냐다. 이 접근법은 너무 편의적이며, 우리가 과학적으로 수용할 수 없다고 생각하는 것은 무엇이든 간에 불성실하게 성경의 가르침에서 제외하고, 시대에 뒤진 과학을 단지 저자의 믿음으로 좌천시키도록 허용하는 것으로 보인다.

역사적 아담이 없었다면 영감 교리의 전면적인 재검토와 더불어 예수가 잘못된 믿음을 가질 수 있도록 성육신 교리도 완전히 재검토될 필요가 있을 것이다. 위에서 언급된 바와 같이 그의 신성으로 말미암아 그가 오류를 믿을 수 없다는 문제가 제기되기 때문에 그가 믿은 내용과 가르친 내용을 구분하는 것은 소용이 없다. 아마도 어떤 명제를 **받아들이는 것**과 그 명제를 **믿는 것**을 구분하는 것이 이 문제를 다루는 가장 좋은 방법일 것이다. 이 구분은 수학 철학에서 수학적 언어의 존재론적 헌신과 관련하여 중요한 역할을 한다. 몇몇 사상가는 2 + 2 = 4 같은 간단한 산술적 진술조차도 그것이 사실이라는 믿음은 숫자 4처럼 정신과 독립적인 플라톤적 실체의 실재를 믿게 만든다는 입장을 취한다. 체르멜로-프렝켈 집합론의 공리에 대한 믿음은 우리로 하여금 무한 집합의 실재를 믿게 한다고 하는데, 이는 엄청난 형이상학적 헌신이다. 현직 수학자들과 과학자들 대다수는 자기가 자신의 가정이나 주장들을 통해 그런 형이상학적 헌신을 한다고 생각하지 않을 것이다. 따라서 수학자들은

---

11 나의 *God and Abstract Objects: The Coherence of Theism; Aseity* (Berlin: Springer, 2017), 312, 316-17, 344-45에 수록된 논의를 보라; 256-57을 참조하라.

흔히 수학적 진술을 **받아들이는 것**과 수학적 진술을 **믿는 것**을 구분한다. 예컨대 수학 철학자 페넬로페 메디는 그녀가 "공리를 믿는 것"과 "공리를 방어하는 것"으로 부르는 것들을 구분한다.[12] 그런 변증적인 관심사가 얼핏 보기에는 공리들의 진실성 때문에 그 공리들이 참이라고 가정되고 옹호되는 것처럼 보이지만, 사실 메디는 공리들이 참인지 여부를 막론하고 그것들의 사용을 옹호하는 것에 관해 말하고 있다. 실로 그녀의 목표는 "…진리와 존재라는 파악하기 어려운 사안들로부터 관심을 돌리는 것이다."[13] 메디의 견해로는 유익함이 집합 이론의 공리를 사용하는 것을 정당화한다. 공리들이 적절하게 채택되어서 풍성한 수학적 결과들, 즉 메디가 "수학적 깊이"로 부르는 것을 낳는다.[14] 따라서 집합론의 공리들을 수용한다고 해서 그 공리들에 대한 믿음을 암시하는 것은 아니다.

그런 구분을 한다고 해서 우리가 그 수학자나 과학자가 부정직하다고 암시하는 것은 아니다. 사실 그 학자가 자기의 존재론적 헌신에 관해 전혀 생각해보지 않았을 수도 있다. 플라톤주의 철학자들인 존 버지스와 기드온 로젠은 집합 이론 공리들을 진지하게 받아들여서 "의식적이고 조용한 유보 없이 어떤 주장에 구두로 동의하는 것, 이론적 및 실제적 맥락에서 그 주장에 의존하는 것은 바로 그것이 사실이라고 믿는 것이

---

12 다음 문헌들을 보라. Penelope Maddy, "Believing the Axioms I," *JSL* 53, no. 2 (1988): 481-511; Maddy, "Believing the Axioms II," *JSL* 53, no. 3 (1988): 736-64; 그녀가 좀 더 이후에 쓴 *Defending the Axioms: On the Philosophical Foundations of Set Theory* (Oxford: Oxford University Press, 2011), ix. 그 문제는 그녀가 조사하는 내부 또는 외부의 정당화가 그 공리들을 믿지는 않으면서 그것들을 대접하거나 인정하는 것이 아니라, 참으로 그 공리들이 사실이라고 믿을 근거를 제공하는지 여부일 것이다.

13 Maddy, *Defending the Axioms*, 1.

14 Maddy, *Defending the Axioms*, 82.

다"라고 불평한다.[15] 그 말을 통해 그들은 수학자들과 과학자들이 그 공리들을 진지하게 받아들인다는 것을 증언한다. 그러나 반(反)실재주의자는 플라톤주의자에게 수학자들과 과학자들의 대다수가 수학적 존재에 관한 공리들에 구두로 동의하고 그 공리에 의존할 때 플라톤주의자들이 존재한다고 믿는 것 같은 수학의 객체들이 존재한다고 실제로 믿는다는 것을 증명하라고 도전할 수도 있을 것이다. 버지스와 로젠도 수학자들이 수학의 객체들을 믿는 것은 아니라는 점—즉 새로운 수학적 실체들이 **가볍게** 도입된다는 것, 숫자 2 같은 수학의 객체들을 {{Ø}}이나 {0, 1} 같은 다른 객체들과 동일시하는 문제의 **사소함**, 그들의 공리들의 존재론적 헌신에 관해 철학자들의 추궁을 받을 때 수학자들의 **다양한 반응**—에 대한 간접적인 증거를 인정한다. 버지스와 로젠에게는 **미안한 말이지만** 이런 점들은 수학자들과 과학자들이 종종 수학적 존재에 관한 진술을 에펠탑이 존재한다는 진술과 동등하다고 이해하지 않는다고 의심할 강력한 근거를 제공하는 것으로 보인다. 요점은 공리들의 진지한 **수용**이 그것들에 대한 **믿음**과 유의미하게 구분될 수 있다는 것이다.

이와 유사하게 아마도 우리는 예수가 p를 **받아들인 것**과 p를 **믿은 것**을 구분할 수 있을 것이다. 그의 유한한 인간의 의식에서 예수는 아마도 p를 받아들였을 것이다. 즉 그는 의식적이고 조용하게 유보하지 않으면서 p에 구두로 동의하고, p를 믿지 않으면서 실제적인 맥락에서 p에 의존했을 것이다. 그리스도의 인간의 정신이 아니라 로고스가 그리스도의 위격이며 로고스는 오류를 믿지 않으므로, 그리스도의 위격이 믿은 것은 신적인 로고스가 믿은 것이기 때문이다. 그런 견해는 심지어 예

---

15   Gideon Rosen and John P. Burgess, "Nominalism Reconsidered," in *The Oxford Handbook of Philosophy of Mathematics and Logic*, ed. Stewart Shapiro (Oxford: Oxford University Press, 2005), 517.

수가 겨자씨가 "모든 씨보다 작다"(마 13:32)고 말하거나, "달이 빛을 내지 않을 것"(마 24:29)이라고 말함으로써 달이 발광체임을 암시하거나 눈이 "몸의 등불"(마 6:22)이라고 말했을 때 그의 편에서 조용한 유보를 요구하지 않는, 성육신에 대한 좀 더 타당한 견해를 낳는 것으로 보일 수도 있을 것이다.[16] 그런 견해는 예수의 인간적 경험에 대한 좀 더 현실적인 설명을 낳을 수도 있다. 가령 청년 예수가 옆방에서 나는 소리를 듣고 "야고보가 뭔가를 떨어뜨렸나 보다"라고 생각했는데 실제로는 요셉이 그 소리를 낸 적이 한 번도 없었겠는가? 또는 예수가 멀리서 누군가를 보고 "미리암이 오고 있구나"라고 생각했는데 실제로는 엘리사벳이 온 경우가 없었겠는가? 예수가 예컨대 해가 하늘을 가로질러 움직인다고 생각하고 달이 빛을 낸다고 생각하지 않았겠는가? 아마도 우리는 예수가 이와 유사하게 아담이 역사적 인물이라는 것을 믿지 않았으면서도 그의 성육신 상태에서 이 내용과 당시 그의 동족의 다른 잘못된 믿음들을 받아들였다는 입장을 취할 수 있을 것이다.

지금까지 고려된 선택지들은 아담이 존재하지 않았다는 최악의 시나리오에서도 상황이 절망적이지 않음을 보여준다. 하지만 이 선택지들은 우리에게 성경과 성육신의 교리들에 대해 상당히 방대한 수정을 가하게 할 것이다. 따라서 우리는 역사적 아담이 있었다는 성경의 가르침이 과학적 증거와 어떻게 일치하는지 또는 일치할 수도 있는지를 숙고할 필요가 있다.

나는 위에서 특정한 수정주의자들과 젊은 지구 창조론자들이 성경이 역사적 아담의 존재를 가르친다는 확신을 공유한다고 언급했다. 그

---

16   성경 학자들은 흔히 예수가 그런 것들을 가르치지 않았다고 말한다. 그러나 이 대목에서 주장되는 내용은 그가 그런 것들을 믿지도 않았다는 것이다.

들의 차이는, 젊은 지구 창조론자들은 적절히 해석되면 과학적 증거가 창세기의 문자적 사실성과 양립할 수 있다고 주장한다는 것이다. 따라서 젊은 지구 창조론은 성경 해석학적 주장과 과학적 주장 모두와 관련이 있다. 성경 해석학적으로는, 그들은 창세기가 기본적으로 문자적으로 해석되어야 하는 역사적 기사로서 의도되었다고 주장한다. 그런 단순한 텍스트 해석이 "두 사람의 눈이 열렸다"(창 3:7 ─ 개역개정을 사용하지 않음) 같은 비유적인 언어의 사용을 배제하지 않지만 그 해석은 그 기사들이 기본적으로 비유적이 아니라고 단언한다. 과학적으로는, 그들은 모종의 "창조 과학"이 현재의 과학적 합의와 달리 세상에 대한 올바른 견해라고 주장한다.

젊은 지구 창조론이 널리 경멸을 받고 있지만 그 이론의 성경 해석학적 주장은 매우 타당성이 있으며 성경학자들이 진지하게 받아들일 가치가 있다. 적지 않은 수정주의 학자들이 젊은 지구 창조론자들이 텍스트를 올바로 해석했다는 데 동의한다.[17] 그들 사이의 차이는, 젊은 지구 창조론자는 창세기 텍스트들이 올바로 해석될 경우 기원에 관한 참된 설명이라고 믿는 반면에, 수정주의자는 그 기사가 아마도 심원한 진리를 구현하겠지만 오류라고 믿는다는 것이다.

다른 한편으로 젊은 지구 창조론의 과학적 주장은 받아들이기 어렵다. 이 이론의 옹호자들이 인정하듯이 젊은 지구 창조론은 창세기가 역

---

17 예컨대 다음 문헌들을 보라. Gerhard von Rad, *Genesis: A Commentary*, rev. ed., OTL (Louisville: Westminster John Knox, 1972), 47-48; James Barr, *Fundamentalism* (Philadelphia: Westminster, 1978), 42; John Day, *From Creation to Babel: Studies in Genesis 1-11*, LHBOTS 592 (London: Bloomsbury, 2013), 2. James Barr와 그의 19세기 선구자 Benjamin Jowett가 그 텍스트의 "명백한" 독법을 옹호한 것에 관한 논의는 C. John Collins, *Reading Genesis Well: Navigating History, Science, Poetry, and Truth* (Grand Rapids: Zondervan, 2018), 18-24을 보라.

사 및 언어학과는 말할 것도 없고 주류 과학과도 큰 갈등을 빚게 한다.[18] 창조과학자들은 자기들의 견해를 옹호하면서 현재의 과학적 패러다임에 존재하는 이례적인 현상들에 초점을 맞추는 경향이 있다. 그들이 이례적인 현상의 존재가 압도적인 증거를 뒤집지 못한다는 것과 신뢰할 만한 대안적인 프로그램을 확립하지 못한다는 것을 이해하지 못하고서 말이다. 따라서 성경을 믿는 그리스도인들은 최악의 시나리오에 빠지지 않도록 젊은 지구 창조론자의 성경 해석학적 주장 역시 오류이기를 바라는 편이 나을 것이다.

그러므로 우리는 창세기 1-11장이 문자적으로 취해질 필요가 없다는 선택지를 고려할 필요가 있다. 우리는 바로 젊은 지구 창조론에 대한 두려움이 창세기의 텍스트를 현대 과학과 조화시키기 위해 그 텍스트의 새롭고 때때로 기괴한 해석을 낳도록 동기를 부여한다고 의심하지 않을 수 없다.[19] 학자들은 창세기 텍스트를 액면대로 취하기보다는 창세기를

---

18 Harlow는 다음과 같은 갈등의 영역들을 열거한다. 창 1장: 천문학, 대기과학, 진화생물학; 창 2-5장: 유전학, 고인류학, 문화인류학; 창 6-9장: 생물지리학과 지질학; 그리고 10-11장: 고인류학과 언어학("After Adam," 193). 이 갈등 중 일부가 해소될 수 있다고 할지라도 현대 과학과 젊은 지구 창조론 사이에는 큰 갈등이 존속한다. 따라서 나는 Donald Carson이 표명한 다음과 같은 견해를 매우 순진하다고 여길 수밖에 없다: "나는 문제는 시대나 과학이나 신학에 속한 것이 아니라 특정한 과학자들, 특정한 시대 정신, 그리고 특정한 신학자들에게 속한다고 주장한다.…신학자들이 그들의 특정한 회의주의에 대한 근거로서 현대성에 호소하기를 중지하고 '현대의'라는 어떤 형태의 말도 사용하지 않고서 그들이 왜 이러저러한 주장을 믿을 수 없는지를 우리에게 말해주면 도움이 될 것이다. 그러면 논의가 좀 더 유익하게 진행될지도 모른다"("Adam in the Epistles of Paul," 40).

19 많은 학자가 성경의 텍스트를 현대 과학 이론들과 조화시키기 위해 창 1-2장에 대한 비문자적 해석을 제안한다"는 Todd Beall의 주장("Reading Genesis 1-2: A Literal Approach," in Charles, *Reading Genesis 1-2*, 56)을 부인해봐야 소용이 없다. 하지만 공정하게 말하자면 많은 경우 학자들은 과학의 역할은 단순히 자신으로 하여금 자기가 텍스트를 오해했는지 보기 위해 그 텍스트를 새로운 눈으로 보도록 이끄는 것이었다고 주장한다. 그런 경우 과학은 재해석의 토대가 아니라 단지 재해석의 계기일 뿐이므로 이는 완전히 적절한 반응이다. 더욱이 어떤 학자가 과학적 토대에서 자신의 해석을 수정하는

우리가 알고 있는 지구의 역사와 조화시키기 위해 정교한 많은 기법을 제안했다. Th. P. 반 바런은 고대의 신화들을 포함한 신화들은 이례적으로 유연한데, 이 유연성 덕분에 신화들이 변화는 상황들에 적용하여 "새로운 도전들에 견디도록 무장될" 수 있게 된다는 것을 발견했다. 그러고 나서 그는 "우리는 지난 150년의 다양한 신학 학파들이 창세기의 첫 장들에 수록된 창조 신화들을 다룬 방식을 상기한다"고 말한다.[20] 얼핏 보면 반 바런의 비교는 범주 오인(category mistake)으로 보인다. 즉 창세기의 "신화들"은 변하지 않았고 그것들에 대한 신학자들의 해석만 변했다. 그러나 반 바런은 다음과 같이 요약하는데, 이 요약은 그가 무엇을 의미하는지를 명확하게 밝혀준다.

1. 신화적 실재와 세속적 실재 사이의 이러한 갈등 상황에서는 한 힘이 굴복하고 변하거나 소멸되어야 한다.
2. 신화의 특성은 소멸에 반대하지만, 우리가 신화의 유연성에 관해 말한 바에 비추어 볼 때 변화에는 반대하지 않는다.
3. 이 세상의 실재는 충분히 근본적인 변화에 좀처럼 개방적이지 않다. 따라서 갈등 상황에서는 대개 신화가 변한다.
4. 이 상황에서 쓰기의 발명으로 신화의 텍스트를 다소 영구적으로 고정시킬 수 있게 되었기 때문에 쓰기의 발명이 문제를 일으켰다.
5. 종교사는 우리에게 이 상황에서 신화의 유연성이 신화의 주해로

경우에도 그런 부적절한 절차를 드러냄으로써 그 해석이 그릇되었음을 증명하려는 시도는 발생학적 오류를 저지르는 처사다. 어떤 견해의 진실성은 그 견해를 취하는 사람이 그 견해에 도달한 동기와 독립적이기 때문이다.

20 Th. P. van Baaren, "The Flexibility of Myth," in *Sacred Narrative: Readings in the Theory of Myth*, ed. Alan Dundes (Berkeley: University of California Press, 1984), 218.

옮겨졌다고 가르쳐준다. 이 점은 성스러운 텍스트에 근거한 모든 종교에서 이 분야에서 신학의 중요한 기능을 설명한다. 원시 종교들에서는 동일한 신화에 대한 여러 이형이 있으며 일반적으로 권위가 있고 원본인 어떤 이형을 콕 집어낼 수 없다는 것이 잘 알려져 있다. 같은 방식으로 우리는 책에 토대를 둔 종교들에서 필요한 변경을 가하여 같은 내용을 말할 수 있는 다양한 주해를 만난다.[21]

심오하게 불온한 이 분석에 따르면 창세기의 신화 전통들이 여전히 구전으로 전해진다면 그것들이 인간의 기원에 관한 유전학 및 고인류학의 증거에 직면하여 새로운 상황에 적응하는 방향으로 변할 수 있을 것이다. 그러나 그 신화들이 권위가 있는 텍스트로 굳어짐에 따라 그 기능이 주해에 넘겨졌는데, 노골적으로 말하자면 주해는 그 텍스트를 현대 과학과 일치시키기 위해 텍스트에 대한 새로운 해석을 만들어낸다.[22]

그런 성경 해석학은 근본적으로 잘못 생각한 것이다. 현대 과학을 채택해서 텍스트 해석을 안내하게 하는 그런 해석학은 일치주의의 최악

---

21 Van Baaren, "Flexibility of Myth," 223-24.
22 Van Baaren의 분석은 Wolfhart Pannenberg가 지지한, 창 1장의 저자가 신학을 당대의 과학과 통합하려는 노력을 통해 우리의 유사한 노력을 정당화했다는 흥미로운 가능성을 제기한다(Wolfhart Pannenberg, "The Doctrine of Creation and Modern Science," in *Toward a Theology of Nature: Essays in Science and Faith*, ed. Ted Peters [Louisville: Westminster John Knox, 1993], 45-46). 우리는 창세기의 낡은 과학에 만족한 채로 남아 있기보다는 우리 시대의 과학을 성경의 가르침과 통합할 권위를 성경으로부터 부여받는다. 그럼으로써 우리는 원래의 텍스트가 변하는 환경에 직면하여 유연하게 변함으로써 새로운 도전에 대처할 능력을 유지한다. 이 견해에서는 하나님이 창 1장에서 본질적으로 유연하고, 따라서 시간에 동결된 것으로 간주되지 않아야 할 문학의 형태에 영감을 주었다. Pannenberg의 성경 해석학의 한계는 그것이 창 1장에만 적용되고 창 1-11장의 원시 역사의 나머지에는 적용되지 않는 것처럼 보인다는 것이다. 이 원시 역사의 나머지는 창 1장의 저자인 P에게 통합적 관심이 있었음을 증명하지 않는다.

의 형태 중 하나다. 우리는 데니스 알렉산더[23]를 따라 **일치주의**라는 말이 사용된 세 가지 방식을 구분할 수 있을 것이다. (1) 성경 구절에서 현대 과학의 정보를 추출하려는 시도. 예컨대 창세기 1:1이 빅뱅을 가르치는 것으로 여긴다. (2) 현대 과학에 비춰 성경의 텍스트를 해석하려는 시도. 예컨대 창세기 1장의 날-시대 해석 또는 틈새 해석, 그리고 (3) 독립적으로 발견된 현대 과학과 성경 신학의 발견사항들을 공관적 세계관 (synoptic worldview) 안으로 통합하려는 시도. 처음 두 의미의 일치주의는 원래의 저자와 청중이 그 텍스트를 이해했을 방식에 어긋나고, 각각의 세대마다 자신의 과학(예컨대 아리스토텔레스의 물리학)을 텍스트 안으로 들여와 읽는 것을 정당화하기 때문에 결함이 있다. 그러나 (1)과 (2)는 성경의 텍스트에 부당하게 과학을 부과하는 처사인 반면 (3)은 지식의 모든 원천에 기초한 통합적인 세계관을 형성하고자 하는 조직신학자의 중요하고 필수적인 과제를 대표한다. 본서에서 나는 일치주의라는 말을 조직신학의 과제로서보다는 성경 해석학적 일치주의를 가리키는 말로 사용할 것이다.

창세기의 이야기들이 성경으로 기록됨에 따라 그 이야기들의 원래의 유연성이 상실되었고 주해가 그 텍스트를 새로운 도전들과 변하는 상황들에 적응시키는 기능을 떠안았다는 반 바런의 말이 옳다면, 젊은 지구 창조론자의 성경 해석학적 주장이 실제로 옳을지도 모른다는 무서운 가능성을 비판적으로 직면하기 어렵기 때문에 일치주의의 위험이 심각해진다. 성경의 권위에 충실한 사람들에게는 과학적으로 수용할 수

---

23   Denis Alexander, "The Various Meanings of Concordism," *BioLogos* (blog), March 23, 2017, http://biologos.org/blogs/guest/the-various-meanings-of-concordism. 이에 관한 논의는 Andrew Loke, *The Origin of Humanity: Science and Scripture in Conversation*(2022)을 보라.

있는 새로운 해석을 내놓으려는 유혹에 저항하기가 어려울 수도 있다. 하지만 우리는 그런 일치주의 욕구에 저항하고 텍스트를 원래의 저자와 그의 청중이 이해했던 대로 이해하기 위해 노력해야 한다. 그럴 때 우리는 창세기 1-11장이 문자적 해석을 지지하지 않는 문학 장르에 속한다는 것을 발견할 것이다.

현대 문헌 비평은 고대 텍스트들에 대한 우리의 이해를 심화시켰고 그 텍스트들에 새로운 빛을 비춰주었다. 저드 데이비스는 이에 대해 이의를 제기하고 우리의 관련 성경 텍스트 해석이 교부 중 아무에게도 지지를 받지 않았다면 우리가 문제의 구절을 잘못 해석했을 가능성이 크다고 주의를 준다.[24] 그러나 어떤 교부도 오늘날 우리가 합리적으로 받아들일 특정한 성경 해석을 지지하지 않았을 것이기 때문에 그런 성경 해석 지침은 신뢰하기에는 너무 단순하다. 예컨대 교부들은 그리스의 지구 중심 우주론에 따라 태양의 움직임에 관한 성경 구절들을 문자적으로 해석했다. 나는 태양중심설이나 지구의 회전 운동을 믿은 교부를 알지 못한다. 그러나 그렇다고 해서 태양의 움직임을 묘사하는 성경 구절들을 문자적으로 취하지 않는 해석이 배제되지 않는다. 젊은 지구 창조론자를 포함한 여러 주석가가 성경 저자들의 진술들은, 우리가 현대의 천문학 지식에도 불구하고 일출과 일몰에 대해 말할 때와 같이, 본질상 현상적이라고 타당하게 지적해왔다.

데니스 라무뢰는 이를 논박하며 고대인들은 획일적으로 현상에 관한 그들의 보고들을 세상에 대한 문자적 묘사로 해석했다고 주장한다.[25]

---

24 Davis, "Unresolved Major Questions," 215.
25 Denis O. Lamoureux, "No Historical Adam: The Evolutionary Creation View," in Barrett and Caneday, *Four Views on the Historical Adam*(『아담의 역사성 논쟁』, 새물결 플러스 역간), 46.

성경의 저자들은 태양이 문자적으로 뜨고 문자적으로 지는 것처럼 자기들이 눈으로 본 것이 사실이라고 믿었다는 것이다. 그러나 라무뤼의 주장은 명백히 틀렸다. 우선 고대인들은 현상이 실재에 상응하지 않을 수도 있다는 것을 잘 알았다. 예컨대 그들은 물체들이 멀어짐에 따라 줄어든다고 보이는 것은 실제로 그런 것이 아니고 외관상 줄어드는 것일 뿐임을 알았다. 그들은 대상(隊商)이 점진적으로 시야에서 사라질 때 사람들과 동물들이 문자적으로 줄어들다가 마침내 사라진다고 생각하지 않았다. 그들 자신이 때때로 여행자였고 그들이 떠나온 도시의 크기가 줄어드는 것을 관찰할 수 있었다. 우리는 수메르의 "에타나" 신화에서 실제로 거리가 멀어짐에 따라 물체들이 작아지는 현상에 대한 멋진 예시를 지니고 있는데, 그 신화에서 에타나가 독수리를 타고 하늘에 올라가는 것이 생생하게 묘사된다:

> [독수리가] 그를 데리고 오 리쯤 올라갔다.
> "친구여, 그 나라를 보게나. 그것이 어떻게 보이는가?"
> "그 나라의 사물들이 [파리들처럼(?)] 윙윙거리고 있고(?)
> 큰 바다가 양의 우리보다 크지 않다네!"
> [그 독수리가 그를 데리고] 오 리를 더 올라갔다.
> "친구여, 그 나라를 보게나. 그것이 어떻게 보이는가?"
> "그 나라가 [ ] 정원으로 변했고,
> 큰 바다가 양동이보다 크지 않다네!"
> 독수리가 그를 데리고 오 리를 더 올라갔다.
> "친구여, 그 나라를 보게나. 그것이 어떻게 보이는가?"
> "나는 그 나라를 찾고 있지만 그것을 볼 수 없다네!
> 그리고 내 눈은 큰 바다도 찾아낼 수 없다네!

친구여, 나는 더 이상 하늘로 올라갈 수 없네.

길을 거슬러 나를 내 도시로 다시 데려다 주게나!"(*Etana* III)[26]

에타나가 하늘로 올라가는 이야기는 고대인들이 현상에 대한 보고가 무비판적으로 문자적 묘사와 동일시되어서는 안 된다는 것을 이해했음을 명확히 보여준다.

둘째, 고대인들은 하늘의 현상에 대한 사실적인 해석을 제시하는데 관심이 없었을 수도 있다. 라무뤼는 바빌로니아 천문학의 도구적인 성격을 이해하지 못했다. 이 점에 관해서는 우리가 뒤에서 다소 상세하게 살펴볼 것이다.[27] 바빌로니아의 천문학자들은 문자적으로 취해질 경우 서로 양립할 수 없는 두 시스템을 사용해서 태양과 별들과 행성들의 움직임을 매우 정확하게 예측할 수 있었다. 하지만 그 시스템들을 통해 나타내진 움직임들은 현상에 관한 것이었고 하늘에 관한 문자적인 우주론을 묘사하려는 시도가 이루어지지 않았기 때문에 두 시스템이 양립할 수 없다는 것이 문제가 되지 않았다. 따라서 태양의 움직임에 관한 고대의 현상학적 묘사가 문자적으로 이해되어야 하고 실제로 그렇게 이해되었다는 라무뤼의 생각은 확실히 옳지 않다.

교부들이 마땅히 존중받아야 하지만, 그들은 고대 텍스트들의 장르분석과 해석에 관한 현대 학문의 혜택을 누리지 못했다. 구약 학자인 브레바드 차일즈는 우리에게 다음과 같이 올바로 상기시킨다. "교부들, 또는 그 문제에 대해서는 종교개혁자들을 철학, 본문비평이나 문헌비평, 또는 역사 지식과 주해의 정확성 면에서 현대 학계와 비교하면 합리적

---

26 Stephanie Dalley, ed., *Myths from Mesopotamia: Creation, the Flood, Gilgamesh, and Others*, rev. ed. (Oxford: Oxford University Press, 2000).

27 본서의 264-69을 보라.

인 사람이라면 누구나 구약성서와 관련하여 역사비평 학계가 부인할 수 없는 성취를 이루었음을 납득할 것이다."[28] 창세기 1-11장 해석에서 우리가 그런 성취를 무시한다면 참으로 어리석은 처사일 것이다.

역사적 아담에 관한 성경 자료 조사에 대한 우리의 관심은 예컨대 성경 텍스트에 대한 자료 분석이나 전통적-역사적 분석을 통해 창세기 1장과 2장의 "창조" 기사 배후에 놓인 자료들이나 전통들 또는 우리에게 정경의 홍수 이야기를 제공해주는 자료들과 전통들을 결정하는 데 놓여 있지 않다. 1980년대 이후 성경 연구에서 정경 텍스트 연구의 가치를 재인식하고 있는데, 이는 자료비평, 양식비평, 그리고 전통비평과 구분하기 위해 때때로 정경비평으로 알려진 운동이다. 차일즈는 비평적으로 구성된 텍스트의 발전과 우리가 가지고 있는 실제 정경 텍스트 사이에 존재하는 "거대한 틈"에 주의를 기울인다.[29] 데이비드 클라인즈는 오경의 주제에 대한 첨단적인 연구에서 성경 연구는 확고하게 인문학 연구 전통에 속하며, 따라서 새로운 데이터에 대한 과학적 탐구보다는 문학 분석과의 공통점이 더 많다고 지적한다.[30] 그러므로 그는 성경학계가 "유전학"과 "원자론"에 빠져 텍스트의 최종 형태를 소홀히 한다고 비난한다. "창세기에 대한 전통-비평 연구의 많은 부분의 취약한 성격"과 그것의 "사변적인 결과"를[31] 불평하는 차일즈는 하나의 예로서 클라우스

28 Brevard S. Childs, *Introduction to the Old Testament as Scripture* (Philadelphia: Fortress, 1979), 40.

29 Childs, *Introduction to the Old Testament*, 40.

30 David J. A. Clines, *The Theme of the Pentateuch*, 2nd ed., JSOTSup 10 (Sheffield: Sheffield Academic Press, 1997), 11.

31 비관적인 Richard Averbeck의 논평을 참조하라:

오경 구성의 연구에서 비평적인 방법이 점점 "다원적인" 작업이 되었다는 데 모두 동의한다. 위에 개괄된 자료비평이든 편집비평이든 간에 반대되는 이론들을 취하는 학

베스터만의 방대한 창세기 1-11장 주석을 지적한다. 차일즈에 따르면 그 주석에서 "전통-비평 방법에 고유한 모든 문제가 절정에 도달했지만, 복잡성이 주해를 삼키려고 위협한다."[32] 베스터만의 주석은 뛰어남에도 불구하고 우리 앞에 놓인 텍스트의 의미 이해에 별로 도움이 되지 않는다. 차일즈는 "최종 형태의 성경 텍스트의 중요성은 그것만이 완전한 계시의 역사를 증거한다는 것이다"라고 설명한다.[33] 전통-비평 문제들은 그것들이 최종 형태의 텍스트 해석에 빛을 비춰주는 한에서만 우리에게 관심이 있다.

따라서 우리는 정경 텍스트가 역사적 아담에 관해 가르치는 내용에 관심이 있다. 정경 텍스트에 초점을 맞추는 이유는 역사-비평 문제들이 흥미가 없거나 중요하지 않아서가 아니라 결국 정경 텍스트가 인간에 관한 기독교 교리의 토대이기 때문이다. 따라서 이 연구에서 나는 역사

자들 사이 또는 심지어 기본적으로 같은 접근법을 따르는 학자 사이에서도 합의되는 점이 별로 없다.…사실 현재 존재하는 어떤 패러다임도 합의를 낳을 것 같지 않다. 그들은 확인할 수 있는 데이터를 훨씬 넘어갔고, 어떤 경쟁 이론도 제안되지 않은 곳에서 문제를 발견해서 마치 그것들이 확인된 것처럼 취급했으며, 그것들을 사용해서 앞의 주장들이 무게를 견딜 수 없을 경우 쉽게 붕괴할 수 있는 다른 이론적 구성 개념을 세웠다. 많은, 그리고 점증하는 해체와 재구성은 이런 접근법 중 어느 것이 시간과 정밀조사의 시험을 견딜 수 있는 결과를 낳으리라는 신뢰를 고취하지 않는다(Richard E. Averbeck, "Reading the Torah in a Better Way: Unity and Diversity in Text, Genre, and Compositional History," in *Paradigm Change in Pentateuchal Research*, ed. Matthias Armgardt, Benjamin Kilchör, and Markus Zehnder, BZABR 22 [Wiesbaden: Harrassowitz, 2019], 23).

Averbeck이 David Carr의 글에서 인용한 언급을 보라: "나는 언제나 어떤 텍스트의 기록되지 않은 선역사(prehistory)에 관한 안전하고 상세한 내용을 알기가 얼마나 곤란하고 어려운지를 절감한다. 한때 저명했던 오경 학자들이 제시한 죽은 이론들의 시체들이 흩어져 있으며, 나는 오늘날 제출되고 있는 많은 이론의 운명도 별로 나을 것이 없다고 생각한다"(Averbeck, "Reading the Torah," 27).

32 Childs, *Introduction to the Old Testament*, 142.

33 Childs, *Introduction to the Old Testament*, 76.

적 아담 문제에 대한 정경적 접근법을 채택해서 현재 우리에게 있는 성경 텍스트로부터 시작할 것이다.

창세기 1-11장의 세심한 장르 분석 결과 조직신학자가 그 텍스트의 가르침을 현재의 과학, 역사, 그리고 언어학과 통합하기 위해 텍스트의 새로운 재해석이 필요한 것은 아니라는 점이 밝혀질지도 모른다. 일치주의의 유혹에 저항하기 위해 우리는 본서에서 먼저 성경 해석 작업을 수행하고 인간의 기원에 관한 과학적 증거를 독립적으로 조사할 것이다. 우리는 창세기 1-11장의 장르와 성경이 역사적 아담에 관해 가르치는 바에 관해 어느 정도 결론을 내리고 난 후에야 비로소 과학적 데이터를 조사할 것이다.

아담과 하와를 좀 더 큰 맥락에서 살펴보기

아담과 하와의 이야기는 대체로 성경의 두 장, 즉 창세기 2-3장에 국한된다. 그러나 이 장들은 따로 떼어져 읽힐 것이 아니라 종종 원시 역사라 불리는 창세기 1-11장의 족장 이전의 내러티브들의 맥락에서 읽혀야 한다(아담과 하와 이야기는 그 일부다). 그러나 원시 역사는 창세기 전체의 맥락 안에서 이해될 필요가 있다. 창세기 책은 이어서 성경의 처음 다섯 권인 창세기, 출애굽기, 레위기, 민수기, 그리고 신명기로 구성된 오경이라는 좀 더 큰 작품의 일부다. 처음에는 협소하게 정의되고 다룰 만한 일로 보였던 것이 너무 커지려고 위협해서 우리의 탐구를 훨씬 어렵게 만든다. 그럼에도 우리가 우리의 일을 책임 있게 수행하기 위해서는 그러한 좀 더 넓은 관점이 필요하다.

오경

전체로서의 오경과 창세기 및 원시 역사와 오경 사이의 관계를 고려할 때, 우리는 오경의 주제에 관한 데이비드 J. A. 클라인즈의 중요하고 영향력이 있는 연구로부터 유익을 얻을 수도 있을 것이다. 오경의 "주제"를 결정하기 위해 노력하면서 클라인즈는 그 작품의 내용, 구조, 그리고 전개의 근거를 묻는다.[34] 그는 오경에 나타난 운동의 계기가 족장들, 특히 아브라함에 대한 하나님의 3중적인 약속—자손, 하나님과의 관계, 땅—이라는 점을 의심할 수 없다고 생각한다. 창세기 12:1-3에 수록된 아브라함에 대한 약속은 세 가지 요소 모두로 구성된다. "너는 너의 고향과 친척과 아버지의 집을 떠나 내가 네게 보여 줄 땅으로 가라. 내가 너로 큰 민족을 이루고 네게 복을 주어 네 이름을 창대하게 하리니 너는 복이 될지라. 너를 축복하는 자에게는 내가 복을 내리고 너를 저주하는 자에게는 내가 저주하리니 땅의 모든 족속이 너로 말미암아 복을 얻을 것이라." 따라서 오경의 주제는 족장들에게 한 약속 또는 축복의 부분적인 성취다.[35] 자손의 요소는 창세기 12-50장에서 두드러지고, 관계의 요소는 출애굽기와 레위기에서 두드러지며, 땅의 요소는 민수기와 신명기에서 현저하다.

오경의 주제에 대한 이 진술은 확실히 창세기 1-11장을 설명에서 빠뜨린다. 클라인즈는 이 부분은 그것의 주제와 별도로 다뤄질 필요가 있다고 생각한다. 그것은 시간적으로 창세기 12:1-3에 수록된 오경의 나머지의 주제의 최초의 진술에 선행하며 따라서 그 아래에 포함되지 않을 뿐만 아니라, 그것의 경향은 오경의 나머지와 완전히 다른 방향을

---

34   Clines, *Theme of the Pentateuch*, 23; 참조. 20.
35   Clines, *Theme of the Pentateuch*, 30.

향하기 때문이다.[36] 창세기 1-11장의 주제를 결정할 때 클라인즈는 그 내러티브들뿐만 아니라 족보들 및 10장에 수록된 민족 목록표의 근거도 모색한다. 클라인즈는 창세기 1-11장의 주제의 적절한 총체적인 진술은 인간의 악화하는 죄에 대한 하나님의 심판이 하나님의 자비를 통해 일관성 있게 완화되는 죄의 확산/은혜의 확산 주제와,[37] 홍수와 언어의 혼란이 창조의 방향을 뒤집는 창조-말살-재창조 주제 모두를 허용해야 한다고 주장한다.

인간이 하나님이 선하게 만든 것을 파괴하는 경향이 있거나, 인간의 죄가 아무리 극적으로 될지라도 하나님의 은혜는 인간을 죄의 결과로부터 구원한다는 창세기 1-11장의 두 가지 전반적인 주제 중 어느 한쪽에 강조가 놓일 수 있다. 클라인즈는 원시 역사는 바벨탑 이야기로 모호하게 끝나기 때문에 오경의 나머지에서 떼어서 볼 경우 "중심적인 진술이 무엇인지 매우 모호"하지만, 그것을 오경의 나머지와 관련하여 고려할 경우 이 두 대안 중 하나로 "확고하게 선택될 수" 있다고 생각한다.[38]

족장의 역사는 신적 약속의 성취를 나타내기 때문에 창세기 1-11장을 긍정적으로 읽는 것이 적절할 가능성이 크다. 원시 역사는 족장의 역사로 부드럽게 이어진다. 원시 역사와 족장의 역사 사이에 발전된 과

---

36 Clines, *Theme of the Pentateuch*, 15.

37 von Rad, *Genesis*, 24, 152-53을 보라. Clines는 바벨탑 이야기가 홍수를 촉발한 죄에 비해 인류의 죄가 격화한 것을 나타내지 않는다는 반대를 고려한다. 홍수 전의 죄가 그 탑을 세운 사람들의 죄보다 심하지 않았으며 탑 건설자들에 대한 처벌이 어느 면에서는 홍수보다 심했다는 그의 답변은 개연성이 낮다. 노아의 가족을 제외한 모든 사람이 홍수로 죽었기 때문에 바벨탑 이야기를 홍수 이야기 앞에 놓으면 현재 인류의 언어의 다양성이 설명되지 않으리라는 것이 좀 더 나은 답변이다. 따라서 바벨탑 사건은 설사 죄의 격화와 관련되지 않았더라도 논리적으로 홍수보다 뒤에 와야 한다.

38 Clines, *Theme of the Pentateuch*, 83.

도기적 구절(창 11:27-32)이 존재하기 때문에 두 부분이 주제 면에서 서로 반대되는 것으로 의도되었을 개연성이 작다. 따라서 인간의 죄의 파괴적인 결과에도 불구하고 하나님은 구원과 축복의 길을 발견한다. 따라서 클라인즈는 족장들에 대한 신적 약속은 창세기 1:26-28과 결합되어서 인류에 대한 하나님의 원래 의도의 재확인으로 읽힐 것을 요구한다고 결론짓는다.[39]

고대 근동 신화

창세기 1-11장의 원시 내러티브들은 창세기와 오경의 맥락 안에서 읽혀야 할 뿐만 아니라, 또한 고대 근동 문헌이라는 좀 더 넓은 맥락 안에서 읽혀야 한다. 구약 학자들은 기원전 3세기에 바빌로니아 제사장 베로수스가 그리스인 독자들을 위해 메소포타미아 종교를 설명한 것을 토대로 수 세기 동안 창세기 1-11장의 원시 내러티브들과 고대 메소포타미아 신화들 사이의 유사성을 알고 있었다.[40] 1872년 조지 스미스가 「길가메시 서사시」(Epic of Gilgamesh) 열한 번째 서판으로부터 홍수 이야기를 출간함으로써 이 인식이 높아졌다. 이후 고대 수메르와 바빌로니아 쐐기 문자 텍스트(즉 고대 수메르어와 아카드어의 쐐기 모양 문서 텍스트)의 지속적인 발견과 출간으로 현존하는 인류의 최초의 문헌인 고대 근동 문헌에 대한 우리의 이해가 확대되었다. 구약 학자들은 구조와 내러티브들 및 다뤄진 주제들의 관점에서 창세기 12-50장에 비해 창세기 1-11장이 이

---

39   Clines, *Theme of the Pentateuch*, 85.
40   Stanley Mayer Burstein, ed., *The "Babyloniaca" of Berossus*, SANE 1/5 (Malibu, CA: Undena, 1978)을 보라. 베로수스가 바빌로니아의 종교에 대해 한 일은 요세푸스가 유대의 종교에 대해 한 일에 해당한다. 즉 그들은 문화적으로 지배했던 그리스인들이 이해하고 감상할 수 있도록 자신의 종교의 교의를 그리스의 관점에서 설명했다.

문헌과 유사하다는 것을 언급해왔다.[41] 구조적으로는 「아트라하시스 서사시」(*Atrahasis Epic*), 소위 에리두 창세기와 「길가메시 서사시」 같은 텍스트들을 토대로 많은 구약 학자가 창세기 1-11장에서 창조 내러티브, 홍수 전의 인간, 그리고 홍수 자체로 구성된 유사한 구조를 식별한다. 주제 면에서는 고대 신화들과 창세기 1-11장이 세상의 창조, 인간의 기원, 그리고 재앙적인 홍수로 말미암아 인류가 전멸에 가깝게 죽임당하는 것 같은 커다란 주제들을 공유한다.

그러나 구조적 유사성이 과장될 수도 있다. 「아트라하시스 서사시」와 「길가메시 서사시」는 창조 기사를 포함하지 않으며, 다른 시기들의 텍스트들로부터 편찬된 가설상의 내러티브인 에리두 창세기는 현재는 없어진 창조 기사를 포함했다고 가정될 뿐이다. 이런 신화 중 어느 것에도 창세기 1-11장에서 홍수 전에 중추적인 아담과 하와 이야기, 그들의 시험 및 타락과 유사한 내용이 없으며, 그 이후 바벨탑 이야기 같은 내용도 없다. 그렇다면 창세기 1-11장과 고대 근동 신화들이 다루는 유사한 주제들이 이 텍스트들의 내러티브 구조보다 중요하다. 이와 대조적으로 창세기 12-50장에는 고대 근동 신화들과 주제상의 유사성이 존재하지

---

41 예컨대 Gordon J. Wenham, *Genesis 1-15*, WBC 1 (Grand Rapids: Zondervan, 1987), xxxvii을 보라: "창 1-11장이 창 12-50장과 비교되면 현저한 차이가 나타난다. 1-11장은 고대 근동 전통과의 병행들로 가득해서 창세기가 이 동방의 아이디어들을 긍정적으로 및 부정적으로 반영하는 것처럼 보인다." 「아트라하시스 서사시」와 수메르의 홍수 이야기 모두 "늦어도 기원전 1600년까지는 메소포타미아에 현재 형태의 창세기와 매우 유사한 기원들의 이야기가 알려졌음을" 명확히 보여준다.…"창 1-11장은 바빌로니아와 이스라엘에 공통적인 가장 이른 태곳적 이야기의 개요를 증언하는 것으로 보인다"(Wenham, *Genesis 1-15*, xli). "그러나 12-50장은 매우 다르다. 아브라함과 그의 후손들이 이 장들의 배타적인 관심 대상이다. 족장 이야기들이 잘 알려진 동방의 영웅담을 채택한 것이라는 아무런 암시도 없다"(Wenham, *Genesis 1-15*, xxxvii). 이 점은 문자주의자 Todd Beall의 "창 1-2장 또는 창 1-11장에 대해 창세기의 나머지에 대한 해석학과 다른 해석학을 사용하는 것에 대한 근거는 무엇인가?"라는 질문에 대답한다("Reading Genesis 1-2," 59; 참조. 46). 우리는 결국 다른 장르들이 사용되고 있음을 알게 될 것이다.

않는다. 따라서 "창세기 1-11장의 내러티브들이 이스라엘의 신화들을 편찬한 것으로 여겨져서는 안 되는가?"라는 문제가 자연스럽게 제기된다.

고대 근동 신화와 종교의 비교 문헌 연구는 우리를 서구의 독자들 대다수에게 아주 낯선 세계로 데려간다. 우리는 그리스 신화와 로마 신화에는 어느 정도 익숙하며, 우리 태양계의 행성들이 비너스(금성), 머큐리(수성), 마르스(화성), 주피터(목성)의 이름을 갖고 있기 때문에 이런 신들과 여신들의 이름에 익숙하다. 우리는 아폴론과 아테나 그리고 제우스 같은 이름에 편안함을 느낀다. 하지만 우리는 이집트의 신들에 대해서는 덜 익숙하다. 우리 중 대다수는 이시스와 오시리스, 호루스, 아문-레 같은 신들이 누구인지는 모를지라도 적어도 그들의 이름은 들어보았다. 그러나 닌후르사그, 엔키, 아누, 닌투 같은 메소포타미아 신들이나 지우수드라, 우트나피쉬팀, 엔키두 같은 인물에 관해 들으면 우리는 당황하고 당혹스럽다고 느낀다. 솔직히 말해서 고대 메소포타미아 종교의 세계는 우리 중 대다수에게 기묘하게 보인다.

그러므로 이 대목에서 창세기 1-11장의 비교 연구에 가장 적실성이 있는 지역인 고대 메소포타미아와 이집트의 신화들에 대한 간략한 소개가 도움이 될 것이다. 내가 그렇게 하는 목표는 다양한 신화들에 대해 피상적으로라도 조사하는 것이 아니라, 단지 독자들이 몇몇 신화들과 그것들의 특성에 조금이나마 익숙해지게 함으로써 이질감을 줄이도록 그들을 도와주는 것이다. 그러면 우리가 나중에 그 신화들을 좀 더 자세하게 살펴볼 때 그것들의 생소함을 극복하기 위해 애쓸 필요가 없을 것이다.

메소포타미아

메소포타미아 종교부터 시작하자. 메소포타미아는 이름이 암시하듯이 대략 현대 이라크에 위치한 티그리스강과 유프라테스강 사이의 지역이다(그림 1.2를 보라). 기원전 세 번째 천년기 초 이후 그 지역은 수메르, 아카드, 아시리아, 그리고 바빌로니아 등 경쟁하는 제국들의 각축장이었다(그림 1.3을 보라).

그림 1.2 메소포타미아 지도

가장 오래된 제국은 수메르 제국이었는데 수메르의 주요 도시는 에리두, 우르크, 우르, 그리고 니푸르를 포함했다. 수메르는 늦어도 기원전 세 번째 천년기 초부터 아카드의 사르곤 대왕이 메소포타미아 전 지역을 아카드 제국(대략 기원전 2335-2154년)으로 통합할 때까지 오늘날의 이라크 남부를 지배했다. 그 바로 북쪽 지역에서 전설적인 도시 바빌론을 중심으로 한 바빌로니아는 고바빌로니아 제국(기원전 1830-1531년)—그 제국의 가장 유명한 왕은 함무라비였다—과 신바빌로니아 제국(기원전

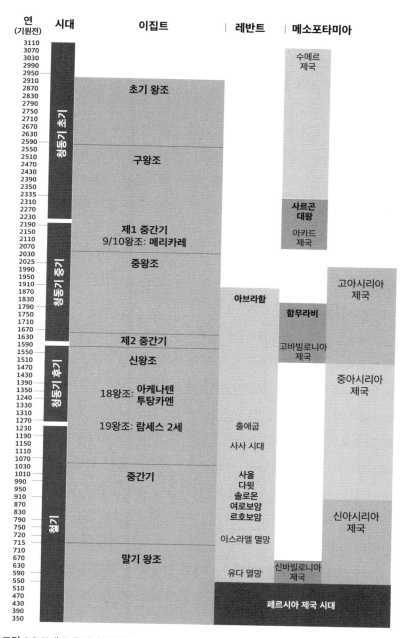

그림 1.3 고대 근동 역사 비교표

626-539년) 동안 짧은 전성기를 누렸다. 신바빌로니아 제국은 특히 성경 독자들에게는 그 시기에 네부카드네자르 2세(개역개정에서는 느부갓네살)가 예루살렘을 정복하고 유대인들을 바빌론으로 추방한 것으로 잘 알려져 있다. 기원전 539년에 키루스 대왕(개역개정에서는 고레스) 치하의 아케메네스 제국이 바빌론을 점령해서 신바빌로니아 제국을 멸망시키고 궁극적으로 유대인들을 귀환하게 했다. 그 중간에 훨씬 강력한 아시리아 제국이 그 지역을 지배한 기간들이 있었는데 그들은 니네베(개역개정에서는 니느웨)에 아슈르바니팔 왕의 쐐기문자 도서관을 남긴 것으로 유명하다. 아시리아 제국도 고아시리아 제국(기원전 2025-1522년경), 중아시리아 제국(기원전 1391-1050), 그리고 신아시리아 제국(기원전 911-605)의 부침을 겪었으며, 신아시리아 제국 때 사르곤 2세가 기원전 721년에 북왕국 이스라엘을 정복했다.

우리의 목적상으로는 이런 정치적 실체들보다 언어상의 차이들이 더 중요했다. 수메르인들은 그 지역의 셈족 언어인 아카드어와 관련이 없는 언어를 사용하는, 셈족이 아닌 이주자였다. 니푸르에서 수천 개의 점토판에 쐐기문자로 새겨진 수메르 문헌이 발굴되었다. 아카드, 아시리아, 그리고 바빌로니아의 부상으로 아카드어가 수메르어를 대체하게 되었다. 서기관들 사이에서는 수메르어가 수 세기 동안 계속 사용되었지만 말이다. 니네베에 소재한 아슈르바니팔의 유명한 도서관에서 발굴된 수천 개의 쐐기문자 판들은 아카드어로 기록되었다. 일부 텍스트들은 두 언어로 쓰였다.

수메르의 신화들은 인간의 존재를 결정하는, 인간을 닮은 수천 명의 신들과 관련된 다신론적 세계관을 묘사한다. 이 신들 중 최고 신은 니푸르의 수호신인 엔릴이었다. 수메르의 창조 신화에서는 안(아카드어에서는 아누) 신이 하늘[에 대한 지배권]을 주장하고 엔릴이 땅[에 대한 지배권]을 주장해서 하늘과 땅이 갈라졌을 때 세상이 창조되었다. 아카드의 신화들에서는 자기의 잠을 방해한 인간들에게 짜증이 난 엔릴이 홍수를 보내 인간을 멸망시킨다. 수메르 신화 "엔릴과 닌릴"에서 엔릴은 여러 모습으로 변장하여 여신 닌릴을 여러 번 강간한다. 에리두의 수호신인 엔키(아카드어에서는 에아) 신은 인간에게 다양한 기술 진보를 부여한, 좀 더 자비로운 신이다. 그는 지하의 물들(아프수)에 거주했다. 아카드의 홍수 이야기에서 엔키가 아트라하시스(수메르어에서는 지우수드라)에게 배를 만들어 폭풍우를 이겨내라고 말함으로써 인간을 멸망시키려는 엔릴의 계획을 방해한다. 엔키의 주요 배우자는 닌후르사그인데 그 여신은 닌마흐, 닌투, 그리고 마미로도 불렸다. 수메르 신화 "엔키와 닌마흐"는 닌마흐가 진흙 조각으로 인물들을 빚고 그것들이 태어날 때까지 출산의 신들의 태에 임신시킴으로써 인간을 창조하는 것을 묘사한다. 안, 엔릴, 엔키, 그리고 닌마흐는 수메르 신화의 "위대한 신들"이다.[42]

후대의 바빌로니아 신화에서 바빌로니아의 수호신인 마르두크는 엔릴을 만신전의 주신(主神) 자리에서 밀어낸다. 「에누마 엘리시」(아카드어: "위로부터 ~했을 때")는 마르두크가 주로 용의 여신 티아마트를 이김으로써 다른 신들 위에 등극한 것을 묘사한다. 「에누마 엘리시」는 마르두크가 티아마트의 양분된 시체에서 세상을 창조한 기사와 훗날 에아가 티아마트의 반역을 선동한 혐의로 처형된 킨구 신의 피로 인간을 창조한 기사를 포함한다. 그 신화는 신들이 최고신 마르두크에게 50개의 고귀한 이름을 부여하는 것으로 끝난다.

다음은 메소포타미아 인물들의 이름들과 그들 각각의 특징의 예

---

42 "인간의 창조"(*KAR* IV), 67-69행에 따름. 이 텍스트에 대해 나는 Richard A. Averbeck in *The Context of Scripture*, vol. *4, Supplements*, ed. K. Lawson Younger Jr.(Leiden: Brill, 2017)의 번역을 사용한다.

다:[43]

아다파: 에아의 인간 아들. 그에게 영생의 기회가 주어졌으나 에아
의 잘못된 충고로 그 기회를 놓친다.

아누(수메르어: **안**): 하늘의 신. 엔릴의 아버지. 만신전의 좀 더 오래된
주신.

아프수: 지하의 물들의 영역, 에아의 집. 여신 티아마트의 배우자이
자 1세대 신들의 아버지로 의인화됨.

아트라하시스: 홍수의 생존자. 우트나피쉬팀과 동일 인물.

에아(수메르어: **엔키**): 인간에게 다양한 기술과 문명의 도구들을 수여
한, 지하의 물들의 신. 그는 아프수에서 어부의 형태로 일곱 명의
현자들(**압칼루**, *apkallu*)을 보내 인류에게 기술의 사용을 가르쳤다.

엘릴(수메르어: **엔릴**): 수메르 신들과 아카드 신들의 좀 더 젊은 만신
전의 주신. 특징과 속성들이 아직도 불확실하다. 그는 바빌로니아
에서는 마르두크로 대체된다.

엔키두: 신들이 특별히 길가메시의 벗으로 창조한 야만인.

길가메시(수메르어: 빌가메시): 불멸을 찾아 떠났지만 실패한, 우르크
의 강력한 왕.

마미: 모신 닌후르사그.

마르두크: 바빌로니아의 수호신, 티아마트를 죽이고 세상을 창조한
신. 그는 만신전의 최고신 지위에 올랐다.

남무: 수메르의 출산의 신, 에아의 어머니.

---

43   출처: Dalley, ed., *Myths from Mesopotamia*, "Glossary of Deities, Places and Key Terms,"
317-31.

닌후르사그: 모신, 닌마흐, 난투, 마미 등으로도 알려졌다.

니누르타: 수메르의 전사(戰士) 신이자 엔릴의 아들.

킨구: 티아마트에게 신들에 대항해 반란을 일으키도록 선동한 혐의로 죽임당한 신으로서, 인간은 그의 시체로 창조되었다.

티아마트: 바다가 사나운 용으로 의인화된 여신. 그녀는 아프수와 함께 1세대 신들을 낳았다. 그녀는 마르두크와의 거대한 싸움에서 패했고 마르두크는 그녀의 시체로 세상을 만들었다.

우트나피쉬팀: 배를 만듦으로써 홍수에서 생존한 사람.

본서의 뒤에서 이 신화들의 위업들을 창세기 1-11장의 내러티브들과 비교할 때 우리는 이 신들과 사람들을 좀 더 길게 논의할 것이다.

이집트

이제 완전히 다른 이집트 신화들을 살펴보자. 기원전 세 번째 천년기 초 이래의 유구한 역사(그림 1.3을 보라) 동안 이집트는 나일강 삼각주 어귀 근처의 멤피스, 약간 북동쪽의 헬리오폴리스, 남쪽으로 상이집트와 하이집트 경계 지점의 헤르모폴리스, 그리고 지중해에서 남쪽으로 약 800 킬로미터 떨어진 상이집트의 테베라는 네 곳의 현저한 제의 중심지에서 다양하게 표현된 형이상학적이고 종교적인 세계관을 발전시켰다(그림 1.4를 보라).

이 모든 종교적 관점들의 근저가 되는 형이상학적 세계관은 실재가 궁극적으로 하나의 근원적이고 차별화되지 않는 통일체라는 견해인 일원론이었다. 근저의 이 원시적인 통일성에서 다양성이 출현한다. 다양한 신화들에서 어둠과 경계가 없는 물은 이 원시 상태를 나타낸다. 원시의 하나 됨이 다양하게 펼쳐지는 것은 주로 신들의 족보, 즉 신들의 출현 과

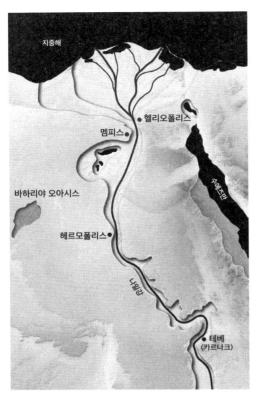

정에서 형태를 취한다.
따라서 그를 창조할 어
떤 신도 없었던 최초의
신은 스스로 창조되었
다거나 원시의 물들(눈
[Nun]으로 의인화된다)과
동일하다고 말해진다.
스스로 창조된 신은 헤
르모폴리스와 헬리오
폴리스에서는 아툼과
동일시되고, 멤피스에
서는 프타와 동일시되
며, 태양신 아툼-레처
럼 몇몇 신들이 결합한
신이기도 하다. 신들의
이름이 아니라 그들의
역할이 중요하다. 헤

그림 1.4 제의 중심지들을 보여주는 고대 이집트 지도

르모폴리스의 제의에서는 쿠크, 눈, 후, 아툼의 네 신과 그들의 배우자인
여덟 신이 있는 것으로 가정되는데 그들은 각각 원시 상태의 어둠, 물,
경계가 없음, 그리고 차별되지 않음과 동일시된다.

최초의 신의 출현은 종종 물들에서 작은 언덕이 출현한 것으로 나
타내진다. 아툼은 그 언덕에 앉아 있을 수도 있고 언덕 자체와 동일시되
기도 한다. 아툼이 독신이었을 때에는 재채기하거나 침을 뱉거나ー그것
은 논리적으로 보이는데ー수음하거나 스스로 임신함으로써 다른 신들
을 형성하는 것으로 나타내진다. 헬리오폴리스에서 아툼에게서 연속적

인 다섯 세대의 아홉 주신이 나온다. 아툼이 건조한 대기의 신 슈와 습기의 여신 테프누트를 만들고 그들은 [결혼해서] 대지의 신 게브와 하늘의 신 누트를 낳는다. 게브와 누트 부부는 네 자녀 오시리스, 세트, 이시스, 그리고 네프티스를 낳는다. 신들의 족보의 절정은 태양신을 낳은 것인데, 그는 고왕국 이후 가장 중요한 신이자 모든 창조물과 사물의 창조주이자 유지자로서 다양한 이름으로 숭배되었다. 따라서 이집트의 일원론은 종교적으로 일종의 만유재신론(panentheism)인데, 그것에 따르면 만물이 신적인 존재로부터 출현한다.

아래의 목록은 이집트의 주요 신들과 그들 각각의 특징을 보여준다.[44]

아문: "감추인 존재." 그가 원시 신으로서 좀 더 일찍 언급되기는 하지만 그의 제의는 테베에서 최초로 인증된다. 후대에 그는 헤르모폴리스의 여덟 신에 속한다.

아툼: "차별화되지 않은 존재", 원시적인 존재이자 세상의 창조자. 그는 역설적으로 모든 것이기도 하고 아무것도 아니기도 하다. 그는 헬리오폴리스에서는 아홉 신 중 수장이다.

게브: 땅 또는 대지의 신.

하토르: "호루스의 집." 가장 보편적인 이집트의 여신으로서 그녀는 어머니의 특징들을 지녔지만, "레의 눈"으로서 모든 적에게 분노를 퍼붓기도 한다. 그녀는 특히 테베에서 죽은 자들의 여신으로 숭배된다.

---

44 출처: Erik Hornung, *Conceptions of God in Ancient Egypt: The One and the Many*, trans. John Baines (Ithaca, NY: Cornell University Press, 1982), "Glossary of Gods," 274-84.

호루스: "멀리 있는 존재"(?). 태양신 및 후일에는 오시리스와 이시스와 밀접한 관련이 있는 하늘과 왕권의 신.

이시스: 호루스의 어머니이며, 오시리스의 누이이자 아내. 그녀는 수없이 많은 형태로 묘사되며, 따라서 가장 빼어난 "여러 모양을 한 존재"가 된다.

눈: 모든 것이 그곳에서 유래했고 태양이 날마다 새롭게 나오는 장소인 원시 물들의 의인화. 눈은 헤르모폴리스의 여덟 신 중 가장 중요하다.

누트: 땅의 신 게브 위에 동그랗게 구부리고 있는 여자로 묘사된, 고대의 하늘의 여신.

오시리스: 자신이 폭력적으로 죽임을 당한, 죽은 자들의 영역의 지배자.

프타: 아툼 전의 창조주이자 공예의 수호신으로 숭배되는 멤피스의 신.

레: 돛배를 타고 낮에는 하늘을 여행하고 밤에는 지하세계를 여행하는 것으로 묘사된, 가장 중요하고 가장 널리 퍼진 형태의 태양신인 헬리오폴리스의 신. 그는 다른 많은 신과 혼합주의적으로 결합된다.

슈: 땅과 하늘 사이의 공간의 신. 그는 하늘과 땅을 분리시킴으로써 세상의 창조에서 일익을 담당한다. 종종 누트를 떠받치는 것으로 묘사된다.

테프누트: 아툼으로부터만 생겨나서 슈와 함께 최초의 신적 부부가 되는 여신.

우리가 예상할 수 있는 바와 같이 이집트에서 신들은 인간을 포함한 이 세상의 창조물들의 원천이다. "메리카레 왕을 위한 교훈"(*Instruction of King Merikarē*)에서 태양신은 인간들의 자애로운 창조주로 묘사되며 인간들은 그의 신체적 형상이다. "크눔에 대한 찬송"(*Hymn to Khnum*)에서 상이집트와 누비아의 경계 근처에 위치한 엘레판티네의 신전과 관련이 있는 신인 크눔은 바퀴 앞에 앉아 진흙으로 인간을 빚고 있는 도자기공으로 묘사된다. 이 모호한 묘사 외에는 인간이 어떻게 창조되었는가에 관한 구체적인 설명이 없다.

결론과 전망

우리는 아담과 하와의 내러티브들을 이해하기 위해서는 그것들을 창세기 1-11장의 원시 역사의 맥락 안에서 읽어야 하고, 나아가 그 원시 역사는 창세기 전체의 맥락 안에서 읽어야 하며, 창세기는 오경의 맥락 안에서 읽어야 한다는 것을 보았다. 그리고 우리는 그 원시 역사를 고대 근동의 문화적 맥락 안에서 읽어야 한다. 그 문화적 맥락을 이해하기 위해 우리는 위에서 언급된 메소포타미아와 이집트의 신화들을 좀 더 면밀하게 살펴볼 것이다. 그러나 우리의 논의를 위한 준비 중 하나로서 신화 자체의 성격에 관해 살펴볼 필요가 있다.

2부
역사적 아담에 관한
성경의 데이터

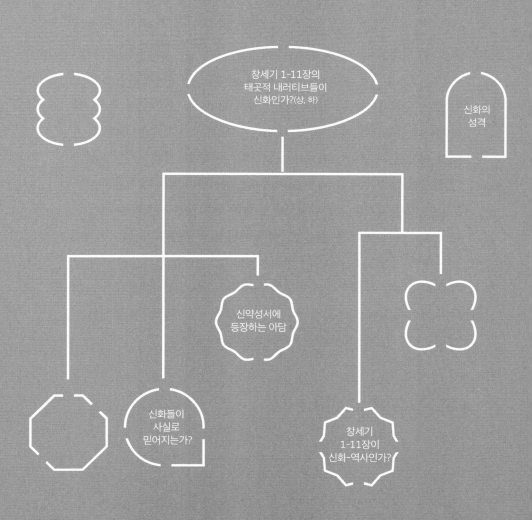

창세기 1-11장의
태곳적 내러티브들이
신화인가?(상, 하)

신화의
성격

신약성서에
등장하는 아담

신화들이
사실로
믿어지는가?

창세기
1-11장이
신화-역사인가?

2장
신화의 성격

우리가 1장에서 살펴본 바와 같이 성경학자들은 수 세기 동안 기원전 3세기에 베로수스가 그리스 독자들을 위해 메소포타미아의 종교를 설명한 것에 근거해서 창세기 1-11장의 원시 내러티브들이 고대 메소포타미아 신화들과 닮았음을 알고 있었다. 1872년에 조지 스미스가 「길가메시 서사시」의 열한 번째 서판으로부터 홍수 이야기를 출간함으로써 이 인식이 높아졌다. 그 이후 고대 수메르와 바빌로니아 쐐기문자 텍스트들이 계속 발견되고 출간됨으로써 현존하는 인류 최초의 문헌인 고대 근동 문헌에 대한 우리의 지식이 확대되었다. 구약 학자들은 창세기 1-11장이 창세기 12-50장과 달리 내러티브 구조와 다뤄진 주제의 두 측면 모두에서 이 문헌들과 유사함을 언급해왔다. 따라서 "창세기 1-11장의 원시 내러티브들이 이스라엘의 신화들을 편찬한 것으로 읽혀야 하지 않는가?"라는 문제가 제기된다.

신화의 성격

우리가 이 문제를 탐구하려면 신화의 성격 또는 특징에 관해 알 필요가 있다. 원래 그리스어 **미토스**(*mythos*)는 단순히 이야기를 의미했는데, 그 단어는 궁극적으로 특히 신들에 관한 이야기들을 가리키게 되었다. 성경학자 J. W. 로저슨은 오늘날 **신화**라는 단어의 의미가 매우 광범위해서 그 단어가 거의 어느 의미로도 사용될 수 있다고 말한다.[1] 저명한 민속학자인 앨런 던데스는 이에 대해 "인류학이나 문학 분야의 동료로부터 **신화**라는 말을 그릇된 진술부터 전형적인 주제에 이르기까지 아무것이나 가리키는 말로 사용하는 것을 듣는 것보다 민속학자를 더 화나게 하는 것은 없다"고 불평한다.[2] 앤드루 폰 헨디는 낭만적·이념적·민속학

---

1   J. W. Rogerson, "Slippery Words: Myth," in *Sacred Narrative: Readings in the Theory of Myth*, ed. Alan Dundes (Berkeley: University of California Press, 1984), 66. 구약성서 연구에서 간단하지만 철저한 신화 개념의 사용 역사는 J. W. Rogerson, *Myth in Old Testament Interpretation*, BZAW 134(Berlin: de Gruyter, 1974)을 보라. Rogerson은 구약 학자들이 채택한 신화의 열두 가지 개념을 적시한다("Slippery Words," 175-78). 이 개념들은 Robert A. Segal, *Myth: A Very Short Introduction*, 2nd ed.(Oxford: Oxford University Press, 2015)에서 조사된 다양한 신화 개념과 관련된 경향이 있다. Rogerson은 이 중 절반은 신화들의 기원을 설명하려는 시도이며 나머지는 신화를 주어진 것으로 보고 그것의 의미와 기능을 설명하려는 것이라고 말한다. Rogerson은 우리가 구약성서에 신화가 존재함을 인식해야 하지만, 이 점을 낯선 해석(예컨대 다신론)들이 구약성서 안으로 들어오지 않는 방식으로 인식해야 한다고 생각한다. 그는 신화의 문학적 및 기능적 정의를 채택하는 것이 그렇게 하는 한 가지 방법일 것이라고 조언한다. 신화들은 한 민족의 신앙과 세계관을 표현하는 이야기들일 것이고 따라서 기원에 대한 그들의 관점에 관해 많은 것을 말하고 초월적인 실재에 대한 그들의 직관들을 표현할 것이다(Rogerson, "Slippery Words," 188). 우리는 이 접근법을 채택한다.

2   Dundes, *Sacred Narrative*, 5에 수록된 William Bascom, "The Forms of Folklore: Prose Narratives"를 소개하는 Alan Dundes의 논평을 보라. "신화"에 대한 그처럼 광범위하고 모호한 이해는 William G. Doty, *Myth: A Handbook*(Tuscaloosa: University of Alabama Press, 2004)을 보라. Doty는 "스타 트렉"(*Star Trek*), 디즈니의 "라이온 킹"(*The Lion King*), 야구, Elvis, Madonna 등을 신화의 예로 다룬다. 그는 Dundes가 "내 논거가 설득력이 있다고 생각하지 않을 것이고 그것을 아마도" Dundes가 거부하는 "방법상의 미친

적·구성적 관점이라는 네 가지 신화관을 구분하고 고전 연구에서 합의된 관점은 민속학적 관점이라고 말한다.[3]

이 개념에서는 던데스가 설명하듯이 "신화는 세상과 인간이 어떻게 현재 형태로 존재하게 되었는지에 관해 설명하는 신성한 내러티브다."[4] 이 단순한 특성 묘사의 몇 가지 특징들을 논평할 가치가 있다. 첫째, 신화는 구술이든 문헌이든 언어의 조합이다. 따라서 흔한 어법과 달리 **신화**는 **오류**와 동의어가 아니다. 또한 그들은 **신화**라는 단어를 "고상한 야만인"이나 "자수성가한 사람의 신화" 같은 아이디어를 가리키는 말로 사용하지도 않는다. 오히려 신화는 단어들로 구성된 실체다. 둘째, 신화는 내러티브다. 즉 그것은 인물들 및 줄거리와 관련이 있는 이야기다. 신화는 사건들의 전후 관계를 묘사한다. 셋째, 신화는 신성한 내러티브다. 즉 신화는 그것이 수용되는 문화에서 종교적 중요성을 지닌다. 이 점은 신화가 주요 인물들 중 하나로서의 신과 모종의 관계가 있음을 암시한다. 넷째, 신화는 최근에 자유롭게 지어낸 것이 아니라 여러 세대에 걸쳐 전해 내려온 전통적인 내러티브라고 가정된다. 따라서 우리는 신화를 "전통적이고 신성한 내러티브"라고 이 가정을 명확히 함으로써 던데스의 특징짓기를 개선할 수 있다. 마지막으로, 신화는 현재의 실재들을 선사 시대의 과거에 붙들어 맴으로써 그것들을 설명하려고 한다. 세상의 기원 이야기들과 인류의 기원 이야기들은 현재의 실재를 선사 시대의 과거에 근거를 두게 하는 두 가지 예에 지나지 않는다. 그 목록은 확대될

짓의 예로 들 것"임을 인정한다(114). 그럴지라도 Doty는 "신화들은 무엇보다 내러티브이지만 오로지 내러티브이기만 한 것은 아님"을 인정한다(8).

3   Andrew Von Hendy, *The Modern Construction of Myth* (Bloomington: Indiana University Press, 2002), 11.
4   Dundes, *Sacred Narrative* 서론.

수 있다.

　이어서 **신화학**이라는 용어는 신화의 연구 또는 예컨대 북유럽 신화학이나 그리스 신화학처럼 주어진 일련의 신화들의 연구를 가리킨다. 연구 분야라는 의미에서의 신화학은 민속학, 인류학, 민족학, 종교 연구, 고전, 심리학, 그리고 철학 연구자들의 주의를 끄는 학제 간 연구사업이다. 로버트 시걸에 따르면 이 분야들을 아우르는 신화 연구를 통합하는 요소는 질문된 문제들, 즉 신화의 기원, 기능, 그리고 주제에 관한 문제들이다.[5] 기원 문제는 신화 또는 신화들이 왜 또는 어떻게 출현했는지를 설명하는 것과 관련이 있다. 기능 문제는 신화가 그것을 수용하는 사회에서 어떤 일을 하는지, 신화가 어떤 역할을 하며 그 역할을 어떻게 하는지와 관련이 있는데 그것은 대개 제의 연구와 관련된다. 주제 문제는 신화가 무엇에 관한 문제인지와 관련이 있는데 그것은 신화의 문자적 또는 비유적 해석과 관련이 있는 문제다. 그처럼 다양한 연구 영역에서 우리가 예상할 수 있는 바와 같이 다양한 분야의 학자들이 종종 다양한 질문에 관해 연구를 수행하고 다양한 관점에서 연구하며, 따라서 이야기가 엇갈릴 수 있다.[6] 종교 연구의 대상으로서 신화들이 우리의 주된 관심이 될 것이다.

5　Segal, *Myth*, 1-2.
6　Lauri Honko, "The Problem of Defining Myth," in Dundes, *Sacred Narrative*, 46-47을 보라. 오늘날 그 신화들로부터의 열두 천사들이 연구된다.

신화, 민화, 그리고 전설

야코프 그림과 빌헬름 그림 형제의 획기적인 연구 이후 민속학 학자들은 신화를 민화와 전설로부터 구분해왔다. 그림 형제는 먼저 『아이들과 가정의 동화』(Kinder- and Hausmärchen, 1812-15)에서 다양한 독일의 민화들을 수집했다. 그들의 후속작 『독일의 현자들』(Deutsche Sagen, 1816-18)은 독일의 전설 모음집이었고 『독일의 신화』(Deutsche Mythologie, 1835)는 독일의 신화들을 다뤘다. 1960년대에 인류학자 윌리엄 배스컴은 지금이야말로 확립된 정의를 따라 그림 형제가 인식한 범주로 돌아갈 때라고 주장했다. 따라서 배스컴은 민속학자들이 연구하는 세 가지 유형의 내러티브인 신화, 민화 그리고 전설을 구분했다(그림 2.1을 보라).[7]

형태	믿음	시기	장소	태도	주요 인물
신화	사실	먼 과거	다른 세상: 딴 세상 또는 이전의 세상	신성함	인간이 아님
전설	사실	먼 과거	오늘날의 세상	세속적임	인간
민화	허구	아무 때라도 무방함	아무 곳이라도 무방함	세속적임	인간 또는 인간이 아님

그림 2.1. 세 가지 형태의 민속

배스컴에 따르면 신화들은 그것들이 말해지는 사회에서 먼 과거에 일어난 일에 관한 진실한 설명으로 간주되는 산문 내러티브들이다. 신화들은 권위가 있는 것으로 믿어지고 인용될 수 있다. 신화들은 대개 신성하고, 교의의 구현이며, 종종 신학 및 제의와 관련된다. 신화의 주요 인물

---

7   Bascom, "Forms of Folklore," 8-9.

들은 대개 인간이 아니라 신, 영웅 또는 동물들인데 그들의 활동은 지구가 오늘날과 달랐던 이전 시대 또는 하늘이나 지하세계에서 일어난다. 신화들은 세상과 인간의 기원 같은 사항들과 자연 세계의 다양한 현상들을 설명한다.

이와 대조적으로 민화는 그것들이 말해지는 사회에서 허구로 여겨지는 산문 내러티브들이다. 민화와 관련된 사건들은 일어났을 수도 있고 일어나지 않았을 수도 있다. 그것들은 교의나 역사처럼 진지하게 받아들여지지 않는다. 흔히 민화들은 재미로 말해진다고 하지만 그것들은 도덕적 교훈을 가르치는 등 다른 중요한 기능을 수행하기도 한다. 민화들은 대개 동물이나 인간 주인공들의 모험을 얘기하며 어떤 시기나 장소에서도 발생할 수 있다.

마지막으로, 전설들은 그것들이 말해지는 사회에서 신화처럼 사실로 여겨지지만 흔히 신성하기보다는 세속적이며 주요 인물들은 인간들이다. 전설들은 세상이 현재의 세상과 비슷했던, 덜 먼 과거에 일어난다.

던데스에 따르면 오늘날 대다수 민속학자가 배스컴의 정의들을 공유하지만[8] 이 정의들에 문제가 없지 않다.[9] 예컨대 배스컴이 왜 신화를 산문 내러티브로 제한하는지 당혹스럽다.[10] 신화들을 산문 내러티브에 제한하면, 호메로스의 『일리아스』(*Illiad*)나 『오디세이아』 그리고 「길가메시 서사시」가 신화의 전형적인 예임에도 불구하고 우리가 그런 시들

---

8   Bascom, "Forms of Folklore," 5을 소개하는 Alan Dundes의 논평을 보라.

9   Lauri Honko, "Der Mythos in der Religionswissenschaft," *Temenos* 6 (1970): 53–54에 수록된 논평을 보라.

10   그는 다음과 같이 쓴다: "그 세 형태는 그것들이 내러티브 산문들이라는 점에서 서로 관련이 있으며, 이 사실은 그것들을 속담, 수수께끼, 민요, 시, 잰말놀이(tonguetwisters), 엄격하게 형식적인 특징을 지닌 다른 형태의 구술 예술과 구분시킨다"(Bascom, "Forms of Folklore," 7).

을 신화로 분류하지 못하게 될 것이다. 성경의 원시 내러티브들은 산문이기 때문에 그런 제한이 창세기 1-11장의 분류에 영향을 주지는 않겠지만 신화에서 시 형태의 내러티브를 배제하는 것은 정당화되지 않는다. 그리고 신화들이 진실하다고 여겨진다는 의미가 모호하기 때문에 배스컴이 신화를 "일어난 일에 대한 진실한 설명"으로 특징짓는 것은 오해를 불러일으킬 수 있다. 신화들이 문자적으로 사실로 여겨져야 하는가 아니면 비유적인 형태로 심원한 진리를 표현하는 것으로 여겨져야 하는가? 우리는 그 점을 나중에 살펴볼 것이다. 마찬가지로 그림 2.1에서 **사실**을 **허구**와 반대 개념으로 사용한 것은 오해를 일으키기 쉽다. 허구의 내러티브는 배스컴 자신이 보기에도 사실일 수도 있고 사실이 아닐 수도 있으며, 허구에 대한 이론가들의 대다수는 아닐지라도 많은 학자가 허위가 허구의 필요조건이라고 생각하지 않기 때문에[11] 허구는 사실의 반대가 아니다. 신화들이 사실 면에서 진실하다(이 말이 무슨 뜻이든 간에)고 믿어지는지도 확실하지 않다. "신화는 은유의 형태이지만 가장 높은 형태의 진실을 구성할 수도 있기 때문이다."[12] 신화와 전설에 대해서는 "~라고 믿어진다", 그리고 민화에 대해서는 "~라고 믿어지지 않는다"가 "믿음"이라는 제목하의 좀 더 정확한 표시일 것이다. 마지막으로, 그림 2.1의 "주요 인물"이라는 제목하에서, 신들이 그런 내러티브에서 주요 인물들이기 때문에 단순히 "인간이 아님"이 아니라 "신"이 적절한 표시일 것이다. 얼핏 보기에는 동물이 등장하는 신화들이 실제로는 동물에 의해 대표되는 신들에 관한 것일 수도 있다.

핀란드의 민속학자인 라우리 혼코는 신화에 대해 다음과 같은 "기

---

11   예컨대 Kendall L. Walton, *Mimesis as Make-Believe: On the Foundations of the Representational Arts* (Cambridge, MA: Harvard University Press, 1990), 74을 보라.

12   Dundes, *Sacred Narrative*, 1, 서론.

술적이고 간결한 정의"를 제공한다.

신화는 신들의 이야기로서 세상의 시작, 창조, 근본적인 사건들, 그 결과로
서 세상, 자연, 문화가 모든 부분과 함께 창조되고 그것들의 질서가 부여되
었고 지금도 질서를 획득하고 있는 전형적인 신들의 행동들에 대한 종교적
설명이다. 신화는 사회의 종교적 가치들과 규범들을 표현하고 확인하며,
모방될 행동 양식을 제공하고, 제의의 실용적인 목적과 더불어 그 효능을
증언하고 예배의 신성함을 확립한다.[13]

---

13   Honko, "Problem of Defining Myth," 49; 참조. Honko, "Der Mythos," 40-41. Hagar
      Salamon and Harvey E. Goldberg, "Myth-Ritual-Symbol," in *A Companion to Folklore*,
      ed. Regina F. Bendix and Galit Hasan-Rokem (Oxford: Wiley-Blackwell, 2012), 125은
      Honko의 정의를 받아들인다. Mircea Eliade가 가장 부적절하지 않은 신화의 정의로 부
      르는 것을 참조하라.

      신화는 신성한 역사를 서술한다. 그것은 원시 시대, 전설적인 "태초의" 시기에 일어
      난 사건들과 관련된다. 달리 말하자면 신화는 초자연적인 존재의 행위를 통해—그것
      이 실재 전체, 우주, 섬, 식물의 종, 특정한 종류의 인간의 행동, 제도 중 어느 것이든
      간에—실재가 어떻게 존재하게 되었는지를 말해준다. 따라서 신화는 언제나 "창조"
      기사다. 즉 신화는 어떤 것이 어떻게 만들어졌고 존재하기 시작했는지와 관련이 있
      다. 신화는 실제로 일어난 일, 자신을 완전히 증명한 일만 말한다. 신화에서 행위자들
      은 초자연적인 존재들이다. 그들은 주로 "태초"의 초월적인 시대에 그들이 한 일을 통
      해 알려진다. 따라서 신화는 그들의 창조 활동을 드러내고 그들의 일들의 신성함(또
      는 단순히 "초자연성")을 계시한다. 요컨대 신화들은 신성함(또는 "초자연")이 세상
      에 뚫고 들어온 다양한 그리고 때때로 극적인 이야기들을 묘사한다. 이처럼 갑작스러
      운 신성함의 침투가 참으로 세상을 확립하고 오늘날의 세상을 만든다. 더욱이 인간
      이 오늘날 필멸의 존재이고, 성별이 있고, 문화적인 존재인 것은 초자연적인 존재가
      개입한 결과다(*Myth and Reality*, trans. Willard R. Trask [New York: Harper & Row,
      1963], 5)

      이 정의들은 신화들이 어떻게 한 사회에서 근본적인 기능을 하는지를 강조한다. Doty에
      따르면 신화는 "'근원적'인데 이 말은 이러저러한 것이 현재 귀중하게 여겨지는 어떤 것
      이 '최초로 형성'된 방식이라고 주장하기보다 모종의 초기 자료들이 지속적으로 유용함
      을 적시하는 용어다"(*Myth*, 19).

혼코는 자신의 정의가 형식, 내용, 기능, 맥락이라는 네 가지 요인들과 관련이 있다고 설명한다.[14] **형식** 면에서 신화는 기원들의 신성한 내러티브다. 혼코에게 있어서 신성한 내러티브는 신들에 관한 이야기로 여겨짐을 주목하라. **내용**에 관해서는, 신화는 일반적으로 시간이 시작할 때 결정적이고 창조적인 사건들에 관한 정보를 포함한다. 우주의 발생에 관한 묘사는 신화에 핵심적일 뿐만 아니라 한 사회가 자신의 정체성의 궁극적인 원천으로 받아들이는 다른 이야기들과도 동일한 구조다. **기능** 면에서 신화는 세상에 대한 설명을 제공하는데, 그 토대에 신들의 창조 활동들과 행동을 위한 모형들이 놓여 있다. 마지막으로, 신화의 **맥락**은 정상적인 제의나 예배에 놓여 있다. 따라서 신화의 적절한 맥락은 종교임이 암시된다.

영국의 고전학자인 G. S. 커크는 신화를 "신성한 이야기" 또는 "초자연적인 요소들"과 관련된 이야기로 보는 민속학자들의 정의에 반대한다.[15] 그는 "전통적인 구전의 이야기"를 신화의 넓은 정의를 위한 안전한 토대로 제안한다. 신화와 민화는 모두 전통적인 구전의 이야기들이기 때문에 커크는 이처럼 신화와 민화 사이의 구분을 의식적으로 무너뜨린다. 그런데 그는 왜 혼코가 말하는 것처럼 신화를 신들에 관한 이야기들로 여기는 것에 관해 염려하는가? 커크는 신화의 범위를 그런 식으로 제

---

14 Honko, "Der Mythos," 41-44에 수록된, 이 네 가지 요인들에 대한 그의 다소 다른 설명을 참조하라.

15 G. S. Kirk, "On Defining Myths," in Dundes, *Sacred Narrative*, 57. Doty, *Myth*, 117도 비슷하다. Doty는 "신화"의 정의에 신성함이나 종교적임을 포함하기를 원하지 않는다. 현대 서구의 의식(consciousness)과 관례에 완전히 잠긴 사람에게는 신화들이 종종 세속적이고, 대중 매체 같은 임의의 외부의 영향에서 유래하기 때문이다. 그러나 Doty는 민속학자들의 신화 이해로 작업하는 것이 아니라 이 장의 각주 2에 언급된 극단적으로 넓은 개념으로 작업한다. 하지만 Doty는 "초인간적인 실체들의 개입" 같은 어구를 포함하기를 원한다.

한하면 확실히 신화인 몇몇 전통적인 이야기들이 제외되고 신화가 아닌 이야기들이 포함될 것이라고 생각한다. 그는 다음과 같이 설명한다.

> 전통적인 많은 이야기가 신들이나 영들에 관한 것이라는 점에서 "신성하다"는 것은 사실이다. 예컨대 잘 알려진 부류인 우주 발생 신화들의 대다수는 그 의미에서 신성하다. 그러나 다른 이야기들은 주로 신들에 관한 것이 아니며 신성함이나 금기에 대한 부수적인 함의도 없다. 헤라클레스가 헤라에게 박해받고 아테나의 도움을 받지만, 그에 관한 이야기들의 많은 부분을 신성하다고 여기는 것은 도움이 되지 않는다. 데우칼리온이 자기의 어깨 위로 돌들을 던져서 사람들을 재창조한 것을 신성한 이야기로 분류하는 것은 유용하지 않다. 비록 그 행동이 어떤 신에 의해 제안되었고 세상의 초기에 일어나며 신적으로 야기된 홍수의 결과이지만 말이다. (대개 매우 종교적인) 문자 문화 이전의 사회에서 대다수의 전통적인 이야기들은 초자연적인 요소들을 포함하는데, 이런 상황에서 "초자연적인"은 흔히 "신적인"을 의미할 것이다. 그러나 초자연적인 모든 것이 신성하지는 않다.…요컨대 다양한 문화에서 많은 신화가 신들 및 다른 신성한 존재들 또는 창조의 시기들과 관련이 있지만 모두가 본질적으로 그런 것은 아니다. 따라서 우리가 주로 이 특질에 초점을 맞추면 오도될 수 있다.[16]

우리가 커크의 글을 면밀하게 읽으면 그가 신들이 "신성한 존재들"임을 부인하지 않는다는 것과 따라서 신들에 관한 이야기들은 신성하다는 것을 부인하지 않음이 드러난다. 이런 "매우 종교적인" 사회들은 그런 존재들을 예배하고 그들을 섬기기 때문에 이런 신들에 관한 이야기들이

---

16   Kirk, "On Defining Myths," 57.

신성하다고 여겨지는 것은 논리적이다. 그러나 커크는 초자연적인 모든 것이 신적이고 따라서 신성한 것은 아니라고 주장한다. 그는 이 대목에서 무슨 생각을 하고 있는가? 다른 곳에서 그는 "민화에는 흔히 환상적, 마법적 또는 기적적인 요소들이 있다.…통상적인 민화들에서 마법사, 거인, 사람을 잡아먹는 도깨비와 마법적인 물체들이 초자연을 대표한다"며 이야기에 들어있는 초자연적인 요소가 신화의 기준 역할을 할 수 없다고 설명한다.[17] 거인들과 도깨비들은 대개 초자연적인 존재로서의 자격이 없으며, 초자연적이라는 단어는 대개 기적적이고 따라서 신이 이세상에 개입한 것을 암시하는 경우로 유보되기 때문에 커크의 이 설명은 "초자연적"이라는 말이 의미하는 바에 관한 광범위한 개념이다. 마녀와 마법사들이 시행하는 마법은 기적적이지는 않을지라도 어떤 의미에서는 초자연적이라고 특징지어질 수도 있을 것이다.[18] 마녀와 마법사가 나오는 민화들은 신적이지 않고 따라서 신성하지 않은 초자연적인 요소들과 관련이 있으며 그러므로 그것들은 신화로 여겨지지 않아야 한다고 할 수 있을 것이다.

그러나 혼코의 정의는 그렇게 광범위한 관점에서의 초자연에 관한 것이 아니었고, 그 이야기들은 한 사회의 종교적 가치와 토대를 제공하고, 행동의 양식을 확립하며, 예배를 재가하는 신들에 관한 것임을 명시했다. 커크가 생각하는 것 같은 민화들은 혼코의 정의하에서는 신화의 자격이 없을 것이고 또 자격이 없어야 마땅할 것이다.

커크는 신들에 대한 언급이 신화의 필요조건이 아니라고도 주장

---

17 G.S. Kirk, *Myth: Its Meaning and Functions in Ancient and Other Cultures*, SCL 40 (Cambridge: Cambridge University Press, 1970), 37.

18 Honko는 "비범한"(supernormal)을 제안한다("Der Mythos," 53); "불가사의한"(paranormal)도 마음에 떠오른다.

한다. 헤라클레스 같은 그리스의 영웅들에 관한 이야기들은 주로 신들에 관한 이야기가 아니면서도 확실히 신화이기 때문이다. "그리스 신화에서 영웅들이 두드러진다는 사실 자체가 모든 신화는 주로 신들에 관한 것이고 신화가 종교의 한 국면이라는…주장에 대한 상시적인 반박이다."[19] 그러나 커크의 주장에도 불구하고 이 이야기들은 신들에 관한 것이다. 신들이 그 이야기에서 주인공이 아닐지라도 말이다. 영웅들은 신(또는 여신)을 한쪽 부모로 둔 사람들이다. 그들은 신들로부터 힘과 도움을 받아 위업을 수행한다. 그 이야기들에서 신들이 삭제된다면 그 이야기들은 말이 되지 않을 것이다. 아무튼 신들과 여신들이 실제로 부재한 것이 아니라 영웅들을 위해 인간사에 개입하는, 그 이야기들의 등장인물이다. 더욱이 신들을 제쳐 두더라도 영웅들 자신이 예배의 대상이 될 수 있는데 그 경우 신성함의 요소가 개입한다.

---

19 Kirk, *Myth*, 178. 하지만 Kirk는 다음과 같이 인정한다: "그리스 신화는 특별한 경우다. 대다수의 다른 민족들의 신화에서 영웅들(정해지지 않은 과거에 존재했던 우수한 인간이라는 의미에서. 그들 중 일부는 사후에 예배의 대상이 되고 초자연적인 특정한 힘을 얻기도 한다)은 두드러지지 않거나 아예 존재하지 않는다"(179). Kirk는 이상하게도 신화의 적절한 맥락을 종교로 보는 데 반감을 보인다. 대조적으로 Lesley A. Northup, "Myth-Placed Priorities: Religion and the Study of Myth," *RSR* 32, no. 1 (2006): 6을 보라. Northup은 "신화를 서사시, 우화, 요정 이야기, 도시의 전설, 단순한 허구로부터 구분하려고 하면, 우리는 불가피하게 어느 정도 기초적이고 궁극적인 신앙 체계에 놓여 있는 신화의 뿌리에 닿게 된다. 그것은 확실히 신화를 종교 연구에 위치시킨다"고 설득력 있게 주장한다. Northup은 곤란한 문제를 인정하려는 학자가 너무 적은 것, 즉 "학자들이 신화 연구에서 종교의 중심성에 동의하기를 꺼리는 것"에 대해 불평한다(9).

신화들 사이의 가족 유사성

하지만 이 모든 내용은 요점을 벗어난다. 신화, 민화, 그리고 전설 사이의 경계선은 모호한 경향이 있고 이 내러티브 유형들 각각에 대한 필요충분조건을 정하기는 아마도 불가능하고 무익할 것이다. 그런 의미에서 신화의 엄격한 정의 추구는 오도되고 다소 놀라운 추구다.[20] 대신에 우리는 신화로 여겨지는 이야기들 가운데서 루트비히 비트겐슈타인이 "가족 유사성"(family resemblances)으로 부른 것을 살펴봐야 한다.[21] 비트겐슈타인은 게임의 예를 사용해서 게임의 다양성―보드 게임, 카드 게임, 운동 게임, 알아맞히기 게임 등―에 비추어 무엇이 게임인지에 관한 필요충분조건을 정하기가 불가능함을 발견했다. 그보다는 게임들은 가족 유사성을 보이는데, 이 경우 게임들이 공유하는 특성 중 모든 게임에 충분히 공통적인 특성은 없다.

신약성서 학자인 리처드 버리지는 복음서들의 문학 장르에 관한 그의 혁명적이고 영향력 있는 연구에서 바로 그런 가족 유사성에 의존한다.[22] 버리지는 고대 전기들에서 형식과 구조라는 외적 특성들과 내용

---

20   Doty는 "문제의 요점은 전통적인 현대의 정의들과 관련이 있다.…그 정의들에서 한 항목과 다른 항목의 경계를 정한 합리주의의 개요들은 절대적이고 결코 유연하지 않았다"고 불평한다. 그러나 "오늘날 대다수 포스트모더니즘의 정의는 장르 또는 정의들 사이의 미끄러짐이 예상된다고 인정한다"(*Myth*, 116). Doty는 그 문제가 너무 모호해서 관리할 수 없는, 신화에 대한 포스트모더니즘 접근법보다는 "가족 유사성" 접근법을 통해 해결될 수 있음을 인식하지 못한다.

21   Ludwig Wittgenstein, *Philosophical Investigations*, trans. G. E. M. Anscombe, ed. G. E. M. Anscombe and R. Rhees (Oxford: Blackwell, 1953), §§65-66.

22   Richard A. Burridge, *What Are the Gospels? A Comparison with Graeco-Roman Biography*, 2nd ed. (Waco: Baylor University Press, 2018), 38, 41. Burridge는 다음과 같은 문헌 이론가들의 연구에 의존한다. Alastair Fowler, "The Life and Death of Literary Forms," in *New Directions in Literary History*, ed. Ralph Cohen (London: Routledge & Kegan Paul, 1974), 77-94; E. D. Hirsch Jr., *Validity in Interpretation* (New Haven: Yale University

---

이라는 내적 특성 등 상당한 가족 유사성이 복음서들과 공유된다는 것을 파악할 수 있었다. 우리가 "고대 전기"를 정의하려는 것이 아니라 고대 전기들이 다양한 정도로 공유한 특성들을 통해 고대 전기를 식별하려는 것이기 때문에 몇몇 고대 전기들에서 이런 특성 중 일부가 빠진 것이 문제가 되지 않는다. "특정한 작품이 해당 장르의 모든 특성을 가지지 않거나 그 장르에 정확하게 들어맞지 않아도 무방하다. 중요한 점은 그것이 가족 유사성으로 인정되기에 **충분한** 특징들을 갖고 있다는 것이다."[23] 버리지의 연구 결과 신약성서 학자들은 복음서들이 고대 전기의 장르에 속한다는 데 합의하게 되었다.

마찬가지로 우리는 신화들을 조사해서 그것들 사이에 어떤 가족 유사성이 있는지 파악할 수 있다. 신화들 사이의 가족 유사성을 결정하기 위해서는 신화의 부류에 관해 이미 결정이 내려져 있어야 하므로 이 접근법은 순환논법에 빠진다는 이의가 제기될 수도 있다.[24] 그러나 이런 종류의 문제는 장르 결정의 규정적인 접근법이 아닌 귀납적인 모든 접근법에 수반할 것이고, 제임스 바가 조언하는 바와 같이[25] 전형적인 신화의 예에서 시작해서 그것들 사이의 가족 유사성을 찾아내고 이어서 추가 사례들을 살펴봄으로써 해결될 수 있다. 우리는 고대 메소포타미아, 이집트, 그리스에서 그런 전형적인 신화의 예들을 갖고 있다.

지금까지의 논의를 토대로 우리는 이미 신화에 전형적인 여러 특징

Press, 1967). 그들은 장르는 좁은 그룹의 텍스트들에 나타나는 공통적인 요소들을 묘사함으로써 가장 잘 식별된다고 강조한다.

23   Burridge, *What Are the Gospels?*, 42.

24   그런 이의는 Helen K. Bond, "What Are the Gospels? And Why Does It Matter?"(세계성서학회 연례 총회 공관복음 섹션, Denver, CO, November 17, 2018에서 발표된 논문)에 의해 제기되었다.

25   James Barr, "The Meaning of 'Mythology' in Relation to the Old Testament," *VT* 9, no. 1 (1959): 2.

을 보았다. 커크는 신화의 특징으로 "자유롭게 배치되고 종종 역설적인 공상"을 덧붙일 것이다.[26] 그는 이 점에서 신화를 꿈과 비교하기까지 한다.[27] 커크는 "이 일반적인 논리의 결여는 초자연적인 구성 부분과 별도로 작동한다"는 중요한 관찰을 한다.[28] 그리고 바에 따르면 "신화의 중심, 또는 성경 자료와 관련하여 특히 중요한 특징은 신화의 조화 교리다. 신화는 언제나 신들과 인간, 신들과 자연, 인간과 자연, 규범적인 원시와 실제적인 현재 사이의 비밀스러운 조화 또는 모종의 숨겨진 일치를 유지한다."[29] 우리가 앞으로 살펴보겠지만[30] 신들과 자연 사이에 어느 정도의 조화가 표현되는지는 상당히 논란이 되고 있다. 하지만 상당히 많은 신화가 모종의 방식으로 그런 조화를 표현해서 그런 관계가 신화의 핵심은 아닐지라도 가족 유사성 중 하나로 여겨진다는 점을 부정하는 것은 실수일 것이다. 커크는 (모든 신화는 자연 과정들의 알레고리라고 주장한) 19세기 자연-신화 학파의 이론 같은 보편적인 이론은 할당된 기원이나 기능에 일치하지 않는 신화의 명백한 예들을 인용함으로써 부정될 수 있다고 주의를 주지만, 그렇다고 해서 보편적인 이론들이 모든 면에서 틀렸음을 암시하지는 않는다고 덧붙인다. "그것들이 몇몇 부류의 신화들에 대해서는 오도하지만 다른 부류의 신화들에 대해서는 옳을 수도 있음을 받아들일 수 있다.…모든 신화가 이 기능을 갖고 있다는 이론만이 부정확하다."[31]

---

26   Kirk, *Myth*, 39.
27   Kirk, *Myth*, 268-69.
28   Kirk, *Myth*, 39-40.
29   Barr, "Meaning of 'Mythology,'" 5-6.
30   본서의 245-54을 보라.
31   Kirk, *Myth*, 54-55, 59-60.

요약

요약하자면 신화들의 가족 유사성은 다음 사항들을 포함한다.

1. 신화는 구술 형태든 문서 형태든 내러티브다.
2. 신화는 대대로 전해 내려온 전통적인 이야기다.
3. 신화는 그것을 수용하는 사회에서 신성하다.
4. 신화는 그것을 받아들이는 사회 구성원들의 믿음의 대상이다.
5. 신화는 원시 시대 또는 다른 영역에서 일어난다.
6. 신화는 이야기로서 신들이 그 이야기에서 중요한 등장인물이다.
7. 신화는 세상, 인류, 자연현상, 문화적 관습 같은 현재의 실재와 원시 시대에 편만했던 숭배(cult)를 연결하려고 한다.
8. 신화는 제의들과 관련이 있다.
9. 신화는 신들과 자연 사이의 조화를 표현하려고 한다.
10. 신화는 공상적인 요소를 보이며 논리적 모순이나 앞뒤가 맞지 않음으로 인해 곤란을 겪지 않는다.

이제 우리는 신화의 이런 특징들에 비추어 창세기 1-11장을 살펴볼 것이다.

3장

창세기 1-11장의 태곳적 내러티브들이
신화인가?(상)

앞 장에서 우리는 신화들의 열 가지 가족 유사성을 살펴보았다. 신화들의 이런 가족 유사성 중 많은 요소가 민화와 전설 및 다른 종류의 문학들과 공유될 것이다. 따라서 이런 특징 중 하나의 존재는 창세기 1-11장의 분류에 그다지 도움이 되지 않을 것이다. 다른 한편으로 이런 특징 중 하나의 부재는 창세기 1-11장을 신화로 여기는 데, 결정적으로는 아니더라도, 부정적으로 작용할 것이다. 그렇다면 우리의 목록을 앞 장의 말미에 요약된 순서대로 고려해보자.

내러티브

내러티브는 확실히 창세기 1-11장 각각의 단위들뿐만 아니라 그 부분 전체에 대해서도 정확한 묘사다. 이 장들은 원시 사건들의 이야기를 대체로 시간순으로 말한다. 창세기 2장의 아담과 하와 이야기에서 및 창세기 11장의 바벨탑 이야기에서처럼 회상 장면이 있을 수 있지만, 그 이야기에 따르면 인간의 창조 후에 인간의 타락이 일어났고, 타락 후에 홍수가 일어났고, 홍수 후에 바벨탑에서 언어의 혼란이 일어났음은 논란의 여지가 없다. 우리는 그 내러티브를 강조하는 유명한 **톨레도트**(*tôlədôt*) 공식("~의 족보[*tôlədôt*]는 이러하니라")으로부터 이 대목에서 시간 순서에 따른 내러티브를 갖고 있다는 점을 배운다. 족보들은 그 이야기들을 하나의 내러티브 안으로 정리하는 데 도움이 된다. **톨레도트** 공식이 창세기의 원시 내러티브를 포함해서 창세기의 구조를 결정한다는 점이 계속 그리고 부주의하게 반복되지만,[1] 이 공식들의 순서와 그것들이 언급한 후손들이 각각의 이야기들이 정리되는 연표(timeline)를 구성한다. 족보들은 그 위에 목걸이의 알들이 꿰이는 줄과 같다. 줄이 목걸이의 구조를 결정하지는 않지만, 그것은 적어도 목걸이의 요소들의 선형적인 배열을 제공한다. 따라서 원시 내러티브는 창조부터 아브라함을 부르기까지 ─ 아브라함 이전의 선조들의 기술된 수명에 따르면 적어도 1,948년에 달하는 기간의 ─ 선사 시대 사건들의 전 범위를 포함한다.

게다가 그 원시 내러티브는 산문 내러티브임을 주목할 가치가 있다. 아담이 하와를 보고서 몹시 기뻐하는 외침(창 2:23)과 라멕의 자랑(창 4:23-24)에서 히브리 시의 편린이 나타나기는 하지만, 그 내러티브의 압도적인 분량은 산문이다. 창세기 1장의 산문은 확실히 고도로 양식화되었고 시에 근사하지만, 그럼에도 산문이다. 구약 학자인 존 콜린스는 이를 적절하게 "고양된 산문"으로 부른다.[2] 대다수 성경학자와 달리 콜린스는 "장르"라는 용어가 문학 형식·문체/목록·언어 수준과 사회적 기능 사이의 중요한 구분을 무너뜨려서 용어의 모호성이 실제로는 그 텍스트의 건전한 분석을 방해하기 때문에 창세기 1-11장의 "장르"에 대해

---

1   5장의 논의를 보라.

2   C. John Collins, *Reading Genesis Well: Navigating History, Science, Poetry, and Truth* (Grand Rapids: Zondervan, 2018), 155.

말하는 것이 도움이 되지 않는다고 생각한다.[3] 콜린스가 보기에 창세기 1-11장의 주요 문학 형식은 산문 내러티브인데 그 산문은 그것의 문체와 목록, 따라서 그것의 언어 수준에서 다양하게 변한다.[4] 그 내러티브의 사회적 기능은 이스라엘의 "선역사"(prehistory)와 "원역사"(protohistory) 역할을 하는 것, 즉 "그 공동체에 그들의 독특한 정체성과 가치들을 주는 세계관 이야기의 일부로서 먼 과거의 이야기를 말해주는 것"이다.[5] 콜린스의 견해에서 신화는 문학적 장르가 아니라 그 텍스트가 "분석 대상 공동체의 신념, 관행, 그리고 기질을 형성하는가"와 관련이 있는 사회적 기능인데, 창세기의 경우 해당 공동체는 이스라엘이다.[6]

전통적인 내러티브

창세기 1-11장은 또한 전통적인 이야기들로 구성된 것으로 널리 알려졌다. 이 결론은 200년이 넘는 기간에 걸친 오경 그리고 특히 창세기의 자료비평, 양식비평, 그리고 전승비평의 유산이다. 자료비평은 정경 텍스트의 편집자가 사용한 문헌 자료를 알아내고 그것의 한계를 정하려고 한다. 양식비평은 문헌 자료를 넘어 훗날 저자들을 통해 재형성된, 문헌 전의 구전 전승들을 파악하려고 한다. 전승비평은 발전 중인 전승들과 자료들에 의해 가정된 궤적을 재구성해서 정경의 텍스트를 산출하려고 한다.

---

3   Collins, *Reading Genesis Well*, 285.
4   Collins, *Reading Genesis Well*, 148.
5   Collins, *Reading Genesis Well*, 123.
6   Collins, *Reading Genesis Well*, 44.

율리우스 벨하우젠(1844-1918)의 소위 문서 가설은 현재의 자료 이론들의 전범(典範)으로 남아 있다. 벨하우젠은 오경 배후에 네 개의 주요 자료들이 있다고 상정하고 그것들을 구성 순서에 따라 J(야웨 자료, Jahwist = Yahwist), E(엘로힘 자료, Elohist), D(신명기 자료, Deuteronomist), 그리고 P(제사장 자료, Priestly)로 명명했다. 그 자료들이 최종적으로 오경 안으로 편입된 시기는 이스라엘이 바빌론의 포로 생활에서 귀환한 뒤라고 추정된다. 창세기 1-11장에서는 엘로힘 문서나 신명기 문서가 역할을 하지 않기 때문에 이 장들은 대개 다음과 같이 야웨 문서와 제사장 문서로 나뉜다.

P = 1:1-31; 2:1-4a; 5:1-28, 30-32; 6:9-22; 7:6, 11, 13-16a, 17a, 18-21, 24; 8:1-2a, 3b-5, 13a, 14-19; 9:1-17, 28-29; 10:1-7, 20, 22-23, 31-32; 11:10-27, 31-32

J = 2:4b-25; 3:1-24; 4:1-26; 5:29; 6:1-8; 7:1-5, 7-10, 12, 16b, 17b, 22-23; 8:2b-3a, 6-12, 13b, 20-22; 9:18-27; 10:8-19, 21, 24-30; 11:1-9, 28-30

야웨 문서는 전통적으로 솔로몬 왕 시기(기원전 950년) 즈음에 쓰인 것으로 생각되고, 제사장 문서는 기원전 550-450년 무렵에 바빌로니아의 포로에서 귀환한 후 쓰인 것으로 생각된다. 창세기 1-11장은 포로 후 편집자가 이 두 자료를 융합한 것이다. 그렇다면 표준적인 자료 이론들에 비춰볼 때 우리가 창세기 1-11장에서 전통적인 이야기들을 다루고 있음이 확실하다.

문서 가설은 벨하우젠 이후 많은 비판을 받아왔고 계속 발전하고 있지만,[7] 어떤 학자도 그것을 완전히 포기할 용의는 없는 것으로 보인다.[8] 학자들이 가상의 자료들의 구체적인 경계와 내용을 위에서 분류된

---

[7] 자료비평의 역사에 대한 간략하고 쉽게 접근할 수 있는 설명은 다음 문헌들을 보라. Victor P. Hamilton, *The Book of Genesis: Chapters 1-17*, NICOT (Grand Rapids: Eerdmans, 1990), 11-38; B. T. Arnold, "Pentateuchal Criticism, History of," in *Dictionary of the Old Testament: Pentateuch*, ed. T. Desmond Alexander and David W. Baker (Downers Grove, IL: InterVarsity Press, 2003), 622-31. 문서 가설에 대한 일곱 가지 비판은 Richard S. Hess, *Israelite Religions: An Archaeological and Biblical Survey* (Grand Rapids: Baker Academic, 2007), 46-59을 보라.

[8] Claus Westermann은 창 1-11의 최종 편집자가 문헌 자료들을 사용한 증거에 대한 지각 있는 평가를 제공한다(Claus Westermann, *Genesis 1-11: A Continental Commentary*, trans. John J. Scullion [Minneapolis: Fortress, 1994], 576-84): (1) 문체와 언어. 오경에서 제사장 자료로 돌려지는 부분들은 문체상의 특징들을 통해 입증될 수 있는 통일되고, 엄격하게 간결한 문체를 보여준다. 그 결과 "이 시리즈, 즉 P층의 문학적 통일성에 대한 확실하고 명확한 논거"가 제공된다(577). 그러나 야웨 자료에 대해서는 이 주장은 창세기에 수록된 다른 텍스트들은 제사장 자료에 속하지 않는다는 점 외에는 아무것도 증명하지 않는다. (2) 하나님에 대한 다른 이름들. 우리가 창 1-11장에서 문체를 토대로 이미 제사장 자료에 속하는 것으로 식별한 구절들에서 엘로힘이라는 이름이 채택된 것을 발견하면 하나님에 대해 다른 이름이 사용된 것은 문체로부터의 논증을 확인한다. 출 6:3에서 야웨의 이름이 전에 계시되지 않았다고 말하는 저자가 창세기에서 이미 사람들이 하나님을 야웨로 언급한다고 말하는 저자와 동일인이라고 생각하기는 어렵다. 그리고 같은 저자가 창 4:26에서 그때에 사람들이 비로소 야웨의 이름을 불렀다고 말할 수 있었다는 것은 거의 상상하기 어려운 반면, 그 진술이 야웨 자료에는 문제가 되지 않았을 것이다. 따라서 "창 1-11에서 사용된 하나님의 다른 이름이 사용되었다는 기준은, 창 4:26과 출 6:3의 두 구절과 더불어 취해지면, 모든 반대에도 불구하고 그 기준의 완전한 힘을 유지해왔다"(579). 이 주장은 두 문서 자료의 존재를 증명하지는 않지만, 두 음성이 들린다는 것을 증명한다. 이와 대조적으로 신의 이름이 변하는 데 대해 경쟁하는 설명들 중 어느 것도 설득력이 없었다. (3) 모순들과 불일치들. Westermann은 이 주장이 결정적이지 않고 많은 경우에 옹호될 수 없는 것으로 증명되었다는 자료비평 비판자들에게 동의한다. 모순들은 다른 문헌 자료의 존재를 가리키는 것이 아니라 단순히 내러티브의 비일관성이나 한 저자가 이전의 독립적인 구전 전승들을 융합한 증거일 수도 있다. 따라서 이 주장은 다른 기준들과 결합해서만 사용될 수 있다. (4). 쌍들(doublets)과 반복들. Westermann은 한 저자가 자신의 저술에서 다른 구전 전승들을 함께 엮거나 병치했을 가능성을 배제하지 못하기 때문에 이 기준 역시 결정적이지 않고 독자적으로는 사용될 수 없다고 생각한다. (5) 신학적 차이들. 이 주장도 결정적이지 않다. 구전 전승의 개별 단위들이 문서로 기록되기 전에 독립적인 경로를 취했음을 인식하면, 우리는 이 주장을 독립적으로 사용할 수 없다. 가상의 저자들 중 아무도 자신의 신학의 창조자로 가정되지 않는다. "그들은 모두 예외 없이 무엇보다 전승의 매개자들이었다. 그들은 그들

바와 같이 적시할 수 있는 능력에 관해 상당한 회의주의가 있다. 자료들의 시기에 도전하고, 심지어 야웨 문서와 제사장 문서의 시간적 우선 관계를 뒤집기까지 하는 학자들도 있다.[9] 몇몇 학자는 최종 편집자가 제사장 문서 자료나 야웨 문서 자료 중 하나를 토대로 재작업하면서 다른 자료를 변형시켜 그 둘을 통합했다고 생각할 것이다. 그럼에도 불구하고 창세기 1-11장 배후에 야웨 문서 자료와 제사장 문서 자료가 존재한다는 사실은 널리 인정되고 있다.[10] 우리는 정경 텍스트의 자료가 아니라 주로 정경 텍스트에 관심이 있으므로 다양한 자료-비평 이론에 관해

의 조상들이 말한 것을 제시했다"(584). 따라서 Westermann의 평가에서 문서 자료들에 대한 다른 모든 주장은 궁극적으로 첫 번째 주장인 제사장 자료의 문체의 독특성에 의존한다. 하지만 그의 논의는 문서로 기록되기 전 구전 전승의 중요성을 강조하는 데 기여하는데, 이는 이 이야기들은 대대로 전해 내려온 전통적인 내러티브라는 우리의 요점을 강조해준다.

9   이 문제에 대한 간략한 요약은 Benjamin Kilchör, "Challenging the (Post-) Exilic Dating of P/H: The Most Important Issues"(세계성서학회 연례 총회, San Diego, CA, November 22, 2019에 발표된 논문)를 보라. Kilchör는 제사장 문서의 포로 시대/포로 시대 이후 연대에 반대하는 세 가지 논거를 제시한다: (1) 통시 언어학에 따르면 P는 후기 성경 히브리어로 쓰인 것이 아니라 고전적인 성경 히브리어로 쓰였고 따라서 포로 시대 이전에 생겨났다. Kilchör는 이 고려만으로도 "오경의 많은 부분의 기원을 포로기, 특히 포로 후 시기에 두는 경향을 끝낼 것"이라고 생각한다. (2) 오경에서 시온 신학이 전혀 없다는 점과 최근에 세겜의 성전에서 이루어진 고고학적 발견에 비추어 볼 때 북왕국에 우호적인 오경이 포로 후 시기에 쓰인 것으로 보기 어렵다. (3) 포로기 또는 페르시아 제국 시기에 만들어진 단일한, 논란의 여지가 없는 히브리어 비문(碑文)이 없기 때문에 이 시기들이 오경의 형성에 가장 중요한 시기일 수 있는지가 의문스럽다. 이 고려 사항들에 비추어 볼 때 창 1-11장에 포함된 P 구절들의 해석을 포로 시대/포로 시대 이후 연대에 의존하는 것은 무분별한 처사일 것이다.

10   최근의 평가는 Jan Christian Gertz, "The Formation of the Primeval History," in *The Book of Genesis: Composition, Reception, and Interpretation*, ed. Craig A. Evans, Joel N. Lohr, and David L. Petersen, VTSup 152 (Leiden: Brill, 2012), 107-35을 보라. Gertz는 다음과 같이 보고한다. "다소 혼란스러운 현재의 연구 상태에도 불구하고…역사-비평 학자들은 창 1-11장에서 우리가 두 그룹의 텍스트를 구분하고 차별화할 수 있다는 데 동의한다. 그 두 그룹의 텍스트는 언어적 특성과 내용이 다르며 몇몇 상호 참조로 내적으로 연결되어 있다.…이 의미에서 18세기에 Witter, Astruc, Eichhorn에 의해 이뤄진 합의는 여전히 타당하다"(113).

입장을 취할 필요가 없다. 여전히 모세가 창세기의 많은 부분의 저자라는 입장을 취하는 학자들조차 "창세기가 쓰일 때 아마도 자료들—조상들이 메소포타미아에서 가져온 자료들, 족장들이 보관한 조상 가족들의 자료들과 기록들, 족보 기록 등—이 사용되었을 것"이라고 인정한다.[11]

양식비평의 선구자인 헤르만 궁켈(1862-1932)은 벨하우젠의 문서 가설을 받아들였지만, 거기서 더 나아가 과거에 한층 더 깊이 뿌리를 둔 창세기 1-11장의 개별 텍스트 단위들의 비문헌 자료들을 탐지하고자 했다. 궁켈은 19세기 후반에서야 발견된 메소포타미아 신화들의 텍스트들을 토대로 이스라엘의 저자들이 태곳적 역사에 대해 이교도의 신화에서 방대하게 차용했다고 확신했다. 그러나 이런 이교도 신화들의 어리석은 다신론에 불쾌해진 히브리 저자들이 이런 신화적인 시들을 완전히 개작해서 그것들을 신학적으로 받아들일 만하게 만들었다고 생각된다. 예컨대 궁켈은 창세기 1:2에서 **테홈**(*təhôm*, 깊음)이라는 단어가 사용된 것은 바빌로니아의 우주 발생 기사인 「에누마 엘리시」에 묘사된 여신 티아마트의 이름을 멀리 반향하는 것이며 창세기 1:1-3이 **카오스캄프**(*Chaoskampf*, 혼돈)의 이교도 신화에 기원을 두고 있다고 생각했다. 히브리 저자들에 의해 구두 자료들이 철저하게 개작되었기 때문에 양식비평은 원래의 이야기를 그것 자체의 환경(*Sitz im Leben*, 삶의 정황)에서 상상하고 그것이 이스라엘의 맥락 안으로 취해짐으로써 어떻게 개작되었는지를 식별하려고 해야 한다. 창세기 1-11장의 이야기들이 철저하게 비신화화되었기 때문에 궁켈은 그것들을 신화로 부르지 않고 "희미해진 신화", 즉 **자겐**(*Sagen*, 전설)으로 불렀다.[12]

---

11 Allen P. Ross, *Creation and Blessing: A Guide to the Study and Exposition of Genesis* (Grand Rapids: Baker Books, 1998), 35.

12 Hermann Gunkel, *The Legends of Genesis: The Biblical Saga in History*, trans. W. H.

자료비평에서와 마찬가지로 지난 세기에 양식비평에 상당한 변화가 있었다. 19세기 말에 바빌로니아의 텍스트들이 최초로 발굴되고 출간되었을 때, (1902년 아시리아학 학자 프리드리히 델리취의 대중 강연의 제목을 따라 바벨-성경 논쟁으로 알려진) 커다란 소동이 촉발되었다.[13] 창세기 1-11장의 이야기들은 메소포타미아 신화들의 희미한 이형들로 보였다. 그러나 학자들은 차츰 창세기 내러티브들이 일반적으로 메소포타미아의 신화들에서 유래했다고 생각될 수 없다는 것을 깨닫게 되었다. 예컨대 궁켈의 유명한 **테홈**(təhôm)의 어원론은 겉으로만 그럴듯하고 창세기의 창조 기사는 「에누마 엘리시」와 관련이 없음이 드러났다. 「길가메시 서사시」에 수록된 홍수 이야기는 예외로서 그것은 노아가 홍수 후 땅의 상태를 시험하기 위해 방주에서 새들을 놓아준 것과 놀라운 병행을 지니고 있다.[14] 최근에 학자들은 양식비평의 고도로 추측적이고 확인할 수 없는 특징 때문에 양식비평에 대한 회의론을 표명해왔다. 하지만 우리가 그것들의 삶의 정황에서의 원래의 구전 내러티브들을 찾아내지 못한다고 해서 그 내러티브들이 존재하지 않았다고 단정할 수는 없다. 실제로 위에서 언급된 베스터만의 주장들이 예리하게 보여주는 바와 같이 창세기 내러티브 배후의 구전 전승의 존재는 별도의 문서들이 존재했다는 주장을 훼손하는 경향이 있다.

전승비평은 양식비평의 연장으로서 전승의 전달 역사를 추적하려

Carruth (New York: Schocken Books, 1964), 14-15. 이 책은 Gunkel의 영향력 있는 창세기 주석 *Genesis: Übersetzt und erklärt*(1901)에 대한 그의 서론의 영어 번역본이다. Gunkel은 원시 전설(희미해진 시적 신화)과 족장 전설(이것들은 신화에 뿌리를 두지 않는다)을 구분한다.

13 Friedrich Delitzsch, *Babel und Bibel: Ein Vortrag* (Leipzig: Hinrichs, 1902). 역사적 회고는 Bill T. Arnold and David B. Weisberg, "A Centennial Review of Friedrich Delitzsch's 'Babel und Bibel' Lectures," JBL 121, no. 3 (2002): 441-57을 보라.

14 4장의 논의를 보라.

고 한다. 베스터만에 따르면 전승비평은 구전 전승들이 기록된 자료(야웨 문서 자료와 제사장 문서 자료) 안으로 통합된 종점에서 시작해서 뒤로 거슬러 올라가 그 자료의 개별 단위들이 전달된 경로를 재구성한다.[15] 우리는 창세기 1-11장의 텍스트는 창세기 12-50장 및 오경의 나머지와 다른 전통의 역사를 갖고 있음을 발견한다. 그러면 우리는 창세기 1-11장 안의 개별적인 텍스트 단위들을 조사해서 그것들이 그 텍스트들이 전해 내려온 방법을 드러내는지 알아본다. 우리는 족보들이 내러티브 텍스트 안으로 통합된 별개의 문헌 유형임을 발견한다. 내러티브들도 창조 이야기들 같은 그룹들을 형성하는데 그것들은 다른 전통의 경로들을 따른다. 마지막으로, 우리는 탐구의 범위를 넓혀 이전 문화와 이후 문화들 모두에 나타난 고대 근동의 병행들을 고려한다. 창세기 1-11장에 대한 결론은 야웨 문서와 제사장 문서의 저자들이 세상과 인간에 대한 이스라엘의 이해를 이전과 이후의 고대 근동 문화들과 연결하는 전통들을 취했다는 것이다. "우리는 유구하고 다양한 역사를 지닌 전통을 다루고 있는데, 그 전통은 야웨 문서와 제사장 문서로 기록된 형태를 취하기 전에 이스라엘에서 수백 년 동안 성장하고 적응되었으며, 그 전통의 모든 부분은 이스라엘 외부의 선역사를 지녔다."[16]

고든 웬함이 창세기 텍스트를 다룬 것이 이 방법의 좋은 예다.[17] 그

---

15 Westermann, *Genesis 1-11*, 588.

16 Westermann, *Genesis 1-11*, 65.

17 Gordon J. Wenham, *Genesis 1-15*, WBC 1 (Grand Rapids: Zondervan, 1987), xxxvii-xlv. Westermann과 달리 Wenham은 뚜렷한 P 구절에 대한 문헌적 증거는 P의 시간적 우선성을 가장 명확히 나타낸다고 생각한다. 그는 창 5-11장에서 J에 의한 논평이 P 텍스트에 덧붙여진다고 주장한다. 홍수 이야기에서 Westermann은 이 점을 인정한다. 창 5장의 증거는 훨씬 더 명확한데, 거기서 J는 P에 귀속된 족보를 취해서 자신의 서론과 결론을 덧붙이고, 노아의 이름에 관한 논평을 삽입했다. 창 10장에 수록된 일람표에서 이스라엘의 이웃들에 대한 자기의 관심을 반영한 J 문서 저자에 의한 긴 삽입으로 말미암

는 창세기 1-11장을 창세기 12-50장과 비교하면 현저한 차이가 나타난다는 것을 발견했다. 창세기 1-11장은 고대 근동 전승들과의 병행들로 가득해서 이 장들이 이러한 동양의 아이디어들을 긍정적으로 및 부정적으로 반영하는 것으로 보이는 반면 창세기 12-50장에는 그런 병행이 없다. 창세기 1-11장에서 특정한 부분들은 상당히 다르다. 예컨대 5장과 11장의 족보들과 10장의 민족 목록표를 보라. 그것들은 주위의 자료들과 다른 자료에서 왔을 가능성이 있다. 기원전 1600년 또는 그 전에 쓰인 것으로 추정되는 「아트라하시스 서사시」와 "수메르 홍수 이야기" 같은 선역사에 대한 성경 전의 기사들은 창세기 1-11장의 야웨 문서 부분과 제사장 문서 부분의 특징을 모두 포함한다. 따라서 현재의 창세기에 수록된 것과 놀랍도록 유사한 기원 이야기들이 기원전 1600년 이전 메소포타미아에서 알려져 있었다. 이 점에 비추어 보면 훗날 어떤 편집자가 독립적인 히브리어로 기록된 기원 기사들인 야웨 문서와 제사장 문서를 결합해서 창세기 기사를 만들었을 가능성이 낮다. 따라서 웬함은 최종 편집자가 선역사의 개요, 즉 우리가 현재 지니고 있는 창세기 1-11장의 요약판을 갖고서 재작업해서 현재 형태의 텍스트를 만들었다고 믿는다. 웬함은 개별 자료들의 경계들을 식별하기는 어렵지만 창세기가 구전 자료와 문서 자료를 포함한 많은 자료를 사용한다는 것은 의심할 나위 없이 사실이라고 생각한다. 이 마지막 결론이 오늘날 사실상 만장일치로 인정되는 내용일 것이다.

아 P에 귀속된 목록의 간결성이 깨진다. 이 점은 J가 P보다 나중에 기록되었음을 암시한다. P 자료는 종종 매우 간결해서 그것을 단편적이라고 보기가 더 쉬울 것이다. J 자료가 다양한 단편적인 자료에 의존했고, 전통적으로 P로 불리는 자료 역시 다양한 자료에서 유래했다면, 창세기는 기본적으로 비교적 짧은 많은 자료를 사용해서 창세기를 구성한 J의 작품으로 볼 수 있다.

신성한 내러티브

창세기 1-11장의 내러티브들이 이스라엘 사회에 신성하다는 점에 대해서도 논란이 없다. 이 이야기들은 창조의 하나님의 행동들에 대해 말할 뿐만 아니라 특히 이스라엘의 전통적인 하나님 야웨의 행동들에 대해 말한다. 이스라엘의 예배에 매우 핵심적인 안식일 준수와 동물 제사가 이미 창세기 초반의 장들에 뿌리를 두고 있다. 좀 더 넓게 말하자면 콜린스가 설명하듯이 오경은 이스라엘이 자신을 어떻게 보아야 하는지를 규정하는 권위 있는 이야기로 제시된다. 따라서 오경은 사실상 교회-국가 연합체로서의 이스라엘의 헌법으로 제시된다.[18] 창세기 1-11장은 선역사 및 아담과 하와의 죄로 말미암아 좌절된 인류의 축복이라는 목적을 성취하기 위해 이스라엘 민족을 세우고자 야웨가 아브라함을 부르기 위한 토대를 제공한다. 우리가 클라인즈의 오경의 주제 분석에서 보았듯이 족장들에 대한 하나님의 약속은 인간에 대한 원래의 신적 의도의 재확인으로서 창세기 1장과 함께 읽혀야 한다. 따라서 창세기 1-11장은 이스라엘의 역사에 있어 신성한 서문이다.

믿음

마찬가지로, 이스라엘 사회의 구성원들은 창세기 1-11장의 이야기들을 **믿는다**. 오경의 뒤에 수록된 구절들이 원시 내러티브들에 수록된 진술들을 재확인하는 대목에서 우리는 이 사실을 명확히 알 수 있다. 예컨

---

18   Collins, *Reading Genesis Well*, 131-34.

대 출애굽기 20:8-11에서 우리는 창조 주간의 재현을 본다. "안식일을 기억하여 거룩하게 지키라. 엿새 동안은 힘써 네 모든 일을 행할 것이나 일곱째 날은 네 하나님 여호와의 안식일인즉…아무 일도 하지 말라. 이 는 엿새 동안에 나 여호와가 하늘과 땅과 바다와 그 가운데 모든 것을 만 들고 일곱째 날에 쉬었음이라. 그러므로 나 여호와가 안식일을 복되게 하여 그날을 거룩하게 하였느니라." 다음과 같은 구절도 있다. "이같이 이스라엘 자손이 안식일을 지켜서 그것으로 대대로 영원한 언약을 삼 을 것이니 이는 나와 이스라엘 자손 사이에 영원한 표징이며 나 여호와 가 엿새 동안에 천지를 창조하고 일곱째 날에 일을 마치고 쉬었음이니 라"(출 31:16-17). 그런 구절들은 창세기 1장의 창조 기사에 대한 믿음을 암시한다.

우리는 창조 이야기에 대한 믿음을 증명하는—예컨대 시편 104:5-30 같은—오경 밖의 구절들에 호소함으로써 같은 요점을 지적할 수 있 다. 그러나 창세기 1-11장의 전통들의 연대가 불확실함을 고려할 때 우 리는 사실 이러한 오경 밖의 구절들이 창세기 1-11장에 의존하는지를 알지 못한다는 어려움이 있다. 이와 대조적으로 오경 자체에서는 최종 편집자가 확실히 창세기 1-11장을 알았으므로 이후의 구절들은 원시 내러티브들을 가리킨다.[19] 그러나 역대상 1:1-27이 창세기 1-11장의 족 보들을 논평 없이 단순히 요약하는 것으로 미루어 볼 때 창세기 1-11장 의 족보들은 논란의 여지 없이 포로 후의 작품인 역대기의 편찬자에게 권위가 있는 것으로 여겨졌다.

---

19 창 1장이 시 104편에 의존한다는 강력한 주장에 대해서는 John Day, *From Creation to Babel: Studies in Genesis 1-11*, LHBOTS 592 (London: Bloomsbury, 2013), 21-22을 보 라.

신들

지금까지 언급된 유사성들은 신화의 특징들이면서도 신화에 독특한 것은 아니어서 창세기 1-11장을 분류하는 데 별로 도움이 되지 않는다. 그러나 신화는 **신들이 중요한 등장인물**인 이야기들이라는 다섯 번째 특징은 신화의 좀 더 독특한 특징으로 보인다. 따라서 많은 학자가 이 기준을 토대로 창세기 1-11장의 원시 내러티브들이 신화로 분류되어서는 안 된다고 주장한다. 일신론이 창세기의 두드러진 특징인데 일신론은 신들의 복수성을 배제하기 때문이다. 따라서 창세기 1-11장의 이야기들은 신들이 중요한 등장인물인 이야기들이 아니고 따라서 신화가 아니라는 것이다.

궁켈은 바로 이 점을 근거로 창세기 1-11장의 이야기들을 이제는 희미해진 신화들로 여겼다. 궁켈은 원시 내러티브들의 전설들과 족장들의 전설들 사이의 차이에 관해 언급했다. 전자에서는 신인동형론적인 하나님이 주요 행위자로 등장하는 반면 후자에서는 인간이 주요 행위자이고 하나님은 좀 더 신비스럽고 떨어져 있다. 인간이 주요 행위자인 전설과 달리 신화는 신들에 관한 이야기이기 때문에 원시의 전설들은 "좀 더 명확하게 신화적인 성격"을 갖고 있다.[20] 그럼에도 "신들의 이야기에서는 최소 두 명의 신들이 필수적이기 때문에" 궁켈은 신화에서 신들의 복수성을 고수했다.[21] 따라서 이런 이야기들에서 신인동형론적인 신이 현저함에도 불구하고 원시 전설들은 기술적으로 **신들**에 관한 것이 아니며, 따라서 신화가 아니다.

---

20   Gunkel, *Legends of Genesis*, 14.
21   Gunkel, *Legends of Genesis*, 15.

궁켈은 이스라엘의 다신론 혐오를 신화 혐오와 동일시했다. "일신론은 신화에 적대적이다."[22] 따라서 궁켈은 원래 이야기들에서 다신론을 제거한 것을 신화의 제거로 이해했다. "창세기의 많은 전설에서 일신론적인 경향이 관찰되는데, 그것은 우리가 언급해온 신화의 혐오다(15-95쪽을 보라)."[23] 흥미롭게도 궁켈이 그의 책 15쪽과 95쪽에서 실제로 언급하는 것은 신화의 혐오가 아니라 다신론의 혐오다. "신적 존재들과 물체 또는 자연의 영역의 동등시, 신들 사이의 전투, 신들의 출생은 창세기의 이형에서 사라진 몇 가지 특징들이다."[24] "자연적으로 이런 낯선 주제들이 이스라엘에서 왕성하게 채택되었다.…이 과정은 바빌로니아-히브리 홍수 전설의 경우에 가장 명확하게 인식될 수 있다. 이곳에서 다신론이 사라졌다."[25] 따라서 "우리에게 보존된 원시 전설들은 모두 언급되지 않은 신화 혐오에 의해 지배된다."[26]

이제 궁켈은 이 점에서 근본적인 범주의 오류를 저지른 것으로 보인다.[27] 다신론 혐오는 문학의 기능 혐오 또는 장르 혐오가 아니다. 이스라엘은 다신론을 참으로 혐오했다. 그러나 우리가 무슨 권리로 이스라엘이 자기들의 이야기들이 특정한 문학적 기능을 하는 것을 혐오했다고 말할 수 있는가? 무슨 근거로 우리가 신들의 복수성이 어떤 이야기가 특

---

22 Gunkel, *Legends of Genesis*, 15.

23 Gunkel, *Legends of Genesis*, 103.

24 Gunkel, *Legends of Genesis*, 15.

25 Gunkel, *Legends of Genesis*, 95.

26 Gunkel, *Legends of Genesis*, 16.

27 "창 1-11장의 관점이 고대 근동의 세계관과 대조된다면 우리가 왜 그것이 동일한 세계관에 따라 쓰였다고 가정해야 하는가?"라고 말하는 Beall은 Gunkel과 마찬가지로 내용을 기능 또는 형식과 혼동하는 범주의 오류를 저지른다(Todd Beall, "Reading Genesis 1-2: A. Literal Approach," in *Reading Genesis 1-2: An Evangelical Conversation*, ed. J. Daryl Charles [Peabody, MA: Hendrickson, 2013], 52).

정한 문화에서 신화로 기능하는 데 필수적인 특징이라고 말할 수 있는 가?[28]

궁켈의 인도를 따라서 창세기 1-11장의 이야기들이 신화임을 부인하는 현대의 많은 학자가 다신론의 제거를 비신화화와 동일시한다. 가령 게르하르트 하젤은 자주 인용되는 논문에서 창세기 1장의 창조 이야기는 다신론에 대한 논박이라고 주장하는데, 그는 그것을 신화에 반대하는 논박과 동일시한다. 그는 다음과 같이 주장한다. "창세기 1장의 저자는 **테홈**(təhôm)이라는 용어를…내용 면에서 비신화적일 뿐만 아니라 목적상으로 신화에 반대하는 방식으로 사용함으로써 당대의 신화적 개념들을 명시적으로 거절했다. 따라서 **테홈**이라는 표현에 신화에 대한 논박이 들어가게 되었는데 이 점은 창세기 1장의 창조 기사의 다른 부분들에서도 관측될 수 있다." 하나님이 물들을 분리시킨 것을 논의하면서 하젤은 다시금 다신론에 대한 논박을 신화에 대한 논박과 동일시한다. "하늘과 땅의 분리에 신화에 대한 논박이 내재해 있다. 어떤 투쟁도 없이 이 분리가 일어난다.…이 사례에서 창세기 1장은 또다시 이교도의 신화에 반대한다."[29] 태양, 달, 별들이 성계(星界)의 신들이라는 개념을 부인함에 있어서 "발광체들의 창조, 기능, 그리고 한계에 대한 히브리의 기사는 창세기 1장에 직접적이고 의식적인 신화 논박이 있음을 강조하는 사

---

28 Rogerson은 이와 관련해서 Gunkel이 신화를 일관성이 없게 다루는 것에 주의를 기울인다. 신화는 한편으로는 신들에 관한 이야기들이지만 다른 한편으로는 보편적인 관심사인 문제들에 대답한 이야기들이다. "따라서 한편으로는 선사 시대(*Urgeschichte*)에는 신들에 관한 이야기들이 없으므로 그 시대에는 신화들이 없다.…그러나 선사 시대의 이야기들이 보편적인 관심사들을 설명하는 한 그것들은 신화**였다**"(J. W. Rogerson, *Myth in Old Testament Interpretation*, BZAW 134 [Berlin: de Gruyter, 1974], 63). Rogerson은 자기가 집필하고 있을 때 신화를 신들에 관한 이야기로 보는 Gunkel의 정의가 널리 받아들여졌고 따라서 구약성서에는 신화로 볼 여지가 거의 없었다고 보고한다(145).

29 Gerhard F. Hasel, "The Polemic Nature of the Genesis Cosmology," *EvQ* 46 (1974): 85.

슬에서 또 다른 명확한 연결고리다."[30] 우리는 창세기 1장의 저자가 다신론을 논박하고 따라서 이교도의 신화를 논박한다는 데 동의할 수 있다.[31] 그러나 우리가 무슨 권리로 그 저자의 논증이 신화 자체에 반대한다고 말할 수 있는가?

이 학자들은 비신화화와 우리가 자연의 세속화로 부를 수도 있는 것[32]을 혼동하는 듯하다. 창세기 1장의 저자들은 세상의 물체들과 현상들이 신성이 박탈당하고 초월적인 하나님에 의해 창조된 창조물로 여겨진다는 의미에서 자연을 세속화했다. 그것들은 신들이 아니었고 그 안에 신들이 거주하지도 않았으며, 그 의미에서 순수하게 자연적이었다. 창세기 1장의 하나님 개념은 고대 근동의 다른 어떤 개념과도 현격하게 달랐기 때문에,[33] 특히 창세기 1장 배후의 전통들이 이른 시기의 것이었다면 이처럼 자연을 세속화한 것은 놀라운 성취였다. 나훔 사르나는 창세기에 나타난 하나님 개념을 이렇게 요약한다. "창세기의 하나님은 전적으로 스스로 충분한 존재로서 자연으로부터 절대적으로 독립적이고, 최고이고 도전할 수 없는 세상의 주권자이고, 인간사에 섭리적으로 개

30　Hasel, "Polemic Nature," 116.

31　그러나 창 1장의 주요 목적은 변증이 아니라는 Bill Arnold의 주의를 요구하는 언급을 보라. 이교도의 입장들은 직접적으로 공격받지 않는다. 오히려 "완전히 새로운 세계관으로서 창 1장은 변증을 포함하지만 완전히 새로운 틀을 제시함으로써 경쟁하는 신학들을 초월한다"(Bill T. Arnold, *Genesis*, NCBC [Cambridge: Cambridge University Press, 2009], 32).

32　또는 John Day가 고대 근동의 다신론적 전통들의 "일신론화"로 부르는 것(*From Creation to Babel*, 111).

33　H. Frankfort와 H. A. Frankfort는 고대 근동의 신화적 사고에 대한 조사에서 "히브리인들을 제외한 고대 세계 사람들이 보편적으로 받아들인" 견해는 "자연은 신의 현현에 지나지 않는다"는 것이었다고 결론짓는다(H. Frankfort and H. A. Frankfort, "The Emancipation of Thought from Myth," in *The Intellectual Adventure of Ancient Man: An Essay on Speculative Thought in the Ancient Near East*, by Henri Frankfort et al. [Chicago: University Chicago Press, 1946], 367).

입하는 존재다."[34] 헨리 프랑크포트와 H. A. 프랑크포트는 히브리 사고의 지배적인 교의는 하나님의 절대적인 초월성이라고 말한다.[35] 야웨는 자연 안에 존재하지 않는다. 지구나 태양 또는 별들 중 아무것도 신이 아니다. 가장 강력한 자연현상조차 창조물이 하나님의 위대함을 반영한 것일 뿐이다. 더욱이 윌리엄 어윈이 우리에게 상기시켜 주듯이 이스라엘의 일신론은 윤리적 일신론으로서 그 신론에 따르면 하나님은 선한 존재이며 그의 성품과 일치하는 방식으로 행동한다.[36] 이스라엘의 이웃의 신들은 원시적이었고 이스라엘의 하나님에 비하면 솔직히 야비했다.[37]

흔히 기원전 6세기 이오니아의 철학자들이 이교도 신화를 통해 묘사된 세상을 세속화했고 따라서 자연을 과학적으로 이해하기 위한 길을 준비했다고 말해진다. 그러나 이스라엘의 사상가들 역시 이오니아의 철학자들처럼 고대 근동 신화의 다신론에 반대했고 세속화된 자연관을 명확하게 표명했기 때문에 같은 인정이 이스라엘의 사상가들에게 주어져야 하며, 창세기 1장 배후의 전통들이 포로 전의 것이었다면 그들에게 우선성이 주어져야 한다. 그 결과 우리는 이스라엘의 세계관이 고대 근동의 세계관보다는 우리의 세계관과 훨씬 비슷했다는, 전통적인 지혜와

---

34   Nahum M. Sarna, *Genesis*, JPSTC (Philadelphia: Jewish Publication Society, 1989), xii; 참조. 4.

35   Frankfort and Frankfort, "Emancipation of Thought," 367.

36   William A Irwin, "The Hebrews: God," in Frankfort et al., *Intellectual Adventure of Ancient Man*, 227.

37   예컨대 "엔릴과 닌릴" 신화를 보라. 혹시 어떤 사람이 그런 가혹한 평가가 단지 현대의 편견의 표현이라고 생각하지 않도록 우리는 기원전 6세기의 테아게네스와 크세노파네스 그리고 훗날 플라톤 같은 고대 그리스 철학자들이 비슷한 근거에서 그리스 신화들을 비판했다는 사실을 주목해야 한다.

판이한 어원의 판단에 동의해야 한다.[38] 그가 설명하는 바와 같이 "고대 세계와 현대 세계 사이의 경계는 에게해나 중부 지중해에서 추적될 것이 아니라 구약성서의 페이지들에서 추적되어야 한다. 그곳에서 우리는 사상의 영역에서 계시된 이스라엘의 성취, 그들의 문학적 표현 솜씨, 그들의 심원한 종교적 통찰력, 그리고 그들의 개인 윤리와 사회 윤리의 기준들을 발견한다."[39] 우리가 유대-기독교 사상이 서구 문화에 끼친 결정적인 영향을 숙고하면 이 사실이 우리를 참으로 놀라게 하지는 않을 것이다.

그러나 세속화와 비신화화는 판이한 개념들이다. 비신화화는 기능 또는 장르의 변화와 관련된 문학적 활동이다. 자연의 세속화가 이야기들의 문학적 비신화화를 함축하는지는 전혀 명확하지 않다. 확실히 이스라엘은 다신론을 혐오했고 따라서 세속화된 자연관에 충실했지만, 그렇다고 해서 이스라엘이 문학적인 비신화화에 열심이었던 것은 아니다.

이 학자들은 암묵적으로 일신론적인 신화는 존재할 수 없다고 가정한다. 논리적으로 말하자면 그 가정은 확실히 틀렸다. 논리적으로 어떤 신에 관한 이야기는 신들에 관한 이야기이기 때문이다. 정량화 논리

---

38 Irwin, "Hebrews," 224. 창세기와 고대 근동 신화는 그것들 중 어느 하나와 현대의 세속적 사상 사이에 공통점이 있는 것보다 서로 공통점이 더 많았을 것이라는 Wenham의 판단을 참조하라(*Genesis 1-15*, xlvii). 이 대목에서 강조는 "세속적인"에 놓여야 한다. Wenham은 그 묘사를 철학적 자연주의를 암시하는 것으로 사용한다. 그러나 우리가 세상에 대한 현대의 과학적 견해를 취한다고 해서 반드시 철학적 자연주의에 충실할 필요는 없다.

39 Irwin, "Hebrews," 224. 이오니아인들의 공헌에 관해 Henri Frankfort와 H. A. Frankfort는 다음과 같이 말한다: "탈레스는 물의 신이 아니라 물에 관해 말한다. 아낙시메네스는 공기의 신이나 폭풍우의 신이 아니라 공기를 지칭한다. 이 대목에 그들의 접근법의 놀라운 참신성이 놓여 있다. 비록 '만물이 신들로 가득'하지만 이 사람들은 사물들의 통일성을 이해하려고 한다"("Emancipation of Thought," 378). 창 1장의 저자들에게 유사한 말을 해도 무방하다: 만물이 하나님에 의해 창조되었지만, 그 저자는 그 사물들의 통일성을 이해하고자 했다.

(quantificational logic)에서 "하나의 신이 있다"는 진술은 신들이 있음을 수 반한다. "몇몇 신들이 존재한다"는 말은 적어도 한 명의 신이 존재한다고 말하는 셈이다. "x는 신인데 몇몇 x가 있다"는 말이 참이라면 x에 해당하는 적어도 한 명의 개인—아마도 여러 개인—이 존재한다. 따라서 한 명의 신이 존재하면 여러 신이 존재한다. 따라서 한 명의 신에 관한 이야기는 신들에 관한 이야기다. 그러므로 논리적으로 신화는 단지 한 명의 신에 관한 것일 수 있다. 따라서 일신론적인 신화들이 존재할 수 있다.

이 구약 학자들은 이런 식의 "억지 이론"을 혐오하고 신화들은 본질적으로 복수의 신들에 관한 이야기이며 따라서 일신론적인 신화는 있을 수 없다고 주장할지도 모른다. 그러나 그런 주장은 별로 타당성이 없어 보인다. 어떤 내러티브의 문학적 기능이 거기에 등장하는 신들의 수에 의존할 수 있는가? 현재 세상의 몇몇 특징을 태곳적 과거에 일어난 신적 활동의 관점에서 설명하는 역할을 하는 신화에서 신들의 수가 가령 일곱에서 셋으로 줄어들면 그것의 신화적인 성격이 희석되겠는가? 아마도 그러지 않을 것이다. 그런데 신의 수가 셋에서 하나로 줄어들면 왜 그것의 신화적인 성격이 갑자기 사라지는가? 그 이야기가 그것을 받아들이는 사회의 구성원들에게 현재의 실재들을 원시의 과거에 토대를 두게 하는 기능을 여전히 수행하지 않겠는가?

수메르 신화 "엔키와 닌마흐" 24-37장에서 엔키는 그의 어머니 남마로 하여금 진흙을 빚게 해서 출산의 여신들이 그 덩어리에서 조각들을 떼어내 인간을 만들게 했다. 어떻게 야웨가 유일한 신이라는 이유만으로 창세기 2장에 수록된, 하나님이 땅의 먼지로 인간을 만드는 이야기가 그런 이야기와 기능적으로 다를 수 있는가? 어떤 이야기가 신화이려면 왜 적어도 한 명의 신의 존재가 필수적인지 이해하기는 쉽지만, 왜 등장하는 신들의 수가 그 이야기가 신화인지를 결정하는 데 중요한 요소인지는 이해하기 어렵다.

실제로 이야기에 한 명의 신만 등장하는 이교도의 신화들이 있다. 예컨대 아프리카의 부송고 부족의 창조 신화는 우주에 물 외에는 아무것도 없던 시초에 홀로 존재했던 창조주 붐바를 인간의 형태를 한, 몸집이 큰 흰둥이로 묘사한다. 어느 날 그는 태양과 달과 별들을 토해냈고, 얼마 후 표범, 악어, 독수리 등을 포함한 여덟 종류의 동물들을 토해냈고, 그것들이 나머지 모든 동물을 만들었다. 마지막으로 그는 인간을 만들었다.[40] 하와이인들의 창조 이야기에는 창립자 카네가 등장한다. 그는 한 남자와 그의 아내를 "비옥한 장소"에 두었는데 "그들이 카네의 법들을 순종하지 않아서 거기서 쫓겨났다."[41] 이 이야기들에 한 명의 신만 등장한다고 해서 그것들이 복수의 신들이 등장하는 이야기들과 달리 신화가 아닌 것은 아니다.

브레바드 차일즈는 신화에는 복수의 신들이 등장한다는 주장이 타당하지 않음을 잘 알고 있다. 궁켈의 신화 이해를 숙고하면서 차일즈는 이렇게 생각한다. "신화가 '신들의 이야기'로만 이해되면 일신론적 종교에서는 진정한 신화가 가능하지 않으며, 정의상 구약성서로부터 신화가 제거된다. 이 정의를 옹호하는 사람들은 종종 구약성서 신앙이 조잡한 다신론을 제거하면서도 신화적인 사고를 유지하고 심지어 발전시켰을 수도 있는 가능성을 인식하지 못했다."[42] 따라서 차일즈는 신화를 재

---

40   Alice Werner, "African Mythology," in *The Mythology of All Races*, vol. 7, *Armenian and African*, by Mardiros H. Ananikian and Alice Werner (Boston: Marshall Jones, 1925), 144.

41   Martha Beckwith, *Hawaiian Mythology* (New Haven: Yale University Press, 1940), 308-9.

42   Brevard S. Childs, *Myth and Reality in the Old Testament*, 2nd ed., SBT 1st ser., 27 (1962; repr., Eugene: Wipf & Stock, 2009), 15.16.

정의해서 일신론적인 신화의 가능성을 허용할 것을 제안한다. "신화는 그것을 통해 실재의 기존 구조가 이해되고 유지되는 형식이다. 신화는 태곳적에 일어난 것으로 인식된 어떤 신의 행동이 어떻게 현재의 세상 질서의 국면을 결정하는지를 보여주는 데 관심을 기울인다."[43] 차일즈가 사용한 "어떤 신"이라는 어구는 "적어도 한 명의 신"을 의미하는데, 이는 정량화 논리 및 민속학자들의 신화의 정의의 의도와 일치한다.

원시 내러티브

창세기 1-11장의 이야기들은 다른 영역에서 일어나지는 않을지라도 태곳적에 일어난다. 창세기에서 원시 시대는 "태초에" 하나님이 세상을 창조한 때로 거슬러 올라간다(창 1:1). 그리고 창세기 기사는 식물과 동물뿐만 아니라 인간의 창조도 기술한다. 문명과 야금술 및 음악 같은 문명

---

43 Childs, *Myth and Reality*, 29-30. 불행하게도 Childs는 신화를 (사고의?) 형식으로 생각하느라 신화가 내러티브라는 개념을 버림으로써 민속학자 및 양식비평의 신화의 정의에서 벗어난다. 그는 왜 이렇게 급진적인 조치를 취하는가? 그의 설명에 따르면 양식비평 정의에서 "신화는 너무 배타적으로 문학적 산물로 정의된다. 신화를 적용하는 사람들에게는 신화의 문학 이전 단계가 있음이 분명하지만, 정의의 기능은 주로 문학적 측면에 한계를 정하는 것을 지향한다"(15). 이는 상당히 놀라운 주장이다. 모든 양식비평은 신화들이 글로 쓰이기 전 구전으로 전달된 신화들을 연구하는 데 관심이 있었다. 신성한 내러티브들이 구전된 것이 아니라 기록된 것이라는 정의는 양식비평이 채택한 표준적인 민속학의 정의의 어떤 부분도 아니다. 아무튼 Childs는 신화를 (구전이든 기록된 것이든) 특정한 기능을 지닌 내러티브로 보지 않고 (그것이 무엇이든) 형식으로 재정의하는 논거를 제시하지 않았다. 희한하게도 Childs는 자기의 "현상학적인" 재정의가 비교종교 학자들 가운데 "일반적인 합의 의견"을 대표하며 James Bar(16, 30)의 입장과 "근본적으로 일치한다"고 생각하는데, 사실은 그렇지 않은 것으로 보인다. 신화는 형식이 아니라 내러티브라는 것이 일반적인 합의이고, Barr의 입장은 신화의 핵심이 신들과 자연 사이의 조화에 있다고 보는데, 이 특징이 Childs의 정의에서는 어떤 역할도 하지 않는다.

의 몇 가지 발명품들이 설명되고, 세상의 언어들의 기원이 묘사된다. 따라서 묘사된 시대는 참으로 인류와 세상의 원시 시대다.

하지만 브레바드 차일즈는 구약성서의 시간 개념은 신화의 시간과 충돌한다고 주장했다. 그는 "이스라엘은 신화적인 것에 대립하는 실재에 대한 이해 때문에 신화를 극복하는 데 성공했다"고 주장한다.[44] 따라서 차일즈는 궁켈의 "희미해진 신화"를 생각나게 하는 말로 구약성서에 등장하는 "희미해진 신화들"에 대해 말한다.

그렇다면 무엇이 신화적인 시간 개념인가? 차일즈는 그것의 특성을 다음과 같이 묘사한다.

> 신화에서 발견되는 시간 개념은 무엇보다도 시간을 절대적인 것으로 이해한다는 특징이 있다. 시간은 그전에는 시간이 없었고 그 후로는 아무도 건너갈 수 없는, 태곳적의 강력한 한 행동에서 나온다. 존재의 세계와 비존재의 세계를 분리하는 이 선이 시간의 시작을 나타낸다. 신화의 시간에는 과거, 현재, 미래 사이에 실제적인 구분이 없다. 시간의 기원이 과거, 즉 태곳적 생성 행동으로 투사되기는 하지만 이는 본질적으로 시간을 초월하는 실재가 옷을 입는 형식일 뿐이다. 시간은 언제나 현재이며 아직 오지 않았다.…신화의 숭배적 표현에서 이 행동이 재생된다. 숭배의 축제가 원시의 행동이 될 때 신화적 시간을 채우는 이 사건의 힘이 실현된다. 따라서 같은 내용을 공유하는 두 시간들은 동일하다.[45]

이 묘사가 신화적인 시간 이해를 정확히 나타낼 수도 있지만, 동정적인

---

44   Childs, *Myth and Reality*, 97.
45   Childs, *Myth and Reality*, 73-74. 우리가 살펴본 바와 같이(각주 43), Childs에게 있어서 "신화"는 내러티브가 아니라 모종의 형식을 가리킨다.

해석자는 일관성이 없는 그런 헛소리를 신화의 창시자에게 돌리기를 꺼릴 것이다. 시간이 "절대적"이라는 것이 무슨 의미인가? 그리고 그것이 실재가 "본질적으로 초시간적"이라는 말과 어떻게 조화되는가? 참으로 신화적 사고가 무로부터의 시간 자체의 시작과 세상의 기원을 단언할 정도로 시간에 대해 정교하게 이해하는가? 그 주장이 어떻게 "신화적 사고는 세상의 실재가 '두 단계'로 형성되었다는 이해에서 성장했다. **처음에는** 비존재의 기간이 있었다. 이것은 원시 시대의 결정적인 행동들로 **대체**되었는데 그때…세상의 구조가 정해졌다"는 판이한 주장과 일치하는가?[46] 또는 우리가 시간의 기원과 실로 시간 자체를 환상에 불과한 의식의 투사로 이해해야 하는가? 신화의 시간에서 과거, 현재, 그리고 미래 사이에 실제적인 구분이 없다면 어떻게 시간이 "언제나 현재이고 아직 오지 않았을" 수 있으며 **그것**은 무슨 뜻인가? 숭배 의식에서 그 원시의 행동이 문자적으로 **재생**되는가, 즉 **다시** 경험되는가? 그렇다면 그 원시의 행동과 그것의 숭배적 표현은 숫자상으로 동일한 것이 아니라 **이전**의 행동과 **이후**의 행동으로서 시간상으로 관련이 있다. 그렇다면 실재는 그가 주장하듯이 시간을 초월하지 않는다.

그렇다면 성경의 시간 개념은 무엇인가? 차일즈는 신화가 세상이 두 단계로 형성되었다고 이해하는 것과 달리 성경의 실재 이해는 세 단계라고 주장한다. 첫째, "구약성서에서 혼돈으로 그려진 비존재 상태가 있었다." 둘째, 이 상태는 "세상에 실재를 가져온 하나님의 자애로운 창조 활동에 의해 극복되었다."[47] 셋째, 인간의 불순종의 결과 구속사가 시작되었는데 그것은 종말론적 미래에서 완성된다. 첫 번째 단계에 대한

---

46 Childs, *Myth and Reality*, 83(강조는 덧붙인 것임). 강조된 단어들은 시간이 세상의 시작의 결정적인 행동들 전에 존재했음을 나타낸다.

47 Childs, *Myth and Reality*, 83.

차일즈의 부정확한 묘사는 눈감아 주기로 하자.[48] 성경의 시간 이해와 가정된 신화의 시간 이해 사이의 유일한 차이는 추가적인 종말론적 요소다. "신화는 과거를 바라보고 구약성서는 미래를 바라본다."[49]

그러나 이것은 시간 개념에서의 차이가 아니다. 실제로 다른 전망들은 과거와 미래 사이의 진정한 구별을 가정하지만, 그것은 역사 개념에서의 구별이다. 놀랍게도 차일즈는 히브리인들이 그들의 연대기들과 족보들에서 연속적인 사건들의 경과를 기록했다는 것과 모든 역사가 그것을 향해 움직이는 미래의 사건에 대한 종말론적 견해가 최소화될 수 없다는 것을 인정하지만,[50] 그럼에도 "순환적인 신화의 반대로 매우 빈번하게 채택된 '직선적 역사' 개념이 성경의 범주가 아니라 다른 종류의 합리화"라고 주장한다.[51] 물론 직선성은 (바빌로니아인과 달리) 고대 히브리인에게 알려지지 않았을 수도 있는 기하학적인 개념이다. 그러나 **우리가** 그 개념을 사용해서 그들의 역사관을 특징짓더라도 그것은—시대착오적으로 **그들이** 그런 개념을 사용해서 자기들의 견해를 표현했음을 암시함이 없이—정확할 수도 있을 것이다. 시간적 연속 및 그 안에서는 미래가 과거와 동일하지 않은 종말론에 대한 헌신은 직선적 역사관을 암시한다.

확고한 세 번째 단계는 창세기 1-11장의 원시 내러티브에서 두드러지게 나타나지 않는다. 그것이 클라인즈가 원시 역사의 의미는 그것이 창세기 12:1-3 및 오경의 나머지에서 해명될 때까지 모호하다고 말

---

48 우리는 이 점에 관해 머지않아 좀 더 말할 것이다. 본서의 113-15을 보라.
49 Childs, *Myth and Reality*, 84.
50 Childs, *Myth and Reality*, 77.
51 Childs, *Myth and Reality*, 76.

하는 이유다.[52] 따라서 종말론적 희망이 창세기 1-11장을 고대 근동 신화들과 차별화하는 역할을 할 수 없다. 더욱이 고대 근동 신화들 역시 창세기 1-11장과 같이 "실재와 실재의 전도(轉倒) 사이의 투쟁", "하나님의 창조의 연속이 아니라 실재의 전도인 역사"를 말하기도 했다.[53] 그 전도는 인간의 불순종 때문이 아니라 인간의 수가 너무 많아진 것과 귀찮은 소음 때문이었는데, 그것을 예견하지 못했던 신들은 이제 그것을 다뤄야 했다(「아트라하시스 서사시」 II). 요점은 창세기 1-11장의 원시 역사가 신화에서 발견되는 시간 개념과 양립할 수 있다는 것이다. 우리는 4장에서 창세기 1-11장에 나타난 역사에 대한 관심을 논의할 때 이 점에 관해 좀 더 언급할 것이다.

따라서 창세기 1-11장의 역사는 원시 시대에 일어나는데 이 점은 신화, 특히 기원 신화의 특징 중 하나다.

---

52   본서의 51-53을 보라.
53   Childs, *Myth and Reality*, 83.

4장

창세기 1-11장의 태곳적 내러티브들이
신화인가?(하)

창세기 1-11장의 원시 내러티브들의 장르 결정을 모색하면서 우리는 신화들의 보편적인 열 가지 가족 유사성들을 적시했다. 우리는 창세기 1-11장이 처음 여섯 가지의 그런 가족 유사성들의 전형임을 살펴보았다. 우리는 이제 일곱 번째 유사성을 살펴볼 것이다.

원인론

창세기 1-11장의 원시 역사는 세상, 인간, 자연현상, 문화적 관습, 그리고 편만한 숭배 같은 **오경 저자 당시의 실재들을 태곳적에** 연결시키려고 한다. 이 대목에서 우리는 신화의 핵심에 도달한다. 그 원시 내러티브들은 현재의 실재들을 원시의 과거에 입각시킴으로써 민족으로서의 이스라엘의 기초로 기능할 뿐만 아니라 훨씬 더 근본적으로 이스라엘의 세계관의 기초를 놓는다.

히브리의 차용인가?

이 대목에서의 주장은 창세기 1-11장의 내러티브들이 고대 근동의 신화들에서 유래한다는 것이 아니다. 헤르만 궁켈과 그의 노선을 따른 범 바빌로니아학파는 그런 주장을 했지만, 오늘날 의존 논제를 옹호하는 학자는 거의 없다. 너무도 많은 구약 학자들이 "병행구절광증"(parallelomania)에 빠지는데 사무엘 샌드멜은 신약성서 학자들에게 그것에 대해 경고했다.[1] 샌드멜은 의존 주장을 확립하려면 이 학자들이 다음과 같은 세 가지 부차적인 주장들을 확립할 필요가 있을 것이라는 점을 발견했다. (1) 관련 구절들이 참으로 병행한다, (2) 병행이 그 구절들 사이의 인과상의 연결을 통해 설명된다, 그리고 (3) 그 인과상의 연결이 대칭적이지 않다.

창세기 1-11장 및 고대 근동 신화들과 관련하여 이 주장들을 확립하는 문제에 있어서 우리가 많은 구약 학자들 사이에 이례적으로 낮은 증거의 기준이 편만해 보인다고 불평해도 과언이 아닐 것이다. 종종 다양한 의존 주장을 확립하기에 충분하다고 여겨진 증거는 과학자들을 부끄럽게 만들 것이다. 물리적인 과학에서는 이례적으로 높은 증거 기준이 존재하며 이 기준이 충족되어야 가설상의 주장이 확립된 것으로 여겨진다. 데이터에 대한 대안적인 설명들은 엄격하게 배제되어야 한다. 예컨대 우리는 일반 상대성 이론의 토대에서 예측된 중력파들의 존재를 확립하기 위해 물리학자들이 요구하는 실험상의 증거를 생각해볼 수

---

1   Samuel Sandmel, "Parallelomania," *JBL* 81, no. 1 (1962): 1-13. Sandmel은 "병행구절광증"을 "학자들 사이에서 구절들 사이에 유사성이 있다고 지나치게 가정하고 이어서 문학적 연결이 불가피하거나 예정된 방향으로 흐른다는 것을 암시하기라도 하는 듯이 자료와 유래를 묘사하는 과도한 경향"으로 정의했다(1). "불가피한"과 "예정된"이라는 단어들은 너무 강하다. "특정한 방향으로 흐른다"는 표현이면 병행구절광증을 나타내기에 충분할 것이다.

있다. 구약성서 연구는 인문학에 속하고 따라서 그런 엄격한 증거 기준을 충족할 것으로 기대될 수 없다. 그러나 그 사실은 구약성서 연구에서의 경신을 정당화하지 않으며, 혹자가 선호하는 가설들에 대한 잠정적인 태도의 필요성을 강조한다. 많은 전통-역사 주장들의 추측적인 성격에 비추어 볼 때 확실히 그런 주장들에 대한 회의주의적인 태도가 신중한 처사다.

위에서 언급된 (2)와 (3)은 말할 것도 없고 (1)만을 확립하는 데도 많은 어려움이 있다. 두 가지 함정이 언급될 가치가 있다. 첫째는 **맥락을 소홀히 하는** 오류다. 구절들에서 따로 떨어진 요소들만이 아니라 구절들 전체가 비교될 필요가 있다. 클라우스 베스터만은 다음과 같이 조언한다.

> 성경 텍스트의 이해에 기여하는 비교는 현상학적으로 파악될 수 있는 전체로부터 진행하고 그것을 목표로 삼아야 한다.…따라서 비교 사항들만 끌어내는 것은 분별 있는 처사가 아니다.…이런 식으로 따로 떨어진 방식으로 병행 사항들을 추구하고 발견하는 것은 성경 이해에 별로 도움이 되지 않는다. 다른 종교에 그런 것이 존재한다는—또는 존재하지 않는다는—단순한 깨달음 자체는 성경 해석학적 가치가 거의 없다. 점(point) 같은 그런 비교는 판단의 실패로 이어지기 쉽다. 우리가 여기서 따로 떨어진 현상을 끌어내고 저기서 또 다른 따로 떨어진 현상을 끌어내려고 하면 판단의 실패 위험이 한층 더 커진다.…점 같은 비교는 결코 병행으로 이어지지 않는다. 양쪽의 행들이 서로 평행하다는 것이 입증될 수 있을 때에만 병행이 가능하다.[2]

---

2 Claus Westermann, "Sinn und Grenze religionsgeschichtlicher Parallelen," *TL* 90, no. 7

맥락을 무시한 채 특정한 텍스트에서 따로 떨어진 요소들에 초점을 맞추면 "자기에게 유리한 것만 선택될" 위험이 있다. 가령 우리는 모두 대형 항공기 한 대가 매사추세츠에서 뉴욕으로 가다가 오전 아홉 시 직후에 뉴욕의 가장 높은 사무용 빌딩 중 하나의 77층에서 85층 사이에 충돌해서 그 빌딩에 화재가 발생했고 탑승객 전원과 많은 사무실 노동자가 사망한 비극적인 재앙에 관해 안다. 그것은 9.11에 일어난 테러리스트 공격이었는가? 아니다. 그것은 1945년 7월 28일에 발생한 B-25 폭격기의 엠파이어 스테이트 빌딩 충돌 사고였다.[3] 사실은 어떤 병행도 존재하지 않는데 우리가 세부사항들만 선택하고 맥락을 무시함으로써 병행이 존재한다는 환상을 만들 수 있다. 이 예에서 사건들의 완전한 이야기를 살펴보면 유사점들이 우연이라는 것이 명백해진다.

예컨대 피터 엔스는 창세기 1장과 바빌로니아 서사시 「에누마 엘리시」 사이에서 다음과 같이 "보편적으로 합의된 유사성"을 열거할 때 맥락을 고려하지 않는다. (1) 신의 영과 독립적으로 물질이 존재한다, (2) 어둠이 창조에 선행한다, (3) 히브리어 **테홈**(təhôm, 깊음)은 [그 서사시에서] 혼돈을 상징하는 여신의 이름 "티아마트"와 관련이 있다, (4) 태양과 달과 별들의 창조 전에 빛이 존재한다, (5) 마르두크가 죽임당한 티아마트의 시신의 살을 발라 물들이 달아나지 못하도록 장애물을 만드는 반면 창세기는 하늘을 위의 물들이 그것들이 속하는 장소에 유지되게 하

(1965): 490-91; 참조. Westermann, *Genesis 1-11: A Continental Commentary*, trans. John J. Scullion (Minneapolis: Fortress, 1994), 6. John W. Hilber, *Old Testament Cosmology and Divine Accommodation: A Relevance Theory Approach* (Eugene: Cascade, 2020), 1장은 점 같은 그런 비교에 대한 최근의 유명한 예다.

3   Wikipedia, "1945 Empire State Building B-25 Crash," https://en.wikipedia.org /wiki/1945_Empire_State_Building_B-25_crash를 보라. 나는 이 예에 대해 Michael Licona에게 빚을 졌다. 유사한 선택이 에이브러햄 링컨의 암살과 존 F. 케네디의 암살을 병행으로 보이게 할 수 있다.

는 단단한 덮개로 묘사한다, (6) 궁창, 마른 땅, 발광체, 그리고 인간의 창조를 포함하여 창조의 날들의 순서가 비슷하다, (7) 모든 일 후에 신적 안식이 뒤따른다.[4] 문제는 엔스가 주장한 병행들이 자주 문제가 있고 심지어 가짜인[5] 것만이 아니라, 그것들이 맥락에 대한 고려 없이 열거되기

---

4   Peter Enns, *The Evolution of Adam: What the Bible Does and Doesn't Say about Human Origins* (Grand Rapids: Brazos, 2012[『아담의 진화: 성경은 인류 기원에 대해서 무엇을 말하는가』, 기독교문서선교회 역간), 39. 마찬가지로 Kenton L. Sparks는 맥락에 대한 고려 없이 에덴동산/타락 내러티브와 메소포타미아 전승들의 유사성들뿐만 아니라 「에누마 엘리시」와 창 1장 사이의 유사성들도 열거한다("Genesis 1-11 as Ancient Historiography," in *Genesis: History, Fiction, or Neither? Three Views on the Bible's Earliest Chapters*, ed. Charles Halton [Grand Rapids: Zondervan, 2015], 110-39). Richard J. Clifford는 *Creation Accounts in the Ancient Near East and in the Bible*, CBQMS 26 (Washington, DC: Catholic Biblical Association of America, 1994[『창세기 원역사 논쟁』, 새물결플러스 역간]), 148-49에서 내러티브들의 맥락을 고려하지 않고서 세부사항들을 비교함으로써 구미에 맞는 선택을 인정하는 것으로 보인다. 그가 다음과 같이 말하기 때문이다. "전통적인 세부사항들의 그런 변화무쌍한 재사용이 현대의 독자들에게는 이상하게 보일 수도 있지만, 고대의 저자들은 확실히 익숙한 대상들을 새로운 맥락에 집어넣는 것을 좋아했다." 그는 「길가메시 서사시」에 등장하는 특정한 세부사항들을 예로 제시한다: "나체이고 짐승 같은 엔키두가 어떤 창녀와 이레를 보내고 지혜를 얻는다. 그 후 그녀는 그에게 옷을 입히고 그를 우루크 도시와 그곳의 왕 길가메시에게 인도한다. 창세기는 같은 전승들을 재배열해서 결혼 제도를 묘사한다!" 이것은 참으로 병행구절광증이며, 내가 보기에는 구미에 맞게 선택하는 방법론의 귀류법이다.

5   예컨대 (1) 신적 영과 독립적으로 물질이 존재한다는 주장은 「에누마 엘리시」의 경우 사실이 아니다. 「에누마 엘리시」는 신적 영에 대해 언급하지도 않으며 원시의 물들과 관련된 신들로 시작한다. 이미 창 1:1에서 하나님이 태초에 천지를 창조했다고 말했기 때문에 그것은 확실히 창세기에 대해서도 사실이 아니다. 대다수 학자는 이제 창 1:1이 독립적인 절이라고 인정한다(이에 대한 논거는 Westermann, *Genesis 1-11*, 93-97을 보라). Westermann에게는 미안한 말이지만, 1절은 바브(*waw*, 그리고)를 통해 2절과 연결되었고 뒤따르는 기사가 사실은 땅의 창조를 묘사하지 않으므로(2절) 그것을 제목으로 간주하면 부정확할 것이기 때문에 창 1:1이 창조 이야기의 제목이 아니라고 할 수 있다, (2) 창조가 1절에서 시작하기 때문에 같은 이유로 창 1장에서 어둠이 창조에 선행한다는 주장도 문제가 있다. 설상가상으로 「에누마 엘리시」에는 어둠이 등장하지 않는다. 따라서 상정된 병행은 가짜다, (3) 티아마트와 창세기의 깊음(그 단어들은 의미상으로 서로에게서 유래하지 않았음이 입증되었다)은 사실은 그 기사들의 대조점으로서 창세기는 지구의 바다를 묘사하고 「에누마 엘리시」는 지구가 존재하기 전에 존재하고 다른 신들을 낳는, 형체가 없는 신적 실체를 묘사한다, (4) 「에누마 엘리시」에서 마르두크는 태양과 달과 별들을 창조하기 전에 빛을 창조하지 않는다. 물론 신들에 관한 원시의 사건들

만 해서 구미에 맞게 고른 것보다 나은 요소가 별로 없다는 것이다. 두

은 어둠 속에서 일어나지 않지만 창세기에서와 달리 지구의 영역에서 일어나지도 않는
다. 따라서 신들의 영역에서 낮과 밤의 존재는 적실성이 없다. (5) (창 1장이 하늘을 단
단한 천장으로 묘사하지 않는다는 사실과 별도로) 티아마트의 절단된 시체와 창세기의
궁창은 현저하게 대조된다. (6) 「에누마 엘리시」에는 "창조의 날들의 순서"가 없기 때문
에 이 주장은 잘못되었다. 사건들의 순서에 관해서는, 마르두크가 먼저 우선 물들을 막
기 위해 티아마트의 피부를 당겨서 하늘을 창조하고, 이어서 다양한 신들의 거처를 만들
고, 다음에 별자리들을 만들고, 이어서 바빌로니아의 천문학적 시간 계측에 매우 중요한
달을 만들고, 이어서 구름들과 폭풍우를 만들고 유프라테스강과 티그리스강을 만든 다
음, 산들과 샘들을 만들고, 이어서 "커다란 띠"와 하늘의 받침대들을 만들고 나서 일을
마친다. 신들을 위한 노예들로서의 인간의 창조는 바빌로니아의 창조 이야기 뒤에 설명
되는 훗날의 사건이다. 이것은 창 1장의 사건들의 순서와 전혀 유사하지 않다. (7) 마르
두크는 이 일들이 끝난 후 쉬지 않는다. 대신 그는 조절 밧줄들(guide ropes)을 붙여서 그
것들을 에아 신에게 넘겨주고 자기는 아누 신에게 가서 운명의 판(Table of Destinies)을
전달한다. 그가 쉬는 유일한 시간은 티아마트를 죽인 직후 위에 언급된 일에 착수하기
전이다. 훗날 신들의 기념은, John Day가 지적하듯이, 그들이 창조의 일을 마치고 쉰 것
에 대한 기념이 아니라 그들의 고달픈 의무가 인간에게 넘겨진 후 그들이 쉬게 된 것에
대한 기념이다(*From Creation to Babel: Studies in Genesis 1-11*, LHBOTS 592 [London:
Bloomsbury, 2013], 17).

　나는 Enns가 어떻게 「에누마 엘리시」를 그렇게 심하게 오독할 수 있었는지 놀라
움을 금할 수 없다. 우리가 스스로 전통-역사 분석의 길을 조사해보면 Enns가 단순
히 Alexander Heidel, *The Babylonian Genesis: The Story of Creation*, 2nd ed.(Chicago:
University of Chicago Press, 1951), 129(그림 4.1)을 따른 것으로 보인다.

「에누마 엘리시」	창세기
신적 영과 우주의 물질이 함께 존재하며 함께 영원하다.	신적 영이 우주의 물질들을 창조하며, 그것들과 독립적으로 존재한다.
원시의 혼돈: 어둠에 싸인 티아마트.	땅이 혼돈하고 공허하며 흑암이 깊음(테홈)을 덮었다.
빛이 신들로부터 나온다.	빛이 창조된다.
궁창의 창조.	궁창의 창조.
마른 땅의 창조.	마른 땅의 창조.
발광체들의 창조.	발광체들의 창조.
인간의 창조.	인간의 창조.
신들이 안식하고 기념한다.	하나님이 안식하고 일곱째 날을 거룩하게 한다.

그림 4.1 Heidel의 「에누마 엘리시」와 창세기 사이의 유사성 목록

인상적인 점은 Enns가 원시의 어둠이나 창조에 이은 신의 휴식 등 Heidel이 상정한 유
사성 표에 들어있는 오류를 재생산한다는 것이다(Heidel은 원시의 어둠은 「에누마 엘리

기사들이 전체로서 읽히면 그것들은 병행과는 거리가 멀다. 「에누마 엘리시」를 바빌로니아의 창조 서사시로 규정하는 것은 부적절한 처사다. 그것은 실제로는 마르두크가 신들의 왕으로 등극한 것을 설명하는 마르두크의 찬사다. 따라서 「에누마 엘리시」가 간접적으로 창세기 1장과 관련이 있을 수도 있지만, 학자들의 대다수는 창세기가 「에누마 엘리시」에 직접 의존한다는 주장을 포기했다.[6]

병행 확립에 있어서 두 번째 위험은 **지나친 일반화** 또는 **추상화**의 오류다. 비교 연구에 종사하는 구약 학자들은 두 요소가 병행하는 것으로 보이도록 만들기 위해 매우 자주 고도의 기술적인 일반화 또는 추상화에 의존한다. 이 오류를 예시하기 위해 나는 두 사람의 이야기를 회상

시」에서 발견되지 않지만[*Babylonian Genesis*, 101] 아마도 그리스의 우주 생성론의 영향하에 베로수스에게서 유래했음을 인정한다). 흥미롭게도 Richard Clifford는 주석자 E. A. Speiser가 "단순히 A. Heidel의 「에누마 엘리시」와 창 1장에 나타난 행동들의 순서를 채택해서 그것이 차용을 증명한다고 가정했다"고 비난한다. 사실 "두 작품에 나타난 사건들의 순서는 참으로 병행하는 것이 아니다"(Clifford, *Creation Accounts*, 140).

Heidel은 다음과 같이 인정한다: "차이들은 유사성들보다 훨씬 광범위하고 중요하다. 그 이야기들의 대부분은 서로 전혀 관계가 없고 완전히 다른 세상에서 왔을 수도 있는 다소 완전한 두 개의 창조 기사들에서—두 기사 모두 같은 현상들을 설명해야 하고 인간의 정신은 비슷한 노선을 따라서 생각하기 때문에—우리가 예상할 수 있는 것보다 가깝지 않다(*Babylonian Genesis*, 130). Enns는 바빌로니아의 이야기들과 성경의 이야기들에는 중요한 많은 차이들이 있어서 단순한 차용이 아닌 다른 것을 암시한다고 인정하지만, 그는 여전히 맥락을 고려하지 않고 내러티브들의 따로 떨어진 요소들을 열거함으로써 병행을 주장하는 잘못을 저지른다.

6   Brevard S. Childs, *Introduction to the Old Testament as Scripture* (Philadelphia: Fortress, 1979), 26을 보라. Childs는 아시리아학자들은 「에누마 엘리시」를 더 이상 예전처럼 좋은 비교 자료로 여기지 않는다고 언급한다. 참조. W. G. Lambert에 따르면 「에누마 엘리시」는 "바빌로니아나 수메르 우주론의 규범이 아니다. 그것은 신화의 실들이 비할 데 없이 혼란스럽게 엮이고, 분파적이고 상궤를 벗어나고, 매우 왜곡되어서 이 텍스트에만 의존한 결론은 의심스럽다. 그것은 고대 메소포타미아 신화의 전체 맥락 안에서 사용될 때에만 안전한다"("A New Look at the Babylonian Background of Genesis," *JTS*, n.s., 16, no. 2 [1965]: 291; 추가로 W. G. Lambert, "Mesopotamian Creation Stories," in *Imagining Creation*, ed. Markham J. Geller and Mineke Schipper, IJS Studies in Judaica 5 [Leiden: Brill, 2007], 15.59을 보라).

한다. 한 사람은 로스앤젤레스에 도마뱀들이 산다고 믿었고 다른 사람은 로스앤젤레스에 뱀들이 산다고 믿었다. 두 사람은 로스앤젤레스에 파충류들이 산다는 데 합의했다고 한다.[7] 높은 수준의 일반화에 의존함으로써 그들의 다른 관점은 억압되고 대신 사이비 유사성이 구축되었다. 샌드멜은 "한편으로는 추상적인 입장과 다른 한편으로는 구체적인 적용" 사이의 차이에 유의하는 것의 중요성을 강조한다. 그는 "추상적인 진술에서가 아니라 자세한 연구에서 병행의 판단을 위한 설득력이 있는 토대가 출현할 수 있다"고 주장한다. 그는 "연구자에게 있어서 문제는 추상화가 아니라 구체적인 사항이다. 상세한 연구가 기준이다"고 주장하며, 우리에게 상세한 연구는 "맥락을 존중해야 하고 단순히 발췌들을 병치하는 데 제한되지 않아야 한다"고 상기시켜 준다.[8]

앞서 언급된 바와 같이 창세기 1-11장에 관해 글을 쓰는 사람들 사이에 이 오류가 흔하다. 「길가메시 서사시」에 등장하는 젊음을 회복하는 수생 식물과 에덴동산에 있는 생명의 나무 사이에 자주 도출되는 병행이 좋은 예다. 고도의 추상화와 그것들을 모두 "생명을 주는 식물들"로 지칭함으로써 에덴동산에 있는 열매를 맺는 나무와 가시가 많은 해초 조각 사이의 명백한 차이가 억압된다.[9] 더욱이 뱀이 관련 인물이 그 식물

7 　내가 기억하기로 나는 이 이야기를 당시 UCLA 철학 교수였던 Robert Adams에게 들었다.

8 　Sandmel, "Parallelomania," 2. 그는 다음과 같이 계속한다: "두 구절을 맥락에서 떼어내면 그것들이 똑같게 들리지만, 맥락 안에서 보면 유사성보다는 차이점을 반영할 수도 있다."

9 　예컨대 Gordon J. Wenham, *Genesis 1-15*, WBC 1 (Grand Rapids: Zondervan, 1987), 52을 보라. 마찬가지로 Spars, "Genesis 1-11," 125-26도 보라. 흥미롭게도 길가메시 이야기에 등장하는 수생 식물은 불멸성을 주는 것이 아니라 그것을 먹는 사람이 다시 젊어질 수 있게 해준다(A. R. George는 그것을 "회춘의 식물"로 부른다[*The Babylonian Gilgamesh Epic: Introduction, Critical Edition, and Cuneiform Texts*, 2 vols. (Oxford: Oxford University Press, 2003), 1:522]). 회춘은 뱀이 허물을 벗는 패턴을 따르는데 그

을 먹어 불멸의 존재가 되지 못하게 한 행동의 일반화를 통해 뱀이 길가메시 앞에서 그 식물을 먹은 것과 아담과 하와가 뱀의 유혹에 굴복한 후 하나님이 그들을 동산에서 쫓아냄으로써 그 나무의 열매를 먹지 못하게 한 것 사이의 차이가 억압된다.[10] 이러한 추상화된 유사성들의 내러티브 전체의 맥락은 완전히 딴판이다. 하나는 헛되이 불멸을 추구하는 이야기이고, 다른 하나는 인간의 유혹과 하나님께 대한 불순종의 이야기다.

대니얼 할로우는 아다파가 불멸을 주는 신들의 빵을 거절하라고 잘못된 충고를 받는 것에 관한 아다파 신화와 창세기 3장의 아담의 타락 기사를 비교할 때 마찬가지로 지나치게 일반화한다. 그는 아담과 아다파 모두 "먹을 것과 먹지 말아야 할 것에 관해 명령을 받았고" 둘 다 "불멸의 기회를 놓쳤다"고 주장하며, 그것이 "창세기 3장의 핵심 주제"라고 잘못 생각한다.[11] 할로우는 또한 [신들의 집단인] 아눈나키 중 하나에 불과한 아다파를 아담과 잘못 비교한다. 그는 아다파를 "에아 신의 특별한 창조물"로 묘사하고 "아누에 의해 새로운 옷이 입혀졌다"고 말한다. 실상은 그것이 그의 나체를 가린 것이 아니라 상복(喪服)을 바꿔 입는 문제에 지나지 않는데도 말이다. 베네딕트 오첸이 아다파 신화에서 "그 영웅에게 적어도 뭔가 먹을 수 있는 것이 제공되었다"[12]고 한 말은 거의 우스

모티프는 오세아니아의 신화들에서도 발견된다(*Sacred Narrative: Readings in the Theory of Myth*, ed. Alan Dundes [Berkeley: University of California Press, 1984], 72-74, 88-95 에 수록된, 창세기 3장에 관한 James G. Frazer의 기발한 논문 "The Fall of Man"을 소개 하는 논평을 보라). 우리가 이 병행을 토대로 오세아니아의 신화들과 길가메시 이야기 가 인과적으로 연결되었다고 생각해야 하는가?

10   Daniel C. Harlow, "After Adam: Reading Genesis in an Age of Evolutionary Science," *PSCF* 62, no. 3 (2010): 183은 그것을 "불멸의 추구와 뱀으로 인한 상실"로 부르는데, 아담과 하와는 불멸을 상실하기 전에 그것을 추구하지도 않았기 때문에 이는 정확하지 도 않은 지나친 일반화다.

11   Harlow, "After Adam," 183.

12   Benedikt Otzen, "The Use of Myth in Genesis," in *Myths in the Old Testament*, by

운 수준이 된다.

동산을 경작하고 지키는 아담의 역할이 수메르와 바빌로니아의 창조 신화에서 인간들에게 할당된 일들을 상기시킨다는 놀라운 주장은 또 다른 그런 예다.[13] 이렇게 주장된 병행은 노예 노동과 인간에게 맡겨진 신성하고 고상한 책임 사이의 차이를 억누르는 수준의 일반화를 대가로 얻어진다. 하나님이 하와를 아담의 반려자로 창조한 것을 신들이 야만인 엔키두를 길가메시의 상대자로 창조한 것과 비교하는 것[14]도 놀라운 처사로서, 우리가 양자를 자세하게 비교하면 이 일반화가 무너진다. 그리고 "바빌로니아의 신화에는 성경의 타락에 상응하는 내용이 없는 반면 신들을 화나게 한 것이 홍수의 원인이 된 것은 일반적인 관점에서 비교할 만하다"[15]는 말도 놀라운 주장이다. 바로 이 "일반적인 관점"이 거

Benedikt Otzen, Hans Gottlieb, and Knud Jeppesen, trans. Frederick Cryer (London: SCM, 1980), 47.

13   Sparks, "Genesis 1-11," 125-26; Otzen, "Use of Myth," 42. Harlow, "After Adam," 182 은 관계 농업을 에덴동산이 "관개에 의해" 물이 대진 것과 비교하고, 원래의 노동자들로서의 [하급 신들인] 이기기 신들을 원래의 노동자로서의 야웨(그가 "동산을 창설한다")와 비교하며, 아눈나키 신들이 신적 권리의 특권을 누리는 것을 야웨가 "마법의 나무들이 있는 사유 동산"을 소유하는 것과 비교한다. Harlow는 그런 비교들을 토대로 "창 2-8장의 거의 모든 내러티브들이 메소포타미아의 신화에서 차용되었다"는 놀라운 결론을 도출한다.

14   Harlow, "After Adam," 183.

15   A. R. Millard, "A New Babylonian 'Genesis' Story," in *"I Studied Inscriptions from before the Flood": Ancient Near Eastern, Literary, and Linguistic Approaches to Genesis 1-11*, ed. Richard S. Hess and David Toshio Tsumura, SBTS 4 (Winona Lake, IN: Eisenbrauns, 1994), 125. Millard는 창 6장에 수록된 인간의 사악한 행동을 「아트라하시스 서사시」에 등장하는 인간의 귀찮은 소음과 동일시하는 것은 "그럴법하지 않다고 보일 수도 있지만, 신에게 폐를 끼친다는 기본적인 아이디어가 화나게 한 것이 홍수를 보내기로 하는 결정에 이르는 두 내러티브에 공통적이다"는 입장을 유지한다(123). Longman and Walton의 주장을 참조하라. 그들은 신들이 홍수를 보낸 이유에 대한 다양한 해석들을 조사한 후 다음과 같이 주장한다: "질서의 와해가 그 모든 해석의 특징이기 때문에 우리는 그것들 가운데 하나를 선택할 필요가 없다.…모든 설명은 신들에게 홍수를 보내도록 동기를 부여한 상황은 점증하는 무질서라고 암시한다"(Tremper Longman III and

룩한 하나님의 죄에 대한 분노와 인간 노예들이 성가시게 해서 야기된, 인간을 닮은 신들의 언짢은 불면증 사이의 차이들을 가림으로써 비교를 변질시킨다. 그런 정도의 추상화에 토대를 둔 병행 주장에 대해서는 건강한 회의주의가 적절하다.

한 기사가 다른 기사에 의존했다는 사실을 통해 추정된 병행들이 설명된다는 주장에도 많은 문제가 있다. 한 가지 문제는 서로 독립적인 두 개의 내러티브 사이에도 따로 고립된, 심지어 현저한 유사성이 존재할 수도 있다는 것이다.[16] 타이타닉호가 침몰하기 14년 전인 1898년에 출간된 모건 로버트슨의 소설 『타이탄호의 난파』(*The Wreck of the Titan*)는 유익한 예다. 로버트슨의 소설에서 거대한 원양 여객선 타이탄호는 세계 최대의 배였고 침몰할 수 없다고 알려졌다. 그런데 그 배는 4월의 어느 날 밤 뉴펀들랜드에서 약 740킬로미터 떨어진 북대서양에서 우현(右舷)이 빙산과 충돌했다. 그 배는 침몰했고 구명정이 없어서 선객들과 승무원들은 차가운 물 속에서 사망했다. 그 배의 침몰과 타이타닉호의 침몰 사이의 공통점은 엄청나게 많다. 문학의 맥락에서 읽히면 그것들은 난파에서 살아난 젊은 선원 존 롤런드의 이야기의 일부다. 그는 여성 선객을 납치한 혐의로 기소되었다가 혐의를 벗어나고, 사회와 관계를 끊었다가 성공적인 공무원으로 재등장한다. 로버트슨의 소설이 출간된 시기를 모르는 사람은 그 소설을 타이타닉호의 침몰에 기초한 허구의 이

John H. Walton, *The Lost World of the Flood: Mythology, Theology, and the Deluge Debate* [Downers Grove, IL: IVP Academic, 2018{『노아 홍수의 잃어버린 세계』, 새물결플러스 역간}], 68). 그렇게 지나친 일반화는 중대한 차이를 가리고 비교 연구를 방해한다.

16 진화생물학에 소위 수렴성 진화라는 유사한 현상이 있는데, 이 현상을 통해 두 개의 인과 사슬이 현저하게 유사한 최종 산물에 도달한다. 가령 동물계에서 인간의 눈에 가장 가까운 눈은 두족류 동물의 눈인데, 그것도 카메라 눈이다. 하지만 낙지들과 인간 사이에는 확실히 어떠한 계통상의 연결 관계도 없다. 유사성만으로는 인과적 의존성을 입증하지 못한다.

야기라고 짐작할 수도 있을 것이다.

마찬가지로 예컨대 학자들은 종종 에덴동산과 수메르 신화 "엔키와 닌후르사가"(*Enki and Ninhursaga*)에 등장하는 딜문섬 사이의 유사성들을 지적한다. 딜문은 에덴동산과 마찬가지로 물이 풍부하고 낙원 같은 땅으로서 그곳에서는 모든 자연이 평화롭다고 한다.[17] 이 유사성들은 과장되었고 그것들의 맥락은 완전히 다르다.[18] 그 점이 아니더라도 도출될 수 있는 유사성에 대해 창세기 2장의 내러티브가 수메르 신화에 의존했다고 설명하는 것이 가장 좋다고 생각할 학자는 거의 없을 것이다. 우리는 고대 근동 신화에 낙원 모티프가 사실상 존재하지 않으며 그나마 병행

---

17 Harlow, "After Adam," 182.

18 딜문(인간의 거주지가 아니라 신들의 거주지다)에 대한 묘사는 낙원에 관한 것이라기보다는 사물들의 성격이 아직 결정되지 않은 상황에 관한 것이다. 그 신화에 따르면,

> 딜문에서는 까마귀가 울음소리를 내지 않았고,
> 솔개가 솔개의 울음소리를 내지 않았고,
> 사자가 죽이지 않았고,
> 늑대가 양을 움켜쥐지 않았고,
> 아이를 죽이는 개가 알려지지 않았고,
> 곡식을 먹어치우는 수퇘지가 알려지지 않았고,
> 높은 곳의 새가 새끼를… 하지 않고,
> 비둘기가 머리를…하지 않고,
> 눈이 아픈 사람들이 "나는 눈이 아프다"고 말하지 않고,
> 머리가 아픈 사람이 "나는 머리가 아프다"고 말하지 않고,
> 늙은 여자가 "나는 늙은 여자다"라고 말하지 않고,
> 늙은 남자가 "나는 늙은 남자다"라고 말하지 않고,
> 씻지 않은 아가씨가 도시에서…하지 않고,
> 강을 건너는 사람이…을 발하지 않고,
> 감독하는 자가…하지 않고,
> 노래하는 자가 구슬픈 소리를 내지 않고,
> 도시의 변두리에서 그가 어떤 탄식도 발하지 않는다.

특히 까마귀와 솔개에 관한 행들은 아직 정해지지 않은 원시의 상태를 암시한다(그 신화의 이 시점에서 딜문에는 아직 담수조차 없다).

이라고 할 만한 것은 딜문을 언급하는 이야기가 유일하기 때문에 학자들이 [무리하게] "엔키와 닌후르사가"가 창세기 2장의 토대라고 생각한다고 의심한다.[19]

의존 관계 증명의 어려움은 텍스트의 **부적절한 귀납법적 표본**을 취하는 데서 발생한다. 혹자의 데이터 부류가 제한적일수록 그 부류에 기초한 귀납적 추론이 불확실해진다. 예컨대 2020년의 팬데믹 시기에 코로나바이러스를 다루기 위해 작은 집단의 사람들에게 처방된 하이드록시클로로퀸의 임상 시험의 긍정적인 결과는 나중에 좀 더 큰 표본을 대상으로 한 연구와 비교하면 정상 상태를 벗어난 것이었음이 발견될 수도 있다.

마찬가지로 창세기 1:2의 원시의 어둠과 물로 덮인 깊음이 이집트의 창조 이야기들이 성경 전통에 끼친 영향을 보여준다는 빈번한 주장은 그것들 사이의 근본적인 차이에 의해서뿐만 아니라[20] 이 모티프들이

---

19   J. H. Walton, "Eden, Garden of," in *Dictionary of the Old Testament: Pentateuch*, ed. T. Desmond Alexander and David W. Baker (Downers Grove, IL: InterVarsity Press, 2003), 202-7은 "에덴동산은 고대 근동 문헌에 편만한 모티프의 창세기 판이다"라는 Harlow의 주장("After Adam," 182)에 반대한다.

20   다양한 이집트 신화들은 원시 일원론에서 다양성(multiplicity)을 도출하려고 하므로 이 신화들에서 걸려 있는 문제는 고대의 일자(一者, the One)와 다자(the Many)의 문제임을 이해할 필요가 있다(Erik Hornung의 *Conceptions of God in Ancient Egypt: The One and the Many*, trans. John Baines [Ithaca, NY: Cornell University Press, 1982], 66-67, 174. 76을 보라. 이 책은 이 문제에 대한 이집트의 답변을 설명하고자 하는데, 이 책의 독일어 원래 제목 *Der Eine und die Vielen*은 영어의 부제에 보존되어 있다). 이 신화들에서 물과 어둠은 거기서 다양성이 나오는, 차별화되지 않고 경계가 없는 단일체(Monad)를 나타낸다. Hornung의 설명에 따르면 아톰 신이 "태초에 모든 것이었고 차별화되지 않은 통일체라는 의미에서 완전했으며" 역설적으로 "동시에 존재하지 않았다"(*Conceptions of God*, 67). 존재하지 않는 것은 부정적으로 말하자면 초기의, 차별화되지 않고, 분명하지 않고, 한계가 없는 것 또는 긍정적으로 말하자면 가능하고, 절대적이고, 근본적인 것의 전체를 나타냈다. 존재하지 않는 것에 비해 존재하는 것은 경계들과 구별들을 통해 명확히 정의되고 표현된다(Hornung, *Conceptions of God*, 183). "존재하지 않는 것에 대한 가장 중요한 긍정적인 표현은 경계가 없는 물과 완전한 어둠이

창조 신화들에 매우 널리 퍼져 있다는 사실을 통해서도 불확실해진다. K. 누마자와에 따르면 세상의 기원 신화들—그 신화들에서는 땅과 하늘이 물만으로나 형체가 없는 물질로서 또는 우주의 알로서 하나로 통합되어 있다—이 "실제적으로 모든 민족에게서 발견된다." 예컨대 그런 신화가 북아메리카 인디언 부족들에게서 발견된다.[21] 이 신화들에 따르

다"(Hornung, *Conceptions of God*, 177). Sarna는 물의 형태가 없는 성격—그것은 사물들에 질서와 안정적인 형태가 주어지기 전의 상태를 적절하게 대표했다—때문에 고대인들에게는 물이 원시 물질을 적절히 표현하는 것으로 보였다고 제안한다(Nahum M. Sarna, *Genesis*, JPSTC [Philadelphia: Jewish Publication Society, 1989], 6).

이 일원론적인 그림과 대조적으로 창 1:2에 묘사된 원시 지구의 상태는 (많은 주석자의 부주의한 진술에도 불구하고) 통일되지 않은 통일체 또는 혼돈이 아니고, 존재하지 않는 것은 더욱더 아니며, 단지 어둠에 덮인 원시 바다다. 그것은 끝이 없는 것이 아니라 지구 위에 있었고, 궁극적으로 바다 위로 출현할 육지를 덮고 있었으며, 표면이 있었고 그 위에 바람이 불고 있었다(참조. 창 7:18; 창 8:1). 그것은 특징이 없는 물이 아니라, 궁극적으로 바다를 채우게 되고 그 안에서 해양 생명체들이 번성하며 하늘에서 비로 내리게 될 바로 그 물이다. 그것은 질서가 잡히지 않거나 혼돈된 것이 아니라 고대 이스라엘인들이 익숙했을 성질—액체, 무게, 표면 장력, 부력, 용해력, 운반 가능성—을 지녔다. 원시 바다는 혼돈이라기보다는 토후 와보후(*tōhû wābōhû*, 렘 4:23), 즉 거주할 수 없는 황량함으로도 묘사된 황폐한 지형이다. Tsumura는 그 어구가 "원시의 혼돈과는 아무 관계가 없고" 단지 비생산적이고 거주자가 없는 장소로서의 지구를 가리킨다고 올바로 결론짓는다(David Toshio Tsumura, "Genesis and Ancient Near Eastern Stories of Creation and Flood: An Introduction" 그리고 "The Earth in Genesis 1" [1989], 모두 Hess and Tsumura, "*I Studied Inscriptions*," 33, 310-28에 수록되었다; Tsumura, *Creation and Destruction: A Reappraisal of the* Chaoskampf *Theory in the Old Testament* [Winona Lake, IN: Eisenbrauns, 2005], 9.35). 그 원시 상태를 "혼돈"으로 부르는 것이 얼마나 사리에 맞지 않는지는 홍수 이야기(창 7:17-24)에서 명백히 알 수 있다. 그 이야기에서 땅이 황폐한 상태로 돌아가지만, 그것은 명백히 혼돈 상태가 아니다.

고대 이스라엘인은 아마도 창 1:2에 묘사된 상태를 달도 별도 볼 수 없을 때의 지중해의 칠흑 같은 밤처럼 생각했을 것이다. 그런 상태는 이스라엘 사람들에게 알려진 항해하는 민족들(창 10장)과 왕조 시대 때 이스라엘의 선원들(왕상 10:22)이 직접 경험했을 것이다. 이 상태는 이집트의 신화에서 상상된 원시의 일원론적인 상태와는 전적으로 다르다. 이집트 신화에서의 상태는 초월적인 존재이자 그것으로부터 모든 다양성이 나오는, 플로티노스의 일자(One)와 훨씬 더 비슷하다. 실제로 창 1:2에 묘사된 원시 상태는 이집트의 신화보다는 북아메리카 인디언의 창조 이야기들을 더 닮았다.

21 K. Numazawa, "The Cultural-Historical Background of Myths on the Separation of Sky and Earth," in Dundes, *Sacred Narrative*, 185. 아메리카 대륙 원주민의 신화들은 Alan

면 그것이 하늘로 분리될 때까지 원시의 어둠에 형태가 없는 물질이 존재했는데, 땅과 하늘의 분리가 우주의 시작이었다. 거의 모든 신화에서 빛이 최초로 출현한 때인 하늘과 땅의 분리 전에는 완전한 어둠이 있었다는 개념이 공통적이다.[22] 이집트의 신화들이 창세기에 영향을 주었다

Dundes, "Earth-Diver: Creation of the Mythopoeic Male," in Dundes, *Sacred Narrative*, 277을 보라.

22   이제 출간된 지 오래되었지만 여전히 유용한 Louis Herbert Gray and John Arnott MacCulloch, eds., *The Mythology of All Races*, 13 vols.(1916-33; repr., New York: Cooper Square, 1964)의 색인을 참조하라. William Fox는 오르프 이야기에 관심을 기울이는 데 그 이야기에 따르면 최초에 광대한 어둠 위를 선회하는 커다란 검정 날개의 새로 생각되는, 창조되지 않은 닉스(*Nyx*, 밤)가 있었다(Gray and MacCulloch, *Mythology of All Races*, vol. 1, *Greek and Roman*, by William Sherwood Fox, 4.5). John MacCulloch는 스칸디나비아 신화들 가운데 "거기서 빛과 생명이 나온, 선재하는 어둠의 상태가…매우 널리 가정된다"고 보고한다(Gray and MacCulloch, *Mythology of All Races*, vol. 2, *Eddic*, by John Arnott MacCulloch, 201). 그리스 신화들은 이집트의 영향을 증명한다고 생각될 수도 있지만 극동의 신화들에 대해서는 그것이 덜 타당하다. Uno Holmberg에 따르면 아시아의 창조 신화를 대다수에 원시 바다가 공통적인데, 많은 이형을 가진 신화에서 물에 들어가 심연에서 지구의 물질을 건져 오는 어떤 존재가 등장한다. 좀 더 원시적이고 이원론적이지 않은 신화의 이형들이 초기 기독교와 독립적이라는 점이 "북아메리카 인디언 부족들 사이에서 수집된 유사한 내용의 많은 이야기"를 통해 입증된다(Gray and MacCulloch, *Mythology of All Races*, vol. 4, *Siberian Mythology*, by Uno Holmberg, 313, 326). 몽고의 어떤 이야기는 아직 땅이 없었고 물이 모든 것을 덮고 있던 태초에 어느 라마승이 어떻게 하늘에서 내려와 물을 휘저어 땅을 만들었는지를 말해준다. 유사한 일본의 이야기는 태초에 일곱 신들 중 하나가 어떻게 물을 휘저어 일본의 섬들을 만들었는지를 설명한다. 아프리카의 부숭고 부족은 다른 곳에서는 유례가 없는 창조 신화를 갖고 있는데, 그 신화는 물 외에는 아무것도 없는 태초에 존재한 유일한 창조주 등 "놀라울 정도로 창 1장을 연상시키는" 특성을 보인다(Alice Werner, "African Mythology," in Gray and MacCulloch, *Mythology of All Races*, vol. 7, *Armenian and African*, 144). 남아메리카 부족들 사이에서는 안데스산맥 북쪽의 치브차 부족의 신화가 있는데, 그들은 태초에 빛이 만물의 최고의 주인 치미니가구아의 집에 갇혀 있었기 때문에 모든 것이 어둠이었다고 믿는다. 그런데 치미니가구아가 태양과 달과 우주의 나머지를 창조했다(Gray and MacCulloch, *Mythology of All Races*, vol. 11, *Latin-American*, by Hartley Burr Alexander, 199). 원시의 어둠이나 물 또는 둘 모두가 등장하는 창조 신화는 대서양쪽 해안의 과라니 부족과 그들의 후손인 과라유 부족 가운데서도 발견된다(Alfred Metraux, "The Guarani" and "The Guarayu and Pauserna," in *Handbook of South American Indians*, ed. Julian H. Steward, vol. 3, *The Tropical Forest Tribes* [Washington, DC: Smithsonian Institution and United States Government Printing Office, 1948], 92-94, 436-38). 심

고 주장하는 학자들은 종종 세계의 모든 민족 사이에 그 모티프가 얼마나 널리 퍼졌는지를 질문하지 않는다.

신화들은 인간의 정신 안에 깊이 심어지는데, 우리는 다원 발생을 통해서든 수렴을 통해서든 세계의 모든 지역의 무관한 민족들 사이에서 유사한 신화들이 존재한다는 것을 발견하더라도 놀라지 않아야 한다.[23] 신화들 사이의 인과관계적 연결을 입증하기 위해서는 유사한 신화들이 독립적으로 발생했을 가능성을 배제할 필요가 있는데, 그것은 어려운 일이다. 최소한 창세기 1-11장의 비교 연구에 종사하는 이론가는 비교 집단을 원시 내러티브들과 인과상의 연결관계가 있을 수도 있는 신화들 너머로 넓혀서 단순한 유사성이 아니라 족보상의 연결 관계가 참으로 존재한다는 것을 확신할 필요가 있다.[24] 유사성들이 일원론적인 이집트 신들의 족보에서처럼 매우 다른 맥락에서 나타나는 고립된 요소들일 때에는 그럴 필요가 특히 절실하다.

앞에 언급된 도전들보다는 다루기 쉽지만 그럼에도 언급될 가치가

지어 남태평양의 섬 주민들 가운데서도 원시 어둠의 신화가 발견된다(Martha Beckwith, *Hawaiian Mythology* [New Haven: Yale University Press, 1940], 312).

23 성경의 태곳적 사건들의 이야기에 등장하는 주제들이 관련이 없는 아프리카의 민족들의 신화들에 나오는 것을 주목한 Westermann은 다음과 같이 논평한다: "모든 시대와 모든 장소의 사람들이 인간과 우주의 기원이나 현재 상태의 기원을 제시할 수 있는 방법은…비교적 적다. 따라서 직접적인 영향이 배제되더라도 많은 유사성이 있을 것이다 (*Genesis 1-11*, 5; 참조. 20). Alan Dundes의 다음과 같은 관찰을 참조하라. "이 세상에는 신화들이 아주 많다.…민화들은 훨씬 더 많다. 아마도 신화 열 개당 수백 개의 민화가 있을 것이다. 그러나 민화들이 아무리 많을지라도 그것들은 전설들의 수와 비교될 수 없다"(Dundes, *Sacred Narrative*, 6에 수록된 William Bascom, "The Forms of Folklore: Prose Narratives"를 소개하는 논평).

24 예컨대 Stith Thompson, *Motif-Index of Folk-Literature: A.Classification of Narrative Elements in Folktales, Ballads, Myths, Fables, Mediaeval Romances, Exempla, Fabliaux, Jest-Books, and Local Legends*, rev. ed., 6 vols.(Bloomington: Indiana University Press, 1955) 를 보라.

있는 마지막 도전은 **비대칭적인 의존의 방향**을 입증하는 것이다. 고인류학자들은 인간의 진화경로를 재구성하려고 노력할 때 그런 문제에 직면한다. 유해들이 발견된 다양한 호미닌(사람족)들 사이에 연결 관계가 존재하는 것은 분명한데, 우리가 앞으로 살펴보겠지만, 형태들 사이의 의존 관계를 확립하기는 어렵고 논란이 되고 있다.

마찬가지로 창세기의 홍수 기사와 「길가메시 서사시」(열한 번째 서판)의 홍수 이야기 사이의 관계도 상당한 논란거리였다. 40년 동안 바벨-성경 논쟁이 치열하게 전개된 후 게르하르트 폰 라트는 성경의 이야기와 바빌로니아의 이야기의 관계에 관한 논의가 "어느 정도 끝났다. 물론 둘 사이에 어느 정도의 관계가 존재하지만 더 이상 성경의 전통이 바빌로니아의 전통에 직접적으로 의존한다고 가정되지 않는다"고 확신있게 보고할 수 있었다.[25] 그는 두 버전들이 훨씬 더 오래된 전승의 독립적인 배치라고 말한다.

많은 학자와 마찬가지로 폰 라트는 「길가메시 서사시」에 포함된 홍수 이야기가 영웅 길가메시(또는 빌가메시)와는 전혀 무관한 수메르의 홍수 이야기에서 나왔고, 길가메시는 몇몇 수메르의 서사시들의 주제인데 이는 기원전 세 번째 천년기로 거슬러 올라간다고 생각했다.[26] 길가메시에 관한 수메르의 다섯 개 시들 중 어느 것에도 홍수 이야기가 나오지 않는다. 사실 「길가메시 서사시」의 초기 버전들에도 홍수 이야기가 등장하지 않는다. 「길가메시 서사시」는 기원전 두 번째 천년기에 아카드어로 쓰인 고바빌로니아, 중바빌로니아 버전을 거쳐 최종적으로 표준적인 바

---

25   Gerhard von Rad, *Genesis: A Commentary*, rev. ed., OTL (Louisville: Westminster John Knox, 1972), 123-24.

26   설명은 George, *Babylonian Gilgamesh Epic*, vol. 1, pt. 1.1: "The Literary History of the Epic of Gilgame"를 보라.

빌로니아 버전으로 발전했다. 그러는 동안 그것은 주위의 고대 근동의 전승들을 흡수했는데 그것들의 자료들은 대체로 알려지지 않았다(그림 4.2를 보라).[27]

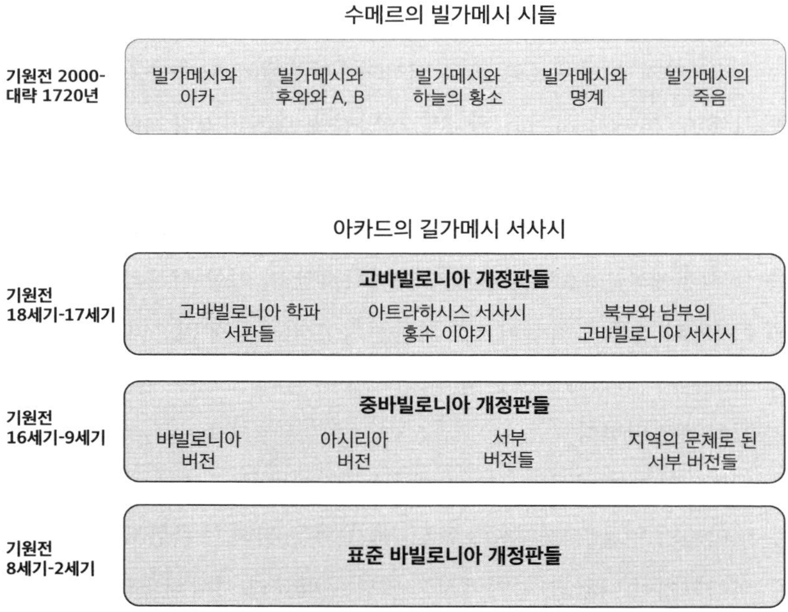

	수메르의 빌가메시 시들				
기원전 2000-대략 1720년	빌가메시와 아카	빌가메시와 후와와 A, B	빌가메시와 하늘의 황소	빌가메시와 명계	빌가메시의 죽음

	아카드의 길가메시 서사시			
기원전 18세기-17세기	**고바빌로니아 개정판들**			
	고바빌로니아 학파 서판들	아트라하시스 서사시 홍수 이야기		북부와 남부의 고바빌로니아 서사시
기원전 16세기-9세기	**중바빌로니아 개정판들**			
	바빌로니아 버전	아시리아 버전	서부 버전들	지역의 문체로 된 서부 버전들
기원전 8세기-2세기	**표준 바빌로니아 개정판들**			

그림 4.2 길가메시 서사시의 진화

「길가메시 서사시」의 중바빌로니아판이 불멸의 생존자를 언급하기는 하지만, 고바빌로니아판이나 중바빌로니아판 어느 것도 홍수 이야기를 포함하지 않는다. 홍수 기사를 포함하는 「길가메시 서사시」의 표준판은 기원전 첫 번째 천년기의 전환기의 불확실한 시기에 신-레키-운닌니라

---

27 *Epic of Gilgamesh*의 비평본 "Shattered Tablets and Tangled Threads: Editing Gilgamesh, Then and Now," *Aramazd* 3, no. 1 (2008): 7-30의 편집자 A. R. George의 설명을 보라. https://eprints.soas.ac.uk/7497/.

는 편집자를 통해 확립되었다. 열한 번째 서판의 홍수 이야기는 수메르의 홍수 이야기에서 유래한 것이 아니라 최근에 회복된 바빌로니아의 「아트라하시스 서사시」의 "직접적이고 때로는 축어적인 채택"으로 인식되어왔다.[28] A. R. 조지는 아트라하시스의 홍수 이야기를 「길가메시 서사시」 안에 삽입하고 그 서사시에 중대한 변화를 가한 사람이 신-레키-운닌니였다는 자신의 "주관적인 견해"를 표명했다. 우리는 오늘날 현존하는 텍스트의 어느 정도가 신-레키-운닌니의 변경인지 또는 그의 텍스트에 추가적인 중대한 변경이 있었는지 알지 못한다.[29] 기원전 첫 번째 천년기 표준판의 사본들에서 텍스트상의 이형들이 존재한다는 사실은, 알려지지 않은 다른 편집자들의 손길이 있었음을 암시할지도 모른다.

W. G. 램버트는 창세기와 「길가메시 서사시」의 홍수 이야기들이 반드시 연결되지는 않았을 수도 있음을 인정하면서도 창세기 8:6-12에 기록된, 방주에서 새들을 날려 보내는 이야기는 「길가메시 서사시」 11장의 병행 구절과 흡사해서 그것들 사이에 연결 관계가 있다는 데 "아무런 의심이 존재하지 않는다"고 생각한다. 새들에 관해 두 기사 사이에는 차이가 있다. 창세기 기사에서 노아는 새 두 마리를 날려 보낸다. 첫 번째 새인 까마귀는 돌아오지 않고, 다음에 노아가 비둘기를 세 번 날려 보낸다. 노아가 비둘기를 세 번째 날려 보냈을 때 그 비둘기는 돌아오지 않는다. 길가메시 서사시에서 우트나피쉬팀은 비둘기, 제비, 그리고 까마귀를 순서대로 한 번에 한 마리씩 날려 보낸다. 비둘기와 제비는 돌아오지만 까마귀는 돌아오지 않자 그가 배에서 내린다. 하지만 이런 차이들에도 불구하고 유사성이 커서 두 기사 사이에 관련이 있을 개연성이 있다.

---

28   George, "Shattered Tablets," 18.
29   George, *Babylonian Gilgamesh Epic*, 32.

그러나 이것이 히브리 기사가 바빌로니아 기사를 차용했다는 증거인가? 새를 놓아주는 이야기가 표준판 「길가메시 서사시」에 들어있지만, 「아트라하시스 서사시」에 등장하는 고대의 홍수 이야기는 새들을 날려 보내는 것을 언급하지 않는다. 램버트는 홍수 이야기는 기원전 750년까지는 입증되지 않는, 후대의 삽입이라고 지적한다. 약 기원전 300년의 바빌로니아 제사장 베로수스만 홍수 이야기 기사에서 새들을 언급한다.[30] 성경의 홍수 전승이 포로 전의 것일 경우 히브리 기사가 차용했을 가능성은 훨씬 작아진다. 램버트는 성경의 홍수 이야기가 바빌로니아의 새들에 관한 병행 기사에 대한 현존하는 가장 이른 시기의 증언보다 오래된 것임을 인정하지만,[31] 히브리 저자들이 메소포타미아의 전승에 "어느 정도 의존"한다는 입장을 유지한다. 램버트는 이 결론에 대한 두 가지 이유를 제시한다. 첫째, 약 기원전 1800년에 나온 수메르의 홍수 이야기들의 사본이 있는데 "그것은 메소포타미아 전승의 최초의 형성에 아모리인들의 영향이 존재할 가능성을 사실상 배제한다."[32] 이 대목에서 강조는 "최초의"라는 단어에 있는 것으로 보인다. 수메르 홍수 전승의 연대에 비추어 볼 때 기원전 세 번째 천년기 말의 아모리인들의 도래는 메소포타미아 전승의 형성을 시작하기에는 너무 늦은 것으로 보인다. 따라서 램버트는 메소포타미아의 기사가 시기적으로 앞선다고 결론짓는다. 하지만 이 논거가 메소포타미아 전승의 훨씬 후대의 개작으로 나온 에피소드인 홍수 이야기의 새들의 에피소드와 무슨 관계가 있는지

---

30 The "Babyloniaca" of Berossus, ed. Stanley Mayer Burstein, SANE 1/5(Malibu, CA: Undena, 1978), bk. 2.2.2(p. 20)을 보라. 베로수스는 새들의 종류나 수를 명시하지 않으며 3회에 걸쳐 모든 종류의 새들을 한꺼번에 날려 보냈다.

31 Lambert는 창 1-11장에 정리된 전승들은 이스라엘에서 오랫동안 확립되었고 늦어도 사사 시대까지 거슬러 올라간다고 주장한다 ("New Look," 299).

32 Lambert, "New Look," 292.

명확하지 않다.

램버트의 두 번째 이유는 단순히 "별 볼 일 없는 히브리인들이 바빌로니아의 서사시 발달에 영향을 주었다고 생각할 수 없다"는 것이다.[33] 이 대목에서의 요점은 작은 원시 유목민 문화가 바빌로니아 같은 강력한 문명의 문학에 중대한 영향력을 행사하기란 거의 불가능했다는 것이다. 그러나 「길가메시 서사시」는 이미 주변의 고대 근동 전승들의 덩어리인데,[34] 왜 히브리 전승에서 새들의 에피소드를 차용하는 것이 불가능

---

33 Lambert, "New Look," 292.
34 참조. Lambert는 아마르나 시기에 메소포타미아의 문학이 얼마나 널리 퍼졌는지―「길가메시 서사시」의 조각들이 메기도에서 나타나고 「아트라하시스 서사시」가 라스 샴라에서 나타난다―에 관해서 및 후르리인들의 문화적 활동을―그들은 자기들이 이주하여 정착한 지역의 모든 민족으로부터 많이 차용했다―에 관해서 말한다("New Look," 299-300). 메소포타미아 전승들이 서쪽으로 옮겨가면서 이스라엘의 홍수 전승들이 바빌로니아의 몇몇 다양한 지역의 버전들에 영향을 주었을 가능성이 그렇게 상상조차 못할 일인가? 참조. George는 흥미롭게도 「길가메시 서사시」가 호메로스 및 다른 그리스 문학에 영향을 주었다는 주장에 관해 언급한다.

> 고대의 시인들은…익숙한 에피소드들과 표준적인 구절들의 모음을 갖고 있었고 거기서 자기가 원하는 대로 끌어다 쓸 수 있었다. 음악가, 학자, 그리고 기타 전문가들이 국제적으로 여행했던 것으로 알려진 세상에서 다수의 중요한 모티프들과 내러티브 패턴들이 다양한 고대 근동 언어로 시를 쓰는 시인들 사이에 보편적으로 보유되었을 개연성이 크다.…이런 텍스트들이 토착 문화에 끼친 영향이 정확하게 가늠될 수는 없지만, 그것들은 확실히 상당한 영향을 주어서 새로운 버전들을 만들고 현지의 언어로 바꾸어 쓰게 했을 것이다. 레반트의 시인들이 새로운 형태들을 받아들여서 그것들을 자신의 목적에 채택함에 따라 확실히 구전 문학에서 비슷한 결과가 관찰된다. 영향은 다른 방향으로 및 다른 시기에도 존재했다. 레반트에서 나온 신화의 기본 테마가 이미 기원전 두 번째 천년기의 바빌로니아에서 관찰된다. 「길가메시 서사시」에서 몇몇 영향이 감지된다 (George, *Babylonian Gilgamesh Epic*, 56-57).

흥미롭게도 길가메시 자신이 쐐기문자 후 시기에 유대인들 가운데서 잊히지 않았다. George는 쿰란에서 나온 「거인들의 책」의 파편(4Q530 frags. 2 ii+, 1-2)에서 그가 유대의 신화에서 창 6:14에 묘사된 타락한 천사들에 의해 태어난 홍수전 사악한 거인 족속의 하나인 길가메시(*glgmys*)로 나온다고 지적한다(*Babylonian Gilgamesh Epic*, 60). 따라서 창세기의 홍수 내러티브가 「길가메시 서사시」에서 차용되었다면 왜 길가메시가 창세기의 다른 곳에서 언급되지 않는지 의아하다.

했는가? 이스라엘이 국제적으로 광범위하게 연결되었던 솔로몬의 재위 시기에 히브리 전승들이 바빌로니아의 편집자(또는 편집자들)에게 영향을 주었다는 것이 생각할 수 없는 일은 아닐 것이다.

데이비드 프리드만은 이스라엘인들은 육지로 둘러싸인 아시리아인들보다 선원들의 관습들을 더 잘 알았으리라는 점을 지적하고 새들을 내보낸 순서가 히브리 기사가 선행함을 뒷받침한다는 근거에서 창세기 기사가 먼저 나왔다고 주장했다. 그는 고대 문헌에서 선원들이 까마귀들을 사용해서 상륙할 곳을 인도받았다고 말하는 언급을 인용한다(Callimachus, *Hymns* 2.66; Strabo, *Geography* 17.43; Scholiast to Aristophanes's "Clouds" no. 134, 123행). 선원들은 비둘기를 사용해서 해협에서 외해로 인도받거나(Appollonius Rhodius, *Argonauticae* 2.317-407, 528-610) 날씨를 가늠했다(Plutarch, *Moralia de Sollertia Animalium* 13.968f). 선원들 사이에서는 창세기에서처럼 까마귀를 먼저 내보내는 것이 압도적인 관습이었을 것이다. 비둘기는 땅이 거주할 수 있는지를 알아내는 데 더 적합했을 것이다. "따라서 성경의 버전의 순서는 선원들의 관습과 완벽하게 일치하는 반면 아카드 버전이 비둘기-제비-까마귀의 순서를 말하는 것은 원래의 모티프를 흐린다."[35]

그러나 조지는 M. I. 웨스트가 실론과 아이슬란드에서 선원들이 비둘기를 사용해서 상륙 지점을 발견한 증거를 제공했다고 주장한다(Pliny, *Natural History* 6.24.83과 아이슬란드의 무용담 *Landnámabók* 2).[36] 그러나 조지는

---

35   R. David Freedman, "The Dispatch of the Reconnaissance Birds in Gilgamesh XI," *JANESCU* 5 (1973): 124. "비둘기(들), 제비(들), 까마귀(들)"은 텍스트 K. 1520에 나오는 홍수가 아닌 맥락에서도 그 순서로 언급된다. 그러나 Wasserman은 그 텍스트가 *Gilgamesh* XI에 의존할 수도 있다고 생각한다(Nathan Wasserman, *The Flood: The Akkadian Sources* [Leuven: Peeters, 2020)], 148).

36   George, *Babylonian Gilgamesh Epic*, 517. George는 M. I. West, *East Face of Helicon*

명백히 "선원들의 이 관행"이라는 웨스트의 어구가 "닿을 만한 거리에 육지가 있는지를 점검하기 위해" 새들을 날려 보내는 것을 가리키는 것이 아니라 같은 목적을 위해 비둘기들을 날려 보내는 것으로 잘못 해석했다. 플리니우스는 비둘기들을 말한 것이 아니라 좀 더 일반적으로 새들(volucres)을 말했다. 그리고 아이슬란드의 무용담은 바이킹 선원 플로키가 까마귀 세 마리를 날려 보내 자기가 상륙할 곳을 인도하게 했다고 말한다. 따라서 이런 언급들은 프리드만의 주장을 확인한다.

조지는 비둘기는 돌아오는 성질이 있는 반면에 까마귀는 날아가 버리는 성질이 있다는 사실이 프리드만이 지적하는 요점보다 중요하며, 그 점이 까마귀를 비둘기보다 나중에 보내지 않고 먼저 보내게 했을 것이라고 생각한다. 마찬가지로 조나단 사파티는 썩은 고기를 먹는 까마귀는 홍수에서 죽은 동물들의 부어오른 시체들에서 먹이를 찾을 수 있어서 날아가는 경향이 있다고 주장한다. 따라서 까마귀는 바빌로니아 기사에서처럼 마지막에 내보내면 안 된다. 그리고 창세기 기사에서처럼 까마귀를 먼저 내보냈다면 비둘기를 통해 추가로 정찰할 필요가 있었을 것이다.[37]

조지는 새들의 에피소드는 원인론의 목적에 기여한다고 생각하기 때문에 창세기가 선행한다는 프리드만의 주장을 일축한다. 즉 비둘기, 제비, 까마귀들은 홍수 후 날려 보낸 세 종류의 새들의 다른 운명들에 의해 조건 지어진 그들의 습관들 때문에 그렇게 행동한다. "원인론이 완전히 빠진" 바빌로니아의 이야기를 물려받은 서쪽 사람들은 제비를 삭제

(Oxford: Oxford University Press, 1997), 492 각주 162를 인용한다.

37 Jonathan D. Sarfati, *The Genesis Account: A Theological, Historical, and Scientific Commentary on Genesis 1-11* (Powder Springs, GA: Creation Book Publishers, 2015), 508.

했고 새들을 날려 보낸 순서를 혼동했으며 따라서 "그 모티프를 완전히 이해하지 못했다."[38] 그러나 다음과 같은 바빌로니아의 기사에서 조지가 주장하는 식의 원인론적 모티프에 대한 낌새를 알아채기 어렵다.

> 나는 비둘기를 가져와서 그것을 날려보냈다.
>
> 그 비둘기는 날아갔다.…
>
> 비둘기는 앉을 곳이 없어서 [내게] 돌아왔다.
>
> 나는 제비를 가져와서 그것을 날려보냈다.
>
> 그 제비는 날아갔다.…
>
> 제비는 앉을 곳이 없어서 [내게] 돌아왔다.
>
> 나는 까마귀를 가져와서 그것을 날려보냈다.
>
> 그 까마귀는 날아갔고 물이 줄어드는 것을 보았다.
>
> 그 까마귀는 먹었고 위아래로 움직였고 내게 돌아오지 않았다.
>
> (XI.148.56)

제비, 비둘기, 까마귀들의 특성이 그것들이 앉을 곳을 발견하지 못한 것이나 뭔가 먹을 것을 찾은 것을 통해 결정된다는 어떤 암시도 없다.[39]

---

38 George, *Babylonian Gilgamesh Epic*, 517.

39 George는 원인론적 모티프가 존재하지 않는 것으로 보이는 곳에서 그런 모티프를 찾는 경향을 보인다는 점이 언급되어야 한다. 예컨대 그는 다음과 같은 구절에서 범선의 원인론을 발견한다.

> 120리 가량 나아가서 길가메시는 노를 저을 막대들이 떨어졌다.
> 그러자 그는 자기 옷을 벗었다.
> 길가메시는 [그의] 옷을 벗었다.
> 그는 자기의 양팔에 돛을 걸쳤다(X.181-83).

또는 길가메시가 회춘의 식물을 찾기 위해 자기 발에 무거운 것들을 묶는 데서 "해저 잠

오히려 창세기 내러티브가 새들을 날려 보낸 기사에서 및 「길가메시 서사시」에 묘사된 해상의 재난에 비해 명백하게 실용적인 배인 방주의 배치 묘사에서 훨씬 더 그럴듯하게 보인다.

이런 식의 논거에 대해 나는 그럴듯한 요소는 흠이 있는 이전 기사를 후대에 개선한 것임을 암시할 수도 있다고 유보해둔다. 우리는 이 대목에서도 인과적 영향의 방향을 결정하기가 얼마나 어려운지를 알 수 있다.

하지만 조지는 램버트의 지적에 동의하면서 히브리 기사가 메소포타미아의 기사를 차용한 것이 아니려면 두 가지 방법밖에 없다고 주장한다.[40] 첫 번째 방법은 독립적인 아모리의 홍수 전승 같이 히브리 전승과 바빌로니아 전승이 도출된 공통의 자료를 상정하는 것이다. 램버트

수의 원인론"을 발견한다.

40 성경의 홍수 기사와 메소포타미아의 기사 모두 공통의 이전 전승 또는 사건에 의존한다는 견해에 대한 John Day의 답변을 참조하라. 그는 메소포타미아의 전승이 훨씬 이른 시기의 것임을 명심하면서 다음과 같이 말한다. "이 추측은 근거가 없으며, 필요 이상의 실체 상정으로 알려진 논리적 오류를 반영한다"(*From Creation to Babel*, 110). 오컴의 면도날에 피상적으로 호소해서 텍스트의 의존성 문제를 해결하려는 것은 다소 놀라운 처사다. 오컴의 면도날은 지침일 뿐이며 단순성이 설명의 적합성에 대한 유일한 또는 심지어 가장 중요한 기준도 아니다. 예컨대 신약성서 학자들이 순전히 Q는 누가복음이 마태복음을 사용했다는 가설에 비해 필요 이상의 실체를 상정한다는 이유만으로 Q의 존재를 일축한다면 어떻게 되겠는가? 누가복음에 나타난 마태복음의 사상 같이 누가복음이 마태복음을 사용했음을 뒷받침하는 증거가 훨씬 중요할 것이다. 마찬가지로 이 사례에서 성경의 전승이 「길가메시 서사시」를 사용한 증거 또는 Day가 생각하듯이 「아트라하시스 서사시」를 사용한 증거가 부족하다. 새들의 에피소드(그것은 「아트라하시스 서사시」에는 존재하지 않는다)를 제외하면 증거는 참으로 빈약하다. 역설적이게도 우리는 정경의 이야기가 아니라 홍수 이야기에 관한 별도의 야웨 문서와 제사장 문서를 메소포타미아의 이야기들과 비교한다는 Day의 주장은 의존성의 최상의 증거를 감소시킨다. 야웨 문서의 홍수 기사에서는 [노아가] 비둘기를 세 번 날려 보내는 반면 제사장 문서에서는 노아가 까마귀를 한 번 날려 보내는데 까마귀가 돌아오지 않기 때문이다. 이 기사들 중 어느 것도 「길가메시 서사시」에 나오는 새들의 에피소드와 정경의 기사만큼 닮지 않았다.

는 "나는 그런 견해가 내게는 그다지 그럴법하지 않다고 보이지만 그것에 대한 반박을 생각할 수 없다"고 대꾸한다.[41] 앞서 학자들의 " '일반적으로 인정된다'(이는 아무도 증명한 적이 없다는 뜻이다)와 '그것에 반하는 설득력 있는 이유가 없다'(이는 확실히 결정적인 이유가 없음을 고백한다) 같은" 단언들에 대해 불평했던 램버트가 이런 답변을 한 것은 이상한 반응이다.[42] 마찬가지로 반박이 없다는 점에서 램버트의 단언은 반대할 결정적인 이유가 없음을 고백한다.

최근에 구이 다르샨은 다니엘 아르나우드가 2007년에 출간한, 우가리트에서 나온 새로운 아카드어 텍스트(RS 94.2953) 해독[43]에서 히브리 전승이 차용된 것임을 부정하고 두 전승 모두의 배후에 공통의 자료가 존재함을 증명했다고 주장했다.[44] 기원전 1250년 가량의 것으로 추정되는 열네 줄의 파편은 에아가 어떻게 그 이야기의 주인공(이름은 알려지지 않았다) 옆에 나타나는지 그리고 그에게 창을 내라고 명령하는지에 대한 일인칭 기사다. 아르나우드는 그 텍스트가 우가리트의 바알 서사시로 알려진, 창의 설치 이야기의 아카드어 버전이라고 해석했고(KTU 1.4 vii 14.28), 학자들은 이 해석의 전부 또는 일부를 받아들이는 경향이 있었다. 그러나 앙투안 카비뇨는 그 텍스트에 많은 수정을 제안하는데,[45] 다르샨은 그것을 다음과 같이 번역한다.

---

41   Lambert, "New Look," 292.

42   Lambert, "New Look," 291.

43   Daniel Arnaud, *Corpus des textes de bibliotheque de Ras Shamra-Ougarit (1936-2000) en sumérien, babylonien et assyrien* (Barcelona: Editorial AUSA, 2007), 201-2.

44   Guy Darshan, "The Motif of Releasing Birds in ANE Flood Stories," TheTorah.com, 2017, https://thetorah.com/the-motif-of-releasing-birds-in-ane-flood-stories. 참조. Guy Darshan, "The Calendrical Framework of the Priestly Flood Story in Light of an Akkadian Text from Ugarit (RS 94.2953)," *JAOS* 136 (2016): 507-14.

45   Antoine Cavigneaux, "Les oiseaux de l'arche," *AO* 25, no. 2 (2007): 319-20.

달이 사라졌을 때, 그달의 첫날에 위대한 주 에아가 내 옆에 섰다(그리고 다음과 같이 말했다). "나무 삽과 구리 도끼를 가져다 꼭대기에 창을 내라. 새 한 마리를 놓아주면 그것이 네가 상륙할 해안을 찾아낼 것이다!" 나는 내 위대한 주이자 조언자인 에아의 말대로 했다. 나는 나무 삽과 구리 도끼를 가져다 내 위 꼭대기에 창을 냈다. 나는 날개가 강한 비둘기 한 마리를 놓아주었다. 그것은 날아갔다가 돌아왔다. 그것은 날기에 지쳤다. 나는 다시 물새(펠리칸?)를 놓아주었다.

다르샨은 카비뇨를 따라서 그 텍스트가 기원전 두 번째 천년기의 후반에 서아시아에서 회자된 홍수 이야기의 다른 버전의 일부이며 구두 전달을 통해 성경의 기사에도 알려졌다고 생각한다. 다르샨은 "새의 모티프가 그 이야기에 훗날 삽입된 것일 가능성은 이제 잠재워질 수 있다"고 결론짓는다.[46]

그러나 이것은 대담한 결론이다. RS 94.2953을 홍수 이야기의 파편으로 보는 것은 맥락이 없이 주장된 병행, 더욱이 그 텍스트에 대한 카비뇨의 철저한 수정에 의존하는 병행에 입각한다.[47] 우리가 그 텍스트가 아르나우드의 독법에서처럼 성전의 일들이 아니라 새들에 대해 말하는 내용임을 받아들이더라도, 창들을 통해 새들을 날려 보내는 것이 항해의 맥락에서 일어나지 않는다.[48] 나단 와서만은 「길가메시 서사시」 XI.137

---

46   Darshan, "Motif of Releasing Birds."

47   Cavigneaux의 독법은 Arnaud의 독법과 완전히 다르다. Arnaud의 독법은 새들을 놓아주는 것을 전혀 언급하지 않고 해안을 찾는 것을 말하지 않는다. 좀 더 최근에 Nathan Wasserman은 Cavigneaux의 텍스트에 추가로 경미한 수정을 제공하고 RS 94.2953을 홍수 이야기로 여긴다(Wasserman, *Flood*, 87-90). Cavigneaux나 Wasserman 누구도 자신이 선호하는 독법의 논거를 제공하려고 시도하지 않는다.

48   Freedman, "Dispatch of the Reconnaissance Birds," 125에 인용된 텍스트 CT 17, 22:140-46을 보라.

에서 병행을 발견하는데, 거기서 우트나피쉬팀은 "나는 공기 구멍을 열었고 햇빛이 내 뺨 위에 떨어졌다"고 설명한다.[49] 그러나 우트나피쉬팀의 공기 구멍(*nappašu*; 참조. *napāšum*[동사], "숨쉬다")은 RS 94.2953에 나오는 창(*aptum*)과 동일한 단어가 아니며, 그 공기 구멍이 새를 날려 보내기 위한 것도 아니다. 노아는 방주에 창을 냈지만(창 8:6; 참조 6:16), 그 창은 나중에 생각해낸 것이 아니라 그 배를 짓는 동안에 만들어졌다. 삽과 도끼가 치장 벽토로 성전의 벽을 치장하는 데에는 적합하지만, 목선에 창을 내는 데에는 거의 부적절하다는 사실은 RS 94.2953이 바알 서사시가 아니라 홍수 이야기에 속한다는 가정에 반한다. 다르샨은 "삽과 도끼"(*marra ù ḫaṣṣinna*)라는 표현을 단순히 "도구들"을 의미하는 중언법으로서 **나무** 삽과 **구리** 도끼라는 도구들의 구체적인 특성에 대한 윤색으로 생각한다.[50] 더욱이 달이 사라진 것이나 보이지 않는 것을 어떻게 누군가가 배 안에 갇힌 것이 명백하다고 해석될 수 있는지 의아하다.[51] 육지를 발견하기 위해 물새(펠리컨이든 학이든 간에)를 맨 마지막에 놓아 주는 것은 「길가메시 서사시」에 등장하는 비둘기-제비-까마귀의 순서보다 명백한 이유로 부적절하다는 것도 지적할 가치가 있다. 아무튼 RS 94.2953이 홍수 이야기의 조각이라고 하더라도, 수메르의 홍수 이야기가 우리에게 상기시켜 주듯이, 그것과 「길가메시 서사시」 및 성경의 홍수 이야기 사이의 계보상의 관계는 아직 확립되지 않았다. 그럼에도 RS

---

49 Wasserman, *Flood*, 89.

50 Wasserman, *Flood*, 89도 보라. Darshan이나 Wasserman 중 누구도 아카드어에서 그런 관용어의 예를 제공하지 못한다.

51 방주 안에 갇힌 노아는 그때가 초승달이 뜰 때였는지 알 수 없었을 것이라는 우려에 대응해서 Cavigneaux는 노아가 모래시계를 사용해서 날들을 계수했다고 제안한다! Wasserman은 고바빌로니아 버전들은 초승달을 홍수의 시작일로 언급하는 반면 RS 94.2953은 그날이 에아가 우트나피쉬팀에게 새를 날려 보낼 창을 내라고 명령한 날, 즉 홍수가 거의 끝날 무렵이라고 말한다고 지적한다.

94.2953은 히브리의 홍수 이야기와 바빌로니아의 홍수 이야기 배후에 공통의 자료가 있을 가능성이 단순한 추측 이상임을 보여준다.

램버트는 히브리의 차용을 벗어날 수 있는 두 번째 방법은 히브리 기사와 바빌로니아 기사가 사건 자체에 소급하는 것이라고 주장한다. 램버트는 이 대안을 "받아들일 수 없다"고 일축하지만 그 이유는 설명하지 않는다.[52] 이와 대조적으로 다른 학자들은 히브리 전승과 바빌로니아 전승이 원래 대규모의 역사적 홍수에 의해 고취된 독립적인 버전들일 수 있다는 가설을 세웠다.[53] 비록 이 가설이 「길가메시 서사시」에서 새들의 에피소드가 나중에 출현하는 것을 설명하지 않지만 말이다.

히브리 전승이 차용된 것이라는 램버트의 마지막 논거는 그 홍수 이야기들이 각각 오래 통치한 홍수 전 수메르 왕들 및 오래 살았던 홍수 전 히브리 족장들을 연결하는데, 이 역시 히브리 전승이 차용된 증거라는 것이다. 일찍이 홍수 이야기가 바빌로니아의 원본에 의존한다는 사실은 창조 기사도 마찬가지로 바빌로니아의 원본에 의존했음도 확인한

---

52   Lambert, "New Look," 292. Lambert는 나중에 그 이유를 설명하겠다고 약속하지만 내가 아는 한 그는 그 주제를 재론하지 않았다.

53   예컨대 Nahum Sarna는 성경의 기사는 "메소포타미아의 전승들과 밀접하게 연결되었지만 독립적인 이스라엘의 버전"이며 기원전 2900년경에 슈루팍에서 일어난 것으로 알려진 재앙적인 홍수 같은 "하나의 역사적 사건"이 "원래의 저술에 영감을 주었다"고 생각한다(*Genesis*, 48-49). Sparks 역시 다른 홍수 이야기들의 배후에 기원전 5600년 경 지중해가 보스포루스 해협을 무너뜨렸을 때 흑해를 범람시켰을 수도 있는 홍수 같은 역사적 사건이 있을 수도 있다고 생각한다("Genesis 1-11," 131). 기원전 1만 년 무렵 마지막 빙하 시대의 말기에 빙하가 녹아 해수면이 극적으로 높아져 호르무즈 해협에 홍수 물을 보내 인도양이 페르시아만 유역을 물에 잠기게 했다는 주장도 자극적이다(Ward E. Sanford, "Thoughts on Eden, the Flood, and the Persian Gulf," *NACG* 7 [1999]: 7-10). 호주 원주민과 다른 부족들 가운데서의 최근 연구들은 앞바다를 형성한 해수면 상승을 정확하게 묘사하는 구전 전승들이 놀랍게도 1만 년이나 보존되었음을 보여주었다 (John Upton, "Ancient Sea Rise Tale Told Accurately for 10,000 Years," *Sci. Am.*, January 26, 2015, https://www.scientificamerican .com/article/ancient-sea-rise-tale-told-accurately-for-10-000-years).

다는 S. R. 드라이버의 주장에 대해 "이는 창조 내러티브의 경우 [히브리 기사가 바빌로니아 기사에 의존했다는 증거가] 모호하지만 의존 관계에 대한 증거가 좀 더 나은 홍수 이야기의 경우를 사용해서 그것을 증명할 수 있다는 말에 해당하는데, 그것은 논란의 여지가 많은 절차다"[54]라고 비판했던 램버트가 이렇게 주장한 것이 흥미롭다. 실제로 왕들과 족장들의 경우 히브리 기사가 차용했을 가능성은 홍수에서의 경우보다 더 의심스럽기 때문에 램버트의 절차는 훨씬 더 논란의 여지가 있다. 아무튼 우리가 살펴본 바와 같이 「길가메시 서사시」에 나오는 홍수 이야기가 수메르의 홍수 이야기에서 유래했다는 견해는 이제 우호적으로 취급되지 않는다.

혹자가 비대칭적인 히브리의 차용 문제를 어떻게 생각하든 이 대목에서 우리의 논의는 병행하는 내러티브들 사이의 인과적 의존성을 확립하기가 매우 어려울 수 있다는 것과 세심한 논거가 제시될 필요가 있다는 것을 보여준다.

공통 주제와 원인론

우리는 창세기 1-11장이 우리가 적시한 신화의 일곱 번째 가족 유사성을 보여주는지를 묻고 있다. 더 자세히 말하자면 원시 내러티브들이 세상, 인간, 자연현상, 문화적 관습, 그리고 당시의 숭배 등 오경의 저자에게 존재했던 실재들을 원시 시대에 입각시키려고 하는가? 우리는 원시 내러티브들이 신화들을 닮았다는 사실에 대해 그것들이 그런 신화들에 의존한다는 주장의 토대에서 설명하는 것이 최선이 아님을 보았다. 오

---

54   Lambert, "New Look," 288. Lambert는 나중에 "차이들이 너무 커서 메소포타미아 전승의 문학적 형태를 직접 차용하는 것은 불가능하다"고 인정한다(299).

히려 우리는 그것들이 신화들의 큰 주제들 및 신화들에 특징적인 원인론에 어느 정도로 관심을 공유하는지 탐구해야 한다.

창세기 1-11장은 신화 일반 및 특히 고대 근동 신화들과 **세상, 인류, 특정한 자연현상, 문화적 관습,** 그리고 **당대의 숭배**라는 거대한 원인론적 주제를 공유한다. 이 주제들에 대해 새무얼 노아 크레이머는 "주어진 문화에서 가장 중요한 신화들은 대개 우주 생성 신화, 즉 창조"임을 관찰했다.[55]

세상의 기원

창세기 1장은 확실히 하나님의 창조 활동을 통한 세상의 기원의 원인론적 설명이다. 따라서 그것은 이스라엘의 이웃들의 우주의 원인론들과 현저하게 다르다. 바빌로니아 신화들 및 이집트 신화들과 대조적으로 창세기에는 신들의 족보나 신들의 싸움이 없다. 오히려 "태초에 하나님이 천지를 창조했다"(창 1:1). 모든 물리적 실재가 시작이 없고 초월적인 한 신에 의해 생겨났다.[56] 계속되는 엿새 동안 세상은 힘들이지 않는 하나님의 창조를 통해 낮과 밤, 위와 아래의 물이 있는 하늘, 육지와 바다, 식물, 하늘의 발광체, 해양 생물과 새들, 육상 동물, 그리고 마지막으

---

55 Samuel Noah Kramer, *Sumerian Mythology: A Study of Spiritual and Literary Achievement in the Third Millennium B.C.*, rev. ed. (New York: Harper & Row, 1961), 30. Westermann은 이에 동의하며 세상과 인류의 창조 이야기들이 전 세계에 퍼져 있다는 것과 어떤 신 또는 하나님에 관한 다른 어떤 이야기도 지리적으로 및 시기적으로 그렇게 널리 유포되지 않았다고 지적한다(*Genesis 1-11*, 19). Westermann은 시작 신화와 창조 신화를 구분한 후 이스라엘 밖에서 네 가지 유형의 창조 신화—출생에 의한 창조, 투쟁을 통한 창조, 만드는 것으로서의 창조, 그리고 발화를 통한 창조—를 적시한다. 기술적으로는 이 유형들 중 첫 번째는 창조 신화가 아니라 대개 신들 자신의 시작 신화다. 창세기에서는 뒤의 두 유형만 발견된다.

56 본서의 113-114, 122을 보라.

로 인간으로 채워진다. "이것이 천지가 창조될 때에 하늘과 땅의 내력이다"(창 2:4). 창조 내러티브는 세상 및 세상의 익숙한 다양한 생물들과 현상들의 토대를 하나님의 태곳적 창조 사역에 둔다.

인간의 기원

창세기 2장에는 창세기 1:26-27에 간략히 언급된 인류의 창조를 보충하는 **인류의 기원**의 원인론적 기사가 수록되어 있다. 이 대목의 창조 기사는 창세기 1장의 창조 이야기와 다르다는 이전 학자들의 주장과 달리 베스터만은 세상의 기원 신화와 인류의 기원 신화를 올바로 구분했다.[57] 인류의 기원 신화들은 고대 근동 문헌에 다수가 존재하며 우주 발생 기사들과 구분된다.[58] 예컨대 인간들은 흔히 하급 신들을 관개 수로를 파는 고역에서 해방하기 위해 신들이 나중에 창조한 것으로 취급된다. 「아트라하시스 서사시」 I.1-49에서 하급 신들이 수천 년 동안 일하다 감독자들에게 반란을 일으키자 모신(母神)이 인간들을 창조해서 하급 신들의 일을 넘겨받게 할 필요가 있었다. 「에누마 엘리시」에서는 마르두크가 티아마트의 양단된 시신에서 우주를 창조한(IV.136-V.65) 뒤에야 에아가 인간을 창조한다(VI.33-36). 우리는 창세기 2장이 하나님이 태양, 달, 별들 같은 우주적 실체들을 창조하는 것에 대한 묘사를 포함하지 않는다는 사실을 통해 창세기 2장이 우주 발생론이 아님을 명백히 알 수 있다. 오히려 창세기 2장은 하나님의 인간 창조를 설명한다.

따라서 창세기 2장은 오경 저자가 창세기 1장에 간략하게 언급된

---

57   Westermann, *Genesis 1-11*, 25-26, 35; Sarna, *Genesis*, 16도 마찬가지다.
58   메소포타미아에서는 예컨대 다음 문헌들을 보라. "The Creation of Humanity"; *Atrahasis Epic* I.204-30; *Enki and Ninmah* 24-37; *Song of the Hoe* 19-20; *Enuma elish* VI.1-44. 이집트에서는 *The Instruction of King Merikar*. 130-34과 *Hymn to Khnum*을 보라.

인류의 창조를 보충하려고 한 시도로 이해하는 것이 가장 좋다.[59] 창세기 1장은 인간을 포함한 창조의 전경(全景)을 보여주는 반면 창세기 2장은 창세기 1장에 기록된 엿새째의 인간 창조에 대해 좀 더 초점을 맞춘 설명을 제공한다.[60] 몇몇 학자들은 창세기 2장에 수록된 인간 창조 기사를 창세기 1장에 수록된 여섯 번째 날의 인간 창조에 관해 통시적으로, 즉 순차적으로 읽어야 한다고 주장했지만 그런 해석은 공시적 견해보다 개연성이 작다. 순차적인 독법의 동기는 특별히 창조된 부부인 아담과 하와 이전이나 당시에 상당히 많은 인구가 존재했을 가능성을 허용하기 위함이다. 이 동기는 고인류학 및 집단 유전학에 관한 우려에서 나온 일치주의로 보인다는 의심이 든다. 텍스트에는 우리가 인간의 창조에 관한 창세기 1장과 2장의 사건들이 동일하지 않다고 생각할 요소가 별로 없으며, 매우 긴 시간이 떨어져 있다고 생각할 요소는 훨씬 적다.[61]

---

59 Sarna, *Genesis*, 16-17을 보라. 그는 그 구절은 우주 발생 기사가 아니라 창 1:9-10에 기록된 육지의 형성 후, 지구의 최초의 불모의 상태에 대한 묘사일 뿐이라고 논평한다. 지구는 아직 비, 채소, 그리고 인간이 없는 사막이다.

60 전경적 기사와 초점을 맞춘 기사의 구분은 Paul Copan and Douglas Jacoby, *Origins: The Ancient Impact and Modern Implications of Genesis 1-11*(New York: Morgan James, 2019)을 통해 제안되었다. 마찬가지로 Tsumura는 "Genesis and Ancient Near Eastern Stories of Creation and Flood," 27-29에서 두 장 사이의 관계를 "범위 변경"으로 부른다.

61 아담과 하와에게서 유래하지 않은 사람들의 유일한 증거는 가인의 아내가 어디서 왔는가(창 4:17)와 가인이 두려워 한 사람들은 누구였는가(4:14)라는 오래된 문제에서 나온다. 그러나 오경의 저자가 가인의 아내가 그의 누이이고 그에게 복수하는 사람(*gōʾēl haddām*)이 그의 친척이라고 가정했을 수도 있다. 또는, 이 설명이 개연성이 좀 더 큰데, Sarna, *Genesis*, 31이 주장하듯이 오경의 저자가 가인에 관한 독립적인 전통을 사용했고 1장과 2장에서 인간의 창조 전후의 동물들과 새들의 창조라는 불일치를 해소하려고 하지 않았던 것처럼 가인의 기사와 앞에서 이야기한 인간의 창조 기사 사이의 불일치를 해소하려고 하지 않았을 수도 있다. "야웨 문서의 저자는 이처럼 그 이야기를 현재의 맥락 안으로 적절히 통합하는 데 실패했다"(Day, *From Creation to Babel*, 38; 참조. 59). 텍스트를 순차적으로 읽더라도 그 설명에서는 동물들이 다른 사람들과 마찬가지로 아담과 하와가 선택되고 에덴동산에 놓이기 전에 오랫동안 존재해왔을 것이기 때문에 1장과 2장 사이의 명백한 불일치가 마찬가지로 해소되기 어렵다는 점을 주목하라.

이와 반대로 창세기 2장에 묘사된 내용이 원래의 인류 창조라고 생각할 세 가지 이유가 있다. 첫째, 창세기 1-11장의 태곳적 내러티브의 목적은 인류에 대한 하나님의 보편적인 목적과 하나님이 인류를 어떻게 다루는지를 묘사하는 것이다. 학자들은 종종 오경이 왜 창세기 12장에 기록된 아브라함의 부르심과 이스라엘의 토대부터 시작하지 않는지를 물었다. 주석자들은 저자가 족장 내러티브 앞에 선사의 역사를 덧붙인 이유는 그의 보편적인 관심 때문이라는 데 널리 동의한다.[62] 그는 하

John Walton도 창 2:4의 도입 공식이 앞서 말한 이야기의 일부를 좀 더 자세히 설명하기 위해 독자를 앞의 이야기의 중간으로 다시 데려간다고 생각하게 만들 사례가 다른 족보(tôlǝdôt) 공식에 없다는 사실을 토대로 순차적인 독법을 지지한다(John H. Walton, *The Lost World of Adam and Eve: Genesis 2-3 and the Human Origins Debate* [Downers Grove, IL: IVP Academic, 2015], 66[『아담과 하와의 잃어버린 세계』, 새물결플러스 역간]). 이 논거는 옳지 않다. 거의 모든 비평 학자들이 1장과 2장의 토대가 되는 전승들이 독립적이라는 것과 따라서 반복한다는 외관은 저자가 두 기사를 결합한 결과라는 데 동의한다. 저자가 2장이 1장의 인간 창조 기사에 좀 더 자세한 설명을 제공한다고 생각했는지 아니면 실제로 훗날의 다른 창조 행위에 대한 설명으로 생각했는지가 문제다. 창 2:4의 족보(tôlǝdôt) 공식의 기능에 그런 사례가 없다는 Walton의 논거는 (1) 그 공식이 전에 일어난 일을 요약한다기보다 앞을 내다본다고 가정하는데 내 생각에 그것은 개연성이 낮고(본서 200-1을 보라), (2) 족보(tôlǝdôt) 공식이 수행하는 역할의 다양성을 고려하지 않으며(본서의 135을 보라), (3) 태곳적 역사의 다른 곳에서 시간상의 이야기가 되풀이되는 사례가 있다는 점에서, 즉 바벨탑 이야기가 민족 목록표를 소개하는 족보 공식 뒤에 나온다는 점에서 힘이 약화되고(Longman and Walton, *Lost World of the Flood*, 123-24를 보라), (4) 다른 족보 공식에 개인의 이름과 관련되지 않는 족보의 사례가 없으며 따라서 창 2:4은 어느 경우에든 사례가 없다는 점을 적절히 인식하지 못한다. 많은 학자가 생각하듯이 원래의 족보 책은 창 5:1에서 시작하고 창 2:4의 족보는 편집상의 구성물이라면 창 2:4의 독특성은 그리 놀랄 일이 아니다.

62 예컨대 von Rad는 족장들에서 시작하는 신성한 역사에서 우리가 "원시 역사의 풀리지 않는 질문, 즉 하나님과 모든 민족에 관계에 관한 문제에 대한 대답"을 발견한다고 논평한다(*Genesis*, 24). Westermann은 보편적인 역사를 이스라엘의 구원사에 종속시키는 것은 온당하지 않다고 여긴다. "창조주로서 하나님은 인간의 전체 역사를 통틀어 이스라엘 밖의 사람들과 관계를 맺고 있는데, 하나님은 모든 사람의 존재와 힘을 창조했고 그것들을 유지했다"(Westermann, *Genesis 1-11*, 605). 그는 구원사의 대상은 하나님의 백성뿐인 반면에 원시 사건의 대상은 인류와 세상이기 때문에 창 1-11장을 구원사의 관점에서만 해석하려는 시도는 포기되어야 한다고 결론짓는다. Wenham은 창세기를 통틀어 초점이 세상의 기원에서 민족들의 기원, 이스라엘의 기원으로 점점 좁혀진다고 지

나님의 원래 계획은 모든 인류에게 복을 주는 것이었다는 것과 그 계획이 이제 하나님의 원래 의도를 실현하는 하나님의 방법인 이스라엘의 선택을 통해 하나님의 마음에 여전히 남아 있다는 것을 보여주기 원한다. "이 요소들을 제거하면 그 책 전체의 통일성이 사라진다."[63] 따라서 하나님은 다른 모든 사람을 소홀히 하고서 특별히 창조된 한 쌍의 부부의 후손, 즉 일종의 선(先)이스라엘의 선택에만 몰두하는 것이 아니라 모든 인류에게 관심이 있었다. 둘째, 창세기 2장에 기록된 인간 창조 이야기를 고대 근동의 다른 창조 이야기들과 비교하면 우리는 그런 이야기들이 일반적으로 인류가 어떻게 생겨났는지를 말하는 데 원인론적인 관심이 있음을 알 수 있다.[64] 예컨대 「아트라하시스 서사시」에서 고역에 대

적한다. 창 12-50은 거의 전적으로 이스라엘의 관심사들만 다루는 반면 창세기의 앞장들은 모든 인류를 다루는 보편적인 관점을 가지고 있다(Wenham, *Genesis 1-15*, xxi.xxii). Wenham은 창 1-11장이 아브라함의 부르심에 배경을 제공하는 두 가지 방법을 적시한다. (1) 그것은 하나님의 은혜로운 개입이 없으면 인류가 소망이 없는 곤경에 처해 있음을 드러낸다, (2) 그것은 족장들에게 약속한 땅, 민족, 하나님의 임재, 그리고 민족들에 대한 축복이 어떻게 인류에 대한 하나님의 원래 목적을 성취하는지를 보여준다(*Genesis 1-15*, li).

63　L. A. Turner, "Genesis," in Alexander and Baker, *Dictionary of the Old Testament*, 353.

64　Walton은 인류의 창조에 관한 이교도의 내러티브들은 최초의 개인들의 창조에 관한 것이 아니라 원형적인 인간의 기원에 관한 것이라고 주장한다(*Lost World of Adam and Eve*, 82-91). 이 주장은 여러 차원에서 부정확한 것으로 보인다. 우선, 이교도의 신화들은 Walton이 그 단어를 정의하는 의미에서 원형적인 인간에 관한 것이 아니다. 그는 "이 대목에서 원형(archetype)은 그 집단 안의 다른 모든 사람이 그 사람 안에 포함된, 한 집단의 대표를 가리킨다. 그 결과 그 집단의 모든 구성원은 그들의 대표에 포함되고 그에게 동참한다"고 설명한다(240; 참조. 61: "모든 사람이 그 한 사람 안에 포함되고 그 사람의 행동들에 참여한 것으로 간주된다"). 이 묘사의 모호성은 차치하고(예컨대 "한 사람 안에 포함된다"는 것이 무슨 뜻인가?), 나는 이교도 신화들이 모든 인간이 신들이 창조한 인간들 안에 포함되고 그들의 대표로서의 그들의 행동에 참여한다는 입장을 취한다는 것이 말이 된다고 생각하지 않는다. Walton은 최초로 창조된 인간들을 이후의 인간들의 "모형들"로 말함으로써 최초의 인간들이 이후의 인간들의 기본형(prototype)이라는 것을 그가 말하는 대표의 의미에서의 원형(archetype)이라는 것과 혼동한 것으로 보인다(그는 다른 곳에서 기본형은 이후의 생산에서 모형 역할을 하는, 일련의 제품에서 첫 번째인 반면 원형은 그 집단의 다른 모든 구성원의 대표 역할을 한다고 설명한

한 하급 신들의 불평과 반란에 대응해서 모신(母神)은 그들을 위해 노동을 떠맡을 인간을 창조하기로 작정한다. 인간들은 기본적으로 신들을 위한 노예 노동자로 창조되었다. 그런 이야기들은 인간의 기원 일반의 문제에 대답하고자 한다. 이 배경에 비추어 읽히면 창세기 2장은 비슷한 원인론적 관심을 공유하지만 판이한 답변을 갖고 있다! 셋째, 창세기 2장에 수록된 기사는 액면대로 읽히면 인간의 기원에 관한 것이다. 창세기 2:5-7은 고대 메소포타미아의 원인론적인 신화의 전형적인 형식인 "아직 ~이 없었을 때, ~했다"를 채택해서 하나님이 인간을 창조하기 전의 땅의 상태를 묘사한다. "여호와 하나님이 땅에 비를 내리지 아니하셨고 땅을 갈 사람도 없었으므로 들에는 채소가 아직 없었고 밭에는 채소가 나지 아니하였으며 안개[물의 흐름]만 땅에서 올라와 온 지면을 적셨더라. 여호와 하나님이 땅의 흙으로 사람을 지으시고 생기를 그 코에 불어 넣으시니 사람이 생령이 되니라." 저자는 하나님이 아담을 창조할 때까지 농사짓는 일을 할 사람이 없었다고 명시적으로 진술한다. **아담**

다[John H. Walton, "A Historical Adam: Archetypal Creation View," in *Four Views on the Historical Adam*, ed. Matthew Barrett and Ardel B. Caneday, Counterpoints (Grand Rapids: Zondervan, 2013), 90].) Walton은 아담이 인류를 대표한다는 성경의 아이디어를, 그 아이디어가 낯선 이교도의 신화 안으로 들여오고 있다. 둘째, 이교도 신화들은 창조된 개인들이 최초로 존재한 인간들이었음을 명확히 밝힌다. 최초의 인간들에게 때때로 고유 명사들이 주어질 뿐만 아니라(예컨대 "The Creation of Humanity," *KAR* IV.52-53), 그들이 창조되기 전에는 신들을 위해 일을 할 사람이 없었다. 원형적이든 아니든 간에 인간들은 신들에 의해 최초로 존재한 인간들로 창조되었다.

또한 엔키두는 인간 일반이 창조된 후에 특별히 창조되기 때문에, 길가메시의 동료로서 엔키두를 창조한 것은 이교도의 신화들에 등장하는 인간의 창조 패턴에 대한 예외로 알려졌다. 이는 아담을 좀 더 넓은 인간 집단에서 유사하게 선택된 창조물로 해석할 수 있는 선례를 제공한다. 창 2:7-8에서 하나님이 짓는 "사람"은 여전히 일반적인 인물임을 주목하라. 창 4:1에 가서야 "아담"이라는 고유 명사가 사용된다. 따라서 마치 다른 사람들이 이미 존재하기라도 한 것처럼 인간의 창조를 엔키두의 창조와 비교할 이유가 없다.

은 사람에 대한 일반 명사이며 창세기 4:1까지는 고유 명사로 사용되지 않는다. 더욱이 여자는 창세기 2:22에서 창조될 때까지 등장하지 않는다. 하나님이 지어서 아담에게 데려오는 모든 동물 중에서 "그에게 적합한 조력자가 발견되지 않았다"(창 2:20 — 개역개정을 사용하지 아니함). 그래서 하나님이 여자를 창조하고 그녀를 남자에게 제시한다. 창세기 1:27에서 "하나님이 그들을 남자와 여자로 창조했다"고 자세히 설명한다. "모든 산 자의 어머니"라는 뜻의, 후에 그 남자가 자기 아내에게 준 이름(창 3:20)은 그녀(와 그 남자)가 모든 인류의 보편적인 조상이라는 사실에 대한 명백한 단언이다.[65] 따라서 오경의 저자는 창세기 2장에 기록된 인간

---

65 Walton은 다음과 같이 지적함으로써 이 함의를 피하려고 노력한다. 첫째, 산 자라는 단어는 "모든 생물을 가리킬 수 있지만 모든 동물은 하와의 생물학적 후손이 아니다." 둘째, "'모든 ~의 어머니'라는 표현이 반드시 생물학과 관련된 것은 아니다." 야발은 "장막에 거하는 모든 사람의 아버지"로 불렸고 유발은 "현악기를 연주하는 모든 사람의 아버지"로 불렸기 때문이다. 이 구절들은 이런 종류의 표현은 단순한 생물학적 후손보다는 정신과 훨씬 많은 관계가 있음을 보여준다(Lost World of Adam and Eve, 187-88). "~의 아버지/어머니"라는 표현이 거의 어떤 것이라도 목적어로 삼을 수 있기 때문에 우리가 창 3:20에서 하와에게 사용된 "모든 산 자의 어머니"라는 표현이 생물학적 후손과 관련이 없다고 생각하거나 산 자라는 표현이 동물들에게 사용될 수 있기 때문에 그것이 하와의 생물학적 후손을 가리키기 위해 사용되지 않았다고 생각해야 하는가?
    Walton은 자기의 책의 핵심적인 제안은 "아담과 하와를 짓는 기사는 이 두 개인이 어떻게 독특하게 지어졌는가에 관한 기사로 이해될 것이 아니라 원형적으로 이해되어야 한다"는 것이라고 말한다(Lost World of Adam and Eve, 74). "~것이 아니라"에 특히 주의하라. Walton은 창조된 최초의 인간이라는 것과 다른 인간의 원형이라는 것이 서로 배타적이라고 가정한다. "일단 창조 기사들이 원형적이라고 인식되고 나면…아담과 하와가 역사적 인물들이라고 할지라도 그 기사들은 연대기 또는 물질적인 인간의 기원의 역사 관점에서는 더 이상 의미가 없다"(200). 그러나 이것은 Walton의 소위 물질적 창조와 기능적 창조 구분과 마찬가지로 그가 인간의 기원을 다루는 내용 전체를 파괴하는 그릇된 이분법이다. 아담은 최초의 인간이면서 원형적 인간일 수 있다. 사실 그는 최초의 인간이기 때문에 원형이 되기에 적합하다.
    Walton은 또한 "흙으로 지어졌다"는 우리의 기원에 관한 진술이 아니라 우리의 필멸성에 관한 진술이라고 주장한다. "그것이 아담의 물질적인 기원에 관한 진술이라고 생각할 이유가 없다"(Lost World of Adam and Eve, 76). 그러나 그 표현이 물질적 구성이 아니라 필멸성에 대한 관용어라는 것을 받아들이더라도, 우리가 창 2:7이 아담의 물질적 기원 기사라고 생각하는 이유는 그 구절이 기술적(記述的)인 기사라는 점 때문이다. "여

의 창조 이야기를 창세기 1:26-27의 인류 창조와 구분되는 훗날의 사건을 기록하는 후속 기사로 의도하지 않고 1장의 기사에 초점을 맞춘 기사로 의도했다.

그 이야기에 대한 다음과 같은 맺음말에서 원인론이 전면에 등장한다. "이러므로 남자가 부모를 떠나 그의 아내와 합하여 둘이 한 몸을 이룰지로다. 아담과 그의 아내 두 사람이 벌거벗었으나 부끄러워하지 아니하니라"(창 2:24-25). 남자와 여자는 이제 남자와 아내로 제시된다. 이처럼 결혼은 남자와 여자에 대한 하나님의 계획이며 남자와 그의 조력자로서 여자의 태곳적 창조에 뿌리를 두고 있다. 결혼 관계는 인간의 성행위를 위한 적절한 영역으로 여겨진다. 결혼은 특별하게 창조된 이 부부를 위한 하나님의 특별한 공급으로 여겨질 것이 아니라 모든 인간을 위한 하나님의 의도로 여겨져야 한다. 따라서 이 원인론적 언급은 저자가 그의 이야기를 범위 면에서 보편적으로 여기고 있음을 확인한다.

자연현상

창세기 1-11장에는 자연현상에 관한 원인론적 모티프도 명백하다. 그런 모티프들은 원시의 부부가 뱀이 그들을 유혹한 결과 하나님께 불순종한 창세기 3장의 기사에서 특히 명백하다.[66] 뱀, 남자, 그리고 여자에게 선고된 하나님의 처벌에서 원인론적 모티프들이 풍부하게 나타난다.

호와 하나님이 땅의 흙으로 사람을 지으시고 생기를 그 코에 불어 넣으시니 사람이 생령이 되니라!" 이 형성 사건 전에는 사람이 없었다(창 2:5). 우리는 다시금 Walton의 이분법적 사고 경향을 본다. 인간이 먼지로 만들어졌는데 왜 죽을 운명의 존재일 수 없는가? Walton은 그것은 "우리의 관점에서는 흠이 있는 화학"일 것이라고 말함으로써(73) 일치주의뿐만 아니라 융통성이 없는 문자주의에 빠진다.

66   Westermann, *Genesis 1-11*, 256-67의 주석을 보라.

여호와 하나님이 뱀에게 이르시되

"네가 이렇게 하였으니 네가 모든 가축과 들의 모든 짐승보다 더욱 저주를 받아 배로 다니고 살아 있는 동안 흙을 먹을지니라.

내가 너로 여자와 원수가 되게 하고 네 후손도 여자의 후손과 원수가 되게 하리니 여자의 후손은 네 머리를 상하게 할 것이요 너는 그의 발꿈치를 상하게 할 것이니라" 하시고

또 여자에게 이르시되

"내가 네게 임신하는 고통을 크게 더하리니 네가 수고하고 자식을 낳을 것이며 너는 남편을 원하고 남편은 너를 다스릴 것이니라" 하시고

아담에게 이르시되

"네가 네 아내의 말을 듣고 내가 네게 먹지 말라 한 나무의 열매를 먹었은즉 땅은 너로 말미암아 저주를 받고 너는 네 평생에 수고하여야 그 소산을 먹으리라.

땅이 네게 가시덤불과 엉겅퀴를 낼 것이라. 네가 먹을 것은 밭의 채소인즉 네가 흙으로 돌아갈 때까지 얼굴에 땀을 흘려야 먹을 것을 먹으리니 네가 그것에서 취함을 입었음이라.

너는 흙이니 흙으로 돌아갈 것이니라" 하시니라(창 3:14-19).

우리가 뱀과 여자 그리고 그들 각자의 후손들 사이에 확립된 적의에 대해 어떻게 생각하든[67] 텍스트는 뱀이 땅바닥을 기어 다니는 것은 확실히

---

67   그 적의는 뱀들에 대한 인간의 혐오에 관한 원인론적 모티프로 생각될 수도 있을 것이다. 그러나 그 경우 그 적의는 여자에 초점을 맞추지 않아야 하며, 15b절의 단수는 부적절할 것이다.

뱀이 그 부부를 유혹한 데 대해 하나님이 심판한 결과라고 말한다.[68] 마찬가지로 우리가 남편에 대한 여자의 복종을 어떻게 해석하든 여자가 출산 때 경험하는 혹독한 고통은 최초의 여자가 불순종한 결과로 돌려진다. 마지막으로, 농사의 수고는 남자의 불순종 때문에 땅이 저주를 받았다는 사실로 돌려진다. 이처럼 후대의 이스라엘인들이 익숙해지게 될 자연현상들은 태곳적 조상들이 죄에 빠진 결과로 설명된다.

그 이야기가 악의 원인을 동산에서 하나님께 대적하는 것으로만 나타나는 사기적인 뱀으로 제시하지는 않지만 그 이야기는 인간의 불행의 원인을 죄의 결과로 제시한다. 홍수 이야기에서 절정에 이르는 이후의 내러티브들에서 게르하르트 폰 라트가 "눈사태 같이 불어나는 죄의 증가"로 부른 현상이 전개된다. 인간은 점점 악해져서 마침내 하나님이 "사람의 죄악이 세상에 가득함과 그의 마음으로 생각하는 모든 계획이 항상 악할 뿐임을" 본다(창 6:5).[69] 타락 이야기가 훗날의 원죄 교리를 의도하는 것은 아니지만, 그 이야기는 최초의 부부의 불순종을 그것을 통해 하나님이 그들을 위해 창조한 낙원 같은 세상에 죄가 들어와서 그들이 동산에서 쫓겨나, 저주받은 땅으로부터 근근이 생계를 이어가고 생명 나무에서 차단되어 죽을 운명에 처하게 만든 문으로 묘사한다.

자연현상에 대한 명백한 원인론 하나가 홍수가 끝난 뒤 하나님이 다시는 땅을 홍수로 멸망시키지 않겠다는 확약을 제공하는 맥락에서 나타난다. "하나님이 이르시되 '내가 나와 너희와 및 너희와 함께 하는 모든 생물 사이에 대대로 영원히 세우는 언약의 증거는 이것이니라. 내가

---

68 뱀의 후손들과 하와의 후손들 사이의 지속적 적의는 뱀이 배로 기어 다니는 것은 뱀의 이동에 관한 원인론적 모티프가 아니라 온순함의 표지라는 Walton의 주장(*Lost World of Adam and Eve*, 130)과 모순된다.

69 Von Rad, *Genesis*, 152.

내 무지개를 구름 속에 두었나니 이것이 나와 세상 사이의 언약의 증거니라. 내가 구름으로 땅을 덮을 때에 무지개가 구름 속에 나타나면 내가 나와 너희와 및 육체를 가진 모든 생물 사이의 내 언약을 기억하리니 다시는 물이 모든 육체를 멸하는 홍수가 되지 아니할지라'"(창 9:12-15). 무지개라는 현상은 명백히 다시는 땅을 홍수로 멸망시키지 않기로 땅과 언약을 맺은 하나님이 그 표지로서 준 것으로 설명된다. 무지개는 이 순간 전에도 존재했기 때문에 이 대목에서 원인론이 없다고 주장되어 왔지만, 이제 하나님은 이 천체의 현상을 선택해서 자신이 확립하고 있는 언약의 표지 역할을 하게 한다. 그러나 현재 시제 동사의 반복적인 사용—"보라, 내가 너와 언약을 세워…내가 너와 내 언약을 세워…내가 구름 속에 내 무지개를 두어서"(창 9: 9, 11, 13—개역개정을 사용하지 아니함)—은 이 말들이 선언된 것을 실제로 성취하는 수행적 발화(performative utterance)임을 암시한다. 그렇다면 이 대목에 무지개에 대한 원인론적인 설명이 나오는 셈이다.

마지막으로, 바벨탑 이야기에서 "복수의 원인론, 즉 단지 인간이 다른 많은 언어를 갖고 있는 것뿐만 아니라, 인간이 지구 전체에 퍼진 것, 그리고 바벨이라는 지명의 기원에 대한 원인론"이 들어있는 것으로 보인다.[70] 그 이야기는 "온 땅의 언어가 하나였고 단어들이 적었다"는 설명으로 시작한다(창 11:1—개역개정을 사용하지 아니함).[71] 인간의 뻔뻔함에

---

70   Day, *From Creation to Babel*, 181.

71   몇몇 학자들은 수메르 신화 *Enmerkar and the Lord of Aratta*가 엔키가 사람들의 입에서 말을 바꿀 때까지 모든 사람이 하나의 언어를 사용했을 때를 묘사한다고 이해했다(II.145-46, 150-56)(Samuel Noah Kramer, "The 'Babel of Tongues': A Sumerian Version" [1968], in Hess and Tsumura, *"I Studied Inscriptions,"* 278-82). 그러나 다른 학자들은 그 구절을 미래 상태에 대한 예언으로 해석한다(다음 문헌들을 보라. Day, *From Creation to Babel*, 180-81; Electronic Text Corpus of Sumerian Literature at http://etcsl. orinst.ox.ac.uk/cgi-bin/etcsl.cgi?text=t.1.8.2.3).

대응해서 하나님은 "그들의 언어를 혼잡하게 하여 그들이 서로 알아듣지 못하게" 하기로 결심한다(창 11:7). 사람들은 더 이상 서로 소통할 수 없게 되자 탑 건설을 중단하고 흩어진다. 저자는 다음과 같이 논평한다. "그러므로 그 이름을 바벨이라 하니 이는 여호와께서 거기서 온 땅의 언어를 혼잡하게 하셨음이니라. 여호와께서 거기서 그들을 온 지면에 흩으셨더라"(창 11:9). 이처럼 다양한 언어 그룹과 앞 장의 민족 목록표에 열거된 민족들에 대한 명백한 설명이 있다.

이 기사에 기록된 내용은 세상의 언어들에 대한 원인론이 아니라 "동쪽으로 이주해서" 시날 평지에 정착한 지역 사람들(창 11:2)의 언어의 혼란에 관한 기사일 뿐이라고 주장되어왔다.[72] 그럴 수도 있다. 그러나 요점은 저자가 "온 땅"이라는 말로 "온 지역" 같은 뭔가 다른 것을 의미하지 않는 한 저자의 마음에서는 온 땅이 이 사람들의 언어를 사용했다는 것이다. 우리가 민족표가 [바벨탑 이야기와] 연대기적으로 자리가 바뀌어 수록되지 않았다고 생각한다면, 저자는 이미 다른 언어를 사용하는 그룹과 민족들이 있음을 알고 있다. 저자는 또한 사람들의 이주도 알고 있다. 시날 사람들은 하나의 그룹이어서 모두 같은 언어를 말했다. 하나님은 그들의 언어를 혼란스럽게 만든 뒤 그들을 다른 민족들 사이로 흩어 놓았다. 그러나 대다수 주석자들은 태곳적 역사가 바벨탑 이야기로 끝날 수 있도록 민족 목록표가 연대기적으로 자리가 바뀌어 수록되었다고 생각한다.[73] 흥미롭게도 민족 목록표는 셈의 후손 중 한 명의 이

---

72 Ross도 그렇게 생각한다. 그는 그 이야기가 반드시 새로운 언어의 창설을 상상하는 것은 아니고 이전 언어의 발화에 큰 혼동이 있어서 자연히 불화와 분열로 이어졌음에 관한 것이라고 주장한다(Allen P. Ross, *Creation and Blessing: A Guide to the Study and Exposition of Genesis* [Grand Rapids: Baker Books, 1998], 246).

73 Von Rad는 바벨탑에 관한 이야기가 하나님의 심판으로 끝나지만, 은혜의 말씀은 없다고 설명한다. 그렇다면 "민족들에 대한 하나님의 관계가 최종적으로 깨졌는가?"라는 질

름은 벨렉(분열)인데 이는 "그때에 세상이 나뉘었기 "때문이라고 언급한다(창 10:25). 이는 바벨탑 이야기와 관련된 언어의 혼란과 사람들의 흩어짐에 대한 명백한 언급이다. 따라서 우리가 민족 목록표에 열거된 그룹들이 바벨에서의 언어의 혼란에 기인했다고 이해한다면, 우리는 인간의 자연스러운 언어 현상에 대한 원인론을 갖고 있는 셈이다.

문화적 관습들

창세기 1-11장은 상당히 많은 문화적 관습들에 관한 원인론적 모티프들도 갖고 있다. 목양은 아벨에게서 비롯된 반면에 가인은 땅의 경작자로서 아담의 역할을 계속했다(창 4:2). 가인의 후손 중에서 우리는 세 가지 문화적 발전의 선조들을 발견한다. "아다는 야발을 낳았으니 그는 장막에 거주하며 가축을 치는 자의 조상이 되었고, 그의 아우의 이름은 유발이니 그는 수금과 통소를 잡는 모든 자의 조상이 되었으며, 씰라는 두발가인을 낳았으니 그는 구리와 쇠로 여러 가지 기구를 만드는 자요"(창 4:20-22). 수메르 신화들에서 그런 문화적 관습들은 전적으로 신들에게 돌려진다.[74] 예컨대 놀랍게도 "괭이의 노래" 같은 신화들에서 괭이나 곡

문이 절실해진다. 그 질문은 원시 역사에서는 미결 상태로 남아 있고 답변될 수 없다. 그러나 저자는 신성한 역사가 시작되는 지점에서 답변을 준다. 아브라함에게 약속된 것이 이스라엘을 훨씬 넘어선다. 실로 그것은 지구상의 모든 세대를 위한 보편적인 의미를 지닌다(von Rad, *Genesis*, 152-54).

74 Sarna는 이것은 고대 신화에 널리 퍼진 모티프였다고 논평한다.

메소포타미아 전승은 바다에서 나와서 인간에게 과학, 사회 시스템, 쓰기와 예술을 계시한 가공의 현인들, 곧 반은 물고기이고 반은 인간인 일곱 아프칼루를 알았다. 대기의 신 엔릴은 곡괭이를 창안했다. 물의 혼돈의 신 엔키-에아는 마법, 지혜, 미술 및 공예, 그리고 음악과 관련이 있었다. 이집트에서는 토트 신이 자와 저울을 만들었고, 오시리스가 인간들에게 농사와 생명의 기술들을 가르쳤다. 프타는 예술가, 기술공, 그리고 학자들의 특별한 수호자였다. 우가리트-페니키아 지역에서는 신적인 기술공이자 대장장이인 코샤르 신에게 철과 낚시 도구를 발견한 공이 돌려진다. 그리스의 영

팽이 같이 초보적으로 보이는 도구들이 신들의 선물로 찬양된다."[75] 창세기 1-11장에서는, 그런 신화들에서와 현저히 다르게, 문화적 진보들이 인간의 자연적인 힘을 통해 발생한 인간의 발명으로 다루어진다.[76]

이 문화적 발전들이 가인의 족보에서 비롯되었다는 사실로 말미암아 그런 발전의 가치가 불확실하다고 생각하는 주석자들도 있지만,[77] 그것은 텍스트에 들어있지 않은 뜻을 읽은 것이다. 이스라엘은 유목민의 생활 양식을 정죄할 수 없었고, 음악은 야웨에 대한 예배에 도움이 되는 유익한 도구였다.[78] 그들 주위의 적들에게 압박을 받았던 고대 이스라엘인들이 문명과 건설의 도구들은 말할 것도 없고 무기를 벼르는 능력을 좋은 것으로 보지 않았다고 생각할 이유가 없다.

노아가 술에 취한 이야기에서 우리는 최초로 포도나무를 심은 노아에게서 비롯된 포도 재배의 문화적 원인론을 추가로 발견한다(창 9:20-21).[79] 이것은 다른 고대 문화들에서 포도 재배의 기원을 신들에게 돌리

역에서는 아테나가 쟁기와 갈퀴를 발명했고 실용적인 기술과 우아한 예술을 가르쳤다. 아폴론은 도시들을 세우고 플루트와 수금을 발명했다(*Genesis*, 35-36).

75 엔릴은 그의 괭이로 세상과 인간을 창조했을 뿐만 아니라 이 거룩한 도구를 인간에게 주었고, 인간은 그것을 사용해서 농업과 건축에서 위업을 이룬다. "괭이는 모든 것을 번영하게 하고, 모든 것을 번성하게 한다.···아버지 엔릴에 의해 운명이 정해진 도구인 괭이, 유명한 괭이여!"(*Song of the Hoe* 94, 107)

76 Westermann, *Genesis 1-11*, 56-62에 수록된 멋진 논의를 보라. 그는 다음과 같이 지적한다: 성경의 내러티브는 수메르 신화처럼 오늘날의 문명의 토대가 원시 시대에 놓인 것으로 보지만 "성경의 태곳적 이야기에서는 기술 진보의 모티프가 급진적으로 변했다. 신적 기원에 관한 언급이 전혀 없다.···창조주는 인간에게 기성품을 제공하지 않고 그들에게 획득하고 창조할 능력을 준다"(60, 62).

77 Tremper Longman III, *Genesis*, SGBC (Grand Rapids: Zondervan, 2016), 95-96의 부정적인 평가를 보라. Longman은 창세기가 도시 거주와 유목 목축 모두를 사악한 것으로 정죄한다고 생각한다.

78 D. W. Baker, "Arts and Crafts," in Alexander and Baker, *Dictionary of the Old Testament*, 49-53을 보라.

79 같은 이야기(창 9:25)에 훗날 이스라엘이 가나안을 정복하는 데 대한 원인론이 들어있다고 생각하는 주석자들이 많다. 하지만 가나안 땅의 사람들의 사악함이 완성될 때까지

는 것과 대조된다.[80]

종교의식

마지막으로, 창세기 1-11장에 나타난 가장 중요하고 명백한 원인론적 모티프들은 **종교의식**(religious cult)의 확립과 관련된 것들이다. 창조 이야기는 하나님이 일곱째 날에 그의 일을 쉬는 것으로 끝난다. "하나님이 그가 하시던 일을 일곱째 날에 마치시니 그가 하시던 모든 일을 그치고 일곱째 날에 안식하시니라. 하나님이 그 일곱째 날을 복되게 하사 거룩하게 하셨으니 이는 하나님이 그 창조하시며 만드시던 모든 일을 마치시고 그날에 안식하셨음이니라"(창 2:2-3). 오경 저자는 안식일 준수가 하나님이 정한 패턴 및 그가 일곱째 날을 거룩하게 하고 복을 준 데 토대를 두고 있음을 명백히 밝힌다.

> 안식일을 기억하여 거룩하게 지키라. 엿새 동안은 힘써 네 모든 일을 행할 것이나 일곱째 날은 네 하나님 여호와의 안식일인즉…아무 일도 하지 말라. 이는 엿새 동안에 나 여호와가 하늘과 땅과 바다와 그 가운데 모든 것을 만들고 일곱째 날에 쉬었음이라. 그러므로 나 여호와가 안식일을 복되게 하여 그날을 거룩하게 하였느니라(출 20:8-11).

> 엿새 동안은 일할 것이나 일곱째 날은 큰 안식일이니 여호와께 거룩한 것이라. 안식일에 일하는 자는 누구든지 반드시 죽일지니라. 이같이 이스라

그 땅의 정복이 수 세기 동안 미뤄져야 했기 때문에(창 15:16) 이 해석은 의심스럽게 보인다.

80 Sarna는 포도 재배를 이집트에서는 이시리스에게 돌리고, 그리스에서는 디오니소스에게 돌린다고 언급한다(*Genesis*, 65).

엘 자손이 안식일을 지켜서 그것으로 대대로 영원한 언약을 삼을 것이니 이는 나와 이스라엘 자손 사이에 영원한 표징이며 나 여호와가 엿새 동안에 천지를 창조하고 일곱째 날에 일을 마치고 쉬었음이니라(출 31:15-17).[81]

신성화된 안식일에서 절정에 이르는 칠 일의 한 주라는 아이디어는 다른 고대 근동 텍스트에서는 유례가 없다. 아마도 창세기 1-11장에 등장하는 다른 어떤 원인론도 안식일 준수를 하나님 자신이 세상의 창조 이야기에서 일곱째 날을 안식일로 지킨 데 근거를 두는 것만큼 강력하게 표현되거나 중요하지 않을 것이다.[82]

하지만 다른 의식 모티프들도 잘 확증된다. 레위기의 의식에 핵심적인 동물 제사 관행은 먼저 좀 더 받아들여질 만한 아벨의 제사(창 4:4) 및 특히 훗날 홍수 후 노아의 제사에 뿌리를 두고 있다. "노아가 여호와께 제단을 쌓고 모든 정결한 짐승과 모든 정결한 새 중에서 제물을 취하여 번제로 제단에 드렸더니 여호와께서 그 향기를 받으시고 그 중심에 이르시되 '내가 다시는 사람으로 말미암아 땅을 저주하지 아니하리라'"(창 8:20-21). "번제"는 네 가지 형태의 레위기의 동물 제사 중 하나이

81　Sarna, *Genesis*, 354. 그는 창 2:2-3의 어휘는 안식일을 언급하는 오경의 다른 구절들—출 16:5, 22, 26; 23:12; 34:21; 35:2; 레 23:3 등—과 엮여 있다고 지적한다.

82　Bill Arnold는 고대 이스라엘에서 안식일의 중요성은 "아무리 강조해도 지나침이 없다"고 논평하면서 다음과 같이 올바로 진술한다:

　　서구 문화에서 너무도 오래 주요 요소가 되어 있다 보니 오늘날의 독자들은 이레 중 하루를 쉬는 개념의 도입이 얼마나 중요한지를 파악하기가 어렵다. 실제로 그런 아이디어를 쉽게 받아들이다 보니 우리는 그러지 않았더라면 화려한 창조 기사였을 창 2:1-3을 시시한 것으로 읽는다. 우리의 문제는 우리가 안식일 제도를 마치 그것이 세상이 창조된 뒤 창안된 것인 양 그것을 단순한 의식상의 교의로 읽는다는 것이다. 오경 저자는 오히려 안식일 준수를 세상의 창조가 끝나는 이 대목에 둠으로써 우리가 놓치지 말아야 할 안식일 신학을 창조하고 정교하게 다듬는다(Bill T. Arnold, *Genesis*, NCBC [Cambridge: Cambridge University Press, 2009], 50)

며(레 1:3-17), "향기로운 냄새"라는 언어는 번제의 효과를 묘사하는 전형적인 표현이다(레 1:9, 13, 17). 이 단계에서 정결한 짐승과 부정한 짐승에 대한 시대착오적인 구분(참조. 창 7:2, 8)과 노아가 하나님께 정결한 짐승만 제사를 드린 것은 원인론적 관심을 보여주는 특별한 표지 중 하나다. 마찬가지로 하나님이 피를 먹는 것을 금한 것(창 9:4)은 훗날 레위기에서 동물 제사 및 피를 먹는 것에 대한 금지의 핵심적인 근거를 반영한다. "육체의 생명은 피에 있음이라. 내가 이 피를 너희에게 주어 제단에 뿌려 너희의 생명을 위하여 속죄하게 하였나니 생명이 피에 있으므로 피가 죄를 속하느니라"(레 17:11). [하나님이] 노아와 맺은 언약의 내러티브에서 원시 역사 자체 안에서 적시된 원인론적 모티프의 재미있는 예가 등장한다. "다른 사람의 피를 흘리면 그 사람의 피도 흘릴 것이니 이는 하나님이 자기 형상대로 사람을 지으셨음이니라"(창 9:6). 이 대목에서 살인 행위에 대한 사형 규정은 창세기 1장의 창조 이야기에 토대를 둔다.

이처럼 창세기 1-11장은 세상, 인류, 특정한 자연현상, 문화적 관행, 그리고 당시의 종교의식의 기원에 관한 원인론적 모티프들로 가득하다. 창세기 1-11장이 고대 근동 신화들로부터 직접 차용했음을 보이려는 시도가 추측 및 불확실성으로 가득 차 있지만, 이 장들이 고대 근동 신화들이 다루는 동일한 주제를 많이 다루고 있으며 현재의 실재들을 태곳적 과거에 입각시킨다는 점을 부인하기 어렵다. 이곳에서 적시된 몇 가지 예들은 논란이 있을 수도 있지만, 창세기 1-11장에 들어있는 다수의 그리고 다양한 원인론적 모티프들로 미루어 판단할 때 이 장들이 신화들의 핵심적인 가족 유사성을 보인다는 점을 부인하기 어렵다.

제의

창세기 1-11장의 내러티브들은 동물 제사 모티프에도 불구하고 제의들 (rituals)과 관련이 없는 것으로 보인다. 그러나 이 여덟 번째 가족 유사성을 포함시킨 것은 아마도 지금은 대체로 거절되는, 소위 신화와 제의 학파의 영향을 반영할 것이다.[83] 제의와 관련이 있는 신화들도 있지만 많은 신화에서 그런 연결 관계가 존재하지 않는다. 따라서 원시 내러티브들에 제의와의 연결이 없다는 점은 그것들의 신화로서의 지위에 거의 영향을 주지 않는다.

조화

창세기의 원시 내러티브들도 신들과 자연 사이의 조화를 표현하지 않는다. 이교도의 신화들이 신들과 바다, 대기, 태양 등의 자연현상 사이의 조화를 어느 정도로 표현하는지는 논란이 되는 문제인데, 우리는 이 주제를 다음 장에서 다룰 것이다. 그러나 창세기 1-11장에서 그런 조화가 없는 것은 이스라엘의 이웃들에 대비되는 이스라엘의 일신론에 기인한다. 이스라엘은 신들의 존재를 부정했기 때문에 "신화에 특징적인 일치 또는 조화 관점에서의 사상과 철저하게 결별한다."[84] 우리는 이 점이 "하

---

83 Robert A. Segal, Myth: *A Very Short Introduction*, 2nd ed. (Oxford: Oxford University Press, 2015), chap. 4; Lauri Honko, "The Problem of Defining Myth," in Dundes, *Sacred Narrative*, 52; G. S. Kirk, *Myth: Its Meaning and Functions in Ancient and Other Cultures*, SCL 40 (Cambridge: Cambridge University Press, 1970), 11-12.

84 James Barr, "The Meaning of 'Mythology' in Relation to the Old Testament," *VT* 9, no. 1 (1959): 7.

나님과 그의 창조물 사이의 뚜렷한 구분"이 이루어지는 창세기 1장의 창조 이야기에서 가장 명확하게 나타난다는 제임스 바의 견해에 동의할 수 있다. 그러나 그렇다고 해서 우리가 창세기 1장에서 "오래된 창조 이야기가 매우 철저하게 비신화화된다"고 결론짓지는 않아야 한다.[85] 우리가 살펴본 바와 같이 창세기 1장에서 자연의 비신화화가 아니라 세속화가 이루어지는데 그것은 이스라엘의 일신론에 의해 요구되기 때문이다. 간단히 말하자면 신들이 없으므로 신들과 자연 사이의 조화가 있을 수 없다. 따라서 우리는 일신론적인 신화에서 그런 조화를 기대해서는 안 된다.

공상적이고 불일치하는 요소들

마지막으로, [창세기의] 원시 내러티브들은 **공상적인 요소**를 보이며 **논리적 모순이나 앞뒤가 맞지 않음으로 인해 곤란을 겪지 않는가?** 두 가지 측면 모두에서 원시 내러티브들은 신화들의 이 가족 유사성을 공유하는 것으로 보인다. 비록 고대 근동의 다신론적인 신화들보다는 그 정도가 훨씬 덜하지만 말이다.

---

85 Barr, "Meaning of 'Mythology,'" 7. 우리는 의문의 여지가 있는, 이스라엘이 다신론적인 주형에서 차용한 것이라는 가정은 남겨 둔다. 다음 섹션을 보라.

불일치

신인동형론

먼저 명백한 불일치를 고려해보자. 창세기 1장에서 매우 극적으로 선언된 하나님의 초월성에도 불구하고, 창세기 2장의 인간의 창조 이야기에서 하나님은 흙으로 사람을 지어 그의 코에 생명의 숨을 불어넣을 때 다신론적인 신화들에 어울리는, 인간을 닮은 신으로 묘사된다. 창세기 3장의 타락 이야기에서 하나님이 날이 서늘할 때 거닐며 나무들 사이에 숨은 남자와 여자를 찾는 장면, 창세기 6-9장의 홍수 이야기에서 하나님이 인간을 만든 것을 후회하고 노아의 번제 냄새에 흡족해하는 장면, 창세기 11장의 바벨탑 이야기에서 하나님이 사람들이 건설한 도시와 탑을 보려고 내려오는 장면에서도 마찬가지다. 하나님에 대한 그런 신인동형론적인 묘사는 문자적으로 해석될 경우 창조가 시작될 때 묘사된 초월적인 하나님과 양립할 수 없다.[86] 그런 불일치가 명백했기 때문에 오경 저자가 그것을 놓쳤을 리가 없지만, 그럼에도 불구하고 그는 신인동형론적인 요소를 제거할 필요를 느끼지 못했다. 그는 확실히 자기의 독자들이 하나님에 대한 그런 신인동형론적인 묘사가 이야기하는 사람의 기술(技術)의 일부일 뿐 진지한 신학이 아님을 이해하리라고 가정했다.

---

86   다음과 같은 이유로 이 구절들을 인간의 형태를 한 하나님의 신현으로 해석하는 것은 잘못일 것이다. (1) 하나님의 물리적 현존은 신현으로 제시되지 않는다(창 18:1-2과 대조하라), (2) 하나님은 사람들에게 나타나지 않을 때조차 신인동형론적으로 묘사된다(예컨대 창 2:7에서 하나님이 아담을 창조한 것과, 창 2:21-22에서 아담이 의식하지 못하는 상태에서 하와를 창조한 것).

내러티브의 불일치들

마찬가지로 저자는 자신의 내러티브들에서 발생하는 명백한 불일치들에 곤혹스러워하지 않는 것으로 보인다. 그가 손쉽게 인간, 식물, 그리고 동물의 창조 순서에 관한 명백한 불일치를 남겨 두지 않고 창세기 2장의 인간 창조 기사를 창세기 1장과 조화시킬 수 있었을 것이다.[87] 마찬가지

---

87 주장된 모순들의 간략한 목록은 U[mberto] Cassuto, *A Commentary on the Book of Genesis*, part 1, *From Adam to Noah: Genesis I-VI 8* [1944], trans. Israel Abrahams (Skokie, IL: Varda Books, 2005), 88-89을 보라. 그는 이 목록 중 일부는 상상일 뿐이라고 올바로 주장한다. Westermann, *Genesis 1-11*, 186은 문헌비평의 가장 중요하고 결정적인 결과들 중 하나는 창 2-3장이 독립적이고 별개의 내러티브임을 인정한 것이라고 진술한다. Cassuto는 주장된 불일치들이 문서 가설의 증거임을 부정하지만, 그럼에도 Cassuto 자신이 보기에 창 1장과 창 2장은 창세기의 저자에 의해 채택된 독립적인 서사시에 기초하고 있다. 따라서 저자가 그 불일치들을 어느 정도로 성공적으로 해소하는가라는 문제가 남아 있다. Castellino는 땅('ereṣ), 들(śādeh), 그리고 지면('ǎdāmâ)을 구분함으로써 창 2:5의 땅의 건조함과 창 2:6의 샘을 통해 물이 공급되는 것 사이의 추측된 불일치를 제거할 것이다(G. Castellino, "The Origins of Civilization according to Biblical and Cuneiform Texts" [1957], in Hess and Tsumura, "*I Studied Inscriptions*," 78-79, 94). [그 단어들이] 창 2:4b에 등장하는 "땅과 하늘"과 가까운 곳에 등장하고 겉보기에 명백하게 연결어 있다는 점에서 "그 구절의 뒤에서 같은 지역에 대해 같은 용어를 사용함에도 의미가 변할 가능성이 매우 낮기" 때문에 Averbeck은 이 해석을 논박한다(Richard E. Averbeck, "Responses to Chapter Three," in *Reading Genesis 1-2: An Evangelical Conversation*, ed. J. Daryl Charles [Peabody, MA: Hendrickson, 2013], 94). 아무튼 Castellino의 조치는 채소의 존재에 관한 1장과 2장의 불일치를 제거하지 못한다. Cassuto는 창 2:5이 모든 유형의 채소를 언급하는 것이 아니라 특별히 가시(śîaḥ)와 곡물('ēśeb)의 두 종류의 채소만 언급하기 때문에 인간 창조 전의 채소에 관해 불일치가 없다고 주장한다. 이것들은 인간이 죄를 짓고 하나님이 땅을 저주한 후(창 3:18) 그리고 그 결과로서 땅에서 나왔다(Cassuto, *Book of Genesis*, 101-3; 다음 학자들이 이 견해를 따랐다. Victor P. Hamilton, *The Book of Genesis: Chapters 1-17*, NICOT [Grand Rapids: Eerdmans, 1990], 154; Kenneth A. Mathews, *Genesis 1-11:26*, NAC 1A [Nashville: Broadman & Holman, 1996], 194). 이렇게 조화시키는 것은 지나치게 영리한 것으로 보인다. 이 독법에서는 땅이 가시와 곡물을 내지 않은 데 대해 창 2:5에서 주어진 이유는 "사람이 아직 죄를 짓지 않았기 때문이다." 세상이 아마도 채소로 가득 차 있었을 것이기 때문에 비가 오지 않은 것과 땅을 경작할 사람이 없는 것은 그것과 아무 관계가 없다. 더욱이 인간은 타락 전에 동산을 경작하라는 명령을 받았는데(창 2:15), 그것은 곡물('ēśeb)의 재배가 타락 후까지 지연되지 않았음을 암시할 것이다. 창 2:5은 재배하지 않은 식물과 재배한 식물 사이의 철저한 분리를 구상한다는 견해가 훨씬 타당하며(Ross,

로, 저자는 가인의 아내의 유래와 가인이 자기를 죽일 것이라고 두려워한 사람들이 누구였는지에 관한 문제들도 손쉽게 제거할 수 있었을 테지만, 그렇게 하지 않기로 작정했다. 저자가 훗날 "야웨"라는 이름이 전에 계시되지 않았다고 확인함에도(출 6:3) "그때에 사람들이 비로소 여호와의 이름을 불렀더라"(창 4:26)라고 한 말이 무슨 뜻인지 명확히 밝혔더라면 학자들은 확실히 좋아했을 것이다. 그러나 저자는 명백한 불일치를 해소하는 데 신경을 쓰지 않았다. 저자는 하나님이 노아에게 처음에는 모든 종류의 동물 두 마리를 방주에 태우라고 지시하고 이어서 모든 깨끗한 동물 일곱 쌍을 태우라고 지시한 것(창 6:19; 7:3)—학자들의 대다수는 이 명백한 불일치를 홍수 이야기의 야웨 문서와 제사장 문서가 함께 엮인 결과로 본다—을 쉽게 해결해서 현재 텍스트를 조화시키려는 학자들의 수고를 덜어줄 수도 있었을 것이다. 하지만 그는 확실히 명백한 불일치로 곤란을 겪지 않았다.[88] 저자는 창세기 10장의 민족 목록표

Creation and Blessing, 121; Averbeck, "Responses to Chapter Three," 94), 따라서 그 당시에는 채소가 없었다. 우리는 그 내러티브를 일반적인 땅이 아니라 농사짓는 밭에 퍼지는 식물들에 관한 것이라고 제한할 수 없다. "들(*śādeh*)의 식물들에 대해 사용된 어구가 뱀이 "들의" 짐승 중에서 가장 교활하다고 말하는 창 3:1에 사용되는데, 이 묘사는 확실히 농사짓는 밭에 제한되지 않기 때문이다.

마찬가지로, 창 2:19에 묘사된 동물들의 창조와 관련해서 Cassuto는 만일 모순이 존재한다면 편집자가 틀림없이 창조의 순서에서 "아주 명백한 모순"을 알아차렸을 것이라고 말한다. 그는 "하나님이 이미 창조했던"이라는, 조화시키는 번역을 진지하게 고려할 가치가 없다며 거부한다. 그러나 창 2:19가 가축의 창조를 언급하지 않기 때문에 Cassuto는 그것들이 틀림없이 이미 동산에 인간과 함께 있었던 반면에 야생 동물인 들짐승들과 공중의 새들은 그렇지 않았을 것이라고 가정한다. 따라서 창 2:19은 주 하나님이 이 야생동물들의 "특정한 표본들"을 지어서 그것들을 동산에 있는 인간에게 제시하는 것을 구상한다(Cassuto, *Book of Genesis*, 128-29). 우리는 이것이 그 구절의 타당한 주해인지 여부의 결정을 독자에게 맡겨둔다. 저자가 일관성에 관심이 있었더라면 Cassuto가 상상하는 것 같은 시나리오를 훨씬 더 명확하게 함으로써 그런 명백한 모순을 피했으리라는 지배적인 요점은 남는다. 사람, 채소, 그리고 동물들의 창조 순서는 *Sumerian Flood Story* 45-50에서도 동일하다는 점을 언급할 가치가 있다.

88 상정된 야웨 문서 버전과 제사장 문서 버전은 매우 불완전해서 결함이 있을 것이라는

에 수록된 사람들의 다른 언어들과 바벨탑 이야기 사이의 외관상의 불일치를 명확히 하지 않고 그대로 놔둔다. 요점은 이 명백한 불일치들이 어떻게든 해결될 수 있다는 것이 아니라 저자가 그런 불일치들로 곤란을 겪지 않았다는 것이다.

공상적인 요소들

둘째, 우리는 이야기들 안에서 공상적인 요소들도 발견한다. 나는 공상적인 요소들은 문자적으로 취해진다면 명백한 거짓으로 여겨질 정도로 이례적인 요소들이라고 생각한다. 이 대목에서 우리는 기적의 문제에 직면한다. 궁켈 같은 자연주의적인 학자들은 내러티브들에 기적이 등장하는 것을 그 내러티브가 신화임을 나타낸다고 생각한다. 그는 다음과 같이 썼다.

근거에서 정경 텍스트의 통일성을 주장하는 Wenham(*Genesis 1-15*, 168-69)에 대해 Day는 야웨 문서와 제사장 문서 모두 다소 완전한 기사를 갖고 있었지만 편집자가 자유롭게 어떤 요소는 어느 한 버전에서 취하고 때로는 두 자료 모두를 인용했다고 대꾸한다(*From Creation to Babel*, 103). 그러나 Day의 답변에는 대가가 따른다. 우리는 편집자가 일부러 자신의 자료에서 일관성이 없는 설명을 구성하기로 작정했다고 가정해야 한다. Day는 다음과 같이 생각한다. "편집자가 모순되는 두 자료를 결합하는 것이 이상하게 보일 수도 있지만, 편집자로서 제사장 문서 작성자가 자신의 설명에 모순을 들여오는 것은 훨씬 더 이상할 것이다"(103). Day의 요점은 제사장 문서 작성자가 하나의 일관성이 있는 자료 안으로 모순을 들여오는 것이 내적 일관성이 있는 별도의 두 자료를 일관성이 없게 결합하는 것보다 덜 그럴법하다는 것으로 보인다. 그러나 왜 이 두 대안만 있다고 생각하는가? Day가 상상하듯이 편집자가 개별적으로 일관성이 있는 두 개의 기사들을 모순되는 하나의 기사 안으로 결합한 것이, 편집자가 이미 주장되는 불일치를 포함하는 하나의 기사를 갖고 있었는데 이 불일치들을 곤란하게 생각하지 않았다는 것보다 개연성이 덜한 것으로 보인다. 그렇다면 불일치들이 실제로는 통일된 이야기에 반하는 증거가 아니라 그것을 뒷받침하는 증거로 간주될 수 있을 것이다. 제안된 가설에 따르면 편집자가 이미 권위가 있다고 주장되는 야웨 문서 전승과 제사장 문서 전승에서 취사 선택했기 때문에, "우리는 전체 텍스트 근저의 자료들이나 전통들이 이미 권위가 있는 지위를 얻었고, 편집자가 그 전통들이 충분히 가치가 있다고 생각해서 불일치들을 유지했다고 가정할 수 있다"는 Arnold의 답변(*Genesis*, 97; 참조. 102-3)은 소용이 없다.

우리는 하나님이 우주에서 만물의 뒤에서 조용히 그리고 비밀리에 일한다고 믿는다. 때로는 그의 영향이 예외적으로 위대하고 인상적인 사건들 및 인물들의 경우에서처럼 거의 확실해 보인다. 우리는 사물들의 놀라운 상호 의존에서 그의 통제를 간파한다. 그러나 그는 언제나 모든 것의 최후의 궁극적인 원인으로서 외에는 다른 요인들 외의 작동 요인으로서 나타나지 않는다. 창세기에 수록된 많은 내러티브들의 관점은 다르다. 하나님이 에덴동산에서 거닌다. 하나님은 자신의 손으로 사람을 만들고 방주의 문을 닫는다. 그는 심지어 사람의 코에 자신의 숨을 불어 넣기도 하고 동물들로 [아담의 배필감을] 시험해보지만 성공하지 못하기도 한다. 그는 노아의 제사의 냄새를 맡는다.…우리는 이것을 옛날 사람들의 순진한 개념으로 이해할 수도 있지만, 그런 기사들이 문자적으로 사실이라는 믿음을 종교적 확신의 필수요소로 여길 수 없다.[89]

이 대목에서 궁켈은 세상에서의 신적 행동에 관해 하나님을 이 세상에서 일차적 원인으로 제한하고 하나님이 일련의 이차적 원인으로 행동하는 것을 차단하는 관점을 표현한다. 궁켈은 확실히 19세기 독일 신학의 자연주의와 기적 부인을 흡수했다.

자연주의는 하나의 철학적 관점으로서 우리가 단순히 그것을 전제할 수는 없다. 그것은 정당화를 요구한다. 작금의 종교 철학자들 사이에 신적 행동에 관한 상당한 문헌이 있는데, 그들은 하나님이 일련의 이차적 원인에서 기적적으로 행동할 능력이 있음에 대한 유능한 방어를 제공해왔다.[90] 초월적인 창조자와 우주의 설계자가 존재한다는 점에 비춰

---

89 Hermann Gunkel, *The Legends of Genesis: The Biblical Saga in History* [1901], trans. W. H. Carruth (New York: Schocken Books, 1964), 10.

90   예컨대 Alvin Plantinga, *Where the Conflict Really Lies: Science, Religion, and Naturalism*

볼 때, 그런 존재가 왜 세상에서 일어나는 사건들의 원인으로 행동할 수 없는지 알기 어렵다.

위의 인용문에서 궁켈은 신인동형론을 기적과 섞는다. 이것은 단순한 범주 오류다. 하나님에 대한 신인동형론적 표현은 기적을 암시하지 않는다. 우리는 창세기 저자가 창세기 1장의 초월적인 하나님이 창세기 2장에서 기적적으로 성육신했다고 믿는다고 생각하지 않아야 한다. 신인동형론은 문학적인 장치다. 창세기 1-11장에 수록된 하나님에 대한 신인동형론적인 묘사들은 비유적인 언어이기 때문에 우리는 그것들을 "문자적 사실"로 여기지 않아야 한다. 그러나 그렇다고 해서 기적 이야기들이 문자적으로 사실임을 부정하는 것이 정당화되지는 않는다. 초월적인 우주의 창조자가 존재한다면 기적을 공상적이라고 취급하는 것은 정당화되지 않는다. 그러므로 텍스트의 장르를 결정할 때 우리는 기적적인 모든 요소를 사실상 공상적인 것으로 규정짓지 않아야 한다.

그리고 어떤 내러티브를 공상적이라고 간주할 때 우리는 아마도 "우리에게 공상적"임을 의미할 것이다. 원래의 저자와 그의 독자들은 그 이야기가 공상적이라고 생각하지 않았을 수도 있다. 그러나 세상에 대한 우리의 지식이 증가함에 따라 우리는 그 내러티브에 등장하는 특정한 요소들이 문자적으로 취해지면 명백히 틀렸다는 것을 안다. 그렇게 말함에 있어서 우리는 우리가 신화의 충분조건이 아니라 가족 유사성을 보고 있음을 명심할 필요가 있다. 고대의 과학적 텍스트나 의학적 텍스트가 공상적임이 입증된다고 하더라도 그 텍스트가 신화적임이 입증되지는 않을 것이다. 신화들의 충분조건은 아니더라도 가족 유사성이 공상적인 요소들로 특징지어질 수 있다. 공상적이라고 적시된 요소들이

(Oxford: Oxford University Press, 2011), 3-4장을 보라.

문자적으로 취해질 경우 저자와 그의 독자들에게도 명백히 틀렸다고 이해되었을 것이라는 점이 입증될 수 있다면 이 지표가 한층 더 강력해질 것이다. 그것은 저자가 자기의 이야기를 문자적인 기사로 여기지 않았음을 보여주는 경향이 있을 것이기 때문이다.

그렇다면 창세기 1-11장에 공상적이고 비기적적인 요소들이 존재하는지가 문제다. 확실히 그런 요소들이 존재한다. 궁켈은 "믿을 수 없음"의 기준에 의존해서 희미해진 신화들을 찾아내고 창세기 1-11장에서 몇 가지 공상적인 요소들을 열거한다.

> 이처럼 창세기에는 우리의 더 나아진 지식에 직접적으로 반하는 많은 것들이 보고된다. 방주 한 척에 모이기에는 동물들의 종이 너무 많다. 아라랏산은 지구에서 가장 높은 산이 아니다. 창세기 1:6 이하에서 말하는 "하늘의 궁창"은 실재가 아니라 시각의 착각이다. 별들은 창세기 1:14-18이 보고하는 것처럼 행성들이 생기고 난 뒤에 생겼을 수 없다. 지구상의 강들은 창세기 2장이 생각하듯이 주로 네 곳의 주요 물줄기에서 나오지 않는다. 티그리스강과 유프라테스강은 공통의 수원을 갖지 않는다.…이 땅의 민족들이 한 가족의 팽창에서 나왔고 각각의 경우 한 조상에게서 나왔다는 아이디어는 상당히 천진스럽다.…현대의 역사가가 어떤 것이 불가능하다고 선언하기를 아무리 조심한다고 하더라도, 그는 예컨대 동물들과 뱀과 당나귀는 말하지 않으며 말한 적이 없다는 것과 그것의 열매가 불멸성이나 지식을 주는 나무가 없다는 것과 천사들과 인간들이 성적으로 결합하지 않는다는 것을 자신 있게 선언할 수 있을 것이다.[91]

---

91   Gunkel, *Legends of Genesis*, 7-8.

궁켈의 목록은 다소 잡동사니다. 우리는 발람의 당나귀(아무튼 창 1-11장의 일부가 아니다)와 천사들과 인간 여자들의 결합 등 기적적이라고 간주되는 항목들을 목록에서 삭제해야 한다.[92] 우리는 그 목록에서 단단한 궁창의 실재나 수목의 창조 후 하늘의 발광체들의 창조 등 창세기의 텍스트를 통해 명확히 확인되지 않은 항목들도 빼내야 한다. 궁창에 관련해서는 많은 학자가 **라키아**(*rāqía'*)가 지구를 덮고 있는 단단한 둥근 지붕이라고 단언했지만, 창세기의 텍스트는 이렇게 말하지 않으며,[93] 이 개념을 뒷받침하는 것으로 인용되는 고대 근동의 병행 텍스트들을 조사해보면 우리는 그것들이 문자적이 아니라 비유적임을 알게 될 것이다. 발광체들에 관해서는 날들이 서수로 기록된 점에 비추어 발광체들의 창조를 시간순으로 읽는 것이 자연스러워 보이는 반면, 그런 해석 자체가 우리를 밀어붙이지는 못한다. 첫째 날에서 셋째 날까지 태양이 없는 상황에서 낮과 밤 그리고 저녁과 아침의 순환(사실상 일몰과 일출[94])의 존재를 단

---

92 천사들이 인간의 형태를 취할 수 있다고 생각되었다는 점에 비추어 볼 때(창 18:1-33), 우리가 천사들의 존재를 공상적으로 생각하지 않는 한 왜 그들이 인간 여자들과 자녀를 나을 수 없다고 생각되어야 하는지 이해하기 어렵다. 반초자연주의적인 편견의 위험이 이처럼 위협한다. 오경의 저자는 그런 설명을 거부하기 때문에 창 6:1-4에 대한 다신론적인 주형의 가능성은 부적절하다.

93 제사장 문서가 하늘을 위의 바다를 떠받치는, 지구 위의 단단한 둥근 천장으로 보는 전통을 이어받았다고 생각하는 Westermann조차 *Genesis 1-11*, ~~제사장 진영~~이 이 견해를 공유했는지 우리가 알지 못한다고 말한다. 그는 히브리인들이 구름과 비의 형성에 관한 좀 더 정확한 설명을 전개했다고 지적한다(렘 10:13; 욥 36:27; 시 135:7). 추가로 Vern S. Poythress, "Rainwater versus a Heavenly Sea in Genesis 1:6-8," *WTJ* 77 (2015): 181-91을 보라. 이스라엘들이 물의 순환을 이해했다는 사실은 우리에게 그들이 [그들 주변 민족의] 이전 견해를 공유하지 않았다고 생각할 이유를 제공한다. Westermann은 아이디어들이 변하더라도 이전의 전통적인 발화 방식은 유지되고 진부해지지 않는다고 올바로 지적한다(예컨대 일출과 일몰). 창세기 저자가 받은 전승이 라키아가 단단한 표면이라고 가정했는지 여부는 본서의 뒤에서 논의될 것이다(pp. 276-81을 보라).

94 Sarna는 히브리어 에레브('ereb)와 보케르(bōqer)가 엄격히 말하자면 "일몰"과 "날이 샘"을 의미하는데, 이는 넷째 날의 태양의 창조 전에는 부적절한 단어들이라고 논평한

언한다는 것이 고대 저자에게 말이 되지 않았을 것이기 때문이다. 태양이 존재하기 전에 날들이 존재하는 것은 텍스트 안의 불일치로서 신화 장르를 가리키는 것으로 여겨질 수도 있을 것이다. 그러나 또 다른 가능성은 발광체들의 창조를 시간 순서에 따른 것이 아니라고 읽는 것이다. 이것은 날들을 단순히 내러티브의 뼈대를 짜기 위한 문학적 장치로 보거나[95] 나흘 째의 발광체들의 창조가 시간상의 순서에서 벗어난 것으로

다(*Genesis*, 8).

[95] 중세 시대 이후 주석자들은 첫째 날에서 셋째 날과 넷째 날에서 여섯째 날 사이의 일종의 병행을 주목해왔다. 이로 인해 몇몇 주석자들은 창조의 날들의 문학적 프레임워크 해석으로 알려진 견해를 채택했다(Henri Blocher, *In the Beginning: The Opening Chapters of Genesis*, trans. David G. Preston [Downers Grove, IL: InterVarsity Press, 1984]). 이 견해에 따르면 창세기의 저자는 연대기에 관심이 없다. 오히려 날들은 저자가 자신의 창조 기사를 배치할 수 있는 일종의 문학적 프레임워크 역할을 한다. Blocher는 하나님이 3일 동안 특정한 점유자들을 위한 영역, 또는 공간을 형성한다고 주장한다. 그리고 나서 두 번째 3일 동안 그는 그 영역들의 점유자들을 창조한다. 따라서 가령 하나님은 첫째 날 낮과 밤을 만들고, 넷째 날 태양, 달, 그리고 별들을 창조한다. 따라서 창조 주간은 시간 순서에 따른 것이 아닌 창조 기사를 위한 문학적 프레임워크다.

이 견해가 많은 해석자에게 각광을 받았지만, 첫째 날에서 셋째 날과 넷째 날에서 여섯째 날 사이의 병행은 정확하지 않다. 예컨대 무엇이 하나님이 넷째 날 궁창에 빛들을 창조한 것에 상응하는가? 확실히 그것은 하나님이 둘째 날 궁창을 창조한 사건이다. 하나님은 둘째 날 궁창을 창조하고, 넷째 날 궁창에 빛들을 둔다. 첫째 날의 빛과 어둠의 분리는 빛들을 위한 장소의 창조가 아니다. 그 일은 둘째 날에 일어난다. 마찬가지로 다섯째 날의 바다 생물 창조에 상응하는 것은 셋째 날의 바다 창조다. 물론 물들은 둘째 날에 이미 ~~궁창의 위와 아래로~~ 분리되었지만, 물들은 셋째 날까지는 바다로 모이지 않았는데, 이 바다가 바다 생물들이 창조된 장소다. 마지막으로, 셋째 날 하나님은 육지와 바다를 창조할 뿐만 아니라 채소와 열매 맺는 나무도 창조한다. 이처럼 하나님은 영역만 창조하는 것이 아니다. 하나님은 그날 영역의 몇몇 점유자들도 창조한다. 채소는 여섯째 날 창조된 육상 동물들과 인간을 위한 영역이라 불릴 수 없다. 따라서 해석자의 마음이 아니라 텍스트 안에 병행이 있는지는 확실하지 않다.

더욱이 이 내러티브에서 시간 순서가 진지하게 받아들여지지 않아야 한다고 믿기 어렵다. 문학적 프레임워크 해석에서는 시간 순서가 무의미하다. 하지만 연속되는 날들을 둘째 날, 셋째 날, 넷째 날, 다섯째 날 식으로 서수로 표현하고, 아무것도 없던 상태에서 인간이 출현하기까지 점진적으로 발전한다는 아이디어는 시간 순서를 암시하는 것으로 보인다. 그 내러티브가 하나님이 일곱째이자 마지막 날에 창조 사역으로부터 쉬는, 시간적 진보를 묘사하려고 한다는 인상에 저항하기 어렵다. Blocher는 일정한 기간에 걸친

봄으로써[96] 가능해질 수 있다. 그 경우 태양이 그 전의 세 번의 저녁과 아침 뒤에는 말할 것도 없고 채소가 창조된 후 창조되었다는 공상적인 선언이 없어진다.

6일 동안의 창조

창세기 1장에서 6일간의 연속적인 날에 걸친 세상의 창조는[97] 공상적이

창조가 고대 근동 창조 신화들에서 흔한 모티프라는 점을 인정한다. 그렇다면 왜 창세기에서 그 모티프가 시간 순서가 아니라고 생각하는가? 단순한 병행으로는 시간 순서에 대한 관심이 그릇되었음을 증명하기에 충분치 않다.

96 John H. Sailhamer, *Genesis: Text and Exposition*, EBC 2 (Grand Rapids: Zondervan, 1990), 33-24; Sailhamer, *Genesis Unbound: A Provocative New Look at the Creation Account* (Sisters, OR: Multnomah, 1996), 129-35은 창 1:14에 사용된 구조는 창 1:3, 6에 나타난, 전의 창조의 포고들에 사용된 구조와 다르다고 지적한다. 이 대목에서의 구조(to be + 부정사)는 "궁창에 있는 빛들이 낮과 밤의 분리를 위한 것이 되게 하라"로 번역될 수 있을 것이다. 앞선 포고들과 달리 이 절은 뭔가가 어떤 목적을 위한 것인지를 명시하며 따라서 빛이 이미 존재함을 전제한다. 이 해석의 문제 하나는 창 1:16-18이 하나님이 그날까지는 천체들을 만들지 않았음을 보여준다는 것이다. 그러나 이 이의는 창 1장에 수록된 내러티브의 재미있는 중복적 성격을 무시한다. 많은 주석자는 창 1장이 두 유형의 창조—하나님의 창조의 말씀을 통한 창조(창 1:3, 6, 9, 11, 14, 20, 24, 26)와 하나님의 행동을 통한 창조(1:7, 12, 16, 21, 25, 27)를 결합한 것으로 보인다는 점을 관찰했다. 이것은 저자가 두 전승을 엮어 놓은 데 기인했을 수 있다. 다른 한편으로 우리가 이 이중적인 패턴이 저자의 보고와 논평의 하나라는 입장을 취할 경우 그 장의 일관성과 통일성이 좀 더 만족스럽게 유지될 것이다. 예컨대 창 1: 4-5, 10은 창조의 행동들을 묘사하지 않으며, 창 1:12도 실제로 하나님이 하는 어떤 것을 묘사하지 않는다. 1:12이 1:11에 시간적으로 이어지는 것을 의도하지도 않는다. 1:11은 "그대로 되었다"로 끝나기 때문에 그럴 가능성이 차단되는 것으로 보이기 때문이다. 그보다는 1:12은 1: 4-5, 10절과 같이 앞 문장에서 주어진 보고에 대한 저자의 논평이다. 마찬가지로, 1:15은 "그대로 되었다"라는 어구를 포함하는데, 이는 1:16-18이—반드시 그날 일어난 것은 아닌—하나님의 하늘 창조에 대한 저자의 논평임을 암시한다. 실제로 "빛과 어둠을 나뉘게 하는"(1:18) 발광체들의 기능은 태양이 하나님에 의해 넷째 날 전에 창조되었음을 암시한다. 따라서 1:14-18은 반드시 하나님이 발광체들을 그때 창조했음을 가리키지 않는다.

97 Wenham은 창 1장에 1주 동안의 하나님의 활동이 묘사되고 있음을 보여주는 세 가지 요인들을 제시한다. (1) 저녁과 아침의 언급, (2) 날들의 열거, 그리고 (3) 일곱째 날의 신적 안식(*Genesis 1-15*, 19). 창조를 이미 존재하는 물체들에 대한 기능 지정에 불과한 것으

로 여김으로써 하나님이 연속적인 7일에 걸쳐 사물들을 존재하게 했다는 창 1장의 주장을 회피하려는 John H. Walton, *The Lost World of Genesis One: Ancient Cosmology and the Origins Debate*(Downers Grove, IL: IVP Academic, 2009[『창세기 1장의 잃어버린 세계』, 그리심 역간])의 시도는 그것 자체가 공상적이다. Walton에게는 미안한 말이지만 고대 근동의 이교도의 신화들에 나타난 원시 세계의 묘사는 식물들과 동물들과 건물들과 사람들이 존재했지만 기능은 결여되었던 물질적인 대상의 세상에 대한 묘사가 아니다. 그 것들은 그런 종류의 뚜렷한 물질적인 대상들이 전혀 존재하지 않는 상태에 대한 묘사다. 따라서 기능을 하는 물체들의 질서 잡힌 시스템의 창조는 단지 이미 존재했던 물질적인 대상의 기능 지정만이 아니라 그런 물체들을 존재하게 하는 것과 관련되었다.

창 1장에 관해 Walton의 견해는 넷째 날에서 여섯째 날이 첫째 날에서 셋째 날에 창조된 영역의 점유자들의 창조를 묘사하는 것이 아니라, 첫째 날에서 셋째 날에 확립된 기능을 수행하는 것들의 창조를 묘사한다는 점에서 Blocher의 문학적 프레임워크 견해와 다르다. 이는 Blocher의 견해보다 타당해 보이는 흥미로운 주장이다. 특히 태양과 달은 시간 측정 기능을 하는 물체로 확립된 것으로 보인다. 그러나 이것은 기능의 확립과 더불어 "물질적 창조"(물질로부터든 무로부터든 하나님이 물리적 객체들을 존재하게 한 것)를 배제하지 않는다. 나는 다음과 같은 John Day의 말에 동의할 수 밖에 없다. "Walton이 그 내러티브에 기능적 요소가 있음을 강조하는 것은 옳지만 그가 그 내러티브를 순전히 그런 관점에서만 이해하는 것은 확실히 옳지 않으며, 창 1장이 우리에게 물질적 우주의 창조 기사를 제공한다는 것을 부인하는 것은 매우 부자연스럽다"(*From Creation to Babel*, 4).

창 1장이 오로지 기능적 창조만 묘사했다면, 우리는 육지, 채소와 나무들, 바다 생물, 새, 동물, 그리고 심지어 인간도 처음부터 존재했지만, 질서가 잡힌 시스템 안에서 기능을 발휘하지 않고 있었다고 상상해야 하기 때문이다. 생물권의 창조가 창 1:1 전에 여러 누대에 걸쳐 진행되었을 수도 있는데 비교적 최근의 어느 시점에 하나님이 연속적인, 하루 24시간의 7일 동안 그때 이미 존재하고 있던 모든 것의 기능을 명시했다는 Walton의 말에서 그의 해석이 얼마나 부자연스러운지가 명백해진다. 따라서 Walton은 창 1장의 7일 전에 공룡과 호미니드(사람과)가 살아 있었고 그들 각자의 기능이 부여되기를 기다리고 있었다고 단언한다(*Lost World of Genesis One*, 169).

우리가 그 텍스트의 언뜻 보기에 명백한 세상에 대한 묘사에 크게 반하는 독법을 채택하려면 그런 해석을 채택할 매우 강력한 증거가 있어야 한다. Walton의 주요 논거는 "창조하다"를 뜻하는 히브리어(*bārā*, 바라)가 기능적 창조와 관련이 있다는 것이다. 그러나 실상은 바라 동사의 대부분의 목적어는 쉽게 물질적인 대상으로 적시된다. 창 1장에 등장하는 바라의 목적어 세 개(천지, 사람, 그리고 바다 생물)는 물질적인 대상의 창조에 대한 명확한 예로 보인다. 그것들이 무로부터 창조되지 않았을 수도 있다는 이유만으로 그것들이 창조시에 존재하게 되지 않았음이 암시되지는 않는다. 창조는 물질적인 측면과 기능적인 측면 모두와 관련이 있을 개연성이 크다. 따라서 John Collins는 "나는 창세기가 모종의 '물질적 기원'을 기록한다는 거의 모든 사람의 의견에 동의하며 Walton이 정확히 왜 물질적 기원과 기능적 기원을 계속 분리하는지 이해할 수 없다"고 말한다(C. John Collins, "Response from the Old-Earth View," in Barrett and Caneday,

고 따라서 신화적인 요소다. 저녁과 아침의 패턴은 긴 시대가 아니라 일반적인 태양일이 의도됨을 보여준다. 더욱이 연속적인 아침들은 각각의 경우 연속적인 날이 새는 것을 나타낸다는 사실은 [저자가] 날들 사이에 간격이 있다고 의도하지 않았음을 보여준다. 저자가 둘째 날 원시 대양의 바다로 빠지거나(참조. 창 8:3) 셋째 날 땅이 씨 맺는 채소와 열매 맺는 나무를 낸 것처럼, 자신이 자연적으로는 24시간의 하루 동안 일어날 수 없음을 잘 아는 사건들을 하루에 성취되었지만 기적적이지 않은 것으로 얘기하기 때문에 저자 자신도 문자적인 6일 동안의 창조가 공상적이라고 생각했을지도 모른다.[98] 그렇다면 그는 창조 기사를 신화적으로 여겼을 수도 있는데, 이 점이 그가 넷째 날의 태양의 창조 전에 낮과 밤이 존재하는 데 대해 무관심한 이유를 설명해줄 것이다.[99]

채식

인간과 짐승 모두의 채식은 원시 내러티브의 또 하나의 공상적인 요소다. "하나님이 이르시되 '내가 온 지면의 씨 맺는 모든 채소와 씨 가진 열매 맺는 모든 나무를 너희에게 주노니 너희의 먹을거리가 되리라. 또 땅

Four Views on the Historical Adam, 126).

98   따라서 John Day가 다음과 같이 단언하는 것은 너무 성급하다: "대중적인 몇몇 변증가가 흔히 말하는 바와 달리 창 1장의 원래 저자가 그의 기사가 문자적으로 취해질 것을 의도했음을 의심할 이유가 없다"(*From Creation to Babel*, 2). Day는 창 1-11장의 장르 분석을 통해서는 아무것도 말하지 않으며 "원래 저자"라는 그의 표현은 모호하다. 그것은 제사장 문서의 저자인가? 아니면 제사장 문서에 기록된 구전 전승인가? 아니면 오경의 저자인가? 나는 Day가 창 1장의 비문자적 해석을 옹호하는 구약 학자들을 "대중적인 변증가"로 규정하는 데 대해서는 논평하지 않을 것이다.

99   그 빛이 하나님의 빛일지도 모른다는 Averbeck의 제안(Richard E. Averbeck, "A Literary Day, Inter-textual, and Contextual Reading of Genesis 1-2," in Charles, *Reading Genesis 1-2*, 18-19)은 창 1장의 빛이 창조된 물질이라는 사실을 감안하지 않으며 이 대목에서 진정한 어려움은 저녁과 아침이라는 점도 인식하지 못한다(John H. Walton, "Responses to Chapter One," in Charles, *Reading Genesis 1-2*, 43).

의 모든 짐승과 하늘의 모든 새와 생명이 있어 땅에 기는 모든 것에게 는 내가 모든 푸른 풀을 먹을거리로 주노라'"(창 1:29-30). 빅터 해밀턴은 "어느 때에도 어떤 존재(인간, 동물, 새)도 다른 생물의 생명을 취해 그것 을 먹도록 허용되지 않았다"고 논평한다.[100] 우리는 동물들 사이에서 언 제 포식 활동이 시작된 것으로 생각되는지 알지 못하지만 인간들은 홍 수 뒤에야 동물들을 먹도록 허용되었다. "'모든 산 동물은 너희의 먹을 것이 될지라. 채소 같이 내가 이것을 다 너희에게 주노라'"(창 9:3). 인간 에게서 이 제한을 제거한 것은 원시 상태에서 동물들에게도 비슷한 제 한이 있었음을 암시한다. 해밀턴은 "동물들도 육식을 하지 않고 채식 을 했다는 사실은 이상하고 (과학의 입장에서는) 아마도 설명될 수 없다" 고 말한다.[101] 현대 진화 이론 때문에 그것이 아무리 강조되었다고 할지 라도 이 깨달음은 명백히 진화 이론의 결과가 아니다. 베스터만이 지적 하듯이 제사장 문서는 확실히 모든 동물이 채식하는 것으로 생각할 수 없음을 알았다. "그러나 제사장 문서는 현재의 경험의 조건의 지배를 받 지 않는 원시 시대에 관해 말하고 있다."[102] 왜 그런 차이가 있는가? 제 사장 문서는 동물의 포식이 인간의 타락의 결과라는 암시를 주지 않으 며, 사자들과 그에게 익숙했던 다른 육식 동물들이 초식 동물들로부터 진화했다는 견해를 그에게 돌리는 것은 시대착오적인 처사일 것이다(시 104:21). 원시 시대가 현재와 다른 점은 단순히 그것이 오래전이 아니라 "아주 오래전", 즉 특성상 신화적이라는 것이다.

---

100   Hamilton, *Book of Genesis*, 140.
101   Hamilton, *Book of Genesis*, 140.
102   Westermann, *Genesis 1-11*, 164.

뱀

에덴동산 이야기에는 하나님의 신인동형론적 출현 외에도 공상적인 많은 요소가 있다. 특히 궁켈이 언급하듯이 뱀이 있는데, 뱀은 말할 뿐만 아니라 음모를 꾸미고 악의가 있는 행위자다. 뱀을 사탄이나 이교도의 신의 화신으로 여김으로써 이 등장인물에 대해 문자적으로 해석할 수도 있겠지만 그런 해석은 그런 인물을 이 구절 안으로 들여와서 읽는 처사일 뿐만 아니라, 이 점이 더 중요한데, 저자가 뱀을 "여호와 하나님이 지으신 들짐승 중에 가장 간교하다"고 규정지은 점에 비추어 볼 때 개연성이 없는 것으로 보인다(창 3:1; 다른 비교하는 용어들은 삼상 15:33과 삿 5:24을 보라).[103] 베스터만이 지적하듯이 야웨 하나님이 만든 창조물인 뱀이 가나안의 풍요의 신을 구현한다고 믿기 어려워 보인다.[104] 이집트의 "난파

---

103 참조. 창 1:20에 등장하는 바다 괴물들에 대한 무심한 묘사. 사 27:1에 등장하는 다양한 괴물들(그것들은 가나안의 시들에 등장하는 괴물들과 같은 이름을 지녔다)이 악의 상징으로 언급되는 것을 주목하고서 Cassuto는 창 1장은 그런 신화들에 철저하게 반대하며 조용하게 "하나님이 거대한 바다 괴물들을 창조했다"라고 반대의 목소리를 낸다고 논평한다. "그것은 토라가 사실상 다음과 같이 말하는 것과 마찬가지다: 누구라도 결코 바다 괴물들이 하나님께 반대하거나 그분께 반역한 신화적인 존재로 보지 않아야 한다. 그것들은 나머지 창조물들처럼 자연적이며 그것들의 적절한 때와 적절한 장소에서 창조주의 말씀에 의해 만들어졌다"(Cassuto, *Book of Genesis*, 50-51). 에덴동산의 뱀은 분명히 하나님께 반역했지만 나머지 창조물처럼 여전히 자연적이다. 뱀은 다른 모든 동물들 중 가장 간교하다(ʾārûm mikkōl)고 언급되는 것처럼 모든 동물보다 더욱 저주를 받았다(ʾārûr…mikkāl)고 언급된다(창 3:14). 뱀이라는 등장인물의 최근 해석에 대한 비평은 John Day, "The Serpent of the Garden of Eden: A Critique of Some Recent Proposals"(세계성서학회 연례 총회, Denver, CO, November 17-20, 2018에 발표된 논문)를 보라. 참조. Day, *From Creation to Babel*, 25-38.

104 Westermann, *Genesis 1-11*, 238. 참조. Sarna, *Genesis*, 24. Sarna는 고대 세계에서 뱀은 모호한 존재로서 건강, 다산, 불멸성, 신비로운 지혜, 그리고 악의 상징으로 존경받았고 종종 숭배되었다고 논평한다. 이와 대조적으로 창세기에서 뱀은 단순히 창조물 중 하나다. "살아 있는 동안"이라는 어구(창 3:14)는 뱀의 필멸의 성격을 강조한다. 뱀은 하찮고, 비신성화된 지위로 축소된다. 뱀을 사탄과 동일시하는 것은 기원전 1세기에 「솔로몬의 지혜」 2.24에 최초로 등장한다.

된 선원"(*The Shipwrecked Sailor*) 같은 고대 근동 신화에서는 뱀이 논리가 정연하고 영리한 행위자로 묘사된다. 뱀을 단지 하나님이 만든 간교한 동물로 본다고 하더라도 그 이야기에서 뱀을 악이나 하나님께 대한 반대의 상징으로 보는 것이 배제되지 않는다.[105] 사실 고대 이스라엘인들은 의심할 나위 없이 뱀들이 말하지 않는다는 것을 알았고, 따라서 우리처럼 그런 묘사가 공상적이고, 따라서 그것이 비문자적으로 그리고 아마도 상징적으로 이해되어야 한다고 생각했을 것이다.

생명 나무와 선악을 알게 하는 나무

더욱이 먹으면 선과 악의 지식(그것이 무슨 의미이든)과 불멸성을 전달하는 열매를 맺는 나무들은 우리에게 공상적으로 보이는 것과 마찬가지로 고대 이스라엘인들에게도 공상적으로 보였을 것이다. 사람이 이 나무들의 열매를 먹으면 하나님이 선악의 지식이나 불멸성을 주기라도 하는 것처럼 나무들과 관련해서 하나님 편의 기적적인 행동에 대한 어떤 암시도 없다는 점이 강조되어야 한다. 사실은 그와 반대로 그 열매들이 심지어 하나님의 뜻에 반해서 그것들을 먹은 사람에게 지식이나 불멸성을 낳기 때문에 그것들이 말하자면 수행된 행위를 통해 효과를 내는 것으로 보인다. 마법이 고대 근동 문헌에 편만했지만 유대인의 종교에서는 거부되었기 때문에 그 나무들이 마법적이 아니라고 이의가 제기되어 왔

---

105   Wenham은 레 11:42에서 발견되는 동물들의 분류에 따르면 뱀은 깨끗하지 않은 동물의 원형으로 여겨지고, 따라서 뱀은 하나님이 창조한 동물임에도 구약성서 세계의 동물 상징에서 하나님께 반대하는 상징에 대한 명백한 후보라고 지적한다(*Genesis 1-5*, 73). Cassuto 역시 뱀을 상징으로 생각하지만, 그가 뱀이 사람 자신 안에 있는 간교함을 상징한다고 본 것은 그럴법하지 않다. Cassuto는 뱀과 여인 사이의 대화는 그녀의 마음속에서 그녀의 간교함과 그녀의 순진함 사이에 일어났다고 본다. 그래서 사실은 그 여인이 자기의 마음속에서 생각하고 말하는데도 이 뱀이 생각하고 말한다고 언급된다(Cassuto, *Book of Genesis*, 142).

다.[106] 확실히 주문 및 제의상의 조종과 관련된 마법은 이스라엘에게 낯설지만, 에덴동산에 있던 그 나무들의 열매를 먹을 때의 효과가 자연적인지 기적적인지에 대한 설명이 없으며 따라서 그것은 그 의미에서 마법적이다. 그러나 우리는 **마법적**이라는 말에 의존할 필요가 없다. 중요한 점은 선악을 알게 하는 나무와 생명 나무는 공상적이고 고대 이스라엘인들에게도 그렇게 보였으리라는 것이다.

에덴의 강들

창세기 2:10-14에 따르면 에덴에서 발원한 무명의 강에 의해 형성된 네 개의 강들이 있다. "강이 에덴에서 흘러나와 동산을 적시고 거기서부터 갈라져 네 근원이 되었으니, 첫째의 이름은 비손이라. 금이 있는 하윌라 온 땅을 둘렀으며 그 땅의 금은 순금이요 그곳에는 베델리엄과 호마노도 있으며 둘째 강의 이름은 기혼이라. 구스 온 땅을 둘렀고 셋째 강의 이름은 힛데겔이라. 앗수르 동쪽으로 흘렀으며 넷째 강은 유브라데더라." 제임스 호프마이어는 에덴동산 이야기는 아담의 갈비뼈로 하와를 창조한 것, 신비로운 나무들, 말하는 뱀 등의 신화적인 요소들을 포함하지만 그 텍스트의 저자가 에덴을 고대 근동의 알려진 지리 안에 위치시키기 위해 각고의 노력을 기울이는데 이것은 순전한 신화와 조화되기 어렵다는 주목할만한 사실에 우리의 주의를 이끈다.[107] 그러나 많은 학자는 바로 그 배치가 공상적이라고 생각한다. 티그리스강과 유프라테

---

106 John D. Currid, *Ancient Egypt and the Old Testament* (Grand Rapids: Baker Books, 1997), 29-30, 48에서 강조되듯이 말이다.

107 James K. Hoffmeier, "Genesis 1-11 as History and Theology," in Halton, *Genesis*, 32-35.

스강은 오경 저자의 시기에 그렇게 알려진 강들이었을 것이고,[108] 오늘날 그렇게 알려진 강들과 대략적으로 같은 강일 것이다. 이 강들이 공통의 발원지를 지니려면 에덴이 아르메니아에 위치해야 할 것이다. 하지만 궁켈이 지적하는 바와 같이 그 강들은 공통의 발원지를 지니고 있지 않은데 그 사실은 오랫동안 고대 메소포타미아인들에게 알려졌었다.[109] 더욱이 기혼강은 아직까지 확인되지 않았지만, 그것은 에티오피아 또는 누비아에 위치한 구스 주위를 흘렀다고 기록되어 있다. 따라서 많은 학자는 그 강이 나일강이라고 생각했다. 확실히 나일강이 티그리스강 및 유프라테스강과 같은 곳에서 발원했다는 생각은 공상적일 것이다. 역시 확인되지 않은 비손강은 많은 학자가 아라비아라고 생각하는 하윌라 주위를 흘렀다고 기록되어 있다. 궁켈을 포함한 일부 해석자들은 네 개의 강들이 알려진 세계를 둘러쌌다고 생각한다.[110] 그렇게 극단적인 견해

---

108 두 강 모두 「아트라하시스 서사시」에 언급된다. Cassuto는 젊은 지구 창조론자인 Sarfati 와 마찬가지로 창 2장에 묘사된 원시 시대의 세계가 그 이후 변화를 겪었고 따라서 그 텍스트는 더 이상 존재하지 않는 상태를 묘사한다고 생각한다. 처음에는 모든 강이 한 장소의 지하수에서 흘러나온 뒤 갈라져서 각자 멀리 떨어져 두 강은 한 방향으로 흐르고 다른 두 강은 반대 방향으로 흐른다(Cassuto, *Book of Genesis*, 117). Cassuto는 이것을 인간의 죄와 강우의 도래로 돌린다. 이는 그것이 그 텍스트의 의도라면 그것은 우리가 이 대목에서 비문자적인 이야기를 다루고 있다는 증거일 것이라는 매우 불합리한 견해다. 보편적인 홍수가 세계의 지형을 변화시켰다는 Sarfati의 견해(Sarfati, *Genesis*, 316-18)는 훨씬 설득력이 있지만, 그것은 에덴에서 흘러나온 강들이 저자가 글을 쓸 당시에 존재하는 것과 동일한 강들이라고 가정하는 텍스트에서 고려되지 않는 것으로 보인다.

109 아카드의 사르곤 대왕(2334-2279 BC)의 탐험대는 그 지역을 탐사했고(Wayne Horowitz, *Mesopotamian Cosmic Geography* [Winona Lake, IN: Eisenbrauns, 2011], 4장), 「에누마 엘리시」 V와 "인간의 창조", *KAR* 307 rev. 3 모두에서 티그리스강과 유프라테스강은 죽임당한 티아마트의 입 같은 공통의 발원지에서 나오는 것이 아니라 각각 그녀의 오른쪽 눈과 왼쪽 눈에서 발원한다.

110 Von Rad는 다음과 같이 외친다. "만일 그 강이 에덴동산에 물 댄 후 네 개의 강어귀를 가진 온 세상을 둘러싸고 그것을 비옥하게 할 수 있었다면 낙원에 얼마나 형언할 수 없이 많은 물이 있었는가!"(*Genesis*, 79-80) 놀랍게도 von Rad는 이 부분이 실제 지리적 세계의 윤곽을 그리려고 한다고 생각한다! 오히려 그렇게 해석된다면 그것의 공상적인 성격

를 취할 이유가 없다.[111] 하지만 전통적인 특정하에서는 적어도 나일강이 티그리스강 및 유프라테스강과 같은 발원지를 지니지 않았음이 명백했을 것이기 때문에 약간의 지리적 지식이 있는 고대 이스라엘인들조차 그 강들의 묘사가 공상적임을 알았을 것이다.[112]

이런 특정이 공상이라는 사실은 그 강들이 신화적인 것이 아니라 현대의 학자들에 의해 잘못 해석되었음을 암시하는 것으로 여겨질 수도 있다. 네 개의 강들을 에덴동산에 물을 댄 강의 지류들로 생각하는 것

이 비문자적인 저자가 비문자적으로 의도했음을 뒷받침할 것이다.

111 전형적인 증거 텍스트들(시 46:4; 겔 47:1-12)은 네 개의 강에 대해 말하지 않으며, 모든 곳을 둘러싸는 강들에 대해서는 더욱 말하지 않는다. Walton은 신들로부터 네 개의 시내가 흘러나오는 고대의 몇몇 시각적 묘사가 있다고 지적한다(J. H. Walton, "Eden, Garden of," in Alexander and Baker, *Dictionary of the Old Testament*, 204). 하지만 이 네 개의 시내가 밖으로 나가 "땅의 네 구석에 물을 댄다"고 추론하는 것은 증거를 훨씬 뛰어넘는다.

112 E. A. Speiser는 기원전 10세기 무렵에 서아시아, 나일 계곡 그리고 에게해 지역은 오랫동안 서로연계되어 있었다고 지적한다. 그보다 1,000년 전에 메소포타미아와 인더스 계곡 사이에 교역 관계가 있었다. 역사가 동틀 때 이집트와 메소포타미아 사이에도 교역 관계가 있었다. 참조. D. J. Wiseman, "Genesis 10: Some Archaeological Considerations" (1955), in Hess and Tsumura, "*I Studied Inscriptions*," 254-65. Wiseman은 "대략 기원전 2000-1800년전에 교역의 흐름, 따라서 상인들과 그들을 뒷받침하는 대상들 및 군사적 원정대들이 그 시대의 문서들에서 풍부하게 입증되는데 이는 창 10장에 개괄된 지역에 대한 지식을 암시한다"고 주장한다(264). Speiser는 "한 나라에 대해 상당히 정확한 지도를 그리는 것과 나일강의 물을 페르시아만에 배수하는 것 사이에는 큰 차이가 있다. 고대의 어떤 대상도 의도된 목적지에서 그렇게 멀리 빗나가지 않을 것이다"라고 말한다(E. A. Speiser, "The Rivers of Paradise" [1958], in Hess and Tsumura, "*I Studied Inscriptions*," 176). 나일강이 티그리스강 및 유프라테스강과 발원지를 공유한다는 생각도 마찬가지다. Day는 고대인들의 지리적 혼동을 보여주기 위해 파우사니아스가 유프라테스강이 습지로 사라졌다가 에티오피아를 넘어서 다시 솟아나 나일강이 된다는 이야기를 보고한 것(*Description of Greece* 2.5.3)에 호소하지만, 그것은 사람들이 나일강과 유프라테스강이 공통의 발원지에서 나온 두 개의 강일지도 모른다고 생각했음을 조금도 입증하지 못한다. 페르시아만/인도양/홍해는 확실히 티그리스강과 유프라테스강이 시작하는 곳에서 시작하지 않으므로 비손강이 페르시아만/인도양/홍해를 나타낸다는 그의 단언은 말이 되지 않는다(Day, *From Creation to Babel*, 29-30).

이 그 구절을 문자적으로 해석하는 가장 타당한 방법일 것이다.[113] 스페이저는 그 텍스트가 강이 "에덴에서 흘러나왔다"고 말할 때 저자가 동산 안의 누군가의 관점에서 상류 방향을 바라보는 것을 가정한다고 생각한다. 창세기 2:10이 에덴의 강이 네 개의 "근원"(rōʾšîm)이 되었다고 한 말은 흘러들어오는 강들의 네 곳의 먼 원천 또는 상류를 가리킨 것이다.[114] 에덴동산 밖으로 나가면 그 강이 이름이 언급된 네 개의 지류들로 갈라진다. 그렇게 뒤집힌 관점에서 보면 에덴동산이 티그리스강과 유프라테스강이 배출되는 페르시아만의 해안에 위치할 것이다. 그럴 경우 비손강과 기혼강은 예컨대 케르크하강과 디얄라강이나 카룬강과 케르크하강 같이 다양하게 특정될 수 있을 것이다.

웬함은 스페이저가 그 텍스트가 강들이 에덴으로 흘러 들어가는 것이 아니라 에덴에서 흘러나온다(yāṣāʾ)고 말하는 명백한 진술을 다루지 않는다고 불평한다.[115] 해밀턴은 구약성서의 몇몇 구절들이 **야차**(yāṣāʾ)를 사용해서 물이 근원에서 흘러나오는 것을 묘사한다고 인정한다(특히 슥 14:8을 보라. 그 구절은 창 2:10과 같이 **야차 마임**[yāṣāʾ mayim]을 사용해서 강들이 예루살렘에서 나와 바다로 흐르는 것을 묘사한다). 그는 창세기 2:10이 "~으로부터 흐르다"가 아니라 "~에서 일어나다"로 번역되어야 한다는 스

---

113 Speiser, "Rivers of Paradise," 175-82도 그렇게 생각한다.

114 「사르곤 지리」에서 "유프라테스의 꼬리"는 그 강의 배출구(우리의 해부학적 은유로는 그 강의 입)를 가리킨다. 따라서 그 강의 "머리"는 그것의 원천 또는 상류다(Horowitz, *Mesopotamian Cosmic Geography*, 85). Kenneth Kitchen은 저자의 관점은 동산 안에 있는 사람의 관점으로서 "거기서 보면 하나의 물줄기가 동산 안으로 들어오고 있고, 그 상류 쪽으로는 네 개의 '머리'의 강들이 흘러와서 에덴동산 안으로 흐르는 하나의 물줄기를 형성한다"고 말한다(K. A. Kitchen, *On the Reliability of the Old Testament* [Grand Rapids: Eerdmans, 2003], 428-29). Kitchen의 견해에서는 강들의 머리들이 그것들의 발원지가 아니라 수렴 장소로 보인다.

115 Wenham, *Genesis 1-15*, 66.

페이저의 주장을 받아들인다.[116] 웬함은 강들의 역방향 흐름을 포함하여 "해결할 수 없는 지리"가 창세기가 그 내러티브에 "고대의 신화적 모티프"를 채택했음을 가리키는 것이 아닌지 묻는다.[117]

그러나 그 텍스트는 "역방향 흐름"이라는 변칙적인 현상을 생각하지 않았을 것이다. 창세기 2:8은 에덴을 하나님이 그곳에 동산을 창설한 동방의 지리적 지역으로 말하기 때문이다. 창세기 2:10에서 "에덴"은 여전히 동산이 아니라 이 지역을 가리키며 강이 에덴에서 흘러나와 동산으로 들어가 동산에 물을 댔다고 진술된다.[118] 페르시아만의 지리에 관한 지리학적·고고학적 증거를 철저하게 검토한 제프리 로즈는 플라이토스세 말의 마지막 빙하기(대략 기원전 1만년 전)부터 기원전 6천 년 경에 인도양의 물 밑으로 잠길 때까지 페르시아만 지역은 호르무즈 해협까지 뻗어있던 비옥한 오아시스였고, 티그리스강과 유프라테스강, 이란 고원의 물을 빼내는 카룬강, 북부 아라비아를 가로지르는 와디 바틴, 그리고 그 지역에서 솟아오르는 지하의 대수층을 통해 물이 관개되었다고 설명

116　Hamilton, *Book of Genesis*, 168.

117　Wenham, *Genesis 1-15*, 66. 창 2장의 "우주적 지리"를 우리의 남회귀선 개념과 비교하는 Walton의 이상한 비교를 참조하라. 그것은 실제적이지만 템스강과 동일한 지형적 범주에서 그런 것은 아니다(Walton, "Eden, Garden of," 204). 남회귀선은 기하학적인 선이고 따라서 추상적인 대상이기 때문에 이 비교는 이상하다. 창세기의 강들은 땅에 물을 댈 수 있고 따라서 템스강과 같은 범주에 속한다. Walton은 네 개의 강들이 실제의 수역이라고 생각된다는 것을 인정하지만, 그 강들의 묘사는 그것들의 "우주적 역할"과 관련이 있다고 말한다. Walton은 확실히 우주적이라는 단어를 "신화적인"과 같은 식으로 해석하고 있다. 그의 견해에서 에덴동산은 하나님의 거처이자 네 개의 강들로 흘러가서 온 세상을 이롭게 하는, 생명을 주는 물의 원천이었다. 창세기에서 에덴이 하나님의 거처가 아니라―그것은 "하나님의 동산"이 아니다―인간의 거처라는 사실은 차치하고, Walton에 의해 지정된 역할은 실제적이지 않고 순전히 신화적이다. "신화의 지리는 과학적 지리가 아니며, 심지어 수메르의 지리도 아니다"(Castellino, "The Origins of Civilization according to Biblical and Cuneiform Texts," 82).

118　Kitchen, *Reliability of the Old Testament*, 428-29도 그렇게 생각한다.

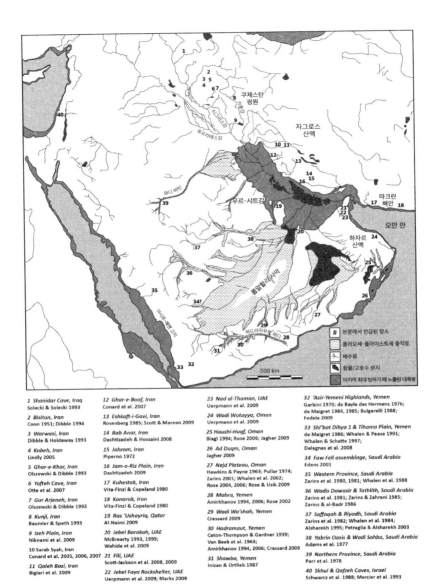

지도 내 레이블:
- 쿠제스탄 평원
- 자그로스 산맥
- 티그리스강
- 유프라테스강
- 와디 바틴
- 우르-샤트강
- 마크란 해안
- 오만 만
- 하자르 산맥
- 룹알할리사막
- 하드라마우트 와디
- 아라비아 해곡 고지

범례:
- ⬛# 본문에서 언급된 장소
- 플리오세-플라이스토세 충적토
- 배수로
- 함몰/고호수 분지
- 마지막 최대 빙하기 때 노출된 대륙붕
- 500 km

1 Shanidar Cave, Iraq
Solecki & Solecki 1993

2 Bisitun, Iran
Coon 1951; Dibble 1994

3 Warwasi, Iran
Dibble & Holdaway 1993

4 Kobeh, Iran
Lindly 2005

5 Ghar-e-Khar, Iran
Olszewski & Dibble 1993

6 Yafteh Cave, Iran
Otte et al. 2007

7 Gar Arjeneh, Iran
Olszewski & Dibble 1993

8 Kunji, Iran
Baumler & Speth 1993

9 Izeh Plain, Iran
Niknami et al. 2009

10 Sarab Syah, Iran
Conard et al. 2005, 2006, 2007

11 Qaleh Bozi, Iran
Biglari et al. 2009

12 Ghar-e-Boof, Iran
Conard et al. 2007

13 Eshkaft-i-Gavi, Iran
Rosenberg 1985; Scott & Marean 2009

14 Bab Anar, Iran
Dashtizadeh & Hossaini 2008

15 Jahrom, Iran
Piperno 1972

16 Jam-o-Riz Plain, Iran
Dashtizadeh 2009

17 Kuhestak, Iran
Vita-Finzi & Copeland 1980

18 Konarak, Iran
Vita-Finzi & Copeland 1980

19 Ras 'Ushayriq, Qatar
Al-Naimi 2009

20 Jebel Barakah, UAE
McBrearty 1993, 1999;
Wahida et al. 2009

21 Flii, UAE
Scott-Jackson et al. 2008, 2009

22 Jebel Faya Rockshelter, UAE
Uerpmann et al. 2009; Marks 2009

23 Nad al-Thaman, UAE
Uerpmann et al. 2009

24 Wadi Wutayya, Oman
Uerpmann et al. 2009

25 Haushi-Huqf, Oman
Biagi 1994; Rose 2006; Jagher 2009

26 Ad Duqm, Oman
Jagher 2009

27 Nejd Plateau, Oman
Hawkins & Payne 1963; Pullar 1974;
Zarins 2001; Whalen et al. 2002;
Rose 2004, 2006; Rose & Usik 2009

28 Mahra, Yemen
Amirkhanov 1994, 2006; Rose 2002

29 Wadi Wa'shah, Yemen
Crassard 2009

30 Hadramaut, Yemen
Caton-Thompson & Gardner 1939;
Van Beek et al. 1963;
Amirkhanov 1994, 2006; Crassard 2009

31 Shawba, Yemen
Inizan & Ortlieb 1987

32 'Asir-Yemeni Highlands, Yemen
Garbini 1970; de Bayle des Hermens 1976;
de Maigret 1984, 1985; Bulgarelli 1988;
Fedele 2009

33 Shi'bat Dihya 1 & Tihama Plain, Yemen
de Maigret 1986; Whalen & Pease 1991;
Whalen & Schatte 1997;
Delagnes et al. 2008

34 Faw Fell assemblage, Saudi Arabia
Edens 2001

35 Western Province, Saudi Arabia
Zarins et al. 1980, 1981; Whalen et al. 1988

36 Wadis Dawasir & Tathlith, Saudi Arabia
Zarins et al. 1981; Zarins & Zahrani 1985;
Zarins & al-Badr 1986

37 Saffaqah & Riyadh, Saudi Arabia
Zarins et al. 1982; Whalen et al. 1984;
Alsharekh 1995; Petraglia & Alsharekh 2003

38 Yabrin Oasis & Wadi Sahba, Saudi Arabia
Adams et al. 1977

39 Northern Province, Saudi Arabia
Parr et al. 1978

40 Skhul & Qafzeh Caves, Israel
Schwarcz et al. 1988; Mercier et al. 1993

그림 4.3 플라이토스세 말 고대 페르시아만 분지 지도. 허락을 받아 Rose, "New Light on Human Preistory in the Arabo-Persian Gulf Oasis," fig.2에서 채용함.

한다(**그림 4.3**을 보라).[119]

　　네 강들은 우르-샤트 리버 밸리에서 수렴했는데, 그곳의 깊이 깎인 수로들은 지금도 페르시아만 바다 아래서 볼 수 있다. 창세기 저자가 에덴동산이 걸프 오아시스에 있다고 보았다면 참으로 이름이 있는 네 개의 "머리들"을 통해 물을 공급받은 강 하나(우르-샤트)가 에덴에서 흘러나와 동산 안으로 흘러갔다. 이 견해에서는 구스가 에티오피아가 아니라 서부 이란의 카시테스 지역으로 특정될 수 있고(창 10:8), 하윌라는 아라비아 유적들과 관련될 수 있을 것이다. 더욱이 당시에 노출되어 있던, 지하의 대수층에서 흘러나온 물은 "땅에서 나와서 온 지면을 적셨다"는 창세기 2:6의 에드(ʾēd)를 상기시킨다.[120] 룹알할리와 자그로스 대수층 시스템에 연결된 이 지하의 강들이 지금도 해저를 통해 신선한 물을 페르시아만으로 배출한다.[121]

　　비손강을 와디 바틴으로 적시하는 호프마이어의 제안에 대응해서

119　Jeffrey I. ose, "New Light on Human Prehistory in the Arabo-Persian Gulf Oasis," *CA* 51, no. 6 (2010): 849-83 및 저자의 논평과 답변. 이 대안은 다음 문헌들에서도 지지된다. Hoffmeier, "Genesis 1-11," 32, 그는 Farouk El-Baz, "A River in the Desert," *Discover*, July 1993에 근거한다; James Sauer, "The River Runs Dry," *BAR* 22, no. 4 (1996): 52-64.

120　혹자는 페르시아만 해안의 딜문 땅을 생각하는데 그곳은 "물들의 입으로부터 지하로 흐르는 신선한 물들이 그곳을 위해 땅 밖으로 흘렀다. 그곳의 도시는 그 물들로부터 풍부하게 마셨다. 그곳의 소금물 못들이 참으로 신선한 물들이 되었다"(*Enki and Ninhursaga* 50-62).

121　이것이 길가메시가 회춘의 식물을 얻기 위해 발목에 무거운 돌을 차고 밑으로 들어가기 위해 이용했던 바다의 "도관"이라고 제안되었다(*Epic of Gilgamesh* XI). 포르투갈의 탐험가 Pedro Teixeira는 자기가 1603년에 그 지역을 방문했을 때 그런 다이버들을 보았다고 보고했다. "그 섬의 주요 도시 마나마는 해안에 있는데, 그곳 가까운 곳 약 5.5-6.5미터 깊이에 신선하고, 맑고, 건강에 좋은 몇 개의 큰 샘들이 있다. 아래에서 가죽 부대에 그 물들을 담아와서 생계를 잇는 사람들이 있는데 그들은 그 물이 솟아나는 곳에서 그 일을 매우 영리하고 쉽게 하고 있으며 물을 싸게 판다"(*The Travels of Pedro Teixeira*, ed. W. F. Sinclair and D. Ferguson [London: Hakluyt Society, 1902], 175. Rose, "New Light," 853에 인용됨).

스팍스는 회의적으로 대꾸한다. "그러면 우리가 저자가 고대의 청중에게 알려진 것들을 말했다고 믿어야 하는가, 아니면 저자만 알고 청중들은 모르는, 오랫동안 잊힌 비손강을 말한다고 믿어야 하는가?"[122] 이에 대한 대답은 이 고대 강의 위치가 언제 기억이나 전승에서 상실되었는가에 의존한다. 와디 바틴은 인도양의 상승하는 물들이 페르시아만의 거주자들을 몰아내고 나서 약 3천 년 뒤인 기원전 3500년에서 2000년 사이에 말랐다고 추정된다. 같은 시기에 수메르 문명이 태어났다. 사람들은 그 강의 기억을 쉽게 보존할 수 있었을 것이고 아마도 심지어 그 오아시스의 존재에 관한 이전의 전승들을 전달할 수도 있었을 것이다.[123]

에덴동산의 위치가 실제의 지역이라고 할지라도 그 동산은 여전히 문자적으로 취할 경우 공상적인 방식으로 묘사된다. 그리스의 실제 올림포스산이 그리스 신화에서 제우스 신과 그의 자손의 집 역할을 하는 것과 마찬가지로 이 대목에서 신화와 실제 지리가 혼합된 것으로 보인다.[124]

그룹

하나님이 남자와 그의 아내를 에덴동산에서 쫓아낼 때 그는 동산의 동쪽 입구에 "그룹들과 두루 도는 불칼을 두어 생명 나무의 길을 지키게 했다"(창 3:24). 이 세부내용을 공상적으로 만드는 요소는 그룹이 실제 존재가 아니라 사자의 몸, 새의 날개, 그리고 인간의 머리로 구성된 공상으로 생각되었다는 점이다. 나훔 사르나는 인간-동물-새의 혼합체인 인물의 모티프가 비옥한 초승달 지역의 미술과 종교적 상징에 다양한 형태

---

122   Kenton L. Sparks, "Response to James K. Hoffmeier," in Halton, *Genesis*, 66-67.
123   각주 135를 보라.
124   Hesiod, *Theogony* 925-30, 950-55, 960-65.

로 퍼진 것을 관찰하고, 성경의 그룹은 이런 예술 전통과 연결된 것으로 보인다고 주장한다.[125] **그룹**이라는 이름은 메소포타미아의 성전들 밖에 자주 서 있던, 인간의 머리와 독수리의 날개를 한 황소 **쿠리부**(*kuribu*)와 관련이 있는 것으로 보인다. 그룹들은 성경의 전통에서 하나님의 임재 나 주권을 상징하는 등 많은 역할을 한다. 그런 생물들의 예술적 표현이 지성소를 포함한 성막과 성전에서 발견될 수 있었다(출 25:18-22; 26:31; 왕상 6:23-29). 사르나는 우상을 만드는 것을 반대하는 종교에서 그룹들 이 유일하게 허용된 시각적 표현이라고 지적한다. 그것들은 "순전히 인 간의 상상의 산물"이고 따라서 "하늘과 땅에 존재하는 실재를 나타내지 않기" 때문에 형상의 금지를 위반하지 않는다.[126] 따라서 그룹들은 실제 존재가 아니었기 때문에 고대 이스라엘에서 그룹들의 형상을 만들어도 하늘에 있는 것들의 형상을 금지하는 두 번째 계명(출 20:4-5)을 위반한 것이 아니었다. 그러나 창세기 3장의 이 대목에서 그룹들은 역사의 한 시공간에서(회전하는 불칼과 더불어) 결정되지 않은 시간 동안 인간의 재진 입을 막기 위해 에덴동산의 수호자로 배치된다.

홍수 이전 사람들의 수명

궁켈은 홍수 이전 사람들의 수명(창 5:3-32)을 말하지 않지만 확실히 그 것을 말할 수도 있었을 것이다. 폰 라트는 믿기 어려운 몇 가지 함의를 열거한다. "족장들에게 돌려진 긴 수명은 주목할만한 동시성과 중복을

---

125 Sarna, *Genesis*, "Excursus 1: The Cherubim," 375-76. James B. Pritchard, ed., *The Ancient Near East: An Anthology of Texts and Pictures* (Princeton: Princeton University Press, 2011), plates 163, 165을 보라

126 Sarna, *Genesis*, 375-76. Cassuto는 그룹들과 불칼을 에덴동산으로 들어가는 길을 지키 는 폭풍과 번갯불로 해석한다(*Book of Genesis*, 175-76). 이것은 신들이 자연력을 나타내 는 이교도 신화들을 상기시킨다.

야기한다. 아담은 그 족보의 아홉 번째 구성원인 라멕이 태어나는 것을 볼 때까지 산다. 셋은 에녹이 옮겨지는 것을 볼 때까지 살고 노아가 탄생하기 직전에 죽는다. 라멕은 죽은 사람―아담―을 본 최초의 인간이었다. 노아는 아브라함의 할아버지 나홀보다 오래 살았고 아브라함이 예순 살 때 죽었다. 노아의 아들 셈은 아브라함보다도 오래 살았다. 그는 에서와 야곱이 태어났을 때까지도 살아 있었다!"[127]

홍수 이전 사람들의 수명은 하나님에 의해 기적적으로 길어진 것이 아니라 어느 모로 보나 완전히 자연스러웠다.[128] 주석자들은 이런 수명에 대해 대다수 학자의 마음에 드는 설명을 발견하지 못했다.[129] 수메르 왕 명부에서 왕의 재위 기간이 43,000년에 이르는, 훨씬 더 공상적인 홍수 전 왕의 통치의 예가 있다.[130] 홍수 전 인간들의 수명은 우리에게 공상적으로 보이는 것처럼 고대 이스라엘인들에게도 공상적으로 보였을 것이다. 그러나 신화 속의 인물들과 심지어 역사적인 인물들도 화자가 원하는 만큼 산 것으로 제시될 수 있다.

노아의 홍수

홍수 이야기는 원시 내러티브에서 가장 공상적인 에피소드 중 하나다. 궁켈은 "모든 동물이 방주 안에 모이기에는 동물의 종이 너무 많다"고 불평했는데, 오늘날 육지 동물만 해도 580만 종이 존재한다.[131] 젊은 지

---

127 Von Rad, *Genesis*, 72.

128 이 점은 Sarfati, *Genesis*, 297에서 강조되었다. 15장을 참조하라.

129 Wenham, *Genesis 1-15*, 130-34은 그런 노력들에 대해 잘 논의한다.

130 Thorkild Jacobsen, *The Sumerian King List*, AS 11 (Chicago: University of Chicago Press, 1939), 73 (col. i.12).

131 Gunkel, *Legends of Genesis*, 7; Hugh Ross, *Navigating Genesis: A Scientist's Journey through Genesis 1-11* (Covina, CA: Reasons to Believe, 2014), 171.

구 창조론자들은 노아가 식별된 모든 종을 방주에 태웠다는 가정은 불필요하다고 답변해왔다. 방주는 육상 동물의 식별된 모든 속(genus)의 구성원들을 포함하기에 충분한 공간을 갖고 있었을 것이다.[132] 그러나 휴 로스가 대꾸하듯이 그 대답은 "타당하지 않은 가설을 다른 가설로 바꾸는" 것으로 보인다. "동물들, 특히 말과 고양이 같은 고등 동물들은 관측되거나 상정된 어떤 메커니즘에 의해서도" 홍수 후 현재의 580만 종의 육상 동물을 산출할 수 있을 정도로 "급속한 속도로 진화하거나 다양화하지 않고, 그럴 수도 없다."[133]

더욱이 지구가 모든 육상 동물뿐만 아니라 방주에 타지 않은 모든 인간을 전멸시킨 세계적인 홍수를 겪었다는 것은 훨씬 더 공상적이다. 현대의 지질학과 인류학에 따르면 그런 재앙은 거의 불가능하다.[134] 지질학적으로 기원전 5600년경 지중해가 보스포루스 해협을 통해 터졌을 때 흑해 유역을 범람시킨 홍수나 약 15,000년에서 13,000년 전 마지막 빙하기가 끝날 때 워싱턴주를 범람시킨 미줄라 홍수 등 거대하지만 지역적으로 재앙을 가져온 홍수에 대한 증거가 있다. 그러나 세계적인 홍수에 대한 증거는 존재하지 않는다. 따라서 창세기의 문자적 독법의 몇몇 옹호자들은 노아 시대의 홍수 역시 지역적 홍수였고, 지질학적 증거

---

132   Sarfati, *Genesis*, 500-516. Sarfati는 우리가 성경의 "종류"를 인간이 분류한 속과 동등한 것으로 생각할 경우 멸종한 속을 포함해서 약 8,000개의 속이 있기 때문에 약 16,000마리의 동물이 방주에 탔어야 한다고 말한다. 해양 동물과 곤충은 방주에 타지 않아도 홍수에서 살아남을 수 있었을 것이다. 그는 방주의 치수에 근거해서 방주가 340대 분량이 넘는 세미트레일러 트럭의 용량을 지녔을 것이고 따라서 양 정도 크기의 동물 102,000마리를 태울 수 있었을 것이라고 계산했다.

133   Ross, *Navigating Genesis*, 171. Ross는 적어도 1만 년 전의 홍수를 가정하고 있다. 젊은 지구창조론의 창 1-11 해석에서는 방주에서 내린 뒤 아브라함이 출생할 때까지 약 300년 동안 공룡의 진화와 멸종의 전체 역사가 일어나기 위해서는 노아가 약 1,000마리의 공룡을 방주에 태워야만 했다는 점을 우리가 깨달으면 Ross의 요점은 특히 통렬해진다.

134   간략하지만 결정적인 어려움들에 대해서는 Ross, *Navigating Genesis*, 17장을 보라.

에 따르면 그것이 아마도 흑해 홍수나 기원전 2900년경에 일어난 메소포타미아의 홍수 또는 심지어 마지막 빙하기의 홍수였을 것이라고 주장했다.

우리는 그런 사건이 홍수 이야기의 다양한 수정본에서 그 이야기의 역사적 뿌리에 놓여 있을 수도 있음을 논박할 필요가 없다.[135] 그러나 현

---

135 그 홍수 이야기가 앞서 언급된, 대체로 빙하가 녹음으로써 14,000-6,000년 전에 일어난 페르시아만 오아시스의 홍수에 뿌리를 둔 신화일 수도 있다는 흥미로운 가설도 있다(pp. 177-79을 보라). Kurt Lambeck, "Shoreline Reconstructions for the Persian Gulf Since the Last Glacial Maximum," *EPSL* 142, nos. 1-2 (1996): 43-57에 제공된, 인도양이 점진적으로 페르시아만으로 침입하는 천연색 지도를 보라. 기원전 12,000년 무렵 좁은 수로로서 호르무즈 해협이 열렸고, 기원전 10,500년 무렵에는 중앙 유역으로의 해침(海浸)이 시작되었다. 서부 유역은 약 1,000년 후 범람했다. 현재의 해안선은 기원전 약 5,000년에 도달되었고 다음 1,000년 동안 해수면이 현재 수준보다 2미터 이상 상승함에 따라 남부 메소포타미아의 저지대가 물에 잠겼다. Teller 등이 보여주는 바와 같이 바다의 침입은 여러 단계로 일어났고 정체와 비교적 급속한 전진으로 끝났다(J. T. Teller et al., "Calcareous Dunes of the United Arab Emirates and Noah's Flood: The Postglacial Reflooding of the Persian (Arabian) Gulf," *QI* 68.71 [2000]: 297-308; Gary A. Cooke, "Reconstruction of the Holocene Coastline of Mesopotamia," *Georarchaeology* 2, no. 1 [1987]: 15-28도 보라).

Teller 등은 해수면 상승 속도가 다양했기 때문에 바닷물이 때로는 페르시아만의 평평한 지면을 1년에 1킬로미터 이상 덮었다고 추정한다. "이처럼 빙하 후 시기 동안 아라비아만의 노출된 지면에 살던 인간들은 여러 차례 불과 몇십 년 안에 해침하는 가장자리를 따라 급속한 범람을 목격했을 것이다. 한 사람의 생애 안에 넓은 지역이 바닷물에 잠겨 물 밑으로 가라앉았다. 정착지, 목초지, 경작지가 포기되어야 했을 것이고 확대된 고대 티그리스강과 유프라테스강의 수로가 변했고, 그 지역의 문명이 영원히 교란되었다"(Teller et al., "Calcareous Dunes," 304; Douglas J. Kennett and James P. Kennett, "Early State Formation in Southern Mesopotamia: Sea Levels, Shorelines, and Climate Change," *JICA* 1 [2006]: 67-99도 보라).

Teller 등은 큰 홍수 이야기들은 페르시아만의 지면의 빙하 후 급속한 홍수의 기록일지도 모른다고 생각한다. Lambeck에 따르면 "우르 등에서 기원전 약 4000-3000년에 발생한 홍수의 증거가 발굴되었고, 수메르의 '홍수' 전설을 홀로세의 해침의 절정과 관련시키려는 유혹을 받기 쉽다"("Shoreline Reconstructions," 56). 갑작스럽고 거대한 홍수가 발생했다가 추가적인 진입으로 그 호수가 가려지지 않았을지 질문할 가치가 있다. 적어도 한 명의 지질학자는 바람에 날린 모래 언덕의 결과로 형성된 호르무즈 해협에서 댐이 붕괴되어 페르시아만 오아시스에 재앙적인 홍수가 발생했다고 제안했다(Sanford, "Thoughts on Eden," 7.10). 이런 종류의 모래 언덕들은 Teller et al., "Calcareous Dunes"

재 우리에게 있는 창세기의 텍스트는 명확히 세계적인 홍수를 묘사하는 것처럼 보이기 때문에 그 텍스트가 단지 지역적인 홍수를 상정한다고 주장하는 것은 다른 문제다.

> 물이 땅에 더욱 넘치매 천하의 높은 산이 다 잠겼더니 물이 불어서 십오 규 빗이나 오르니 산들이 잠긴지라(창 7:19-20).

> 일곱째 달 곧 그 달 열이렛날에 방주가 아라랏산에 머물렀으며 물이 점점 줄어들어 열째 달 곧 그 달 초하룻날에 산들의 봉우리가 보였더라(창 8:4-5).

> 온 지면에 물이 있으므로 비둘기가 발붙일 곳을 찾지 못하고 방주로 돌아 와 그에게로 오는지라(창 8:9).

심지어 산꼭대기들조차 15규빗 깊이로 물에 잠겼는데, 그것은 지역적인 홍수로는 불가능하다.

홍수의 영향은 그 홍수의 세계적인 성격을 한층 더 잘 보여준다. 지 상의 모든 인간과 모든 육지 생물이 멸망했다.

에 다소 자세하게 묘사되어 있다.

마지막 빙하기가 끝날 무렵의 홍수의 기억이 수메르 문명이 형성될 때까지 지속될 수 없었다고 생각될 수도 있을 것이다. 호주 원주민들에 대한 매혹적인 연구들은 전에 노출지였던 곳을 덮은 해수면 상승의 기억이 마지막 빙하기가 끝난 후 거의 1만 년 동안 지속되었음을 보여주었다(Upton, "Ancient Sea Rise Tale Told Accurately for 10,000 Years"). 연구자들은 마지막 빙하의 최고치가 끝난 후 해수면이 상승하기 전의 지리적 특징을 정확하게 묘사하는 원주민 이야기 열여덟 개를 식별했다. 흥미롭게도 이 기억들은 예컨대 어떤 늙은 여자가 섬 사이를 기어 다닌 후 물이 들어왔다는 신화나 자기의 아내들을 섬에 고립시킨 조상 웅구룬데리의 신화 같은 토착 신화들과 섞여 있다. 해안가의 아메리카 원주민 부족들 사이에서도 유사한 정확한 기억들이 지속되고 있다고 한다.

내가 홍수를 땅에 일으켜 무릇 생명의 기운이 있는 모든 육체를 천하에서 멸절하리니 땅에 있는 것들이 다 죽으리라(창 6:17).[136]

땅 위에 움직이는 생물이 다 죽었으니 곧 새와 가축과 들짐승과 땅에 기는 모든 것과 모든 사람이라. 육지에 있어 그 코에 생명의 기운의 숨이 있는 것은 다 죽었더라. 지면의 모든 생물을 쓸어버리시니 곧 사람과 가축과 기는 것과 공중의 새까지라 이들은 땅에서 쓸어버림을 당하였으되 오직 노아와 그와 함께 방주에 있던 자들만 남았더라(창 7:21-23).

창세기 저자의 마음에서 홍수는 모든 육상 동물은 말할 것도 없고, 아무도 하나님의 심판을 피하지 못하도록 방주에 타지 않은 모든 인간이 죽을 만큼 광범위해야 했다.[137]

로스는 외양에도 불구하고 텍스트가 단순한 지역적 홍수를 가르친다고 주장한다.[138] 그는 우선 기근이 이집트의 영향하에 있던 나라들에 국한되었음에도 창세기 41:57에서 기근이 "온 세상에" 심하여 "모든 나

---

136 마찬가지로 「길가메시 서사시」에서 엔릴이 우트나피쉬팀이 생존한 것을 알고 "어떤 인간도 살아남지 않아야 했다"며 화를 낸 데서 알 수 있듯이 홍수는 인간을 거의 멸절시킨 것으로 생각된다(XI. 170; 참조. 130).

137 Sarfati, *Genesis*, 528-29은 "모든 하늘 아래의 모든 산"이라는 표현은 "모든"을 상대적인 의미로 취하는 것을 차단한다고 지적한다. 그는 지역적 홍수 옹호자들에게 예리한 많은 질문을 제기한다. 노아가 왜 그저 산의 다른 쪽으로 걸어가서 홍수를 피하지 않았는가? 왜 모든 종류의 동물들을 방주로 보내는가? 왜 모든 육상 척추동물을 충분히 수용할 수 있을 만큼 큰 방주를 만드는가? 왜 새들을 방주에 태웠는가? 물들이 어떻게 산들보다 15 규빗 위로 올라갔는가? Sarfati는 메소포타미아의 홍수는 아라랏산의 반대쪽인 남쪽을 향해 흘렀을 것이라고 지적한다. 지역적 홍수는 150일 동안 지속되지 않으며 마르는 데 그렇게 오래 걸리지도 않는다. 인근에 살지 않는 사람들은 지역적인 홍수로 영향을 받지 않았을 것이고 하나님께 심판을 받지 않았을 것이다. 많은 지역적 홍수가 있었기 때문에 하나님이 다시는 그런 홍수를 보내지 않겠다고 한 약속을 어긴 셈이 될 것이다.

138 Ross, *Navigating Genesis*, 16장.

라"가 이집트로 곡식을 사러 왔다고 지적한다.[139] 그러나 그런 논증은 한 정사가 대상의 영역에 대해 상대적이라는 논리적 요점을 보여주기만 할 뿐이기 때문에 별로 설득력이없다. "모든" 같은 한정사를 통해 어떤 대 상이 포함되는지를 알려면 사용된 맥락을 보고서 한정의 영역을 결정해 야 한다. 창세기 41:57의 제한된 영역과 대조적으로 창세기 6-8장의 한 정 영역은 하늘 아래의 모든 땅과 살아 있는 모든 육상 동물과 인간인 것 으로 보인다. 물론 저자에게 알려진 세계는 오늘날 알려진 지구보다 훨 씬 작았지만, 그의 표현들로 미루어 볼 때 그가 자기의 한정 영역을 지구 의 표면과 관련해서 무제한적인 것으로 보았을 개연성이 크다.

로스는 또한 바벨탑 이야기에서 창세기의 저자가 인류가 하나님이 원래 명령한 대로(창 1:28) 흩어지지 않았다고 생각했다고 추론한다. 그 러나 저자가 인류가 홍수 후 계속 특정 지역에 머물렀다고 생각했을지 라도, 그것은 그가 홍수 전의 인류가 페르시아만 지역에서만 살았다고 생각했음을 추론하기 위한 아무런 토대도 제공하지 않는다(만일 그가 그 렇게 생각했다면 우리는 이제 고인류학의 토대에서 그런 가정이 공상적이라는 것을 안다).[140] 창세기 2-6장에 수록된 지명들로부터 저자가 홍수 전의 인간이 얼마나 널리 퍼졌다고 생각했는지(만일 그가 그런 생각을 했다면 말이다) 우 리가 알 길이 없다. 저자가 이 점에 관해 어떻게 생각했든 간에, 그는 의 심할 나위 없이 동물들이 생육하고 번성하라는 하나님의 명령에 불순

---

139 Ross는 창세기 밖의 텍스트들에도 호소하지만 이런 것들은 오경의 저자가 자신의 한정 사를 사용하는 방식과 무관하다. 단어의 의미는 맥락에 의해 결정될 뿐만 아니라, 산들 을 엄습했을 뿐 잠기게 하지는 않은 홍수라도 그 이유만으로 그 홍수가 지역적인 것은 아닐 것이기 때문에 "덮다"(kāsâ)의 의미의 범위에 호소함으로써 산들이 덮인 것의 힘을 저지하려는 Ross의 시도는 무익하다.

140 David Reich, *Who We Are and How We Got Here: Ancient DNA and the New Science of the Human Past*(New York: Pantheon, 2018)를 보라. 이 책은 인간이 아프리카로부터 전 지 구로 이동한 경로를 표시한다.

종했다고 생각하지 않았고 따라서 동물들이 페르시아만 지역보다 훨씬 널리 퍼졌다고 생각했을 것이다. 그럼에도 불구하고 그것들은 모두 죽었다. 설사 저자가 자신이 단지 지역적이라고 생각하는 홍수를 과장되게 묘사할지라도 그는 여전히 그 홍수가 모든 인간과 육상 동물을 쓸어버리기에 충분할 만큼 광범위하다고 생각했다. 그것이 하나님의 심판이 요구하는 바이기 때문이다. 그 이야기가 세계적인 홍수를 가정하는 점에서 공상적이지 않다면, 그 이야기는 지역적인 홍수가 모든 인간과 동물을 죽일 수 있다고 가정한다는 점에서 공상적이다.

로스가 그 텍스트가 지역적인 홍수를 상정한다고 생각하는 데 대해 제시하는 긍정적인 유일한 증거는 방주에서 놓인 비둘기가 올리브나무 잎을 가지고 돌아올 수 있었다는 것인데, 이는 고도가 낮은 곳의 나무가 홍수로 멸망하지 않았음을 암시한다는 것이다. 그 주장이 설득력이 있기는 하지만, 그것은 단지 저자가 물이 빠지고 있던 몇 달 동안 충분히 올리브나무의 새잎이 날 수 있다고 믿었음을 나타낼 수도 있다. 그것은 저자가 땅, 하늘, 육상 동물, 그리고 인간과 관련하여 보편적인 한정사를 사용한 것을 뒤집는 데 기여하지 못한다.

저자가 지역적인 홍수를 생각하고 있다는 긍정적인 증거가 민수기 13:33로부터 제시될 수도 있을 것이다. 거기서 이스라엘의 정탐꾼들은 아낙 자손이 홍수 전의 부당한 결합을 통해 생겨난 종족인 네피림의 후손이라고 말하는데, 이는 홍수에 의한 보편적인 멸망과 모순되는 믿음이다. 그러나 오경 저자가 정탐꾼들의 보고를 겁먹은 데 기인한 과장으로 여겼을 수도 있다("우리는 스스로 보기에도 메뚜기 같으니 그들이 보기에도 그와 같았을 것이니라"). 아모스 2:9-10 같은 시적인 텍스트에도 불구하고, 여호수아의 가나안 부족 정복에서 그가 거인들을 직면했다는 기사가 없다(수 11:21). 정탐꾼들의 보고는 [세계적인] 홍수 이야기에도 불구하고 홍수 전 종족의 후손에 대한 믿음이 이스라엘에 존재했을 수도 있음을 보여준다. 비록 그런 믿음은 정탐꾼들이 특별히 명민하지 않았다는 것과 일치하지만 말이다. 존 데이는 네피림이 이후에도 있었다는 사실을 아는 편집자가 창세기 6:4에 "그 후에도"라는 어구를 덧붙였다는 가설을 수립했다.[141] 그러나 그것은 문제를 해결하기보다는 홍수 이야기에 모순을 들여올 것이다. 그리고 특별히 사악한 종족이 하나님의 심판에서 살아남았다고 생각되는 것은 이상할 것이다. 아무튼 우리는 이미 오경의 저자가 창세기 6장과 민수기 13장 같은 별도의 내러티브들 사이의 불일치를 해소하는 데 관심이 없음을 살펴보았다.

홍수가 땅을 육지가 출현하기 전의 원시 상태로 되돌리는 것으로 묘사되는데, 이는 세계적인 홍수를 필요로 한다는 점을 로스는 인식하지 못한다. 주석자들은 종종 창조 이야기와 홍수의 결말 기사 사이의 언어적 연결 관계를 지적해왔다. 가령 매튜 리첼은 다음과 같이 쓴다.

[물들의] 물러남(창 8장)은 인상적인 방식으로 창조의 갱신으로 나타난다. 하나님이 물 위로 불게 한 바람(8:1)은 수면 위에 운행한 하나님의 영(1:2)을 상기시키며 "깊음"이라는 공통적인 단어도 마찬가지다. "하늘의 창들"(8:2)은 "궁창"(1:6-8)의 이미지를 환기한다. 물들이 줄어드는 동안 산봉

---

141 Day, *From Creation to Babel*, 86. Day는 하나님의 아들들의 이야기는 원래 홍수 후의 배경과 관련이 있다고 가정해야 한다고 생각한다. 그러나 그 가설은 후대의 편집자가 홍수 전을 배경으로 하는 새로운 이야기에 "그 후에도"라는 어구를 덧붙였다는 제안과 잘 들어맞지 않는다. 놀랍도록 많은 학자가 "그 후에도"가 홍수 후 네피림의 존재를 가리키는 것으로 해석하는데, 그런 해석에는 지역적인 홍수를 요구하는 불일치가 따른다. 예컨대 Ronald Hendel, "Genesis 6:1-4 in Recent Interpretation"(세계성서학회 연례 총회, Genesis Section/Pentateuch Section, San Diego, CA, November 24, 2019에 제출된 논문). Hendel은 고대 이스라엘에서 줄곧 존재했던 거석(巨石)이 창 6:1-4과 연결 관계가 없다고 지적했다.

우리들이 보인 것(8:5)은 최초로 뭍이 드러난 것(1:9)을 재현한다. 동물들의 목록들(1:24-25; 8:17-19)은 의도적으로 비슷하게 묘사된다. 그다음에 인간에 관한 담화는 명백히 창세기의 시작 부분의 담화의 갱신으로서 "하나님의 형상"(9:6; 참조. 1:26-28), 축복과 원래의 명령(9:1-2; 참조. 1:28), 그리고 음식의 할당(9:3; 참조. 1:29) 모티프를 회상시키는 것으로 나타난다.[142]

7:22에서 육지를 언급하는 것은 1:9-10에 처음 등장한 뭍을 상기시킨다. 홍수의 보편성은 말하자면 최초의 부부에게 내려졌던 것과 비슷한 창조 명령이 노아와 그의 가족에게 내려짐으로써 창조 세계가 새로 시작하는 이유다.

하지만 신화가 홍수 이야기의 세계적인 성격에 대한 최상의 설명인가? 우리는 과장의 가능성을 감안할 필요가 있다. 「사르곤 지리」 6-32에서 사르곤 대왕은 자기가 "하늘 아래의 땅을 전부 정복했다"고 자랑하는데 이는 창세기의 표현과 매우 유사한 표현이지만, 그 역시 그 제국이 교역 관계를 맺고 있던 정복되지 않은 다른 나라들뿐만 아니라 자기 제국의 지리적 경계도 안다.[143] 트렘퍼 롱맨 3세와 존 월튼은 과장된 언어로 군사적 정복을 묘사하는 고대 근동 텍스트를 근거로 홍수 이야기가 지역적인 홍수를 보편적인 용어로 묘사한 것이라고 해석한다. 그들은 고대의 독자들이 이 사실을 깨달았을 것이라고 주장하기까지 한다. "그 묘사는 참으로 지역적인 홍수의 묘사가 아니라 세계적인 홍수의 묘사다.

---

142 Matthieu Richelle, "La structure littéraire de l'Histoire Primitive (Genèse 1,1-11,26) en son état final," *BN* 151 (2011): 13-14. 14쪽에 수록된 그의 명확한 유사성 목록표를 보라.

143 Horowitz는 사르곤의 과장하는 주장을 문자적으로 취해서 당시에 인식된 지구 표면의 면적을 계산하려고 해서 불합리한 결과를 낳았다(*Mesopotamian Cosmic Geography*, 95).

현대의 일부 독자들은 그 점을 알지 못할지라도 원래의 청중은 그런 묘사가 과장이라는 것을 이해했을 것이다."[144] 그것은 의심스럽다. 군사적으로 및 왕들에게서 과장이 사용되는 것은 참으로 자랑의 문제이지만, 홍수의 경우 그런 자기 강화를 증진하는 정치적 맥락이 없다. 롱맨과 월튼은 유례가 없고 비현실적인 방주의 치수들이 과장의 증거이며, 고대의 독자들은 그것을 비유적인 묘사로 인식했을 것이라고 지적한다. 그 요점은 잘 취해졌지만 그것이 지역적 홍수를 뒷받침하지는 않는다.[145]

그런 비유적인 묘사의 뿌리에 무엇이 놓여 있는가가 문제다. 고대인들은 단순히 과장하는 경향이 있었는가? 또는, 그럴 개연성이 좀 더 큰데, 우리가 이 대목에서 신화의 언어를 다루고 있는가? 롱맨과 월튼은 홍수 기사를 사회정치적 격변이 우주적인 규모로 수사적으로 묘사될 수 있는 묵시 문학과 비교한다.[146] 이는 옳은 처사다. 그리고 그 비교는 홍수 이야기에서 우리가 단지 과장만이 아니라 신화의 장르도 다루고 있음을 암시한다. 롱맨과 월튼은 뒤에서 창세기의 장르를 "신학적 역사"로 적시한다.[147] "이 이야기는 여러 세대에 걸쳐 구두로 그리고 궁극적으로 기록된 형태로 전해 내려왔고 궁극적으로 중요한 신학적 메시지를 전달하는 중요한 수단이 되었다."[148] 그들은 창세기 12-50의 족장들의 역사도 신

---

144 Longman and Walton, *Lost World of the Flood*, 48. 그들은 심지어 예수와 신약성서 저자들이 "(현대의 일부 독자들은 그렇지 않을지라도) [그 기사가 과장이라는 것을] 충분히 이해할 정도로 세련되었다"고 단언한다(99).

145 Longman과 Walton 자신들이 뒤에서 방주의 치수 묘사에 과장 이상의 것이 관련되어 있음을 인정하는데(*Lost World of the Flood*, 75-76), 그것은 다시금 신화를 암시한다.

146 Longman and Walton, *Lost World of the Flood*, 36-37; 참조. 178.

147 Longman and Walton, *Lost World of the Flood*, 85. Walton은 "이미지적 역사"라는 표현을 선호하기 때문에 이 명칭은 명백히 Longman의 것이다(Longman and Walton, *Lost World of the Flood*, 111; Tremper Longman III, "What Genesis 1-2 Teaches (and What It Doesn't)," in Charles, *Reading Genesis 1-2*, 110). 본서 5장의 각주 52를 보라.

148 Longman and Walton, *Lost World of the Flood*, 86.

학적 역사인데, 창세기 1-11장의 원시 역사는 특히 비유적인 언어를 사용해서 태곳적 과거를 묘사하며 다른 고대 근동의 홍수 이야기들과 비슷하다는 점에서 "12-50장과 상당히 다르게 느껴진다"는 것이 이 분류의 문제임을 인정한다. 롱맨과 월튼이 묘사하는 것은 다른 학자들이 신화-역사(mytho-history)로 부르는 장르로서, 그것은 창세기 1-11장을 창세기 12-50장으로부터 구분한다.[149] 이 분류가 단순한 과장보다 세계적인 홍수를 좀 더 잘 설명한다.

민족 목록표

궁켈은 홍수 후에 "온 땅의 민족들이 한 가족의 확장에서 유래했다"는 아이디어를 비웃는다. 실로 창세기 10장의 민족 목록표는 공상적이다. 비록 그 목록표가 다양한 사람들과 민족들을 노아의 아들들인 셈과 함과 야벳의 후손들로 묘사하지만(창 10:1), 열거된 사람들은 반드시 혈연으로 연결된 것이 아니라 지역적, 언어적, 인종적, 문화적 유사성에 근거한 취사 선택적인 배치를 나타낸다.[150] 가령 현대 언어학자들과 인류학자들이 셈족, 즉 셈의 아들들로 분류할 몇몇 민족이 그 목록표에서는 함

---

149 본서의 pp. 224-28을 보라. 그들의 책의 부제가 『신화, 신학, 홍수 논쟁』(*Mythology, Theology, and the Deluge Debate*)이지만, Longman과 Walton은 아쉽게도 신화에 관해서는 거의 아무 말도 하지 않는다. 그들은 홍수 이야기가 "신화"임을 부정한다(*Lost World of the Flood*, 145). 그럼으로써 그들은 신화를 민속학자들의 의미로 사용하지 않고 전문어로 사용한다.

150 Sarna는 다음과 같이 논평한다. "표면적으로는 출생을 나타내는 동사들과 '아들', '아버지', '장자' 같은 단어들의 사용은 앞의 장들에서 이미 만났던 것과 같은 종류의 간단한 족보를 암시한다. 하지만 사실은 이런 반복들은 이 용어가 문자적으로 취해질 것을 의도하지 않았음을 보여준다." 그는 다음과 같이 지적한다. "이 대목에 기록된 많은 개인의 이름들은 장소나 민족들의 이름으로 알려졌다. 10개의 이름이 복수형으로 끝나고, 다른 아홉 개의 이름은 형용사적 접미사로 끝나는데 이는 민족상의 관계를 암시하며, 이름들이 정관사를 가지는데 그것은 히브리어에서는 개인의 이름에 허용될 수 없다"(*Genesis*, 68).

의 아들들로 열거되어 있다. 함의 후손들이 하나님의 저주 아래 있기 때문에(창 9:24-25), 이스라엘의 가장 큰 적들이 함의 후손으로 열거된다. "그들이 함족으로 분류된다는 사실은 민족 목록표가 사실은 얼핏 보기와 달리 중립적이지 않음을 암시한다."[151] 더욱이 이 목록표의 특징이 현대에 발견된 것도 아니다. 고대의 편찬자 자신이 이 배치가 얼마나 취사선택적인지를 알았을 것이다. 가령, 그는 메소포타미아, 에티오피아, 그리고 아라비아의 민족들을 구스 아래에 모은다. 그는 틀림없이 스바와 하윌라가 함과 셈 모두의 후손으로 열거되는 것을 알아차렸을 것이다(창 10:7, 28-29). 이 모든 점은 그가 그 족보를 단순한 역사적 기사로 이해하지 않았음을 암시한다.

바벨탑

원시 내러티브는 명백하게 공상적인 마지막 이야기로 끝난다. 그 이야기에 따르면 세상의 언어들은 하나님이 바벨탑에서 언어들을 혼잡하게 한 데서 유래한다.[152] 현대 언어학의 연구 결과 우리는 세상의 언어들의 그렇게 갑작스럽고 단일한 기원은 명백히 허위임을 안다. 문자적 텍스트 해석을 옹호하는 사람들은 홍수에 관해 채택된 것과 똑같은 장치, 즉 그 이야기를 순전히 지역적인 것으로 취급하는 것에 의존한다.[153] 그런

---

151 Wenham, *Genesis 1-15*, 243.
152 이 점은 탑 사건이 표면상으로 최신의 사건이라는 점에 의해 강조된다. 그 이야기는 돌 대신 벽돌과 모르타르 대신 역청이라는 바빌로니아의 전형적인 건축 재료를 언급하며, 탑을 "꼭대기가 하늘에 닿은" 바빌로니아의 지구라트 관점에서 묘사한다. 이는 이 사건이 기원전 두 번째 천년기보다 이르지 않은 시기에 일어났음을 암시한다. Day, *From Creation to Babel*, 170-78을 보라.
153 Hamilton은 우리가 이 이야기를 하나의 언어를 쓰던 세상에서 다수의 언어를 쓰는 세상으로 변한 기원 기사로 읽는다면 "창 11장은 언어의 다양화에 관한 가장 믿을 수 없는 순진한 설명을 제공한다"고 인정한다(*Book of Genesis*, 358). Hamilton은 대신 창 10장에

해석은 의심할 나위 없이 홍수 이야기에서보다 탑 이야기에서 좀 더 개연성이 클 것이다. 그러나 우리가 살펴본 바와 같이 민족 목록표의 연결 관계는 저자가 좀 더 국제적인 관점을 지녔음을 암시한다.[154] 이 민족들이 사용한 다양한 언어들은 탑 사건의 결과로 보인다. 탑 이야기는 원시 이야기를 죄에 대한 하나님의 심판으로 마치기 위해 시간 순서가 뒤바뀌 배치된 것으로 보인다. 이로써 해결되지 않은 문제가 이스라엘의 선택에 관한 족장 내러티브에 남아 있게 된다.

지구의 나이

마지막으로, 우리가 전체 원시 역사의 가장 공상적인 요소, 즉 세계 전체가 아브라함이 태어났을 때 2,000년도 되지 않은 것으로 보인다는 주장을 언급하지 않는다면 그것은 태만한 처사일 것이다. 아담의 창조 때부터 홍수 때까지 1,656년밖에 지나지 않았고 홍수 후 아담이 태어날 때까지 292년이 흘렀다. 창세기 11:10-26에 기록된 셈의 족보는 아들이 태어났을 때 아버지의 나이를 통해 빈틈이 없이 구성되어서 세대상의 틈새가 삽입되기 어렵다.[155] 따라서 그 기록대로라면 노아는 아브라함

서 언급된 지역의 언어들 외에 열거된 모든 민족이 사용한 국제 공용어가 있었는데 그 언어가 하나님에 의해 해체되었을 수도 있다고 제안한다. 이 제안은 창세기가 한정이 없이 땅에 관해 말할(예컨대 창 11:1: *kol-hāʾāreṣ*; 참조. 11:2) 그 언급은 보편적이라는 (273), 홍수에 관해 그가 앞서 표명한 입장과 대립한다. 따라서 홍수에서 모든 인간이 죽은 것처럼 모든 인간이 가정된 이 국제 공용어를 말했다고 생각된다. 이는 인간의 역사의 이 시기에 사람들이 고대 근동 밖에서는 살지 않았거나 호주의 원주민과 남아메리카 인디언들 역시 이 언어를 사용했다는 공상적인 결론을 요구할 것이다.

154 Sarna는 *Genesis*, 81에서 인간 전체가 위반에 관련되었다는 사실에 대한 강조가 창 1-11의 보편적인 역사에서 절정의 사건으로서의 그 에피소드를 이해하는 데 매우 중요하다고 생각한다.

155 이 점은 Sarfati, *Genesis*, 464에서 강조된다. 그의 책 449에서 홍수 이전 사람들의 흥미로운 겹치는 생애표를 보라. 틈새들을 삽입하려는 노력에 관해서는 본서의 144-45을 보라.

과 동시대인이었을 것이고, 셈은 아브라함보다 35년을 더 살았을 것이다. 이는 매우 당황스럽기 때문에 사마리아 오경과 70인역 모두 족장들의 나이를 변경함으로써 이런 결과를 피하고자 한다.[156] 우리가 창세기 1-11장에 틈새들을 허용하더라도 기껏해야 몇천 년만 삽입될 수 있을 것이다. 창조과학자 자신들이 인정하듯이 이 점은 창세기 1-11장의 문자적 해석이 현대 과학, 역사, 그리고 언어학과 큰 충돌을 빚게 만든다.[157] 우리가 수십억 년 떨어진 별들을 어떻게 볼 수 있는지를 설명하기 위해 창조과학자들은 현대 우주론을 철저하게 재해석하게 되었다.[158] 노아는 공룡 시대의 인물이었기 때문에 그가 공룡들을 방주에 태웠는데 공룡의 500개 속 모두에서 2마리씩 태웠다고 한다. 상륙하자 그는 이 공룡들을 세상에 풀어주었고 그것들은 그 지점에서부터 온 지구로 퍼져 알려진 모든 종의 공룡들로 진화했다. 노아가 아브라함이 태어나기 292년 전에 상륙했기 때문에 공룡의 진화와 멸종의 전체 역사가 300년도 되지 않는 기간 안으로 압축되어야 한다(공룡이 아브라함의 시대에 여전히 존재하지 않은 한 말이다). 코알라와 오리너구리 같은 거의 모든 유대류가 현대의 터키에서 호주로 기어갈 수 있었는지를 설명하기 위해 판 구조 운동이 아직 원시의 초대륙을 세계의 대륙들로 분리하지 않았다고 주장된다. 이 판 구조 활동은 홍수가 끝난 후 약 300년 안에 일어났고, 그 기간에 산을

---

156 Mathews, *Genesis 1-11:26*, 495에 수록된 유용한 비교표를 보라.

157 Sarfati, *Genesis*, 216-17, 530-33, 559, 569, 581, 596-97, 652, 668, 670의 주석을 보라.

158 예컨대 D. Russell Humphreys, *Starlight and Time: Solving the Puzzle of Distant Starlight in a Young Universe*(Green Forest, AR: Master Books, 1996)를 보라. 그들이 제안하는 우주론 모형에 따르면 우주는 빈 공간에서 팽창하고 회전하는 물질의 구체로서 우리의 태양계가 그 중심에 위치한다. 그런 우주론에 대한 평화적이지만 강력한 비판은 Samuel R. Conner and Don N. Page, "Starlight and Time Is the Big Bang," *CENTJ* 12, no. 2 (1998): 174-94을 보라. 그들은 Humphreys의 독단적인 모형에서조차 우주의 나이는 표준적인 빅뱅 우주론에서의 나이와 같음을 보여준다.

만드는 지각 운동이 히말라야산맥과 에베레스트산을 형성했으며, 홍수 때의 해양 생물의 유해들이 그 산들의 높은 곳에 남게 되었다. 이런 식의 수정이 계속 이어져야 한다. 확실히 젊은 지구 창조론자들은 우리 중 나머지와 다른 우주에서 살고 있다.

나는 위에서 말한 어떤 내용도 기적에 반대하는 자연주의적인 편향이나 편견과 관련이 없음을 다시 한번 말하고자 한다. 성경적 문자주의자들은 너무 쉽게 그런 관찰들을 반초자연주의에 토대를 둔 것으로 일축한다. 나는 이 주장이 확실히 틀렸다고 믿는다. 우리는 기적을 인정하지만 우리가 그 내러티브들에서 적시한 공상적인 요소들은 기적과 아무런 관련이 없다. 오히려 그것들은 문자적으로 취할 경우 명백히 허위인 비기적적인 특징들과 관련이 있다.

결론

요약하자면 창세기 1-11장의 내러티브들은 민속학자들의 신화 장르의 특징인 가족 유사성들을 ─ 때로는 극적으로 ─ 보여준다. 그것들은 원시 시대를 배경으로 하는 전통적이고 신성한 내러티브들이며, 신들이 중심인물로 등장하여 오경 저자의 시대에 존재하는 실재들을 태고 시대에 안착시키려 한다. 그것들은 때때로 공상적이지만, 불일치들로 곤란을 겪지 않았고, 고대 이스라엘인들의 믿음의 대상이었다.

5장

창세기 1-11장이 신화-역사인가?

우리는 창세기 11-11장이 신화의 자격을 갖추기 위한 신화의 가족 유사성을 충분히 공유한다는 것을 살펴보았다. 그러나 그것이 이야기의 전부는 아니다. 창세기 1-11장에는 추가적인 특징—그 내러티브는 명백히 역사에 관심이 있다—이 있는데 우리는 이제 그 점을 고려해야 한다. 이 관심은 그 내러티브들을 시간 순서로 배치하는 족보들에서 가장 명확하게 나타난다.[1]

---

1   Sarfati는 창세기의 바이크톨(*wayyiqtol*) 동사 패턴, 즉 바브(waw) + 동사의 완료 시제 + 주어에 의존해서 기사들 안에 역사적 관심이 있다고 생각하는 것을 정당화한다(Jonathan D. Sarfati, *The Genesis Account: A Theological, Historical, and Scientific Commentary on Genesis 1-11* [Powder Springs, GA: Creation Book Publishers, 2015], 48). 그러나 그런 양식은 기껏해야 내러티브 장르를 암시하는데 내러티브는 역사라기보다는 신화, 전설 또는 우화일 수도 있기 때문에 이 주장은 잘못이다. 따라서 결정적인 고려사항은 계보일 것이다. 계보는 오경 저자가 논박할 여지 없이 역사적으로 취한 인물들과 연결된다.

계보

계보는 한 명의 조상 또는 조상들로부터 나온 한 사람 또는 사람들의 후손에 대한 문서 또는 구두의 표현으로 정의될 수 있다.[2] **직선적** 계보 (linear geneology)는 특정한 조상으로부터 하나의 계열의 후손만 표현하는 계보다. **구획화**된 계보(segmented geneology)는 특정한 조상으로부터 복수의 계열선을 표현하는 계보다. 창세기의 내러티브들에는 내러티브들의 주요 인물들을 포함하는 계보에 관한 언급들이 산재해 있다. 이 계보들은 "이것이 ~의 내력/계보/족보(tôlǝdôt, 문자적으로는 '낳음'이라는 뜻)다"라는 표준적인 공식을 통해 도입되는데, 계보들은 창세기 도처에서 내러티브들을 강조한다(창 2:4; 5:1; 6:9; 10:1; 11:10, 27; 25:12, 19; 36:1, 9; 37:2). 주요 인물들을 후손들의 계열들로 배열함으로써 **톨레도트**(tôlǝdôt) 공식들은 원시 내러티브들을 원시 역사로 전환한다. 창세기 1-11장에는 무질서한 선사 이야기들의 덩어리가 기록되어 있는 것이 아니라 창조의 순간에 시작해서 아브라함의 부름까지 이어지는 시간 순서에 따른 기사가 기록되어 있다.[3]

그러나 이 대목에서 한 가지 주의할 점이 있다. 학자들은 **톨레도트**

---

2   이 정의는 Robert Wilson의 영향력 있는 *Genealogy and History in the Biblical World*(New Haven: Yale University Press, 1977)에서 채택된 정의다. 그 정의는 "누구의 아들 누구"라는 간략한 언급조차 계보로 여겨질 수 있게 해준다. 그것은 진정한 계보로 여겨지기에는 충분한 깊이가 없다고 보일 수도 있지만, 다행스럽게도 창세기의 계보들은 더 깊이가 있으며 따라서 논쟁할 여지가 없는 계보들이다.

3   Westermann은 이 상황을 이집트, 수메르, 바빌로니아, 그리고 원시 문화들의 원시 신화들과 비교한다. 그 신화들에서 원시 사건의 모티프들은 공동의 원천(pool)을 형성하며 변화무쌍한 방식으로 임의로 사용될 수 있다. 이와 달리 성경의 원시 이야기는 엄격한 순서로 배열되었다. 그것은 역사의 앞에 배치되며 원시의 세대들로부터 아브라함에게 이어지는 방식으로 배열되었다(Claus Westermann, *Genesis 1-11: A Continental Commentary*, trans. John J. Scullion [Minneapolis: Fortress, 1994], 64).

공식이 창세기 책의 구조를 결정한다고 거듭해서 이야기한다. 이 부주의한 진술은 잘해야 오도하고 잘못되면 완전히 오해하게 한다. 누구나 알 수 있듯이 창세기 책은 원시 역사, 족장 내러티브, 그리고 요셉과 그의 가족의 이야기라는 세 부분으로 자연스럽게 나눠진다. 창세기의 큰 규모의 구조(large-scale structure)는 이처럼 3부로 나눠진다. 우리가 창세기의 어떤 주석을 선택해서 그 목차를 간략히 살펴보면 알 수 있듯이, 사실상 어떤 구약성서 주석자도 자신의 주석을 **톨레도트** 섹션들에 따라 구성하지 않는다.[4] 그렇게 하면 창세기 책이 서론과 11개의 섹션으로 나뉘어 다음과 같이 그 책의 큰 구조가 감춰진다.

1. 서론 (1:1-2:3)

2. 하늘과 땅의 **톨레도트**(2:4-4:26)

3. 아담의 **톨레도트**(5:1-6:8)

4. 노아의 **톨레도트**(6:9-9:29)

5. 노아의 아들 셈, 함과 야벳의 **톨레도트**(10:1-11:9)

6. 셈의 **톨레도트**(11:10-26)

7. 데라의 **톨레도트**(11:27-25:11)

8. 이스마엘의 **톨레도트**(25:12-18)

9. 이삭의 **톨레도트**(25:19-35:29)

10. 에서의 **톨레도트**(36:1-8)

11. 에서의 **톨레도트**(36:9-37:1)

12. 야곱의 **톨레도트**(37:2-50:26)

---

4   창세기가 톨레도트 공식에 따라 구성될 수 있음에도 자신은 그의 주석에서 영어 성경의 독자도 탐지할 수 있는 3부 구조를 따를 것이라는 Longman의 이상한 논평을 보라 (Tremper Longman III, *Genesis*, SGBC [Grand Rapids: Zondervan, 2016], 11).

이것을 창세기 책의 구조로 취하면 그 책의 큰 구조가 밋밋해질 뿐만 아니라 하위 구조들도 파괴된다.[5] 홍수 이야기(창 6:9-9:29)나 요셉의 생애의 소설(37:2-50:26)을 이스마엘에 대한 간략한 언급(25:12-18)과 동일한 수준에 위치시키는 것은 문학적으로 둔감한 처사일 것이다. 하늘과 땅의 **톨레도트**(2:4-4:26)는 하늘과 땅으로부터 발생하는 세대들에 관한 것이 아니라 인간의 창조와 죄로의 타락으로 구성된다. 창세기 2:4a는 새로운 섹션의 시작으로 이해되는 것보다 1:1에서 시작된 창조의 전개의 요약으로 이해되는 것이 더 좋다.[6] 이 절은 1:1이 창조 이야기의 처음에

---

5   Matthieu Richelle, "La structure littéraire de l'Histoire Primitive (Genèse 1,1-11,26) en son état final," BN 151 (2011): 3-22을 보라. Richelle은 톨레도트의 구조를 보존하면서도 가인과 아벨, 하나님의 아들들, 바벨탑 같은 톨레도트 섹션들 안의 다양한 "하위 섹션들"을 적시한다. 이것들은 창 1-11의 문학적 구조를 좀 더 타당하게 정의하며, Richelle이 그의 도식에 톨레도트를 유지한 것은 관습적인 취급에 대해 무익하게 양보한 것이다.

6   학자들 대다수는 창 2:4a를 제사장 문서에 속한 것으로 보며, 따라서 1장의 요약으로 간주한다. 오경의 최종 저자가 자기가 받은 전승들을 자신이 적절하다고 생각하는 대로 채택했을 수도 있기 때문에, 나는 그런 전통-역사비평에 근거한 주장들을 별로 신뢰하지 않는다. 마찬가지로 2:4a와 4b 사이에 다음과 같은 교차대구법이 존재하기 때문에 2:4이 새로운 섹션의 시작을 나타낸다는 주장이 자주 반복된다.

    a 하늘
      b 땅
        c 창조되었다
        c′ 만들었다
      b′ 땅
    a′하늘

    내게는 이 주장도 확실하지 않다. 교차대구법이 그다지 엄격하지 않기 때문만이 아니라(2:4a에서는 신적 이름이 등장하지 않고, 창조의 날이 언급되지 않고, 2:4a와 4b에서 창조의 동사들이 동일하지도 않다), 오경 저자가 교차대구법이 창조 이야기를 요약하고 인간의 창조 이야기에 대한 다리를 놓기를 원했다면 자유롭게 교차대구법을 만들어낼 수 있었을 것이기 때문이기도 하다. 오히려 창 1장이 1:1에서 창조된 천지의 생성에 대한 자세한 설명으로 묘사될 수 있었음에도 뒤이어 나오는 아담과 하와의 창조, 그들의 타락, 가인과 아벨 이야기는 하늘과 땅의 계보가 아니라는 단순한 사실이 창 2:4a에서 톨레도트의 기능을 결정하는 가장 중요한 고려사항이다(John Day, *From Creation to Babel: Studies in Genesis 1-11*, LHBOTS 592 [London: Bloomsbury, 2013], 18,19). 창 2:4a의 톨레도트는 창조 기사를 다시 언급함으로써 새로운 섹션을 시작한다고 주장

자리 잡음으로써 그 이야기의 뒤로 옮겨졌다. 창세기 4:17-26은 가인의 계보를 제공하지만 **톨레도트 공식 없이** 제공한다. 6:1-8에서 하나님의 아들들이 여자들과 결혼하는 이야기는 거의 아담의 계보에 속하지 않으며, 그 뒤에 이어지는 홍수 이야기는 노아의 후손들에 관한 이야기가 아니라 노아 본인에 관한 이야기다. 바벨탑 이야기는 상당히 다른 이야기임에도 노아의 아들들의 **톨레도트** 안에 포함되었는데 그것은 시간 순서가 바뀌었을 수도 있다. 에서의 **톨레도트**는 두 번 나타나고 야곱의 **톨레도트**는 요셉의 이야기를 시작하는 데 도움이 되기는 하지만 사실은 46:8-27까지는 나타나지 않는다. 케네스 매튜스는 **톨레도트** 공식에 대해 다음과 같이 올바로 언급한다.

> 때로는 표제가 앞의 자료와 좀 더 관련이 있는 것처럼 보인다(가령 아담, 5:1). 언급된 사람이 그 섹션의 주체일 때도 있다(예컨대 노아, 6:9). 표제가 다음 자료의 주체인 후손의 아버지를 거명하는 경우도 있다(예컨대 데라, 11:27). 그것의 위치가 언제나 가장 합리적인 대목에서 나타나는 것으로 보이지도 않는다. 같은 곳에 속하는 것으로 보이는 내용이 곳곳에서 제목을 통해 분리되고(예컨대 에서의 계보가 36:1과 36:9에 두 번 나온다), 셋의 계보(5:1-32)에 대한 내러티브의 결론(6:1-18) 같이 별도의 섹션에 속하는 것으로 보이는 내용이 같은 제목 아래 발견된다. 그리고 **톨레도트** 섹션의 내용들도

함으로써 이 견해들을 결합하는 Cassuto의 논평을 보라: 창 2:4은 "첫 번째 섹션의 내러티브를 두 번째 섹션의 내러티브에 연결하는 역할을 하는데 그 의미는 다음과 같다: 이것들—앞 부분에 묘사된 사건들—이 하늘과 땅이 창조되었을 때, 즉 야웨 하나님이 그것들을 만들었을 때 하늘과 땅의 역사를 구성했다. 그리고 나는 이제 이 신적 일이 끝날 때 무슨 일이 일어났는지를 자세하게 말할 것이다"(U[mberto] Cassuto, *A Commentary on the Book of Genesis*, part 1, *From Adam to Noah: Genesis I-VI 8* [1944], trans. Israel Abrahams [Skokie, IL: Varda Books, 2005], 99).

길이와 특성 면에서 상당히 다양하다. 예컨대 주로 계보로 구성된 것도 있고(가령 5:1; 11:10) 내러티브로 구성된 것도 있다(2:4; 37:2).[7]

톨레도트 공식이 아니라 문헌 분석이 창세기 1-11장의 구조를 결정해야 한다.[8] 우리는 창조, 인간의 기원, 타락, 가인과 아벨, 네피림, 홍수, 민족 목록표, 그리고 바벨탑의 연속적인 이야기들을 발견한다.

　　톨레도트 공식은 원시 내러티브들을 시간 순서로 배열하도록 도움을 준다. 고든 웬함은 계보들을 "창세기 1-11장의 중추"로 부른다.[9] 그 은유는 적절하다. 중추가 척추동물의 구조를 결정하지 않듯이 **톨레도트** 공식이 창세기 책의 구조를 결정하지 않는다. 척추가 있다는 사실이 그 척추동물의 다리, 팔, 물갈퀴, 날개 등 그 동물의 신체 구조를 결정하지 않는다. **톨레도트** 공식은 창세기 1-11장의 이야기들을 그 역사의 문학적 구조를 결정함이 없이 시간 순서로 배열하는 데 도움을 준다. 현재부

7　Kenneth A. Mathews, *Genesis 1-11:26*, NAC 1A (Nashville: Broadman & Holman, 1996), 28.

8　창세기는 "그것의 부분들 사이에 상세한 조화가 있는, 일관성 있는 전체로서 읽힐 수 있다. 그러나 이것은 대부분은 간헐적인 병행이나 일어날 수도 있는 동심원 구조를 통해서가 아니라 창세기의 줄거리 전개와 반복되는 주제들 및 모티프들에 대한 자세한 연구를 통해 이루어진다"(L. A. Turner, "Genesis," in *Dictionary of the Old Testament: Pentateuch*, ed. T. Desmond Alexander and David W. Baker [Downers Grove, IL: InterVarsity Press, 2003], 352; 참조. V. J. Steiner, "Literary Structure of the Pentateuch," in Alexander and Baker, *Dictionary of the Old Testament*, 544-56).

9　Gordon J. Wenham, "Genesis 1-11 as Protohistory," in *Genesis: History, Fiction, or Neither? Three Views on the Bible's Earliest Chapters*, ed. Charles Halton (Grand Rapids: Zondervan, 2015), 77. Wilson이 그의 영향력 있는 저작에서 "계보들은 결코 그 내러티브들의 골격으로 사용되지 않았다"(*Genealogy and History*, 135)라고 한 말은 이름들의 목록에 수록된 "~의 아들" 같은 계통상의 정보에 관해 한 말임을 주목할 가치가 있다. 오히려 "목록이 역사적 작품들의 골격을 형성한다"(132). 계보상의 연결은 목록에 우발적이지 않고 내재적이기 때문에 Wilson의 결론은 성경의 계보들이 원시 역사의 중추라는 입장을 유지하는 것과 일치한다.

터 과거로 거슬러 올라가 왕들을 열거하는 메소포타미아의 연속적인 왕들의 목록과 달리 성경의 계보 목록은 이름들을 과거부터 현재로 열거하며 따라서 그 내러티브가 시간적으로 앞으로 나아가게 한다.[10]

　계보들을 그렇게 이해한다고 해서 저자가 계보들을 주요 자료로 사용해서 그것들에 다양한 내러티브로 살을 붙였는지 아니면 내러티브들이 주된 자료였는데 계보들을 통해 배열되었는지에 관해 어떤 가정도 이뤄지지 않는다는 점을 주목하라. 그런 전승-역사적 결론들이 매우 불확실해서 그런 가정들에 기초한 확률적 추론은 훨씬 더 불확실해진다. 어떤 사람의 후손이 그 사람보다 시간적으로 전에 살았을 수는 없기 때문에 현재 우리에게 있는 텍스트상으로는 계보들은 내러티브들이 대략적으로 연대기적 순서를 따른다는 것을 암시한다.

　그러나 단순한 연대기는 역사적 관심을 보여주는 데 충분하지 않다. 「에누마 엘리시」는 연대기적으로 배열된 이야기들을 포함하지만(마르두크가 신들 가운데 최고 자리에 등극하기 전에 티아마트를 이긴다), 역사에 대한 관심을 거의 보이지 않는다. 창세기 1-11장을 다르게 만드는 요소는 계보들이 끊김이 없이 족장들의 역사로 이어진다는 점인데, 그 점에서 역사적 관심이 명백하고 논란의 여지 없이 드러난다. 아브라함이 역사적 인물로 제시되듯이 그의 조상들도 역사적 인물들로 제시된다.

　그것이 원시 역사의 정확성을 암시하지는 않는다. 역사에 대한 관심과 역사적 사실성을 혼동하지 않는 것이 중요하다. 역사를 잘못 쓸 수

10　Richard S. Hess, "The Genealogies of Genesis 1-11 and Comparative Literature," in *"I Studied Inscriptions from before the Flood": Ancient Near Eastern, Literary, and Linguistic Approaches to Genesis 1-11,* ed. Richard S. Hess and David Toshio Tsumura, SBTS (Winona Lake, IN: Eisenbrauns, 1994), 67에서 강조하듯이 말이다. 그렇다고 해서 톨레도트 공식이 때때로 어떤 섹션을 계속하거나 마무리하는 데 사용되지 않는 것은 아니다(창 2:4a; 10:32; 25:13; 36:9).

도 있기 때문에 우리는 창세기 1-11장이 역사적으로 부정확하다는 점을 근거로 그것이 역사에 관심이 있음을 부인할 수 없다.[11] 문제는 저자가 정확한 역사를 쓰는 데 성공했는지가 아니라 저자가 역사적 기사를 쓰거나 전달하려고 의도했는지다. 아브라함과 그의 후손들, 그리고 그의 선조들 사이의 차별화가 없다는 것은 창세기 1-11장이 원시 역사로 의도되었다는 견해를 뒷받침한다.

하지만 창세기의 계보들과 역사적 관심 사이의 관계는 겉으로 보이는 것처럼 단순하지는 않다. 계보들의 기능에 관한 로버트 윌슨의 획기

---

11   혼동을 보여주기 위해 편집자 Charles Halton은 *Genesis: History, Fiction, or Neither?*의 각각의 기고자에게 창 1-11장의 장르를 적시하고 자신의 입장을 정당화하도록 요청했다. James Hoffmeier는 역사와 신화 사이에 내재적인 갈등이 존재하지 않는다고 주장하면서 톨레도트 공식이 창세기 책을 조직하며 창세기의 장르를 역사적인 문서로 파악하는 열쇠라고 주장한다(James K. Hoffmeier, "Genesis 1-11 as History and Theology," in Halton, *Genesis*, 28-31). 그 입장에 대한 대응에서 Kenton Sparks는 Hoffmeier가 다음에 관한 질문들을 피한다고 비난한다: "어떤 이미지가 신화적인 상징이고 어떤 이미지가 역사적 제시에 좀 더 가까운가?…창 1-11장의 역사성이 우리의 논의의 주요 주제인데 그는 왜 이 질문들에 답변하지 않는가?"(Kenton L. Sparks, "Response to James K. Hoffmeier," in Halton, *Genesis*, 64). 창 1-11장의 역사성이 그들의 논의의 주요 주제가 아니었는데 Sparks는 확실히 장르의 문제를 역사성의 문제와 섞었다. Hoffmeier의 장르 적시는 그가 역사로 생각된 어느 구분이 정확하거나 부정확하다고 특정할 수 있는 능력에 의존하지 않는다. Sparks는 다시금 Hoffmeier가 "[창세기의] 계보들과 고대 세계의 계보들 사이의 명백한 병행을 인식하지만, 그가 이 점으로부터 창세기에 기록된 계보들의 역사적 정확성을 추론하는 것은 잘못이다"(65)라고 불평하며, 이로써 다시금 역사적 신뢰성이 아니라 장르가 그런 비교에서 문젯거리라는 점을 인식하지 못한다. Sparks는 Hoffmeier가 저자의 역사적 의도는 역사적 정확성을 낳아야 한다는 것을 가정한다고 주장한다. "우리가 왜 이것을 가정해야 하는가? 우리가 창세기와 유사한 고대 근동의 텍스트들에서 발견하는 내용에 비추어 볼 때, 저자들이 인간의 실존의 최초기에 대해 신뢰할 수 있는 역사적 자료를 갖고 있지 않았다는 것이 명백하다"(65). Sparks 자신이 역사적 정확성을 갖추지 못한 것이 저자 편에서의 역사적 의도가 없었음을 암시한다고 생각하는 잘못을 저지른다. Wenham은 그 문제를 좀 더 잘 이해하고서 텍스트가 역사나 다른 어떤 것으로 분류되어야 하는지는 저자의 의도에 의존한다고 설명한다. 텍스트에 역사적으로 부정확한 내용이 포함되더라도 그 텍스트가 반드시 비역사적인 텍스트인 것은 아니다. 그것은 단지 잘못 쓰인 역사일 뿐이다(Gordon J. Wenham, "Response to James K. Hoffmeier," in Halton, *Genesis*, 62).

적인 연구가 학자들이 일반적인 계보들과 성경의 텍스트에 등장하는 계보들의 역할을 이해하는 데 중요한 역할을 해왔다. 윌슨은 다음과 같은 근본적인 질문을 다루고자 한다. 계보들은 역사기술 장르인가? 그것들은 역사적 기록을 위한 목적으로 구성되었는가?[12] 이 근본적인 질문에 답변하기 위해 윌슨은 계보들이 부족 사회에서 어떻게 기능하는지에 관해 인류학자들이 수집한 데이터와 고대 근동의 비교 문헌 증거를 조사한다.

부족 사회의 계보들과 관련해서, J. G. 프레이저와 다른 "책상머리 인류학자들"[13]의 전성기 때부터 학자들은 인류학 데이터의 수집, 해석, 적용과 관련된 불확실성을 잘 알고 있었다. 따라서 현대 인류학자들은 데이터의 수집과 해석에 훨씬 더 주의를 기울인다. 윌슨은 구두 계보들이 종종 가정적 또는 정치적 기능과 관련이 있고, 때로는 계보들이 모순되는 때가 있는데 그 계보들 각각이 자체의 영역에서 타당하다고 간주된다는 것을 보여주는 데이터를 수집한다. 윌슨은 그 인류학적 발견을 다음과 같이 요약한다.

우리가 지금까지 수집한 데이터는 구두 계보들이 **주로** 역사적 기록으로서 기능한다는 명제에 상당한 의문을 제기한다. 우리가 계보의 기능에 관해 연구한 어느 곳에서도 우리는 계보들이 **오직** 역사기술 목적을 위해 만들어

---

12   그는 다음과 같이 진술한다: "실제로는, 계보의 역사기술 기능은 조직적으로 조사된 적이 없는데, 고대 근동인들이 계보를 오늘날 우리가 생각하는 것과 같은 방식으로 역사기술 장르로 생각했을지 질문해보는 것이 좋을 것이다"(Wilson, *Genealogy and History*, 7).

13   *Sacred Narrative: Readings in the Theory of Myth*, ed. Alan Dundes (Berkeley: University of California Press, 1984), 3의 서문과 *Sacred Narrative*, 193에 수록된 Bronislaw Malinowski, "The Role of Myth in Life"를 소개하는 논평에서 Alan Dundes가 이렇게 묘사하는 것을 보라. 그는 *Sacred Narrative*, 72-73에 수록된 James G. Frazer, "The Fall of Man"을 소개하는 논평에서 Frazer를 "도서관 인류학자"로 부른다.

지거나 보존된 것을 보지 못했다. 오히려 우리는 계보들이 대개 그것들을 사용하는 사회의 생활에서 특정한 사회적 기능을 수행하는 것을 보았다. 계보들이 혈통의 역사의 일부로서 암송될 때에도 그것들은 과거가 아니라 현재에 존재하는 가정적, 정치적, 또는 종교적 관계들을 반영할 가능성이 있다. 암송의 목적은 현대 역사가의 목표인 정확한 역사적 설명을 제공하는 것이 아니라 현재의 혈통 형세를 정당화하는 것이다.[14]

이 대목에서 강조는 "주로"와 "오직"에 놓인다. 부족 사회가 역사 자체를 위한 역사를 추구하지 않는다는 것이 별로 놀랍지 않다. 그렇다고 해서 역사적 관심이 없다는 뜻은 아니다. 하지만 역사적 관심은 현재의 필요보다 경시된다.

구두 계보들이 엄격히 역사기술 목적으로 만들어지거나 보존되지는 않지만, 사회에서 받아들여지는 계보들은 가정적, 정치적, 종교적 관계들에 관한 정확한 진술들로 여겨진다. 사회는 알면서 계보를 조작할 수도 있고 그 사회에서 경쟁 집단은 충돌하는 경향을 보이는 계보들을 발달시킬 수도 있지만, 일단 사회가 특정한 버전의 계보가 옳다고 합의하고 나면 그 합의가 현재의 사회적 형세를 뒷받침하는 역사적 증거로 인용된다.[15]

우리가 살펴보았듯이 그것은 신화를 이끄는 것과 동일한 관심사다. 우리가 히브리의 구두 전승들에 관한 데이터에 접근하지 못하는 점에 비추어 볼 때, 현대 인류학에서 나온 이 데이터가 아무리 흥미로워도 그것

---

14   Wilson, *Genealogy and History*, 54(강조는 덧붙인 것임).
15   Wilson, *Genealogy and History*, 54-55.

이 고대 이스라엘에 적용되면 틀림없이 많은 불확실성으로 가득 차게 될 것이다. 고대 근동의 계보들에 관한 비교 문헌 증거가 좀 더 적실성이 있을 것이다.

수메르와 아카드의 계보들을 고려할 때 윌슨은 수메르, 아카드, 바빌로니아의 연속적인 통치자들의 왕 명부를 조사한다. 그는 실제로는 계보상의 연결이 그 목록들에 부차적이고 그것들은 주로 도시에서 왕권의 전달이나 왕권의 고대성을 보여주는, 도시나 왕조의 연속에 관심이 있음을 발견한다. 몇몇 목록에서 그것이 사실이든 아니든 간에 "아무개의 아들 아무개"라는 공식이 필경사에 의해 그 목록에 나타난 이름들에 부과된다. 따라서 메소포타미아의 왕 명부에서 계보들은 "목록들의 전반적인 기능에서 어떤 역할도 없다. 계보들은 단지 목록 편찬자들이 그것들에 덧붙인 추가 정보의 일부일 뿐이다." 윌슨은 다음과 같이 결론짓는다. "대개 고대 근동의 계보들은 특별히 역사를 기록하기 위해 만들어진 것으로 보이지 않는다. 그것들은 좀처럼 엄격한 역사기술 기능을 수행하지 않으며, 우리가 조사한 구두 계보들에서와 매우 유사한 방식으로 사회적으로 기능한다."[16] 그럼에도 "계보들은 여전히 그것들의 성격과 기능들이 고려되면 귀중한 역사적 자료다."[17]

메소포타미아의 왕 명부들에 나타나는 계보들의 역할에 관해 윌슨이 옳다면 이 목록들은 부차적으로가 아니라 본질적으로 혈통에 관한 것인 성경의 계보들과 거의 비교될 수 없다. 민족 목록표와 같이 구획화된(segmented) 목록은 부수적으로만 혈통을 나타낼 수도 있지만, 계보상의 연결이 제거되면 직선적인 계보가 존재할 수도 없을 것이다. 이 점이

---

16   Wilson, *Genealogy and History*, 132.
17   Wilson, *Genealogy and History*, 133.

그것들을 메소포타미아의 왕 명부와 완전히 다르게 만드는 요소다. 가령 아시리아 왕 사르곤 2세는 왕 명부에 나타나는 그의 선왕의 아들이 아닐 가능성이 있지만, 셋은 아담의 셋째 아들로 가정된다.

창세기 1-11장의 계보들을 다룰 때 윌슨은 4:17-26(**톨레도트** 섹션이 아님을 주의하라)과 5:1-32만 고려한다. 불행하게도 윌슨의 분석은 전통-역사적 가정들에 입각했고 그는 이 구절들을 같은 계보의 상충하는 버전으로 다룬다. 그의 표본의 협소함은 완전히 차치하고, 이 가정들과 추론들에 수반하는 불확실성으로 말미암아 성경의 계보들의 기능에 관한 윌슨의 결론들은 설득력이 떨어진다. 예컨대 이 계보의 중간에서 이름들의 유동성에 관한 그의 주장들은 그것들이 같은 계보가 아니라는 증거로 여겨질 수도 있다.[18]

저자가 왜 조화시키려고 시도하지 않고서 모순되는 계보들을 나란히 남겨 놓겠는가라는 질문을 다루면서 윌슨은 두 가지 이유를 제시한다. 첫째, 저자가 홍수 전의 왕들과 그들의 통치 시기에 일했던 **아프칼루**(*apkallu*)의 전승들 사이에 상관관계를 도출하기를 원했을 수도 있다. **아**

---

18   Hess, "Genealogies of Genesis 1.11," 64-65의 주의를 보라. 그는 두 비교 그룹—아프칼루와 수메르 왕 명부; 함무라비와 아시리아 왕 명부—모두 그 그룹들 사이의 이름들의 유사성에도 불구하고 다른 개인들의 이름들을 보존하는 것으로 이해된다고 지적한다. 성경의 계보들과 관련해서 Mathews는 다음과 같이 언급한다.

그 목록들에 등장하는 이름 중 두 명(아담을 제외하고 에녹과 라멕)만 같은 철자다. 그 계보들은 다른 이름들과 이름들의 순서를 보여준다, 그러나 더 중요한 점은 이 차이들이 혼동이나 두 목록들 사이의 유동성에 돌려질 수 없다는 것이다. 4장은 홍수를 알고 있음을 보여주지 않으며 아담의 계통의 후손들의 행진을 "노아" 앞에서 멈춘다. 5장에는 라멕 후의 이름들의 구획화된 계보와 "나아마"라는 여자의 이름이 없다. 그리고 전기적인 정보는 셋의 후손인 "에녹"과 "라멕" 및 가인의 후손인 "에녹"과 "라멕"을 명확히 구분한다. 그리고 4장은 5장에 기록된 셋의 가족의 기록의 상투적인 언어, 특히 족장들의 나이라는 중요한 특징을 사용하지 않는다(*Genesis 1-11:26*, 281-82).

프칼루는 바빌로니아의 전승에서 인류에게 기술 진보를 준 은인들로 여겨지는 물고기 인간들이었다. 윌슨의 아이디어는 야웨 문서는 창 4:17-26에서 **아프칼루** 전통을 반영하는 반면 제사장 문서는 5장에서 왕 명부를 반영한다는 것으로 보인다. 따라서 저자가 그것들 사이에 상관관계를 도출하기 위해 두 계보를 유지하기를 원한다. 나는 이 대목에서 윌슨의 추측이 너무 공상적이어서 믿을 수 없다고 생각한다.[19] 성경의 저자가 그런 상관관계에 왜 관심을 보이는지가 설명되지 않는다. 둘째, 인류학의 증거는 계보의 기능이 변하면 계보의 형태가 자주 변한다는 것을 보여준다. 계보들을 사용하는 사람들은 각각의 버전이 그것의 특정한 맥락에서 옳다는 것을 알기 때문에 그것들이 모순된다고 생각하지 않는다. 이 두 번째 답변이 좀 더 믿을 만하며 증거를 통해 확증된다면 중요한 결론이 될 것이다. 그러나 이 대목에서 그것은 단지 윌슨의 전통-역사 분석을 통해 생성된 모순에 대한 답변의 하나로서 세워진 가설일 뿐이다.

윌슨은 다음과 같이 결론짓는다. "성경의 계보 및 성경 외의 계보에 대한 우리의 연구는 계보들은 대개 역사적 정보를 전달할 목적으로 만들어지지 않음을 보여준다. 계보들은 역사적 기록으로 의도되지 않는다. 오히려 고대 근동 문헌, 인류학 자료, 그리고 성경에서 계보들은 가정적, 정치적-법적, 그리고 종교적 목적을 위해 만들어지고 보존되었고, 역사적 정보는 부수적으로만 보존된 것으로 보인다."[20] 이 결론이 옳을 수도 있지만 수치스럽게도 그것은 증거를 통해 확증되지 않고 성경의 자료의 좁은 표본과 그 표본에 관한 불확실한 가정과 추론들에 의존한다. 윌슨

---

19   Wilson, *Genealogy and History*, 154, 166에서 보이는 병행구절광증의 증상을 보라.
20   Wilson, *Genealogy and History*, 199.

은 창세기 1-11장에서 "계보들이 가정적, 정치적-사법적, 그리고 종교적 목적들을 위해 만들어졌고 보존되었음"을 확증하지 않았다. 윌슨의 용어에 따르면 "근동의 계보들은 그것들이 개인들의 이름이면 **가정의 영역**에서 기능한다. 계보들이 정당한 제왕직과 전문적인 관리들에게 사용되면 그것들은 **정치-사법 영역**에서 기능을 발휘한다. 그것들이 조상 숭배의 일부이면 **종교적 또는 숭배적 영역**에서 기능한다."[21] 놀랍게도 이 기능들 중 어느 것도 창세기 1-11장의 계보들에 적용되지 않는다. 윌슨은 창세기 4장과 5장에 등장하는 직선적인 계보들이 종교적인 영역에서 기능한다고 생각하지만 그 계보들에는 조상 숭배의 어떤 흔적도 없다.

윌슨이 창세기 1-11장에 등장하는 계보들이 가정적, 정치-사법적 또는 종교적 목적을 위해 만들어졌고 보존되었음을 보이지 않았다는 사실은 차치하고, 그런 목적을 위해 성경의 직선적인 계보가 암송된 것이 전달자나 저자 편에서 역사적 관심이 없었음을 의미하는지는 전혀 확실하지 않다.[22] 성경의 계보들이 역사적 정보를 전달할 목적으로 만들어지지 않았기 때문에 그것들이 역사적 기록으로 의도되지 않았다고 추론하는 것은 불합리하다. 우리는 윌슨의 근본적인 질문―계보들이 역사적

---

21   Wilson, *Genealogy and History*, 132(강조는 덧붙인 것임).

22   Wilson이 다른 곳에서 강조하듯이 우리가 전통적인 계보를 새로운 문학적 맥락에 두면 원래의 계보를 통해서 수행했던 목적이 바뀔 수도 있음을 인식하면 이 점이 특히 명확해진다(Robert R. Wilson, "Genealogy, Genealogies," in *Anchor Bible Dictionary*, ed. David Noel Freedman [New York: Doubleday, 1992], 2:929-32). Wilson은 제사장 문서가 창세기에서 톨레도트 공식을 사용한 것을 선행하는 계보 자료의 문학적 재사용에 대한 "가장 명확한 예"라고 본다(2:932). 따라서 우리의 질문은 "오경의 저자가 창 1-11이 어떻게 이해되도록 의도했는가?"여야 한다. Wilson은 톨레도트는 순서 및 진행과 관련이 있기 때문에 그것은 때때로 이야기 또는 역사라는 확대된 의미를 취한다고 지적한다.

장르인가? 그것들이 역사적 기록을 만들 목적으로 구성되었는가? — 이 실제로는 두 개의 다른 질문들이며 두 번째 질문에 대한 답이 부정적이라고 하더라도 첫 번째 질문에 대한 답이 반드시 부정적인 것은 아님을 깨닫게 된다. 허구의 작품이 정치적-사법적 목적을 위해 만들어질 수 있듯이 역사적 작품이 비슷한 목적을 위해 만들어질 수도 있다.

하지만 윌슨의 저작은 우리에게 고대의 계보들은 공평한 역사가의 작품이 아니었지만 다른 목적에 사용될 수 있음을 상기해 준다. 예컨대 앞서 언급된 바와 같이 창세기 10장에 수록된 민족 목록표를 구성하는 구획화된 계보는, "~의 아들" 및 "낳았다"는 언급에도 불구하고 혈연 관계에 관한 것이 아니라 사람들을 정치적, 언어적, 지리적 요인들 및 기타 유사한 요인들에 근거해서 열거하며, 창세기의 저자도 그것을 알았다. 그것은 구획화된 계보들이 주로 가정적, 정치-사법적, 종교적 목적에 기여한다는 윌슨의 주장의 시범적인 예다.

직선적인 계보들과 관련해서 단축과 유동성이 공통적인 특징이다. 윌슨은 에사르하돈을 "아다시의 아들 벨루-바니의 영원한 왕통의…사르곤의 아들…센나케립(개역개정에서는 산헤립)의 아들…에사르하돈"으로 부르는 왕의 비명의 계보에 주의를 이끈다. 에사르하돈, 센나케립, 사르곤은 각각 에사르하돈 왕과 그의 부친과 조부의 이름을 가리킨다. 그러나 아시리아의 왕 명부로부터 우리는 사르곤 2세와 벨루-바니 사이에 62명의 아시리아 왕들이 생략되었음을 안다. 아다드-니라리 3세의 또 다른 비명 계보에는 그의 선임자들인 엔릴-카프카피와 샬마네세르 1세 사이에 51명의 왕들이 빠져 있고, 엔릴-카프카피와 아다드-니라리 2세 사이에 총 71명의 이름들이 생략되었다. 수메르, 아시리아, 바빌로니아 왕 명부들에서는 생략들이 흔하다. 그럼에도 존 월튼이 지적하듯이 고대 계보들이 존재하지 않았다고 믿어지는 사람들을 포함했다는 증거가 없다.[23] 실로 이 명부들에 등장하는 많은 왕과 관련해서 우리는 그들이 실제로 존재했다고 믿는다.[24] "따라서 성경의 계보들을 다르게 생각할 선례들이 없다. 성경의 저자들은 아담을 조상 목록에 둠으로써 그를 역사적 인물로 다룬다."[25]

창세기 1-11장의 계보들이 문자적인 역사에서 긴 틈새를 허용하는가? 5:1-32에 기록된 아담의 **톨레도트**를 11:10-26에 기록된 셈의 **톨레도트**와 합치면 "X가 *n*살 때 Y를 낳았고, Y가 *m*살 때 Z를 낳았다"는 공식이 줄곧 사용되었기 때문에 아담부터 아브라함까지 세대들이 생략되지 않고 후손들이 연속하는 것으로 보인다. 아이가 태어날 때 아버지의 나이가 명기됨으로써 틈새가 배제되는 것처럼 보인다.

그러나 W. H. 그린은 독창적인 논문에서 이 결론을 논박했다.[26] 창세기 5장과 11장의 계보들이 완전한 것으로 여겨질 필요가 없다는 자신의 주장을 뒷받침하기 위해 그는 다섯 가지 증거를 제시한다. (1) 성경의 다른 많은 계보에서 논란의 여지가 없는 단축의 증거가 있다. (2) 저자는 어느 곳에서도 기록된 사람들의 나이를 합산하거나, 족장들의 후손들이 이집트에 들어간 때부터 출애굽까지의 기간(출 12:40)이나 출애굽부

---

23 John H. Walton, "Response from the Archetypal View," in *Four Views on the Historical Adam*, ed. Matthew Barrett and Ardel B. Caneday, Counterpoints (Grand Rapids: Zondervan, 2013), 69.

24 Jacobsen은 다음과 같이 쓴다. "왕 명부의 역사적 가치와 관련한 우리의 결론은 배열이나 다양한 왕조의 연속은 중요성이 없는 후대의 구성으로 여겨질 수도 있지만, 우리가 높은 가치가 있는 역사적 자료를 문서화하는 실제 자료를 갖고 있고, 그 자료로부터 최초기의 통치자들에 관한 몇몇 과장된 통치만 분리되어야 한다는 것이다(Thorkild Jacobsen, *The Sumerian King List*, AS 11 [Chicago: University of Chicago Press, 1939], 167).

25 John H. Walton, *The Lost World of Adam and Eve: Genesis 2-3 and the Human Origins Debate* (Downers Grove, IL: IVP Academic, 2015), 102.

26 William Henry Green, "Primeval Chronology," *BSac* 47 (1890): 285-303.

터 성전 건축까지의 기간(왕상 6:1)에서처럼 창조나 홍수 때부터 경과한 시간에 관해 추론하지 않는다. (3) 원시 역사의 기간에 가장 가까운 병행은 레위부터 모세와 아론까지 이어지는 계보(출 6:16-26)를 통해 연결되는 이집트에서의 이스라엘의 노예 생활 기간인데, 그 계보는 그 후손의 모든 연결고리를 기록할 수 없었고 따라서 연대기적 계산의 토대로 사용될 것으로 의도될 수 없었다. (4) 고대 이집트의 기록들과 무덤들이 홍수와 아브라함이 부름을 받기까지의 사이의 시간 간격이 창세기 11장의 계보를 통해 산출된 간격보다 틀림없이 길었음을 보여주는 한, 그것들은 이 계보가 연대기적 계산을 위한 요소들을 공급할 의도였다는 가정에 반한다. (5) 창세기 5장과 11장에 기록된 계보들의 대칭적인 구조는 이 계보들이 각각의 후손들의 모든 이름을 기록하지 않았다는 믿음을 지지한다.

이 모든 점은 잘 받아들여진다.[27] 현재 주석자들은 아담부터 노아까지 10명의 홍수 전 조상과 셈부터 아브라함까지 10명의 홍수 후 조상의 인위적인 대칭에 특히 주목한다(그림 5.1을 보라).[28]

---

27 Young은 농업, 야금술, 악기 등은 좀 더 최근에 시작되었기 때문에 그 계보들에 수만 년의 틈새를 삽입하면 원시 역사를 가망 없이 시대착오적인 것으로 만들 것이라는 사실을 Green이 감안하지 못했다고 반대한다(Davis A. Young, "The Antiquity and the Unity of the Human Race Revisited," *CSR* 24, no. 4 [1995]: 380-96). 그러나 이 이의는 우리가 이런 진보들과 기술들이 상대적으로 최근에 시작되었다는 것이 창세기의 저자에게 알려졌다고 가정할 경우에만 저자가 그 계보를 문자적으로 역사적인 것으로 의도하는 데 문제가 되었을 것이다.

28 Sarfati가 지적하듯이 대칭은 셈의 톨레도트가 데라에서 끝나는 것이 아니라 아브람이 그것에 추가됨으로써만 이루어진다(Sarfati, *Genesis*, 464). 그러나 이 대목에서 데라가 아니라 아브람이 중추적인 인물이다.

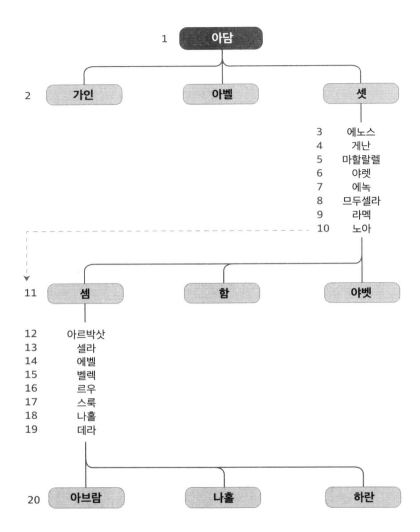

```
1                         아담

2        가인            아벨              셋

                                    3      에노스
                                    4      게난
                                    5      마할랄렐
                                    6      야렛
                                    7      에녹
                                    8      므두셀라
                                    9      라멕
                                   10      노아

11         셈              함              야벳

          12    아르박삿
          13    셀라
          14    에벨
          15    벨렉
          16    르우
          17    스룩
          18    나홀
          19    데라

20        아브람           나홀             하란
```

그림 5.1 성경의 홍수 전과 홍수 후의 대칭적인 조상 족보

룻기 4:18–22과 다양한 수메르, 아시리아, 바빌로니아의 왕 명부들에 유사한 10명의 계보가 등장한다. 나훔 사르나는 다음과 같이 논평한다. "결론은 명백하다. 우리는 이 대목에서 역사가 의미 있다는 근본적인 성

경의 가르침을 표현하는 방법의 하나로서 깔끔하게 균형 잡히고 시간의 중요한 부분들이 등장하는, 의도적이고 대칭적인 역사의 도식화를 갖고 있다."[29] 또한 저자가 기록된 사람들의 나이를 합하지 않는다는 점도 인상적인데, 이 점은 전체적인 기간에 대한 무관심을 암시한다. 우리는 이 점에 관해 전체 통치 기간과 홍수 전 및 홍수 후의 하위 통치 기간을 제공하는 수메르 왕 명부를 비교할 수 있을 것이다.[30]

그러나 그런 계보들에 의해 수만 년에 달할 수도 있는 틈새들이 허용될 것이라고 제안하는 것은 완전히 다른 문제다.[31] 더욱이 홍수 전 족장들의 수명이 문자적으로 해석될 것을 의도한 것으로 보이지 않는다. 수메르 왕 명부에서 홍수 전 왕들 역시 공상적으로 오래 통치했는데 어떤 왕은 43,200년을 통치하기도 했다. 그러다 홍수 후에는 통치 기간이 점점 줄어들었다(그림 5.2를 보라). 우리가 고대 수메르인들과 바빌로니아인들이 그렇게 터무니없이 긴 통치 기간을 문자적으로 취했다고 진지하게 생각해야 하는가?

---

29   Nahum M. Sarna, *Genesis*, JPSTC (Philadelphia: Jewish Publication Society, 1989), 40.
30   Jacobsen, *Sumerian King List*, col. i 35; col. ii 43.
31   이론적으로 우리는 "아버지"가 "할아버지" 등을 의미한다고 해석함으로써 작은 틈새를 삽입할 수 있을 것이다(참조. 창 46:12, 25; 46:16-18) "X가 *n*살이었을 때 Y의 할아버지가 되었다. 그리고 Y가 *m*살이었을 때 Z의 할아버지가 되었다." 그러나 후손이 태어났을 때 선조가 특정한 나이였어야 하므로 그런 틈새는 제한적이다. 더욱이 예컨대 노아의 이름의 의미에 관한 라멕의 언급처럼 그 족보들에 수록된 몇몇 언급들은 후손들을 가깝게 연결한다. 이 이론적인 제안은 아무튼 임시방편적이며 따라서 개연성이 낮다. 계보들은 그 계통이 Y에서 절정에 이를 때 X가 아직 살아 있음을 암시하기 때문에 "X가 Y의 아버지가 되었다"가 "X가 Y에서 절정에 이르는 계통의 아버지가 되었다"를 의미할 수도 있다는 Hamilton의 제안(Victor P. Hamilton, *The Book of Genesis: Chapters 1-17*, NICOT [Grand Rapids: Eerdmans, 1990], 254) 역시 똑같이 개연성이 낮다. 우리는 그 계보에서 긴 틈새를 상정하려면 특별한 변론이 필요하다는 Wenham의 주장에 동의해야 한다 (Gordon J. Wenham, *Genesis 1-15*, WBC 1 [Grand Rapids: Zondervan, 1987], 153).

왕	도시	재위 기간 (연)
1. 알룰림	에리두	28,800
2. 알알가르	에리두	36,000
3. 엔멘루안나	바드티비라	43,200
4. 엔멘갈안나	바드티비라	28,800
5. 두무지	바드티비라	36,000
6. 엔시파지안나	라라크	28,800
7. 엔멘둘안나	시파르	21,000
8. 우바르투투	슈루팍	18,600
여덟 왕	다섯 도시	241,200년

그림 5.2. 공상적으로 긴 재위 기간을 보이는 수메르 왕 명부

창세기에서 홍수가 5:32과 9:28의 긴 계보들 사이에 끼어 있는데, 홍수 전 인물들에게 메소포타미아 왕들의 통치 기간만큼 터무니없는 것은 아니더라도 공상적으로 긴 수명이 돌려지고, 홍수 후에는 수명이 줄어든다. 앞서 언급된 바와 같이 이처럼 비정상적으로 긴 수명들이 문자적으로 취해지면(우리가 틈새를 상정하지 않는 한) 어려운 문제가 생긴다. 가령 아브라함이 태어났을 때 노아가 여전히 살아 있고 셈이 아브라함이 죽은 후 35년을 더 산다. 창세기 저자 자신이 이러한 조상의 수명이 얼마나 공상적인지를 알았을 것이고, 이 점은 우리에게 계보들이 단순한 역사로 의도되지 않았다고 생각할 이유를 준다. 홍수 전 인물들에게 공상적인 수명이 귀속된 이유나 의미에 관해서는 구약 학자들 사이에 합의가 이뤄지지 않았다.

　　홍수 전 인물들의 나이를 계산하기 위한 여러 기법이 제안되었는데 그 기법들은 대개 바빌로니아의 60진법 체계에 의존한다.[32] 그러나 그런

32　왜 60진법 체계가 창 5장의 부풀려진 나이들을 설명하는 데 도움이 되는지 불명확하다.

기법이 많다는 사실 자체가 그것들 중 어느 하나가 옳다는 확신을 저해한다. 나이들을 계산하기 위한 일부 방법들은 너무 복잡해서 신뢰하기 어렵다.

표 2. 족장들의 나이와 그에 상응하는 육십진법 수와 선호되는 수

족장	장자가 태어났을 때 나이	60진법 및 선호되는 수	잔여 수명	60진법 및 선호되는 수	총 수명	60진법 및 선호되는 수
아담	130	60x2년 +60x2개월	800	60x10x10개월+ 60x60개월	930	60x3x5년(60개월)+ 6x5년(60개월)
셋	105	60x10x2개월 + 60개월	807	60x10x10개월 + 60x60개월 +7년	912	60x3x5년(60개월) + 5년(60개월) + 7년
에노스	90	(6+6+6) x 60개월	815	60x10x10개월 + 60x60개월 + 60x3개월	905	60x3x5년(60개월) + 5년(60개월)
게난	70	7x2x5년(60개월)	840	60x10x10개월 + 60x60개월 + 60x8개월	910	60x3x5년(60개월) + 2x5년(60개월)
마할랄렐	65	60년 + 5년(60개월)	830	60x10x10개월 + 60x60개월 + 60x6개월	895	60x3x5년(60개월) - 5년(60개월)
야렛	162	60x6x5개월 + 5년(60개월) + 7년	800	60x10x10개월 + 60x60개월	962	(60+60+60+6)x60개월 - 5년(60개월) + 7년
에녹	65	60년 + 5년(60개월)	300	60x5년(60개월)	365	60x6년 + 5년(60개월) = 1년의 날 수.
므두셀라	187	60x3년 + 7년	782	60x10x10개월 + 60x60개월 - 6x3년	969	(60+60+60+6)x60개월 - 5년(60개월) + 7년 + 7년
라멕	182	60x7x5개월 + 7년	595	60x10년 - 5년(60개월)	777	7x10x10 + 7x10 +7년
노아	500	60x10x10개월	450	40x2x5년(60개월) + 10x5년(60개월)	950	60x3x5년(60개월) + 10x5년(60개월)
홍수						
셈	100	60x10x2개월	500	60x10x10개월	600	60x10년
아르박삿	35	7x5년(60개월)	403	40x2x5년(60개월) + 3년 (6x6개월)	438	40x2x5년(60개월) + 60x6 + 60 + 6x6개월
셀라	30	60x6개월	403	40x2x5년(60개월) + 3년 (6x6개월)	433	40x2x5년(60개월)+ 6x(60+6)개월

60진법 체계에서 한 종류의 60단위들은 차상위 체계의 한 단위로 쓰인다. 따라서 "70" 이 "1, 10"으로 쓰일 것이고 그것은 60 + 10 = 70을 의미할 것이다(Otto Neugebauer, *The Exact Sciences in Antiquity*, 2nd ed. [New York: Dover, 1969], 3.28). 이 숫자 체계의 사용이 어떻게 부풀려진 수명으로 이어지는가?

에렐	34	60x6개월 + 6x8개월	430	40x2x5년(60개월) + 6x60개월	464	40x2x5년(60개월) + 60년 + 6x8개월
벨렉	30	60x6개월	209	40x5년(60개월) + 5년 (60개월) + 6x8개월	239	40x5년(60개월) + 6x6년 + 6x2개월
르우	32	60x6개월 + 6x4개월	207	40x5년(60개월) + 5년 (60개월) + 6x4개월	239	40x5년(60개월) + 6x6년 + 6x2개월
스룩	30	60x6개월	200	40x5년 (60개월)	230	40x5년(60개월) + 60x6개월
나홀	29	60x6개월 - 6x2개월	119	60x2년 - 6x2개월	148	60x10x2개월 + 6x8년
데라	70	7x2x5년(60개월)	135	60x2년 + 60x2개월 + 5년(60개월)	205	40x5년(60개월) + 5년 (60개월)
아브라함	100	60x10x2개월	75	5년(60개월) x 3x5년 (60개월)	175	60x10x2개월 + 15x5년(60개월)

그림 5.3. 60진법 수를 사용하여 계산한 홍수 전 인물의 나이들. Carol A. Hill, "Making Sense of the Numbers of Genesis," table 2를 허락을 받아 재수록함.

예컨대 캐럴 힐의 유용한 도표(그림 5.3)에서 우리는 셋이 태어났을 때 아담의 나이인 130은 60년에 2를 곱하고 거기에 60개월에 2를 곱한 120개월, 즉 10년을 더해서 계산된다는 것을 발견한다. 우리는 어떤 원칙에 의해 연수와 개월 수가 이런 식으로 혼합되는지 의아하다. 게난의 장자가 태어났을 때 그의 나이 70은 7 × 2 × 5년(또는 60개월) = 70세로 계산된다. 우리는 왜 그의 나이가 아담의 나이처럼 60년 + 60 × 2개월로 계산되지 않았는지 궁금하다. 또는 왜 아담의 나이가 게난의 나이처럼 7 × 2 × 5년 + 60년 = 130세로 계산되지 않는가? 마할랄렐의 사망 시 나이에 도달하기 위해서는 계산에 뺄셈을 도입해야 한다. 먼저 60 × 3 × 5년 = 900세의 곱셈을 하면 숫자가 너무 커서 895세에 도달하려면 5년을 빼야 한다. 곱셈과 덧셈 외에 뺄셈도 사용하도록 허용된다면 나눗셈이 허용되지 않을 이유는 무엇인가? 그러면 장자가 태어났을 때 에노스의 나이는 60 × 2 = 120에서 60 ÷ 2 = 30세를 빼서 쉽게 계산될 수 있을 것이다. 야렛의 사망 시 나이를 얻으려고 하면 계산이 복잡해진다. 60 + 60 + 60개월 = 180개월이고 거기에 6 + 6개월(아마도 6이 60의 1/10

이어서 정당화되는 것으로 보인다)을 더하면 192개월이 되는데, 그것에 60을 곱하면 11,520개월 = 960세가 된다(윤년을 무시하면 말이다). 이것도 충분하지 않아서 거기서 5세를 빼 955세가 된 것을 다시 7세를 더하면 마침내 962세가 된다. 므두셀라의 사망 당시 나이에 도달하려면 계산이 한층 더 복잡해진다. 우리는 다시금 60 + 60 + 60 + 6 + 6개월을 더하고 그 수에 60개월을 곱해서 960세가 나오면 거기서 5세를 빼고 7 + 7세를 다시 더해서 969세에 도달한다. 참으로 놀라운 재간이다! 므두셀라가 홍수로 익사하지 않도록 그를 장면에서 빼낼 필요가 있어서 그가 969세에 죽을 필요가 있었다는 것이 좀 더 그럴듯하지 않은가?

이 계산들은 목표로 하는 나이에 도달하기 위해 인위적으로 입맛에 맞게 선택하는 것으로 보인다. 더욱이 이 계산들은 왜 히브리인 저자가 이스라엘에 낯선 숫자 체계를 사용한 그런 계산 공식을 들여오겠는가라는 질문에 대답하지 않는다. 켄튼 스팍스는 그 숫자들은 바빌로니아의 천문학과 수학의 수치들에 토대를 두었다고 생각한다.[33] 그러나 그가 인용하는 문헌을 읽어보면 저자들의 제안이 서로 일치하지 않는다는 것이 드러난다. D. W. 영은 바빌로니아의 60진법 수학의 영향을 지지하는 반면 C. J. 라부샤느는 세 명의 홍수 전 인물(라멕, 야렛, 그리고 마할랄렐)의 수명은 알려진 다섯 개의 행성들의 회합 주기에 해당한다고 생각한다. 그

---

33   Kenton L. Sparks, "Genesis 1-11 as Ancient Historiography," in Halton, *Genesis*, 121. 그는 자신의 견해를 뒷받침하는 다음 문헌들을 인용한다. C. J. Labuschagne, "The Life Spans of the Patriarchs," in *New Avenues in the Study of the Old Testament*, ed. A. S. van der Woude (Leiden: Brill, 1989), 121-27; Donald V. Etz, "The Numbers of Genesis V 3-31: A Suggested Conversion and Its Implications," *VT* 43, no. 2 (1993): 171-89; Dwight Wayne Young, "The Influence of Babylonian Algebra on Longevity among the Antediluvians," *ZAW* 102 (1990): 321-35; Young, "On the Application of Numbers from Babylonian Mathematics to Biblical Life Spans and Epochs," *ZAW* 100 (1988): 331-61.

는 홍수 전 인물들의 수명에서 $7 \times 120 = 840$세를 빼면 정상적인 수명이 된다고 지적한다. 홍수 후 인물들에 대해서 그는 연대기적인 원칙, 즉 선사 시대의 홍수 전 족장들과 역사적인 인물인 아브라함 사이의 간극을 메운다는 것 외에는 그 수들을 규율하는 원칙을 발견하지 못한다. 도널드 에츠는 므두셀라, 야렛, 그리고 라멕의 나이는 홍수를 위한 여지를 만들기 위해 하향조정되었다고 생각한다. 그는 나이들을 계산하기 위해 제안된 복잡한 많은 셈법 중에서 드와이트 영의 방법과 움베르토 카수토의 방법을 포함하여 어느 것도 일반적으로 받아들여지지 않는다고 지적한다. 그럼에도 불구하고 그는 굴하지 않고 텍스트에 수록된 숫자들은 무작위적이지는 않지만 원래는 무작위 숫자로부터 산술 연산을 통해 도출되었다고 제안한다. 그는 (무작위로?) 원래의 일련의 나이들이 만들어지고 에녹의 나이를 제외한 모든 수명에 300년이 더해진 뒤 거기에 2.5가 곱해지고 필요한 경우 정수로 낮춰졌다고 제안한다. 모순되는 그런 많은 제안들은 그 나이들이 상징적이라는 제안은 물론 바빌로니아의 천문학 및 수학의 숫자에서 유래했다는 스팍스의 주장을 별로 지지하지 않는다.

학자들은 나이들 자체에서 상징적인 중요성을 발견하지 못하는데, 하물며 $60 \times 10 \times 10$개월 $+ 60 \times 60$개월 같은 식에서 중요성을 발견하지 못하는 것은 말할 나위도 없다. 스팍스는 그 계보들이 메소포타미아의 왕 명부들의 패턴을 따라 계보들을 구성한, 이스라엘 편에서의 "엘리트 모방"의 예라고 주장한다. "유대인 서기관들이 바빌론의 가장 강력한 힘의 표현인 왕 명부 중 하나를 모방한 텍스트를 지어냄으로써 메소포타미아의 이데올로기에 대응한 것처럼 보인다. 다른 학자들과 나는 성경 저자의 모티프가 유대인들이 메소포타미아의 문화의 압력에 동화되는 데 저항하도록 돕는 것이었다는 것을 의심한다."[34] 이 의심은 추측적일 뿐만 아니라 그 계보들이 포로기 또는 포로 후의 것이라는 데 의존하는데, 그 가정은 이 추측의 가능성을 감소시킨다.[35] 더욱이 그 가설은 홍수 전 사람들의 나이에 도달하는 데 사용된 계산법은 말할 것도 없고 특정한 나이들을 전혀 설명하지 않는다. 나이들은 홍수 전의 시기를 아담의 때로 거슬러 올라간다고 가정된 사람들로 채우기 위한 필요에 의해 결정되었다는 것이 좀 더 그럴듯하지 않은가?

스팍스는 확률의 고려에 근거해서 홍수 전 사람들의 나이들이 상징적이라고 생각하는 상당히 독립적인 이유를 제시한다.

> 창세기 5장에 등장하는 연대기적 인물들을 면밀히 검토하면 우리는 이 나이들이 문자적이 아니라 상징적이라는 것을 발견할 것이다. 마지막 자리의 숫자는 하나를 제외하고 모든 경우에 0, 2, 5, 또는 7이다. 이런 무작위적인 나이들의 확률은 0.00000006%이기 때문에 이 나이들이 일반적인 의미에서 연대기적이지 않음이 분명하다.*

> *이 대목에서 여기서 수학은 비교적 간단하다. 무작위로 네 숫자 중 하나를 선택할 확률(즉 "0.4")을 무작위 선택의 횟수(18)만큼 제곱한다. 그러면 0.4^{18}, 즉 6.87×10^{-8}이 된다.[36]

우리가 이 주장을 어떻게 생각해야 하는가? 우선 우리는 왜 스팍스가 각 숫자의 세 번째 수만 고려하는지 의아할 것이다. 왜 첫째 자리 숫자와 둘

---

34   Sparks, "Genesis 1-11," 121.
35   3장의 각주 9도 보라.
36   Sparks, "Genesis 1-11," 120.

째 자릿수는 고려하지 않는가? 이 대목에서 그가 자연적으로 발생하는 많은 숫자에서 첫째 자릿수는 확률적으로 작다는 벤포드의 법칙을 미리 가정하고 있는가?[37] 정도는 덜하지만 둘째 자릿수도 마찬가지다. 그러나 셋째 자릿수는 10개의 숫자 각자에 대해 10퍼센트의 균일 분포에 접근하는데 그 확률은 0에 대한 10.2퍼센트와 9에 대한 9.8퍼센트 범위에 걸쳐 있다. 그것이 셋째 자릿수 사용을 훨씬 더 선호하게 만들 것이다. 그렇게 하면 우리가 숫자들의 분포에서 나타나는 0.4(10.2 − 9.8)퍼센트의 차이가 확률을 편향시킬 수도 있다고 의문을 품을 수 있겠지만 말이다. 우리는 수를 표현하는 데 숫자가 아니라 단어들이 사용되며 사용된 단어들의 수가 번역에 사용된 아라비아 숫자와 상관관계가 없는 히브리어에도 이 법칙이 적용될 수 있는지에 관해 의문을 제기할 수도 있을 것이다.

그것은 그렇다 치고 창세기 5장에서 수명이 표시된 사람은 아홉 명이다. 스팍스가 열여덟 번의 선택을 언급하는 이유가 설명되지 않는다. 더욱이 관련된 마지막 자릿수는 네 개가 아니라 다섯 개(0, 2, 5, 7, 9)다. 우리가 그들의 사망 당시의 나이를 취하면 스팍스의 방법에서 각 사람의 마지막 자릿수가 0, 2, 5, 7, 또는 9가 될 확률은 0.5^9 = 0.002인데 이는 오백 번에 한 번꼴로서 극단적으로 가망이 없는 수는 아니다. 노아를 포함시키면 그 확률은 0.5^{10} = 0.001, 또는 일천 번에 한 번꼴이다. 다

---

37   다음 주소에 그 법칙에 관한 훌륭한 위키피디아 기사가 있다: https://en.wikipedia. org/wiki /Benford%27s_law. 추가로 Arno Berger and Theodore P. Hill, "Benford's Law Strikes Back: No Simple Explanation in Sight for Mathematical Gem," *Mathematical Intelligencer* 33 (2011): 85-91도 보라. 다음 자료들도 참조할 수 있다. Digital Commons @ Cal Poly, https://digitalcommons.calpoly.edu/cgi/viewcontent. cgi?article=1074&context=rgp_rsr; Theodore P. Hill, "The Significant-Digit Phenomenon," *AMM* 102, no. 4 (April 1995): 322-27. 나는 이 자료들을 알려준 Joshua Swamidass에게 감사를 표한다.

른 한편으로 힐은 각 사람에 대해 언급된 세 개의 나이를 모두 취하는데, 서른 개의 수가 모두 다섯 개 중 하나로 끝날 확률은 0.5^{30} = 9.31^{10} = 0.0000000009이고 힐은 그것을 십억 번 중 한 번으로 어림셈을 한다.[38] 그러나 우리가 홍수 전의 열 명과 아브라함까지 홍수 후의 열 명을 모두 취하면 60개의 숫자가 나오는데 그것들은 각각 0, 2, 3, 4, 5, 7, 8, 또는 9로 끝나며 그 확률은 0.8^{60} = 0.0000015인데, 힐은 그것을 0.000002로 반올림한다. 그러면 그것은 오십 만 번에 한 번꼴의 확률이다.

스팍스의 방법은 사람들의 나이와 관련된 숫자들이 무작위적이라고 가정한다. 각각의 숫자가 선택될 확률이 동일하고 각각의 선택이 확률적으로 다른 선택들에 독립적인, 공평하게 무작위화하는 장치에 의해 단지에서 선택되듯이 말이다. 그러나 어떤 사람이 사망한 당시의 나이는 그가 장자를 낳았을 때의 나이와 그 사람이 그 후로 산 햇수의 함수이기 때문에 그것은 확실히 독립적이지 않다. 따라서 우리는 힐의 도표에서 확률 계산을 위해 스팍스와 힐처럼 두 개나 세 개의 열(column)을 선택할 수 있는 것이 아니라 하나의 열만 선택할 수 있다. 그러면 그 계산은 다루기 쉬워진다. 더욱이 상징이 무작위에 대한 유일한 대안인 것은 아니다. 스팍스는 문자적임과 무작위성을 같은 것으로 보는데, 이는 부당한 처사다. 숫자들의 반올림은, 몇몇 숫자를 다른 숫자들보다 선호하는 것과 마찬가지로, 상징적인 의미를 수반함이 없는 무작위성을 파괴할 것이다. 그렇다면 우리는 스팍스의 문자적임(= 무작위적임)과 상징적임 사이의 이분법이 너무 단순함을 알게 될 것이다. 그 숫자들은 상징적이지 않으면서 무작위적이지 않을 수도 있다.

그렇다면 우리가 계보들의 맥락에서 그것들이 단순한 역사와 관련

---

38   Carol A. Hill, "Making Sense of the Numbers of Genesis," *PSCF* 55, no. 4 (2003): 245.

된 것이 아니라 역사적 관심을 명시한다고 해석할 이유가 있다. 우리가 계보들에 틈새가 있다고 생각하거나 틈새를 허용한다고 할지라도 말이다. 매튜스는 일반적으로 계보들이 모든 인류의 상호 연결성과 보편적인 축복의 소망을 보여주기 위한 신학적 목적에 기여한다고 타당하게 주장한다.[39] 우리의 목표는 문자적으로 역사적인 기록에 거대한 틈새를 상상하지 않으면서 그런에 의해 제시된 요점들을 이해하는 것이다.

창세기 1-11장의 장르

저명한 아시리아 학자인 토킬드 야콥센은 수메르 문헌의 비교 연구를 토대로 우리는—그가 "신화-역사"(mytho-history)로 명명한—독특한 문학 장르를 인식한다고 제안했다. 야콥센은 연대가 다른 세 개의 파편에서 수메르의 이야기들을 조립해서 그것을 "에리두 창세기"로 불렀다. 그 이야기는 인간의 창조, 왕정 제도, 최초의 도시들의 설립, 그리고 거대한 홍수를 다룬다. 그는 창세기가 유사하게 인간과 동물들의 창조, 창조 후 주요 인물, 그리고 홍수를 묘사한다고 생각한다. 이런 종류의 문헌에 대한 그의 숙고를 길게 인용할 가치가 있다.

> 더욱이 이 세 부분은 두 전통 모두에서 별도의 이야기들이나 신화들을 연결하는 가장 일반적인 장치—그것들을 한 명의 영웅을 중심으로 모으는 것—를 따르지 않고 단순히 시간을 따라 그것들을 배열함으로써 연결된다.…더욱이 "에리두 창세기"에서의 진행은 확실히 원인과 결과의 논리적

---

39   Mathews, *Genesis 1-11:26*, 295-96.

인 진행이다. 자연적인 인간의 비참한 상태가 닌투르의 모성애를 자극해서 그녀가 인간이 도시에 정착하고 성전을 세우게 함으로써 인간의 운명을 개선한다. 그리고 그녀는 인간에게 그들을 인도하고 조직할 왕을 준다. 이 원인과 결과의 사슬이 자연으로부터 문명으로 이끌듯이, 그런 후속 사슬이 초기 도시들과 왕들로부터 홍수 이야기로 이끈다. 그들의 왕들의 지도하에 도시들이 수행한 잘 조직화된 관개 사업 덕분에 식량 공급이 급증하고 나아가 땅 위에 인간이 늘어나게 된다. 이 인간들이 내는 소음 때문에 엔릴이 잠을 자지 못하게 되자 그는 홍수를 보내 평화와 고요를 얻기로 작정한다. 원인과 결과의 시간에 따른 이런 배열은 역사가가 자신의 데이터를 배열하는 방식이므로 인상적이며, 이 대목에서의 데이터는 신화적이기 때문에 우리는 두 전통을 신화-역사적 기사라는 새로운 별도의 장르에 배정할 수 있을 것이다.[40]

야콥센이 어떤 내러티브가 본질상 준역사적인 것으로 인정될 자격으로 특정한 조건, 즉 인과적으로 연결된 사건들을 시간상의 순서로 배열하는 것이 진정한 역사적 관심으로 충분한지가 심각하게 의문시될 수 있을 것이다. 마르두크의 티아마트 정복 이야기는 확실히 시간 순서로 정리되고 인과적으로 연결된 사건들과 관련이 있기 때문에 이 기준에 의하면 「에누마 엘리시」는 신화-역사적 문서로서 자격이 있어야 한다. 그런데 이것은 터무니없는 것으로 보인다. 그러나 야콥센은 단순히 신화 또는 우화의 허구의 시간에서의 배열이 아니라 실제 시간에서의 배열에 관해 말하고 있다. "에리두 창세기"의 두 번째 부분은 수메르 왕 명부를

---

40 Thorkild Jacobsen, "The Eridu Genesis" (1981), in Hess and Tsumura, *"I Studied Inscriptions,"* 140.

본떴는데, 야콥센은 그 이야기에 이 부분을 포함시킨 것을 "작성자 편에서의 순전한 역사적 관심"에 기인하는 것으로 본다.[41] 진정한 연대기에 대한 관심이 그 이야기들을 순전한 신화와 구분시킨다. "시간에 전혀 관심이 없다는 것이 신화들과 민화들의 특징이기 때문에 그 이야기가 숫자들에 이렇게 관심을 보인다는 것이 매우 흥미롭다.…연수(年數)에 대한 관심은 다른 곳, 즉 연대기와 역사기술의 양식에 속한다. 메소포타미아에서 우리는 그런 관심을 먼저 날짜 목록, 통치 목록, 그리고 왕 명부에서 발견하고 훗날 연대기들에서 발견한다. 하지만 연대기 목록-형식이 이곳에서처럼 단순한 신화적 내러티브와 결합한 것을 발견하는 것은 참으로 독특하다.…따라서 그 이야기를 신화-역사 장르에 배정할 수 있다는 것이 추가로 확인된다."[42]

서구 독자들에게 좀 더 익숙한 신화-역사 장르의 좋은 예는 『일리아스』에 수록된 호메로스의 트로이 전쟁 기사일 것이다. 고전학자인 G. S. 커크에 따르면 "『일리아스』의 많은 부분은 확실히 내용 면에서 역사화하고 있다.… '트로이 전쟁'의 존재에 대해 가장 확신이 없는 사람들조차 몇몇 공격이 발생했고 공격자 중에 다소의 아카이아인들이 있었다는 데 동의한다.…그 이야기는 과거에 대한 모종의 기억에 근거하고 있고…그 전쟁의 진행은 대체로 실제적인 관점에서 묘사된다."[43] 그 이야기에서 신들의 역할은 중요한 예외다. 그러나 커크는 『일리아스』와 『오

---

41   Jacobsen, "Eridu Genesis," 139.

42   Jacobsen, "Eridu Genesis," 141. Jacobsen은 창세기가 연대기에 관심을 보이는 것을 제사장 문서 자료, 즉 계보들에 기인하는 것으로 본다.

43   G. S. Kirk, *Myth: Its Meaning and Functions in Ancient and Other Cultures*, SCL 40 (Cambridge: Cambridge University Press, 1970), 32. Kirk는 『오디세이아』조차 대체로 역사적 세상으로 상정된 곳을 배경으로 한다고 지적한다. 참조. G. S. Kirk, "On Defining Myths," in Dundes, *Sacred Narrative*, 55.

디세이아』가 물리적 현상과 심리적 충동을 의인화하는 것은 "신화를 만드는 정글"이기는커녕 "인과 관계에 관한 호메로스의 가정을 나타낸다기보다 오래된 고풍의 문학적 관습의 일부일 가능성이 더 크다"고 믿는다.[44] 그리스 신화들은 이처럼 "신화-역사"의 예를 제공한다.[45]

창세기의 계보들이 저자와 청중들 편에서 역사에 관심이 있었음을 증명하지만, 계보들에서 서술되는 것은 신화-역사라는 점을 명심할 필요가 있다. 그런 장르에서 연대기적 계산은 부적절해진다. 케네스 키친은 고대 근동인들은 이미 세상이 아주 오래되었다는 것을 알았다고 지적한다.[46] 수메르 왕 명부는 왕들이 홍수 전에 수메르에서 241,200년 동안 통치했다고 지적하는데 그 후 26,997년의 왕의 통치가 이어졌다. 바빌로니아의 제사장 베로수스에 따르면 왕들이 홍수 전에 바빌론에서 432,000년을 다스렸다.[47] 하지만 성경의 계보들은 아담부터 홍수까지 겨우 1,656년이고 홍수부터 아브라함이 부름을 받기까지 367년이 추가된다. 창세기는 그사이에 수만 년의 틈새를 생각할 수 없다고 보이는 아버지-아들의 계보를 언급함으로써 빽빽하게 묶인, 고대의 기준에 따르면 지극히 짧은 세상의 신화-역사를 제시한다. 우리는 그 계보들이 우리가 인류의 역사에 대해 알고 있는 내용과 그 계보들을 조화시키기 위해 필요한 거대한 도약을 도모한다고 상상하지 말아야 하지만, 그것들

---

44 Kirk, *Myth*, 240.

45 Kirk, *Myth*, 254. Kirk는 이 장르의 가장 명확한 예의 하나로 헤시오도스의 시 *Ehoeae*를 지적한다. 그 시는 좀 더 특화된 지방의 시조들에서 전체 영웅시대의 남녀 영웅들에 이르는 계보를 통해 시조들의 후손들을 추적한다.

46 K. A. Kitchen, *On the Reliability of the Old Testament* (Grand Rapids: Eerdmans, 2003), 439.

47 Stanley Mayer Burstein, ed., *The "Babyloniaca" of Berossus*, SANE 1/5 (Malibu, CA: Undena, 1978), 48. 그렇다면 최초의 왕들이 현생 호모 사피엔스가 출현하기 직전의 플라이스토세 중기의 구석기 시대에 존재했을 것이다.

이 순수하게 허구의 인물들만으로 구성되었다고 생각하지도 말아야 한다. 우리는 그 계보들이 서술하는 간략한 역사를 문자적으로 취할 것으로 의도되지 않은 신화-역사로 여김으로써 이런 극단들을 피할 수 있다.

복음주의적인 평신도들은 창세기 1-11장을 신화-역사로 보는 야콥센의 분류가 복음주의적인 학자들에게 얼마나 널리 받아들여지는지 알면 아마도 깜짝 놀랄 것이다. 저명한 주석자인 고든 웬함의 예가 도움이 된다. 야콥센의 분류에 대해 웬함은 다음과 같이 언급한다. "이것은 두 텍스트에 대한 민감한 분석이다. 그러나 신화는 숨은 뜻이 있는 용어라서 오해로 이어진다. 그래서 나는 원역사(proto-history)라는 용어를 선호한다. 그것은 기원들을 묘사하고 하나님과 하나님이 인류를 다루는 모형을 설정한다는 점에서 원형이다. 그것은 과거의 실제들과 그것들로부터 도출해야 할 교훈들을 묘사한다는 점에서 역사적이다."[48] 이것은 차이가 없는 구분이다. 웬함의 원역사 묘사는 신화-역사를 적절하게 설명한다. 웬함에 따르면 "창세기 2:4의 서론 공식뿐만 아니라 4장의 계보적 틀은…편집자가 자기의 설명을 원역사로 여긴다는 것을 보여준다. 그는 그들의 행동들이 모든 인류에게 유의미한 태곳적 과거의 실제 인물들을 묘사한다."[49] 그 내러티브들은 "매우 재미있으면서도 고도로

---

48 Wenham, "Genesis 1-11 as Protohistory," 87; 참조. Wenham, *Genesis 1-15*, 54. 독자들은 원역사에 대한 Wenham의 용법과 Kenneth Kitchen의 용법이 다르다는 사실을 알 필요가 있다. Kitchen은 그 용어를 사용해서 선사 시대를 의미하는 것이 아니라 구두 전승과 역사적 저작의 최초기의 희미한 빛을 나타낸다(*Reliability of the Old Testament*, 444). 하지만 Kitchen은 수메르 왕 명부, 「아트라하시스 서사시」, "에리두 창세기", 창세기, 그리고 창 1-11을 "원시 원역사들"로 분류한다(424). 이것들은 역사에 관심을 보이기 때문에 순수한 신화와 구분되어야 한다. 마찬가지로 Bill Arnold는 원역사라는 용어를 사용해서 원시의 역사를 가리키는 것이 아니라 아브라함부터 시작하는 조상들의 역사를 가리킨다(Bill T. Arnold, *Genesis*, NCBC [Cambridge: Cambridge University Press, 2009], 2).

49 Wenham, *Genesis 1-15*, 116-17.

상징적인 이야기 안에 생생하고 기억할 수 있는 형식으로" 심오한 신학적 진리들을 제시한다.[50] 이 이야기들을 단순한 역사들로 여긴다면 "우리가 부득이하게 창세기가 역사를 서술하려고 노력하고 있지만 성공하지 못한다는 결론을 내릴지도 모르는데 이는 다소 부정적인 결론일 것이다."[51] 나는 웬함의 원역사와 신화–역사 사이에 중대한 차이가 없음이 분명하다고 생각한다. 웬함은 단지 신화라는 단어가 일반적인 용례에서 지니는 부정적인 함의 때문에 그 단어를 사용하기를 거부한다.[52]

---

50   Wenham, *Genesis 1-15*, 55.

51   Wenham, "Response to James K. Hoffmeier," 62. Hoffmeier 자신이 이상한 주장을 한다. "텍스트 자체가 이 견해를 강화하는 방식으로 쓰였기 때문에 다행스럽게도 성경에 충실한 그리스도인들은 창세기 앞부분에 묘사된 사건들의 역사성을 수용함으로써 지적 자살을 저지를 필요가 없다."("Genesis 1–11," 58). 우리는 그가 다음과 같이 말할 것으로 예상했을 것이다. "텍스트 자체가 이 견해를 강화하는 방식으로 쓰이지 않았다." 즉 텍스트는 우리가 묘사된 사건들의 역사성을 수용하도록 요구하지 않는다. 그러나 내가 곰곰이 생각해보니 Hoffmeier가 다음과 같은 의미로 말한 것으로 보인다. "텍스트는 묘사된 사건들의 역사성을 강화하는 방식으로 쓰였다. 그러므로 그리스도인들이 그 텍스트들의 역사성을 받아들이더라도 지적 자살을 저지르는 것이 아니다." 이 주장은 그 내러티브 안에 들어있는, 우리가 논의해온 공상적인 많은 요소(가령 세계적인 홍수)를 충분히 진지하게 고려하지 않는다.

52   이와 유사하게 신화/신화집에 관한 간략한 보충 설명에서 Walton은 다음과 같이 고백한다: "나는 성경의 내러티브들에 '신화/신화집'이라는 장르를 적용하기가 거북하다. 그 명칭에 대한 정의가 너무 많고 따라서 그 단어들은 명확히 의사소통할 능력을 상실한다"(*Lost World of Adam and Eve*, 136). 그는 몇몇 학자는 이스라엘 사람들이 신화를 역사화한다고, 즉 그들이 살고 있는 세상에서 흔히 전달되는 전 범위의 진리를 포착하기 위한 수사적인 수단으로서의 이미지를 사용해서 실제 사건들을 제시한다고 주장할 수도 있다고 지적한다. "그러나 신화(신화의/신화적인/신화학) 개념은 매우 유동적이고 다양하게 이해되므로 우리는 그것을 한정하는 다른 용어들과 연결하여 사용할 필요가 있다"(137). Walton은 Thorkild Jacobsen의 신화–역사라는 용어를 고려하지 않는다. 대신 그는 "이미지/심상/상상/상상의"라는 단어 집단을 추천하는데, 거기에는 아쉽게도 "역사"라는 단어가 포함되지 않는다. 그러나 그는 창세기가 "이미지주의의(imagistic) 역사를 보존한다고 말한다. "몇몇 학자는 그 기사의 실제성과 진실성을 부정하지는 않으면서 나무들, 동산 그리고 뱀을 이미지주의의 사고의 예로 여길 수도 있을 것이다"(138). 이것은 Walton의 주해의 많은 부분─가령 최근의 과거에 일어난 기능적 창조의 문자적인 6일 견해 또는 하나님이 아담을 둘로 나눠 하와를 만든 것에 대한 그의 별난 해석(그는 그것을 하나님이 아담에게 준 환상으로 본다. 78-80)의─특징인 융

창세기의 특징을 묘사하기 위해 사용되는 C. 존 콜린스의 "세계관 이야기" 개념이 신화와 중대하게 다르지 않다는 사실에도 불구하고 바로 이 유보 때문에 그는 원시 역사와 관련해서 신화라는 단어를 사용하기를 꺼린다.[53] 그는 이어서 다음과 같이 묻는다. "우리가 고대 세계에서 발견하는 종류의 이야기들이 이집트인, 메소포타미아인, 히브리인 등 누구에게서 나왔든 '신화'가 그 이야기들에 적절한 범주일 수 있는가? 대중적인 용례에서 '신화'라는 단어에 매우 다양한 의미가 있어서 그 용어는 그 이야기가 사실이 아니라는 판단을 함축한다는 문제가 있다."[54] 콜린스는 창세기의 저자가 자기의 청중이 기록된 사건들이 실제로 일어났고 따라서 그 내러티브가 "역사적"이라고 믿기를 원했지만, 이것이 그 기사에 비유적인 요소나 상상의 요소가 없음을 암시하지는 않는다고

통성이 없는 문자주의를 한층 더 당황스럽게 만든다. 어떤 구절에 대해 비유적이지 않은 독법을 제공하기 위해서는 해석자들이 얼마나 열심히 연구해야 하는가를 통해 우리가 언어를 비유적으로 인식할 수 있다는 Walton의 말이 옳다면(Tremper Longman III and John H. Walton, *The Lost World of the Flood: Mythology, Theology, and the Deluge Debate* [Downers Grove, IL: IVP Academic, 2018], 25), 아담의 창조가 "명백히 비유적으로" 여겨지듯이(28), 하와의 창조도 비유적으로 여겨져야 한다. Walton은 신화를 소홀히 함으로써 그렇게 무모한 편법에 빠져든다.

53 C. John Collins, "Adam and Eve as Historical People, and Why It Matters," *PSCF* 62, no. 3 (September 2010): 150. 그는 다음과 같이 설명한다: "세계관은 공동체에게 그것이 어디서 왔고, 무엇이 잘못되었고, 그것에 관해 (신들에 의해서든, 인간에 의해서든 또는 그 조합을 통해서든) 무엇이 행해졌고, 전체 과정에서 그 공동체가 지금 어디에 있고, 온 세상이 어디를 향하는지를 말하는 거대한 이야기를 통해 주입된다. 어떤 선교학자는 부족 사람들은 그들의 문화가 말하는 신성한 이야기들을 통해 그들의 세계관을 배운다고 주장한다. 그러나 이것은 부족 사람들만이 아니라 모든 사람에게 해당한다"(149). Collins는 나아가 세계관 이야기 개념을 C. S. Lewis의 논문 ""The Funeral of a Great Myth"에 등장하는 "신화" 개념과 연계한다.

54 Collins, "Adam and Eve," 150; C. John Collins, *Did Adam and Eve Really Exist? Who They Were and Why You Should Care* (Wheaton: Crossway, 2011[『아담과 하와는 실제로 존재했는가』, 새물결플러스 역간]), 28도 마찬가지다.

생각한다.[55] 사실 콜린스는 호메로스의 『일리아스』에 의존해서 창세기 1-11장이 어떤 종류의 문학인지 보여준다.

빌 아놀드는 좀 더 무모한 복음주의적 구약 학자다. 그는 다음과 같이 생각한다. "이 장들은 단순한 역사도 아니고 고대의 역사기술의 예도 아니다. 우리는 기껏해야 신화적인 주제들이 앞을 향해 직선적으로 나아가도록 배열되었고, 그것들은 신화에서 역사를 만들기 위해 특히 계보들을 사용해서 역사화한 문학 양식으로 여겨질 수 있다고 말할 수 있을 뿐이다."[56] 신화가 상실된 것이 아니다. 오히려 신화가 역사와 결합된다. 따라서 야콥센의 명명법이 채택되어야 한다.

> 원시 역사(창 1-11)는 우주의 기원, 인간의 창조, 인류 문명의 최초의 제도를 다룬다. 우리는 성경의 이 첫 번째 단위의 제목인 원시 역사에 "역사"라는 단어를 유지한다. 이는 한편으로 이 부분이 원인과 결과를 사용해서 주제들을 연속적인 시간에 따라 배열하고, 일반적으로 의사소통을 위한 문학적 매개 장치로서 역사적 내러티브를 사용하기 때문이다. 다른 한편으로 이 주제들 자체는 신화적 문학에서 고대 근동의 다른 곳에서 탐구된 주제들과 동일하다.…원시 역사는 그런 주제들을 그것들의 의미와 중요성을 변

---

55 Collins는 다음과 같이 단언한다: "내게는 그럴 가능성이 있어 보이지만, 메소포타미아에서 기원한 홍수 이야기들이 창 1-11장의 배경이 되는 맥락을 제공한다면 그 이야기들은 이런 종류의 문학이 어떻게 읽혀야 하는지에 관한 단서도 제공한다. 이 이야기들은 신적 행동, 상징, 그리고 상상의 요소들을 포함한다. 그 이야기들의 목적은 '문자적'으로 취해지지 않으면서 세계관의 토대를 놓는 것이다. 하지만 우리는 그 이야기가 우리가 '역사적 핵심'으로 부를 수 있는 것을 지니고 있음을 알아야 한다. 그것이 무엇인지를 우리가 조심스럽게 분별해야 하지만 말이다"("Adam and Eve," 151). 이 논평들은 다음 장의 주제를 기다린다.

56 Bill T. Arnold, "The Genesis Narratives," in *Ancient Israel's History: An Introduction to Issues and Sources*, ed. Bill T. Arnold and Richard S. Hess (Grand Rapids: Baker Academic, 2014), 31.

화시키는 방식으로 서술하며, 따라서 우리는 이 장들을 독특한 문학적 범주로 생각할 수 있는데 몇몇 학자는 그것을 "신화-역사" 장르로 불렀다.[57]

창세기 1-11장을 신화-역사로 분류하면 오해되기 쉽다는 웬함의 말은 확실히 옳지만, 나는 우리가 창세기 1-11장의 문학적 성격을 명료하게 하기보다는 숨기는 경향이 있는 모호한 완곡어법으로 돌아가야 한다고 생각하지 않는다. 신학자들은 우리가 의미하는 바를 평신도들에게 주의해서 설명할 필요가 있을 뿐이다.

결론

요컨대 창세기 1-11장과 고대 근동 신화들 사이의 현저한 많은 가족 유사성으로 인해 우리는 원시 역사가 히브리의 신화들을 구성하는 것으로 생각한다. 그것들의 중요한 목적은 오경의 저자에게 현존했고 이스라엘 사회에 중요했던 실재들의 토대를 원시의 과거에 두는 것이다. 동시에 원시 내러티브를 실제 인물에서 끝나는 계보들과 결합한 것은 저자 편에서 한때 살았고 일했던 사람들에 대한 역사적 관심이 있었음을 증명한다. 그러나 이런 계보들조차 그것들이 배열하는 신화들의 특성을 공유하도록 주의 깊게 구성되어서 원시 역사의 전반적인 원인론적 목적에 기여한다.

---

57 Arnold, "Genesis Narratives," 31. 그는 다른 곳에서 다음과 같이 진술한다: "'신화-역사'라는 문학 장르는 이 장들을 신화로 분류하거나 신화적이라고 분류하지 않는다. 그보다는 이전에 단지 신화적으로 여겨졌던 주제들이 원인과 결과를 사용해서 역사적 시간을 따라 배열되는 방식에 주의를 기울인다"(Arnold, *Genesis*, 7).

6장
신화들이 사실로 믿어지는가?

이 장의 제목의 질문은 모호하다. 신화들은 누구에게 사실로 믿어지는가? 의심할 나위 없이 그 질문은 외부인들이 아니라 신화들이 중대한 영향을 주는 사회의 구성원들과 관련된다. 우리는 이미 신화들이 그것들을 수용하는 사회의 구성원들의 믿음의 대상이라는 특징을 갖고 있다는 점을 살펴보았다. 그러나 혹자는 신화가 사실이라고 믿지 않으면서도 그것을 받아들이고, 자신의 가치와 실천의 결정을 신화에 의존하며, 사회의 구성원으로서의 자신의 정체성에 핵심적인 것으로서 신화를 받아들인다는 의미에서 신화를 믿을 수도 있다.[1] 확실히 어떤 사회 구성원 중에는 그 사회의 신화들이 사실이라고 믿는 사람이 있다. 그러나 받아들여진 신화가 사실이라는 것이 어느 정도 기대되거나 의도되는지가 우리의 문제다.

우리가 문제를 그렇게 명확히 정의하더라도 우리의 문제는 여전히 모호하다. "사실"이라는 말은 무엇을 의미하는가? 비유적인 담화는 설

---

[1] Michael Rea가 강조했듯이 어떤 것이 권위가 있다는 것과 그것이 사실이라는 것은 명확히 구분된다(Michael C. Rea, "Authority and Truth," in *The Enduring Authority of the Christian Scriptures*, ed. D. A. Carson [Grand Rapids: Eerdmans, 2016], 872–98).

사 그것이 문자적으로는 거짓일지라도 참일 수 있다. 고대 근동의 신화들은 문자적으로 사실인 것으로 여겨질 의도였는가? 우리가 고대의 신화들을 수용했던 사람들을 직접 접촉해서 그들이 수용한 신화들에 대한 그들의 태도를 조사할 수 없으므로 그 질문은 쉽게 답변될 수 없다. 우리가 답변을 발견하기 위해서는 계보들의 경우에서와 마찬가지로 비교 인류학 연구를 참조하고 비교할 만한 고대 근동 문헌을 살펴봐야 한다.

비교 인류학 데이터

윌리엄 배스컴은 신화와 민화를 구분함에 있어서 "많은 사회에서 사실적인 내러티브와 허구의 내러티브가 명확하게 별도의 범주로 인식된다"고 지적한다.[2] 하지만 신화들이 수용되는 사회에서 그 신화들이 그 사회의 구성원들에게 허위로 여겨지지 않는다는 것과 신화들은 민화들과 다르다는 것은 논란이 되지 않는다. 앨런 던데스는 민속 장르를 다룸에 있어서 분석적 범주와 토착적 범주를 뚜렷이 구분한다.[3] 분석적 범주는 현대 학자들에 의해 묘사된 범주들이고 토착적 범주들은 특정한 사회의 토착민들에 의해 이루어진 구분이다. 분석적 범주와 토착적 범주가 일

---

2   William Bascom, "The Forms of Folklore: Prose Narratives," in *Sacred Narrative: Readings in the Theory of Myth*, ed. Alan Dundes (Berkeley: University of California Press, 1984), 19. 그가 제공하는, 전 세계에서 나온 풍부한 예를 보라(13-24).

3   Alan Dundes, Bascom, "Forms of Folklore," 5을 소개하는 논평. 창 1-11장의 장르에 대해 내부자 접근법(emic approach, 원래 저자의 견해)을 취하는 것과 외부자 접근법(etic approach, 현대의 범주들에서의 정의)을 취하는 것 사이의 Wenham의 구분을 참조하라(Gordon J. Wenham, "Genesis 1-11 as Protohistory," in *Genesis: History, Fiction, or Neither? Three Views on the Bible's Earliest Chapters*, ed. Charles Halton [Grand Rapids: Zondervan, 2015], 74).

치할 때도 있지만 그것들이 다를 때도 있다. 진실과 가공 사이의 토착적인 구분은 우리의 질문에 정확한 답을 제공하기에는 너무 조악할 수도 있다. 신화들은 "절대적인 진리"로 간주될 수도 있지만,[4] 그것들이 문자적인 사실로 받아들여질 의도인가? 던데스는 신화들이 조직화된 종교의 일부인 한 그것들이 "비록 은유적으로나 상징적으로만 그럴지라도 대개 사실로 믿어진다"고 생각한다.[5] 따라서 던데스는 우리에게 "신화들은 비록 은유적인 모습을 취할지라도 가장 높은 형태의 진실을 구성할 수도 있다"고 상기시켜 준다.[6]

자주 인용되는 논문[7]에서 라파엘레 페타조니는 배스컴이 제시하는 것과 유사한 인류학 데이터에 의존해서 북아메리카 원주민 부족들이 "'참된 이야기들'을 '거짓된 이야기들'로부터 구분했고… '참된' 이야기들은 거룩하고 초자연적인 내용들을 다루는 반면에 '거짓된' 이야기들은 세속적인 사안에 관한 내용"—예컨대 사기꾼의 협잡과 재주가 많은

---

4   Bascom, "Forms of Folklore," 16.

5   Alan Dundes, *Sacred Narrative*, 8에 수록된 Raffaele Pettazzoni, "The Truth of Myth"를 소개하는 Dundes의 언급.

6   Alan Dundes, *Sacred Narrative*, 서문, 1. 도발적인 제목의 책『그리스인들이 그들의 신화를 믿었는가?』(*Did the Greeks Believe in Their Myths?*)에서 Paul Veyne는 다음과 같이 말한다. "그것들은 의심받지 않았다는 의미에서 사실로 받아들여졌지만, 일상의 실재들이 받아들여지는 것과 같은 방식으로 받아들여지지는 않았다.…그리스인은 '하늘'(heaven)에 신들을 두지만 창공(sky)에서 신들을 본다면 경악했을 것이다. 그는 누군가가 시간을 문자적인 의미로 사용해서 헤파이스토스가 조금 전에 재혼했다거나 아테나가 최근에 많이 늙었다고 말했다면 창공에서 신들을 보는 것에 못지않게 깜짝 놀랐을 것이다(*Did the Greeks Believe in Their Myths? An Essay on the Constitutive Imagination*, trans. Paula Wissing [Chicago: University of Chicago Press, 1988], 17-18).

7   예컨대 Mircea Eliade, *Myth and Reality*, trans. Willard R. Trask (New York: Harper & Row, 1963), 8-9. Kevin Schilbrack, "Introduction: On the Use of Philosophy in the Study of Myths," in *Thinking through Myths: Philosophical Perspectives*, ed. Kevin Schilbrack (London: Routledge, 2002), 9에서 Eliade는 Pettazzoni와 더불어 무비판적으로 인용된다.

불한당―임을 보여준다.[8] 때때로 후자는 진정한 실체가 없이 단지 지어 낸 "재미있는 이야기들"로서 "진정한 이야기들"과 구분된다.[9] 그러나 기초적인 신화들을 받아들이는 사회의 구성원이 그런 신성한 이야기들을 세속적인 이야기나 단지 재미있는 이야기로 여기지 않으리라는 것은 말할 필요도 없다. 물론 신화는 순전한 허구가 아니다. 그것은 '참된 이야기'이고 '거짓된 이야기'가 아니다.[10] 진실은 역사보다 훨씬 많은 것들로 구성되고 따라서 역사와 동일시될 수 없기 때문에 "신화는 우화가 아니라 역사다"라고 추론하는 것은 불합리한 처사다.[11]

이런 인류학자들은 이런 다양한 부족들이 어떤 진실 개념(들)을 갖고 있는가라는 좀 더 심오한 질문을 제기한다. "참된"(true)이라는 술어에는 "진짜 금", "진정한 친구", "진짜 선(line)", "실제 경로", "참된 진술" 등 광범위한 의미가 있다. 우리가 왜 신화와 관련된 이런 부족 사회들의 진실 개념이 철학자의 일치로서의 진실 개념이라고 생각해야 하는가?

이상하게도 페타조니 자신이 다음과 같이 인정한다:

신화는 내용을 통해서만이 아니라 그것이 작동시키는 구체적인 신성한 힘을 통해서도 성스러운 역사이기 때문에 진정한 역사다. 시작 신화들의 암송은 숭배 자체이자 치하되는 숭배의 목적인 삶의 보존과 증가에 기여하므로 그것은 숭배 안으로 통합된다.…

그래서 신화들은 참된 이야기들이고 거짓된 이야기들일 수 없다. 신화의 진실성은 논리에서 시작되지 않으며 역사적인 종류의 것도 아니다. 그

---

8   Pettazzoni, "Truth of Myth," 99.

9   Pettazzoni, "Truth of Myth," 100.

10   Pettazzoni, "Truth of Myth," 102.

11   Pettazzoni, "Truth of Myth," 102.

것은 무엇보다도 종교적이고 특히 마법적인 질서다. 신화의 숭배 목적상의 효능인 세상과 삶의 보존은 그 단어의 마법, 즉 그것의 환기하는 힘에 놓여 있다.[12]

시어도어 개스터는 페타조니의 설명이 진실을 효능과 혼동한다고 불평한다. 진실은 신화가 효과적인지와는 무관하게 신화 자체에 고유한 특질이다.[13] 그는 다음과 같이 주의를 준다.

어떤 추론들이 도출될 수 있기 전에 "진실한"과 "거짓된"으로 번역된 원주민의 용어들의 정확한 의미와 준거 틀을 정확하게 결정할 필요가 있어 보인다. "진실한"이라는 단어가 이 맥락에서 "정확한", "역사적인", "실제의", "타당한" 또는 "진짜로 밝혀진"을 의미하는가? 역으로 "거짓된"이라는 단어는 "믿을 수 없는", "역사적이지 않은", "실제가 아닌(허구인)", "무익한" 또는 "사이비의"를 의미하는가? 예컨대 어떤 이야기가 기능적으로 타당하면서도(제의적 목적에 충분히 기여한다) 역사적으로 타당하지 않을 수도 있고, 역사적으로는 타당하면서도 제의상의 암송으로서는 무익하고 효력이 없을 수도 있다. 그리고 그 이야기가 진정한 전통이면서도 그것 자체는 허구일 수도 있고, 역으로 그것이 실제의 역사적 사실을 서술하면서도 현대의

---

12 Pettazzoni, "Truth of Myth," 102–3.

13 Theodor H. Gaster, "Myth and Story," in Dundes, *Sacred Narrative*, 133. 놀랍게도 Gaster의 논문이 최초로 게재되었던 *Numen*의 편집인은 이 대목에서 개입해 각주를 달아서 신화의 진실성과 효능은 같은 개념이 아니지만, 이 구분이 우리에 의해서 만들어진다고 진술한다. 원시 시대의 사상가에게는 신화의 진실성이 그 신화의 필요충분조건이기도 하다. 그러므로 실제로는 이상적인 진리와 기능적인 효능이 일치한다. 나는 진실성과 효능을 섞는 Pettazzoni를 옹호하는 편집자의 개입이 Pettazzoni의 역사적 진실과 종교적 진실 구분에 모순된다고 생각한다. 더욱이 그것은 원주민들에게 진실을 일치로 보는 철학적인 견해를 귀속시키는 문제가 있는데, Gaster는 바로 그것을 문제삼는다.

산물로서 참으로 전통적인 구성물은 아닐 수도 있다.…따라서 우리가 원시인이 어떤 단어들을 채택하는지 그리고 그가 그 단어들을 어떤 의미에서 채택하는지를 정확히 알 때까지는 "진실한" 이야기와 "거짓된" 이야기 사이의 그의 구분으로부터 신화의 근본적인 "진실성"에 관해 어떤 결론을 내리는 것은 위험하다.[14]

원주민들이 참된 이야기와 거짓된 이야기 사이에 도출한 이분법은 그 사회의 구성원들이 민화들을 문자적으로 사실로 믿을 것으로 기대된다는 충분한 증거가 아니다.

명확하게 은유적이거나 비유적으로 보이는 신화들의 예로부터 신화들이 진짜이고 권위가 있다고 받아들여지면서도 반드시 문자적으로 받아들여지지는 않는다는 사실이 명백하다. 예컨대 윌리엄 도티는 시베리아 동북부의 추크치인의 창조 신화를 들려주는데, 그것은 확실히 은유적이다.

스스로 창조된 라벤과 그의 아내는 어떤 인간이나 다른 어떤 생물도 살지 않는 곳에서 함께 산다. 아내가 라벤에게 땅을 창조해 보라고 말한다. 그가 자기는 땅을 창조할 수 없다고 말하자 그녀는 자기가 자신들의 동료들을 창조해 보겠다고 말한다. 그녀는 잠이 들고 그녀의 검은 깃털들은 인간이 되고 그녀의 발톱들은 손가락들로 변한다. 그녀의 배가 커지고 그녀가 잠

---

14 Gaster, "Myth and Story," 133-34. 참조. G. S. Kirk, *Myth: Its Meaning and Functions in Ancient and Other Cultures*, SCL 40 (Cambridge: Cambridge University Press, 1970), 32. Kirk는 "진실한"으로 번역된 원주민의 용어들에는 다양한 의미가 있으며, 설사 그것이 "중요한"을 포함하도록 의미가 확장되더라도 그중 어느 것도 우리의 단어에 해당하지 않으며, 그로 말미암아 Pettazzoni를 포함한 현대의 많은 비평가가 혼란에 빠진다는 의심을 표명한다.

에서 깨어나기 전에 그녀는 세 명의 인간 아이들을 창조했다.

라벤은 "당신이 인간들을 창조했구려! 이제 내가 가서 땅을 창조해 보리다"라고 말한다. 그는 날아가서 새벽, 한낮, 석양 등 호의적인 모든 존재에게 조언을 구하지만, 누구도 조언해 주지 않는다. 마침내 그는 하늘이 수평선과 만나는 장소에 와서 남자들로 가득 찬 천막을 본다. 라벤은 그들이 하늘이 바닥과 만나는 마찰에 기인한 먼지로부터 창조되었음을 알게 된다. 그들은 번식하고 땅의 모든 사람의 최초의 씨가 되어야 한다.

그들은 라벤에게 그들을 위해 땅을 창조해 달라고 부탁하고 그는 노력해 보겠다고 동의한다. 그는 날아가면서 배변하고 배설물의 모든 조각이 물 위에 떨어져 빠르게 커져 육지가 된다. 그러자 그는 방뇨하기 시작하고, 소변 방울이 떨어진 곳은 호수가 되고, 소변 줄기가 떨어진 곳은 강이 된다. 그 후 그는 매우 딱딱한 물질을 배변하고 그것은 산들과 언덕들이 된다.

사람들이 자기들에게 음식이 필요하다고 불평하자 라벤은 날아가서 여러 종류의 나무들을 발견한다. 그가 손도끼를 꺼내 나무들을 자르기 시작하고 조각들을 물에 던지자 물이 그것들을 바다로 가져간다. 다양한 종류의 나무 조각들이 바다코끼리, 물개, 고래, 북극곰, 순록, 모든 종류의 해양 생물과 육상 생물이 된다. 그는 "이제 너희들에게 음식이 있다"고 말한다.

하지만 아직 여자들이 없었기 때문에 남자들은 여전히 번식할 수 없었다. 하지만 거미 여인이 와서 네 명의 딸들을 낳고 그들은 빠르게 자라서 여자들이 된다. 남자 중 한 명이 여자 한 명을 반려자로 취한다. 다음날 라벤이 그들을 찾아가서 그들이 방의 반대쪽 구석에서 따로 자는 것을 발견한다. 그들이 번식하지 못하리라는 것을 깨달은 그는 여자 한 명을 불러서 그녀에게 성교를 해주고, 그녀는 성교가 매우 즐겁다는 것을 발견한다. 그래서 그녀는 곧 남자에게 번식하는 법을 가르친다. 이것이 소녀들이 소년

들보다 성교하는 방법을 먼저 이해하는 이유다.[15]

조류와 인간의 특징들과 활동들을 라벤에게 돌리기 위해서는 이 신화가 문자적으로 취해지지 않아야 하는 것으로 보인다. 신화에서는 신들과 여신들이 자주 동물들로 표현된다. 우리가 앞으로 보게 되겠지만 고대 근동 신화들은 그런 은유적 특성을 보인다. 그뿐만 아니라 특정한 사회의 신화들에 문자적 진실성 외의 어떤 것이 돌려질 수 있음을 암시하는 두 가지 인류학 데이터—유연성과 신축성—가 있다. 유연성(plasticity)은 신화의 공시적인 가변성 정도와 관련이 있고 신축성(flexibility)은 통시적인 가변성 정도와 관련이 있다. 던데스는 구두 신화에는 그 신화를 이야기하는 사람의 수만큼 많은 다양한 버전이 있을 수 있다고 말한다.[16] 비록 그가 구두 신화들과 기록된 신화들(그는 그것들이 고정되고 안정적이라고 생각한다)을 대조하지만, 「길가메시 서사시」의 진화가 보여주듯이 기록된 신화들의 안정성은 사실 정도의 문제일 뿐이다.[17] 신화의 유연성은 구두로 말할 때마다 달라지는 것을 통해 입증되는데, 이는 신화를 말하는 사람들 자신이 그 이야기들에 엄격하게 고정된 형식이 있다고 생각하지 않았음을 보여주기 때문이다. 그리고 신화의 신축성은 시간에 따른 진화, 가변성, 그리고 새로운 상황과 도전에 대한 적응성을 통해 보여진다.

---

15   William G. Doty, *Myth: A Handbook* (Tuscaloosa: University of Alabama Press, 2004), 44-45에서 다른 말로 풀어 쓴 것임.

16   Alan Dundes, *Sacred Narrative*, 207에 기록된 Raymond Firth, "The Plasticity of Myth: Cases from Tikopia"를 소개하는 논평. 참조. Th. van Baaren의 논평: "원시 종교에서는 같은 신화의 여러 버전이 존재한다는 것과 그중 하나를 일반적으로 권위가 있고 원래의 버전으로 특정하기가 불가능하다는 것이 잘 알려져 있다"(Th. P. van Baaren, "The Flexibility of Myth," in Dundes, *Sacred Narrative*, 224).

17   J. H. Tigay, *The Evolution of the Gilgamesh Epic* (Philadelphia: University of Pennsylvania Press, 1982).

사회인류학자인 레이먼드 퍼스는 솔로몬제도 티코피아의 폴리네시아인들의 신화들의 유연성과 신축성을 보여주는 예를 제시한다.[18] 그 예는 티코피아의 신성한 장소인 천상의 라로피로키 신전 건축에 관한 매우 신축적인 신화의 두 버전과 관련이 있다. 실제 성전은 1700년경에 건축되었고 신에 의해 지어진 천상의 신전을 본떴다고 한다. 그 당시의 신화에서는 신이 인간들에게 신전을 지을 쇠못을 자신에게 올려보내라고 요구했지만, 그들은 거절하고 코코넛 껍질과 끈만 올려보냈다. 그 이야기의 한 버전에서는 신이 그들에게 정나미가 떨어져서 쇠못을 가지고 백인들의 땅으로 떠나 티코피아인들은 열등한 건축 재료로 건축해야 했다. 다른 버전에서는 모델 신전이 실제로 **영국에** 세워지고 있었고 신은 노동자들에게 **영어로** 못을 가져오라고 말했다. 영어를 알아듣지 못하는 티코피아인들은 계속 코코넛 재료를 건넸고 신은 정나미가 떨어져 그것들을 티코피아에 버리고 쇠못들은 백인들의 땅에 보관했다. 퍼스는 그 이야기가 명백히 왜 티코피아인들에게 그들이 가지고 있는 건축 재료가 있는지를 설명하기 위해 고안된 원인론적 신화라고 생각한다. 1800년 전에는 철제 도구에 대한 지식이 티코피아에 알려지지 않았다. 따라서 그 신전 건축 이야기의 이 측면은 그 신화가 이후에 적용된 것임이 분명하다. 우리는 원래의 신화의 신축성뿐만 아니라 그것을 말할 때 허용된 가변성도 볼 수 있다. 장소와 설명의 차이에도 불구하고 두 버전 모두 티코피아 사회에서 받아들여질 수 있다.

Th. P. 반 바렌은 신화의 신축성을 보여주는 몇 가지 예를 제공한다. 식민지가 되기 전 타히티에는 왕들이 있었는데 그들의 계보는 중요한 축제 때 제사장들이 암송하는 신화들의 일부였다. 신화들이 정확하

---

18   Firth, "Plasticity of Myth," 208-12.

게 암송되는 것이 매우 중요해서 그렇게 하지 못하면 제사장들이 처형될 수도 있었다. 그런데 때때로 왕조가 바뀌었고 그 경우 이전의 계보들은 더 이상 적절하지 않았다. 제사장들은 새로운 상황에 대한 적응이 이루어질 때까지 신화들에 눈에 띄지 않는 변화를 서서히 도입함으로써 이 문제를 해결했다. 그러나 공식적으로는 신화들에 아무런 변화도 가해지지 않았다. 보르네오의 다야크족에게는 새 건물을 지을 때 인신 공양을 드리는 관습이 있었는데 네덜란드 식민 정부가 그것을 금했다. 그 결과 원시 제사 신화가 변했다. 사람 제물을 재가하는 신화가 변해서 이제 사람이 제물이 아니라 물소가 제물이다. 이렇게 신화가 변해서 사람 대신 물소를 제물로 바칠 수 있게 되었다. 뉴기니 동북부의 파푸아인들의 기원 신화에서는 그들이 대나무 숲에서 나왔다고 하며 각각의 부족에게 자신의 대나무 숲이 있다. 백인들이 들어오자 백인들도 그들이 기원한 자신의 대나무 숲을 가지도록 신화가 적응했고, 제2차 세계대전 동안에는 일본인들에게도 그들의 대나무 숲이 할당되었다. 이 예들은 외부의 압력에 기인한 신화의 변화를 보여주지만, 신화들은 혼합 같은 내부 요인들 때문에 변하기도 한다.

반 바렌은 그 사회의 구성원들에게 자기들의 신화가 변했는지 질문하면 그들은 대개 변하지 않았다고 답변할 것이라고 주의를 준다. "질문을 받는다면 정보 제공자들은 대개 사안들이 기억할 수 없을 때부터 그대로 유지되고 있다고 답변할 것이다. 그들의 문화적 틀 안에서는 이것이 적합한 유일한 답변이기 때문에 이것은 자명하다.…이런 식으로 원시 문화들이 정태적이고 정체된 문화라는 부정확한 이미지가 초래되었다."[19] 나는 같은 이유로 우리가 자기들의 신화가 절대적으로 또는 완전

---

19   Firth, "Plasticity of Myth," 221. 우리는 새로운 기능에 맞추기 위해 새 계보가 만들어질

히 사실이라는 원주민의 주장에 대해 조심해야 한다고 생각한다. 그들이 달리 뭐라고 말할 수 있겠는가?

반 바렌은 가변성이 실제로 신화의 구체적인 특성 중 하나라고 생각한다.[20] 그는 신화의 특성은 변화에 반대하는 것이 아니라 소멸에 반대한다고 말한다. 그는 다음과 같이 설명한다. "신화에서 변화가 발생하는 것은 그 신화가 기능을 상실하기 시작하고 아마도 향후 사라지리라는 것을 의미하지 않는다. 오히려 신화에서의 변화는 대개 신화가 유지될 수 있는 방식으로 신화를 변화시킴으로써 기능의 상실이나 완전한 소멸을 방지하기 위해 일어난다. 신화는 자신을 변화시킴으로써 새로운 상황에 적응하고 새로운 도전을 견딜 채비를 갖춘다."[21] 세상 안의 실재가 신화와 충돌하게 되면 변화가 일어나야 하는데 실제로 변하는 것은 신화다.

신화의 유연성과 신축성은 신화를 믿는다는 것은 신화가 문자적으

때 그 새 계보가 이전의 계보와 충돌할 것이라는 Wilson의 지적을 상기하게 된다. 그러나 그 계보들을 사용하는 사람들은 교의상으로 기록된 계보가 여전히 기능을 발휘한다고 주장하더라도, 그것이 실제로는 더 이상 기능을 발휘하지 않는다는 것을 이해할 것이다(Robert R. Wilson, *Genealogy and History in the Biblical World* [New Haven: Yale University Press, 1977], 47). 그는 Ian Cunnison의 바가라 아랍인들 가운데서의 현장 연구를 인용한다. "후므르족은 그 계보의 가정용 버전…과 정치적 버전 사이에 모순이 없다고 생각한다는 점이 강조되어야 한다.…각각의 버전이 자체의 맥락에서 정확하다고 간주되고 따라서 '진실하다'고 생각된다"(54).

20 Van Baaren, "Flexibility of Myth," 222.

21 Van Baaren, "Flexibility of Myth," 218. 그는 다소 신랄하고 역설적으로 다음과 같이 덧붙인다. "우리 자신의 문화에서 한 가지 예를 언급하자면…우리는 지난 150년 동안 다양한 신학 학파에서 창세기의 처음 장들에 수록된 창조 신화들을 다룬 방식을 상기한다"(218). 하지만 이 예는 해석의 역사에 관한 것이지 신화들의 변화가 아니며 신화들은 안정적으로 유지된다. van Baaren는 훗날 쓰기의 발명으로 신화의 텍스트를 다소 영구적으로 고정시킬 수 있게 되었기 때문에 그것이 대혼란을 가져왔다는 도발적인 주장을 한다. 이 상황에서 신화의 신축성은 주해에 넘겨진다. 그것이 창 1-11장에 관한 해석사에서의 변화를 설명할 것이다. 신화를 바꿀 수 없기 때문에 석의학자들이 신화의 해석을 바꾼다.

로 사실이라고 믿는 것이 아니라는 개념을 뒷받침한다. 동시대의 사회 구성원들이 믿는 신화의 다른 버전들이 논리적으로 양립할 수 없을지도 모른다. 하지만 신화의 다양한 버전을 통해 근본적인 종교적 진리가 소통되고, 따라서 혹자가 어떤 버전을 설명하는지는 문제가 되지 않는다. 신화의 다른 버전 역시 근본적인 진리를 나타내기 때문에 사람들은 다른 버전을 말하는 사람의 말을 바로잡아 주려고 하지 않는다. 신화들이 문자적으로 해석된다면 새로운 도전에 대응해서 이전 버전과 양립할 수 없는 방식으로 변하지 못할 것이다. 그러나 두 버전 모두 동일한 근본적인 진리를 표현한다면 차이에도 불구하고 두 버전 모두 절대적인 진리로 여겨질 수 있다.

고대 근동 문헌의 증거

계보들의 기능에 관해 논의할 때 이미 언급된 바와 같이 현재의 인류학 데이터는 언제나 고대 이스라엘에서 말해진 이야기들에 적용할 수 있는지가 불확실할 것이다. 오히려 고대 근동의 신화에서 나온 증거가 더 적실성이 있을 것이다. 메소포타미아와 이집트의 신화들을 조사하면 우리는 인류학 데이터를 통해 밝혀진 것과 똑같은 언어, 유연성과 신축성이 사용된 것을 발견한다.

고대 근동 신화들의 은유성

첫째, 고대 근동 신화들은 종종 문자적이지 않고 고도로 은유적이라는 것이 명백하다. 이 대목에서 우리는 이런 고대 신화들이 어떻게 해석되는 것이 적절한가에 관한 학자들의 논쟁과 접하게 된다. 새무얼 노아 크레이머와 토킬드 야콥센 같은 저명한 아시리아 학자들도 이 논쟁의 반대편에 선다. 다행히도 우리는 어느 해석에서든 신화들이 문자적으로 취해져서는 안 되는 고도로 비유적인 언어로 쓰이는 경향이 있으므로, 우리가 이 논쟁에 판결을 내릴 필요가 없다.

고대 근동의 신화 해석하기

첫 번째 해석에 따르면 신화들에 등장하는 다양한 신들에 대한 용어들(고유 명사를 포함한다)의 지시대상은 실제 신들인데 그들은 인간 세상에서 적극적으로 활동하는, 비물질적이고 인간과 비슷한 인격체들이다. 우리가 존재하는 모든 것의 목록을 작성한다면 신들도 우리의 목록에 포함될 것이다. 두 번째 해석에 따르면 다양한 신들에 대한 용어들의 지시대상은 실제로는 자연 세계의 힘들과 실체들이다. 이 해석에서는 어떤 의미에서는 사실상 신들이 없다. 신화들은 신성에 대해 그런 용어들을 채택했다는 점에서 상징적 또는 알레고리적이기 때문에 물질 세상의 실체들과 힘들을 포함한 존재론적인 목록에 신들을 포함시킬 여지가 없을 것이다. 우리는 우리가 원할 경우 신들이 있다고 말할 수 있지만 그 말이 의미하는 바는 태양, 달, 바다, 바람, 지하수 등이 있다는 말이 의미하는 바와 같은 종류일 것이다. 이런 물리적 실재들이 인간이 신들로 부르는 것으로서 그것들에는 이런 물리적 실체 이상의 어떤 실재도 없다.

먼저 두 번째 해석에 관해 말하는 것이 편리하다. 두 번째 해석을 조장한 중요한 힘은 헨리 프랑크포트와 H. A. 프랑크포트 등의 큰 영향력이 있는 논문 모음집 『고대인의 지적 모험』(*The Intellectual Adventure of Ancient Man*, 1946)이었다. 그 책은 존 윌슨(이집트에 관한 논문), 토킬드(메소포타미아에 관한 논문), 그리고 윌리엄 어윈(이스라엘에 관한 논문) 같은 저명한 학자들의 논문을 수록했다. 그 논문들의 서론적인 논문에서 헨리 프랑크포트와 H. A. 프랑크포트는 고대인이 자연 세계의 힘들과 물체들을 의인화했다고 주장했다. 고대인들은 추측적으로 사고할 역량이 부족해서 신화를 만드는(*mythos + poiein*) 사고에 관여했다. 그들은 태양, 바람, 바다 등이 자기들과 맞서는 존재이고 그것들이 다뤄질 필요가 있다고 생각했다. "주위의 세상에 관한 현대인의 태도와 고대인의 태도 사이의 근본적인 차이는 현상적인 세계가 현대의 과학적인 인간에게는 주로 '그것'인 반면에, 고대인과 원시인에게는 주로 '그대'라는 것이다."[22] 고대인과 원시인을 동일시하는 것을 주목하라. 학자들은 헨리 프랑크포트와 H. A. 프랑크포트가 인류가 종교적(또는 신화적) 단계에서 형이상학적 단계로 그리고 최종적으로 과학적 단계로 점진적으로 진화했다는 콩트의 허구를 영속화하는 데 도움을 준다고 신랄하게 비판했다. E. B. 타일러와 J. G. 프레이저 같은 19세기 인류학자들의 신화 이론의 근저에 그런 견해가 깔려 있었다.[23] (바빌로니아의 수학과 천문학에서 명백히 알 수 있듯이) 증거가 고대인은 지적으로 발달하지 않았다거나 신화를 짓는 사고에 제한되었다는 주장을 뒷받침하지 않기 때문에 오늘날 신화에 관한 19세기의 이런 견해는 인기가 없어졌다.[24]

---

22 Henri Frankfort and H. A. Frankfort, "Myth and Reality," in *The Intellectual Adventure of Ancient Man: An Essay on Speculative Thought in the Ancient Near Eas*t, by Henri Frankfort et al. (Chicago: University of Chicago Press, 1946), 4.

23 E. B. Tylor, *Primitive Culture* (1913), 5th ed., 2 vols. (New York: Harper, 1958); J. G. Frazer, *The Golden Bough* (1922; reprint, London: Macmillan, 1963). 『황금 가지』(*The Golden Bough*)는 이후 100년 동안 가장 잘 알려진 인류학 문헌이 되었고 궁극적으로 3판에서는 12권으로 확대되었다. Andrew Von Hendy는 주류 인류학계에서 권위가 확립되지 않았고 처음부터 전문적인 검토자들이 그의 잘못들을 명확하게 지적한 이 책이 왜 문화적으로 그렇게 중대한 영향을 끼쳤는지가 진정한 수수께끼라고 생각한다(*The Modern Construction of Myth* [Bloomington: Indiana University Press, 2002], 92).

24 예컨대 Francesca Rochberg, *Before Nature: Cuneiform Knowledge and the History of Science* (Chicago: University of Chicago Press, 2016), 8-58의 비판들을 보라. 그녀는 신화는 참으로 쐐기문자 텍스트로 자연의 틀을 짜는 방식 중 하나이지만 그것이 유일한

그러나 고대의 신화들이 상징적이라거나 알레고리적이라는 주장은 콩트의 인간의 지적 진화 논제와 무관하다. 다양한 고대 근동 신화에서 아누는 명백히 하늘들과 밀접하게 연결되고 엔릴은 공기나 바람과 연결된다. 레는 태양과 연결되고 누트는 하늘과 연결되는 식이다. 이런 고대 신화 작가들이 보기에 신들은 단지 자연적인 실체들일 뿐이고 이것 이상으로는 아무런 실재가 없을 수 있었겠는가? 야콥센은 「에누마 엘리시」의 처음 몇 행을 그런 식으로 해석하는 것으로 보인다.

> 그때 이 물속의 혼돈의 한 가운데서 라흐무와 라하무라는 두 신들이 생겨났다. 그 텍스트는 확실히 우리가 그들이 담수인 아프수를 통해 태어났고 바다인 티아마트를 통해 출생했다고 이해하기를 의도한다. 그들은 물들 안에서 형성된 침니(silt)를 나타내는 것으로 보일 것이다. 라흐무와 라하무로부터 그다음 신들의 쌍인 안샤르와 키샤르가 나오는데 그들은 "수평선/지평선"의 두 측면이다. 신화 작가는 확실히 수평선/지평선을 하늘을 에워싼 원(남성)과 땅을 에워싼 원(여성)으로서 남성과 여성으로 보았다.
>
> …강들(티그리스강과 유프라테스강)의 단물이 만나서 바다의 짠물과 섞이고 구름이 물들 위에 낮게 깔린 이 장면이 시간의 시작으로 투사되었다. 이 대목에서 단물인 아프수가 바다의 짠물인 티아마트와 섞이는 원시의 물의 혼돈이 여전히 존재한다. 그리고 이 대목에서 최초의 신들인 라흐무와 라하무로 대표되는 침니가 물들에서 분리되고, 알아차릴 수 있게 되며, 쌓인다.[25]

방식은 아니었다고 주장한다. 사실 점술, 천문학, 그리고 의학 텍스트들이 고려되면 물리적 현상들을 정의하거나 설명하기 위한 찬송적인 맥락과 신화적인 맥락은 비중이 낮다(58).

25 Thorkild Jacobsen, "Mesopotamia: The Cosmos as a State," in Frankfort et al., *Intellectual Adventure of Ancient Man*, 170-71.

야콥슨의 해석의 신뢰성에 대해서는 괘념치 말라. 그것은 두 번째 해석의 옹호자들이 신화들을 어떻게 생각하는지를 효과적으로 보여준다. 그들이 보기에 신화들은 참으로 세상의 물질적인 측면에 관한 것이다.

고대 근동 신화의 이 해석에서는 신화들은 문자적인 사실로 의도되지 않는다. 신화의 상징적인 특성이나 알레고리적인 특성이 취해져서 바빌로니아 신화와 이집트 신화의 모순이 설명된다. 야콥센은 「에누마 엘리시」에서 상충하는 하늘의 창조 기사 두 개를 식별한다. 한 기사에서는 수평선/지평선을 나타내는 안샤르와 키샤르라는 신들을 통해 하늘의 신 아누가 창조되고, 다른 기사에서는 바람의 신이 바다의 몸의 절반으로 하늘을 만든다.[26] 마찬가지로 헨리 프랑크포트와 H. A. 프랑크포트는 원시 이집트인들의 신화를 짓는 정신이 하늘을 땅 위에 반원 모양으로 구부리고 있는 인간의 형태를 한 누트 여신이나 태양과 별들을 하늘로 떠받치는 암소로서의 누트 여신으로 나타낼 수 있었다고 주장한다. 따라서

> 고대인들은…그 묘사들이 서로 배타적이라고 할지라도 동일한 현상에 대해 다양한 묘사를 나란히 제시한다. 우리는 슈가 어떻게 하늘의 여신 누트를 땅에서 들어 올리는지를 보았다. 두 번째 이야기에서는 누트가 암소의 모습으로 스스로 일어난다.
>
> …현대 학자들은 이집트인들의 명백한 불일치를 비난하고 그들에게 명확하게 생각할 능력이 있었는지를 의심했다. 하지만 그런 태도는 완전한 억측이다. 우리가 고대인의 사고 과정을 인식하고 나면 그들의 논거가 명확해진다. 결국 종교의 가치들은 합리적인 공식으로 축소될 수 없다. 자연

---

26   Jacobsen, "Mesopotamia," 180.

현상들은 의인화되고 신들이 되든 그렇지 않든 간에 살아 있는 존재, 중요한 "그대"로서 고대인을 직면했는데 그것은 개념적인 정의의 범위를 넘어섰다. 그런 경우에는 우리의 신축성 있는 사고와 언어가 특정한 개념들을 철저하게 한정하고 수정해서 그것들이 우리의 표현과 의미의 부담을 지기에 적절하게 만든다. 신화를 짓는 정신은…동시에 몇 가지 접근법의 타당성을 인정함으로써…비합리적인 것을 표현했다.[27]

위에 언급한 것과 같은 예들은 끝없이 늘어날 수 있으며 어느 쪽으로도 해석될 수 있는 재료를 제공한다. 여기서 그것들은 자연현상에 대한 대안적이지만 동등하게 타당한 상징적인 묘사로 여겨진다. 따라서 이 두 번째 해석이 옳다면 고대 근동의 신화들이 문자적으로 해석되지 않아야 한다는 것이 명백하다.

다른 한편으로 첫 번째 해석에서는 신화들이 자연현상과 동일하지 않고, 자연현상을 다스리는 신들을 가리킨다고 읽혀야 한다. 이것이 19세기 이론가들의 견해였다.[28] 그러나 두 번째 해석과 마찬가지로 첫 번째

---

27 Frankfort and Frankfort, "Myth and Reality," 19-20. John A. Wilson, "Egypt: The Nature of the Universe," in Frankfort et al., *Intellectual Adventure of Ancient Man*, 47도 보라. Wilson은 같은 텍스트에서 하늘에 관해 이처럼 다른 아이디어들이 사용될 수도 있다고 지적한다.

28 Robert Segal이 통찰력이 있는 논문에서 강조하듯이 Tylor와 Frazer 같은 전형적인 19세기 이론가들은 원시 신화들에 관해 문자주의자들이었다. 그들은 신화와 현대 과학 모두 자연 세계의 현상을 설명하려는 인간의 지적 탐구에서 비롯되었다고 믿었다. 그러나 현대 과학은 자연현상을 비인격적이고 효과적인 원인의 관점에서 설명하려고 하는 반면에 신화들은 인격적이고 신적인 행위자들에게 의존해서 그 현상들을 설명한다. "신들이 인격적인 힘들 배후에서 또는 그것들을 통해서 작동하는 것이 아니라 그것들 대신 작동하기" 때문에 신화와 과학이 제시하는 설명들은 양립할 수 없다.…"비의 신은 기상학적 과정들을 이용하기보다는 그것들을 대신하여 행동하기 때문에 우리는 과학적인 기사 위에 신화적인 기사를 쌓아 올릴 수 없다"(Robert A. Segal, "Myth as Primitive Philosophy: The Case of E. B. Tylor," in Schilbrack, *Thinking through Myths*, 20). 그런

해석은 고대인들의 지적 능력을 향해 거들먹거리는 19세기의 태도와 무관하다. 새무얼 노아 크레이머는 『고대인의 지적 모험』에 대한 압도적인 리뷰에서 헨리 프랑크포트와 H. A. 프랑크포트의 서론적인 장이 고대 근동인의 정신의 특징에 관해 타당성이 "매우 의심스러운" 많은 진술을 포함하고 있음을 주목하는 것이 "매우 중요하다"는 것을 발견한다. 그런 주장에는 다음과 같은 것들이 있다. "우주는 고대인들에게 언제나 역동적인 상호 관계 안에서 감정적으로 경험된 '그대'로서 나타났고 따라서 그들은 원시인과 마찬가지로 무생물 세계를 알지 못했다." "고대 근동에서는 오늘날의 원시 사회에서와 마찬가지로 이 '그대'에 대한 모든 경험이 필연적으로 이야기 형태를 취한다." "따라서 고대인들은 신화들만 이야기할 수 있었고 아마도 분석이나 결론들을 제시할 수 없었을 것

설명은 신화들이 문자적으로 이해될 것을 요구한다. Segal이 그것을 멋지게 묘사하듯이 "Tylor는 원시인들을 시인이라기보다는 과학자로 여긴다"(24). 따라서 "Tylor가 원시인의 이름으로 신화를 문자적으로 해석하는 데는 두 가지 측면이 있다. 그에 의하면 신화는 사회나 인간에 관한 것이라기보다는 참으로 물리적 세계에 관한 것일 뿐만 아니라, 참으로 물리적 세계 자체에 관한 것이 아니라 물리적 세계의 신적 원인에 관한 것이다"(24).

　　Segal은 Tylor의 접근법의 핵심적인 약점은 신화와 과학의 유사성을 지나치게 강조하고 신화와 문학의 유사성을 지나치게 덜 강조한다는 것이라고 올바로 지적한다. Tylor에게 있어서 신화는 단지 우연히 내러티브의 형식을 띤 유사 과학적인 가설이다. Segal은 Tylor가 신화의 문학적인 성격을 경시함으로써 발생하는 세 가지 약점을 지적한다. (1) **신화들은 물리적 세계에 대한 설명으로 제한되지 않는다.** 물리적인 세계를 설명하기 위해 때때로 신들이 가정되더라도 그들은 그들 자체로 관심의 대상이 되며 많은 신화가 신들에게 무슨 일이 일어나는지를 묘사한다. (2) **신들과 그들의 활동들에 관한 묘사들은 물리적 세계를 설명할 필요로 인해 부과된 한계들에 제약을 받지 않는, 문학적인 상상의 작품이다.** 신들에 대한 믿음은 상상력을 제한하기는커녕 그것을 자극한다. (3) **신화의 실제 내용들은 자연 과정과 관련된 규칙성을 보이지 않는다.** 신화들에서는 자연현상과 관련된 규칙성을 훨씬 넘어서 다양한 일들이 일어난다. Tylor의 입장은 충분히 미묘하지 않다. 신화들이 문자적으로 신들의 존재를 가정한다고 이해되어야 할지라도(그럴 개연성이 있는 듯하다) Kramer가 주장하듯이 신화의 신들 자체에 관한 묘사가 문자적으로 이해되어야 하는 것은 아니다. 사실 그것들은 문자적으로 이해되지 않은 것이 상당히 명확하다.

이다."[29] 크레이머는 적어도 메소포타미아인들에 관한 한 고대 근동인의 정신에 관한 이 분석은 "사실상 근거가 없다"고 진술한다.[30] 물론 신화와 우화, 기도와 제의에서는 생명이 없는 대상이 생명이 있는 것처럼 취급될 수 있다. 그러나 그것은 결코 메소포타미아인의 정신이 자연과 우주를 살아 있는 "그대"로서만 인식할 수 있었음을 의미하지 않는다. 오히려 메소포타미아의 신화들은 신들에 관한 것이다. "문서 기록이 시작된 때부터 메소포타미아 문명의 끝까지 신학자들의 근본적인 형이상학적 개념, 즉 그들의 모든 종교적 사색의 핵심적이고 자명한 개념은 사람과 같은 형체를 지녔지만 초인간적이고 불멸하며, 인간의 눈에 보이지는 않지만 잘 짜인 계획들과 적절하게 규정된 법칙들에 따라 우주를 인도하고 통제하는 살아 있는 존재들의 집단으로 구성된 만신전이 존재한다는 가정이었다."[31]

크레이머는 고대 메소포타미아인들에게는 하늘이나 땅 또는 물들이나 공기가 살아 있는 존재가 아니었음을 보여주는 증거를 열거한다. 오히려 살아 있는 존재는 이 자연현상들을 관장하는 인간과 비슷한 존재들이었다. 물리적 세계는 생명이 없었지만 그것은 신들, 인간들, 동물들 같은 살아 있는 존재와 함께 거주했다. 생명이 없는 우주의 조화로운 기능을 가장 잘 설명하는 방법은 그것을 이런 강력한 신들의 통제로 돌리는 것이었다.[32]

---

29   S. N. Kramer, *The Intellectual Adventure of Ancient Man: An Essay on Speculative Thought in the Ancient Near East*, by H. Frankfort et al.의 리뷰, *Journal of Cuneiform Studies* 2, no. 1 (1948): 40-41.

30   Kramer, *Intellectual Adventure of Ancient Man*의 리뷰, 41.

31   Kramer, *Intellectual Adventure of Ancient Man*의 리뷰, 44.

32   추가로 신들의 뜻에 대한 점에 관한 Francesca Rochberg, *The Heavenly Writing: Divination, Horoscopy, and Astronomy in Mesopotamian Culture*(Cambridge: Cambridge University Press, 2004)를 보라. Rochberg는 신화들이 자연현상에 관한 단순한 알레고

그렇다면 이 해석에서는 신화들은 자연현상 뒤에 실제로 존재하는 신들에 관한 것이다. 흥미롭게도 몇몇 학자는 아시리아학의 두 거인 사이의 근본적인 불일치에 직면해서 야콥센의 논문이 사실은 헨리 프랑크포트와 H. A. 프랑크포트의 견해와 같은 노선에 있는 것이 아니라 거기서 벗어난다는 입장을 보였다. 그러나 나는 야콥센의 논문이 내적으로 일관성이 없다고 말하는 것이 좀 더 정확하리라고 생각한다. 그는 자연현상에 대한 메소포타미아인의 태도에 관해 프랑크포트의 견해에 명확하게 찬성한다. "계속된 '나-그대' 관계로부터 상당히 일관성이 있는 인격적인 견해가 발전될 수도 있다. 인간의 환경에 존재하는 대상들과 현상들이 다양한 정도로 의인화된다. 그것들은 어느 정도 살아 있다. 그것들은 자체의 의지를 지니고 있다. 그것들 각각은 확실한 인격이다."[33] 그는 소금과 곡물에게 발해진 주문들의 예를 제시한 뒤 다음과 같이 추론한다. "따라서 소금과 곡물은 우리가 알고 있는 생명이 없는 물질이 아니다. 그것들은 살아 있고, 자체의 인격과 의지를 갖고 있다."[34]

그러나 야콥슨은 이어서 그 견해를 엄격하게 한정한다. "자연 세계가 메소포타미아인들에게 살아 있었고 그것들이 의인화되었다고 말함으로써 우리는 사안들을 실제보다 단순하게 만들었다.…각각의 현상이 사람이었다고 말하는 것은 정확하지 않다. 하나의 구체적인 현상이 그것과 관련된 의지와 인격을 완전히 정의하고 구명(究明)하지 않았기 때문에 우리는 각각의 현상에—그것 안과 모종의 방식으로 그것 배후에—

리가 아니라는 점을 명백히 밝힌다. 그녀는 잠에 관한 텍스트들을 토대로 천문학상의 현상들이 신들의 의사를 인간에게 전달하는 매체로 여겨졌다고 설명한다(4). 신화들이 은유적인 언어로 표현되었지만 그럼에도 불구하고 신들은 실재하며 자연현상을 매개로 우리와 소통하는 것으로 여겨졌다.

33   Jacobsen, "Mesopotamia," 130.
34   Jacobsen, "Mesopotamia," 131.

의지와 인격이 있었다고 말해야 한다." 그는 메소포타미아의 습지에서 자라는 갈대들의 예를 제시한다. "우리의 텍스트에서 그것들 자체로는 그것들이 결코 신적인 존재가 아니라는 것이 명확하다. 어떤 갈대 개체도 단순히 하나의 식물, 하나의 사물로 여겨졌고 모든 갈대도 그랬다."[35] 그러나 모든 갈대에서 발견될 수 있는 신비한 힘들이 있었고 언제나 똑같았다. "이 힘들은…메소포타미아인들을 신적인 인격—여신 니다바의 인격—안으로 결합했다. 갈대들이 습지에서 번성하게 하는 존재는 니다바였다.…그녀는 생명을 불어넣고 특징을 주는 행위자로서 모든 갈대에 스며들어 있다는 의미에서 모든 갈대와 하나였다. 그러나 그녀는 구체적인 현상의 정체성 안에 있는 자신의 정체성을 상실하지 않았고 존재하는 하나의 또는 모든 갈대에 의해 제한되지 않았다."[36] 이 견해는 본질적으로 크레이머의 견해와 다르지 않다.

따라서 이 첫 번째 해석에서 신화들은 참으로 신들에 관한 것들이기 때문에 신화들이 문자적으로 이해되어야 하는가? 신들은 실재하지만 그들이 비유적인 언어로 묘사될 수도 있으므로 반드시 그렇지는 않다. 신들은 매우 신비로우므로 우리는 그들이 어떤 모습일지를 상상만 할 수 있을 뿐이다. 크레이머는 다음과 같이 쓴다.

그들[신화 작가들]의 목표는 이런 개념들과 관습들 중 하나 이상의 기원과 존재를 매력적이고, 영감을 고취하고, 재미있는 방식으로 설명하려고 하는 내러티브 시를 짓는 것이었다. 즉 그들은 지성인들에게 매력적인 증거들과 논증들에 관심이 없었다. 그들의 첫 번째 관심은 주로 감정에 호소하는 이

---

35   Jacobsen, "Mesopotamia," 131.
36   Jacobsen, "Mesopotamia," 32.

야기를 말하거나 사건을 묘사하는 데 있었다. 따라서 그들은 그들의 문학적 도구로서 논리와 이성에 의존하지 않았고 상상과 공상에 의존했다. 따라서 그들의 이야기를 말하거나 특정한 사건을 묘사함에 있어서 이 시인들은 합리적인 사변적 사고에서는 어떤 토대도 있을 수 없는 인간의 행동에 따른 모티프들과 사건들을 주저 없이 지어냈고, 합리적인 우주론적 탐구와 추론과는 아무 관계도 없는 전설과 민속도 주저 없이 채택했다.[37]

메소포타미아의 신화와 이집트의 신화를 검토해보면 그 신화들이 종종 문자적으로 해석될 것이 아니라 비유적으로 해석될 것이 의도되었다는 것이 타당해진다.

메소포타미아의 신화들

가령 「에누마 엘리시」에서 마르두크가 티아마트의 시체로 세상을 창조한 이야기를 생각해보라. 고전학자인 F. M. 콘퍼드는 이렇게 주장했다. "마약의 영향하에 있는 미치광이를 제외하면 아무도 땅과 하늘이 원래 용의 시체를 반으로 갈라서 만들었다는 이론에 도달하지 않을 것이다."[38] 어떤 고대 바빌로니아인도 하늘을 보면서 자기의 머리 위에서 티아마트의 말린 살과 뼈들을 볼 것으로 기대하지 않았고, 티아마트의 눈동자에서 티그리스강과 유프라테스강이 발원하는 것을 발견하리라고 기대하지도 않았다. 이것들은 문자적으로 취할 것이 아니라 비유적인 이미지, 즉 커크가 지적하는 바와 같이 "상상력과 공상의 행동들"이다.[39]

---

37 Kramer, *Intellectual Adventure of Ancient Man*의 리뷰, 50.
38 F. M. Cornford, *The Unwritten Philosophy and Other Essays* (Cambridge: Cambridge University Press, 1950), 111, Kirk, *Myth*, 14-15에서 인용됨.
39 그 이야기가 제의적인 연상에서 유래했다는 Cornford의 주장을 논박하면서 Kirk는 그

마찬가지로 「길가메시 서사시」의 열한 번째 서판에서 길가메시와 엔키두가 하늘의 황소(황소자리)를 죽이고 그것의 고기를 우르크 사람들에게 나눠준 것은 문자적으로 취해질 수 없다. 별자리가 수메르의 도시 우르크에서 날뛰다 꼬리를 잡히고 칼에 찔리고 도살되어 먹히는 것은 불가능하다. 이 모든 일이 문자적으로 일어났다면 황소자리는 더 이상 밤하늘에 평온하게 빛나는 모습이 보이지 않을 것이다.

마찬가지로 이집트 신화에서 하늘은 손과 발을 바닥에 대고 땅 위에 반원을 그리고 있는 여신 누트로 묘사될 수 있었다.[40] 하늘을 바라보는 어떤 이집트인도 자기 위에 반원을 그리고 있는 벌거벗은 여성의 몸을 보리라고 기대하지 않았고 어떤 대상(隊商)도 자기들이 하늘에 닿아 있는 누트의 거대한 다리와 팔을 우연히 만날 것으로 생각하지 않았다. 이집트 신화들이 자주 다른 신들 및 살아 있는 도구들로 꽉 들어찬 자기의 배를 타고 하늘을 항해하는 태양신 레를 묘사하지만 태양을 바라보는 사람은 아무도 자기가 그런 수행원을 보리라고 생각하지 않았다. 이것들은 현상 뒤의 볼 수 없는 실재들이라고 할 수 있을 것이다. 그러나 그런 묘사들의 극단적인 유연성은 그것들을 문자적으로 취하지 않아야 할 이유를 제공한다. 태양이 밤에 지하세계로 들어가고 태양의 창조 전의 상태로 돌아간다는 말이 문자적 해석을 의도했을 리가 없다. 야간에 망을 보는 군인이나 해뜨기 전에 일어나는 농부 중 세상이 원시 바다로

이미지들을 상징적으로 해석한다. "왜 용 자체가 제의 외부의 원시의 무질서 상태를 나타내지 못하는가? 티아마트가 확실히 그랬던 것처럼 원시의 등장인물이 무질서뿐만 아니라 물을 나타낸다면 왜 (창세기가 그렇게 하는 것처럼) 물들을 나눈다는 아이디어가 용 자체를 나누는 형태를 가정하지 말아야 하는가?(*Myth*, 15) 나는 거기에 물들은 용과 마찬가지로 「에누마 엘리시」의 이미지에 속한다는 것을 덧붙여야겠다.

40 이 묘사들조차 서로 일치하지 않는다. Louis Herbert Gray and John Arnott MacCulloch, eds., *The Mythology of All Races*, vol. 12, *Egyptian Mythology*, by W. Max Muller (New York: Cooper Square, 1964), 43-49에 수록된 그림 38, 39와 47을 보라.

돌아가지 않는다는 것을 알아차린 사람이 아무도 없었는가? 때로는 태양이 밤에 누트의 몸 안에서 재탄생을 경험하는 것으로 묘사된다. 일몰 때 태양이 누트의 입으로 들어가고 누트는 태양을 임신하게 된다. 밤 동안에 태양은 "그녀의 안에서 항해하다" 새벽에 "그의 어머니 누트의 넓적다리를 가르고" "부목을 대고 나와" "출생 후" "붉은 몸으로 헤엄쳐" 낮의 하늘로 옮겨간다.[41] 누가 이것이 은유적인 언어임을 부인할 수 있는가? 쇠똥구리와 날아오르는 새는 모두 태양의 적절한 이미지로 여겨졌기 때문에 태양을 풍뎅이나 송골매로 묘사한 것은 똑같이 그리고 명백하게 은유적이다. 이집트의 신들과 여신들은 인간의 몸과 동물의 머리로 다양하게 묘사되는데, 그것들이 그 신(여신)들에 대한 문자적 그림으로 여겨져서는 안 된다. 그것들은 에릭 호르눙의 말로 표현하자면 "메타 언어로 의미를 전달하는 그림의 표지들"이다.[42] 호르눙은 이집트의 종교는 신들이 실제로 존재한다는 사실에 의존했다고 단언한다. 그러나 이 실재를 묘사하기 위해서는 종교가 신들을 "은유적이고 표상적인 이미지들"로 말해야 했다. "이 이미지들은…아마도 이런 식으로만 적절히 표현될 수 있는 내용을 표현하는 데 기여한다."[43]

아쉽게도 많은 성경학자가—심지어 창세기 해석의 배경으로서 고대 근동 연구의 중요성을 강조하는 학자들조차—메소포타미아 신화와 이집트 신화와 관련한 경직된 문자주의로 말미암아 심각하게 오도된다. 예컨대 데니스 라무뤼는 다음과 같이 쓴다. "고대 근동인들은 지구가 주

---

41 출처: 아비도스에 소재한 세티 1세의 무덤의 천장에 새겨진 비문, James P. Allen, *Genesis in Egypt: The Philosophy of Ancient Egyptian Creation Accounts*, YES 2 (San Antonio, TX: Van Siclen Books, 1988), 6, plate 1에 인용됨.

42 Erik Hornung, *Conceptions of God in Ancient Egypt: The One and the Many*, trans. John Baines (Ithaca, NY: Cornell University Press, 1982), 117.

43 Hornung, *Conceptions of God*, 258; 참조. 253.

위의 바다로 둘러싸인 둥근 섬이라고 믿었다.…둥근 지구를 둘러싼 바다라는 지리적 아이디어가 기원전 600년경에 바빌로니아인들이 그린 세계 지도에 나타난다.…고대 근동인들은 지구가 주위의 바다의 해변에서 문자적으로 끝난다고 믿었다."[44] 라무뤼는 구약 학자가 아니지만, 존 월튼도 유사하게 소위 바빌로니아 세계 지도와 이집트의 석관들이 모든 고대 근동 문화가 지구를 지하의 물들 위에 떠 있고 우주적인 바다로 둘러싸인 편평한 원판으로 여겼음을 확인한다고 주장한다.[45] 이를 토대로 성경의 저자들 역시 지구가 지구를 둘러싼 바다에서 끝나는 편평한 원판이라고 믿었다고 주장된다.

이것은 바빌로니아 세계 지도에 대한 터무니없는 오해다. 대영 박물관에 소장된 이 고대 석판이 실제로 어떤 모습인지 생각해보라(그림 6.1).

바다 **저쪽**의 삼각형들이 무엇을 나타내는가? 석판 반대쪽의 쐐기

---

44 Denis O. Lamoureux, *Evolution: Scripture and Nature Say Yes!* (Grand Rapids: Zondervan, 2016), 92-94. Lamoureux는 그 지도를 부분적으로 빠뜨리기보다는 원래 모습대로 그린다. 해외의 국가들을 나타내는 삼각형들을 그는 검게 칠했고 따라서 그것들은 단순한 장식처럼 보이고 그것들의 숫자가 잘못되었다. 그리고 그는 바다 건너편의 지도에 표시되지 않은 지역을 빠뜨린다. 그래서 지구가 해안에서 끝나는 것처럼 보인다. 그의 그림을 수록하는 것이 거절되었기 때문에 나는 여기서 그의 그림을 말로 묘사할 수 있을 뿐이다.

45 John H. Walton, *Genesis 1 as Ancient Cosmology* (Winona Lake, IN: Eisenbrauns, 2011), 93; 참조. Tremper Longman III and John H. Walton, *The Lost World of the Flood: Mythology, Theology, and the Deluge Debate* (Downers Grove, IL: IVP Academic, 2018), 80. 아이러니하게도 Walton 역시 지구가 기둥들에 의해 떠받쳐지거나 뿌리가 지하세계까지 닿는 산들에 의해 지탱된다고 믿어졌다고 주장한다. 그는 "이 이미지들이 지구가 지하의 물들 위에 떠 있다는 아이디어와 통합되어야 한다"고 생각한다(*Genesis 1 as Ancient Cosmology*, 96). 나는 이미 이집트의 도상(圖像)의 시각적 은유에 관해 언급했다. 그러나 James Allen조차 세계가 직사각형으로 묘사되었고 거기서 태양이 떠오르고 있는 그림을 토대로 그 그림을 3차원으로 투사하고, 그것을 고대 이집트인들이 세계가 상자 모양이라고 생각했음을 증명한다고 해석한다(*Genesis in Egypt*, 6)!

문자 텍스트는 그것들을 여덟 개
의 지역으로 적시하고 그곳들의
여행에 관해 말한다. 그곳들은 바
다 건너편 땅, 즉 바빌론이 교역
한 딜문(바레인), 마간(오만을 포함
한 페르시아만 해안) 그리고 멜루하
(인더스 계곡) 같은 장소들이다. 이
지역들 사이와 그 너머에 표시되
지 않은 지역이 존재한다. 그 텍
스트의 종결 부분은 지구의 표면
이 바빌론의 동서남북으로 무한
히 확장된다고 설명한다. 따라서
그 지도가 지구를 주위의 바다 한
가운데 떠 있는 편평한 원판으로
나타낸다고 말하는 것은 심한 오
해다.

　　실제로 이 그림이 "세계 지
도"라는 아이디어는 이름을 잘못
붙인 것이다. 그 석판은 그런 비
문을 포함하고 있지 않다. 바빌로
니아인들이 잘 알았던 이집트 같
은 나라들은 그것에 나타나지도
않는다. 그것이 지도라고 하더라
도 그것은 (자연히) 바빌론을 중심
에 둔, 고도로 양식화된 메소포타

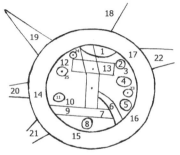

그림 6.1. "바빌로니아 세계 지도."
바빌로니아 세계 지도의 대상들:
1. "산들"
2. "도시"
3. 우라르투
4. 아시리아(아카드어)
5. 데르
6. ?
7. 늪
8. 수사(엘람의 수도)
9. 수로/"유출"
10. 비트 야킨
11. "도시"
12. 합반
13. 바빌론, 유프라테스강에 의해 나눠짐.
14-17. 바다
18-22. 바깥 "지역들"

미아 지도다. 외국은 적시된 지역이나 표시되지 않은 영역에 있는데 그 영역은 끝이 없다. 둥근 바다의 형태는 문자적으로 취해지지 않아야 한다. 바빌로니아의 선원들은 배로 페르시아만(그들은 그것을 아래쪽 바다로 불렀다)에서 지중해(위쪽 바다)로 여행할 수 없다는 것을 알았다.

더욱이 이 인공물이 지도인지조차 명확하지 않다. 웨인 호로비츠는 그것이 메소포타미아의 수학 텍스트들에 수록된 기하학적 도형들과 유사하다고 말한다. 호로비츠에 따르면 그 지도와 반대쪽의 텍스트는 도형들과 2인칭의 절차적 지시들(가령 "A 지점에서…선을 그리라")로 구성된 기하학 문제들과 형식이 비슷하다. 마찬가지로 그 "지도"는 "네가 가는 곳에"를 반복하는 뒤쪽의 어구와 더불어 도형으로 간주될 수 있다. 그렇게 해석하면 그 "지도"의 인위성이 일리가 있게 될 것이다. 즉 중앙에 컴퍼스 구멍이 있는 완벽한 원과 지역들을 나타내는, 대략적으로 같은 크기의 여덟 개의 대칭적인 삼각형은 균일하게 약 34킬로미터 떨어졌다고 한다.

따라서 성경의 텍스트 역시 물로 둘러싸인 원판형 지구라는 세계 지리를 가정한다는 추가적인 주장은 근거가 없으며, 이스라엘이 항해하는 사람들과 지중해의 섬들을 포함하여 외국을 잘 알고 있었던 점에 비추어 볼 때(창 10:1-31) 개연성이 전혀 없다. 사실, 열왕기상 9:26-28과 10:22에 따르면 솔로몬이 아카바만의 에시온게벨의 항구에서 출항해서 홍해와 인도양을 정기적으로 항해한 원양 상선단을 소유했고, 따라서 그들은 외국의 땅들에 친숙했을 것이다.

그러나 소위 고대 근동의 "우주 지리"에 따르면 창공 또는 하늘이 지구의 지평선(수평선)에 닿은 단단한 돔이고 거기에 별들이 새겨졌다는 주장이 아마도 고대 근동의 자료와 관련해서 근거 없는 문자주의의 가장 터무니없는 예일 것이다. 이는 메소포타미아의 종교와 관련해서 많은 학자가 자주 인용되는 호로비츠의『메소포타미아의 우주 지리』 (*Mesopotamian Cosmic Geography*)를 무비판적으로 읽어서 오도된 것으로 보인다. 서문에서 호로비츠는 자기의 의도가 단지 메소포타미아의 텍스트들에 대한 기술적인 설명을 제공하는 것이라는 점을 명확히 밝힌다.

> 고대 메소포타미아 저자들은 물리적인 세상을 직접 관찰해서 도출한 우주 묘사에 관한 아이디어(예컨대 하늘에서의 별들의 운동)와 직접적인 관찰로부터 도출되지 않은 아이디어(예컨대 하늘 위의 아누의 하늘이나 길가메시가「길가메시 서사시」서판 IX-X에서 방문한 공상적인 지역의 지리)를 구분하지 않았다. 현재의 증거로는 가령 고대의 길가메시 독자들이 자기들도 우주의 바다와 "죽음의 물들"을 건너 항해함으로써 우트나피쉬팀을 방문할 수 있다고 실제로 믿었는지 또는 약간의/많은/대다수의/또는 모든 고대 독자들이 지형에 관한 자료들을 형이상학적 관점이나 신비적인 관점에서 읽었는지를 우리가 알 수 없다. 따라서 나는 이 책에서 고대의 우주 묘사 전통의 타당성을 평가하거나 상충하는 전통들을 조화시키거나 추측을 통해서나 다른 문화의 자료들과의 비교를 통해서 현존하는 자료들에 살을 붙이려고 시도하지 않는다.[46]

---

46 Wayne Horowitz, *Mesopotamian Cosmic Geography* (Winona Lake, IN: Eisenbrauns, 2011), xv. "약간의/많은/대다수의/또는 모든 독자들이" 믿었을 수도 있다는 점에 관한 우리의 불확실성에 대한 Horowitz의 미묘한 차이가 있는 진술과 "고대 세계의 모든 사람이 단단한 하늘 위에 매달린 우주적인 바다를 믿었다"는 Longman과 Walton의 무책임한 진술(*Lost World of the Flood*, 9)을 비교하라. Richard Averbeck의 조심스러운 진술을 비교하라. "우리는 가령 고대인들이 별들이 단단한 돔에 박혔다고 실제로 믿었는지 또는 고대인들이 별들이 하늘에서 움직이는 것을 볼 수 있었기 때문에 그것은 그것들에 대한 유비에 지나지 않았는지 알지 못한다"(Richard E. Averbeck, "A Literary Day, Inter-textual, and Contextual Reading of Genesis 1-2," in *Reading Genesis 1-2: An Evangelical Conversation*, ed. J. Daryl Charles [Peabody, MA: Hendrickson, 2013], 13; 참조. 20). 우리는 대개 그런 것들을 알 수 있는 입장에 있지 않으므로 일반적으로 구약 학

메소포타미아의 우주 지리에 대한 호로비츠의 순전히 기술적인 설명은 톨킨의 이야기들에 나오는 가운데 땅(Middle Earth)에 대한 지도 제작자의 묘사와 유사하다. 그 지리에 상응하는 물리적 실체가 있을 수 없다.

불행하게도 호로비츠 본인이 자기의 텍스트들을 물리적 우주에 대한 문자적 묘사로 취급한다. 예컨대 신비적-종교적 텍스트인 *KAR* 307은 상징으로 가득 차 있음에도 불구하고 호로비츠는 그것이 우주에 대한 문자적인 묘사인 것처럼 취급한다.

> 위쪽 하늘들은 **루루다니투**(*luludānītu*) 돌이다. 그것들은 아누에게 속한다. 그는 안에 300명의 이기기들을 두었다.
>
> 가운데 하늘들은 **삭길무드**(*saggilmud*) 돌이다. 그것들은 이기기에게 속한다. 벨이 안쪽 청금석 성소의 높은 단에 앉았다. 그는 안에서 비추는 호박금(electrum) 등불을 만들었다.
>
> 아래쪽 하늘들은 벽옥이다. 그것들은 별들에게 속한다. 그는 그것들 위에 신들의 별자리들을 그렸다. (KAR 307.30-33; 참조. AO 8196 iv 20-22)

따라서 호로비츠는 플리니우스가 언급한 페르시아산 하늘빛 벽옥이 적

자들은 고대 이집트인들이나 고대 바빌로니아인들이 세상에 관해 무엇을 믿었는지 말하기를 중단하고 대신 기술적으로, 즉 "고대 수메르 신화에 따르면 어떠어떠하다" 또는 "이집트의 관에 새겨진 텍스트는 이러저러하게 묘사한다"고 말해야 한다.

Horowitz가 **실제적인** 것과 반대되는 것으로 보는 용어들인 "**형이상학적인**"과 "**신비로운**"을 이상하게 동일시하는 것도 주의하라. 우리는 Longman과 Walton에게서도 형이상학에 대한 동일한 오해를 발견한다. 그들은 형이상학적인 것을 신비로운 것과 관련시킨다(*Lost World of the Flood*, 19). 그들은 "**우주적**"이라는 말에 신비적인 함의를 부여함으로써 용어상의 혼란을 가중시키는데, 내가 아는 한 그것은 Horowitz의 의도가 아니다. 그는 우주 지리를 단지 땅의 지리보다 좀 더 넓은 범위를 지니는 것으로, 즉 땅뿐만 아니라 하늘도 포함하는 것으로 이해하는 듯하다.

어도 맑은 날 아래쪽 하늘들에 적절하리라고 생각한다. 그러나 그는 흐린 날에는 회색 벽옥이 더 적절하리라고 말한다. 문제는 아래쪽 하늘들이 양쪽 모두일 수는 없으므로 그 텍스트의 문자적 해석은 하늘들의 광물 물질이 날씨에 따라 계속 변한다고 암시한다는 것이다. 호로비츠는 "그러나 아래쪽 하늘들의 벽옥이 어떻게 맑았다가 흐려진다고 생각될 수 있었는지는 명확하지 않다"고 진술한다.[47] 호로비츠는 또한 벽옥은 투명하므로 가운데 낮은 하늘들의 석판을 통해 하늘들의 푸른 돌의 바닥을 볼 수 있다고 추측하는데, 이는 메소포타미아 문화의 인기가 좋은 광물인 청금석이 우리가 「길가메시 서사시」만 보더라도 다음과 같이 다양한 사물―그 서사시 전체가 새겨진 판(I.27); 마차 (VI.10); 미나들(미나 한 개는 하늘의 황소의 질량이다.)(VI.162); 엔키두의 눈썹들(VIII.71); 그리고 나무(IX.175)―을 나타낸다는 사실을 무시하는 처사다. **세루 시킨수**(*šēru šikinšu*, "뱀, 그것의 외모")에 수록된 식물, 돌, 그리고 뱀들의 일람표에 다음과 같은 내용이 나온다. "뱀의 외모(는 다음과 같다): 그것의 등딱지는 팝파르딜루(pappardillu) 돌이고, 코는 붉은 돌이며, 눈은 무사루(mušarru) 돌이고, 얼굴은 청금석과 금이다."[48] 아무도 뱀에 대한 그런 묘사를 문자적으로 이해하지 않았을 것이다.

더욱이 별들이 아래쪽 하늘들의 표면에 새겨졌다고 묘사되었기 때문에 하늘에서 별들이 뜨고 지는 것을 설명하려면 이 표면이 끊임없이 움직여야 하는데, 이는 하늘들이 지지대가 기둥들이든, 산들이든, 막대기들이든, 다른 어떤 것이든 땅의 지지대에 얹혀 있다는 우주 지리와 양립할 수 없다. 고대 메소포타미아인들은 별들이 해마다 같은 위치로 돌

---

47   Horowitz, *Mesopotamian Cosmic Geography*, 14.
48   Rochberg, *Before Nature*, 86.

아오는 것을 관찰했으므로 아래쪽 하늘들은 땅과 관련해서 어떻게든 회전해야 한다. 그러나 회전하는 돔은 그것이 지평선에서 땅과 접한다는 아이디어와 양립할 수 없다. 훗날 그리스의 우주론에서와 같은 동심의 구체들의 시스템이 필요하겠지만 그것은 바빌로니아의 천문학에서는 입증되지 않는다.

하늘의 표면을 단단한 돌로 보는 문자적 해석은 고정된 별들과 행성들의 움직임에 의해 야기된 문제를 극복하지 못한다. 천체 관측도 (Astrolabe)로 알려진, 늦어도 중기 바빌로니아 시대의 것으로 추정되는 바빌로니아의 천문학 텍스트들에 따르면 별들은 하늘을 통과하여 움직이는 세 개의 "경로들"로 나뉠 수 있었고, 각각의 경로에 신의 이름이 주어졌다. 중앙 또는 적도를 지나는 대역은 아누의 경로로 불렸고, 북쪽 대역은 엔릴의 경로, 그리고 남쪽 대역은 에아의 경로로 불렸다. 그렇다면 우리가 진지하게 고대 메소포타미아인들이 이 경로들이 그것들이 지구를 중심으로 회전할 때 서로 마찰하는 하늘의 돔의 돌로 된 부분들이라고 생각했다고 보아야 하는가? 태양과 달뿐만 아니라 행성들의 움직임에 의해 제기된 문제들은 더 심각하다. 고대의 점성술사들은 행성들이 항성들과 나란히 움직이는 것이 아니라 하늘들을 배회하며 때로는 가만히 있기도 하고 심지어 역방향으로 움직이기도 하는 것을 관측했다. 바빌로니아의 천문학자들은 행성들(*bibbu*, 야생 양)―우리의 용어로는 수성, 금성, 화성, 목성, 그리고 토성―과 항성(*kakkabu*)들을 구분했다. 이 행성들은 태양 및 달과 더불어 모두 하늘에서 하나의 자체의 대역을 움직이지만, 이 대역은 지구의 축의 기울기 때문에 아누, 엔릴, 그리고 에아의 경로를 **가로지른다**. 그 결과 태양과 달뿐만 아니라 행성들도 실제로 한 신의 경로에서 다른 신의 경로로 옮겨가며, 예컨대 연중 특정한 계절에는 아누의 경로에서 나타나다가 다른 계절들에는 엔릴의 경로에서 나타난다(그림 6.2를 보라). 고대 메소포타미아인들이 세심하게 표시한 이 관찰들은 하늘들을 그 위에 별들이 박힌 단단한 표면으로 묘사하는 우주 묘사 텍스트들의 문자적인 해석에 결정적으로 반한다.

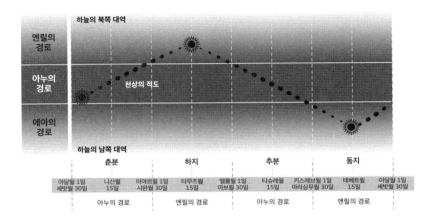

그림 6.2. 고대 바빌로니아의 천문학자들이 기록한, 항성들과 관련된 엔릴, 아누, 그리고 에아의 경로를 가로지르는 태양의 횡단 운동.

과학사가인 프란체스카 록버그는 메소포타미아의 천문학은 완전히 현상학적 또는 도구주의적 성격이었다고 설명한다. 후대의 그리스 천문학과 달리 "바빌로니아의 천문학자들에게는 행성의 운동에 대한 모형이 없었다. 그들은 행성의 회합(synodic appearances)을 계산하기 위한 수학적 도구를 갖고 있었다."[49] 그녀는 바빌로니아의 천문학은 따라서 구체 우주론 프레임워크에 의존하지 않았고 지구를 중심으로 움직이는 천체들에 대한 기하학적인 모형들을 사용하지도 않았다고 지적한다. "예측이 그 현상들을 인과적으로 이해하려고 한 기하학적인 개념에서 도출되지

---

49 Rochberg, *Heavenly Writing*, 283.

않고 현상들을 앞뒤로 유용하게 계산할 수 있게 해주기 위한 기간 관계에 의존했다는 사실에 비춰볼 때, 바빌로니아의 천문학 이론이 적합했던 곳에서 명시적인 우주론 모형이 없었던 것은 중요하지 않다."[50]

좀 더 최근에 록버그는 이 주제를 확장해서 바빌로니아인들은 "자연" 자체에 관심이 없었고 규칙성의 관찰에 관심이 있었다고 주장했다. "바빌로니아의 모형들은 모두 예측하려는 목표와 우주론 또는 물리적 설명에 대한 무관심을 공유한다.…바빌로니아인들은 주기성에 관심이 있었다. 그들의 모형들은 철저하게 계량적인 접근법이었고 물리적 프레임워크에 의존하지 않았다."[51] 바빌로니아인들이 달과 행성의 현상들의 날짜와 위치를 계산하는 데 시스템 A와 시스템 B로 알려진 독립적인 두 개의 셈법을 사용한 것은 그들이 물리적 우주론에 관심이 없었음을 보여주는 중요한 징후다. 첫 번째 시스템은 단계 함수를 통해 현상들을 묘사한 반면, 두 번째 시스템은 선형 지그재그 함수를 사용했다.[52] 경험적으로는 동등하지만, 두 시스템 모두 물리적 실재에 대한 정확한 묘사일 수 없었고, 그럴 목적으로 사용되지도 않았다. 그녀는 "예측적인 천문학의 이 이론적인 측면은 우주론이나 그 안에서 행성이나 달의 위치를 이해하는 공간적 프레임워크와 거의 또는 전혀 연결되지 않는 것으로 보인다"고 결론짓는다. "시스템 A 모형과 B 모형의 공존은 물리적인 제시가 바빌로니아의 천문학 모형들 사이에서 가치가 있었다는 아이디어를 추가로 반박한다."[53]

---

50   Rochberg, *Heavenly Writing*, 32.
51   Rochberg, *Before Nature*, 259, 276; 참조. 85.
52   이에 관한 설명은 Otto Neugebauer, *The Exact Sciences in Antiquity*, 2nd ed. (New York: Dover, 1969), 110-14, 129을 보라.
53   Rochberg, *Before Nature*, 82, 258.

신화적인 텍스트들은 물리적 우주에 대해 과학적, 천문학적인 텍스트들과는 관점을 달리했다고 말하는 사람이 있을 것이다. 그러나 최근 수십 년 동안 학자들이 고대 메소포타미아의 종교가 관측 천문학을 포함한 그들의 과학과 얼마나 철저하게 통합되어 있었는지를 재평가함으로써 이런 순진한 구분이 타파되었다. 이 점은 이미 하늘의 세 개의 경로에 신들의 이름이 할당된 데서 명백히 드러난다. 「에누마 엘리시」 IV.146과 V.1-46에서 마르두크는 별들과 행성들과 별자리들을 아누, 엔릴, 에아의 경로를 포함한 천체관측도에 묘사된 것과 동일한 양상에 따라 조직한다. 전통적인 천체의 징조 텍스트인 「에누마 아누 엔릴」은 아누, 엔릴, 에아가 하늘들이 징조 역할을 하도록 그것들을 어떻게 구성했는지에 관한 신화적 서론으로 시작한다. 고대 메소포타미아인들은 점에 심취했고, 그것은 거대하고 돈이 잘 벌리는 산업이었으며, 예견적인 신호들을 읽고 해석하는 것은 바빌로니아와 아시리아에서 문학적인 저작들과 학술적인 저작들의 가장 중요한 관심사였다.[54] 아슈르바니팔의 유명한 도서관의 절반 이상이 점에 할애되었는데, 그중 48퍼센트가 점성술에 관한 것이었고 14퍼센트는 동물의 내장 점에 관한 것이었으며, 10퍼센트는 땅의 징조에 관한 것이었다. 이제 과학사가들의 대다수는 수학적 천문학과 관측적 천문학이 제물로 드리는 어린 양의 간을 조사하는 것만큼이나 바빌로니아의 점의 일부였다는 것을 인식한다. 록버그는 "별자리들은 그것을 통해 신들의 뜻을 분간할 수 있는 하늘의 기록"과 유사했음을 강조했다. "필경사가 점토판에 글을 쓰듯이 신이 그 위에 그림을 그리거나 글을 쓸 수 있는 돌의 표면으로서의 하늘의 이미지는

---

54   Marc Van De Mieroop, *Philosophy before the Greeks: The Pursuit of Truth in Ancient Babylonia* (Princeton: Princeton University Press, 2016), 98.

하늘의 기록의 은유적인 기념물을 보완한다."[55] 록버그는 신화의 텍스트와 점성술의 텍스트 사이에 다음과 같은 차이가 있다고 진술한다. 바빌로니아의 우주 생성 신화들은 바다, 땅, 하늘, 그리고 바람 같은 우주의 의인화된 요소들과 관련된 알레고리로서 우주의 창조를 나타내는 반면, 점성술과 징조 텍스트들은 현상 자체를 묘사하고자 한다. 천체의 현상이 때로는 신들로서 은유적으로 묘사되지만(가령 "달 신이 애도한다"라는 표현이 월식에 대한 은유 역할을 한다), "징조에서 은유적인 언어의 사용은 관찰된 것 또는 관찰될 수 있는 것의 외관을 전달하는 힘이 있으며, 이 점은 고대 메소포타미아인들이 몇몇 자연현상을 신들의 현시로 개념화했음을 암시하는 증거를 구성한다."[56]

우주 지리를 다루는 신화적인 텍스트들은 명백히 문자적으로 취해지도록 의도되지 않았으며, 이 점이 위반되면 앞뒤가 맞지 않게 되어 있다. 「에타나 서사시」에서 에타나는 독수리의 등에 올라 아누의 하늘로 날아가게 되어 있다. 그가 어떻게 아래쪽 하늘과 중간 하늘의 단단한 바닥을 통과하는지는 묘사되지 않는다. 아다파 신화에서 아다파는 하늘로 가는 길을 걸어서 올라간다. 「네르갈과 에레쉬키갈」에서 난타르는 하늘로 가는 계단을 올라간다. 「에누마 엘리시」에서 천체들이 통과하는, 둥근 천장의 동쪽 문들과 서쪽 문들의 은유(V.9-10)는 문자적으로 읽히면 별들이 회전하는 단단한 돔에 고정되었다기보다는 자유롭게 움직이는 것을 전제한다. 창조 이야기에서 마르두크는 티아마트의 몸을 떼어내 그녀의 몸의 반쪽으로 하늘을 펼치고 그녀의 가랑이로 하늘을 떠받친다(V.61). 그러나 하늘 쪽을 바라보는 아무도 머리 위에서 용의 뼈를 보리

---

55   Rochberg, *Heavenly Writing*, 2.
56   Rochberg, *Heavenly Writing*, 39.

라고 기대하지 않았고, 어떤 여행자도 티아마트의 거대한 가랑이가 하늘을 떠받치는 것을 발견하리라고 기대하지 않았다. 「아트라하시스 서사시」에서 바다는 일종의 그물(*nahbalu*)을 통해 억제된다. 호로비츠는 이점에 관해 상당히 골머리를 앓는다. 그는 "부분적으로라도 그물로 만들어진 물체들은 구멍이 많은데 **나흐발루**가 어떻게 바다를 억제할 수 있는가?"라고 진지하게 생각한다.[57] 하지만 시적인 표현의 자유가 없는가?

요컨대 고대 메소포타미아인들이 지구가 편평한 원반으로서 그 위를 단단한 돔 위에 있는 바다가 둘러싸고 있었다고 생각했다고 주장하는 현대 서구의 구약 학자들은 자기들이 고대 근동 문화를 이해한다고 주장하지만, 사실은 메소포타미아의 텍스트에 낯선 경직된 문자주의를 들여오는 우를 범한다.[58] 우리는 우리의 과학적 담화에서 은유적인 언어―예컨대 정신분석에서 잠재의식, 초자아, 정신의 깊이 등―가 유행하는 것에 관한 J. 스태퍼드 라이트의 언급을 상기한다. "따라서 지금부

---

57   Horowitz, *Mesopotamian Cosmic Geography*, 327.

58   우리는 신화적이지 않은 텍스트에 대해서도 그런 문자주의를 경계해야 한다. 예를 들어 에사르하돈은 에사라의 신전의 위대함을 극찬한다.

> 나는 에사라의 머리를 나의 주 아슈르의 거처인 하늘로 올렸다.
> 나는 그것의 머리를 하늘로 높이 올렸다.
> 아래쪽, 지하세계에 나는 그것의 토대를 견고하게 만들었다.
> ……………………………………………………………………
> 그것의 높은 머리가 하늘을 긁고
> 아래로 그것의 뿌리들이 지하의 물에 퍼진다.

그런 언어는 우리의 대도시들에 있는 마천루들처럼 문자적으로 취해져서는 안 된다. Hurowitz는 다음과 같이 논평한다. "확실히 이런 묘사들은 그 건물과 건축자의 업적을 찬미할 의도이며, 독자들로 하여금 가장 일반적인 내용을 제외하고 그 건물을 시각화할 수 있게 만들어 줄 실제 묘사를 제시하려는 명확한 욕구가 없다"(Victor Hurowitz, *I Have Built You an Exalted House: Temple Building in the Bible in Light of Mesopotamian and Northwest Semitic Writings*, JSOTSup 115 [Sheffield: JSOT Press, 1992], 245).

터 1,000년 후 비판적인 독자는 20세기 사람들은 문들이 있는 3층의 단단한 정신 개념을 가졌다고 생각할지도 모른다. 우리는 그 사람이 얼마나 틀렸는지를 안다. 그러나 우리는 이런 어구들이 적절한 은유들이며 공간적이 아니고 이해될 수 있는 언어를 번역하기 위한 실로 거의 필수적인 은유라는 입장을 유지할 것이다."[59]

이집트 신화

이집트 신화에 관해서는 더 얘기할 필요가 있는 내용이 별로 없다. 이집트의 우주 지리에 관한 가장 중요한 증거는 무덤에 그려진 그림들과 그 그림들에 수반하는 설명문들에서 나온다. 하지만 오트마 킬과 실비아 슈로어는 "고대 근동의 이미지들은 사진과 같지 않고 개념적이다"라고 주의를 준다.[60] 그들은 다음과 같이 설명한다.

> 그러나 근본적으로, 우리는 이런 창조 개념들이 얼마나 사변적인지를 명심해야 한다. 그 당시 사람들의 사고, 회화적인 제시, 그리고 언어는 일반적으로 상징적이다. 즉 그것들은 전적으로 구체적이지도 않고 순전히 추상적이지도 않다. 송아지를 밴 암소나 태양의 영역을 밴 하늘-여인은 세상의 기원에 관한 순진하고 아이 같은 표현이 아니라, 구체적인 경험들(소, 출산 등)로부터 좀 더 추상적인 개념들(세상이 생겨난 것)을 형성하고 나타낼 수 있게 된 사고의 철학적 발달을 나타낸다. 이런 종류의 표시는 단순한 사실주의가 아

---

59   J. Stafford Wright, "The Place of Myth in the Interpretation of the Bible," *JTVI* 88 (1956): 23, Walter C. Kaiser Jr., "The Literary Form of Genesis 1-11," in *New Perspectives on the Old Testament*, ed. J. Barton Payne (Waco: Word, 1970), 61에서 인용됨.

60   Othmar Keel and Silvia Schroer, *Creation: Biblical Theologies in the Context of the Ancient Near East*, trans. Peter T. Daniels (Winona Lake, IN: Eisenbrauns, 2015), 79.

니라 구체적인 세상에서 작동하고 나타나는 힘들에 대한 관심을 반영한다.[61]

이는 존 콜린스가 올바로 촉구하듯이 "다른 문화로부터의 그림들과 인용문들을 단순히 인용하는 것은 아무것도 증명하지 못한다. 우리는 그것들을 해석해야 한다"는 것을 암시한다.[62]

　　고대 이집트인들이 하늘을 단단한 돔으로 생각했다고 믿는 학자들은 제임스 앨런의 『이집트에서의 창세기』(*Genesis in Egypt*, 1988)에 의존하는 경향이 있다. 앨런은 호로비츠와 달리 "그 이미지들이 전달하려고 하는 개념들을 파악하기 위해 그 이미지들의 배후를 보고자" 한다.[63] 불행하게도 앨런은 이집트의 텍스트들을 논의할 때 계속 이미지들과 개념들을 혼합한다. 예컨대 아비도스에 소재한 세티 1세의 무덤의 천장에서 나온 부조와 그에 수반하는 비문(그림 6.3을 보라)에 관해 "이집트의 전통적인 우주 개념이 가장 잘 드러난다"고 하는 그의 논의를 고려하라.[64]

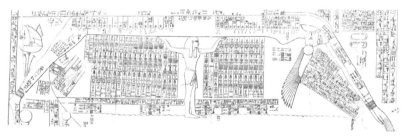

그림 6.3. 땅 위에 활모양으로 구부린 여성으로서의 하늘의 여신 누트를 보여주는, 아비도스 소재 세티 1세 무덤의 천장. 이 그림은 제임스 앨런이 제공했다.

61　　Keel and Schroer, *Creation*, 78.

62　　C. John Collins, *Reading Genesis Well: Navigating History, Science, Poetry, and Truth* (Grand Rapids: Zondervan, 2018), 130. Keel and Schroer, *Creation, 83*도 세상에 대한 이스라엘의 이미지의 도상학적 재구축에 대해 유사하게 주장한다.

63　　Allen, *Genesis in Egypt*, ix.

64　　Allen, *Genesis in Egypt*, 1.

그 부조는 하늘을 손과 발을 땅에 대고 슈 신의 형태를 한 대기를 통해 땅과 분리된, 활모양으로 땅 위에 구부린 여신 누트로 묘사한다. 별들과 태양은 그녀의 몸을 따라 묘사된다. 앨런에 따르면 "수반하는 텍스트들은 그 삽화들과 가시적인 우주 및 추측상의 우주와의 관계 모두를 설명한다."[65]

앨런의 진술은 기껏해야 오도한다. 그 텍스트들은 그 삽화에 등장하는 다양한 인물들을 통해 무엇이 나타내지는지를 묘사하지만, 가시적인 우주 및 추측상의 우주와 그것들 사이의 관계에 대한 **설명**을 제시하려는 시도는 없다. 누트에 대한 묘사는 다음과 같다.

1. **팔들**: 그녀의 오른팔은 북서쪽에 있고 왼팔은 남서쪽에 있다.
2. **머리**: 그녀의 머리는 서쪽 지평선 위에 있고 그녀의 입은 서쪽이다.
3. **입**: 서쪽 지평선.
4. **가랑이**: 동쪽 지평선.

우리는 이 묘사로부터 누트가 나타내는 실재에 관해 아무것도 배우지 못한다. 날개 달린 태양의 원판에 붙어 있는 그녀의 입과 다리에 있는 비문은 신화적인 용어로써 태양신이 저녁에 누트 안으로 들어가고 그녀가 임신하고 아침에 그녀가 태양신을 출산한다고 묘사한다.

이 신의 화신이 들어가는 때는 그녀의 저녁의 첫 번째 시간이다.

그는 자기 아버지 오시리스의 포옹 안에서 다시 효과적으로 되고 그 안에서 정화된다.

---

65   Allen, *Genesis in Egypt*, 1.

이 신의 화신이 두아트(Duat. 사후세계)에서 삶으로부터 쉬는 때는 그녀의
임신의 두 번째 시간이다.
··

··

이 신의 화신이 두아트 내부의 그녀의 입으로 들어가면
그 입은 그가 그녀의 내부에서 항해한 후 계속 열린 채로 있다.
항해하는 이 별들이 그 뒤에 들어갈 수 있도록 말이다.
··

이 신의 화신은 그녀의 뒤에서 나온다.
그러고 나서 그는 세상을 향해 또렷하게 새로 태어난다.
그다음에 그는 스스로 위로 나온다.
그 후에 그는 자기 어머니 누트의 넓적다리를 가른다.
그러고 나서 그는 하늘로 올라간다.

이 "설명들"은 그림들 자체만큼이나 신화적이다. 그 설명들은 실제로 누
트를 밤하늘로 묘사하고, 태양이 저녁에 그녀의 입으로 들어갔다가 아침
에 새로 태어나는 것으로 묘사한다. 그러므로 그녀의 이미지는 별들로 장
식된다. 그런 묘사는 태양의 밤 여행이 지하세계에서 일어나는 것으로 묘
사하는 데 대한 대안이다. 그런 신화들에서 태양의 원기를 회복하는 여행
이 누트의 몸 안에서가 아니라 거대한 뱀이나 악어의 몸 안에서 일어날
수도 있다. 확실히 이런 묘사들이 문자적으로 취해져서는 안 된다.[66] 하늘

---

66 Walton이 능숙하게 표현하는 바와 같이 그것은 누가 누트에게 바위를 던져 무릎을 맞힐
    수 있는 종류의 것이 아니다(J. H. Walton, "Creation," in *Dictionary of the Old Testament:*
    Pentateuch, ed. T. Desmond Alexander and David W. Baker [Downers Grove, IL:
    InterVarsity Press, 2003], 163).

여신은 이집트의 도상학에서 다양하게 나타내졌다.[67] 그녀는 암소로 묘사될 때도 있고 여신 하토르로 묘사될 때도 있다. 누트에 대한 몇몇 묘사에서 그녀는 태양이 그녀의 몸 위를 항해하는, 낮의 하늘로 나타나거나 심지어 이중으로 나타나서 별들이 각각의 몸 아래 위치하기도 한다. 호르눙은 신적 이미지―원시의 상태를 나타내는, 개구리의 머리 또는 뱀의 머리를 한 여덟 신의 이미지 같은 이미지―중 어느 것도 숨겨 있고 신비로운 신의 진정한 형태에 관해 어떤 정보도 주지 않는다고 강조한다.[68] 따라서 복수의 이미지들이 자유롭게 사용된다.

앨런은 누트를 통해 표현된 실재는 우리의 세상을 외부의 어둠과 물들로부터 분리하는, 우리들의 머리 위의 둥근 천장이라고 생각한다. "사람들이 나일강을 항해하듯이 태양이 이 물들을 항해한다. '태양의 배가 물들을 통과해 나아간다'(CT VI 313p)."[69] 앨런의 진술들은 신화적인 이미지들과 실재를 뒤섞는다. 앨런은 사람들이 나일강을 항해하는 것은 객관적인 실재이지만 태양이 배로서 천상의 물들을 항해하는 것은 이집트 신화들의 이미지의 일부임을 인정한다. 그렇다면 왜 둥근 천장이 이미지에 속하는 것이 아니라 개념적인 내용에 속한다고 생각하는가? 외부의 어둠과 끝없는 물들은 누트나 슈처럼 신화의 일부다. 끝이 없는 외부의 물의 표면 위를 문자적으로 위아래로 항해하는 배는 우스꽝스러운 것은 차치하고 이집트의 도상학에서 태양의 배가 묘사되는 방식이 아니다. 그렇다면 왜 둥근 천장을 물리적 실재로 생각하는가? 앨런이 "둥근

---

67   예컨대 Keel and Schroer, *Creation*, 79, 90-91에서 재수록된 인상적인 이미지들을 보라.

68   Hornung, *Conceptions of God*, 124-25.

69   Allen, *Genesis in Egypt*, 5.

천장"(vault)으로 번역하는 상형문자는 단순히 "창공"(sky)을 의미한다. 앨런은 "이집트의 개념들에서 창공은 물들의 표면과 건조한 대기 사이의 일종의 접촉면으로서의 단단한 '천장'이 아니"라고 생각한다.[70] 이 묘사는 사실상 "둥근 천장"을 외기권 또는 슈를 통해 표현된 지구의 대기의 가장 바깥층으로 만든다.

별들이 세티 1세의 무덤 등에서 누트의 몸을 장식한다. 그러나 고대 이집트인들은 메소포타미아인들과 마찬가지로 별들과 행성들의 움직임을 관찰했다. 중왕국 때 천문학 체계가 있었는데 그것에 따르면 태양과 같은 무렵에 출몰하는 별들―즉 새벽 전에 가장 늦게 보이는 별들―은 10일 간격으로 지평선 위에 뜬다.[71] 기원전 1800-1200년에 만들어진 것으로 추정되는 관의 덮개에 연중 10일 간격으로 배열된 36개의 별자리로 표시된 하늘이 그려져 있다. 36개의 열들과 밤의 12시간 각각에 해당하는 12개의 행들로 구성된 그 그림은 사실상 별시계다. 태양 역시 누트의 몸을 통과해 움직인다. 그러나 이집트인들은 태양이 별들의 매일의 회전과 **반대** 방향으로 별들에 비해 느린 자체의 움직임을 지니고 있음을 관찰했다. 1년에 한 번 완성되는 태양의 동쪽으로의 상대적인 이동으로 말미암아 새벽에 마지막으로 볼 수 있는 별들이 뜨는 시각에 비해 매일 태양이 뜨는 시각이 늦춰진다. 그 결과 이 별들이 뜨는 것이 점점 더 명확하게 볼 수 있게 되고 그 별들이 새벽의 빛 가운데 희미해질 때까지 점점 더 오래 걸릴 것이다. 다른 별들이 밤에 그 별들을 대체해서 마지막으로 볼 수 있는 별들이 될 것이다. 이런 현상의 순서를 통해 이집트인들은 별들을 통해 밤의 시간을 측정하게 되었는데, 오늘날 우리는 그

---

70   Allen, *Genesis in Egypt*, 5.
71   Neugebauer, *Exact Sciences in Antiquity*, 81-89의 설명을 보라. 나는 이 대목에서 그 설명을 따른다.

것을 십분 각(데칸, decan)으로 부른다. 이 체계에서는 별 하나가 밤의 마지막 시각을 나타내고, 다른 별이 그다음 10일의 마지막 시각을 나타내는 식으로 계속된다. 1년에 정확히 360일 또는 36회의 "10일"이 있다고 가정하면, 특정한 별이 또다시 밤의 마지막 시각의 데칸 역할을 하려면 360일이 필요할 것이다.

세티 1세의 무덤에 있는 비문에 대한 해설은 어떻게 별 하나가 "죽은" 뒤 또 다른 별이 지하세계의 방부처리소에서 "정화"되고 70일 동안 보이지 않은 뒤 다시 태어나는지를 묘사하는데, 이는 관측되는 실재에 대한 "신화적인 묘사"다.[72] 그렇다면 이런 그림들과 묘사들에 상응하는 실재는 무엇인가? 앨런은 "둥근 천장으로서 하늘은 모든 방향으로 땅위에 걸쳐져 있다(여신으로서 그녀는 자기의 발과 팔로 땅과 접촉한다)"고 말한다.[73] 그러나 태양과 별들이 하늘(누트의 몸)을 통과하여 움직인다는 사실에 비추어 볼 때 고대 이집트인들은 별들이나 태양이 땅 위에 걸쳐져 있는 단단한 둥근 천장에 박혀 있다고 생각할 수 없었을 것이다. 호프마이어는 하늘이 천막의 기둥들이나 막대기들을 통해 지탱된다고 언급하는 다양한 텍스트를 인용한다(피라미드 텍스트 348, 360, 1456, 1510, 1559; 관 텍스트 I, 2641; 『사자의 서』(Book of the Dead) 450, 14).[74] 피라미드들을 건축한 문화가 그런 은유들을 문자적으로 취했을 리가 없다. 우주적인 돔의 무게를 견딜 수 없는 것은 완전히 차치하고, 그런 지지대들은 하늘들의 움

---

72   Neugebauer, *Exact Sciences in Antiquity*, 87. Neugebauer는 이런 무덤 그림들이 "예술적인 원칙들이 천장 장식의 천문학적 배열을 결정했음을 강력하게 보여준다"고 논평한다. "따라서 하늘에서 묘사된 별자리들이 요구한다고 보이는 것과 똑같은 별들의 배열을 발견하려고 하는 것은 가망이 없는 노력이다"(89). 다시 말하거니와 우리는 이집트인들이 이런 그림들을 문자적으로 취했다고 생각하는 것이 무분별한 처사임을 보게 된다.

73   Allen, *Genesis in Egypt*, 5.

74   James K. Hoffmeier, "Some Thoughts on Genesis 1 & 2 and Egyptian Cosmology," *JANESCU* 15, no. 1 (1983): 45.

직임으로 말미암아 박힌 곳에서 빠졌을 것이다. 천체들이 새겨진 단단한 둥근 천장은 이집트의 우주 지리의 일부가 아니며 누트나 슈도 마찬가지다. 누트가 단지 하늘을 나타냈다는 해석이 좀 더 개연성이 있다.

킬과 슈로어는 고대의 우주 지리를 문자적으로 해석하는 당대의 학자들은 그것들을 이해하지 못했다고 결론짓는다.

> 고대 근동인들은 지구가 궁창이 종 모양으로 그 위에 얹혀 있고 별들이 그곳에 걸려 있는, 물 위에 떠 있는 편평한 원반이라고 생각하지 않았다. 그들은 관찰과 공예품들을 통한 경험으로부터 물을 들어 올릴 용량은 제한되어 있다는 것과 거대한 둥근 천장은 엄청난 무게를 지탱할 능력 면에서 큰 문제를 일으킨다는 것을 알았다. 계속 재인쇄되는 "고대 근동 세계의 그림"의 텍스트북 이미지들은 고대 근동의 개념들과 표시들의 종교적 구성 부분을 고려하지 못한, 전형적인 현대의 오해에 기초한다.[75]

고대인들이 우주 지리에 관해 믿은 것을 우리에게 알려준다고 주장하는 많은 구약 학자가 관련 텍스트들을 그렇게 심하게 오해했다는 사실은 우리로 정신을 바짝 차리게 한다.

이스라엘의 신화들

하나님이 소위 궁창(*rāqia'*)을 창조한 창세기 기사에 관해서는 말할 필요가 훨씬 작다. 메소포타미아와 이집트의 우주 지리에 대한 현대의 오해가 드러남에 따라 창세기 1장의 **라키아**(*rāqia'*)를 문자적인, 단단한 돔으로 해석할 주된 버팀대가 무너진다. 창세기 1장은 **라키아**의 성격에 관해

---

75   Keel and Schroer, *Creation*, 78.

우리에게 사실상 아무것도 말해주지 않으며, 그 단어가 비유적으로 사용되는지 또는 문자적으로 사용되는지도 말하지 않는다. 우리는 다음과 같은 말만 들을 뿐이다.

> 하나님이 이르시되 "물 가운데에 **궁창**(*rāqîaʿ*)이 있어 물과 물로 나뉘라" 하시고 하나님이 **궁창**을 만드사 **궁창** 아래의 물과 **궁창** 위의 물로 나뉘게 하시니 그대로 되니라. 하나님이 **궁창**을 하늘이라 부르시니라. 저녁이 되고 아침이 되니 이는 둘째 날이니라(창 1:6-8).

> 하나님이 이르시되 "하늘의 **궁창**에 광명체들이 있어 낮과 밤을 나뉘게 하고 그것들로 징조와 계절과 날과 해를 이루게 하라. 또 광명체들이 하늘의 **궁창**에 있어 땅을 비추라" 하시니 그대로 되니라. 하나님이 두 큰 광명체를 만드사 큰 광명체로 낮을 주관하게 하시고 작은 광명체로 밤을 주관하게 하시며 또 별들을 만드시고 하나님이 그것들을 하늘의 **궁창**에 두어 땅을 비추게 하시며 낮과 밤을 주관하게 하시고 빛과 어둠을 나뉘게 하시니 하나님이 보시기에 좋았더라(창 1:14-18)

> 하나님이 이르시되 "물들은 생물을 번성하게 하라. 땅 위 하늘의 **궁창**에는 새가 날으라" 하시고(창 1:20)

한 단어의 의미를 결정하는 것은 어원론이 아니라 용법이기 때문에[76] 몇

---

76   Lamoureux의 입장에 관해 Barrett and Caneday, *Four Views on the Historical Adam*, 67에 수록된 John H. Walton, "Response from the Archetypal View"에서 지적된 것처럼 말이다.

몇 학자들이 시도했던 것처럼[77] 어원론을 통해 **라키아**의 의미를 결정하려고 하는 것은 무익하다. 그 단어는 창세기 밖에서는 일종의 하늘의 창공이나 머리 위의 배경을 묘사하기 위해 사용된다(시 19:1; 150:1; 단 12:3; 겔 1:22-26; 10:1). 창세기 1장에 사용된 **라키아**의 의미는 8절에 나온다. "하나님이 궁창(*rāqîa*)을 하늘(*šāmāyim*, **샤마임**)이라 부르시니라." **샤마임**은 하늘들(skies)을 가리키는 단어이며 따라서 라키아는 하늘 또는 광활하다는 개념을 표현하는 하늘들을 가리킨다.

태양과 달과 별들은 하늘을 통과해 움직이는 것으로 관찰되었고 그래서 그것들이 계절과 날과 해의 표시 역할을 했기 때문에 고대 히브리인들이 하늘을 하늘의 발광체들이 박혀 있는 단단한 돔이라고 생각했을리가 없다. 새들은 **라키아**의 "표면"에서(창 1:20) 및 "하늘에서"(신 4:17)난다. **라키아**가 "**전체 하늘, 지구 표면에서 위쪽으로 보이는 모든 부분**"을 가리키는 것으로 보는 벤자민 스미스의 묘사가 아마도 그 단어를 가장 잘 나타낼 것이다.[78] 따라서 창세기 1장의 저자는 8절에서 **라키아**의 지시어를 고정시킨 후 **레키아 하샤마임**(*rəqîa*ʿ *haššāmāyim*)이라는 표현을 사용해서(20절) 하늘의 전체 창공을 가리킨다. 이 모든 것은 **라키아**가 단순히 현상적인 실재임을 암시한다. 월튼이 멋지게 제시하듯이 "**라키아**

---

77   가령 Denis O. Lamoureux, "No Historical Adam: The Evolutionary Creation View,"
      in *Four Views on the Historical Adam*, ed. Matthew Barrett and Ardel B. Caneday,
      Counterpoints (Grand Rapids: Zondervan, 2013), 53. 놀랍게도 John Day, *From
      Creation to Babel: Studies in Genesis 1-11*, LHBOTS 592 (London: Bloomsbury, 2013), 3
      도 마찬가지다. Day는 근저의 동사 라카(*rq*ʿ)에 의존하는데, 그 동사는 "두들겨서 늘이
      다"를 의미하며 피엘(강조 능동) 형태와 푸알(강조 수동) 형태에서 금, 청동, 그리고 은
      과 연결하여 사용된다. 마치 그 동사의 목적어들의 물질성이 그 동사의 의미를 결정하고
      그 동사의 의미가 명사의 의미를 결정하듯이 말이다!
78   Benjamin D. Smith Jr., *Genesis, Science, and the Beginning* (Eugene: Wipf & Stock,
      2018), 240.

가 있는데 그것은 파랗다."[79]

　　위의 물과 아래의 물을 분리시키는 **라키아**의 역할에 관해서는, 위의 물은 하늘에서 내려오는 비로 생각되었을 수도 있다. 몇몇 학자들은 고대 이스라엘인들이 위에 있는 단단한 돔에 난 모종의 문(소위 하늘의 창들)을 통해 물이 땅에 떨어진다고 생각했다고 주장했지만, 그런 경직된 문자주의는 전혀 개연성이 없다. 그런 구멍을 통해서 떨어지는 물은 비로 보이기보다는 땅에 떨어지는 파괴적인 폭포로 보일 것이다. 그러나 홍수 이야기에 "하늘의 창문들이 열려 사십 주야를 비가 땅에 쏟아졌다"(창 7:11-12; 참조. 8:2)는 표현이 등장한다. 에이버벡은 우가리트의 바알 신화에서 비구름들이 바알의 궁전에 있는 창문을 나타낸다는 것을 지적한다. "이 대목에서 그 지시어들의 유비적, 은유적 성격이 명확하다. 창문은 구름에 존재하는 틈이다."[80] 구약성서의 다른 곳에서 하늘의 창들이 은유적으로 보리(왕하 7:2), 근심과 고통(사 24:18), 그리고 신적 축복(말 3:10)을 전달한다고 묘사된다.

　　월튼은 **라키아**가 물리적 실재가 아니라는 데 동의하지만 욥기 37:18을 토대로 고대 이스라엘인들이 **또 다른** 실재인 **세하킴**(šǝḥāqîm, "하늘들"로 번역된 단어다), 즉 단단한 표면이 존재한다고 믿었을 수도 있다고 생각한다.[81] 이는 하늘에 대한 녹인 거울의 은유를 사용해서 극심한 가뭄 동안 비가 오지 않는 하늘을 묘사할 수도 있는(참조. 신 28:23), 고도로 시적인 텍스트에 대한 불필요하게 문자적인 해석이다. 번 포이트레스는 철저한 논의에서 고대 이스라엘인들은 물의 순환을 이해했으며, 문자적

Walton, "Creation," 159.

Averbeck, "Literary Day," 15.

Walton, *Genesis 1 as Ancient Cosmology*, 156-57; Walton, "Response from the Archetypal View," 68.

인 단단한 돔 위에 있는 하늘의 바다를 믿었다고 가정되어서는 안 된다는 것을 보여준다. 그는 다음과 같이 주장한다. (1) 농부들과 목자들로서 이스라엘인들에게 비에 관한 어느 정도의 지식이 있었다고 예상될 수 있다. (2) 구약성서 구절들은 그들이 비가 구름들로부터 온다는 것을 알았음을 보여준다. (3) 다른 고대인들 역시 비가 구름들로부터 온다는 데 익숙했다. (4) 그럼에도 구약성서는 때때로 비가 "하늘"에서 오는 것으로 묘사한다(가령 삿 5:4: "하늘이 물을 내리고 구름도 물을 내렸나이다"). (5) 구약성서는 비가 오지 않는 것을 하늘들이 "닫히는" 것으로 묘사한다. (6) "하늘의 창들이 열리는 것"이 비유적으로 사용되어 하나님이 축복을 부여하고 비가 오는 것을 묘사하는 데 사용된다. (7) 구약성서는 이스라엘인들의 삶에 영향을 주는 것들에 관해 그들을 가르치는 반면에 존재한다고 주장되는, 단단한 장애물을 통해 닫힌 하늘의 바다는 그들의 생계에 매우 중요했던 구름들과 아무런 관계도 없었을 것이다. (8) 창세기 1장은 이스라엘인들과 관련이 있는 것들에 관해 말한다. 따라서 창세기 1장이 구름들에서 오는 비를 빠뜨렸을 개연성이 낮다. 포이트레스는 문자적인 해석은 "고대인들의 구름에 대한 지식을 존중하지도 않고 고대인들의 다채로운 이미지들을 사용하는 능력도 존중하지 않는다"고 결론 짓는다.[82]

요컨대 자주 재인쇄되는, 고대 히브리인들의 우주 지리라고 주장되는 그림(그림 6.4를 보라)은 경직된 문자주의와 결합된 다양한 텍스트들을

---

82   Vern S. Poythress, "Rain Water versus a Heavenly Sea in Genesis 1:6-8," *WTJ* 77 (2015): 187, 다음 문헌들에 대한 응답으로 쓴 글: Paul Seely, "The Firmament and the Water Above, Part I: The Meaning of raqia' in Gen 1:6-8," *WTJ* 53, no. 2 (1991): 227-43; Seely, "The Firmament and the Water Above, Part II: The Meaning of 'the Water above the Firmament' in Gen 1:6,8," *WTJ* 54, no. 1 (1992): 31-46.

조잡하게 꿰맞춤으로써 형성된 기형적인 구성이다. 그런 세상의 그림은 창세기 1장의 저자는 말할 것도 없고 고대 이스라엘인들에게 인식될 수 없었을 것이다.[83]

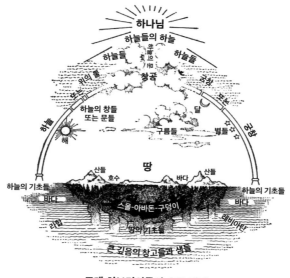

고대 히브리인들의 우주 개념

창조와 홍수 기사를 예시하기 위함

그림 6.4. 몇몇 현대 해석자들이 고대 이스라엘인들의 세계의 그림으로 상상한 기형적인 합성물. George L. Robinson, *Leaders of Israel: A Brief History of the Hebrews from the Earliest Times to the Downfall of Jerusalem, A.D. 70* (New York: YMCA Press, 1907), 2에 입각함.

고대 근동 신화들의 유연성과 신축성

이 모든 점은 많은 고대 근동 신화의 은유성과 관련하여 언급되었다. 고대 근동 신화들의 은유적이고 비유적인 언어들은 그런 신화들의 비문자

---

83 Averbeck, "Literary Day," 14에게는 미안한 말이지만, 창 1장에는 지하의 영역이 묘사되지 않기 때문에 3층의 우주에 대한 어떤 힌트도 없다. 기껏해야 위의 하늘과 아래의 땅이라는 2층의 우주가 있을 뿐이다.

적인 독법을 지지할 뿐만 아니라 그 신화들의 유연성과 신축성 역시 그 것들을 문자적으로 해석하는 것이 최선이 아님을 암시한다.

메소포타미아에는 마르두크의 세상 창조에 관한 여러 기사가 있다. 우리는 이미 마르두크가 티아마트의 시체에서 세상을 만든 낯익은 기사 를 언급했다. 그러나 두 개 언어(수메르어와 바빌로니아어)로 쓰인 창조 이 야기에는 그런 싸움이 없다. 그 이야기에 따르면 모든 것이 바다였을 때

마르두크가 물들의 표면 위에 뗏목을 조립했다.

그는 땅을 만들고 그것을 뗏목 위에 쌓았다.
이는 신들이 그들이 기뻐하는 거처에서 정착하도록 하기 위함이었다.
그는 인류를 창조했다(17-20)

원시의 물과 창조주로서 마르두크가 등장하기는 하지만 이 평화스러 운 창조 이야기는 「에누마 엘리시」에 나오는 호전적인 기사와는 완전히 딴판이다. 신들에게 노동자를 제공하기 위해 죽임 당한 신들의 피로 인 간을 창조한 변화무쌍한 기사들도 있다. 「에누마 엘리시」에서 킹구 신 은 티아마트의 반역을 사주한 혐의로 처형당했고 "그의 피로 그[에아] 가 인간을 창조했으며 에아는 인간에게 신들을 섬기는 일을 부과했고, 신들을 해방시켰다"(VI.33-34). *KAR* IV에 수록된 "인간의 창조" 이야기 에서는 알라 신과 일라 신이 도살되어 "그들의 피로 인간을 만들고 신들 의 노동이 인간에게 할당된 일이 되게 했다"(25-27). 「아트라하시스 서 사시」에서는 웨일라 신이 죽임을 당하고, "닌투가 그의 살과 피를 진흙 과 섞어서"(225-26) 인간을 만들어 신들을 그들의 노역에서 해방시켜주 었다. "내가 너희의 무거운 일을 제거했다. 내가 너희의 고역을 인간에게

부과했다"(240-41). 인간의 창조에 관한 다른 버전들에서 인간의 몸을 구성하는 신적인 요소와 인간의 존재 이유는 변하지 않는다.

우리는 이미 「길가메시 서사시」에 나타난 놀라운 신축성을 언급했다. 그 서사시가 지어지기 전에 길가메시 또는 빌가메시의 위업에 관한 다섯 편의 고대 수메르 시(두 버전의 길가메시와 괴물 후와와 사이의 싸움 포함)가 존재했다. 그 서사시 자체가 고바빌로니아 버전에서 중바빌로니아 버전을 거쳐(둘 중 어느 것에도 홍수 이야기가 포함되지 않았다) 현재의 표준 바빌로니아 버전이 되었다. 그 서사시의 표준 버전은 "빌가메시와 후와와" 그리고 "빌가메시와 하늘의 황소"라는 수메르 시 두 편을 포함한다. 서판 VII-VIII에 수록된 엔키두의 죽음과 장례식은 "빌가메시의 죽음"이라는 시에 기초한 것으로 생각된다. 그 서사시에 서판 XII가 덧붙여짐으로써 또 다른 수메르 시 "빌가메시와 지하세계"의 마지막 부분이 재생된다. 표준 버전의 서판 XI에 수록된 홍수 기사는 「아트라하시스 서사시」의 홍수 기사가 「길가메시 서사시」 안으로 편입되었음을 나타낸다. 또한 바빌로니아의 저자는 홍수 이야기에 등장하는 새들의 에피소드 등 자기의 이야기의 다양한 요소를 다른 자료들에 의존한다. 「길가메시 서사시」뿐만 아니라 「네르갈과 에레쉬키갈」, 「안주」 같은 다른 신화들에도 여러 버전이 있는데, 이 버전들은 메소포타미아 신화들의 신축성을 증언한다.

이집트 종교에 편만했던 혼합주의도 메소포타미아에서 발견된다. 야콥센은 "한 신이 다른 신들과 부분적인 동일성을 누리고 따라서 그들의 특성과 능력을 공유한다"고 설명한다.[84] "인간의 창조"에서 닌우르타

---

84   Jacobsen, "Mesopotamia," 133.

신의 몸의 다양한 부분들 자체가 에아, 샤마시 등이라고 말해진다.[85] 마르두크는 문제가 통치와 조언에 관련될 때에는 엔릴 신과 동일시되지만, 그가 밤의 발광체로서 행동할 때에는 달의 신인 신(Sin)이 된다.[86] 야콥센에 따르면 "그런 하나의 '자아'가 많은 개별적인 현상들에 침투할 수 있으므로 그것은 다른 자아들에도 침투하고 그들에게 자신의 특수한 특성을 주고 그들이 그들의 권리로서 지니고 있던 특질에 자신의 특징을 덧붙일 수 있다."[87]

하지만 이집트는 신화들의 유연성과 신축성으로 유명하다. 존 윌슨은 이집트의 신화를 다음과 같이 요약한다. "이집트인들은 다양한 신화를 받아들였고 아무것도 버리지 않았다."[88] 2,300년 동안 근본적인 기원 신화의 네 개 버전이 출현했는데 각각 헬리오폴리스, 헤르모폴리스, 멤피스, 그리고 테베에 소재한 숭배의 중심지와 관련이 있었고, 이 중심지들은 그동안 "놀라울 정도로 일관성이 있게" 존속했다.[89] 이 다양한 버전들은 차이에도 불구하고 조화롭게 공존했다. 예컨대 아문 신을 최우선시한 헤르모폴리스의 신학자들은 다음과 같이 단언한다.

신들은 셋이다.

아문, 태양, 그리고 프타가 있는데 그들의 보조자는 없다.

그의 정체성은 아문 안에 감춰져 있다.

그의 얼굴은 태양이고 그의 몸은 프타다.

---

85 *KAR* IV, 102행.
86 CT XXIV, 50, No. 47406 obverse 6, 8, Jacobsen, "Mesopotamia," 133에서 언급됨.
87 Jacobsen, "Mesopotamia," 134. Jacobsen에게는 신들이 의인화된 자연의 힘들임을 상기하라.
88 Wilson, "Egypt," 50.
89 Allen, *Genesis in Egypt*, 12, 56.

그들의 도시들은 땅 위에 있고 영원까지 고정되어 있다.

반복:

영원한 같음의 양상을 따른 테베, 헬리오폴리스, 그리고 멤피스여(Leiden papyrus 300.1.7).

그 텍스트는 계속해서 다음과 같이 단언한다. "하늘에서 메시지가 보내지면 그것은 헬리오폴리스에서 들리고/…멤피스에서 반복되고/…테베에서 응답된다"(8-12). 신들의 상호 동일시는 이집트의 혼합주의의 표현인데 그것에 대해 우리는 곧 좀 더 살펴볼 것이다. 앨런이 설명하듯이 그 텍스트의 목적은 테베, 헬리오폴리스, 그리고 멤피스의 위대한 신학 시스템들이 다른 신학들의 희생하에 자신의 우월성을 확립하려고 하는 경쟁적인 신학들이 아니라, 세계와 그 기원에 대한 하나의 일관성 있는 이해의 측면임을 보여주는 것이다.

그 이해에 따르면 실재는 물로 대표되는, 획일적인 원시의 일원적인 상태가 전개된 것이다. 이 물들에서 스스로 창조된 아툼 신과 동일시되거나 관련된 작은 언덕이 출현했다. 이어서 아툼은 재채기하거나 침을 뱉거나 수음(手淫)을 함으로써 다른 신들을 창조한다. 이 창조 순서의 정점은 레 또는 아문-레 신인데, 그의 현시는 태양이다. 태양이 저녁에 지고 새벽에 다시 태어남에 따라 이 창조 사이클이 매일 반복된다.

이 이야기의 많은 이형이 발달했다. 헤르모폴리스에서는 원시 상태의 특성들이 여덟 신, 곧 네 쌍의 남성 신과 여성 신들로 의인화되었고 그들이 아툼을 낳는다. 헬리오폴리스에서는 아툼이 최초의 부부인 슈와 테프누트를 창조하며, 그들의 자녀는 땅의 신과 하늘의 여신인 게브와 누트다. 게브와 누트는 네 명의 자녀 오시리스, 세트, 이시스, 그리고 네프티스를 낳아서 아홉 신을 형성한다. 그러나 그들의 생성 순서는 변화무쌍하다. 때로는 슈와 테프누트가 오시리스의 부모이고 세트는 오시리스 또는 호루스의 형제다.

이집트의 신화는 문자적인 해석을 허용하지 않는 것으로 보이는 혼합주의를 보였다. 호르눙은 이집트의 혼합주의를 "개별 신들의 특성들이 명확히 구분되지 않아서 어떤 신의 측면들이 다른 신의 측면들과 같을 수 있다"고 묘사한다.[90] 가령 레는 단순히 레가 아니라 헬리오폴리스에서는 레-아톰, 테베에서는 아문-레이기도 했고, 다양한 지역에서 크눔-레, 소베크-레, 몬투-레 같은 조합이었다. 호르눙은 혼합주의를 다른 신들—주로 레와 오시리스—의 상호 거주라는, 똑같이 어려운 개념과 구분한다. 상호 거주에서는 낮 동안의 레가 죽은 자의 영역에 내려가 지하세계의 신인 오시리스가 된다. 레는 단지 오시리스의 역할을 맡는 것이 아니라, "그가 죽은 자들의 통치자를 자신의 존재 안으로 심원하게 통합해서 둘이 한 몸을 가지고 '한 입으로 말할' 수 있다." "이처럼 매일 재현되는 두 신들의 이러한 연합은 아문-레의 혼합주의적인 결합과는 다른 현상이다."[91]

혼합주의에서는 관련된 신들이 합체하지 않고 별개의 신들의 새로운 단위가 형성된다. 그러므로 혼합주의는 관련된 신들의 동일시를 암시하지 않으며, 신들과 여신들의 단위 신들 안으로 똑같이 결합될 수 있고, 프타-소카르-오시리스나 아문-레-하라크테-아톰 같은 삼인 일조 또는 사인 일조 신들을 형성할 수도 있다. 호르눙에 따르면 "이집트인들은 세상의 긴장들과 모순들을 나란히 두고 그것들과 함께 산다. 아문-레는 아문과 레의 합성이 아니라 이전의 두 신들과 더불어 존재하는 새로

---

90   Hornung, *Conceptions of God*, 91
91   Hornung, *Conceptions of God*, 96.

운 형태다."[92] 이집트 신들의 이러한 변화성을 어떻게 이해하는 것이 가
장 좋은지가 문제다.[93]

이집트의 도상학은 신을 표현할 때 "놀라울 정도로 다양한 가능성"
을 허용했다.[94] 예컨대 여신 하토르는 여성, 암소, 암소 머리를 한 여성,
인간의 얼굴을 한 암소의 머리로 묘사된다. 그녀는 암사자, 뱀, 하마, 나
무 요정으로도 묘사된다. 그리고 "우리는 한 형태가 다른 형태로 대체
된 역사적 발전을 관찰하지 못한다. 모든 시기에 그 여신을 묘사하는 다
양한 방법이 나란히 공존했다."[95] 우리는 이집트인들이 하토르가 실제로
예컨대 인간의 몸과 암소의 머리를 가진 것으로 생각했다고 추론하지
않아야 한다. 그보다는 호르눙이 설명하듯이 다양한 이미지들은 그녀의
특성의 다른 측면들―가령 암소의 모성애적 부드러움과 암사자의 난폭
함과 뱀의 예측 불가능성―을 의미했다. 그런 이미지들은 말하자면 시
각적인 은유들이다.

우리는 이미 이집트인들의 태양과 하늘 묘사에서 유사한 변이성을
언급했다. 태양은 진행하는 동안 여러 신과 동일시될 수 있다. 즉 태양은
아침에는 케프리이고, 한낮에는 레 또는 하라크테이며, 저녁에는 아툼이

---

92 Hornung, *Conceptions of God*, 97.
93 나는 현대의 형이상학자들이 신들의 부분론적 융합이라고 부를 만한 것이 이집트인들
    이 그들의 신화에서 가정한 혼합주의를 이해하는 가장 좋은 방법이라고 생각한다(부분
    론에 대한 개요는 Kathrin Koslicki, *The Structure of Objects* [Oxford: Oxford University
    Press, 2008], 1장을 보라). 부분론적인 융합은 동일하지 않은 두 개의 객체를 혼합함이
    없이 새로운 제3의 물체로 결합해서 각각 자신의 정체성과 독특한 특성을 보존한다. 따
    라서 예컨대 우리의 몸은 몸의 모든 세포의 부분론적 융합으로 간주될 수 있을 것이다.
    다른 신들의 부분론적 융합은 어떤 종류의 융합이 가능한지를 규율하는, 매우 관대한 포
    함 원칙과 관련이 있을 것이다. 그러나 나는 이집트의 종교를 그런 식으로 이해하는 것
    은 시대착오적이며 신화들을 비문자적으로 해석하는 것이 좀 더 타당하다고 생각한다.
94 Hornung, *Conceptions of God*, 110.
95 Hornung, *Conceptions of God*, 113.

다. 태양은 배, 딱정벌레, 서쪽을 향하고 있는 노인 또는 매로 묘사될 수 있다. "이 개념들은 충돌하는 것이 아니라 보완적인 것으로 여겨졌다."[96] 하늘도 다양하게 묘사되었다. 윌슨은 다음과 같이 언급한다.

> 우리는 그 그림에서 하늘이 기둥들을 통해 지탱되는지 신에 의해 떠받쳐지는지 알고 싶을 것이다. 이집트인은 이렇게 대답할 것이다. "하늘은 기둥들을 통해 지탱되거나 신에 의해 떠받쳐지거나 벽들 위에 놓여 있다. 하늘은 암소이거나 팔과 발을 땅에 대고 있는 여신이다." 이집트인의 접근법에 따르면 이런 그림 중 어느 것이라도 만족스러울 것이고, 그는 하나의 그림에서 하늘을 지탱하는 두 개의 그림—팔과 발이 땅에 닿은 여신과 하늘 여신을 떠받치는 신—을 보여줄 수도 있다.[97]

태양과 하늘에 대해 모순된 묘사를 허용한 유연성은 그런 묘사들의 비문자성에 대한 확실한 징후다.

문자적으로 취해지면 이집트 신화는 논리적 모순과 형이상학적인 불합리로 가득 찬 난장판이다. 원시의 상태는 획일적인 단일성이면서도 근본적인 속성들을 갖고 있다. 더욱이 이 속성들은 이미 존재하는 여덟 신들로 나타내진다. 아툼은 자신을 포함해서 모든 신을 창조했다고 한다! 남성 신들과 여성 신들의 이름, 형태, 묘사들은 일관성이 없다. 이집트 신화의 외관상의 모순에 직면해서 호르눙은 이집트 신화들이 다가 (多價)의 논리로 이해되어야 한다는 놀라운 제안을 한다. "주어진 x는 a와 비a 모두일 수 있다. 배중률(排中律, the law of the excluded middle)은 적용

---

96   Hornung, *Conceptions of God*, 49.
97   Wilson, "Egypt," 45.

되지 않는다.…우리는 이집트인들이 주어진 특정한 x가 언제나 a인 특별한 경우를 가지고 있었을 가능성을 배제하지 않아야 한다. 이집트인들에게 2 곱하기 2는 언제나 4이고 결코 다른 수가 될 수 없다. 그러나 하늘은 많은 것—암소, 덮개, 물, 여성—이다. 그것은 여신 누트이고 여신 하토르이며, 혼합주의에서 신 a는 동시에 또 다른 비a다."[98] 이 질문은 이집트학 학자의 역량을 넘어선다는 것을 인정하면서도 하눙은 자신의 제안에 대한 정당화로 양자역학의 외관상의 역설들을 다루기 위한 양자 논리의 형성에 호소한다.

이 놀라운 제안은 문화적으로 부적절하기만 한 것이 아니라—우리가 어떤 문화, 특히 피라미드들을 건축할 수 있었던 문화가 "특별한 경우들"에만 배중률을 가정했다고 진지하게 생각해야 하는가?—무익하기도 하다. 양자 논리는 양자역학의 논의에서 막다른 곳임을 입증했다.[99] 더욱이 배중률을 부인한다고 해서 종종 악순환과 관련이 있는 이집트 신화의 모든 논리적 문제가 해결되지도 않을 것이다. 예컨대 다른 모든 신을 창조한 최초의 신이 자기도 창조한 것으로 생각된다. "역시 역설적으로, 태양은 (아툼과 동일시될 때) 아홉 신의 원천으로 이해될 수 있을 뿐만 아니라 호루스 신과 동일시될 때에는 아홉 신의 산물로도 이해될 수 있다."[100]

다행히도 호르눙은 좀 더 나은 해법을 찾아낸다. 우리는 이집트인들이 자기들의 신화들을 문자적인 사실로 취했다고 가정하지 않아야 한다. 호르눙은 고대인을 향한 19세기 인류학자들의 잘난 체하는 태도를

---

98   Hornung, *Conceptions of God*, 240-41.
99   Tim Maudlin, "The Tale of Quantum Logic," in *Hilary Putnam*, ed. Yemima Ben-Menahim, CPF (Cambridge: Cambridge University Press, 2005), 156-87.
100   Wilson, "Egypt," 11.

거절한다. 이집트 신화의 문자적 해석에 만연한 논리적 문제들이 이집트의 사고 전반에 대한 무차별적인 특징 묘사로 이어지지 않아야 한다. "이집트의 사고에서 신화가 모순적으로 여겨지지 않았다는 사실이 우리가 이집트의 사고 전체를 '신화적'이라거나 '신화를 짓는'이라고 부를 충분한 이유는 아니다. 신화는 많은 담론 방식 중 하나이며 어느 경우이든 사고의 형태가 아니다."[101] 맞는 말이다. 그리고 은유적이고 표상적인 이미지들에 비추어 볼 때 신화는 특별한 경우다. 호르눙은 다음과 같이 선언한다.

> 나는 현대 과학적 연구에서 만연하는 은유적이고 표상적인 이미지들에 대한 편견에 반대해서 이미지들은 우리가 그것을 통해 세상을 묘사하도록 제공받은 적절한 표지 시스템에 포함된다는 입장을 유지한다.
>   …이집트인들에게 있어서 신들은 세상을 설명하는 힘들이지만, 직접 이해될 수 있는 언어―신화의 언어―로 전달되기 때문에 우리가 신들 자체를 설명할 필요는 없다.[102]

신화의 언어는 비유적이며 따라서 문자적으로 취해질 필요가 없다.

---

101   Hornung, *Conceptions of God*, 240.
102   Hornung, *Conceptions of God*, 258.

창세기 1-11장에 대한 적용

창세기 1-11장이 신화-역사로 기능한다면 이 장들이 문자적으로 읽힐 필요가 없다. 인간의 기원과 타락 같은 몇몇 기사들에는 창조 이야기의 초월적인 신과 양립할 수 없는, 인간을 닮은 신이 등장하므로 그 기사들은 확실히 은유적이거나 비유적이다. 우리가 본 것처럼 다른 기사들은 문자적으로 취해진다면 저자 자신에게도 공상적으로 보일 것이다. 원시 역사에 관해서는 기록된 기사만 있으므로, 이 기사들의 전승 역사에 관한 합의가 없음에 비추어 볼 때, 이 내러티브들이 신화에 특징적인 유연성과 신축성을 어느 정도나 보이는지 알기가 매우 어렵다. 학자들 대다수는 홍수 기사를 다루는 것을 전통-역사 분석의 중요한 성공 사례로 여기며, 그 기사를 야웨 문서와 제사장 문서라는 두 문서의 결합으로 생각한다. 그렇다면 그것은 히브리 이야기의 유연성과 신축성의 좋은 사례가 될 것이다. 그러나 일반적인 전통-역사 분석에 대해 웬함 같은 비평가들이 제기한 이의들은 그런 가설적인 재구성에 대한 혹자의 확신을 누그러뜨리기에 충분하다.[103] 다른 한편으로 창조 기사와 인간의 창조 기사에 수록된 사건들의 순서에 나타나는 외관상의 불일치들은 오경의 저자가 중심적인 신학적 진리들이 충실하게 표현되는 한 사건들을 다소 다른 순서로 설명하는 데 대해 별로 신경을 쓰지 않았으리라고 암시한다. 저자가 자신의 기사를 정태적이고 최종적인 것으로 여기지 않고, 다른 방식으로 다시 말할 수 있고 새로운 도전에 적응할 수 있는 유연하고 신축적인 것으로 보았을 수도 있다.

우리의 탐구의 핵심인 내러티브들, 즉 2장과 3장의 아담과 하와의

---

103   Gordon J. Wenham, *Genesis 1-15*, WBC 1 (Grand Rapids: Zondervan, 1987), 156-57.

창조와 타락 기사는 비문자적인 해석이 매우 타당한 것으로 보인다. 우선, 앞서 언급된 바와 같이 1장에 등장하는 하늘과 땅의 초월적인 창조자와 달리 2장과 3장에서는 인간을 닮은 신이 등장한다.[104] 2장에서 암시되기만 했던 하나님의 신인동형론적인 특성은 하나님이 날이 서늘할 때 동산을 거닐고 자신으로부터 숨은 아담이 들을 수 있게 그를 부르는 것으로 묘사된 3장에서는 불가피해진다. 이에 비추어 읽히면 2장에 수록된 하나님의 아담 창조는 명백히 신인동형론적인 특성을 띤다. 이 대목에서 하나님은—닌투르가 진흙 조각들을 빚거나 크눔이 물레 앞에 서는 것처럼— 땅의 먼지로 사람을 빚고 그의 콧구멍 안으로 생명의 숨을 불어넣어 이렇게 만들어진 조상(彫像)이 살 수 있도록 한 것으로 묘사된다. "여호와 하나님이 흙으로 각종 들짐승과 공중의 각종 새를" 지었을 때(창 2:19) 하나님이 모든 동물을 유사하게 지었는지에 대해서는 언급되지 않지만 우리는 궁금할 수 밖에 없다. 하나님이 잠자는 아담의 갈비뼈 하나를 취하고 그곳을 살로 채우고 갈비뼈로 여성을 만들었을 때 그 이야기는 하나님이 아담에게 물리적인 수술을 하고 그다음에 그에게서 뽑아낸 몸의 일부로 여성을 만든 것처럼 들린다. 마찬가지로 동산에 하나님이 직접 현존한 점에 비춰볼 때 하나님과 타락 이야기의 주역들 사이의 대

---

104 2, 3장에 수록된 하나님에 대한 신인동형론적인 묘사는 John D. Currid, "Theistic Evolution Is Incompatible with the Teachings of the Old Testament," in *Theistic Evolution: A Scientific, Philosophical, and Theological Critique*, ed. J. P. Moreland et al. (Wheaton: Crossway, 2017), 858에서 제안된 바와 같이 창 18장에서 하나님이 아브라함에게 인간의 형태로 나타난 신의 현현으로 여겨질 수 없다. (1) "여호와께서 마므레의 상수리나무들이 있는 곳에서 아브라함에게 나타나시니라. 날이 뜨거울 때에 그가 장막 문에 앉아 있다가 눈을 들어 본 즉 사람 셋이 맞은편에 서 있는지라"(1-2)로 시작하는 18장과 달리 2장과 3장에는 신현의 언어가 없다. 그리고 (2) 결정적으로, 2장과 3장에서는 하나님이 아담에게 나타나지 않을 때조차 신인동형론적으로 묘사된다. 하나님이 땅의 흙으로 아담을 만들고 그의 콧구멍에 생명의 호흡을 불어넣은 이야기와 아담이 알지 못하는 사이에 하나님이 아담의 갈빗대로 하와를 만드는 이야기에서처럼 말이다.

화는 물리적으로 같은 장소에 존재하는 인물들 사이의 대화처럼 읽힌다. 하나님이 동물의 가죽으로 아담과 하와를 위해 옷을 만들어주고 그들을 동산에서 쫓아낸 것은 인간을 닮은 하나님에 의한 물리적인 행동들처럼 들린다. 창조 이야기에 묘사된 하나님의 승귀되고 초월적인 특성에 비춰볼 때 오경의 저자가 이런 묘사들이 문자적으로 취해질 것을 의도했을 리가 없다. 그런 표현들은 신화의 비유적인 언어들에 나타난다.

더욱이 우리는 이 이야기들의 많은 측면이 공상적임을, 즉 문자적으로 취하면 명백히 허위임을 살펴보았다. 앞서 우리는 이 사실을 내러티브들을 신화로 식별하기 위한 표지로 사용했다. 그러나 우리는 지금 우리의 고려를 저자 자신이 공상적으로 생각했을 개연성이 있는 내러티브의 특징들로 제한한다. 창세기 1장이 하나님이 위의 물과 아래의 물을 나눴다고 단언한다는 점에 비춰볼 때, 저자가 지구에 비가 오지 않았던 때가 있었다고 생각했다고 믿기란 어렵다. 아래의 물들이 바다들과 강들과 샘들의 형태를 띠었던 것처럼, 위의 물들은 비의 형태를 띠었다. 따라서 바다들과 강들과 샘들로 가득 찼으면서도 비는 없는 지구는, 고대 이스라엘인들이 물의 순환을 알고 있었다는 점에 비춰볼 때, 그들에게조차 공상적으로 보인다. 그리고 먹으면 불멸성이나 선악에 대한 갑작스러운 지식을 주는 열매를 맺는 나무를 포함하는 식물원이라는 아이디어는 오경의 저자에게 틀림없이 공상적으로 보였을 것이다. 우리가 이 대목에서 기적적인 열매를 다루고 있는 것이 아님을 기억하라. 마치 그것을 먹으면 하나님이 먹은 사람에게 초자연적으로 불멸성을 부여하거나 하나님의 뜻에 반하여 선악의 지식을 주기라도 하듯이 말이다. 에덴 동산이 페르시아만 오아시스라는 실제 장소에 존재하는 것으로 묘사되었을 수도 있지만, 그 장소는 올림포스산과 마찬가지로, 그 장소에서 무슨 일이 일어났는지에 관한 신화적인 이야기를 하기 위해 채택되었을 수도 있다. 그다음에 동산에 유명한 뱀이 존재한다. 그는 그 이야기에서 비중이 큰 인물로서 하나님께 대적해서 공모하는 사악한 인물이며 아마도 악의 상징일 테지만, 오경의 저자가 뱀이 말을 하지도 않고 지적인 행위자도 아니라는 것을 알았기 때문에 그는 우리가 정원에서 마주칠 수도 있는 문자적인 파충류는 아닐 것이다. 하나님이 타락의 야기자가 되지 않기 위해서는 뱀의 성격과 말이 하나님의 기적적인 활동으로 돌려지지 않아야 한다. 하나님이 아담과 하와를 동산에서 쫓아내고 동산의 입구에 그룹들과 불칼을 두어 그들이 다시 들어가는 것을 막았을 때, 그룹들은 공상과 상징의 생물들로 간주되었기 때문에, 이 묘사는 의심할 여지 없이 문자적으로 해석하도록 의도되지 않았다. 저자가 그룹들이 동산이 잡초로 무성하게 덮이거나 홍수로 쓸려 없어질 때까지 계속 동산의 입구에 머물렀다고 생각했을 것 같지 않다. 현실주의는 그것을 요구한다.

그리고 그 내러티브들에는 식물, 동물, 사람의 창조 순서와 가인의 아내에 관한 호기심 같은, 앞서 언급된 불일치들이 있는데 그것들은 확실히 저자에게 아무런 관심거리가 아니었다. 저자는 왜 이런 어려움들에 관해 태평한가? 아마도 그가 자기의 이야기들이 문자적으로 읽히도록 의도하지 않았기 때문일 것이다. 아담과 하와의 내러티브들의 이 모든 특징에 비춰볼 때 그 내러티브들이 문자적으로 취해지지 않는 것이 타당해진다. 저자는 우리에게 고도로 비유적인 언어로 표현된 중요한 진리들을 구현하는, 인간의 기원과 하나님께 대한 반역의 이야기를 주었다.

오경의 저자는 역사에 관심이 있었기 때문에 자기의 내러티브가 어느 정도는 실제로 살았던 사람들 및 실제로 일어났던 사건들과 관련이 있는 역사적인 내러티브가 되도록 의도한다. 그러나 그런 사람들과 사건들은 은유적이고 비유적인 신화의 언어라는 옷이 입혀져 있다. 앙리 블로셰가 능숙하게 제시하듯이 "우리가 창세기 2, 3장을 해석하고자 할 때 진짜 문제는 '우리가 타락에 관한 역사적 기사를 갖고 있는가?'가 아니라, '우리가 그것을 타락에 관한 역사적 기사로 읽어야 하는가?'다."[105] 그 내러티브들이 어느 정도로 문자적으로 취해져야 하고, 어떤 부분들이 역사적이고 어떤 부분들이 역사적이지 않은지를 분간하려고 노력하는 것은 아마도 무익할 것이다.[106] 따라서 나는 예컨대 원시 역사를 역사와 신학의 조합으로 보는 것에 대한 켄튼 스팍스의 반대가 부당하다고 생각한다. 스팍스는 창세기의 저자가 신화적인 이미지를 사용한다면 어떤 이미지들이 신화적인 상징이고 어떤 이미지들이 역사적 묘사에 좀 더 가까운지 추궁한다. 뱀이 동산에서 말했는가? 최초의 여성이 아담의 갈빗대로 만들어졌는가? 세계적인 홍수가 있었는가?[107] 나는 창세기 1-11장을 신화-역사로 보는 장르 분석의 생존력이 그런 질문들에 대해 답변할 수 있는 능력을 포함해야 한다고 생각할 이유를 모르겠다. 저자는 우리를 위해 그런 뚜렷한 구분선을 그리지 않는다.

그렇다면 원시 역사에 표현된 몇 가지 핵심적인 진리들은 무엇인가? 다음과 같은 점들이 떠오른다.

1. 하나님은 모든 물리적 실재의 인격적이고 초월적인 창조자이고, 완벽하게 선하며, 경배받기에 합당하다.
2. 하나님이 물리적인 세계를 설계했고, 그것의 구조와 생명 형태들

---

105   Henri Blocher, *Original Sin: Illuminating the Riddle* (Grand Rapids: Eerdmans, 1997), 50.
106   이것은 Speiser의 멋진 은유를 빌리자면 구름에서 형태를 찾는 것에 해당할 것이다.
107   Kenton L. Sparks, "Response to James K. Hoffmeier," in Halton, *Genesis*, 64-65.

의 궁극적인 원천이다.

3. 인간은 그 물리적 창조세계의 정점으로서, 유한하다고 할지라도 하나님처럼 인격적인 행위자이며 따라서 지구상의 모든 생물 가운데 독특하게 하나님을 알 수 있다.

4. 인간은 똑같은 가치가 있는 남성과 여성이라는 성별의 구분이 있고, 결혼은 생식과 상호성을 위해 인류에게 주어졌으며, 아내는 남편을 돕는 존재다.

5. 노동은 선하고, 하나님이 땅과 땅의 생물들을 돌보라고 인간에게 부여한 신성한 임무다.

6. 자연의 작동에 관한 인간의 탐구와 발견은 인간의 주도권과 노력 없이 신이 부여한 것이 아니라 인간의 능력이 자연스럽게 성장한 것이다.

7. 인류는 1주에 하루를 신성한 날로 따로 떼어놓고 노동에서 쉬어야 한다.

8. 남성과 여성 모두 자유롭게 하나님께 불순종하기로 선택했고, 그들에게 합당한 응보로 하나님으로부터의 소외와 영적 죽음을 맛보고 이 생애 동안 고난과 고통의 삶을 살도록 정죄받았다.

9. 인간의 죄는 집적적이고(agglomerative) 자멸적이며 하나님의 의로운 심판을 야기한다.

10. 하나님께 대한 인간의 반역에도 불구하고 모든 인간을 축복하려는 하나님의 원래 계획은 변하지 않았고, 하나님은 은혜롭게도 인간의 반항에도 불구하고 자신의 뜻을 실행할 방법을 모색한다.

이것들이 창세기 1-11장의 원시 역사를 통해 가르쳐진 몇 가지 근본적인 진리들이다. 그런 진리들은 그 내러티브들을 문자적으로 읽는 데 의존하지 않는다.

요약과 결론

창세기 1-11장은 신화에 특징적인 많은 가족 유사성, 특히 현저하고 풍부한 원인론적 모티프를 보인다. 동시에 내러티브들을 연대기적으로 배치한 계보들에서 가장 명백하게 알 수 있는 역사에 대한 관심은 우리가 이 장들에서 순전한 신화가 아니라 일종의 신화-역사를 다루고 있음을 보여준다. 현대의 신화 및 고대 근동 신화들과의 비교 연구는 신화적인 이야기들이 문자적으로 읽힐 필요가 없음을 보여준다. 창세기 1-11장의 원시 역사의 많은 공상적인 요소들과 불일치들은 이 장들이 문자적으로 읽힐 필요가 없음을 강력하게 암시한다. 이 결과들을 가지고 우리는 이제 역사적 아담과 관련이 있는 신약성서 자료들을 살펴볼 것이다.

7장

신약성서에 등장하는 아담

놀랍게도, 기독교 신학에서 아담이 차지하는 중요성에도 불구하고 창
세기 1-11장의 원시 역사 밖에서는 구약성서의 나머지에서 아담이 좀
처럼 언급되지 않는다. 그의 이름은 역대상 1:1-24에서, 편집자가 창세
기 4장과 11장의 계보들로부터 오려 붙여 구성한 아브라함 계보의 서두
에 한 번만 다시 등장한다.[1] 이와 대조적으로 성경 밖의 유대 문헌에서는
아담과 하와의 내러티브들이 다양한 신학적 목적으로 사용된다.[2] 아담
은 집회서와 요세푸스의 저작에서 전형적인 도덕적 인간으로 등장하고,
「희년서」에서 신실한 토라 준수의 모범으로 나오며, 「에스라 4서」에서
원형적인 죄인으로 묘사되고, 알렉산드리아의 필론의 저작에서는 신적
인 로고스의 이미지로 등장한다. 아담이 다양한 신학적 목적으로 사용

---

[1] 수 3:16과 호 6:7에서 "아담"은 명백히 지명으로 사용된다.

[2] 이 텍스트들은 다음 문헌들에서 능숙하게 조사되었다. John R. Levison, *Portraits of
Adam in Early Judaism: From Sirach to 2 Baruch*, JSPSup 1 (Sheffield: JSOT Press, 1988);
Felipe de Jesus Legarreta-Castillo, *The Figure of Adam in Romans 5 and 1 Corinthians
15: The New Creation and Its Ethical and Social Reconfiguration* (Minneapolis: Fortress,
2014), chap. 2; Dennis R. Venema and Scot McKnight, *Adam and the Genome: Reading
Scripture after Genetic Science* (Grand Rapids: Brazos, 2017), 7장.

됨에도 불구하고 모든 텍스트가 아담을 역사적 인물, 최초로 창조된 인간으로 가정하는 데 동의하는 것을 주목할 가치가 있다.

신약성서에서는 아담이 널리 채택되는데 가장 중요하게는 바울을 통해 언급된다. 아담이 등장하는 주요 텍스트들은 다음과 같다.[3]

예수께서 가르치심을 시작하실 때에 삼십 세쯤 되시니라. 사람들이 아는 대로는 요셉의 아들이니⋯그 위는 에노스요 그 위는 셋이요 그 위는 아담이요 그 위는 하나님이시니라(눅 3:23, 38).

예수께서 대답하여 이르시되 "사람을 지으신 이가 본래 그들을 남자와 여자로 지으시고 말씀하시기를 '그러므로 사람이 그 부모를 떠나서 아내에게 합하여 그 둘이 한 몸이 될지니라' 하신 것을 읽지 못하였느냐? 그런즉 이제 둘이 아니요 한 몸이니 그러므로 하나님이 짝지어 주신 것을 사람이 나누지 못할지니라"(마 19:4-6).

[하나님께서] 인류의 모든 족속을 한 혈통으로 만드사 온 땅에 살게 하시고 그들의 연대를 정하시며 거주의 경계를 한정하셨으니(행 17:26)

남자가 여자에게서 난 것이 아니요 여자가 남자에게서 났으며 또 남자가 여자를 위하여 지음을 받지 아니하고 여자가 남자를 위하여 지음을 받은 것이니(고전 11:8-9)

---

3   적실성이 있지만 주변적인 다른 텍스트들은 가인의 아벨 살해(마 23:35 // 눅 11:51; 히 12:24; 유 11; 요일 3:12) 및 노아와 홍수(마 24:37-38 // 눅 17:26-27; 히 11:1-7; 벧후 2:5) 같은 원시 역사의 에피소드와 관련이 있다.

사망이 한 사람으로 말미암았으니 죽은 자의 부활도 한 사람으로 말미암는 도다. 아담 안에서 모든 사람이 죽은 것 같이 그리스도 안에서 모든 사람이 삶을 얻으리라(고전 15:21-22).

기록된 바 "첫 사람 아담은 생령이 되었다" 함과 같이 마지막 아담은 살려 주는 영이 되었나니 그러나 먼저는 신령한 사람이 아니요 육의 사람이요 그다음에 신령한 사람이니라. 첫 사람은 땅에서 났으니 흙에 속한 자이거 니와 둘째 사람은 하늘에서 나셨느니라. 무릇 흙에 속한 자들은 저 흙에 속 한 자와 같고 무릇 하늘에 속한 자들은 저 하늘에 속한 이와 같으니 우리가 흙에 속한 자의 형상을 입은 것 같이 또한 하늘에 속한 이의 형상을 입으리 라(고전 15:45-49).

뱀이 그 간계로 하와를 미혹한 것 같이 너희 마음이 그리스도를 향하는 진 실함과 깨끗함에서 떠나 부패할까 두려워하노라(고후 11:3).

그러므로 한 사람으로 말미암아 죄가 세상에 들어오고 죄로 말미암아 사망 이 들어왔나니 이와 같이 모든 사람이 죄를 지었으므로 사망이 모든 사람 에게 이르렀느니라. 죄가 율법 있기 전에도 세상에 있었으나 율법이 없었 을 때에는 죄를 죄로 여기지 아니하였느니라. 그러나 아담으로부터 모세까 지 아담의 범죄와 같은 죄를 짓지 아니한 자들까지도 사망이 왕 노릇 하였 나니 아담은 오실 자의 모형이라.

그러나 이 은사는 그 범죄와 같지 아니하니 곧 한 사람의 범죄를 인하 여 많은 사람이 죽었은즉 더욱 하나님의 은혜와 또한 한 사람 예수 그리스 도의 은혜로 말미암은 선물은 많은 사람에게 넘쳤느니라. 또 이 선물은 범 죄한 한 사람으로 말미암은 것과 같지 아니하니 심판은 한 사람으로 말미암아 정죄에 이르렀으나 은사는 많은 범죄로 말미암아 의롭다 하심에 이름이니라. 한 사람의 범죄로 말미암아 사망이 그 한 사람을 통하여 왕 노릇 하였은즉 더욱 은혜와 의의 선물을 넘치게 받는 자들은 한 분 예수 그리스도를 통하여 생명 안에서 왕 노릇 하리로다.

　　그런즉 한 범죄로 많은 사람이 정죄에 이른 것 같이 한 의로운 행위로 말미암아 많은 사람이 의롭다 하심을 받아 생명에 이르렀느니라. 한 사람이 순종하지 아니함으로 많은 사람이 죄인 된 것 같이 한 사람이 순종하심으로 많은 사람이 의인이 되리라. 율법이 들어온 것은 범죄를 더하게 하려 함이라. 그러나 죄가 더한 곳에 은혜가 더욱 넘쳤나니 이는 죄가 사망 안에서 왕 노릇 한 것 같이 은혜도 또한 의로 말미암아 왕 노릇 하여 우리 주 예수 그리스도로 말미암아 영생에 이르게 하려 함이라(롬 5:12-21)

여자가 가르치는 것과 남자를 주관하는 것을 허락하지 아니하노니 오직 조용할지니라. 이는 아담이 먼저 지음을 받고 하와가 그 후며, 아담이 속은 것이 아니고 여자가 속아 죄에 빠졌음이라(딤전 2:12-14)

이는 의심할 나위 없이 인상적인 일련의 텍스트들이지만 우리가 오도되지 않으려면 텍스트들이 무분별하게 취급되지 않아야 한다.

문학적 아담과 역사적 아담

많은 학자가 **문학적 아담**과 **역사적 아담**을 구분하려고 했다.[4] 아쉽게도 그 구분이 언제나 명확하게 이해되는 것은 아니다.[5] 문학적 아담은 이야기, 특히 창세기 2-3장의 이야기들에 등장하는 인물이다. 역사적 아담은 (만일 그런 사람이 있었다면) 실제로 존재했던 사람, 그 이야기들이 그 사람에 관한 것이라고 주장되는 실제 그 인물이다.[6] 유비를 통해 설명하자면 플루타르코스의『영웅전』에 등장하는 폼페이우스는 문학적 폼페이우스인 반면에 실제로 살았던 로마의 장군은 역사적 폼페이우스였다. 우리는『영웅전』의 문학적 폼페이우스가 역사적 폼페이우스와 기술(記述) 면에서 얼마나 비슷한지 알기를 원한다. 플루타르코스는 훌륭한 역사가였

---

4   Joseph A. Fitzmyer, *Romans*, AYB 33 (New Haven: Yale University Press, 1993[『앵커 바이블 로마서』. 기독교문서선교회 역간]), 408, 410을 보라. Venema and McKnight, *Adam and the Genome*, 118, 190도 Fitzmyer의 견해를 따른다.

5   예컨대 McKnight가 바울의 아담은 이전의 유대 문학에 나타난 아담과의 접촉 및 바울 자신의 문학적 아담을 명료하게 표현한 결과였다고 말하는 점으로 볼 때(Venema and McKnight, *Adam and the Genome*, 149), 그는 문학적 아담이 객관적인 문학적 인물이 아니라 사람에 따라 상대적인 인물로 생각하는 것으로 보인다. 이는 혼동한 것이다. 어떤 문학 작품에 대한 **해석**은 사람에 따라 상대적이지만 그 문학 작품에 등장하는 문학적 인물들은 그렇지 않다. McKnight는 명백히 정경 밖의 유대 문헌에서의 문학적 아담(즉 창세기 내러티브들의 아담)에 대한 다양한 신학적 해석과 그 문학적 아담에 대한 바울 자신의 해석을 생각하고 있다. McKnight는 창세기의 문학적 아담은 순전히 상징적인 인물이지만 바울은 아담을 실제 역사적 인물로 해석한다는 Fitzmyer의 입장에 동의한다. 그 말이 옳다면 시를 문자적으로 읽는 문학 수업 신입생처럼 바울이 창세기를 오해한 것이다.

6   McKnight는 "역사적 아담"이라는 표현을 그렇게 이해하지 않는다. 그는 "소위 '역사적 아담'은…교회사에 나타난 신학적 구성 개념이지만 성경 전체에서 어떤 저자도 그것을 믿지 않았다"라는 표현을 사용한다(Jim Stump et al., "Adam and the Genome: Responses," *BioLogos*(블로그), January 30, 2017, https://biologos.org/articles/adam-and-the-genome-responses). 그런 이해는 불가피하게 혼란으로 이어진다. 나는 "역사적 아담"은, 만일 그런 사람이 있었다면, 실제로 존재했던 바로 그 사람을 지칭하고 "문학적 아담"은 창 2-3장에 묘사된 인물을 지칭하는 것으로 취급한다.

기 때문에 우리는 상당히 비슷할 것으로 생각한다. 마찬가지로 우리는 창세기 2-3장의 문학적 아담이 기술 면에서 역사적 아담(만일 그런 사람이 있었다면)과 얼마나 비슷한지, 또는 좀 더 정확하게는 신약성서 저자들이 창세기 2-3장의 문학적 아담이 역사적 아담과 비슷하다고 주장하는지 알기를 원한다.

이 구분은 **참**과 **이야기 안에서의 참** 사이의 추가 구분을 암시한다. S가 참인 진술을 할 경우에만 진술 S는 참이다. 그것이 그 이야기에서 발견되거나 그 이야기를 통해 암시될 경우에만 진술 S는 이야기 안에서 참이다. 따라서 가령 내가 길가메시가 하늘의 황소를 죽였다고 말한다면 내 진술은 거짓이다. 「길가메시 서사시」에서는 참이지만 말이다. 그러나 이야기 안에서의 참이 참을 배제하지는 않는다. 「길가메시 서사시」에는 "길가메시는 고대 수메르의 왕이었다"와 같은 진술이 나오거나 암시되는데, 그 진술은 서사시 안에서도 참이고 실제로도 참이다. 따라서 위의 신약성서 구절들이 참을 주장할 의도인지 아니면 단순히 창세기 이야기들에서의 참을 주장할 의도인지가 우리에게 적실성이 있는 질문이다.

따라서 바울의 아담이 문학적 아담이라고 말하는 것은 무의미하다. 아무도 바울이 창세기의 이야기들 외에 역사적 아담에 대해 비밀리에 독립적으로 접근했다고 상상하지 않는다. 물론 바울이 묘사하는 아담은 문학적 아담이다. 바울 및 다른 신약성서 저자들이 문학적 아담이 역사적 아담을 정확하게 묘사한다고 가르치는지(그리고 그럴 경우 그 믿음이 옳았는지)가 적실성이 있는 질문이다.

그런 구분들과 더불어, 우리는 신약성서 저자들이 텍스트를 **예시적으로** 사용하는지 **단언적으로** 사용하는지를 추가로 구분해야 한다. 텍스트를 예시적으로 사용하는 것은 그 텍스트를 단지 저자가 주장하려고 하는 요점에 대한 실제 또는 상상의 예를 제공하기 위해 사용하는 것이다. 텍스트를 예시적으로 사용할 때 저자는 그 텍스트 자체가 참이라는 입장을 고수하지 않고 단지 그것이 텍스트 안에서 참이라는 입장을 고수한다. 예를 들자면 서구 문화에 매우 친숙한 그리스 신화는 우리에게 자주 예시의 원천이 된다. 우리는 무심코 어떤 것이 트로이의 목마라거나 누구에게 아킬레스건이 있다거나 누가 판도라의 상자를 열었다고 말함으로써 신화적 실체들의 실재를 긍정한다.

　신약성서 저자들이 위서의 이야기들과 신화적인 이야기들을 사용해서 성경의 진리를 예시하는 경우가 드물지 않다. 어떤 저자가 이야기를 언제 단지 예시적으로 사용하지 않고 단언적으로 사용하고 있는지 알기란 어렵다. 저자가 이야기의 경계를 벗어나 그 이야기에 나오는 몇몇 인물을 논란의 여지가 없이 역사적인 인물과 연결할 때에는 그 이야기가 단지 예시적으로 사용되는 것이 아니라 단언적으로 사용되고 있다고 추론하는 것이 타당해 보인다. 베드로전서 3:19-20은 이 상황의 전형적인 예로 보인다. 그리스도는 죽은 뒤 "또한 영으로 가서 옥에 있는 영들에게 선포하시니라. 그들은 전에 노아의 날 방주를 준비할 동안 하나님이 오래 참고 기다리실 때에 복종하지 아니하던 자들이라." 옥에 있는 이 영들은 누구인가? 베드로후서 2:4과 유다서 6-7 같은 텍스트를 근거로 혹자는 그들이 창세기 6:1-4의 "하나님의 아들들"이라고 그럴듯하게 생각할 수도 있을 것이다. 우리는 유다서와 베드로후서에서 하나님의 아들들이 천사들과 동일시되는 것(그 이야기로부터의 그럴듯한 추론이다)과 그들이 하나님에 의해 지하세계에서 사슬로 결박되는 것과 같은 천사들의 운명에 관한 정보를 발견하는데, 그 정보는 명백히 「에녹1서」 같은 유대의 민속에서 유래한 것이다. 그러나 그리스도가 가서 이런 타락한 천사들에게 선포했다는 단언은 다른 곳에서는 발견되지 않는다. 이 주장은 어떤 형태의 이야기 안에서도 참이 아니지만,[7] 단순히 참이라고 주장된다. 실제 역사적 인물인 그리스도가 가공의 영역에 있는 가공의 존재들에게 가서 선포할 수 없으므로, 이 해석에서 베드로전서 3:19은 우리를 창세기 이야기의 역사성뿐만 아니라 「에녹1서」를 통해 제공된 위경의 세부사항들에도 헌신하게 만든다.

그러나 옥에 있는 영들이 실제로 천사들인가, 아니면 그들이 단지 지금은 고인이 된 노아 시대의 사악한 인간들인가? 방주를 짓는 동안 노아의 동시대인들은 하나님께 불순종하고 하나님의 인내를 시험하거나 죄를 지었다고 암시되지만 창세기 6:1-4의 천사들은 그렇게 언급되지 않기 때문에 "그들은 전에 노아의 날 방주를 준비할 동안 하나님이 오래 참고 기다리실 때에 복종하지 아니하던 자들이라"는 수식절은 창세기 6:1-4의 천사들보다는 노아의 동시대인들에게 훨씬 더 적절한 묘사다. 「에녹1서」에서 "영들"이라는 표현은 인간(10.15; 20.3, 6; 22.5-7), 네피림(15.8-12), 그리고 천사들(13.6; 19.1)을 가리키는 말로 다양하게 사용된다. 이제 육체에서 분리되어 종말론적인 부활과 심판을 기다리고 있는, 죽은 사람들이 자주 영들로 지칭된다. 예컨대

> 그다음에 나는 다른 장소에 갔다. 그리고 그가 내게 서쪽에 있는 크고 높은, 단단한 바위산을 보여주었는데 그 안에는 아름다운 네 구석이 있었다. 그 안에 회전하는 깊고, 넓고, 부드러운 것이 있었다. 그리고 그곳은 깊고 어두웠다. 그때 나와 함께 있던, 거룩한 천사 중 하나인 라파엘이 내게 반응했다. 그리고 그는 내게 다음과 같이 말했다. "이 아름다운 구석들은…사람들

---

7   하지만 그리스도가 감옥에 있는 영들에게 선포했다는 단언에 관해 베드로전서의 저자는 그에게 심판이 맡겨진, 「에녹1서」의 두드러진 인물인 인자(46-48장)를 통해 영감이 고취되었을 수도 있다.

의 자녀들의 영혼들의 영들이 여기에 모이도록 (존재한다). 그들의 심판의 날과 그들에 대한 큰 심판의 정해진 때까지 그들(즉 사람들의 영혼들)을 그곳에 두기 위해 그들이 이 장소들을 준비했다." 나는 죽은 사람들의 자녀들의 영들을 보았고, 그들의 음성들이 바로 이 순간까지 하늘에 닿고 있었다(『에녹1서』 22:1-5).

의인들과 죄인들 모두 그들의 운명을 기다릴 때 "의인들의 영들"은 "의롭지 않고 죄인인 사람들의 영들"로부터 분리된다(『에녹1서』 22.8-13). 인자가 나타날 때 악한 천사들은 감옥에 사슬로 영원히 결박되겠지만 죄인들 역시 "사슬로…결박될 것이고 그들의 파멸의 집합 장소에서 투옥될 것이다"(『에녹1서』 69.28; 참조. 10.13-15). 실로 중간 상태의 맥락에서 "영들"의 지시대상은 천사들이 아니라 인간들이다. 이 해석에서 그리스도는 창세기 6:1-4의 타락한 천사들이 아니라 전에 살았고 불순종했던 사람들의 몸에서 분리된 영들을 방문했다. 제2 성전기 유대교에서는 죽은 사람들의 그런 중간 상태의 실재가 흔했고, 따라서 그것은 베드로전서의 저자가 옥에 있는 천사들의 영역을 믿었음을 암시하지 않는다. 아무튼 이 예는 텍스트의 단언적 사용과 예시적 사용의 구분을 강조하는 역할을 한다.

텍스트의 예시적 사용은 텍스트를 인용하는 사람이 **믿는** 것과 그가 **단언하는** 것을 구분할 필요를 야기한다. 트로이 목마의 예를 사용하는 사람이 그런 도구가 실제로 존재했고 트로이 전쟁의 형세를 역전시켰다고 믿을 수도 있을 것이다. 그러나 그 믿음이 옳든 그르든 간에 그 사람의 개인적인 믿음은 그가 주장하거나 가르치려는 요점과 관련이 없다. 따라서 텍스트는 단지 텍스트 안에서 참인 것이 아니라 사용자가 그 텍스트가 참이라고 가르치려고 할 경우에만 단언적으로 사용된다(나는 "단언적으로"라는 용어를 그 의미로 사용한다).

신약성서 저자들이 창세기 이야기들의 진실성 따라서 역사적 아담을 믿는지를 회피하기 위해 우리가 이런 구분을 하는 것이 아니다. 오히려 그런 구분들은 우리가 신약성서의 많은 구절을 다룰 때 중요하다. 신약성서의 많은 구절이 단언적으로 해석된다면 구약성서에서 뒷받침되지 않을 것이고 때로는 옳지 않을 것이다. 흥미롭게도 위에서 언급된 바와 같이 이런 구절 중 일부는 우리가 그 텍스트들이 참이라고 믿어졌다고 생각하지 않아야 할 위서나 신화적인 텍스트들의 인용과 관련이 있다. 우리가 자신을 그리스-로마 신화의 역사성에 구속시킨다고 생각하지 않으면서도 그 신화들에서 도출된 예를 사용하는 것과 마찬가지로, 신약성서 저자들이 이런 텍스트를 예시적으로 사용한 것으로 보인다.

신약성서 저자들의 성경 밖 문헌의 인물들 사용

유다서와 베드로후서에 성경 밖 문헌 전통들을 예시적으로 사용한 몇 가지 예가 있다. 때로는 명백히 성경 밖 자료에 기초한, 정경의 내러티브들의 확장도 존재한다. 베드로후서에서 저자는 하나님이 어떻게 의인들을 구원하는 반면에 불의한 자들을 형벌 아래 두는지를 예시하는 목록을 제공한다.

하나님이 범죄한 천사들을 용서하지 아니하시고 지옥에 던져 어두운 구덩이에 두어 심판 때까지 지키게 하셨으며, 옛 세상을 용서하지 아니하시고 오직 의를 전파하는 노아와 그 일곱 식구를 보존하시고 경건하지 아니한 자들의 세상에 홍수를 내리셨으며, 소돔과 고모라 성을 멸망하기로 정하여 재가 되게 하사 후세에 경건하지 아니할 자들에게 본을 삼으셨으며, 무법한 자들의 음란한 행실로 말미암아 고통당하는 의로운 롯을 건지셨으니 (이는 이 의인이 그들 중에 거하여 날마다 저 불법한 행실을 보고 들음으로 그 의로운 심령이 상함이라), 주께서 경건한 자는 시험에서 건지실 줄 아시고 불의한 자는 형벌 아래에 두어 심판 날까지 지키시며, 특별히 육체를 따라 더러운 정욕 가운데서 행하며 주관하는 이를 멸시하는 자들에게는 형벌할 줄 아시느니라(벧후 2:4-10).

이 예시들은 창세기에 기록된 사건들의 순서를 따른다. 그러나 저자는 단지 창세기의 천사들이나 노아 또는 롯에 관해 말하고 있는 것이 아니라 창세기에 포함되었거나 창세기를 통해 암시되지 않은 정보를 포함하고 있다. 리처드 보컴은 타락한 천사들(소위 감시자들)이나 그들의 후손인 거인들, 홍수 세대, 소돔과 고모라, 광야에서의 이스라엘 등에 대한 심판을 포함하는 죄인들에 대한 신적 심판의 예들을 열거하는, 유대교 문헌 내에서의 풍부한 전통을 적시한다.[8]

이 예들의 첫 항목에서 우리는 현재 천사들로 해석되는, 창세기 6:1-4의 하나님의 아들들과 그들의 처벌에 관한 언급을 발견한다. 유

---

8   Richard J. Bauckham, *Jude, 2 Peter*, WBC 50 (Waco: Word, 1983), 46, 246-47. 신적 심판의 예들의 전통적인 개요에 대해 Bauckham은 다음과 같은 텍스트를 지적한다. 집회서 16.7-10(거인들, 소돔과 고모라, 가나안인들, 광야에서의 이스라엘); 「다메섹 문서」 2.17-3.12(감시자들, 거인들, 홍수 세대, 노아의 아들들, 야곱의 아들들, 이집트에서의 이스라엘, 가데스에서의 이스라엘); 「마카베오 3서」 2.4-7(거인들, 소돔과 고모라, 바로와 이집트인들); 납달리의 유언 3.4-5(소돔과 고모라, 감시자들); 「희년서」 20.2-7(거인들, 소돔과 고모라); 미쉬나 "산헤드린" 편 10.3(홍수 세대, 흩어진 세대, 소돔과 고모라, 정탐꾼들, 광야에서의 이스라엘, 고라의 무리). 신적 심판의 예들의 이런 전통적인 개요가 유 5-7에서 발견된다. 벧후 2:4-10에서는 지혜서 10장에서와 마찬가지로 신적 구원의 예도 등장한다.

다서 6-7절에는 타락한 천사들의 감금에 관한 유사한 언급이 등장한다. "또 자기 지위를 지키지 아니하고 자기 처소를 떠난 천사들을 큰 날의 심판까지 영원한 결박으로 흑암에 가두셨으며, 소돔과 고모라와 그이웃 도시들도 그들과 같은 행동으로 음란하며 다른 육체를 따라가다가 영원한 불의 형벌을 받음으로 거울이 되었느니라." 하나님의 아들들을 천사들과 동일시하는 것은 창세기의 텍스트만으로부터 도출한 합리적인 추론일 수도 있지만 이 동일시는 그리스도 사후 2세기 중반까지 유대교의 전통에서 보편적이었고,[9] 유다서와 베드로후서에서 우리는 천사들의 운명에 관한 정보들을 발견하는데 그런 정보는 창세기에서 도출될수 없다. 예컨대 그들이 하나님에 의해 어두운 지하세계(*zophos*)에서 사슬들(*desmoi*)에 묶여 있다는 내용은 창세기에서 발견되지 않는 세부사항이다.[10] 그러나 유다서에서 명시적으로 인용된 「에녹 1서」는 인간 여인들을 탐해서(6-10장) "그들의 거처"인(15.7) "높고, 거룩하고, 영원한 하늘을 떠난"(12.4; 15.3) 이 천사들이 이제 "그들의 심판의 날과 그들의 완성의 날까지, 영원한 심판이 끝날 때까지 땅의 암석들 아래" 결박되었다고 진술한다(10.12).[11] 그들은 "영원토록 투옥되어 땅 안에 머물 것이

---

9   Bauckham은 다음 텍스트들을 열거한다. 「에녹1서」 6-9장; 21장; 86-88장; 106.13-15; 「희년서」 4.15, 22; 5.1; 「다메섹 문서」 2.17-19; 「창세기 외전」 2장; 「타르굼 위(僞)요나단 창세기」 6.1-4; 「르우벤의 유언」 5.6-7; 「납달리의 유언」 3.5; 「바룩의 묵시록 2서」 56.10-14(Bauckham, *Jude, 2 Peter*, 54).

10   벧후 2:4의 이형은 세이로이스(*seirois*, RSV의 "구덩이")가 아니라 **세이라이스**(*seirais*, NRSV의 "사슬")를 사용한다. "구덩이"가 더 나은 독법이라면 이 단어는 타락한 천사들이 두어지는 장소인 「에녹1서」 10.12; 18.11; 21.7; 88.1, 3의 심연이나 골짜기들과 연결될 것이다. 벧후 2:17에 따르면 교회를 위협하는 거짓 예언자들은 유사한 운명을 맞이할 것이다. "이 사람들은 물 없는 샘이요 광풍에 밀려가는 안개니 그들을 위하여 캄캄한 어둠이 예비되어 있나니." 참조. 유 13: "영원히 예비된 캄캄한 흑암으로 돌아갈 유리하는 별들이라."

11   Bauckham은 「에녹 1서」의 그리스어 버전과 에티오피아어 버전에서 빠진 "큰"이라는 단어가 같은 문서의 4Q 아람어 조각에서 발견되는데, 이는 큰 심판의 날을 가리키는 유

다"(14.5). 에녹은 "그들이 매우 무거운 금속 차꼬 사슬을 만드는 것을" 보고 묻는다. "'이 사슬들은 누구를 위해 준비되고 있습니까?' 그리고 그가 내게 말했다. '이것들은 그들이 아사셀의 군대를 데려가 완전한 정죄의 심연에 던져 넣기 위해 그 군대를 위해 준비되고 있다.…그리고 그들은 그들의 턱을 바위로 덮을 것이다'"(54.3-5; 참조. 13.1; 14.5; 56.1-4).

흥미롭게도 베드로후서 2:4에 사용된 "지옥에 던져"의 단어는 **타르타로오**(*tartaroō*)인데, 이 단어는 그리스 신화에서 하데스보다 낮은 영역인 타르타로스를 가리킨다.[12] 헤시오도스에 따르면

> 어두운 타우타로스까지는
> 땅의 표면으로부터 매우 멀어서
> 지상에서 놋쇠 모루를 떨어뜨리면
> 9일 밤과
> 9일 낮이 지난 후
> 10일째에
> 타르타로스에 떨어질 것이다(『신들의 기원』[*Theogony*] 720-25).

타르타로스는 제우스에 의해 타이탄들이 감금된 "어둡고", "안개 끼고", "불쾌하고 곰팡내 나는 장소다"(*Theogony* 805-10). 타이탄들은 유다서에 등장하는 천사들처럼 지하의 어둠(*zophos*) 속에서 사슬(*desmoi*)에 매어 있

다서에서 발견되는 이례적인 표현을 형성한다고 지적한다(*Jude, 2 Peter,* 52).

12 BDAG, s.v. "ταρταρόω"를 보라. 동사 형태들은 거의 언제나 그리스 신화들과 관련하여 사용되었다. 그리스적 유대교 문헌에서 명사 "Tartarus"의 사용은 다음 문헌들을 보라. 「시빌라의 신탁」 4.186; Philo, *On the Life of Moses* 2.433; Philo, *On Rewards and Punishments,* 152.

다(*Theogony* 718, 729). 그리스어 「에녹1서」에서 우리엘 천사가 "세상과" "여인들과 결혼한 천사들의 영들"이 갇혀 있는(19.1; 18.14) 장소인 "타르타로스 위에"있다고 언급된다(20.2). 이처럼 베드로후서와 유다서는 위서와 신화적인 자료들에 기초해서 여인들과 결혼한 하나님의 아들들이라는 정경의 내러티브를 확장한다. 이러한 세부사항들은 정경에 등장하는 하나님의 아들들의 일부가 아니지만, 위서와 그리스 신화들에 등장하는 천사들의 일부로서 예시의 풍부한 원천이다.[13]

베드로후서의 목록에서 두 번째 예시는 "의를 전파했다"고 언급되는 노아와 관련된다(2:5). 그러나 창세기 6-9장에서 노아는 의의 선포자(*kēryx*)로 제시되지 않는다.[14] 노아는 임박한 멸망에 직면한 대중에게 선포하라는 지시를 받지 않았고, 아마도 회개하라고 촉구한 그의 노력이 헛수고로 돌아간 것이 아니라 그는 그저 조용히 자기 일만 했을 것이다. 이와 대조적으로 「시빌라의 신탁」 1.150-99에서 노아는 열정적으로 호소한다.

불충으로 가득하고 광기로 뒤덮인 인간들이여,

당신들이 한 짓은 하나님의 눈을 피할 수 없다.…

하나님이 내게

당신들이 당신들의 마음으로 인해 파멸하지 않도록

---

13 마찬가지로 누가복음의 거라사의 귀신들린 사람 이야기에서 귀신들이 "무저갱(*abyssos*)으로 들어가라 하지 마시기를 간청했다"(눅 8:31)는 표현이 나오는데 무저갱으로 들어간다는 말은 아마도 그곳에 있는 타락한 천사들과 합류하는 것을 의미할 것이다. 이 언급은 전통적인 것이 아니라 누가의 문학적 수사로 보인다.

14 Tremper Longman III and John H. Walton, *The Lost World of the Flood: Mythology, Theology, and the Deluge Debate* (Downers Grove, IL: IVP Academic, 2018), 72에서 언급된 바와 같이 말이다.

당신들에게 선포하라고 명령했다.

정신을 바짝 차리고, 악을 잘라내고,

서로 난폭하게 싸우는 것과

피에 목말라 하는 것과

인간의 피로 땅을 적시는 것을 그치라.

죽을 운명인 인간들이여,

하늘의 천장에 거하는 지극히 위대하고, 두려움을 모르는

하늘의 창조주, 불멸의 하나님을 경외하고 그분께 간청하라. 그분은 선하심이니라.

그분이 모두에게 은혜를 베푸실 수 있도록

생명과 도시들과 온 세상을 위해,

네 발 달린 짐승들과 새들을 위해 간청하라.

물로 망하는 광대한 인간 세상 전체가

무서운 후렴구로 울부짖는 때가 올 것이기 때문이다(「시빌라의 신탁」 1.150-63)

베드로후서 저자는 노아를 묘사할 때 유사한 유대교 전통에 의존하는 것으로 보인다.[15] 의를 선포하는 자는 창세기의 문학적 노아가 아니라 베드로후서가 예시 목적으로 활용하는 유대교 전통의 문학적 노아다.

베드로후서의 목록에서 세 번째와 네 번째 예시는 창세기 19장에 기록된 소돔과 고모라 및 다소 놀랍게도 "무법한 자들의 음란한 행실로

---

15 Bauckham, *Jude, 2 Peter*, 250-51은 노아가 그의 동시대인들에게 회개를 선포한 것을 언급하는 다음 문헌들을 제시한다. Josephus, *Antiquities of the Jews* 1.74; *Midrash Rabbah* on Genesis 30:7; *Midrash Rabbah* on Ecclesiastes 9:15; *Pirqe Rabbi Eliezer* 22; 바빌로니아 탈무드 *Sanhedrin* 108.

312   2부 역사적 아담에 관한 성경의 데이터

말미암아 고통당하는 의로운 롯"을 가리킨다. "이는 이 의인이 그들 중에 거하여 날마다 저 불법한 행실을 보고 들음으로 그 의로운 심령이 상함이라"(2:7-8). 창세기 19장의 내러티브를 통해 판단하자면 롯의 성품에 대한 그런 묘사가 별로 적절해 보이지 않는다. 그러나 유대교의 전통에서는 롯이 의인으로 묘사되었다. 지혜서의 저자는 의인화된 지혜가 의인을 심판에서 구원하는 것을 칭찬하면서 노아뿐만 아니라 롯도 언급한다.

> 하늘의 불이 그 악명 높은 다섯 도시를 쳐서 악인들이 멸망할 때에
> 지혜는 그 의인을 피하게 하여 위험에서 지켜주었다.
> 그들의 악행의 증거는 아직도 남아 있어서
> 그 땅은 황폐하여 여전히 연기를 뿜고 있으며
> 나무는 열매를 맺으나 때가 되어도 익지 않고
> 믿지 않은 영혼에게 내릴 벌의 증거로서 소금 기둥이 하나 우뚝 서 있다.
> 그들은 지혜의 길에서 빗나감으로써
> 선이 무엇인가를 알 수 없었을 뿐만 아니라
> 그들의 우매함을 증거하는 기념물을 후대에 남겨놓았다.
> 그래서 그들을 모르는 사람이 아무도 없게 되었다(지혜서 10.6-8)

필론은 다음과 같이 말한다. "그러나 그 구역 전체의 거주자들과 모든 것이 하늘에서 내려온 격렬한 불에 탔을 때 체류자 한 사람은 결코 토박이들의 범죄에 가담하지 않았기 때문에 하나님의 섭리로 보존되었다"(「모세의 생애에 관하여」 2.58). 롯이 "날마다 저 불법한 행실을 보고 들음으로 그 의로운 심령이 상했다"는 아이디어는 살아남지 못한 전통을 반영하거나 순전히 베드로후서 저자의 상상의 산물이다.

이 예들에서 도출할 결론은 정경 텍스트의 확장들이 역사적(또는 비역사적)이라는 것이 아니라, 단지 신약성서 저자들이 그 예들을 말한다는 이유만으로 우리가 그 예들이 역사적이라고 믿지는 않는다는 것이다. 이는 이 사건들을 사용한 것은 예시적이고, 주장되는 요점과 관련해서 이 예시들의 적절성은 그 예시들의 역사성에 의존하지 않기 때문이다. 그리스도가 옥에 있는 영들에게 선포했다고 단언하는 것으로 보이는 베드로전서 3:19은 이 결론에 대한 유일한 예외일 수도 있다, 비록 저자는 이 구절을 옳은 일을 했다는 이유로 고난받는 예로 제시하지만 말이다.

다른 경우에는 정경의 내러티브들을 확대한 것뿐만 아니라 예시적인 목적으로 성경 밖의 자료를 전면적으로 들여온 것도 있다. 예컨대 당대의 거짓 교사들을 정죄하면서 유다는 그들을 천사장 미가엘이 모세의 시체에 관해 마귀와 다툰 것과 부정적으로 대조시킨다. "천사장 미가엘이 모세의 시체에 관하여 마귀와 다투어 변론할 때에 감히 비방하는 판결을 내리지 못하고 다만 말하되 '주께서 너를 꾸짖으시기를 원하노라' 하였거늘 이 사람들은 무엇이든지 그 알지 못하는 것을 비방하는도다. 또 그들은 이성 없는 짐승 같이 본능으로 아는 그것으로 멸망하느니라"(유 9-10). 베드로후서의 저자가 유다서에서 차용하지 않았다면 그 역시 이 전통을 알았을 수도 있다. "이들은 당돌하고 자긍하며 떨지 않고 영광 있는 자들을 비방하거니와, 더 큰 힘과 능력을 가진 천사들도 주 앞에서 그들을 거슬러 비방하는 고발을 하지 아니하느니라"(벧후 2:10-11).

구약성서에는 그런 이야기가 나오지 않는다. 교부 오리게네스에 따르면 그 이야기는 위경인 「모세의 승천」(*The Assumption of Moses*)에서 발견된다. "창세기에서 뱀이 하와를 유혹한 것으로 묘사된다. 「모세의 승천」(사도 유다는 그의 서신에서 이 문헌에 관해 언급한다)이라는 저작에서 천사장 미가엘이 모세의 시체를 두고 논쟁할 때 마귀로부터 영감을 받은 뱀이 아담과 하와의 범죄의 원인이었다고 말한다"(『제1원리에 관하여』 3.2.1). 아쉽게도 현존하는 이 문헌의 불완전한 단 하나의 6세기 사본에는 그 이야기가 포함되어 있지 않다. 그럼에도 보컴은 "모세의 시체를 둘러싼 논쟁에 대한 유다의 자료가 남아 있지 않지만 입수할 수 있는 많은 초기 기독교 자료로부터 유다가 알았던 이야기를 재구성할 수 있다"고 믿는다.[16]

보컴은 기독교 전통에 그 이야기의 두 개의 버전이 있다고 진술한다. 한 버전에서는 사탄이 모세가 전에 한 사람을 살해했다는 것을 근거로 미가엘이 모세의 시체를 매장하지 못하게 하려고 한다.[17] 또 다른 버전에서는 사탄이 물질세계에 대해, 따라서 모세의 시체에 대해 종주권을 주장한다. 그러나 미가엘은 하나님이 만물의 창조자라고 대꾸한다.[18] 보컴은 뒤의 버전이 영지주의 이원론과의 논쟁을 반영하는 후대의 발전이라고 생각한다. "기원후 1세기 초에 팔레스타인에서 나온 문헌이 「모세의 승천」에서 인용된 텍스트와 같은 종류의 이원론 논박을 포함했으리라고 믿기 어렵다."[19] 보컴은 모세의 시체를 둘러싼 논쟁에 관한 이 버전은 그리스도 사후 2세기의 기독교의 반영지주의 주장을 반영할 개연성이 훨씬 더 크다고 말한다. 고대의 외경 책 목록들이 「모세의 유언」과 「모세의 승천」을 모두 언급한다는 것을 주목한 보컴은 팔레스타인의

---

16   Bauckham, *Jude, 2 Peter*, 65.
17   다음 문헌들에서 확인된다. *Palaea historica*(비잔틴의 성경 전설 수집품); 슬라브어 「모세의 생애」 16; Pseudo-Oecumenius, *Epistula Judae apostoli catholica* 9; 그리고 J. A. Cramer에 의해 수집된 그리스어 발췌, *Catanae Graecorum Patrum in Novum Testamentum* (Oxford: Oxford University Press, 1844), 8:163, lines 18-22. 편리하게도 이 모든 문헌이 Bauckham, *Jude, 2 Peter*, 67-70에 인용된다.
18   「모세의 승천」은 알렉산드리아의 클레멘스, 시각장애인 디디무스, 그리고 오리게네스에게 알려졌다. 반(反)영지주의 버전은 겔라시우스 퀴지케누스와 후대의 주석들에 의해 확증된다. 인용들은 Bauckham, *Jude, 2 Peter*, 73-74에 수록되었다.
19   Bauckham, *Jude, 2 Peter*, 75.

「모세의 유언」이 "후에 다시 쓰이고" 「모세의 승천」이라는 "제목이 붙여졌다"는 가설을 세웠다. 「모세의 유언」을 「모세의 승천」으로 바꾼 수정은 거의 전적으로 그 작품의 결론 부분으로 국한되었을 수도 있다. 보컴은 기독교 전통을 토대로 자신이 유다에게 알려졌을 것으로 생각하는 그 이야기의 버전을 재구성한다.

> 하나님이 모세의 시체를 다른 곳으로 옮겨서 그곳에 매장하도록 천사장 미가엘을 보냈는데 마귀 삼마엘이 미가엘에게 반대하면서 모세가 명예롭게 매장될 권리가 있는지 논박했다. 모세가 이집트인을 쳐 죽이고 그의 시체를 모래에 묻었기 때문에 마귀는 모세에게 살인 혐의를 제기했다. 그러나 이 고소는 중상에 불과했고 미가엘은 그 중상을 참을 수 없어서 마귀에게 이렇게 말했다. "마귀여, 주께서 너를 꾸짖으시기를 원하노라!" 그러자 마귀가 달아났고 미가엘은 모세의 시체를 하나님이 명령한 곳으로 옮겨 직접 그것을 묻었다. 그래서 아무도 모세의 매장을 보지 못했다.[20]

우리가 그 이야기와 그것이 기독교 전통에서 진화된 것을 어떻게 재구성하든, 유다가 모세의 매장에 관한 성경 밖의 전설을 이용해서 거짓 교사들에 관한 자신의 요점을 예시한다는 것은 확실하다. 따라서 이 대목에서 「모세의 유언」/「모세의 승천」을 언급한 것은 명백히 문학적 모세에 대한 예시적 언급이다.

유다는 거짓 교사들의 위험과 운명을 보여주기 위해 다양한 추가 예들을 제공한 뒤 실제로 「에녹1서」가 믿을 만하다는 듯이 그것을 인용한다. 거짓 교사들에 대해 말하면서 유다는 이렇게 선언한다. "아담의 칠

---

20   Bauckham, *Jude, 2 Peter*, 76.

대 손 에녹이 이 사람들에 대하여도 예언하여 이르되 '보라, 주께서 그 수만의 거룩한 자와 함께 임하셨나니 이는 뭇 사람을 심판하사 모든 경건하지 않은 자가 경건하지 않게 행한 모든 경건하지 않은 일과 또 경건하지 않은 죄인들이 주를 거슬러 한 모든 완악한 말로 말미암아 그들을 정죄하려 하심이라' 하였느니라"(유 14-15). 이 대목에서 인용된 텍스트는 그리스어 버전 「에녹1서」 1.9이다. "보라, 그가 천만 명의 거룩한 자들과 함께 와서 모든 사람에 대한 심판을 집행할 것이다. 그가 사악한 자들을 멸망시키고 그들이 한 일, 죄인들과 사악한 자들이 그를 대적하여 한 모든 일로 인해 모든 육체를 나무랄 것이다." 실로 유다서는 「에녹1서」 1.9의 텍스트를 확실한 것처럼 사용한 텍스트상의 증거 중 하나다. 유다는 기원전 400-200년의 위경인 「에녹1서」의 저자를 마치 그가 홍수 전 원시 역사의 에녹과 동일인인 것처럼 인용한다.

이 텍스트는 신약성서가 인용한 것을 근거로 구약성서의 저작권과 역사성을 지지하는 손쉬운 논증의 귀류법이다. 우리가 신화를 인용한다고 해서 신화의 진정성과 역사성을 신봉하지는 않듯이, 유다가 위경의 인물을 인용한다고 해서 「에녹1서」의 진정성과 역사성을 믿는 것은 아니다. 그런 주장을 하는 사람들은 텍스트의 예시적 사용과 단언적 사용을 구분하지 못함으로써 희망이 없는 막다른 골목에 처하게 된다. 예컨대 가이 워터스는 이렇게 언급한다.

유다는 이 대목에서 "에녹"을 아담의 7대손으로 적시한다. 그는 에녹을 14-15절에 기록된 예언을 한 역사적 인물로 다룬다. 에녹을 "아담의 7대손"으로 적시한다는 사실은 에녹의 역사성을 확인할 뿐만 아니라 아담의 역사성도 가정한다.

…몇몇 학자는 유다가 그의 반대자들이 권위가 있다고 간주했지만 자

신은 그렇게 생각하지 않았던 책으로부터 인용한다고 주장했다. 다른 학자들은 이 말들을 예언자 에녹의 역사적으로 정확하고 진정한 말로서 하나님의 섭리 가운데 「에녹1서」에 보존되었다고 좀 더 그럴듯하게 주장했다.[21]

워터스의 "좀 더 그럴듯하다"는 주장에서는 유다가 개인적으로 「에녹1서」에서 인용된 말들이 홍수 전 에녹의 역사적으로 정확하고 진정한 말이라고 믿었다는 것과 에녹의 말이 하나님의 섭리로 「에녹1서」에 보존되었다는 두 가지가 주장된다. 첫 번째 주장은 적실성이 없으며 두 번째 주장은 무모하다. 우리가 앞서 살펴본 바와 같이 어떤 텍스트를 예시적으로 사용하는 저자는 그 예시의 사실성을 믿을 수도 있고 믿지 않을 수도 있으며, 예시의 효용은 저자의 개인적인 믿음과 무관하다. 따라서 유다가 「에녹1서」를 예시적으로 사용하고 있다면(그럴 개연성이 크다), 에녹의 역사성에 관한 그의 개인적인 믿음은 무관하다. 홍수 전 에녹으로부터 나온 구전 전승이 수천 년 동안 보존되어 「에녹1서」의 저자에게까지 이르렀다는 주장은 개연성이 없다.

유다는 "역사적 진리가 아니라 문학적 진리"를 긍정한다[22]는 존 월튼의 주장에 대해 워터스는 이렇게 대꾸한다. "유다가 에녹을 정확한 족

---

21   Guy Prentiss Waters, "Theistic Evolution Is Incompatible with the Teachings of the New Testament," in *Theistic Evolution: A Scientific, Philosophical, and Theological Critique*, ed. J. P. Moreland et al. (Wheaton: Crossway, 2017), 891. David McGee는 한층 더 나아간다. "그것은 유다가 족장들의 족보 사이에 어떤 틈새도 존재하지 않는다고 진술하는 연대기-계보적 관점을 지지하는 것처럼 보일 것이다"("Creation Date of Adam from the Perspective of Young-Earth Creationism," Answers in Genesis, November 28, 2012, https://answersingenesis.org/bible-characters/adam-and-eve/creation-date-of-adam-from-young-earth-creationism-perspective).

22   John H. Walton, *The Lost World of Adam and Eve: Genesis 2-3 and the Human Origins Debate* (Downers Grove, IL: IVP Academic, 2015), 100.

보상의 표지로 적시하고 그를 일련의 많은 구약성서의 역사적 지시대상이 계속 언급되는 맥락에서 인용한다는 사실(유 5-11)은 그가 유다서 14-15절에 등장하는 에녹을 역사적 인물로 이해한다는 것을 나타낸다. 에녹이 '아담의 7대손'으로 언급된다는 사실은 나아가 유다가 아담이 에녹 못지않게 역사적 인물이라고 이해했다는 결론을 요구한다."[23] 이 논평은 월튼의 요점과 관계가 없다. 워터스의 두 문장은 사실일 수도 있고 그렇지 않을 수도 있지만, 에녹에 관한 유다의 개인적인 믿음이 문제가 아니기 때문에 어느 경우에든 적실성이 없다. 유다가 자신의 다양한 예들을 단언적으로 사용하는 것이 아니라 예시적으로 사용하고 있다면, 지나치게 쉬운 구약성서의 역사성 증명은 실패할 수밖에 없다. 유다서 14절의 단언적 해석이 우리가 「에녹1서」 1.9에서 홍수 전 에녹의 진정한 음성을 듣는다고 결론짓게 만든다는 점은 신약 학자에게 진지하게 재고하도록 촉구한다.

또 다른 매혹적인 예는 디모데후서 3:8에서 나온다. 종교적 위선자에 대해 경고하면서 저자(바울?)는 "얀네와 얌브레가 모세를 대적한 것같이 그들도 진리를 대적하니 이 사람들은 그 마음이 부패한 자요 믿음에 관하여는 버림 받은 자들이라"고 말한다. 이 사람들은 구약성서에 등장하지 않지만 유대교의 민속에서 바로의 궁정에서 모세에게 대적했던 이름이 알려지지 않은 마법사들로 유명하다(출 7:11, 22). 그들은 그리스의 문헌에서조차 유명한 마법사들로 알려지게 되었다(Pliny, *Natural History* 30.2.11; Apuleius, *Apology* 90; Numenius, *On the Good*, Eusebius, *Preparation of the Gospel* 9.8에 인용됨). 신약성서의 언급은 타르굼 위(僞)요나단에 주어진 설명과 가장 비슷하다. "그때 바로가 현자들과 마법사들을 불렀다. 그

---

23   Waters, "Theistic Evolution," 892.

리고 이집트의 마법사들이었던 얀네스와 얌브리스도 그들의 점의 주문들로 똑같은 일을 했다"(출 7:11에 관해; 참조. 출 1:15). 오리게네스는 『마태복음 주석』(Commentary on the Gospel of Matthew)에서 "'얀네스와 얌브레스가 모세에게 저항했다'는 진술은 정경 책들에 근거한 것이 아니라 「얀네스와 얌브레」라는 위경에 근거했다"(27.8)고 말한다. 흥미롭게도 오리게네스는 자신의 동시대인 중 일부가 디모데후서가 독특한 책에서 차용했다며 디모데후서 전체를 거부했다고 보고한다. 에티오피아어, 콥트어, 그리스어로 된 이 책의 단편들이 존재한다.[24] 사해문서 두루마리 중 「다메섹 문서」가 그들을 언급하는 것으로 볼 때 이 작품 배후의 전통들이 쿰란 공동체에 알려졌을 수도 있다. "모세와 아론은 여전히 계속 책망했다.…벨리알이 교활하게도 얀네스([Yoḥanah]와 그의 형제로 하여금 그들에게 대적하도록 부추겼지만 말이다"(「다메섹 문서」 5.17-19). 알베르트 피터스마는 얀네스와 얌브레스에 관한 **전통들**은 늦어도 기원전 2세기 하스몬 왕조 치하의 팔레스타인에서 서로 죽이는 유대인들의 투쟁까지 거슬러 올라가는 반면에, 그 **책**은 기원 전후가 바뀔 무렵 또는 그 직후 로마 치하의 이집트에 거주하는 유대인들의 가장 어두운 시기에 쓰였다고 주장한다.[25] 그는 요안나(언어학상으로 얀네스와 동일한 셈어의 이름)와 그의 형제라는 그 전통의 인물들이 실제로는 이스라엘이 타락하도록 이끈 이스라엘인들로 묘사되었지만, 훗날 그 책의 이집트인 마법사들로 바뀌었다고

---

24 Albert Pietersma, ed. and trans., *The Apocryphon of Jannes and Jambres the Magicians*, RGRW 119(Leiden: Brill, 1994)을 보라. 2014년과 2015년에 에티오피아어와 콥트어로 된 그 작품의 단편들이 식별되어서 그 이야기의 추가적인 세부사항을 공급했다. Ted Erho, Frederic Krueger, and Matthias Hoffmann, "Neues von Pharaos Zauberern," *WUB* 2 (2016): 70-72을 보라. 그 책 및 얀네스와 얌브레스에 관한 다른 전승들에 관한 논의는 Koji Osawa, "Jannes and Jambres: The Role and Meaning of Their Traditions in Judaism," *FJB* 37 (2011.12): 55-73을 보라.

25 Pietersma, *Apocryphon of Jannes and Jambres,* 11, 59.

생각한다.[26]

　　유대교에서 당황스러울 정도로 다양한, 얀네스와 얌브레스에 관해 모순되는 전통들이 성장했다. 그들의 히브리어 이름을 채택한 전통들이 좀 더 원시적인 것으로 생각되는데 그 전통들에서는 마법사가 모세와 겨루지 않는다. 오히려 그들은 모세와 다투고, 바로의 군대가 이스라엘 사람들을 쫓을 때 그들을 따라와서 홍해에서 마법적으로 날아 바다를 건너고, 하나님이나 모세에 의해 마법적으로 죽임을 당한다. 이와 대조적으로 그들의 그리스 이름들이 히브리어로 바뀌어 기록된 전통들에서는 그들이 바로의 궁정에서 일했고, 마법 대결에서 모세에게 패했으며, 그 결과 유대교로 개종했고, 이스라엘인들과 함께 광야로 간다![27] 코지 오사와는 유대교 전통에서 얀네스와 얌브레스의 기능에 관해 다음과 같이 언급한다. "그들은 유대교에서 악인들의 전형으로 여겨지게 되었다. 따라서 그들의 이름은 시간이나 장소의 제한 없이 다양한 장면에서 사용되게 되었다. 즉 유대교의 전통들을 기록한 사람들은 누군가를 얀네스와 얌브레스와 비교함으로써 그 사람을 유대교에서 악인으로 묘사하고 하나님께 대적하는 사람들의 죄악 됨을 강조하기 위해 모든 시기의 이야기들에 얀네스와 얌브레스를 포함시켰다."[28] 따라서 우리가 디모데후서의 저자가 (자신이 개인적으로 어떻게 믿든 간에) 잘 알려진 이 인물들을 활용해서 부패한 종교를 예시한 것은 이 두 명의 문학적 인물들의 역사성을 단언한 셈이라고 가정하면 그것은 경솔한 처사일 것이다.

　　마지막으로, 우리가 살필 텍스트는 고린도전서 10:4에서 고대 이스

26　　Pietersma, *Apocryphon of Jannes and Jambres*, 20-3. Pietersma는 요안나와 그의 형제가 실제로 역사적인 마카비 가문의 형제 요나단과 시몬이었을 수도 있다고 생각한다.

27　　Osawa, "Jannes and Jambres," 71-72.

28　　Osawa, "Jannes and Jambres," 72-73.

라엘인들이 광야를 방랑할 때 그들을 따랐던 바위에 대한 바울의 언급이다. "다 같은 신령한 음료를 마셨으니 이는 그들을 따르는 신령한 반석으로부터 마셨으매 그 반석은 곧 그리스도시라." 주석자들은 흔히 이 대목이 사막에서 이스라엘 백성에게 끊임없이 물을 공급했던 바위 모양의 기적적인 우물에 관한 민수기 21:16-18에 기초한 유대교의 전설에 대한 언급이라고 생각한다. 후대의 랍비 유대교에서 번창했던 이 전설은[29] 이르게는 1세기 위(僞)필론의 「성경 고대사」(*Biblical Antiquities*)에 기록되었다. "그러나 그는 자신의 백성을 광야로 이끌었다. 그는 40년 동안 그들을 위해 하늘에서 빵을 내려주고, 그들에게 바다에서 메추리를 가져다주고, 그들에게 그들을 따라다니는 우물을 주었다.…마라의 물이 단물이 되었고 40년 동안 광야에서 그들을 따라 다녔다"(10.7; 11.15). 그 전통의 몇몇 형태는 의심할 나위 없이 기독교 이전 시대로 거슬러 올라간다. 바울은 정경 밖의 이 전통을 취해서 그 이야기에 등장하는 바위를 이스라엘 백성이 광야에 체류하는 동안 그들을 지탱했던 그리스도와 동일시한다. 바울이 다른 곳에서 "하갈은 아라비아에 있는 시내산"(갈 4:25)이라고 말하는 것처럼 말이다.

이 예들을 토대로 우리는 몇몇 신약성서 저자들이 문학적 인물을

---

29   Gordon D. Fee, *The First Epistle to the Corinthians*, NICNT (Grand Rapids: Eerdmans, 1987), 442에 수록된 참고문헌들을 보라. Ellis는 다음과 같은 편리한 요약을 제공한다. "만개한 그 전설은 다음과 같이 전개된다: 바위 모양이고 체를 닮은, 이동 가능한 우물이 사막에서 이스라엘 백성에게 주어졌다. 기원에 관해 말하자면 그것은 여섯째 날 저녁에 창조된 열 가지 중 하나였다. 대략 화덕이나 벌통 크기의 그 우물은 방랑자들을 따라 언덕과 골짜기를 굴러다녔고, 그들이 장막을 칠 때는 회막에 정착했다. 귀인들이 '우물물아, 솟아나라'고 요구했을 때(민 21:17), 물병에서 물이 나오듯이 그 우물의 많은 구멍에서 물이 흘러나왔다"(E. Earle Ellis, *Paul's Use of the Old Testament* [1981; repr., Eugene: Wipf & Stock, 2003], 67). Ellis는 계속해서 이스라엘 백성이 디베랴 바다에 도착할 때까지 그들과 함께 한 이 우물을 통해 제공되었다고 생각되는 공상적인 많은 서비스를 묘사한다. Ellis는 이 후대의 전설들에 관한 많은 참고 자료들을 제공한다.

언급하기 때문에―그들이 구약성서에서 발견되든 그 밖에서 발견되든 간에―그 인물이 역사적 인물이라고 단언된다는 주장이 얼마나 순진한 지를 알 수 있다. 우리는 신약성서 저자가 그 인물을 예시적으로 언급하 기기보다는, 단순히 언급된 인물의 역사성을 믿기만 하는 것이 아니라 그 사람의 역사성을 단언하기도 하는지를 결정하기 위해 문맥에 세심한 주의를 기울여야 한다. 다시 말하지만, 문학적 인물을 예시적으로 사용 하는 것은 그 인물이 역사적 인물이 아님을 암시하지 않는다. 그것은 단 지 지나치게 쉬운 역사성 증명을 방해할 뿐이다.

신약성서 저자들의 문학적 아담 사용

예시적 사용일 개연성이 있는 경우

아담과 하와에 관한 신약성서의 언급을 다룰 때 우리는 민속의 다양한 유형에 관한 논의에서 배운 내용, 즉 우화나 전설과 달리 신화는 그것들 을 받아들이는 문화에서 매우 진지하게 여겨진다는 사실을 깊이 명심할 필요가 있다.[30] 그런 문화에서 신화들은 문자적 사실로 여겨지지 않을지 라도 권위가 있다. 따라서 혹자는 노동이 하나님에 의해 인간에게 부과 된 저주가 아니라 죄가 없는 낙원에서의 인간의 삶의 고귀하고 고상한 특성임을 증명하기 위해 창조 신화의 몇몇 측면, 가령 에덴동산에서 아 담에게 일이 부여되는 것에 관해 말할 수 있다. 이것은 창조 이야기의 권 위 있는 가르침이며, 역사성의 토대에서 그 요점을 부인하는 것은 부적 절하다.

---

30   본서의 72-73을 보라.

신약성서에 등장하는 아담에 관한 텍스트 목록으로 돌아오자면, 우리는 그 텍스트 중 일부는 창세기에 기록된 아담이라는 문학적 인물을 넘어가지 않을 개연성이 있음을 발견한다. 우리 주님이 마태복음 19:4-5에서 아담에 관해 한 말은 예시적일 개연성이 있다. 그는 문학적 아담에 주의를 기울이게 하는 것으로 시작한다. "너희가…읽지 못하였느냐?" 그러고 나서 그는 창세기 1:27을 인용한다. "그가 그들을 남자와 여자로 지으시고…." 그리고 그는 이 진술을 창세기 2:24과 결합한다. "그러므로 사람이 그 부모를 떠나서 아내에게 합하여 그 둘이 한 몸이 될지니라." 이것이 이혼에 관한 그의 가르침의 토대를 형성한다. 예수는 아담과 하와의 이야기를 사용해서 그 이야기의 역사성을 단언하는 것이 아니라 결혼과 이혼에 관한 그 이야기의 함의를 발견하기 위해 그 이야기를 주해하고 있다.[31] 마찬가지로 "창세 이후로 흘린 모든 선지자의 피를 이 세대가 담당하되 곧 아벨의 피로부터 제단과 성전 사이에서 죽임을 당한 사가랴의 피까지 하리라"는 예수의 진술(눅 11:50-51)은 문학적 인물들을 사용한 전형적인 예다. 주석자들은 종종 이 대목에서 언급되

---

31 본서의 296에 수록된 핵심 진리 #4를 상기하라. Davis와 그가 인용하는 젊은 지구 창조론자들은 막 10:6을 토대로 그 구절이 예수가 원래의 인간 부부가 "창조세계의 시작에 창조되었다"고 믿었거나 그렇게 가르쳤음을 암시한다고 해석하고 그럼으로써 창 1:1과 창 1:27 사이에 상당한 시간 간격이 존재할 가능성을 배제하는데, 이는 확실히 그 텍스트를 지나치게 읽는 우를 범하는 처사다(Jud Davis, "Unresolved Major Questions: Evangelicals and Genesis 1,2," in *Reading Genesis 1-2: An Evangelical Conversation*, ed. J. Daryl Charles [Peabody, MA: Hendrickson, 2013], 210). 예수가 "창조의 시작에"라고 말하지 않고 "창조의 시작부터(*apo archēs ktiseōs*)"라고 말한다는 점에 주의하라. 예수가 창조 사건과 아담과 하와의 창조 사이의 시간 간격을 배제했다고 생각할 이유가 없을 뿐만 아니라, 아담과 하와는 창조의 시작(창 1:1)에 창조되지 않았기 때문에 예수의 말을 이런 식으로 밀어붙이는 것은 그의 말을 왜곡하는 처사다. 오히려 그 의미는 인간이 남성과 여성으로 구분되지 않은 적이 없었다는 뜻이다. 인간은 언제나 그런 식으로 존재해왔다.

는 내용은 세상의 역사가 아니라 구약성서 정경의 역사라고 주장했다.[32] 예수는 구약성서의 문학적 역사와 그 역사의 문학적 처음과 끝에 관해 얘기하고 있다.

고린도후서 11:3은 예시적 용법의 명확한 또 하나의 예다. "뱀이 그 간계로 하와를 미혹한 것 같이 너희 마음이 그리스도를 향하는 진실함과 깨끗함에서 떠나 부패할까 두려워하노라." 이 구절에서 "~것 같이"(hōs)는 바울이 비교하고 있음을 보여준다. 그는 타락 이야기를 고린도 교회의 그리스도인들이 처해 있는 위험한 상황에 대한 예시적인 유비로 사용한다. 그 이야기의 역사성은 밀접한 관계가 있는 것도 아니고 단언되지도 않는다.

다른 예들은 덜 명확하다. 먼저 "이는 아담이 먼저 지음을 받고 하와가 그 후며 아담이 속은 것이 아니고 여자가 속아 죄에 빠졌음이라"는 디모데전서 2:13-14은 교회에서 여성의 역할에 관한 그의 가르침의 토대를 제공하기 위해 역사적 사실을 단언하는 것처럼 보인다. 그러나 바울의 진술은 문학적 아담과 하와에서 더 나아가지 않는다. 바울은 그 이야기가 말하는 내용을 묘사하고 있다. 즉 그는 여성의 가르치는 권위(또는 그 권위의 결핍)에 관한 자신의 가르침을 하와의 창조와 범죄 이야기에 관한 자신의 주해에 입각시키고 있다.[33] 마찬가지로 "남자가 여자에게서

---

32 가령 Marshall은 이렇게 쓴다. "역대기가 구약성서 정경에서 가장 마지막에 놓인다면 그 언급은 성경에서 가장 마지막으로 예언자를 살해한 사람을 가리킨다. 이 의미에서 누가가 자신이 사용한 자료를 바르게 이해했다는 데 의문이 없다"(I. Howard Marshall, *The Gospel of Luke*, NIGTC [Grand Rapids: Eerdmans, 1978], 506).

33 Harlow는 "저자가 아담과 하와를 역사적 인물로 간주했다고 할지라도 전통적인 인물들에 대한 이러한 문학적 호소는 우리에게 아담과 하와의 역사성을 확고히 해주지 못한다"고 생각한다(Daniel C. Harlow, "After Adam: Reading Genesis in an Age of Evolutionary Science," *PSCF* 62 [2010]: 195). Carson은 다음과 같이 이의를 제기한다.

난 것이 아니요 여자가 남자에게서 났으며, 또 남자가 여자를 위하여 지음을 받지 아니하고 여자가 남자를 위하여 지음을 받은 것"이라는 바울

바울의 주장이 단지 신화적인 자료에서 도출된 예시로 여겨져야 한다면 그것은 아무런 힘이 없다는 점이 지적되어야 한다. "신화"가 어느 정도 일반적인 진리를 묘사하는 것으로 여겨지는, 가장 높은 의미에서의 "신화"조차 어떤 일반적인 진리가 설명되고 있는지가 항상 명백한 것은 아니다. 남성이 여성보다 먼저 창조되었다는 것이 명백한 일반적 진리인가? 또는 여성이 사기에 본질적으로 더 취약하다는 것이 일반적인 진리인가? 나는 몇몇 학자는 그런 노선을 따라 주장하기를 원한다고 생각한다. 그러나 그렇게 주장하기가 (적어도) 오늘날의 풍토에서는 점점 더 어려워진다. 사실 바울이 이 구절에서 그가 가하는 제한("[내가] 허락하지 아니하노니", 12절)을 고수하는 것은 계시를 통해 알려진 역사에 호소하기 때문일 수도 있다. 창 1-3장에 기록된 바와 같은, 인류의 머리에 아담과 하와가 없고 타락도 없고 창조 내러티브들도 없다면 바울의 주장은 유지되지 못할 것이며 그 주장의 토대가 파괴될 것이다(D. A. Carson, "Adam in the Epistles of Paul," in *In the Beginning..: A Symposium on the Bible and Creation*, ed. N. M. de S. Cameron [Glasgow: Biblical Creation Society, 1980], 38)

우리가 바울이 문학적 아담에 관해 말하고 있다고 생각하든 역사적 아담에 관해 말하고 있다고 생각하든, 바울의 논거가 아담과 하와의 역사성에 결정적으로 의존한다는 주장은 허약하다. 그의 논거가 결정적으로 의존하는 대상은 하와의 창조와 범죄에 관한 히브리 신화의 권위다. 우리가 앞서 살펴본 바와 같이 신화는 그것을 받아들이는 문화에게 신성한 내러티브이며 따라서 그들에게 결정적이다. 바울은 이 이야기들을 주해함으로써—그의 마음속에서—교회에서 여성의 행동에 관해 이 신화의 몇 가지 구체적인 적용을 추출할 수 있었다. 고전 6:16-18은 도덕적인 가르침에서 텍스트를 그렇게 권위 있게 사용하는 좋은 예다. "창녀와 합하는 자는 그와 한 몸인 줄을 알지 못하느냐? 일렀으되 '둘이 한 육체가 된다' 하셨나니 주와 합하는 자는 한 영이니라. 음행을 피하라." 우리는 유비적으로 "마미가 인간을 창조했을 때 그녀가 '내가 너희의 고역을 인간에게 부과했다'고 말했기 때문에 우리는 들판에서 일해야 한다"는 고대 메소포타미아의 격언을 생각할 수 있다. Carson은 창세기 이야기들을 통해 표현된, 자기가 제안한 것과 같은 모종의 "일반적인 진리들"이 있다고 생각한다는 점에서 요점을 완전히 놓쳤다. 마찬가지로 Beall은 바울이 "그 기사의 구체적인 세부사항들을 사용한다"는 것을 근거로 바울의 구절들의 문자적 해석을 옹호한다는 점에서 요점을 놓쳤다(Todd Beall, "Reading Genesis 1.2: A Literal Approach," in Charles, *Reading Genesis 1-2*, 53). Longman의 대구를 보라. "나는 그가 왜 비유적 접근법이 그들의 요점을 지지하는 광범위한 개념적인 주장을 할 것으로 생각하는지 모르겠다"(Tremper Longman III, "Responses to Chapter Two," in Charles, *Reading Genesis 1-2*, 67). 물론 신약성서 저자들은 그 이야기들의 세부사항들을 언급함으로써 자기의 신학적 주장과 윤리적 주장을 하지만, 그 주장들의 타당성은 그 이야기들의 역사성과는 무관하다.

의 진술(고전 11:8-9)을 순전히 문학적으로 취하는 것이 타당할 수도 있다. 바울은 이 대목에서 그 이야기가 말하는 내용, 즉 하와가 어떻게 아담의 조력자로 창조되었는지를 요약하고 있으며, 자신의 가르침을 그 이야기에 대한 그의 주해에 입각시키고 있다.

단언적 사용일 개연성이 있는 경우

이와 대조적으로 누가복음 3장의 족보는, 정확하든 정확하지 않든, 원시 역사의 족보들이 역사적 관심에 대한 증거인 것과 마찬가지로 단언적으로 취해지도록 의도된다. 마찬가지로 아레오바고 앞에서 한 바울의 진술 — "[하나님이] 인류의 모든 족속을 한 혈통으로 만드사 온 땅에 살게 하시고 그들의 연대를 정하시며 거주의 경계를 한정하셨으니"(행 17:26) — 은 사람들이 공통의 역사적 기원으로부터 온 세상에 역사적으로 퍼진 것을 묘사하기 때문에 단언적 사용으로 보인다. 바울이 고린도전서 15장과 로마서 5장에서 아담과 그리스도를 비교하는 것이 그렇게 요구하기 때문에 이 대목에서 "한" 사람의 지시어는 의심할 나위 없이 노아가 아니라 아담이다.[34] 따라서 바울의 가르침은 역사적 아담을 단언하는 것처럼 보인다.

존 콜린스는 고린도전서 11:7-12, 고린도후서 11:3, 그리고 디모데전서 2:13-14에 나타난 바울의 주장의 타당성이 아담과 하와의 역사성

---

34   Walton, *Lost World of Adam and Eve*, 186은 이 견해에 반대한다. 더욱이 이 대목에서 아담은 좀 더 넓은 대중 가운데서 하나님의 소명을 이행하도록 선택된 사람만이 아니라 언제 어디서든 지구상에 살았던 모든 사람의 조상으로 생각된다. 바울이 모두 공통적인 계보상의 조상을 지녔던 당시에 살았던 사람들에 관해 얘기하고 있다고 말함으로써 이 결론을 피하려고 시도하는 것은 임시방편일 것이다. 바울은 역사상 모든 시기와 모든 장소에 살았던 사람에 관해 말하고 있으며, 최근의 과학에 의해 발견된 보편적인 공통조상에 관한 현대의 개념을 가지고 있지 않았다.

을 가정하는 데 의존한다고 주장하기란 어려운 반면에 사도행전 17:26,
고린도전서 15:20-23과 15:42-49 그리고 로마서 5:12-19은 사정이 다
르다고 언급한다.[35] 뒤의 구절들에서 바울은 그의 아담 그리스도론을 펼
친다. 신학적으로 의미심장한 이 구절들을 다룸에 있어 우리는 이 간략한
단락에서 그 구절들을 철저하게 살피려고 하는 대신, 우리의 주의를 그
구절들이 역사적 아담 문제에 대해 지니는 함의들로 한정할 것이다.

고린도전서 15:21-22, 45-46

고린도전서 15장에 수록된 아담에 관한 바울의 두 구절을 다룰 때 우리
는 "바울이 의미한 바가 단순히 문학적인 아담 이상을 요구하는가?"라
는 문제에 직면한다.[36] 45-46절에서 바울이 창세기 2:7을 바꿔 쓰기 전
에 나오는 "기록된 바"라는 표현은 우리의 주의를 즉각적으로 창세기 내
러티브로 향하게 한다. 이후의 단락에서 우리를 창세기 2장에 등장하는
문학적 인물 너머로 데려가는 것은 거의 없다. 아담은 첫 사람, 육적인
또는 자연적인(psychikos) 사람, 땅에서 난 사람, 흙[먼지]에 속한 자로 언
급된다. 이 모든 묘사는 우리가 창세기 기사에서 만나는 사람에게 해당
한다. 그 이야기에 따르면 아담은 하나님이 만든 최초의 인간이었고 땅

---

35 C. John Collins, *Did Adam and Eve Really Exist? Who They Were and Why You Should Care*
(Wheaton: Crossway, 2011), 78.

36 고전 15장에 등장하는 아담에 대한 Carson의 해석은 바울의 아담을 단지 인류의 일반적
인 상징으로 보는 해석에 반대한다("Adam in the Epistles of Paul," 31-33). 따라서 그는
우리 앞에 놓여 있는 문제를 다루지 못한다. 우리는 바울에게 있어서 아담이 상징적인
인물이 아니라 실제 개인이라는 데 동의할 수 있다. 그러나 그 이야기들이 상징적이라면
그 이야기들에 등장하는 사람의 개인성은 오디세우스나 길가메시 각각의 이야기에서
그들의 개인성이 그들의 역사성에 적실성이 없듯이, 그 이야기에 등장하는 사람의 개인
성은 역사성과 관련이 없다. 본서 351-54에 수록된, Joseph Fitzmyer의 바울의 아담 해
석에 관한 우리의 논의를 보라.

의 먼지로부터 하나님에 의해 지음을 받았으며, 따라서 자연적인 몸을 가지고 있었다. 바울이 우리 모두 흙에 속한 자의 형상을 입었다고 한 말은 우리 모두 그 이야기에 묘사된 사람과 비슷하다는 뜻 이상일 수 없다. 우리 각자는 먼지로 만들어졌고 따라서 필멸의 존재인 육적인 몸(*sōma psychikon*)을 지닌다.

하지만 "그러나 먼저는 신령한 사람이 아니요 육의 사람이요 그다음에 신령한 사람이니라"라는 표현에 역사적 아담에 대한 암시가 들어 있을 수도 있다. 바울이 단순히 그 이야기에서 육체적 또는 자연적인 몸이 먼저 창조되었다는 것을 의미했을 수도 있다. 그러나 그 이야기에서 육의 사람 "다음에 신령한" 사람이 창조되었다는 말은 그런 뜻이 아니다. 하나님이 땅에 속한 사람 안으로 신적인 숨을 불어 넣어서 그 사람이 생령(*psychēn zōsan*)이 된 것은 사실이다. 그러나 그것은 여전히 영에(*to pneumatikon*) 속하지 않고 육에(*to psychikon*) 속한다. 영에 속한 사람이 나타나려면 그리스도가 부활할 때까지 기다려야 한다(고전 15:23). 따라서 바울이 아담에게 그리스도에 비해 참으로 연대기적 또는 역사적인 선재성을 귀속시키는 것일 수도 있는데, 그 경우 우리는 그 이야기 밖으로 이동해서 역사적 아담을 가정한다.

궁극적으로 바울이 고린도전서 15:45-46에서 아담을 단지 예시적으로 사용하는지는 그가 앞에서 "아담 안에서 모든 사람이 죽은 것 같이 그리스도 안에서 모든 사람이 삶을 얻으리라"(15:22)라고 한 말이 무슨 뜻인지에 의존한다. "사망이 한 사람으로 말미암았으니 죽은 자의 부활도 한 사람으로 말미암는도다"(15:21)라는 진술에 대해서는 문학적 아담에 대한 예시적인 언급으로 충분하다. 이 문장의 귀결절은 창세기 내러티브의 외부에 위치하지만 전제절은 명확하게 그 내러티브의 밖으로 이동하지 않기 때문이다. 아담 안에서 모든 사람이 죽는다는 것은 창세기의 문학적 아담의 일부로 보이지 않기 때문에 "아담 안에서 모두 죽는 다"는 바울의 진술은 창세기 내러티브의 외부에서 단언되는 진리로 보일 수도 있다. 그러나 바울이 영적 죽음이 아니라 육체적 죽음에 관해 말하고 있다면 필멸성은 실제로 문학적 아담에게 속하는 것으로 보인다. 로마서 5장이 아담 안에서의 영적 죽음과 정죄를 그리스도 안에서의 의롭다 함과 의와 비교하는 반면에 고린도전서 15장에서는 대조가 법정적이 아니라 육체적임을 주목할 필요가 있다. 즉 아담 안에서 모든 사람이 육체적으로 죽지만 그리스도 안에서 우리가 언젠가 부활의 생명을 누릴 것이다. 이 대목에서 관심사는 의와 구원이 아니라 불멸성이다. 고린도전서 15장에서 바울은 인간의 필멸성을 아담의 타락이 아니라 그의 창조와 관련시킨다.[37] 아담은 자연적인 몸(*sōma psychikon*)을 지니도록 창조된다. 그가 죄를 지음으로써 자연적인 몸을 갖게 된 것이 아니다. 바울은 육체적인 필멸성은 자연적인 인간의 조건이라고 암시한다. 아담 안에서 모든 사람이 죽는다는 바울의 말이 우리가 아담과 보편적인 인간의 본성을 공유함으로써 그의 자연적인 필멸성을 공유한다는 의미인지도 모른다. 먼지로부터의 아담의 창조가 어떻게 죽을 운명인 인간이 생기게

---

37 Carson은 견해를 달리한다. 그는 다음과 같이 쓴다. "사망이 맨 나중에 멸망받을 원수라는 언급(6절)은 거의 확실히 우리의 최초의 조상의 불순종으로 말미암아 인류에게 사망이 들어오게 된 것(창 3장)을 뒤돌아보게 한다("Adam in the Epistles of Paul," 31). 이는 고전 15장을 롬 5장과 뒤섞은 것이다. 고전 15장에는 타락에 대한 언급이 없다. Legarreta-Castillo는 다음과 같이 진술함에도 불구하고 비슷하게 혼합하는 우를 범한다. "고전 15장에서 바울은 죽은 신자들의 미래와 몸의 부활 문제를 다룬다. 롬 5:12-21에서 바울은 그리스도의 속죄의 죽음의 더 큰 효과를 강조한다"(*Figure of Adam*, 13). 그는 고전 15:20-23을 15:45-49과 다르게 읽어서 전자를 아담의 타락과 아담과 그의 후손에게 닥친 죽음에 관한 유대교 전통의 배경에 비추어 해석하고, 후자를 아담이 땅의 먼지로 만들어진 결과로서 아담의 자연적인 필멸성에 관한 다른 유대교 전통의 배경에 비추어 해석한다. 그래서 그는 롬 5장의 법률적 및 도덕적 관심사를 고전 15장으로 들여온다.

되었는가를 설명하기 위한 비유적인 방법이라면 우리 역시 죽을 운명이라는 주장은 그 내러티브의 역사성에 의존하지 않고 단지 우리가 그 이야기에 묘사된 사람과 비슷한 구성 성분을 공유한다는 데 의존한다. 바울이 문학적 아담만을 토대로 인간의 필멸성을 추론하는지도 모른다. 비록 그의 주장이 문학적 아담의 경계를 넘어 역사적 아담을 언급할 가능성을 배제하기 어렵지만 말이다.

로마서 5:12-21

이제 로마서 5:12-21을 살펴보자. 로마서에서 3:21-26 다음으로 두 번째로 중요한 구절로 불려온 이 구절은 바울이 로마서에서 지금까지 말해온 모든 것을 요약한다.[38] 그는 이 구절에서 고린도전서 15장에 수록된 종말론적 아담으로서 그리스도의 예표론을 확대한다. 의미심장한 이 구절의 해석에 대한 우리의 관심은 죽기까지 순종한 예수 그리스도를 통해 인류에게 얻어진 유익에 놓여 있는 것이 아니라 바울이 아담에 관해 주장하는 바에 놓여 있다. 따라서 아담과 그리스도 사이에서 도출된 일련의 대조에서 우리의 초점은 각각의 관련 문장에서 조건절 또는 최초의 절에 맞춰진다. 물론 "한 사람의 범죄를 인하여 많은 사람이 죽었다"(15절), "심판은 한 사람으로 말미암아 정죄에 이르렀다"(16절), "한 사람의 범죄로 말미암아 사망이 그 한 사람을 통하여 왕 노릇 하였다"(17절), "한 범죄로 많은 사람이 정죄에 이르렀다"(18절), 그리고 "한 사람이 순종하지 아니함으로 많은 사람이 죄인 되었다"(19절) 같은 표현들을 어떻게 이해해야 하는지에 관해 많은 신학적 논쟁이 있었다.

우리는 애초에 바울이 아담과 그리스도를 구분한 것은 원형적인 천

---

38   Fitzmyer, *Romans*, 406도 그렇게 생각한다.

상의 **원인**(*Urmensch*)에 관한 이전의 영지주의 신화를 토대로 필론이 창세기 1:27의 하늘의 사람과 창세기 2:7의 땅의 사람을 구분한 것과 유사하다는 루돌프 불트만의 주장이 틀린 것은 말할 것도 없거니와 적실성이 없는 것으로 치부하고 이를 무시한다.[39] 불트만은 "아담-그리스도의 병행, 즉 두 인류(또는 인류의 두 시대)와 각기 그 창시자에 의한 그들의 결정 사상은 구원사 관점에서 생각된 것이 아니라 우주론적으로 고안된 영지주의적인 아이디어다"라고 생각한다.[40] 피츠마이어는 "설령 그 논의의 배후에 신화가 있다 하더라도 그것은 원인(原人)에 관한 영지주의 신화가 아니라 바울이 언급하는 창세기 2:4b-3:24의 신화, 즉 아담과 하와의 창조 및 야웨가 그들에게 부과한 명령에 대한 그들의 위반에 관한 야웨 문서 저자의 기사다"라고 올바로 답변한다.[41] 바울은 아담과 예수라는 두 명의 개인을 대조하고 있으며 따라서 상징적인 독법은 "바울이 이 구절에서 '한 사람'으로서 아담과 '한 사람'으로서 그리스도를 사용하는 대조를 공정하게 다루지 않는 처사다."[42]

---

39 James D. G. Dunn, *Romans 1-8*, WBC 38A (Grand Rapids: Zondervan, 1988[『로마서 (상)』, 솔로몬 역간), 277-79은 Bultmann의 분석에 대해 세 갈래의 비판을 가한다: (1) 필론이 하늘의 사람을 다룬 것은 전적으로 그의 철학적 신학에 고유한 플라톤적 모티프와 지혜 모티프의 토대에서 설명될 수 있다. (2) 바울에게 있어서 하늘의 아담으로서의 그리스도는 원시의 사람으로서 땅의 아담의 모형이 아니라 부활을 토대로 땅의 아담에 이어지는, 부활한 신자들의 모형이다. 그리고 (3) 특히 죄와 준-우주적인 힘으로서의 죽음을 다루는 것과 죄를 지음에 있어서 인간의 책임을 강조하는 것에 있어서 바울의 사고는 유대교와 부합하고 후대의 영지주의 체계와는 현저하게 다르다. Dunn은 "이 대목에서 유대교의 종말론이 도처에 존재하는 반면에 원시 인간의 신화의 흔적은 없다"고 올바로 말한다 (278).

40 Rudolf Bultmann, "Adam and Christ according to Romans 5," in *Current Issues in New Testament Interpretation*, ed. William Klassen and Graydon F. Snyder (London: SCM, 1962), 154.

41 Fitzmyer, *Romans*, 407.

42 Fitzmyer, *Romans*, 408.

피츠마이어는 바울이 어떻게 아담의 죄가 그의 후손에게 이전되는지 설명하지 않는다고 말한다.[43] 바울의 진술이 아담의 대표자 지위나 아담과 우리의 집단적 연대 등의 개념에 의해 아담이 에덴동산에서 저지른 죄가 그의 후손인 우리 각자에게 전가되었다는 의미일지도 모른다. 즉 우리는 아담의 범죄로 인해 하나님 앞에서 유죄이고 따라서 죽음의 정죄 아래 있다. 죄의 전가 개념이 현대의 감수성의 구미에 맞는지는 우리 앞에 놓인 해석의 문제와는 무관하다.[44]

더글러스 무는 그것이 바울이 의미한 바라고 솜씨 있게 주장했다.[45] 무는 로마서 5:12-14에서 바울의 강조가 아담의 죄의 집단적 중요성에 놓여 있는 것이 아니라 그를 통해서 죄가 세상에 들어오게 된 그의 역할에 놓여 있다는 것을 인정한다. 그러나 무는 "**모든** 사람이 [역사의 과정에서] 죄를 지었으므로 사망이 모든 사람에게 이르렀다"(12cd절)와 "**한** 범죄로 많은 사람이 정죄에 이르렀다"(18a절)는 단언들을 어떻게 논리적으로 관련시킬 수 있는지 알기를 원한다. 바울이 명확하게 아담의 죄가 모종의 의미에서 보편적인 정죄의 이유라고 보기 때문에 우리는 인간의 죄의 보편성과 정죄를 순전히 우연의 일치로 돌릴 수 없다. 무는 바울

---

43 Fitzmyer, *Romans*, 409.

44 나는 많은 신학자가 결백한 제3자에게 범죄에 대한 민형사상 책임이 전가되는 것이 서구의 사법 체계에서 널리 받아들여지는 보편적인 관행임을 발견하면 깜짝 놀랄 것이라고 생각한다. 민법과 형법 모두에서 사람들은 다른 사람이 저지른 잘못에 대해 대리 책임을 질 수 있다. 그리스도의 속죄와 연결된 논의는 나의 저서 *Atonement and the Death of Christ: An Exegetical, Historical, and Philosophical Exploration* (Waco: Baylor University Press, 2020), 9-10장을 보라.

45 Douglas J. Moo, *The Letter to the Romans*, 2nd ed., NICNT (Grand Rapids: Eerdmans, 2018), 347-56. 그러나 다른 사람의 행동으로 내가 책임을 지는 것의 공정성 또는 정의 문제에 관해 Moo가 견고한 방어를 제공하지 않고 "어떤 설명도 궁극적으로 그 문제를 제거하지 못한다. '원죄'는 '이성에 대한 위반'으로 남는다"고 결론지은 것(356)은 곤혹스럽다. 신비를 고백하는 것과 바울의 가르침이 이성에 대한 위반이라고 말하는 것은 별개다. 그것은 기독교가 참으로 불합리하다고 선언하는 셈이다.

이 창세기를 통해 최초로 죄를 지은 사람이 하와라는 것을 알고 있음에도 세상에 죄가 들어온 것을 아담에게 돌리는 것이 중요하다고 생각한다. 아담에게는 이미 단지 시간적인 우선성에 연계된 것이 아닌 지위가 주어진다. 무는 부패한 인간의 본성을 아담의 죄와 우리의 죄 사이에 존재하는 일종의 중간 항목으로 가정하는 것은 바울의 주장에 명시적이지 않은 중간 단계, 즉 아담이 부패한 본성을 지녔고 그것을 물려주었다는 내용을 그 텍스트에 부과하는 처사이기 때문에 그렇게 하지 않아야 한다고 생각한다. 오히려 무는 우리가 12d절을 18-19절에 비추어 읽으면 (18a절이 12절을 반복한다는 점에서 그것이 적절한 절차로 보인다) "'모든 사람이 죄를 지었다'에 모종의 집단적 의미가 주어져야 한다―한 사람 자체의 자발적인 죄의 행동으로서 죄를 짓는 것이 아니라 아담 안에서 그리고 아담과 함께 죄를 짓는다―"고 주장한다. 모든 사람에게 돌려진 죄는 "모종의 방식으로 아담이 범한 죄와 동일하다.…아담의 죄는 모든 사람의 죄다."[46] 이것을 아담의 죄의 전가로 말해도 무방하다.[47] 마지막 사항, 즉 바울의 시대에 유대 세계에서 널리 퍼졌던 집단적 연대 개념은 무로 하여금 바울을 그렇게 해석하게 만든다. 무가 생각하기에 바울의 가르침에 가장 가까운 유대교 텍스트는 「에스라4서」 7:118이다. "오 아담이여, 당신이 무슨 짓을 한 것입니까? 죄를 지은 사람은 당신이지만 타락은 당신만의 것이 아니라 당신의 후손인 우리 모두의 것이기도 합니다." 바울에게 있어서 아담은 역사적 인물이기도 하고 그의 죄가 그의 모든 후손의 죄로 여겨질 수 있는 집단적인 인물이기도 했다.

존재하지 않는 사람의 죄가 내게 전가되어서 내가 하나님 앞에서

---

46   Moo, *Romans*, 354.
47   Moo, *Romans*, 372.

객관적으로 죄에 대한 책임을 지게 될 수 없기 때문에 바울의 가르침에 관한 위의 해석이 옳다면 아담의 역사성과 타락도 사실이라는 것이 명백하다. 순전히 문학적인 아담의 죄는 그 허구 밖에서는 어떤 영향도 끼칠 수 없다. 무는 다음과 같이 올바로 주장한다.

역사에서 일어난 아담의 행동의 효과(보편적인 죄악성과 죽음)는 **역사에서** 죄를 지은 아담을 필요로 하는 것으로 보인다. 가령 나는 (『나니아 연대기』 [Chronicles of Narnia]에 등장하는) 아슬란을 그리스도와 비교 또는 대조해서 일반적인 신학적인 주장을 할 수 있겠지만(아슬란이 에드먼드를 위해 돌 탁자 위에서 죽듯이 그리스도가 십자가 위에서 우리를 위해 죽는다), 내가 하얀 마녀가 이 세상에 그리스도가 그것으로부터 우리를 구원한 상태를 들여왔다고 주장한다면 내 독자들은 상당히 혼란스러울 것이다. 그리고 그 혼란은 아주 자연스러울 것이다. 내가 그렇게 주장한다면 그것은 우리의 역사에서 각각 허구의 인물과 실제 인물에 의해 야기된 사건들을 상정하는 처사일 것이다. 아담은 바울이 명확히 하는 바와 같이 모세, 율법, 그리고 그리스도(아담은 그리스도의 "모형"이다)와 동일한 역사적 평면 위에서 기능한다.[48]

---

48 Moo, *Romans*, 355. 종종 예표론만으로도 모형과 대형(anti-type) 사이에 가정된 역사적 연결을 확립하기에 충분하다고 주장되지만(가령 Ellis, *Paul's Use of the Old Testament*, 127), 그런 주장은 개념적으로 및 성경적으로 결함이 있다. 개념적으로, 문학적 인물과 역사적 인물 사이에 패턴/모형과 사례로서 비교하는 것이 충분히 가능하다(Dunn, *Romans 1-8*, 289: "신화적 역사의 행동이 실제 역사에서의 행동과 비교되어도 비교의 요점을 상실하지 않을 수 있다"). 성경적으로, 유다서와 베드로후서는 구약성서뿐만 아니라 유대교의 민속으로부터도 거짓 교사들의 모형 역할을 하는 예들을 제시한다(Bauckham, *Jude, 2 Peter*, 47, 256). Carson은 예표론적 범주들은 "첫 번째 인물이 역사 속의 인물일 경우에만" 의미가 있다고 주장한다. "우리는 벧후 3:1-7의 주장을 상기하지 않을 수 없다. 그 단락에서 우리는 재림의 전망을 조롱하는 자들에게는 하나님이 무슨 일을 할 수 있는지를 증언하는, 하나님의 격변적인 개입의 두 가지 예, 즉 창조와 홍수가 있다는 말을 듣는다"("Adam in the Epistles of Paul," 33). 그런 주장을 따르면 창조와 전세계적인 홍수뿐만 아니라 (지금은 타르타로스에 갇혀 있는) 감시자들과 의를 전파

그렇다면 아담의 죄를 그의 후손에게 전가하려면 역사적 아담이 필요하다. 바울의 교리가 그런 전가와 관련이 있다면 바울이 아담과 그의 죄의 역사성을 가르치고 있는 셈이다.

그러나 그것이 실제로 바울의 교리인가? 그럴 수도 있을 것이다. 그러나 그것을 의심할 많은 여지가 있다. 실로 "모든 사람이 죄를 지었으므로 사망이 모든 사람에게 이르렀다"(12cd절)와 "한 범죄로 많은 사람이 정죄에 이르렀다"(18a절)는 구절을 어떻게 관련시킬 것인가가 문제다. 무는 왜 "사람들이 그렇게 일관성이 있게 선으로부터 모든 종류의 악으로 향하는지"에 대한 설명이 필요하다고 올바로 주장한다.[49] 아무도 모든 사람이 순전한 우연으로 죄를 짓는다고 생각하지 않는다. 무는 다음과 같이 말한다. "바울은 이 구절에서 아담의 죄에서의 인간의 연대가 그것에 대한 설명이라고 확언하는데, 이 연대를 아담 안에서 그리고 아담과 함께 죄를 지었다는 관점에서 설명하든 그것이 아담으로부터 물려받은 죄악 된 본성 때문이라고 설명하든, 그것은 이 시점까지는 문제가 되지 않는다."[50]

[죄의] 전가는 한 사람의 도덕적 성품에 아무 영향도 주지 않는 순전히 법률적 또는 법정적 개념이기 때문에 아담과 우리의 연대(아담 안에서 그리고 아담과 함께 죄를 짓는 것)에 대해 처음 제공된 설명이 사실은 왜 사람들이 일관성이 있게 죄를 짓는가를 전혀 설명하지 못한다는 것을

하는 노아, 그리고 의로운 롯의 역사성도 긍정하게 될 것이다. Moo는 대신에 이야기에 등장하는 인물의 행동들을 통해서는 실제 세계에 미치는 효과가 야기될 수 없다고 올바로 주장한다.

49   Moo, *Romans*, 356.
50   Moo, *Romans*, 356. Moo가 타락한 인간 본성 가정을 논박하기 때문에 나는 그가 말한 "이 시점"은 틀림없이 12절을 의미한다고 생각한다. 이는 그 구절의 뒤에서 그 선택지가 냉대받을 것이기 때문이다.

우리가 이해할 필요가 있다. 무는 뒤에서 "바울은 사람들이 그리스도의 순종을 통해 실제로 '의롭게 되는' 것처럼 아담의 불순종의 행동을 통해 실제로 죄인이 '되었다'고 주장하고 있다. 그러나 이 '의롭게 만드는 것'은…'도덕적으로 의로운' 사람이 되는 것이 아니라 '법적으로 의롭게' 되는 것—모든 기소에 대해 무죄로 판단받는 것—을 의미한다"고 설명한다.[51] 마찬가지로 "사람들은 하나님이 아담의 행동을 동시에 그들의 행동으로 간주함으로써 그들을 죄인으로 여긴다는 의미에서 죄인들로 '만들어질' 수 있다.…그렇다면 이 대목에서 전가를 말하는 것이…적절해 보인다." 따라서 "우리는 비록 법정적이기는 하지만 실제 상황을 다루고 있다. 하나님의 결정에 의해 아담과의 연대 안에서 실제로 죄인들이 된다. 그리고 사람들은 하나님의 결정에 의해 그리스도와의 연대 안에서 실제로 '의롭게'된다."[52] 그런 법정적인 거래는 왜 사람들이 일관성 있게 선에서 악으로 바뀌는지를 설명하지 못한다. 정죄받은 범죄자를 용서하면 그 사람이 갑자기 고결한 사람으로 바뀌는 것이 아니라 단지 법적으로 더 이상 유죄가 아닐 뿐이듯이 법적으로 유죄 상태를 전가하는 것이 그러지 않았더라면 결백한 사람의 도덕적 성품을 바꾸지 않는다.

그렇다면 우리와 아담의 연대에 대해 두 번째로 제공된 설명(아담으로부터 물려받은 타락한 본성)은 어떤가? 전통적인 원죄 교리는 전가된 유죄는 아닐지라도 적어도 아담으로부터 물려받은 타락한 본성 또는 빈약한

---

51 Moo, *Romans*, 372. 이 대목에서 적절한 법적 개념은 무죄라기보다는 용서다. 마치 정의를 잘못 집행한 것이 있었다는 듯이 하나님의 유죄 판결이 번복되지는 않는다. 그보다는 은혜롭게도 우리의 범죄에 대해 신적 용서가 주어진다.

52 Moo, *Romans*, 372.

본성을 가정한다.[53] 토마스 아퀴나스는 "원죄는 처음에는 사람이 자연을 감염시키고 그 뒤로는 자연이 사람을 감염시키는 식으로 퍼진다"는 간결한 요약을 제공한다(*Summa theologiae* III.69.3 ad 3). 아담에게서 손상된 인간의 본성을 물려받았다는 가정은 전가의 교리만큼이나 확실하게 역사적 아담을 필요로 한다. 따라서 그것이 바울의 교리라면 그의 가르침은 역사적 아담의 존재를 암시한다. 하지만 바울이 그런 내용을 가르치는가? 무가 말하는 바와 같이, 아마도 놀랍게도, 그 교리는 로마서 5:12-21의 어느 곳에서도 발견되지 않는다. 그렇다면 다음 질문이 제기된다. 전가나 부패한 본성 외에 죄로 향하는 사람들의 성향을 설명하기 위한 다른 대안이 없는가?

물론 다른 대안이 있다. 그것은 우리에게 고유한 자기를 추구하는 동물적 본성과 우리가 태어나 양육된 곳의 부패의 그물이 결합한 결과다. 크리스토퍼 헤이스와 스티븐 허링은 다음과 같이 올바로 지적한다. "아담의 타락이 인간의 강한 욕망의 원천이라고 믿지 않더라도 우리는 그 교리에 대한 대안적인 설명을 손쉽게 제공할 수 있다. 예컨대 인간은 진화상으로 이기적인 생물학적 경향을 지니는데 그것이 우리의 사회 심리 그리고 영적 유산에 의해 강화되고 촉진된다."[54] 대릴 도밍은 이 견해를 확대한다.

53 　가톨릭의 교리는 유죄와 부패 모두의 전달을 긍정한다. 정교회는 부패한 본성의 전달만을 긍정한다. 원죄에 관한 Jonathan Edwards와 Thomas Aquinas의 민감한 토론에 관해서는 Matthew Levering, *Engaging the Doctrine of Creation: Cosmos, Creatures, and the Wise and Good Creator* (Grand Rapids: Baker Academic, 2017), 249-67을 보라.

54 　Christopher M. Hays and Stephen Lane Herring, "Adam and the Fall," in *Evangelical Faith and the Challenge of Historical Criticism*, ed. Christopher M. Hays and Christopher B. Ansberry (Grand Rapids: Baker Academic, 2013[『역사비평의 도전과 복음주의의 응답』, 새물결플러스 역간]), 53.

인간들에게서 나타나는 명백하게 이기적인 행동들은 인간들 사이의 죄의 보편성이 참으로 공통조상으로부터 자연적으로 물려받은 데 기인함을 현시함으로써 원죄의 실재를 보여준다. 그러나 이 조상은 인류의 기원에 놓이지 않고 생명 자체의 기원에 놓여야 한다. 하지만 이 명백한 행동들은 인간의 지성이 진화되어 인간이 도덕적으로 책임 있는 존재가 된 후 죄악된 성격을 획득했다.

우리는 모두 지구상의 최초의 생명체들로부터 타인들에게 어떤 희생이 따르더라도 이기적으로 행동하는 강력한 경향을 물려받았기 때문에 모두 죄를 짓는다. 자유 의지가 우리가 이 경향을 극복할 수 있게 해주지만 간헐적으로만 그리고 큰 노력을 기울여야만 그럴 수 있다. 우리는 자신의 이익을 추구할 때가 더 많다. 우리 모두의 내부에 존재하는 이 경향이 우리의 전통이 "원죄의 오염"이라고 부르는 것이다.[55]

생존을 향한, 따라서 이기적인 자연스러운 생물학적 경향이 도덕적으로 부패한 환경과 결합하면 왜 모두 죄를 지었는지를 설명하기에 충분하다. 도밍의 주장에도 불구하고 인간의 죄의 보편성에 대한 이 설명이 우리의 이기적인 행동의 기원을 최초의 인간 조상으로 거슬러 올라가는 것과 양립 불가능한 것은 아니다. 실제로 그 견해는 아담과 하와에게 생물학적 조상이 있었을 것을 요구하지도 않으며, 단지 그들이 생존하기 위한 생물학적 성향을 지닌 존재로 창조되었고 그것이 사회와 양육을 통해 강화되었을 것을 요구할 뿐이다. 인간의 죄의 보편성을 설명하기 위해 부패한 본성의 전가가 필요하지 않듯이 생물학적 조상도 필요

---

55   Daryl P. Domning, "Evolution, Evil and Original Sin," *America*, November 12, 2001, http://americamagazine.org/issue/350/article/evolution-evil-and-original-sin.

치 않다(또는 그것이 배제되지 않는다). 바울이 로마서 1-3장에서 죄와 정죄의 보편성에 관한 그의 교리를 전개할 때 어떤 형태의 원죄 교리에도 의존하지 않는다는 점을 언급할 가치가 있다.[56]

하지만 전가를 지지하는 무의 주장은 12절을 18-19절에 비추어 읽는 데 의존한다. 무는 자기의 해석이 "거의 전적으로 12절을 18-19절과 나란히 두는 데 의존한다"는 것을 인정한다.[57] 그러나 그 말은 상황을 충분히 나타내지 못한다. 그가 처음에 진술한 바와 같이 그의 해석은 거의 전적으로 12절을 "18-19절에 **비추어**" 읽는 데 의존한다. 그러나 그것은 앞뒤가 바뀐 것으로 보인다. 12d절 뒤에서 방해를 받은 원래의 문장을 완성하는 18-19절이 12절에 비추어 읽히는 것이 훨씬 더 자연스럽다. 말하자면 바울이 이미 말한 것을 철회하는 것이 아니라 그것을 지지한다. 바울은 아담의 죄에 죽음이 뒤따랐던 것처럼 " 모든 사람이 죄를 지었으므로 사망이 모든 사람에게 이르렀다"고 말한다. 대다수 주석자는 **에프호**(*eph'hō*)가 원인을 나타내는 접속사 "때문에"라고 생각하며 "모든 사람이 죄를 지었다"가 사람들 자신의 죄악 된 행동들을 가리킨다고 해석한다.[58] 따라서 아담은 그를 통해 죄가 세상에 들어온 문이었고, 그

---

56 이 점은 바울이 아담을 사용하는 동기가 그리스도의 십자가 처형과 부활이 어떻게 모든 인간이—유대인과 이방인 모두—보편적인 죄와 죽음의 곤경에 처해 있고 따라서 모두 같은 구주를 필요로 하는 같은 처지에 있는지를 설명하는 것이라는 Enns의 가설과 모순된다(Peter Enns, *The Evolution of Adam: What the Bible Does and Doesn't Say about Human Origins* [Grand Rapids: Brazos, 2012], 81-82, 131).

57 Moo, *Romans*, 354.

58 Fitzmyer, *Romans*, 413-16에 제공된 **에프호**(*eph'hō*)의 열 가지 해석 목록을 보라. 그 중 대다수는 별로 개연성이 없다. **에프호**가 "따라서, ~의 결과를 가져오는"이라는 결과를 나타내는 의미를 지녔다는 Fitzmyer 자신의 해석은 "~을 근거로, ~ 때문에"라는 다섯 번째 대안에 대한 그의 비판에 직면하는 것으로 보인다. 즉 바울은 죽음이 죄의 원천이 아니라 결과라고 생각하기 때문에 이 해석은 옳지 않다. Dunn에 따르면 **에프호**의 의미에 관한 고전적인 논쟁은 "~라는 이유로, 때문에"라는 의미를 지지하는 방향으로 어느 정도 정리되었다(*Romans 1-8*, 273).

뒤에는 각 사람이 죄를 지었기 때문에 죽음이 모든 사람에게 퍼졌다. (바울은 이 대목에서 왜라는 질문을 다루지 않는다. 우리가 1:20-23에 나타난 그의 언급을 기억하지만 말이다.) 바울이 "한 사람이 순종하지 아니함으로 많은 사람이 죄인 되었다", "한 범죄로 많은 사람이 정죄에 이르렀다", "한 사람의 범죄로 말미암아 사망이 그 한 사람을 통하여 왕 노릇 하였다", "한 사람의 범죄를 인하여 많은 사람이 죽었다"고 한 말은 모든 죄, 따라서 정죄와 사망이 세상에 죄를 들여온 아담의 최초의 범죄로 거슬러 올라간다는 뜻이라고 이해될 수도 있다. 하와가 아니라 아담이 선택된 것은 유대 사회의 가부장제(하와는 아무튼 아담의 "조력자"였다)의 표현으로서 아담이 인류의 연대적 머리라는 사실을 확인하는 것일 개연성이 있다.

무 같은 학자들은 「에스라4서」 7.118에서 모든 사람에 대한 아담의 죄의 전가 교리를 예견하는 것은 대개 그 구절을 맥락에 맞게 인용하지 못한다는 것을 발견한다.

나는 이렇게 대답했다. "이것이 나의 처음이자 마지막 말입니다. 땅이 아담을 내지 않았더라면, 또는 땅이 아담을 냈다면 아담이 죄를 짓지 못하도록 그를 제지했더라면 좋았을 것입니다. 그들이 지금 슬픔 가운데서 살고 죽은 뒤 처벌을 기대하는 것이 무슨 유익이 있습니까? 오 아담이여, 당신이 무슨 짓을 한 것입니까? 죄를 지은 사람은 당신이지만 타락은 당신만의 것이 아니라 당신의 후손인 우리 모두의 것이기도 합니다. 우리에게 영원한 시대가 약속되었다고 하더라도 우리가 죽음을 가져오는 행동을 했다면 우리에게 무슨 소용이 있습니까? 우리에게 영원히 지속되는 소망이 약속되었더라도 우리가 비참하게 실패했는데 무슨 소용이 있습니까? 또는 우리를 위해 안전하고 건강에 좋은 거처가 마련되어 있더라도 우리가 악하게 살았는데 무슨 소용이 있습니까? 지존자의 영광이 순수하게 산 사람들을 지켜줄 것이라 해도 우리가 가장 사악한 길을 걸었다면 무슨 소용이 있습니까? 낙원이 계시되고 그 열매가 상하지 않으며 그곳에 풍성함과 치유가 있다고 하더라도 우리가 부적당한 장소에서 살았기 때문에 그곳에 들어가지 못한다면 무슨 소용이 있습니까? 자제를 실천한 사람들의 얼굴이 별들보다 더 빛난다 하더라도 우리의 얼굴이 어둠보다 더 검게 될 것이라면 무슨 소용이 있습니까? 우리가 살면서 불의를 저지를 때 죽은 뒤 고통을 당해야 한다는 것을 고려하지 않았기 때문입니다."

그는 이렇게 대답했다. "이것이 지구상에 태어난 모든 사람이 관여할 싸움의 의미다. 지는 사람은 네가 말한 고통을 당할 것이고 이기는 사람은 내가 말한 것을 받을 것이다"(「에스라4서」7.116-29).

그 텍스트는 실제로 우리가 로마서 5:12절에서 발견하는 내용과 마찬가지로 아담의 실패와 자신의 죄의 행위에 대한 사람들의 책임 사이의 균형을 아름답게 표현한다. "그러므로 한 사람으로 말미암아 죄가 세상에 들어오고 죄로 말미암아 사망이 들어왔나니 이와 같이 모든 사람이 죄를 지었으므로 사망이 모든 사람에게 이르렀느니라."[59]

학자들은 일반적으로 13절에서 바울이 있을 수 있는 이의—모세의 율법이 주어지기 전에 사람들이 거짓말하고 훔치고 살해했다고 하더라도 그런 행동이 금지되지 않았는데 어떻게 그런 행동이 죄로 여겨질 수 있는가?—로 그의 사고의 흐름을 중단했다는 데 동의한다. 그런 이의는 바울이 방금 "율법이 없는 곳에는 범법도 없느니라"(롬 4:15)고 말했

---

[59] Fitzmyer는 Moo 같은 학자들의 견해를 지지하면서도 기독교 전의 유대교 문헌에 모든 사람이 아담 안에 편입된다는 개념에 대한 명확한 언급이 존재한다는 것을 부인한다(*Romans*, 412)는 점을 주목할 가치가 있다. 마찬가지로 Dunn은 집단적인 인간 개념은 이 대목에서 도움이 되기보다는 방해가 된다고 생각한다(*Romans 1-8*, 272).

기 때문에 바울 자신의 신학에서 나오는 것으로 보인다. 그 이의는 심원한 것으로서 오늘날에도 그리스도인 윤리학자들의 마음을 사로잡고 있다.[60] 전형적인 신적 명령 윤리 이론에서 도덕적 가치들은 하나님의 본성 및 그의 명령들에 나타난 우리의 도덕적 의무들에 뿌리를 두고 있다. 그렇다면 객관적으로 악한 행동들에 관해 그것들이 신적 본성과 양립할 수 없지만 역사상 다양한 시기와 장소의 특정한 사람들에게는 금지되지 않았기 때문에 그 행동들이 그들에게는 잘못이 아니라는 문제가 발생한다. 그런 행동들은 도덕적으로 **나쁘지만** 도덕적으로 **잘못**은 아니다. 그런 행동에 관여하는 사람은 악하기는 하지만 도덕적 의무를 위반하는 것이 아니기 때문에 비난할 수 없다. 따라서 그런 사람들은 잘못한 것이 없기 때문에 그들의 행동에 대해 처벌받을 수 없지만, 그럼에도 그들의 악한 성품으로 인해 하나님으로부터 소외된다. 바울은 아담의 때와 모세의 때 사이에 살았던 사람들을 생각하는 것으로 보인다.

아쉽게도 이 문제에 관한 바울의 사고는 우리가 원하는 만큼 명확하지 않다. 우리는 바울이 말한 것을 반복함으로써 이 이의에 답변할 것으로 예상했을 것이다. "율법 없는 이방인이 본성으로 율법의 일을 행할 때에는 이 사람은 율법이 없어도 자기가 자기에게 율법이 되나니 이런 이들은 그 양심이 증거가 되어 그 생각들이 서로 혹은 고발하며 혹은 변

---

60   그 문제는 자연주의 윤리학자인 Erik Wielenberg와 나의 논쟁 *A Debate on God and Morality: What Is the Best Account of Objective Moral Values and Duties?*, ed. Adam Lloyd Johnson(Abingdon, UK: Routledge, 2020)에 등장한다. Wielenberg는 하나님의 명령을 이해하지 못하는 사람들은 이행할 도덕적 의무가 없으며 따라서 극악무도한 악행을 저질러도 잘못한 것이 없다는 것을 근거로 신적 명령 윤리 이론에 반대한다. 하나님이 사람들이 자신의 명령에 불순종할 것을 알면서 그들에게 명령을 발한다면 이제 사람들의 행동은 단순히 악하기만 한 것이 아니라 도덕적으로 잘못된 것이기 때문에, 하나님이 세상을 도덕적으로 더 나빠지게 한다는 것이다. 나의 대답은 *A Debate on God and Morality*, 82을 보라. 참조. pp. 45-46, 49-50, 59-60, 63, 70.

명하여 그 마음에 새긴 율법의 행위를 나타내느니라"(롬 2:14-15). 따라서 그들은 참으로 책임이 있다. 바울이 왜 이런 식으로 답변하지 않는지는 수수께끼다. 던은 바울이 뒤에 죄를 악화시키는 것으로서의 율법의 도입(롬 7:7-25)을 예상하고 있고, 따라서 **양보하여** 토라가 없는 사람들은 토라의 요구를 충족할 책임이 없다고 주장한다고 제안한다.[61] 바울은 율법이 일반계시를 통해서는 입수할 수 없는 어느 정도의 특수성(예컨대 안식일 준수)을 도입한다는 견해를 취함으로써 두 가지 입장을 유지할 수 있었다. 그것은 "율법이 들어온 것은 범죄를 **더하게** 하려 함이라. 그러나 죄가 더한 곳에 은혜가 더욱 넘쳤나니"(롬 5:20)라는 그의 말과 일치할 것이다.

어쨌든 바울은 아담의 때와 모세의 때 사이에 살았던, 악을 행하기는 했지만 잘못한 것은 아닌 사람들의 존재를 인정하는 것으로 보인다. 즉 그들은 도덕적으로 악했지만 그 행동에 대해 책임이 있지는 않았다. 주석자들은 바울이 그들의 죄들(*hamartiai*)이 아담의 범죄(*parabasis*)와 같지 않다고 한 말이 이 구분을 하는 것이라는 데 동의하는 것으로 보인다. 즉 그들에게는 율법이 없었기 때문에 그들이 하는 도덕적으로 악한 일들은 적절하게 말하자면 범죄, 즉 율법의 위반이 아니다.[62]

바울은 그럼에도 죽음이 그런 사람들 위에 군림했다고 주장한다. 그렇게 말하려면 죄의 **결과**로서의 죽음과 죄에 대한 **형벌**로서의 죽음에 대한 암묵적인 차별화가 필요한 것으로 보인다. 그 사람들에게 책임이 없기 때문에 죽음이 그들의 응보, 즉 정의가 요구하는 처벌일 수는 없다.

61　Dunn, *Romans 1-8*, 275.

62　주석자들은 또한 Carson, "Adam in the Epistles of Paul," 42과 달리 이 대목에서 유아 때 죽는 사람들의 지위는 고려되지 않고 있다는 데 동의한다. 유아들이 육체적으로 죽을 수도 있는 이유는 죄 때문이 아니라 자연적인 인간의 필멸성 때문이다.

그보다는 죽음이 그들의 죄의 결과여야 할 것이다. 이 사실은 바울이 이 대목에서 영적 죽음에 관해 말하고 있음을 보여준다.[63] 각 사람이 신체적으로 불멸의 존재로 태어났다가 죄를 지음으로써 자기에게 신체적 필멸성을 가져온다고 생각하는 것은 이상할 것이다. 그러나 각 사람이 자신의 죄 때문에 영적 죽음을 자초한다고 말하는 것은 합리적일 것이다. 악행은 영적으로 치명적이고 우리를 하나님으로부터 소외시킨다. 따라서 영적 죽음은 율법이 없는 사람들의 죄에 대한 처벌은 아니라 하더라도 그들의 죄의 결과일 수 있다.

죄와 신체적 죽음 사이에는 어떤 관계가 있는가? 고린도전서 15장에 관해 다시 생각해보라. 로마서 5장에서와 달리 바울은 신체적 죽음과 부활에 초점을 맞춘다. 우리는 신체적 죽음이 아담의 죄의 결과라고 생각할 수도 있겠지만 바울은 이렇게 단언하지 않는다. 고든 피는 고린도전서 15:45에 관해 이렇게 주석한다. "생령(living *psychē*)이 된 첫 번째 아담에게는 그것을 통해 창조 때 부패와 죽음에 종속하는 몸인 육의 (*psychikos*) 몸이 주어졌다.…이에 반해 부활 때 '영의(영화된) 몸'이 주어진 마지막 아담은 자신이 영적인(*pneumatikos*) 몸뿐만 아니라 영적인 생명의 원천이다."[64] 이 견해에서는 아담이 필멸의 자연적인 몸으로 창조되었다.[65]

---

63   Moo는 바울이 정죄를 죽음과 동일한 방식으로 다루고, 죽음을 영원한 삶과 대조한다는 사실이 바울이 영적 죽음을 가리키는 것일 수 있음을 암시한다고 논평한다(*Romans*, 348).

64   Fee, *First Epistle to the Corinthians*, 789. 더욱이 예수 그리스도는 죄가 없음에도 육적이고(*psychikos*) 따라서 필멸의 몸을 지녔다. 그의 부활을 통해서 그의 육의 몸(*sōma psychikon*)이 비로소 영의 몸(*sōma pneumatikon*)으로 변화되었다. 그러므로 육체적 죽음이 순전히 개인의 죄의 결과라고 말할 수 없다. 그랬더라면 그리스도가 죽을 수 없었다.

65   아담의 자연적인 필멸성에 반대하는 Levering의 항의—"나는 이 입장이 창조주를 우리의 죄악성에 연루시키고 우리의 소외와 죽음이 왜 그렇게 끔찍한지에 대해 (우리의 창

월튼이 강조하듯이 창세기 3:19은 아담과 하와의 물리적인 구성에 기인한 그들의 자연적인 필멸성을 지지한다.[66] 더욱이 아담과 하와가 자연적으로 불멸의 존재였다면 에덴동산에 왜 생명 나무가 있어야 했는가? 생명 나무는 낙원에서 어떤 물리적 목적에도 이바지하지 않았을 것이다. 그 나무는 열매를 먹는 사람을 영적으로가 아니라 육체적으로 도로 젊어지게 한다. 따라서 창세기 3:22에서 타락한 인간이 그 나무 열매를 먹고 영원히 살게 될까 봐 우려하는 것이다(그가 영적으로 회춘하는 것에 대한 우려가 아님을 주의하라). 따라서 존 데이는 아담과 하와가 창세기 3:22에서 암시된 바와 같이 에덴동산에서 죽을 운명이었다는 것이 구약 학자들 사이에서 "오늘날 다수 의견"이라고 보고한다.[67]

존 콜린스는 "창세기 2:17이 위협하는 '죽음'은 인간의 '영적 죽음', 즉 하나님으로부터의 소외다. 우리가 인간 부부가 창세기 3장에서 불순종했을 때 그들에게 무슨 일이 일어났는지 살펴보면 이 점이 명확해진다"고 지적한다.[68] 육체적 죽음은 간접적으로만 죄의 결과로 보일 수도

조된 조건 외에는) 답을 제시하지 못함으로써 창조주의 선함과 정의를 훼손한다고 생각한다"(*Engaging the Doctrine of Creation*, 235; 참조. 269)—는 그가 육체적 죽음과 영적 죽음을 구분하지 못한 데 기인한다(참조. 269 각주 22). 영적 죽음만이 죄 및 소외와 직접적으로 연결된다. Collins는 아담과 하와의 육체적 죽음이 그들의 영적 죽음에 기인한다는 것을 보여주기 위해 창 3:19을 인용하는데, 그 입장 때문에 그는 임시방편적으로 아담과 하와가 그들의 필멸의 조상들과 달리 "새롭게 시작"했다고 추측한다(C. John Collins, "Adam and Eve as Historical People, and Why It Matters," *PSCF* 62, no. 3 [September 2010]: 158).

66 Walton, *Lost World of Adam and Eve*, 73. Walton은 그들의 필멸성이 그들의 물질적 창조와 일관성이 없으며 심지어 물질적 창조가 필멸성에 대한 암시도 아니라고 생각하는 실수를 저지른다.

67 John Day, *From Creation to Babel: Studies in Genesis 1-11*, LHBOTS 592 (London: Bloomsbury, 2013), 45-46.

68 Collins, "Adam and Eve as Historical People," 158. 이와 대조적으로 Day는 "제거 과정을 통해" 죽음의 예측에 대해 가장 가능성이 큰 견해는 그 부부가 하나님의 은혜와 자비 때문에 즉각적으로 죽지 않았다는 견해라고 주장한다. 그러나 이 대안은 Day가 가장 마

있다. 그것은 아담과 하와가 에덴동산에서 추방되어 생명의 나무로 상징된 불멸성에 대한 희망이 끊어진 결과다. 데이는 그것을 "그들은 불멸성에 도달할 기회를 상실했다"라고 멋지게 표현한다.[69]

이는 아담에 관해 다루는 유대교의 외경과 위경에서 발견되는 역설적인 결론과 같다. 레가레타-카스티요는 유대교의 텍스트들이 죽음이 창조의 결과로서 자연스럽다고 단언한다고 언급한다(집회서 16.30b; 17.30; 18.9; 33.10; 37.25; 40.1-11; 41.3-4; 지혜서 7.1-6; 15.8b; Philo, *On the Creation of the World* 134). 다른 한편으로 그 문헌들은 아담의 불순종이 아담 자신과 그의 후손들에게 죽음을 가져왔음을 역설한다(지혜서 2.23-24; Philo, *On the Creation of the World* 167.70; Pseudo-Philo, *Biblical Antiquities* 13.8-9; 37.3; *Life of Adam and Eve* 7.1; 8.2; 14.1; 「시빌라의 신탁」 1.38-58, 80-82; 「에스라4서」 3.4-11; 7.48, 116-18; 「바룩2서」 17.2-4; 19.8; 23.4-5). 그 역설은 인간이 자연적으로는 필멸의 존재로 창조되었지만 영원히 살 수 있는 기회가 있었는데, 아담으로 말미암아 그 기회를 영원히 박탈당했다는 것을 깨달음으로써 해소된다. 레가레타-카스티요는 다음과 같이 요약한다.

지막에 고려하기 때문에 제거되지 않을 뿐이다! 그는 그 내러티브에 은혜의 행동에 주의를 끄는 요소는 없음을 인정한다. Day는 Collins가 지지하는 대안을 "죽음을 은유적으로 해석하고 동산에서 추방되는 것을 통해 암시된 하나님으로부터의 소외를 가리키는" 것으로 특징지운다(Day, *From Creation to Babel*, 39). Day는 히브리 성경에서 누군가가 확실히 죽을 것이라고 말하는 경우가 약 40회 등장하는데 그것들은 모두 즉각적인 문자적 죽음을 암시하기 때문에 영적 죽음이 아담과 하와가 죽을 것이라는 말에 대한 가장 자연스러운 해석은 아니라고 생각한다. 그러나 그 대안을 이렇게 묘사하는 것은 공허하다. Collins가 지지하는 견해에서 영적 죽음은 은유적이 아니라 문자적이다. 따라서 문자적인 육체적 죽음이 문제가 되는 곳에서의 예들은 이 사례를 훼손하지 못한다. 실제로 우리는 창 2:17의 예측을 육체적 죽음에 대한 위협으로 읽는 것이 가장 자연스러운 독법임을 인정할 수 있다. 그러나 그 결과들에 비추어 우리는 문자적인 영적 죽음이 문제가 되고 있음을 알게 된다.

69   Day, *From Creation to Babel*, 46.

유대교의 저자들은 인간의 창조와 타락 이야기를 그들의 역사적·문화적 맥락에 따라 다양하게 해석한다.…따라서 한편으로 하나님의 형상을 따라 지음을 받은(창 1:26-27) 인간은 그 기원을 하나님께 둔다. 다른 한편으로 먼지(*adamah*)로 만들어진(창 2:7) 아담과 그의 후손들은 본질상 먼지로 돌아가게 되어 있고 필멸의 존재다. 두 번째 창조 기사는 낙원, 타락, 그리고 동산으로부터의 추방 이야기와 밀접하게 관련되어 있다. 유대교 해석자들은 이 이야기에서 그들의 불순종 및 언약과 하나님의 명령을 지키지 못함에 따른 땅의 상실, 예루살렘과 그 성전의 몰락, 그리고 고통에 대한 패러다임을 본다. 따라서 아담의 불순종은 최초의 죄와 그리고 몇몇 경우에는 모든 인간에 대한 죄와 사망의 기원 역할을 한다.[70]

따라서 가령 「성경 고대사」(*Biblical Antiquities*) 13.8-9과 26.6에서 위(僞)필론은 아담과 하와가 그들의 불순종을 통해 "낙원의 방식들을 상실했고" 따라서 "인간의 세대들에게 죽음이 정해졌다"고 단언한다. 마찬가지로 「아담과 하와의 생애」(*Life of Adam and Eve*) 7.1에서 저자는 그들의 동산으로부터의 추방과 죽음은 그들의 불순종의 결과였다고 설명한다. 아담은 그의 지배권을 잃고 죽었으며(39.1-3), 이제 인간은 흙으로 돌아가고 우리가 먼지이기 때문에 우리가 먼지로 돌아갈 것이다(41.1-2). 「시빌라의 신탁」 1.51에서 아담과 하와는 "불멸의 존재들의 처소"에서 쫓겨난다고 묘사된다. 자연적으로 필멸의 존재인 인간은 아담이 낙원의 산물들을 박탈당함으로써 죽을 수 밖에 없게 되었다.

그렇다면 이 견해에서는 로마서 5:12-21의 나머지에서 바울은 아담의 죄가 어떻게 모든 사람이 죄를 짓게 한 힘을 풀어놓아서 그들이 영

---

70   Legarreta-Castillo, *Figure of Adam*, 111; 참조. 116.

적 죽임을 당하게 되는지를 묘사하고 있다. 우리는 바울이 "심판은 한 사람으로 말미암아 정죄에 이르렀다"고 한 말이 아담의 죄에 대한 하나님의 신속한 심판을 가리키는 것이라고 생각할 수 있다. 그러나 아담의 죄의 결과에 대해 생각할 때 바울은 모든 사람이 죄를 지었기 때문에 "한 범죄로 많은 사람이 정죄에 이르렀다"고 말한다. 만일 바울이 아담의 한 범죄에 따른 심판이 모든 사람의 정죄와 관련이 있다고 생각했다면, 존재하지 않는 사람들은 정죄를 받을 수 없기 때문에, 그가 혼동한 셈이다.

아담의 죄의 효과에 대한 이러한 통시적인 견해에 대한 가장 큰 반대는 아마도 그리스도의 속죄 죽음과의 비교가 다소 느슨해지는 것으로 보인다는 점일 것이다. 그리스도의 경우에 그의 순종의 행동이 오랜 세월에 걸쳐 모든 사람을 의롭다고 인정받음과 생명으로 이끈 것 같지 않기 때문이다. 오히려 그의 순종의 행동에서 모든 사람이 의로워지고 살아난다. 그러나 사실 이 구절에서는 우리의 죄들을 그리스도께 전가하고 그의 의를 우리에게 전가하는 교리(바울 서신의 다른 곳에서 발견된다)나 아담의 죄를 우리에게 전가하는 교리가 나타나지 않는다. 오히려 바울은 이 대목에서 그리스도의 죽음을 통해 얻어진 유익을 통시적으로 말하고 있다. 이는 바울이 "은혜와 의의 선물을 넘치게 받는 자들은 한 분 예수 그리스도를 통하여 생명 안에서 왕 노릇 하리로다"라고 한 말은 사람들이 태어나 복음을 듣고 그것을 받아들임에 따라 역사를 통틀어 계속되는 과정이기 때문이다. 따라서 "한 사람이 순종하심으로 많은 사람이 의인이 될" 것이고 "한 의로운 행위로 말미암아 많은 사람이 의롭다 하심을 받아 생명에 이르게 된다." 이 대목에서 아담의 죄의 경우와 마찬가지로 그리스도의 속죄 죽음의 통시적인 효과가 묘사되는 것으로 보인다. 이는 그 효과들을 놀랍게 병행하는 것으로 만든다.

아담의 죄와 우리의 정죄의 연결 문제로 돌아오자면, 무는 그가 "간접적인" 연결(즉 아담의 "범죄" → 인간이 죄를 지음 → 모든 사람의 "정죄")로 부르는 것을 거절하고 그가 "직접적인 연결"(즉 아담의 "범죄" → 모든 사람의 "정죄")로 부르는 것을 지지한다. 그는 "그 텍스트가 전자를 배제하지는 않지만 우리는 그리스도와의 병행 및 중간 단계에 대한 명시적인 언급의 결여에 비추어 후자가 좀 더 가능성이 높다고 생각한다"고 말한다.[71] 그리스도와의 병행과 관련해서 그리스도의 "순종"과 우리가 "의로워지는 것" 사이에 "믿음"이라는 중간 항목을 덧붙이는 것은 "그 유비를 파괴한다. 엄격한 병행을 유지하기 위해서는 사람들이 죄를 지음으로써 죄인들이 되듯이 의로운 존재이기 때문에 또는 의로운 일을 함으로써 의로워진다고 주장해야 한다. 하지만 이 해석은 명백히 불가능하다."[72] 이 추론은 바울이 실제로 말하는 것을 간과한다. 바울은 그리스도의 순종과 우리가 의로워지는 것 사이에 명시적으로 중간 항목을 덧붙인다. "은혜와 의의 선물을 넘치게 **받는** 자들은 한 분 예수 그리스도를 통하여 생명 안에서 왕 노릇 하리로다." 이 중간 항목이 덧붙여짐으로써 한편으로는 보편적 구원 교리와 다른 한편으로는 제한적인 속죄 교리의 추론이 방지된다. 그리스도가 참으로 모든 사람을 위해서 죽었고 모든 사람에게 구원이 가능해지게 만들었지만 몇몇 사람은 의의 선물을 받지 못하기 때문에 그의 죽음이 모든 사람에게 생명을 가져다주지는 않는다. 바울의 이해에서는 의의 선물을 받는 것이 행위가 아니기 때문에 이 과정이 행위를 통한 칭의를 암시하지 않는다(그것은 불가능하다). 따라서 우리는 바울이 한편으로는 죄와 정죄 그리고 다른 한편으로는 그리스도와

---

71   Moo, *Romans*, 368-69.
72   Moo, *Romans*, 372.

우리의 구원을 명시적으로 연결하되, 다른 한편으로는 각각의 경우 중간 단계, 즉 죄를 지은 것(12c절)과 선물을 받는 것(17절)을 통해 연결하는 것을 알 수 있다. 따라서 아담의 경우와 그리스도의 경우는 실제로 아주 유사하다.

　죄와 영적 죽음이 아담을 통해 세상에 들어왔고 이어서 우리를 포함한 그의 모든 후손에게 영향을 주었다고 언급되기 때문에 우리가 잠시 숙고해보면 바울의 아담 그리스도론에 대한 이런 해석 역시 아담이 역사적 인물일 것을 요구한다는 것을 보여준다. "율법이 없었을 때에는"과 "아담으로부터 모세까지"라는 바울의 표현은 그가 아담의 행동에 의해 영향을 받은 인간 역사의 실제 시기들을 가리키고 있음을 보여준다.[73] 전적으로 허구 안에서만 존재하는 행동은 그 허구의 외부에 영향을 줄 수 없다. 허구가 아닌 실제 세상에서 일어나는 행동만이 실제 세상에 영향을 줄 수 있다. 따라서 바울은 아담과 그의 죄가 역사적이었다고 믿을 뿐만 아니라 그렇게 단언한다고 생각될 수 있다.

　얼핏 보기에는 피츠마이어가 이 결론에 동의하는 것처럼 보인다. 그는 다음과 같이 말한다. "바울은 아담을 역사적 인물, 인류의 최초 조상으로 취급하며 그를 역사적 예수 그리스도와 대조한다. 그러나 창세기 자체에서 **아담**은 상징적인 인물로서 인간을 가리킨다.…몇몇 로마서 주석자들은 이 대목에서 **아담**을 이 상징적 의미에서 해석하려고 했다.…그러나 그런 독법은 바울이 이 구절에서 사용하는 '한 사람'으로서 아담과 '한 사람'으로서 그리스도 사이의 대조—이 대조는 예수 그리

73　"아담부터 모세까지의 기간에 대한 바울의 언급(롬 5:13-14)은 확실히 그 기간의 시작에 역사적인 인물(즉 아담)을 전제한다"는 Carson의 인정은 아담을 통해 세상에 죄가 들어왔다는 펠라기우스의 견해가 "아담이 역사적 인물이 아니더라도 별로 영향을 받지 않는다"는 그의 주장과 충돌한다("Adam in the Epistles of Paul," 36).

스도가 역사적 인물이었듯이 아담이 역사적 인물이었음을 암시한다— 를 무시한다. 따라서 바울은 창세기의 상징적 아담을 역사화했다."[74] 피 츠마이어는 바울에게 있어서 아담이 역사적 인물이었다고 주장하는 것 처럼 보인다. 그러나 피츠마이어는 여전히 문학적 아담에 대해서만 말 하고 있고 창세기의 이야기 세계에서 떠나지 않는다. 그의 주장은 창세 기에 기록된 아담이 상징적인 인물이라는 것, 즉 창세기는 모종의 알레 고리라는 것이다. 그러나 그는 바울이 창세기를 알레고리적으로 다루지 않고 단순히 한 개인에 관한 이야기로 다룬다고 말한다. 피츠마이어는 바울이 아담을 역사적 인물로 다룬다고 말함으로써 문제를 혼동한다. 그 말은 바울이 마치 실제로 살았던 누군가에 관해 말하고 있는 것처럼 들린다. 그러나 피츠마이어의 견해에서 바울은 여전히 진실을 말하고 있는 것이 아니라 이야기 속의 진실을 말하고 있다. 바울의 견해에서 **그 이야기 속의** 아담은 상징적인 인물이 아니라 역사적인 인물이다. 몇몇 주석자들이 아담을 상징적으로 해석함으로써 로마서 5:12-21을 정당하 게 다루지 못하듯이 바울 역시 아담을 문자적으로 해석함으로써 창세기 2-3장을 적절히 다루지 못한다.

피츠마이어가 이렇게 이해한다는 사실은 그렇지 않다면 영문을 모 를 그의 이후의 논평을 통해 확인된다. "위에서 나는 상징적인 인물로서 창세기 2-3장에 등장하는 '아담'과 역사적 인물 또는 그가 이미 그 시대 의 유대교 문헌에서 그렇게 된 것처럼 역사화된 인물로서 로마서 5:12- 21에 등장하는 '아담'을 구분했다. 그러나 바울은 역사의 아담에 관해서 는 아무것도 알지 못했다. 그가 아담에 관해 아는 내용은 창세기로부터 및 창세기로부터 개발된 유대교 전통으로부터 자신이 도출해낸 것이다.

---

[74]   Fitzmyer, *Romans*, 407-8.

바울에게 있어서 '아담'은 **창세기에 등장하는 아담**이다. 그는 햄릿 같은 문학적인 개인이지, [15세기 영국의 권선징악극 Everyman에 등장하는] 에브리맨(Everyman)과 같은 상징적인 인물이 아니다."[75] 피츠마이어가 **역사적 인물**을 **역사화한 인물**과 같다고 생각하는 것을 주목하라. 그런 등식화는 실제 인물에게는 불가능하다. 그는 유대교 문헌에서는 아담이 이미 역사화되었다고 생각한다. 즉 창세기의 상징적인 인물이 문자적으로 취해지게 되었다. 마찬가지로 그는 바울에게 있어서 아담은 햄릿처럼 문학적 인물인, **창세기에 등장하는 아담**이라고 생각한다. 햄릿은 셰익스피어에 등장하는 인물이지만 실제 인간은 아니었다. 역사적 햄릿은 없었다. 그러나 햄릿이라는 문학적 인물은 상징이 아니라 개인이다. 따라서 피츠마이어의 견해로는 바울의 창세기 이야기 해석(또는 오해)에 등장하는 아담은 상징이 아니라 개인이다.

피츠마이어가 바울이 역사의 아담(만일 존재한다면, 그 이야기 밖의 아담)에 관해 아무것도 몰랐다고 말하는 이유는 그 이야기가 바울에게는 미안한 말이지만 역사적인 것이 아니라 상징적인 것이기 때문이다. 그렇지 않다면 문학적 아담에 대해 알면 역사의 아담을 다소 알 수 있을 것이다. 예컨대 우리는 플루타르코스의 『영웅전』을 읽는 사람에 대해 단지 폼페이우스에 관한 그의 지식의 유일한 원천이 『영웅전』이라는 이유로 그가 폼페이우스에 관해 아무것도 모른다고 말할 수 없을 것이다. 그것은 『영웅전』이 역사적 장르이고 플루타르코스의 폼페이우스라는 문학적 인물이 역사의 폼페이우스와 잘 부합하기 때문이다. 피츠마이어의 견해로는 바울이 창세기의 아담을 알았더라도 역사의 아담을 전혀 몰랐던 이유는 창세기에 기록된 이야기들이 순전히 상징적인 인물들에 관한

---

75   Fitzmyer, *Romans*, 410.

것이고 따라서 그 이야기들이 역사적 장르가 아니기 때문이다.

위에 제시된 논거로 미루어볼 때 확실히 바울이 창세기의 아담을 상징이 아니라 개인으로 보았다는 것과 아담이 실제 역사의 인물이라고 보았다는 것이 피츠마이어의 주장에 의해 무너지지는 않는다. 이는 우리의 논거가 바울이 문학적 인물인 아담을 실제 역사의 인물인 그리스도와 비교하는 데 의존하는 것이 아니라 아담의 죄가 실제 세상에 미친 인과상의 효과에 의존하기 때문이다. 햄릿이 연극에 등장하는 개인이기는 하지만 실제 세상에 존재하지 않고 연극에서만 존재하기 때문에 (즉 그는 연극에서 맥베스의 단검과 달리 실제로 존재한다) 그가 실제 세상에 영향을 주는 것은 불가능하다. 따라서 바울은 아담이 실제 역사의 인물이었다고 가르친다.[76] 바울이 창세기에 대한 지식을 토대로 역사의 아담을 전혀 알지 못했다는 피츠마이어의 또 다른 주장은 창세기가 순전히 상징적이라는 피츠마이어의 견해에 의존할 것이다. 그런데 우리가 살펴본 바와 같이 계보들은 아담과 그의 후손들을 실제 인물로 다루기 때문에, 그 견해는 원시 내러티브들을 배열하는 계보들과 잘 들어맞지 않는다. 그 경우 우리가 바울이 창세기에 대한 지식을 토대로 역사의 아담을 어느 정도 알았을 가능성을 선험적으로 배제할 수 없다.

---

76   참조. Collins는 Fitzmyer의 견해와 유사한 Dunn의 견해의 "치명적인 결함"을 정확히 지적한다. "누군가가 무슨 일을 했고 그 결과 어떤 일이 일어났다. 그 뒤에 예수가 와서 그 모든 것의 결과들을 다뤘다"(C. John Collins, "Responses to Chapter Four," in Charles, *Reading Genesis 1-2*, 137).

결론

신약성서 저자들이 때때로 신화적 인물이나 위경의 인물을 언급한다는 사실은 신약성서가 인용한다는 점을 우리가 너무 쉽게 구약성서의 역사성에 대한 증거로 삼지 않도록 주의를 준다. 그런 인물들은 단지 문학적이고 예시적으로 채택될 수도 있다. 마찬가지로 아담과 다른 인물들 그리고 원시 역사의 사건들에 대한 신약성서의 몇몇 언급은 단지 창세기의 이야기 세계를 묘사할 뿐이고 기껏해야 이야기 속의 진실을 요구할수도 있다. 그러나 고린도전서 15:21-22 및 특히 로마서 5:12-21에서는 아담의 역사성이 명확하게 주장된다. 그러나 이 핵심 구절들에서 역사적 아담에 관해 주장되는 내용은 우리가 창세기 1-11장의 장르 분석을 토대로 이미 확인한 내용, 즉 그의 불순종을 통해 도덕적인 악이 세상에 들어온, 전체 인류의 조상이 있었다는 내용을 넘어서지 않는다.

　우리가 바울이 아담의 죄가 그의 모든 후손에게 전가되었다고 가르친 것으로 이해하든, 아담의 죄가 인간의 본성을 부패시켰고 따라서 그의 모든 후손에게 영향을 주었다고 가르친 것으로 이해하든, 또는 아담의 죄가 죄를 지을 문을 열었고 그것이 아담 후의 모든 사람에게 영향을 주었다고 가르친 것으로 이해하든 간에 바울은 아담을 그의 행동들이 역사의 경로에 영향을 준 역사적 인물로 간주한다. 우리는 "아담의 죄가 어떻게 모든 인간에게 영향을 주었는가?"라는 문제를 해결하지 않는 것을 선호할 수도 있다. 바울이 이 관계를 설명하려고 하지 않았기 때문에 던은 우리도 삼가야 한다고 생각한다. "바울은 한 사람의 최초의 실패와 모든 사람의 죄 사이의 관계라는 문제를 다루지 않으며, 구문이 정확하지 않으므로 우리가 그 문제에 관해 명확한 결정을 밀어붙이지 않아야 한다."[77] 신중한 이 조언은 설사 조직신학자에게는 그렇지 않을지라도 석의학자에게는 분별이 있는 조언이다. 하지만 바울이 생각하기에 아담의 죄는 어떤 의미에서 우리의 세상을 괴롭히는 죄와 영적 죽음의 근원인데, 그 점은 역사적 아담을 긍정하기에 충분하다.

---

77 Dunn, *Romans 1-8*, 290; 참조. Moo, *Romans*, 352. Moo는 다음과 같은 유대교 텍스트에서 비슷하게 해결되지 않은 긴장을 발견한다. *Apocalypse of Baruch* 23.4; 48.42; 54.19; 54.15; Pseudo-Philo, *Biblical Antiquities* 13.8, 9.

3부
과학적 증거와
역사적 아담

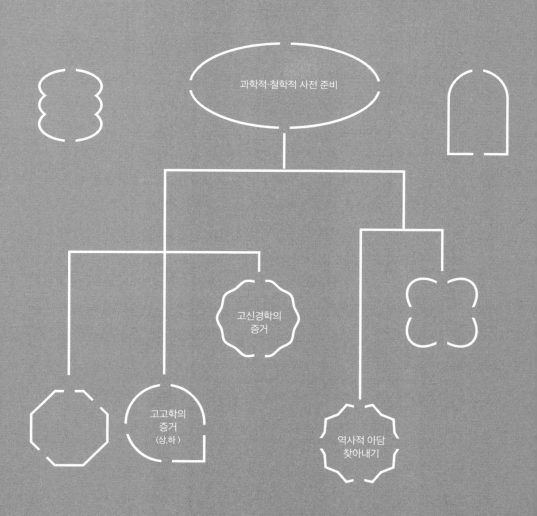

과학적·철학적 사전 준비

고신경학의
증거

고고학의
증거
(상,하)

역사적 아담
찾아내기

8장
과학적·철학적 사전 준비

성경 속의 아담이 실제로 살았던 역사적 인물이라면(또는 인물이었다면) "그가 **언제** 살았는가?"라는 질문이 제기된다. 창세기 1-11장의 원시 역사가 신화적인 성격이 있으므로 이 질문에 답하기 위해 우리는 현대 과학을 살펴봐야 한다. 과학은 그런 사람의 존재를 깊이 생각하지 않기 때문에 어떤 의미에서는 과학이 이 질문에 긍정적으로 기여할 것이 전혀 없다. 하지만 이 시대의 과학자들은 경험적으로 우리의 질문과 대등한 질문, 즉 "진화 과정에서 인간이 언제 최초로 등장했는가?"라는 질문에 큰 관심을 보인다.[1] 본서의 3부에서 대략 언제 인간이 최초로 존재하기 시작했는지를 결정하기 위해 인간의 기원에 관한 과학적 증거를 간략하게 요약할 것이다. 그렇게 하면 역사적 아담이 그 무렵에 놓일 수 있을 것이다.

역사적 아담 탐구는 고고학, 고인류학, 고유전학, 고신경학, 고단백

---

[1]   Francesco d'Errico와 Chris B. Stringer는 다음과 같이 보고한다. "우리를 인간으로 정의하는 속성들의 기원 문제는 영장류 동물학, 고고학, 고인류학, 유전학, 진화 심리학과 언어학 같은 분야들의 학자들 사이에 활발하게 논의되는 주제다"("Evolution, Revolution or Saltation Scenario for the Emergence of Modern Cultures?," *PTRSB* 366, no. 1567 [April 12, 2011]: 1060).

체학, 고(古)고고학(**참으로 매우** 먼 과거의 고고학) 같이 놀라울 정도로 많은 과학 분야를 결합한다. 우리가 인간의 기원 문제를 논의하려면 먼저 현대 과학이 이 주제를 다루는 틀을 수립해야 한다.

시대 구분

먼저 관련된 다양한 시대 구분을 살펴보자.

그림 8.1 우리의 조사와 관련이 있는 지질 시대. Stringer and Andrews, *The Complete World of Human Evolution*, 27에 근거함.

지질 시대

지질 시대(그림 8.1을 보라) 관점에서 우리의 논의는 제4기로 알려진 신생대의 세 번째 기간에 초점을 맞춘다. 이 시기는 약 250만 년 전에 시작되어 현재까지 계속되고 있다.

제4기는 약 250만 년 전부터 약 12,000년 전까지의 플라이스토세와 약 12,000년 전에 주요 빙하작용이 끝난 때부터 현재까지의 홀로세라는 두 하위 시기로 나뉜다. 인류의 기원이 탐구되는 시기는 플라이스토세가 될 것이다.

지난 45만 년 동안의 빙하기-간빙기 주기

그림 8.2. 지난 45만 년 동안의 빙하기-간빙기 주기. Sandy Eldredge and Bob Biek, "Glad You Asked: Ice Ages—What Are They and What Causes Them?," *Survey Notes* 42 (2010), https://geology.utah.gov/map-pub/survey-notes/glad-you-asked/ice-ages-what-are-they-and-what-causes-them/에 기초함.

플라이스토세는 흔히 빙하기로 알려진 시기로서 그 기간 중 일련의 확장(빙하기로 불린다)과 회귀(간빙기로 불린다)가 일어났는데, 각각 몇천 년씩 지속되었다(그림. 8.2를 보라).[2] 우리는 진행 중인 빙하기 내의 간빙기에

---

2   이 주기들은 소위 밀란코비치 주기를 따른다고 생각된다. 밀란코비치 주기는 지구 궤도

살고 있는데, 그 빙하기는 실제로 지구의 역사상 존재했던 최소 다섯 번의 일련의 빙하기 중 가장 최근의 것이다.

　플라이스토세의 빙하기는 북유럽과 아시아의 많은 지역을 주기적으로 몇 킬로미터 두께의 얼음으로 덮어서 이 지역의 인간들은 춥고 가혹한 기후에 적응하고 그것을 견뎌야 했다. 빙하기와 간빙기들은 지역에 따라 다른 이름들로 불려왔다. 유럽의 알프스산맥 지역의 리스 빙하기(18만-13만 년 전)와 뷔름 빙하기(7만-1만 년 전)가 우리의 목적에 특히 중요하다.

　빙하기와 간빙기 단계들의 연대표는 해저에서 추출된 산소 동위원소를 통해 계산된다. 고기후학자들은 ^{16}O와 ^{18}O(원자 질량이 각각 16 또는 18인 산소) 사이의 비율을 비교함으로써 빙하기와 간빙기를 기록할 수 있다. ^{18}O의 비율이 높으면 빙하 단계에 해당하고 ^{16}O의 비율이 높으면 간빙기에 해당한다. 따라서 우리는 연속적인 해양 동위원소 단계들(Marine Isotope Stages, 약어로는 MIS)을 나열할 수 있는데 현재를 MIS 1로 표기하고 역으로 작업해서 홀수 단계들은 간빙기를 나타내고 짝수 단계들은 빙하기를 나타낸다(그림 8.3을 보라). 종종 MIS 시간 척도를 사용해서 플라이스토세에 일어난 사건들의 연대를 표시한다.

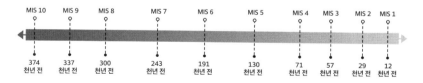

그림 8.3. 가장 최근의 해양 동위원소 단계들의 시작일들.

의 형태 변화, 지구 축의 기울기, 그리고 태양으로부터 지구의 거리의 동시 발생에 의해 결정된다고 생각된다. 이 주기들은 본문에서 언급된 해양 동위원소 단계들과 상관관계가 있다.

따라서 고고학자들이 어떤 유물의 연대가 MIS 6으로 추정된다고 말하면 우리는 그 시기가 191,000-130,000년 전을 의미한다는 것으로 이해한다.

고고학의 시대 구분

한편 고고학자들은 다양한 석기 도구들을 토대로 선사 시대에 대한 다른 틀을 개발했다. 이런 소위 석기 문화들(lithic industries)은 수백만 년에 걸쳐 발전한 석기 도구들의 정교함 수준의 진보를 기록한다. 아쉽게도 고고학자들은 유라시아와 아프리카에서의 시기들을 동일한 용어를 사용해서 묘사하지 않는다. 유라시아와 북아프리카에서 가장 이른 시기는 구석기 시대(Palaeolithic)로 불리고 중간 시기는 중석기 시대(Mesolithic)로 불리며 가장 최근의 시기는 신석기 시대(Neolithic)로 불린다. 이 시간 틀 안에서 **전기**(lower)라는 수식어를 사용해서 좀 더 이른 하위 기간을 나타내고 **후기**(upper)라는 수식어로 좀 더 최근의 하위 기간을 나타낸다. 가령 후기 구석기 시대(Upper Palaeolithic)처럼 말이다. 사하라 사막 이남의 아프리카에서는 구석기 시대가 석기 시대(Stone Age)로 불리는데, 이 시기는 초기 석기 시대(Early Stone Age; ESA), 중기 석기 시대(Middle Stone Age; MSA), 그리고 후기 석기 시대(Later Stone Age; LSA)의 하위 시기들로 나뉜다. 더욱이 유라시아와 사하라 사막 이남 아프리카의 각각의 시기들은 대략적으로만 일치한다(그림 8.4를 보라).

우리는 아프리카의 석기 시대와 유라시아의 구석기 시대에 관심이 있는데, 이 시대들은 약 250만 년 전에 최초의 석기가 출현한 때부터 플라이스토세의 끝까지 계속된다. 도구의 발명은 흩어진 집단들 사이에서 다른 시기들에 발생했기 때문에 지역적인 도구 문화들에 지역명이 부여된다. 비교적 잘 알려진 몇몇 장소들과 대략적인 시작일은 다음과 같다.

그림 8.4. 아프리카와 유라시아에서의 고고학적 나이 비교. 숫자들은 연속적인 도구 제작의 양식들을 나타낸다.

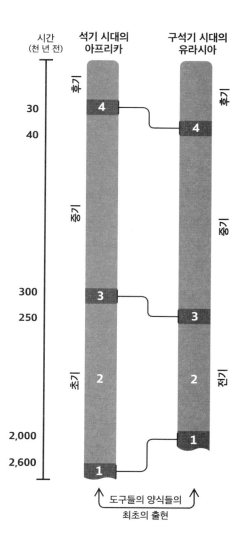

후기 구석기 시대(50,000-10,000년 전)

　그라베트 문화(33,000년 전)

　오리냐크 문화(37,000년 전)

　샤텔페롱 문화(43,000년 전)

중기 구석기 시대(30만-5만 년 전)

> 무스티에 문화(16만 년 전)
>
> 르발루아 문화(30만 년 전)

전기 구석기 시대(250만-30만 년 전)

> 클락톤 문화(30만 년 전)
>
> 아슐-야부르드 문화 복합체(35만 년 전)
>
> 아슐 문화(170만 년 전)
>
> 올두바이 문화(〉250만 년 전)

이 시기들과 관련하여 가장 이른 것부터 가장 늦은 것 순으로 다음과 같은 도구 제작 양식이 존재한다. (1) 올두바이: 찍개 도구(초기 석기 시대, 전기 구석기 시대); (2) 아슐: 주먹 도끼(초기 석기 시대, 전기 구석기 시대); (3) 준비된 코어 도구들(중기 석기 시대, 중기 구석기 시대); (4) 돌칼(후기 석기 시대, 후기 구석기 시대); 그리고 (5) 세석기(후기 석기 시대, 중석기 시대). 어떤 석기 도구들이 우리로 하여금 그것들의 제작자와 사용자의 인지 능력에 관해 추론할 수 있게 해주는지가 중요한 질문이 될 것이다.

고인류학의 분류

조사를 위한 연표의 프레임워크를 살펴보았으니 우리는 이제 고인류학의 분류 프레임워크를 언급할 필요가 있다. 로저 르윈과 로버트 폴리는 새로운 유전학이 사람상과(Hominoidea)를 긴팔원숭이과(Hylobatidae[긴팔원숭이와 큰긴팔원숭이]), 오랑우탄과(Pongidae[오랑우탄, 고릴라, 침팬지]), 사

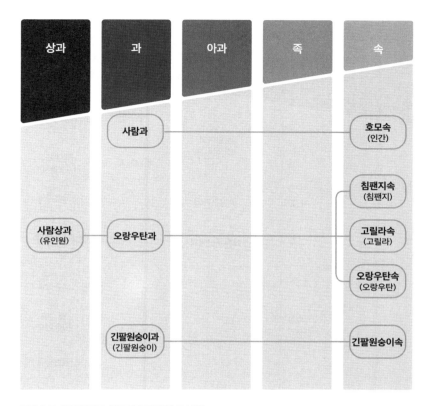

| 상과 | 과 | 아과 | 족 | 속 |

사람과 ——————————————————————— 호모속
(인간)

침팬지속
(침팬지)

사람상과   오랑우탄과   고릴라속
(유인원)   (고릴라)

오랑우탄속
(오랑우탄)

긴팔원숭이과 ——————————————————— 긴팔원숭이속
(긴팔원숭이)

그림 8.5. 유인원들과 인간들의 전통적인 분류.

람과(Hominidae[인간])로 나눴던 전통적인 분류 도식을 폐기했다고 설명
한다(그림 8.5를 보라).[3]

르윈과 폴리는 사실은 침팬지가 오랑우탄이나 고릴라보다 인간과
더 가까운 관계가 있는데 이 분류는 현대의 대형 유인원을 너무 가깝게
연결한다고 주장한다. 따라서 긴팔원숭이과는 그대로 놔두고 사람과를

---

3   Roger Lewin and Robert A. Foley, *Principles of Human Evolution*, 2nd ed. (Oxford:
     Blackwell, 2004), 211.

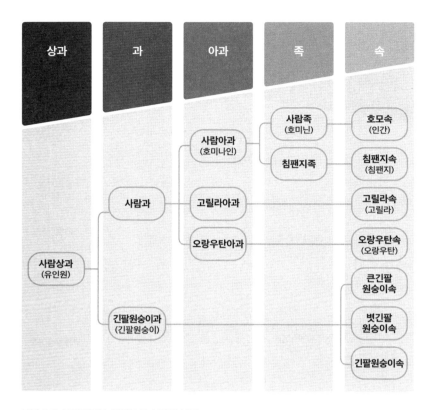

그림 8.6. 유인원들과 인간들의 수정된 분류.

오랑우탄아과(오랑우탄), 고릴라아과(고릴라), 그리고 침팬지족(침팬지)과 사람족(인간)으로 구성되는 사람아과로 나누는 것이 더 나은 분류일 것이다(그림 8.6을 보라).[4]

　　이 라틴 용어들에 해당하는 영어 단어들이 있으면 좋을 것이다(본 번역서에서는 대다수 단어를 우리 말로 바꿔 표기했다). 르원과 폴리는 사람상과(Hominoidea)를 호미노이드(hominoid)로 표기하고 사람과(Hominidae)

<hr />

4　　다소 다른 분류는 사람족(침팬지와 인간)과 사람아족(인간)을 구분한다.

를 호미니드(hominid)로 표기했으며, 사람아과(Homininae)는 호미나인(hominine)으로 표기했고 사람족(Hominini)을 호미닌(hominin)으로 표기했다. 우리는 이 어휘를 채택할 것이다.[5]

---

5   하지만 그런 분류 도식이 생물학적으로 얼마나 정보 가치가 없는지가 강조될 가치가 있다. 이 도식에서 호미닌(사람족)에 속하면 궁극적으로 현대의 인간으로 이어지는 계통에 속하는 반면 파니닌(침팬지족)에 속하면 궁극적으로 침팬지로 이어지는 계통에 속한다. 그 두 계통은 약 5-6백만 년 전에 최후의 공통조상에서 갈라진 것으로 생각된다.
　　그 분기(分岐)가 두 집단의 분리일 뿐이고(가령 열곡[Rift Valley]에 의해 나눠졌다) 형태상의 실제적인 변화는 훨씬 후에 일어났다면 화석 기록에서 호미닌은 최후의 공통조상과 구분될 수 없을 것이다. 달리 말하자면 그 분기가 상당한 진화상의 변화와 관련되지 않았다면, 오늘날 우리가 인간과 관련시키는 새로운 측면들을 만들어낸 유전자 이동이나 선택이 일어날 때까지는 호미닌이 보이지 않은 채로 머물렀을 것이다. 그리고 이 변화가 수백만 년 후에나 일어났을 것으로 생각하지 못할 이유가 없다(Lewin and Foley, *Principles of Human Evolution*, 253).
　　설상가상으로 이 시나리오에서는 호미닌이 계곡의 다른 쪽에서 사는 호미닌이 아닌 생물과 문자적으로 같은 종류일 수도 있는데, 그것은 뭔가 잘못된 것처럼 보인다. 그 두 생물은 완벽하게 비슷하며 그것들을 구분시키는 유일한 요소는 그 혈통들의 장래의 운명뿐이다.
　　따라서 Lewin과 Foley는 두발 보행, 큰 대뇌, 작은 얼굴, 작아진 송곳니 등 오늘날의 (또는 추론된) 호미닌의 특성을 지녔다는 사실로부터 호미닌이 인식될 수 있다는 것이 "좀 더 실제적인 접근법"이라고 생각한다. 이렇게 추론된 특질 또는 특성이 모두 동시에 진화했을 가능성은 낮다. 따라서 매우 복잡한 적응인 두발 보행이 현재 호미닌 혈통의 존재에 대한 진단에 가장 도움이 되고 중요한 증거로 생각된다. 이 견해에서 두발 보행이나 추론된 다른 특성들은 어떤 생물이 호미닌이라는 **증거** 역할을 할 뿐이고 그 생물을 호미닌으로 간주하게 만들지는 않는다. 하지만 Lewin과 Foley는 다음과 같이 보고한다. "그러므로 호미닌들이 두발 보행에 의해 정의된다는 것이 현재의 입장이며, 이것이 화석 자료들에서 추적해야 할 특징이다. 그러나 그것이 없다고 하더라도…반드시 그 화석이 호미닌이 아님을 의미하지는 않으며 단지 우리가 가장 먼저 일어난 변화들이 무엇인지 아직 정의하지 않았음을 의미한다"(*Principles of Human Evolution*, 253). 불행하게도 이 입장은 자가당착이다. 호미닌이 두발 보행을 통해 **식별**되기만 하는 것이 아니라 그것을 통해 **정의**된다면 두발 보행을 하지 않는 생물이 호미닌이었을 수 없다. 따라서 우리는 현재의 분류 도식의 잘못된 결과를 강요당하고 초기의 파니닌과 호미닌이 실제로는 같은 생물이었을 수도 있음을 받아들여야만 하고 따라서 화석 기록에서 초기 호미닌들을 볼 수 없다는 것을 받아들여야 하는 것처럼 보인다. Lewin과 Foley는 두발 보행이 호미닌에게 독특한 것이 아니라 한 번 이상에 걸쳐 독립적으로 진화되었을 수도 있다는 증거가 있기 때문에 그 문제가 한층 더 처리하기 곤란해진다고 언급하는데, 그 점은 두발 보행의 진단상의 가치마저 훼손한다.

그러나 분류의 중요한 점이 남아 있다. 오늘날에는 **호모**(사람) 속만이 호미닌을 대표하지만 과거에는 대다수 고인류학자가 호미닌이라고 생각하는 다른 속인 **오스트랄로피테쿠스**와 두발 유인원들이 존재했으며, 그 계통의 일부는 약 5-6백만 년 전에 현대의 침팬지에 이르게 된 혈통에서 갈라진 후 현대의 인간(**호모 사피엔스**)에 이르게 되었다.[6] 더욱이 다양한 시기에 **호모 하빌리스**, **호모 에렉투스**, 그리고 아마도 가장 유명한 **호모 네안데르탈렌시스**, 또는 네안데르탈인 같은 **호모** 속의 다른 종들이 있었다. 따라서 호미닌들은 다양한 종의 오스트랄로피테쿠스계와 **호모** 속의 다양한 종들을 포함할 것이다.

이 분류 범주의 어느 것도 자연적인 **인간**과 동일시되지 않아야 한다.[7] 따라서 우리는 **호모**를 "인간" 또는 "사람"으로 표기하기를 회피했다. 그림 8.7에서 우리는 우리의 계통이 시작할 무렵에 꼬리 없는 원숭이 같았던 생물인 **사헬란트로푸스 차덴시스**까지 거슬러 올라가는, 호미닌 계통의 다양한 구성원들을 볼 수 있다.[8]

---

6   따라서 "인간의 조상"이라는 표현은 모호하며 오해하게 할 수도 있다. 오스트랄로피테쿠스계는 그들이 (인간이 아닌) 인류의 조상이라는 의미에서는 인간의 조상이라고 할 수 있지만, 그들이 인간이었던 우리의 조상들에 속한다는 의미에서는 인간의 조상이 아니다.

7   Ian Tattersall은 "인간"은 배타적인 의미로 사용될 수도 있고 포괄적인 의미로 사용될 수도 있다고 지적한다. (Lewin과 Foley에 의해 사용된) 포괄적인 의미는 "혈통을 통해 우리와 관련이 있다"는 뜻이다. 배타적인 의미는 우리를 생물계의 나머지와 구분시키는 모든 특질을 지닌 생물들에게만 적용된다. Tattersall은 그 단어의 이 두 가지 의미는 확실히 서로 충돌한다고 생각한다. 우리의 계통의 초기 구성원은 우리가 우리에게 독특하다고 생각하는 정신의 특질 중 어느 것도 지니지 않았을 수도 있다(Ian Tattersall, *The Fossil Trail: How We Know What We Think We Know about Human Evolution*, 2nd ed. [Oxford: Oxford University Press, 2009], 70). Tattersall은 "인간"의 포괄적인 의미가 **호모 사피엔스**가 획득한 해부학상의 새로움의 한두 개만을 지닐 것을 요구한다고 말하지만, 앞의 각주 5에 묘사된 Lewin과 Foley의 시나리오는 그것조차도 요구하지 않음을 보여준다.

8   유사한 그림은 Louise Humphrey and Chris Stringer, *Our Human Story* (London: Natural History Museum, 2018), 18-19을 참조하라.

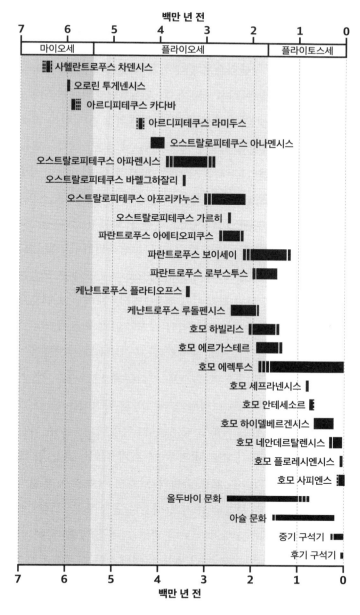

그림 8.7. 사헬란트로푸스 차덴시스에까지 거슬러 올라가는 호미닌 계통. Ian Tattersall, *The Fossil Trail*에 기초함.

그림 8.7에서 **호모**로 분류된 종들이 초기 호미닌들과 오스트랄로피테쿠스계와 달리 자동으로 "인간들"로 간주되어서는 안 된다는 것을 주목하라. 그런 지정은 극단적으로 단순하고 오해하게 한다. 미국 자연사 박물관의 이안 태터솔은 화석 형태들을 **오스트랄로피테쿠스**나 **호모**로 일괄적으로 처리한 것은 역사적 우연의 결과라고 설명한다. 카롤루스 린나이우스가 전통적인 분류법을 만들었을 때 **호모**(사람속) 외에 다른 호미니드(사람과)가 없었다. 따라서 다른 원시 화석 형태들이 발견되기 시작하자 그것들은 **호모**의 원시적인 종들로 분류되었다. 오스트랄로피테쿠스계들은 **호모 트랜스바알렌시스**로 분류되었고 **호모 에렉투스**와 최종적으로 **호모 사피엔스**로 진화되었다고 생각되었다. 태터솔은 "이렇게 다양한 호미니드들을 하나의 **호모** 속으로 일괄적으로 분류한 것은 사실상 사람속을 해부학적 관점이나 행동상의 관점 어느 측면으로도 묘사하기를 불가능하게 만드는 체계적인 극단주의의 행동이었다. 그럼에도 고인류학자들은 즉각적으로 굴복했다"고 불평한다. 고인류학자들이 **오스트랄로피테쿠스**를 별도의 속으로 인식하게 되었지만, "초기 호미니드 화석 기록에서 실제로 나타난 형태학상의 다양성은 좀 더 많은 속들을 인정하면 가장 잘 조직화될 수 있다는 것을 인정하기보다는 초기 호미니드들을 **호모**계와 오스트랄로피테쿠스계로 나누려고 한 데 문제가 놓여 있었다."[9] 태터솔은 **호모 하빌리스**, **호모 에렉투스**, **호모 루돌펜시스** 등과 같이 **호모**로 분류된 초기 형태들은 공통적으로 뇌가 매우 작았고 오스트랄로피테쿠스계의 뇌보다 별로 크지 않았으며, 이 점은 그것들보다 두 배 이상 큰 뇌를 지닌 **호모 사피엔스**와 현저하게 대조된다

---

9   Ian Tattersall, "The Genus *Homo*," *Inference* 2, no. 1 (February 2016), https://inference-review.com/article/the-genus-homo.

고 지적한다. 일부 고인류학자들이 **호모** 속은 오스트랄로피테쿠스계보다 **호모 사피엔스**에 훨씬 더 가까운 형태들에 국한되어야 한다고 제안했지만, "이 현명한 충고가 대체로 무시되었다."[10] **호모** 속이라고 주장되는 어떤 것들보다 작은 뇌를 지닌 생물인 **호모 날레디**의 최근 분류는 그 문제를 보여준다. "**날레디**가 우리에게 가르쳐주는 주된 교훈은 현재 매우 광범위한 호미니드 기록을 오스트랄로피테쿠스계와 **호모**로 나누려는 시도가 무익하다는 것이다. 이 기록에는 복잡한 체계적인 구조―훨씬 더 복잡한 종들의 관계―가 있어서 현재 알려진 매우 다양한 호미니드 집단을 미리 결정된 두 개의 속 중 하나에 포함시키는 것으로는 그것들의 관계를 유용하게 묘사할 수 없다."[11]

---

10   Tattersall, "Genus *Homo*." Tattersall은 **호모**속의 구성원이 되려면 후보 종이 다음과 같은 특질을 보여야 한다는 Bernard Wood와 Mark Collard의 제안을 참조한다. (1) 오스트랄로피테쿠스계와의 관계보다 **호모 사피엔스**와의 관계가 더 밀접하다. (2) 체중이 오스트랄로피테쿠스계보다 **호모 사피엔스**와 더 가깝다. (3) 재구성된 신체의 비율이 오스트랄로피테쿠스계보다 **호모 사피엔스**와 더 가깝다. (4) 현대 인간의 두발 보행과 일치하는 뒷머리 골격을 지녔다. (5) 치아와 턱의 크기가 오스트랄로피테쿠스계보다 **호모 사피엔스**와 더 가깝다. 그리고 (6) 현대의 인간과 같이 확장된 성장 기간과 발달 국면을 지녔다. 그들은 **호모 하빌리스**와 **호모 루돌펜시스**가 **호모**로 분류되는 것을 거부한다(Tattersall, *Fossil* Trail, 271). 이 충고를 거절한 "과학자들은 인간의 어떤 고대 화석 친척이 **호모** 속에 포함되어야 하는지를 두고 여전히 열띤 논쟁을 벌이고 있다. 그리고 그들은 **호모 사피엔스** 종을 포함하는 속에 어떤 것들을 포함해야 하는지에 대해 논리정연한 아이디어가 없는 상태에서 그렇게 하고 있다"(Tattersall, "Genus Homo").

11   Tattersall, "Genus Homo." Schwartz와 Tattersall은 다음과 같이 결론짓는다. "객관적이려면 우리가 거의 확실히 호미닌(사람족) 화석 표본들을 덫에 가둔 우상적인 이름 목록을 해체하고, 형태들의 가설을 세우고, 검증 가능한 관련성 이론을 구축하고, 속과 종들을 재고함으로써 처음부터 다시 시작해야 한다"(Jeffrey H. Schwartz and Ian Tattersall, "Defining the Genus *Homo*," *Science* 349, no. 6251 [August 28, 2015]: 932).

인간은 어떤 존재인가?

위의 프레임워크를 염두에 두고 우리는 인간이 시작되었을 가능성이 가장 높은 시기에 관해 다양한 분야에서 나온 몇 가지 과학적 증거를 조사할 것을 제안한다. 그러나 우리는 먼저 우리가 정확히 무엇을 찾고 있는지 이해해야 한다.

우리는 유기체들이 **호모**로 분류된다고 해서 그 사실에 의해 그것을 인간으로 가정하면 성급하리라는 것을 살펴보았다. 오히려 우리는 종합적으로 인간으로 인정되기에 충분한 특정한 조건들을 명시할 필요가 있다. 사실 이런 조건들이 무엇인가에 관해 과학자들 사이에 주목할만한 합의가 이뤄져 있다. 결국 우리는 인간으로서의 우리 자신에 대해 친숙하며 따라서 전형적인 인간이 어떤 모습인지 알고 있다.

인간이 되기 위한 충분조건

예컨대 우리는 인간으로 추정되는 존재는 우리 자신과 해부학상으로 비슷해야 한다는 것을 안다. 자의식이 있고 이성이 있는 외계인(또는 심지어 침팬지)이 개인(person)이기는 하지만 **인간**(human)인 개인은 아닐 것이다. 인간 됨의 이 필요조건이 반드시 정확한 해부학적 일치를 포함하지는 않을 것이다. 현대의 **호모 사피엔스**와 구 **호모 사피엔스** 사이에 다양한 해부학적 차이가 있지만 그렇다고 해서 후자가 인간이 아니라고 생각되지는 않는다. 이와 대조적으로 예컨대 오스트랄로피테쿠스계는 그들의 중대한 해부학적 차이에 비추어 그들이 인간과 몇 가지 특성을 공유함에도 불구하고 아무도 그들이 인간이었다고 생각하지 않는다.[12] 그들은

---

12   신체적 특질(소위 특징)을 공유한다고 해서 호미닌(사람족) 형태들 사이에 진화상의 연

뇌가 작아서(약 460세제곱센티미터) 현대 인간의 행동을 지원할 수 없었던, 다양한 종류의 두발 보행 유인원들이었다. 인간에게 허용될 수 있는 해부학상의 변이의 정도에 관한 질문이 남아 있다. 가령 높은 눈두덩은 **호모** 속의 종이 인간으로 인정될 자격을 박탈하기에 충분한 것으로 보이지 않지만,[13] 뇌의 크기와 인지 능력 사이의 상관관계에 비춰볼 때 작은 두개골은 아마도 인간으로 인정될 자격을 박탈하기에 충분할 것이다.

인간의 전형적인 예를 토대로 충분한 해부학적 유사성이 있다면 인간인 개인으로 인정하기에 (필요하지는 않더라도) 충분한 특정한 특질을

결 관계를 암시한다고 가정될 수 없으며 그것들이 인간이라고 가정되기는 훨씬 더 어렵다. 환경상의 요인들이 특정한 특질―가령 줄어든 치아나 호리호리한 골격 구조―의 독립적인 진화를 가져왔고 따라서 유사성들은 성인적 상동(成因的相同, 수렴성 진화에 기인한 유사한 특질)일 수 있기 때문이다. Robert Foley에 따르면 호미니드(사람과) 중에서 "매우 많은 특징이 가까운 관계에 있거나 먼 관계에 있는 다양한 계통들에서 수렴성으로 진화했고" 수렴은 "호미니드에게 있어서 진화 과정의 보편적이고 정상적인 부분이었다"("Striking Parallels in Early Hominid Evolution," *TEE* 8, no. 6 [June 1993]: 197; 참조. Randall R. Skelton and Henry M. McHenry, "Evolutionary Relationships among Early Hominids," *JHE* 23, no. 4 [October 1992]: 309-49. 그들은 자주 성인적 상동인 일흔일곱 가지 특질을 토대로 호미닌 진화의 계통수를 구성한다; John G. Fleagle, "Beyond Parsimony," *EA* 6, no. 1 [1997]: 1. 그는 가장 경제적인 계통수가 45퍼센트의 성인적 상동을 지닐 때는 [가장 단순한 설명이 최상이라는] 오컴의 면도날이 상당히 무디다고 불평한다). 예컨대 **오스트랄로피테쿠스 세디바**는 하체와 손에서 인간과 같은 특질을 공유하는데 "동아프리카에서 초기 **호모**를 만들었던 과정이 독립적으로 그 특질을 발달시켰을 가능성이 있으며, 이는 선택이 이 시기에 다른 종들에게서 '인간'의 특질의 진화를 견인하고 있었을 수도 있음을 보여준다"(Humphrey and Stringer, *Our Human Story*, 94; 참조. Andrew Du and Zeresenay Alemseged, "Temporal Evidence Shows *Australopithecus sediba* Is Unlikely to Be the Ancestor of Homo," *SA* 5 [May 2019], eaav9038, https://doi.org/10.1126/sciadv.aav9038). 인간인지를 결정하는 것과 관련해서 중요한 점은 두뇌 크기의 특정한 최소치가 호미닌이 인간으로 인정받기 위한 필요조건이라는 것이다.

13 이스라엘의 무하레트 에스-스쿨(Muhharet es-Skhūl)에서 발견된 화석 두개골들은 독특한 눈두덩에도 불구하고 대다수 전문가에게 본질적으로 현대의 인간으로 간주된다(Tattersall, *Fossil Trail*, 82). 현재의 인간조차 눈두덩이 높을 수 있으며, 구 **호모 사피엔스**는 눈구멍이 매우 큰 데 비해 현재의 인간은 눈구멍이 작다는 점 외에 둘 사이에 차이가 없다. 그것은 인간으로서의 자격을 인정하지 않을 근거가 되지 못한다.

기술할 수 있다. 이런 특질에는 어떤 사항들이 포함되는가? 인류학자인 샐리 맥브리어티와 앨리슨 브룩스는 현대 인간의 행동의 네 가지 특징을 열거한다.

- 추상적 사고: 시간이나 공간에 제약받지 않는 추상적인 개념들과 관련하여 행동하는 능력
- 계획 수립의 깊이: 집단의 맥락에서 과거의 경험을 토대로 전략을 수립하고 그 계획에 따라 행동할 능력
- 행동상, 경제적, 그리고 기술상의 혁신성
- 상징적 행동: 문화적 실천에서 음성이나 시각적인 임의의 상징으로 물체, 사람, 그리고 추상적인 개념들을 나타내고 그런 상징들을 구체화할 능력[14]

맥브리어티와 브룩스는 자기들이 적용하는 행동상의 현대성 기준이 "보편적으로 인정되며 문헌에서 자주 반복된다"고 주장한다.[15]

---

14   Sally McBrearty and Alison S. Brooks, "The Revolution That Wasn't: A New Interpretation of the Origin of Modern Human Behavior," *JHE* 39, no. 5 (November 2000): 492.

15   McBrearty and Brooks, "Revolution That Wasn't," 534. Francesco d'Errico는 Brooks와 McBrearty가 이 기준들을 발견하기 위해 사용한 기준에 의문을 제기한다. 그는 그 기준이 아프리카의 중기 석기 시대와 유럽의 후기 구석기 시대의 주요 문화들에서 영감을 받았고 "따라서 자신의 기대에 부합하는 이론을 만들어낼 위험"이 있다고 우려한다("The Invisible Frontier: A Multiple Species Model for the Origin of Behavioral Modernity," *EA* 12, no. 4 [August 5, 2003]: 188–202, https://doi.org/10.1002/evan.10113. 그러나 d'Errico는 McBrearty와 Brooks의 인간 됨의 충분조건을 그런 행동들의 고고학적 징후들(아래에서 논의된다)과 뒤섞는다. 후자만 후기 구석기 시대 및 후기 석기 시대의 특질들에 근거한다. 그들이 적시하는 현대인의 행동들은 확실히 문화에 특수한 것이 아니라 보편적이다. 아무튼 d'Errico는 같은 기준을 사용해서 아프리카의 중기 석기 시대 물질문화와 동 시대의 유럽과 근동에서 네안데르탈인에 의해 남겨진 물

우리가 맥브리어티와 브룩스가 생물학적 인간 됨에 대한 해부학적 조건을 제공하는 것이 아니라 인간 됨에 대한 철학적 조건을 제시하고 있음을 강조할 가치가 있다. 우리가 짐승들이 이 모든 종류의 행동을 보일 수 있는지 자문해보면 이 특징들이 인간 됨에 충분하다는 것을 알 수 있다. 행동상 및 기술상의 혁신성 같은 이런 행동 중 몇 가지의 희미한 특질이 인간이 아닌 동물들에게서 나타날 수도 있지만, 그것들은 현대의 인간들에게서 발견되는 정도에 한참 미치지 못할 것이고 네 가지 행동 모두의 조합은 전례가 없을 것이다. 그런 행동을 보였던, 현대의 인간과 해부학적으로 비슷한 과거의 개체들이 인간이었음을 부인하는 데는 다음과 같은 문제가 있다. (1) 그런 행동들이 인간의 인지 능력을 요구하지 않는다고 생각하기 어렵다. (2) 그런 행동을 보인 과거의 개체들이 인간이었음을 부인하면 마찬가지로 오늘날 비슷한 행동을 보이는 사람이 인간임을 부인할 수 있게 될 텐데, 그것은 받아들이기 어려울 뿐만 아니라 도덕적으로 부당하다.

그런 행동들이 선사 기록에서 언제 최초로 출현하는지를 우리가 분간할 수 있는지가 더 어려운 문제다. 우리가 분간할 수 있다고 할지라도 그런 행동의 표지들은 인간이 등장한 가장 빠른 시기가 아니라 가장 늦은 시기를 알려줄 뿐이고, 그런 행동을 보이는 개체들의 인지 능력의 최고 수준에 대한 징후가 아니라 최소 수준의 징후만을 제공해 준다는 점을 기억하는 것이 유익하다.[16]

질문화가 두 기록 사이에⋯극적인 차이를" 나타내지 않는다는 것을 보여준다. 이로 미루어 볼 때 그가 표명한 망설임은 [실제적인 것이 아니라] 이론적인 것이다.

16 따라서 우리는 McBrearty와 Brooks가 Kim Sterelny가 "단순 반사 모형"이라고 부르는 것에 찬성한다고 해석하지 않아야 한다. 이 모형에 따르면 현대 인간의 인지 능력은 고고학 기록에 즉각적으로 반사된다. 오히려 McBrearty와 Brooks의 모형은 '틈새 구축 모형"과 일치한다. 이 모형에 따르면 현대 인간 행동의 고고학적 징후들은 인간들이 그런

인간 됨의 시점과 종점

우리는 인간의 최초 출현의 시점과 종점을 확립함으로써 인간의 기원에 대한 우리의 탐구의 경계를 정할 수 있다. 인간의 최초의 출현이 얼마나 먼 과거로 연장될 수 있는가? 고생물학의 증거는 **호모 사피엔스**를 점점 더 먼 과거로 밀어낸다. 모로코의 제벨 이르후드에서 발견된 호미닌(사람족) 화석들이 현재까지 발견된 가장 이른 시기의 **호모 사피엔스** 화석들이다.[17] 발굴지의 일곱 번째 층(Layer 7)에 적어도 다섯 명(성인 세 명, 청소년 한 명, 아동 한 명)의 유해가 있었다. 이 개체들의 두뇌 부피는 1,300-1,400세제곱센티미터로서 현대 인간의 두뇌 부피(1,100-1,500세제곱센티미터)에 필적할 만큼 컸다. 315,000±34,000년 된 것으로 추정되는 제벨 이르후드는 현대 인간 형태의 핵심적인 특질이 확립된 **호모 사피엔스** 계통의 초기 단계들을 보여주는, 가장 오래되고 가장 풍부한 중기 석기

징후들이 선택상 유리해지는 환경을 형성할 때까지는 출현하지 않는다(Kim Sterelny, "From Hominins to Humans: How *sapiens* Became Behaviourally Modern," *PTRSB* 366, no. 1566 [March 27, 2011]: 809-22, https://doi.org/10.1098/rstb.2010.0301). Lewin 과 Foley에 따르면 점점 더 많은 고고학자가 현대 인간의 행동이 점진적으로 출현했다는 증거가 있다고 생각한다. 일단 그 행동이 특정한 기준점을 넘어서자 그것이 폭발해서 후기 구석기 시대 및 후기 석기 시대와 관련된 사회적 복잡성의 풍부한 구조를 낳은 것처럼 보인다. "그러나 그 폭발은 생물학적인 변화가 아니라 문화적인 변화였다"(Lewin and Foley, *Principles of Human Evolution*, 439). 틈새 구축 모형에 관해 좀 더 자세한 내용은 다음 문헌들을 보라. Kevin N. Laland, *Darwin's Unfinished Symphony: How Culture Made the Human Mind* (Princeton: Princeton University Press, 2017), chap. 9: "Gene-Culture Coevolution"; Agustin Fuentes, *The Creative Spark: How Imagination Made Humans Exceptional* (New York: Dutton, 2017).

17 J. J. Hublin et al., "New Fossils from Jebel Irhoud, Morocco and the Pan-African Origin of *Homo sapiens*," *Nature* 546, no. 7657 (June 8, 2017): 289-92, https://doi.org/10.1038/nature22336. Daniel Richter et al.도 보라. 그들은 제벨 이르후드와 관련된 유해들을 "보고된 가장 오래된 **호모 사피엔스**"로 부른다("The Age of the Hominin Fossils from Jebel Irhoud, Morocco, and the Origins of the Middle Stone Age," *Nature* 546, no. 7657 [June 8, 2017]: 293.96, https://doi.org/10.1038/nature22335).

시대 호미닌 발굴 장소다. 현대의 인간에 비해 이 구 인류의 두개골 형태에는 차이가 있으며 특히 그들의 두개가 길고 눈두덩이 더 두껍지만, 그들을 발굴한 고고학자들은 이미 30만 년 전의 "그들의 얼굴 모양은 최근의 현대 인간의 얼굴 형태와 거의 구분할 수 없는데, 이 점은 (남아프리카) 플로리스바드에서 나온 조각 표본을 잠정적으로 26만 년 전의 원시 **호모 사피엔스**로 보는 해석을 확증한다"고 강조한다.[18] 더욱이 느린 치아 발달 패턴뿐만 아니라 아래턱과 치아의 형태도 제벨 이르후드의 화석들을 해부학적으로 현생 인류와 정렬시킨다. 아프리카 대륙의 양쪽 끝에서 비슷한 개체들이 동시에 존재했다는 것은 **호모 사피엔스**들이 그 무렵까지는 널리 퍼졌으며, 따라서 그보다 10만 년 전에 출현했을 수도 있음을 암시한다. 그런 골격 유해들만으로는 그런 개체들이 인간이었음을 증명하지 못할 수도 있지만, 그것들은 적어도 인간이 30만 년 전보다 전에 출현했을 수도 있음을 보여준다.

그러나 **호모** 속의 그보다 이른 시기의 형태들은 어떠한가? 소위 **호모 하빌리스**는 앞서 언급된 바와 같이 **호모** 속으로 분류됨에도 550-687 세제곱센티미터의 두뇌 크기로 미루어 볼 때[19] 거의 확실히 인간이 아니었다. 많은 고인류학자는 그것을 **오스트랄로피테쿠스 하빌리스**로 개명하고 싶을 것이다. **호모 하빌리스**는 약 2백만 년 전으로 추정되는, **호모** 속의 최초의 종이기 때문에 우리는 이미 인간 기원의 출발점을 지니고

---

18 Hublin et al., "New Fossils from Jebel Irhoud." 30만 년 전부터 10만 년 전까지의 **호모 사피엔스** 두개골과 다양한 형태와 크기를 보여주는 놀라운 사진들은 Humphrey and Stringer, *Our Human Story*, 137을 보라.

19 그것이 **호모** 속으로 분류된 것은 발견자 Louis Leakey가 Kenneth Oakley의 "도구를 제작하는 인간" 개념으로 무장했다는 역사적 우연에 기인했다. (현대의 유인원들은 말할 것도 없고) 오스트랄로피테쿠스계가 도구들을 만들고 사용했다는 점에 비추어 고인류학자들은 이제 그 견해를 포기했다. **호모 하빌리스**는 올두바이 도구들과 관련이 있다.

있다. 증거에 따르면 인간의 기원은 **호모 하빌리스**만큼 먼 과거로 거슬러가지 않는다. 두뇌 크기가 약 526-700세제곱센티미터로 추정되고 별도의 종이 아니었을 수도 있으며 잘 입증되지 않은, **호모 하빌리스**와 같은 시기에 존재했던 **호모 루돌펜시스**도 마찬가지일 것이다.

루이스 험프리와 크리스 스트링거는 약 2백만 년 전의 호미닌 화석 유해들의 다양성은 인간의 기원 문제를 복잡하게 만든다고 주의를 준다. 그들은 다음과 같이 질문한다. "우리 인간이 작은 턱들과 치아, 큰 두뇌, 긴 다리, 습관적인 도구 제작과 육식을 통해 정의되는가, 아니면 이 특징들이나 다른 특징들의 결합을 통해 정의되는가? 우리가 어떤 화석을 인간으로 인정하기 위해서는 몇 가지 특징들의 결합이 존재할 것을 요구한다면, 초기 **호모** 속 표본들의 많은 것들이 너무 불완전해서 자신 있게 진단하기 어려울 것이다. 그리고 그런 상황은 **호모 에렉투스**의 좀 더 완전한 유해들과 행동상의 증거들이 나올 때까지 대체로 그대로 유지된다."[20] 하지만 우리가 초기 **호모** 속(그리고 **오스트랄로피테쿠스** 속)의 화석 두개골 표본들을 가지고 있는 한, 두개골 유해가 불완전하다고 해서 부적절한 두뇌 크기를 토대로 특정한 표본을 인간에서 배제하는 부정적인 진단을 내리지 못하는 것은 아니다.

호모 에렉투스의 경우 특히 이 특별한 호미닌의 긴 역사와 지리적 확산에 비춰 볼 때 그림이 덜 명확해진다. 표본들이 약 200만 년 전부터 거의 150만 년에 걸쳐 아시아와 아프리카 전 지역에서 발견되어서 많은

---

20 Humphrey and Stringer, *Our Human Story*, 94. 그들은 "**호모**" 속으로 가정되는 다른 계통들이 "…별도의 오스트랄로피테쿠스계 같은 조상들로부터 병행해서 진화되었을 수도 있는데" 그 경우 이 계통의 구성원들이 "모두 **호모**라는 하나의 속에 배정되는 것은 부당하다"는 한층 더 복잡한 문제를 지적한다(94). Humphrey와 Stringer는 상호교배하는 종에 복수의 기원이 존재할 개연성이 지극히 낮다는 점에 비추어 오늘날의 대다수 과학자처럼 인류의 다원 발생설을 암묵적으로 부정한다.

아종을 식별할 수 있게 되었다. 그 종의 좀 더 원시적인 구성원들은 사람이 아닐 수도 있지만 후대에 발달한 몇몇 구성원은 사람이라고 할 수도 있다. 예컨대 조지아의 드마니시에서 발굴된 **호모 에렉투스**의 초기 화석은 두뇌 부피가 약 600세제곱센티미터에 지나지 않는 반면에 자바에서 나온 후대의 표본의 두뇌 크기는 1,100세제곱센티미터인데, 이 수치는 현대의 **호모 사피엔스**의 두뇌 크기(1,100-1,500세제곱센티미터)의 하한에 해당한다. **호모 하이델베르겐시스**와 **호모 네안데르탈렌시스**에 이를 때쯤에는 두뇌 크기가 인간 됨을 뒷받침할 만큼 충분히 크며(각각 1,100-1,400세제곱센티미터와 1,200-1,750세제곱센티미터), 네안데르탈인의 두뇌 크기는 사실 **호모 사피엔스**의 두뇌 크기보다 크다. **호모 사피엔스**의 두뇌 크기는 실제로 지난 10,000년 동안 줄어들었다. 따라서 **호모 에렉투스**

그림 8.8. 프랑스 라스코에서 나온, 말 동굴 그림. 사진 출처: N. Aujoulat, Ministère de la Culture et de la Communication, France.

그림 8.9. 프랑스 쇼베에서 나온, 사자들의 자존심 동굴 그림. 사진 출처: N. Aujoulat, Ministère de la Culture et de la Communication, France.

는 인간의 기원의 출발점을 제공한다.

종점에 관해서는 예컨대 프랑스의 라스코(17,000년 전, 그림 8.8을 보라)와 쇼베(30,000년 전, 그림 8.9를 보라)에서 발견된 구석기 시대 말기의 아름다운 동굴 그림들은 의심할 나위 없이 인간에 의해 만들어졌다.

사실 이 그림들에는 신비한 특질이 있어서 보는 사람의 숨을 멎게 한다. 이 그림들을 볼 때 우리는 자신이 우리 중 하나인 "그대"의 현존 앞에 서 있는 것을 느낀다. 지금까지 발견된 동굴 미술 중 가장 오래된 형태의 하나인 손바닥 형판(hand stencil. 그림 8.10을 보라)은 수천 년을 가로질러 우리를 만지려고 내뻗은 것처럼 보인다.

그림 8.10. 인도네시아 술라웨시에서 발견된, 35,000-40,000년 전의 것으로 추정되는 손바닥 형판. 사진 출처: Cahyo Ramadhani. 근처에서 동물들을 그린 것들도 발견되었다.

그런 예술품을 만든 사람들은 그림 이미지들을 통해 실제 동물들을 나타낼 수 있는 상징적인 사고를 지녔다는 점이 보편적으로 인정된다. 따라서 인간의 기원을 최초의 그런 동굴 그림이 나온 시기보다 뒤로 잡으려는 시도는 배제된다. 그러므로 우리는 그 시기를 인간의 기원의 종점으로 볼 수 있다.[21]

---

21   이 그림들과 다른 멋진 동굴 그림들을 천연색으로 보려면 구글 이미지 창에서 "라스코 동굴 벽화", "쇼베 동굴 벽화", "술라웨시 동굴 벽화"를 검색하라.

요약과 향후 계획

그러므로 해부학적으로 우리와 비슷하고 추상적 사고, 깊이 있는 계획, 행동상·경제적·기술적 혁신성, 그리고 상징적인 행동을 할 수 있다는 완전한 의미에서 인간은 초기 구석기 시대와 중기 구석기 시대(혹은 초기 석기 시대와 중기 석기 시대)의 어느 시기에 지구상에 출현했다. 이 경계들을 안쪽으로 끌어온다면 우리는 이 시작 시점을 좀 더 가깝게 결정할 수 있다. 우리는 고대 호미닌들 사이에서 뇌의 크기에 관한 고신경학의 증거로 시작해서 인간의 현대적인 인지 능력의 기원과 관련이 있는 가장 주목할 가치가 있는 고고학의 몇 가지 발견을 살펴볼 것이다.

9장

고신경학의 증거

우리는 인간의 뇌의 진화에 관한 연구인 고신경학이라는 새로운 분야에서 나온 증거를 조사함으로써 인간의 기원 시기에 대한 과학적 증거 검토를 시작한다.

고생물학

고신경학과 특히 관련이 있는 분야는 고대 호미닌들의 화석 유해를 연구하는 고생물학이다. 고신경학은 주로 화석화된 두개골 내부, 즉 두개강(頭蓋腔, endocast) 내부 표면 모양의 분석과 관련이 있다.

두개골의 두개강

"화석 호미닌 뇌의 두개강은 뇌의 크기, 몸에 대한 뇌의 가능한 관계, 뇌의 구조에 관한 주요한 정보를 낳을 수 있다.""비록 그 정보가 적을지라도 말이다."[1] 일반적으로 영장류의 진화에서 뇌가 크고 신체 대비 뇌의 비율(대뇌화 지수)이 높을수록 인지 기량이 높다고 인식된다.[2] 두뇌의 크기 증가는 복잡한 도구 사용, 상징적인 사고와 언어, 그리고 예술적 표현 등 점점 더 복잡한 행동 목록과 상관관계가 있다.[3]

    P. T. 쇼느만은 "인간의 진화 과정에서 인간 두뇌의 크기 증가는 지금까지 화석 기록에 나타난 종들의 변화에서 가장 광범위하고 가장 명확히 나타난 변화 중 하나"라고 지적한다.[4] 호미닌이 300만 년에 걸쳐 진화하는 동안 두뇌 부피는 약 3배로 커졌다. 호미닌의 두뇌 조직 증가와 관련된 막대한 비용에 비추어 볼 때[5] 뇌가 커짐에 따라 인지 능력 면에서 틀림없이 상당한 이점이 있었을 것이다. 두뇌의 크기가 커짐에 따

1   Nicholas Toth and Kathy Schick, "Hominin Brain Reorganization, Technological Change, and Cognitive Complexity," in *The Human Brain Evolving: Paleoneurological Studies in Honor of Ralph L. Holloway*, ed. Douglas Broadfield et al., SAIPS 4 (Gosport, IN: Stone Age Institute Press, 2010), 294. 주의는 Ralph L. Holloway, "The Human Brain Evolving: A Personal Retrospective," in Broadfield et al., *Human Brain Evolvin*g, 8 에서 인용됨.

2   Toth and Schick, "Hominin Brain Reorganization," 295. 대뇌화 지수는 한 종의 두뇌 크기를 같은 크기의 포유류의 평균 두뇌 크기로 나눈 비율이다. 따라서 예컨대 코끼리의 뇌는 인간의 뇌보다 크지만 인간의 대뇌화 지수는 7.4-7.8인 반면에 코끼리의 대뇌화 지수는 1.75-2.36에 지나지 않는다. 하지만 아쉽게도 뇌의 크기가 몸의 크기와 엄밀하게 병행하지는 않는다. 같은 크기의 포유류들에서 뇌의 크기에 열 배의 차이가 있을 수 있으며, 그 점은 대뇌화 지수의 유용성을 감소시킨다. 인지 능력을 평가할 때 뇌의 절대적인 크기와 대뇌화 지수가 모두 고려되어야 한다.

3   Eric J. Vallender and Bruce T. Lahn, "Study of Human Brain Evolution at the Genetic Level," in Broadfield et al., *Human Brain Evolving*, 107.

4   P. Tom Schoenemann, "The Meaning of Brain Size: The Evolution of Conceptual Complexity," in Broadfield et al., *Human Brain Evolving*, 37.

5   Schoenemann은 세 가지 비용을 언급한다. (1) 뇌 조직은 신체의 에너지 섭취량의 20퍼센트를 빨아들이는, 인간의 신체에서 물질대사상으로 가장 비싼 조직 중 하나다. (2) 두뇌가 클수록 성숙할 때까지 오랜 시일이 소요되어서 후손을 더 오래 돌볼 필요가 있다. (3) 점점 더 두뇌가 커지는 유아를 위한 큰 산도의 필요와 두발로 걷는 동물에서 좁은 엉덩이의 생체역학적 효율성이 상충한다.

라 두뇌의 영역들은 점차 다른 영역들과 무관하게 정보처리를 수행할 수 있게 된다. 이는 영역에 따라 다른 종류의 정보를 다른 방식으로 처리하는 기능적 전문화로 이어진다. 인간의 뇌는 비례적으로 확대되지 않았음이 지적되어왔다. 대뇌피질을 포함하여 특정한 영역들이 인간 두뇌의 다른 영역들에 비해 크기와 복잡성이 더 증가했다. 특히 사회적 행동에서 중요하고 독특한 역할을 하는 전전두엽 피질이 유의미하게 확대되었다.[6] 기능적 전문화는 나아가 우리가 일반적으로 지능과 관련되어있다고 여기는 행동상의 결과—"우리의 모든 개념적 이해 전체의…복잡성, 미묘성, 그리고 정교성의 증가"—로 이어진다.[7]

고신경학의 개척자들 중 한 명인 랄프 홀러웨이와 마찬가지로 니콜라스 토스와 캐시 쉬크는 호미닌의 뇌의 진화에서 네 단계를 구분한다.[8]

단계 0: 아프리카 침팬지/보노보/인간의 최후의 공통 조상(약 700-800만 년 전). 가설상의 뇌 구조의 유인원들 같은 특질들은 다음을 포함할 것이다.

a. 월상구(月狀溝, 초승달고랑)가 유인원들처럼 [좀 더] 앞쪽에 위치하는데, 이는 일차 시각 피질이 호미닌들에게서 발견되는 것보다 좀 더 많음을 암시한다.[9]

b. 후부 연합 피질이 호미닌에게서 보이는 것보다 적다.[10]

---

6   Vallender and Lahn, "Study of Human Brain Evolution," 107.
7   Schoenemann, "Meaning of Brain Size," 44.
8   Toth and Schick, "Hominin Brain Reorganization," 295(표현 스타일을 약간 변경했음).
9   월상구는 대뇌피질의 네 개의 주요 엽(이마엽[전두엽], 마루엽[두정엽], 관자엽[측두엽], 뒤통수엽[후두엽]) 중 가장 뒤쪽에 있는 엽인 뇌의 후두엽에 있는 갈라진 틈으로서 시각 처리에 책임이 있는 시각령(視覺領)의 자리다.
10   연합 피질은 네 개의 주요 엽의 부분이 아닌 대뇌피질의 부분들을 구성하며 학습과 추론에 기여한다.

c. 전체적으로 뇌가 유인원 (고릴라, 침팬지, 보노보) 같은 크기(약 350-450 세제곱센티미터)와 구조를 가진다.

단계 1: 초기 오스트랄로피테쿠스계 등급(가령 **오스트랄로피테쿠스 아파렌시스**와 **아프리카누스**, 약 350만 년 전). 이 단계에서의 신경학적 변화와 인지상의 변화는 다음 사항을 포함한다.

    a. (월상구가 좀 더 뒤쪽에 위치하는 데서 볼 수 있듯이) 일차 시각 피질의 감소.

    b. 후부 연합 피질의 상대적 증가(이는 인간과 같은 패턴이다).

    c. 전반적인 두뇌 크기가 중대하게 확대되기 전에 뇌가 재구조화됨.

    d. 뇌의 비대칭이 발달하기 시작함(현대의 유인원에게서 보이는 수준을 넘어?).

    e. (추론에 의해) 현대의 유인원들에 비해 예지력과 기억력이 좀 더 우수할 가능성이 있다.

단계 2: 초기; **호모속** 등급(가령 **호모 루돌펜시스**, **호모 하빌리스**, 초기 **호모 에르가스테르/에렉투스**, 약 190만 년 전). 이 단계에서 일어난 신경학상 및 인지상의 변화는 다음 사항을 포함한다.

    a. 두뇌 부피와 대뇌화 지수의 전반적인 상승.

    b. 윤곽이 뚜렷하고 현대의 인간 같은 뇌의 비대칭.

    c. 현저한 브로카 캡 영역.[11]

    d. (추론에 의해) 좀 더 고도로 발달된 언어 능력과 언어 행동.

    e. (추론에 의해) 출생 후의 발달과 학습 증가.

---

11   전두엽에 있는 브로카 영역은 언어 능력과 관련이 있다.

f. (추론에 의해) 도구 제작, 사냥, 채집, 먹이 뒤지기 및 생식 전략에서의 사회적 학습.

단계 3: 호모 하이델베르겐시스/네안데르탈렌시스/사피엔스 등급(약 50만 년 전에서 현재까지). 이 단계에서 일어난 신경학상 및 인지상의 변화는 다음 사항을 포함한다.

a. 두뇌 부피와 대뇌화 지수의 전반적인 상승.

b. 대뇌반구 비대칭성의 정련과 공간 시각, 구술, 그리고 사회적 능력에 대한 전문화.

c. (추론에 의해) 언어에 기반한 문화적 기량이 점점 정교화됨.

d. (추론에 의해) 임의의 상징 체계들.

e. (추론에 의해) 행동상의 복잡성(석기 기술 포함)과 뇌의 확대 사이의 피드백.

이 점이 중요한데, 우리가 아는 두개강을 근거로 판단할 때 **호모 하이델베르겐시스, 호모 네안데르탈렌시스**와 **호모 사피엔스** 사이에 구조적 차이나 뇌의 크기에 명백한 차이가 나타나지 않는다. 아쉽게도 이 결론을 제외하고, 위에서 재구성한 진화단계의 대다수는 두개강 분석으로부터 명시적으로 확립될 수 없는 가정들에 근거한다. 토스와 쉬크는 인간의 인지 능력의 진화경로를 나타내기 위해 고고학의 증거로 향하는데 우리는 10장과 11장에서 이 문제로 돌아올 것이다.

동맥의 구멍

로저 시모어 등은 두개강에 기초한 뇌의 크기와는 다른 인지 능력 척도로서 두개골에 있는 동맥 구멍을 지목한다. 동맥 구멍은 뇌에 혈액을 공급하는 동맥이 지나는 두개골의 구멍으로서 그 크기가 뇌의 물질 대사율을 반영하므로 고대 호미닌들의 인지 능력에 관해 우리가 이미 살펴본 내용을 확인하는 척도로 사용될 수 있다. 시모어 등에 따르면 "절대적인 뇌의 크기가 [뇌의 중량과 체중의 관계를 나타내는] 대뇌화 지수보다 인지 능력과 더 상관관계가 큰 것으로 보이지만…뇌의 물질 대사율은 신경학적 기능의 에너지 비용을 나타내기 때문에 그것과 인지 능력 사이의 상관관계가 더 클지도 모른다."[12] 최근의 영장류의 두개골과

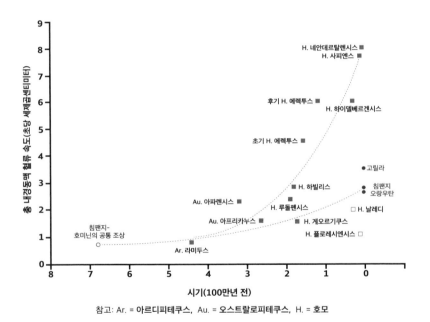

참고: Ar. = 아르디피테쿠스, Au. = 오스트랄로피테쿠스, H. = 호모

그림 9.1. 호미닌들과 최근의 대형 유인원들의 내경동맥의 총 혈류 속도. Seymour et al., "Cerebral Blood Flow Rates," fig. 4에 근거함.

12   R. S. Seymour et al., "Cerebral Blood Flow Rates in Recent Great Apes Are Greater Than in Australopithecus Species That Had Equal or Larger Brains," *PTRSB* 286, no. 1915 (November 13, 2019): 20192208, https://doi.org/10.1098/rspb.2019.2208.

화석 영장류의 두개골에 있는 동맥 구멍을 사용해서 뇌 혈류 속도가 평가될 수 있는데, 이 속도는 뇌의 물질 대사율에 비례한다. 그림 9.1은 대다수 영장류에서 대뇌에 혈액을 공급하는 내경동맥을 통한 혈류 속도를 나타낸다.

이 점이 중요한데, 초기 **호모 에렉투스**를 포함한 **호모** 속의 초기 구성원들의 혈류 속도는 현대 유인원들의 혈류 속도와 비슷한 반면에 후기 **호모 에렉투스**와 **호모 하이델베르겐시스**의 혈류속도는 **호모 사피엔스**의 속도에 훨씬 가깝고 **호모 네안데르탈렌시스**의 속도는 사실 **호모 사피엔스**의 속도보다 빨랐다.

대뇌의 공 모양화

하지만 고신경학을 근거로 "현대 인간화는…**호모 사피엔스** 종 **안에서** 아프리카 전역에 흩어진 지역에서 점진적으로 발달했다"고 주장되어 왔다.[13] 그러므로 이의 함의는 인류는 네안데르탈인 계통 같은 다른 계통들로 구성되지 않고 **호모 사피엔스** 계통의 어느 지점에서 발생한다는 것이다.

어떤 증거가 그런 결론을 뒷받침하는가? 데이비드 윌콕스는 뇌의 크기나 대뇌화 지수에 초점을 맞추지 않고 뇌의 모양에 초점을 맞춘다. 그는 현대의 신생아들은 네안데르탈인 유아들처럼 가늘고 긴 뇌를 가지고 있지만 현생 인류에서는 출생 전후 공 모양으로 만드는 확대가 일어나는 데 반해 네안데르탈인에서는 발생하지 않았다고 지적한다.[14] 윌콕스는 제벨 이르후드에서 발견된 길고 가는 두개를 보인 **호모 사피엔**

---

13   David L. Wilcox, "Updating Human Origins," *PSCF* 71, no. 1 (2019): 46.

14   S. Neubauer, J. J. Hublin, and P. Gunz, "The Evolution of Modern Human Brain Shape," *SA* 4, no. 1 (January 24, 2018): 1.8.

스 고표본에서 후대의 이스라엘의 카프제 6과 9 및 에티오피아의 오모 2의 호모 사피엔스 두개골을 거쳐 현대 호모 사피엔스의 공 모양 두개골에 이르는 진화의 궤적을 추적한다. 따라서 아프리카의 집단들은 비슷한 공 모양화를 보이지 않았던 유라시아 집단과는 다른 진화선상에 있었다.

두개골의 공 모양화는 뇌의 모양의 변화에 기인한다. 윌콕스는 다음과 같이 쓴다. "노이바우어와 그의 동료들은 뇌 모양이 두개골의 형태를 결정하기 때문에 변화된 두개골/뇌 모양은 호모 사피엔스 계열 안에서 뇌 기능이 변경되었음을 암시한다"고 지적한다. 윌콕스는 "중요한 질문"은 두개골을 형성한 뇌 변화의 기능적 유의성임을 인식하고 "현생 인류의 뇌에서 확대된 부분이 인간이라는 사실이 무엇을 의미하는가에 있어서 매우 중요하다"고 주장한다.[15] 특히 두개골이 공 모양이 된 것은 뇌의 두정부(parietal) 부분, 주로 쐐기앞소엽(precuneus)과 소뇌—이는 마음 이론(theory of mind), 자아 의식, 언어, 초기 시스템(default system) 등에 핵심적인 부분이다—의 급속한 확대에 기인한다. 구조화된 학습/교수를 요구하는 "점점 더 복잡해지는 인지 작업"에 대한 필요가 이 변화를 가져온 선택적 압력이라고 생각된다.[16] "그러므로 논리적으로 이 신경해부학적/유전적 변화를 위한 선택을 견인하는 힘은 사회적으로 강화된 학습을 위한 자연 선택일 것이다."[17] 이 분석은 네안데르탈인은 유사한 선택 압력을 경험하지 않았음을 암시하는 것처럼 보인다. 윌콕스는 다음과 같이 쓴다.

---

15   Wilcox, "Updating Human Origins," 41.

16   Wilcox, "Updating Human Origins," 42.

17   Wilcox, "Updating Human Origins," 43.

호모 사피엔스 계통이 가르칠 필요와 점점 더 커지고 복잡해지는 사회적 상호 작용을 처리할 필요(둘 모두 두정부의 확대로 이어진다)를 통해 견인되었다면 네안데르탈인의 선택을 견인한 요인은 무엇이었는가? 물론 확신할 수는 없지만, 우리는 네안데르탈인의 뇌에서 어느 부분이 확대되었는지에 기초해서 추측할 수 있다. 노이바우어의 네안데르탈인에게서 일어난 두개골 변화 분석은 일차 및 이차 시각 피질, 운동 피질이 확대되어 시각적인 패턴 인식과 다양한 상황에 대해 적절한, 학습된 선택을 가져왔을 것으로 암시한다. 언어와 마음 이론이 유의미하게 덜 효과적이었다면 현대인의 사회화에 전형적인 구두 지시, 학생의 노력 평가와 교정, 그리고 집단 간의 조정이 큰 불이익을 받을 것이다.[18]

윌콕스의 분석은 의심할 나위 없이 네안데르탈인의 인간화 정도를 상당히 평가절하한다. 그러나 그것이 정당화되는가? 두 계통에서 두개골의 공 모양화의 차이의 원인과 결과에 관한 그의 분석에는 상당히 많은 추측이 있다.[19] 그러나 그 점은 제쳐 두기로 하자. 가장 중요한 점은 윌콕스

---

18 Wilcox, "Updating Human Origins," 43.
19 원인에 관해서는, 우리가 네안데르탈인도 구조화된 학습/교수를 요구하는 점점 더 복잡해지는 인지 작업에 대한 필요에 직면했다고 생각해야 하는가? 그들이 의복과 은신처를 요구하는 도전적인 기후 속에서 공동체 생활과 집단 사냥을 한 점으로 미루어 그들은 확실히 사회적으로 향상된 학습의 필요를 절감했다. 더욱이 두개골이 공 모양으로 된 것이 부분적으로는 쐐기앞소엽의 확대에 기인한다는 것은 추측이다. Neubauer, Hublin, Gunz는 다음과 같이 설명한다. "두정부 팽창이 외부 두정부의 표면 영역의 증가와 관련되지 않았기 때문에 뇌의 외부 표면에서 볼 수 없는 지역의 크기 증가가 뇌정부 팽창과 관련이 있을 가능성이 있다"(Neubauer, Hublin, and Gunz, "Evolution of Modern Human Brain Shape," 5). 그것은 따라서 표본 두개골의 두개강을 통해서는 팽창과 관련이 있는 영역이 식별될 수 없음을 암시한다.
      결과에 대해서는, "**호모 사피엔스**에게서 나타나는 진화상의 뇌의 공 모양화는 고고학 기록을 통해 나타난 행동상의 현대성 출현과 병행한다"는 Neubauer, Hublin, Gunz의 주장은 일종의 "뒤에 일어났기 때문에 원인이다"라는 오류에 영합할 뿐만 아니라 명

가 노이바우어, 허블린, 그리고 건즈의 발견사항을 과잉 해석했다는 것이다. 설사 두개골의 공 모양화가 **호모 사피엔스**에서 나타난 현대적인 행동의 발달과 관련이 있다고 하더라도 그것이 인과관계상의 연결을 암시하지도 않고 유사한 공 모양화를 보이지 않는 네안데르탈인이 현대적인 행동을 할 수 없었다거나 그들에게 현대적인 행동이 없었다고 암시하지도 않는다(따라서 충분조건을 필요조건과 혼동한다).[20] 노이바이어, 허블린, 그리고 건즈는 어느 곳에서도 공 모양으로의 변화를 "'인간이라는 사실이 무엇을 의미하는가?'에 중요한" 요소로 취급하지 않는다. 실제로

백한 오류로 보이기도 한다. 그들이 제시한 세 가지 근거를 고려해보라. (1) **중기 석기 시대의 출현은 뇌가 크지만 (외부) 뇌의 모양의 중요한 변화를 보이지 않는, 현재 알려진 가장 이른 시기의 호모 사피엔스의 화석(가령 제벨 이르후드에서 발견된)과 시간상으로 가깝다.** 이것이 어떻게 병행을 보이는가? 도구 제작 문화에서의 변화는 뇌의 모양 변화 없이 일어났다고 알려져 있다. (2) 호모 사피엔스**의 뇌가 점진적으로 공 모양으로 되어 감에 따라 차츰 행동상의 현대성의 특징들이 축적되었다.** 그들이 McBrearty와 Brooks로부터 인용하는 논문 자체는 우리가 앞으로 보게 되겠지만 순서에서 그 반대를 보여주는 경향이 있다. Bruniquel Cave와 Neanderthal의 텍스트에서 언급된 예술의 예도 보라. (3) **약 5만–4만 년 전에 아프리카에서는 중기 석기 시대에서 후기 석기 시대로 그리고 유럽에서는 중기 고석기 시대에서 후기 고석기 시대로 옮겨갈 때 우리 조상들의 뇌의 공 모양화가 현대 인간의 이형의 범위 안에 들어왔을 때 행동상의 현대성의 완전한 특질들이 축적되었다.** 그렇다! 그들의 추정에 따르면 뇌의 공 모양화는 약 35,000년 전에 현생 인류의 범위에 들어왔고 그때까지는 이미 완전한 범위의 현대적인 행동들이 축적되었다.

20 André Sousa 등은 뇌의 부분들이 심각하게 덜 발달하거나 존재하지 않게 하는 선천적 또는 후천적 상태에 영향을 받은 사람들이 그럼에도 불구하고 정상적이거나 거의 정상적인 지능과 인지 능력을 가질 수 있음을 우리에게 상기시켜 준다. 그들이 제시하는 예로는 몇몇 심한 소두증, 뇌수종, 아동기의 대뇌반구 절제(즉뇌의 반구 전체의 단절 또는 제거), 한쪽 반구만 지니고 태어난 환자, 머리 유합 기형, 그리고 소뇌가 거의 완전히 없는 개인들이 있다(A. M. M. Sousa et al., "Evolution of the Human Nervous System Function, Structure, and Development," *Cell* 170, no. 2 [July 13, 2017]: 229). 그들은 계속해서 다음과 같이 말한다. "우리의 뇌의 독특한 능력의 열쇠는 단순히 뇌의 절대적 크기나 상대적 크기 또는 심지어 뇌의 뉴런과 신경교의 크기가 아니라 신경세포 유형의 다양성 증가, 분자의 변화, 확대되거나 좀 더 복잡한 신경의 연결성 양상 같은 좀 더 미묘한 구성요소들—이는 구개강을 통해 일어낼 수 없는 특질들이다—일지도 모른다(229).

그가 발견한 내용이 네안데르탈인의 인지 능력에 암시하는 바가 무엇이 냐는 질문을 받았을 때 노이바우어는 다음과 같이 답변했다.

전반적인 뇌의 모양과 행동 사이에 직접적인 상관관계를 기대할 이유가 없으며 뇌의 모양 자체가 직접적인 진화상의 선택을 거쳤을 것 같지는 않다. 두개의 모양은 두개골 성장, 얼굴의 크기, 신경 발달의 속도와 방식 사이의 복잡한 상호 작용에 의존한다. 이전 연구에서 우리는 네안데르탈인과 현생 인류 사이의 두개내의 모양 차이가 출산 전과 출산 후 초기에 발생함을 보였다. 현생 인류만 좀 더 공 모양을 발달시킨다. 이는 뇌의 배선 그물망에 매우 중요한 국면인 뇌 발달 초기에 잠재적인 발달상의 차이가 발생함을 암시한다. 잠재적인 차이가 반드시 한 집단의 인지 능력이 좀 더 우수함을 암시하지는 않는다는 것을 주목하라. 우리는 네안데르탈인이 현생 인류보다 덜 지적이라고 주장하지 않지만, 그들이 우리와는 다른 방식으로 세상을 보고 세상과 상호 작용했을 수도 있다고 주장한다.[21]

따라서 노이바우어, 허블린, 그리고 건즈의 저작에서 네안데르탈인의 인지 능력이 떨어진다고 암시하는 내용은 아무것도 없다.

빈 두개골에서 취한 두개강을 토대로 뇌의 구조와 기능에 관해 추론할 수 있는 것이 별로 없기 때문에 멸종한 호미닌들의 뇌는 블랙박스와 비슷하다. 할로웨이는 다음과 같이 논평한다. "어느 정도의 고신경학…의 지식 또는 참으로 직접적인 유일한 증거인 우리의 화석 조상들의 두개강 연구가 필요하다. 두개강들, 즉 두개골의 내부 판으로 만들어진 주형들은 그런 이해를 달성하기에는 다소 빈약한 물체이지만(뇌는 세

---

21   Neubauer가 William Lane Craig에게 보낸 편지, February 8, 2020.

개의 수막 조직들로 덮여 있다), 이것들은 우리의 뇌들의 직접적인 진화 역사에 관해 우리가 갖고 있는 전부이며 그것이 무시되지 않아야 한다."[22] 따라서 네안데르탈인과 현생 인류의 뇌의 모양의 차이는 그들의 상대적인 인지 능력에 관해 말해주지 않는다. 크리스 스트링거와 피터 앤드루스는 다음과 같이 논평한다. "두개골의 내부로 판단할 때 좀 더 큰 네안데르탈인의 뇌는 앞부분이 좀 더 작고 뒷부분(후두엽)이 좀 더 큰 우리의 뇌와 다소 다른 모양이었지만, 그런 제한된 데이터를 통해 우리가 그들의 뇌의 질을 판단할 수는 없다."[23] 우리가 뒤에서 보게 되겠지만, 노이바우어가 다음과 같이 지적하듯이 네안데르탈인들이 현생 인류에게서 보이는 행동을 했다는 고고학의 증거가 있다. "최근의 고고학적 증거는 네안데르탈인들에게서, 브휴니겔 동굴 내부의 깊은 곳에 세워진 수수께끼 같은 구조 및 이베리아반도에서 나온 동굴 벽화에서처럼, 전에는 현생 인류에게만 돌려졌던 정교한 상징적 행동들이 존재했음을 발견함으로써 네안데르탈인의 인지 능력에 관한 새로운 통찰을 제공해주었다."[24]

22   Holloway, "Human Brain Evolving," 1.

23   Chris Stringer and Peter Andrews, *The Complete World of Human Evolution*, 2nd ed. (New York: Thames & Hudson, 2012), 155. 예컨대 언어 능력을 고려해보라. "인간의 뇌의 바깥쪽 표면은 언어의 생산에 중요한 구조적인 특질들을 보이지 않는데, 이 특질들이 손상되면 언어에 결함이 생기거나 언어를 완전히 상실할 수도 있을 것이다. 그러나 그것에 상응하는 두개강(화석 두개골의 뇌의 구멍들에서 취한 복제물)의 표면의 특질들을 인식하기는 어려우며 그 점에 관해서 논란이 있다. 우리가 고고학적 기록으로부터 추론할 수 있는 행동상의 복잡성 정도로부터 언어의 존재를 평가하려고 노력하는 것이 좀 더 현실적일 것이다"(130-31).

24   Neubauer가 William Lane Craig에게 보낸 편지, February 8, 2020.

치열

모로코의 제벨 이르후드 화석이 오랜 치열 발달 기간의 증거를 보여준다. 이 느린 성장은 유인원, **오스트랄로피테쿠스**, 그리고 초기 **호모속**과는 대조적으로 그런 고대 인간의 뇌 발달에 놀라운 함의가 있다. 우리가 두개강으로부터 배울 수 없는 것을 치아 연구를 통해 알 수 있을지도 모른다.

런던에 소재한 유니버시티 칼리지 해부 및 발달 생물학부의 크리스토퍼 딘은 뇌의 크기, 생식 능력, 연령, 수명 등 인간의 "생활사의 특징들"이 치아의 발달과 긴밀하게 병행한다고 설명한다. 이 대목에서는 단지 뇌의 크기가 아니라 뇌의 느린 발달이 중요하다. "영장류에서 학습 및 인지와 관련된 핵심적인 뇌의 구성 부분의 크기는 치아 발달의 크기와 상관관계가 있는데, 이는 좀 더 큰 뇌의 발달과 사용에 필요한 시간 비용이 증가하기 때문이다. 이 맥락에서 영구치에서의 법랑질 성장의 느린 궤적은…현생 인류의 연장된, 또는 길어진 성장 기간과 관련된 생활사의 속성으로 간주될 수 있다."[25]

딘과 그의 동료들은 인간의 치아의 법랑질 성장과 고대 오스트랄로피테쿠스계 및 고대 **호모속**의 치아의 법랑질 성장을 비교했다. 그들은 확고하게 초기 **호모속**의 세 개 종, 오스트랄로피테쿠스계의 네 개 종, 그리고 하나의 네안데르탈인의 것으로 귀속된 13개의 치아 또는 치아 조

---

25 Christopher Dean et al., "Growth Processes in Teeth Distinguish Modern Humans from *Homo erectus* and Earlier Hominins," *Nature* 414, no. 6864 (December 6, 2001): 628. Timothy G. Bromage and M. Christopher Dean, "Re-evaluation of the Age at Death of Immature Fossil Hominids," *Nature* 317, no. 6037 (October 10, 1985): 525-27도 보라. 그곳에서 Bromage와 Dean은 **오스트랄로피테쿠스**, **파란트로푸스**, 그리고 초기 **호모속**은 생물학적으로 현생 인류의 약 2/3에 해당하는 연대기적 나이를 가졌으며 현대의 대형 유인원과 비슷한 성장 기간을 나타냈음을 보여준다.

각 표본의 법랑질에서 잘 보존된 일상의 법랑질 교차선조(enamel cross-striations, 법랑질 나이테의 일종) 기록을 보여주는 지역들을 식별했다. 그러고 나서 그들은 화석 호미닌들에서 나타난 법랑질 성장 속도를 현생 인류와 현생 아프리카 대형 유인원, 그리고 아프리카의 마이오세 호미노이드(사람상과) 계통인 **프로콘술 니엔자에**에 귀속된 두 개의 치아에서 나타난 법랑질 성장 속도와 비교했다. 그들은 오스트랄로피테쿠스계나 현재 초기 **호모속**(특히 **호모 하빌리스**, **호모 루돌펜시스**, 그리고 **호모 에렉투스**)에 귀속된 화석들은 현생 인류에 전형적인 느린 법랑질 성장 궤적을 공유하지 않는다는 것을 발견했다. 오히려 그것들은 모두 현대 및 화석 아프리카 유인원들과 닮았다. 이를 토대로 딘과 그의 동료들은 초기 **호모** 속의 이 추정상의 표본들은 **호모속**이 아니라 **오스트랄로피테쿠스**속의 구성원들로 재분류되어야 한다고 제안하기까지 했다.

그러나 딘과 그의 동료들이 이스라엘의 타분 동굴에서 나온 네안데르탈인의 화석 치아들을 조사했을 때 그들은 현생 인류의 특징인 법랑질의 느린 발달을 발견했다. 이 발견은 스페인의 엘 시드론에서 발견된 네안데르탈인 아이의 골격에 대한 안토니오 로사스 등의 조사를 통해 확인되었다. 그들은 "이 네안데르탈인 아동의 성장과 발달은 이유기와 사춘기 사이의 느린 몸의 성장을 보이는—큰 뇌의 성장의 비용을 상쇄하는 것일 수도 있다—인간의 개체 발생의 전형적인 특징에 부합한다"는 것을 발견했다.[26] 흥미롭게도 그들은 "치아 발달 단계에서 엘 시드론

---

26   A. Rosas et al., "The Growth Pattern of Neandertals, Reconstructed from a Juvenile Skeleton from El Sidron (Spain)," *Science* 357, no. 6357 (September 22, 2017): 1285. 이 느린 성장 패턴은 "인간의 개체 발생에서 인간에게 독특한 인지와 사회성의 형태는 종에 특수한 사회문화적인 행동의 형태들을 통해 그리고 그 형태들을 통해서만 출현한다"는 Michael Tomasello의 가설과 밀접하게 연결된다(Becoming Human: A Theory of Ontogeny [Cambridge, MA: Belknap Press of Harvard University Press, 2019], 6). 이 견

J1에서 나온 초기 **호모**속 표본들의 치아 발달은 모로코의 제벨 이르후드에서 발견된 315,000년 된 호모 사피엔스의 치아 발달과 거의 같은 기간(7.78년)이 소요되었는데 이는 현생 인류와 같이 연장된 치아 발달[성장] 기간을 보여주는 것"이라고 보고한다.[27] 그들은 뇌 모양 차이를 이루는 다양한 형태유전학적 발생 궤적이 폭넓은 인간 성장 패턴 안에서 설명될 수 있다고 지적한다. 딘과 그의 동료들은 현생 인류의 발달 기간과 유사한 발달 기간은 **호모 에렉투스**가 출현한 이후에야 등장했는데, 그때 뇌의 크기와 몸의 크기 모두 현생 인류에 대해 알려진 범위 내에 들어왔다고 결론짓는다. 따라서 치아 법랑질의 느린 성장은 네안데르탈인이 인간이라는 추론과 일치할 뿐만 아니라 **호모 에렉투스**가 인간이라는

해에 따르면 출생 전이 아니라 출생 후의 개체 발생 과정이 독특하게 인간적인 특징의 원천이다. 신생아에게서의 연대 지향성과 아동에게서의 집단 지향성의 출현이 매우 중요하다. 인간들은 다른 사람들과 조화시키기 위한 인지상의 기술과 사회적인 기술을 두 단계로 발달시켜왔다. 첫 단계는 인간 개체들로 하여금 음식을 찾을 때 협력할 수 있게 해주는 적응들로 구성된다. 두 번째 단계는 현대의 개체들을 문화로 알려진, 좀 더 큰 협력적인 기획에서 협력할 수 있게 해주는 적응으로 구성된다. 이것들은 집단 지향성의 기술들이다. Tomasello는 약 40만 년 전에 몇몇 초기 인간들(최상의 추측은 **호모 하이델베르겐시스**다)이 좀 더 적극적인 협력을 통해 음식의 대부분을 획득하기 시작했고 그것이 의무가 되었다고 생각한다. 이는 그들이 상호의존적이었고 사회적으로 협력적인 개체들이 선호되었으며 새로운 인식과 사회성 형태를 초래했음을 의미했다. Tomasello는 우리의 느린 뇌 성장을 포함한 느린 개체 발생이 부분적으로는 인간의 문화에 대한 적응이라는 점이 "사실상 보편적으로 받아들여졌다"고 보고한다(*Becoming Human*, 27). 그것이 사실이라면 **호모 하이델베르겐시스**와 **호모 네안데르탈렌시스**가 이미 우리의 느린 개체 발생을 보이기 때문에 협력 지향성과 문화의 출현을 **호모 사피엔스**까지 미룰 이유가 없다. Kevin Laland는 누적적인 문화의 시작을 "우리 조상들이 석제 도구들을 만들기 시작해서 돌 조각들로 사체들을 해체하고 다른 많은 방식으로 그것들을 이용했을 때"로 추적한다(*Darwin's Unfinished Symphony: How Culture Made the Human Mind* [Princeton: Princeton University Press, 2017], 185). "아슐 문화의 기술들과…체계적 사냥과 불의 사용의 증거는 늦어도 우리의 역사의 이 시점에는 우리의 조상들이 누적적인 문화적 지식으로부터 유익을 얻었다는 데 대해 의심을 남기지 않는다"(10).

27   Rosas et al., "Growth Pattern of Neandertals," 1283.

추론에 반하는데, 이는 뇌의 크기만으로는 추론할 수 없는 결론이다.[28]

유전학

인간 유전학 분야에서의 혁명은 고신경학에서 두개강과 화석 증거에 대한 의존을 넘어 연구할 수 있는 새로운 길을 열었다. 2010년에 네안데르탈인의 게놈 서열을 성공적으로 분석한 놀라운 성취 및 이에 이은 데니소바인의 DNA 발견으로 과학자들은 이 고대 개체들의 DNA를 현대인들의 DNA와 비교해서 뇌의 구조와 성장, 그리고 따라서 인식 능력에 어떤 유전학상의 차이가 있는지를 비교할 수 있게 되었다. 아직 초기 단계에 있는 이 연구 분야는 불확실성으로 가득하지만 그럼에도 불구하고 최근의 발달 내용 몇 가지를 알아볼 가치가 있다.[29]

아마도 이런 발달 중 가장 중요한 것은 인간의 신피질(대뇌를 덮고 있는 대뇌 피질의 주요 부분)의 확대가 부분적으로는 신피질 뇌세포의 발생과 분열에 영향을 주는 단백질 유전자인 *ARHGAP11B*에서 일어난 유전자 변이에 기인한다는 발견이다.[30] 그 돌연변이는 하나의 뉴클레오

---

28 느린 법랑질 성장이 느린 뇌 발달을 야기한다는 것은 Dean의 주장의 일부가 아니기 때문에, 그의 주장은 "뒤에 일어났기 때문에 원인이다"라는 오류를 저지르고 있다.

29 나는 최근에 *BOLA2*를 약 282,000년 전 **호모 사피엔스**에게서만 중복된 유전자로 파악한 데 대한 우리의 관심은 이 대목의 논의에서 벗어난다고 생각하고 이를 제쳐둔다(X. Nuttle et al., "Emergence of a *Homo sapiens*—Specific Gene Family and Chromosome 16p11.2 CNV Susceptibility," *Nature* 536, no. 7615 [August 3, 2016]: 205-9). 그것은 뇌의 진화와 관련되지 않았기 때문이다. 오히려 "약 282,000년 전 **호모 사피엔스** 계통의 근원에서 *BOLA2*의 중복 전달은 동시에 철 항상성과 관련된 유전자의 복사 횟수를 늘렸고 우리 종이 질병과 관련된 회귀성 재배열을 지니게 만들었다."

30 M. Florio et al., "A Single Splice Site Mutation in Human-Specific *ARHGAP11B* Causes Basal Progenitor Amplification," *SA* 2, no. 12 (December 7, 2016), https://doi.org

타이드 문자 C를 문자 G로 치환하는 것과 관련이 있으며 단백질을 판이한 형태로 바꾸는데 이는 인간의 계통에 독특한 것이다. 이 돌연변이의 결과 신피질에서 소위 기저 줄기세포(basal progenitor cells)라는 특정한 뇌세포들이 전례가 없는 속도로 성장하고 분열한다.[31] 인간에 특유한 유전자가 생쥐에게 주입되자 생쥐의 뇌세포들이 유의미하게 성장했다. 인간에 특유한 *ARHGAP11B*를 배아 족제비─족제비는 생쥐보다 기저 줄기세포가 많아서 생쥐보다 적합한 실험 대상으로 간주되었다─에게 주입하는 후속 실험에서 족제비 신피질이 팽창하는 결과가 나왔다. "이는 이 유전자가 인간의 뇌 발달에서 유사한 역할을 할지도 모른다는 것을 암시한다."[32] 좀 더 최근에 과학자들이 *ARHGAP11B*를 영장류의 태아들에 주입해서 극적인 결과를 얻었다.[33] 그 유전자는 뇌실 주

/10.1126/sciadv.1601941. 대중적인 기사는 Reinier Prosee, "The Mutation That Allowed Our Brain to Grow," *Science Breaker*, August 24, 2017, https://thescience-breaker.org/breaks/evolution-behaviour/the-mutation-that-allowed-our-brain-to-grow를 보라.

31   신피질 신경 발생은 뇌의 두 지역에 존재하는 두 종류의 주요 신경 줄기세포인 정상(頂上, apical) 줄기세포 및 기저(basal) 줄기세포와 관련이 있다. 기저 줄기세포들은 제한된 뇌실 공간(ventricular space)에 의해 정상 줄기세포의 증식에 부과된 제약에 속박되지 않고 뇌실 주변 지대(subventricular zone)에서 활용할 수 있는 훨씬 넓은 공간을 이용할 수 있기 때문에 정상 줄기세포보다 뉴런 생산을 극대화하기에 더 적합하다. 따라서 신피질의 진화적 팽창은 뉴런들을 생산하기 전의 기저 줄기세포들의 생성 및 그것들의 증식과 관련이 있다.

32   N. Kalebic et al., "Human-Specific *ARHGAP11B* Induces Hallmarks of Neocortical Expansion in Developing Ferret Neocortex," *eLife* 7 (November 28, 2018): e41241, https:// doi.org/10.7554/eLife.41241.

33   M. Heide et al., "Human-Specific *ARHGAP11B* Increases Size and Folding of Primate Neocortex in the Fetal Marmoset," *Science* 369, no. 6503 (July 31, 2020): eabb2401, https://doi.org/10.1126/science.abb2401. 이 실험은 연구에서 불안하게 시작한다. 연구팀은 다음과 같이 보고한다. "출생 후 뇌의 기능과 관련해서 잠재적인, 예상할 수 없는 결과에 비추어 우리는 *ARHGAP11B* 발현이 태아 명주원숭이 신피질의 발달에 미치는 영향을 미리 결정하는 것이 필요하다─그리고 윤리적 관점에서 의무적이다─고 생각했다. 이를 위해 우리는 150일의 임신 기간 중 101일째에 제왕절개술 후에 태아들을 수집했는데, 이 단계는…잉태 후 16주째의 인간 태아의 신피질 발달에 상응한다"(1).

변 지대(subventricular zone)에서 기저 줄기세포들의 숫자를 증가시켰고, 신피질 상부층의 뉴런의 수를 증가시켰으며, 신피질을 커지게 했고, 뇌의 표면에서 접힘을 유발했다. 마이클 하이데 등은 그들의 연구 결과는 *ARHGAP11B*가 참으로 인간의 진화 과정에서 인간의 신피질 팽창을 야기했을 수도 있음을 암시한다고 결론짓는다.

언제 이 결정적인 돌연변이가 일어났는가? *ARHGAP11B*는 사실은 또 다른 유전자 *ARHGAP11A*의 중복으로서, 침팬지와 우리의 최후의 공통조상 이후 인간의 계통에서 일어난 유전자 중복 사건의 결과다. C에서 G로의 염기 치환이 없는 시조 *ARHGAP11B*는 기저 줄기세포를 확대하지 않았다.[34] 따라서 플로리오 등은 다음과 같이 진술한다.

> 궁극적으로 인간에 특유한 C-말단(C-terminal) 서열을 야기하는 *ARHGAP11B* 유전자에서 일어난 C에서 G로의 하나의 염기 치환이 현생 인류에게서만 일어났는지, 아니면 그것이 현생 인류의 뇌만큼 큰 뇌를 가졌던 네안데르탈인과 데니소바인에게서도 있었는지를 결정하는 것이 중요했다. 매우 중요한 C에서 G로의 염기 치환은 네안데르탈인과 데니소바인의 *ARHGAP11B*에서도 발견되었다. 더욱이 오늘날 분석된 모든 인간은 C에서 G로의 염기 치환을 보유한다. 이 관찰들을 종합하면 C에서 G로의 염기 치환은 아마도 약 500만 년 전에 발생한 *ARHGAP11* 유전자 중복 사건 이후 원시 호미닌들이 현생 인류 계통과 분리하기 전인 50만 년 전 이상

---

34 Florio et al은 다음과 같이 설명한다. "인간의 신피질 진화에 영향을 준 것은 약 500만 년 전에 일어난 *ARHGAP11*의 부분적인 유전자 복제 사건 자체가 아니다. 아마도 유전자 복제 사건 후 얼마 동안은 기능상으로 유사한 단백질들로서 *ARHGAP11A*와 시조 *ARHGAP11B*가 공존했을 것이다. *ARHGAP11B*가 기저 줄기세포들을 확대할 수 있는 능력은 게놈의 척도에서는 작지만 기능상 및 진화상의 결과에서는 중요한 변화로부터 좀 더 최근에 발생했을 가능성이 크다"("Single Splice Site Mutation").

의 과거에 일어났음을 암시한다.[35]

따라서 네안데르탈인과 데니소바인이 인간에게 독특한 뇌의 이례적인 팽창을 설명하는 데 도움이 되는 결정적인 유전자 변이를 공유하기 때문에, 이 증거는 그들이 인간이라는 판단과 일치한다. 실로 그 돌연변이는 네안데르탈인과 데니소바인, 그리고 **호모 사피엔스**의 조상인 종에서 일어났기 때문에 이 발견사항들은 그 돌연변이가 일어났던 **호모 하이델베르겐시스** 같이 뇌가 큰 조상 종들에 속한 구성원이 인간이라는 판단과 일치한다.

좀 더 최근에 뉴런 성장, 따라서 뇌의 신피질 확대를 촉진하는 두 번째 유전학적 요인인 NOTCH2NL 유전자가 파악되었는데 이 또한 인간에 특유한 유전자다.[36] NOTCH2NL은 뉴런 줄기세포들의 증식을 촉진하는 세 가지 이형으로 나타난다. 이 세 가지 유전자 중 어느 것도 현생 대형 유인원들에게서 발견되지 않는다. 그러나 네안데르탈인과 데니소바인들의 게놈들이 조사되었을 때 같은 NOTCH2NL 유전자들이 발견되었다. 피데스 등은 다음과 같이 언급한다. "NOTCH2NL의 독특한 진화 역사에서 일련의 게놈 재편 사건이 일어나 인간에게서만 나타나는

---

35 Florio et al., "Single Splice Site Mutation." Florio 등이 관련 돌연변이를 "인간에 특유한"이라고 지칭할 때 그들은 아마도 현존하는 생물 중 그 돌연변이가 인간에게 독특하다는 것을 의미할 것이다. 그것이 네안데르탈인과 데니소바인에게서도 발견될지는 정의에 의해 선험적으로 결정될 문제가 아니라 경험적으로 해결될 문제다.

36 I. T. Fiddes et al., "Human-Specific *NOTCH2NL* Genes Affect Notch Signaling and Cortical Neurogenesis," *Cell* 173, no. 6 (May 31, 2018): 1356-69. "인간에 특유한"이라는 어구의 의미는 위의 각주를 보라. 대중적인 기사는 "Humans' Big Brains May Be Partly Due to Three Newly Found Genes," *Genetic Engineering and Biotechnology News*, June 1, 2018, https://www.genengnews.com/topics/omics/humans-big-brains-may-be-partly-due-to-three-newly-found-genes/를 보라.

세 개의 기능상의 *NOTCH* 관련 유전자들이 생겨났다. 가장 그럴법한 시나리오는 현생 인류와 네안데르탈인 그리고 데니소바인의 공통조상에서 *NOTCH2*의 이소성(ectopic) 유전자 전환에 의하여 그 이전 조상에서는 잠재해있던 *PDE4DIP-NOTCH2NL* 위(僞)유전자가 수선되어 기능을 발휘하게 되었다는 것이다. 이 사건이 인간의 진화에서 결정적이었고 뉴런 줄기세포의 차별화와 관련된 인간에 특유한 새로운 *NOTCH* 관련 유전자의 탄생점이 되었을 수도 있다."[37] 따라서 우리의 관심은 인간 종이 유래했을 수도 있는 이런 유전자 재편이 일어난 종으로서 **호모 하이델베르겐시스**처럼 뇌가 큰 조상 종들을 다시금 향하게 된다.

요약과 향후 계획

고대의 두개골에 관한 고생물학의 증거와 고대 **호모속**의 유전자 연구에서 나온 최근의 증거는 인간의 기원의 경계를 **호모 사피엔스**의 시작 전으로 밀어내고 따라서 네안데르탈인과 데니소바인을 인간 가족의 일원으로 포함하는 견해와 일치한다. 이 증거가 강력하게 암시적이기는 하지만 결정적인 질문은 이 고대의 호미닌들이 실제로 인간의 인지 능력을 나타내는 활동에 관여했는지 여부다. 우리는 다음 두 장에서 그 질문을 다룰 것이다.

---

37   Fiddes et al., "Human-Specific *NOTCH2NL* Genes," 1366.

10장
고고학의 증거(상)

고신경학의 증거가 **호모 사피엔스**와 네안데르탈인이 갈라지기 전에 인간이 유래했다는 중대한 증거를 제공하지만 어느 시기에 인간이 역사적으로 존재했는지에 관한 가장 중요한 증거는 현대 인간의 행동에 대한 고고학의 증거일 것이다.[1] 고대의 인류가 본질적으로 우리의 행동과 동일한 행동에 관여했다면, 그들이 인간이었음을 의심하는 것은 우리의 동시대인이 인간임을 의심할 위험을 무릅쓰는 처사다.[2]

---

1   Francesco d'Errico, "The Invisible Frontier: A Multiple Species Model for the Origin of Behavioral Modernity," *EA* 12, no. 4 (August 5, 2003): 188-202, https://doi.org/10.1002/evan.10113. D'Errico는 생물학적인 현대성과 문화적인 현대성을 동일시하는 데 대해 올바로 주의를 준다. 그는 문화적 현대성을 정의하는 특질들이 우리의 종에만 독특한 것이 아니라 네안데르탈인을 포함한 여러 인간 종 또는 종류에서 오랜 기간에 걸쳐 발생했다는 시나리오를 지지한다(189).
2   이 대목에서 우리는 정신 철학에서 자기의 정신 이외의 다른 사람의 정신의 존재를 의심하는 주장을 생각하고 있다. 우리는 우리 자신이 고대인들의 인지 능력에 관한 회의주의를 통해 다른 사람들에 관한 회의주의를 정당화하는 입장을 취하도록 허용하지 않아야 한다. 하지만 그런 경우에도 우리는 우리의 동 시대인이 인간임을 인정하듯이 선사 시대의 조상들이 인간임을 받아들일 동일한 이유를 갖고 있음을 확언할 수 있다.

현대적 행동에 대한 고고학적 징후

인류학자 샐리 맥브리어티와 앨리슨 브룩스가 현대 인간의 행동으로 널리 인정되는 네 가지 상태를 적시했음을 기억하라.

- 추상적 사고
- 계획 수립의 깊이
- 행동상, 경제적, 그리고 기술상의 혁신성
- 상징적 행동

유물 증거를 토대로 그런 행동의 존재를 어떻게 확립할 것인지는 확실히 어려운 문제다. 그 어려움의 예를 들자면, 고생인류 사이에서의 언어 사용은 상징적인 행동(음성이나 시각적인 임의의 상징으로 물체, 사람, 그리고 추상적인 개념들을 나타낼 능력을 포함하는 것으로 정의된다)에 대한 결정적인 증거이겠지만, 언어의 사용은 쓰기가 발명될 때까지는 직접 탐지될 수 없을 것이다. 따라서 언어 사용은 추론된다고 하더라도 간접적으로 추론되어야 할 것이다. 맥브리어티와 브룩스는 위에 열거된 네 가지 행동들의 "유형의 자취"를 제공하는, "현대 인간의 행동의 고고학적 징후(signature)"가 많다고 주장한다.

- 그 기록의 **생태학적 측면**은 새로운 환경을 개척하는 인간의 능력을 반영하는데, 이는 혁신과 계획 수립의 깊이를 요구한다.
- **기술적인 특징들**은 인간의 발명의 재간과 논리적 사고 능력을 드러낸다.
- **경제적 특징들과 사회적 특징들**은 개인의 경험과 집단의 경험에

서 모형을 도출하고, 체계적인 계획을 개발 및 적용하며, 미래를 개념화하고 예측하고, 개인들과 집단들 사이에서 공식화된 관계를 구축하는 인간의 능력을 보여준다.

- **상징적인 특징들**은 경험의 측면들에 의미를 불어넣고, 추상적인 개념들을 소통하며, 일상생활의 일부로서 상징들을 조작할 능력을 보여준다.[3]

이 "징후들"이 위에 열거된 네 가지 유형의 현대적인 행동과 일대일로 대응하지는 않는다. 예컨대 생태적인 측면들은 계획 수립의 깊이와 행동상, 경제적, 그리고 기술적 혁신성을 나타내는 것으로 보이고, 상징적 측면들뿐만 아니라 기술적 측면들도 추상적인 사고를 필요로 하는 것으로 보인다. 주어진 고고학적 징후가 많은 현대적인 행동을 보이리라는 점은 별로 놀랄 일이 아니다. 사실 사람이 하는 모든 일에 현대의 정신 상태가 스며들어 있으므로 이렇게 예상된다.

맥브리어티와 브룩스는 이어서 현대 인간의 행동을 나타내는 고고학적 징후들의 예를 표로 만든다.

현대 인간 행동의 고고학적 징후

생태학

- 기존의 미점유지로의 범위 확대(열대 저지대의 숲, 섬, 유럽과 아시아의 북부)

---

3   Sally McBrearty and Alison S. Brooks, "The Revolution That Wasn't: A New Interpretation of the Origin of Modern Human Behavior," *JHE* 39, no. 5 (November 2000): 492–93, https://doi.org/10.1006/jhev.2000.0435.

음식의 폭이 넓어짐

기술

- 신석기 기술: 돌칼(blade), 세석 돌칼, 한쪽 돌칼
- 공식적인 도구 범주 내에서의 표준화
- 하프팅(손잡이나 막대 끝에 날카로운 도구 달기)과 복합 도구
- 새로운 재료(가령 뼈, 뿔)로 만든 도구들
- 특수 용도 도구들(가령 사출용, 기하학용)
- 도구 범주들의 수 증가
- 공식적인 범주들에서 지리적 변이
- 공식적인 범주들에서 시간적 변이
- 불을 좀 더 잘 통제하게 됨

경제 및 사회 조직

- 원거리 조달과 원재료 교환
- 이색적인 원재료 큐레이션
- 전문적인, 위험한 대형 동물 사냥
- 자원 이용에 있어서 기간 계획 수립과 계절성
- 부지 재점유
- 자원, 특히 수생 자원과 채소 자원의 추출 강화
- 원거리 교환망
- 공간 사용의 구조화

상징적 행동

- 지역적 유물 양식

- 자기 치장(가령 구슬들과 장식품)
- 안료 사용
- 금을 새기거나 무늬를 새긴 물체들(뼈, 달걀 껍질, 황토, 돌)
- 이미지와 조상(彫像)
- 무덤 물품, 돈, 제의 물품을 동반한 매장

이런 고고학적 징후 중 많은 것들이 아주 오래되었음을 보여주기 위해 맥브리어티와 브룩스는 아프리카의 중기 석기 시대에서 초기 석기 시대-중기 석기 시대의 전환기까지 거슬러 이런 징후들의 다양한 깊이에 대한 유용한 연대기적인 도표를 제공한다.[4] 프란체스코 데리코는 그들의 범위를 확대해서 아프리카뿐만 아니라 유럽과 근동의 현대인의 행동에 대한 고고학적 징후도 포함시켰다(그림 10.1을 보라).[5]

프란체스코 데리코와 크리스 스트링거는 이 징후들을 사용해서 문화적 현대성의 기원에 관해 경쟁하는 세 가지 설명을 평가한다.

1. 현대의 인지는 우리 종에 독특하며, 약 50만 년 전 아프리카에서, 이미 진화한 해부학적인 현대 인간들 가운데서 일어난 유전자 돌연변이의 결과다.
2. 문화적 현대성은 아프리카 대륙에서 우리 종의 출발과 더불어 늦어도 약 20만 년 전에 아프리카에서 시작해서 점진적으로 출현했다.
3. 현대의 인지를 암시하는 혁신들은 우리 종으로만 국한되지 않으

---

4   McBrearty and Brooks, "Revolution That Wasn't," 530, 그림 13.
5   D'Errico, "Invisible Frontier," 200.

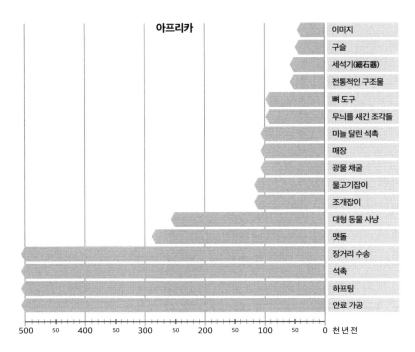

아프리카

| 이미지 |
| 구슬 |
| 세석기(細石器) |
| 전통적인 구조물 |
| 뼈 도구 |
| 무늬를 새긴 조각들 |
| 미늘 달린 석촉 |
| 매장 |
| 광물 채굴 |
| 물고기잡이 |
| 조개잡이 |
| 대형 동물 사냥 |
| 맷돌 |
| 장거리 수송 |
| 석촉 |
| 하프팅 |
| 안료 가공 |

500   50   400   50   300   50   200   50   100   50   0 천 년 전

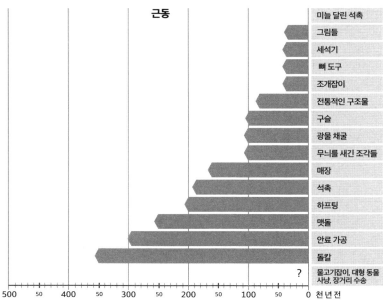

근동

| 미늘 달린 석촉 |
| 그림들 |
| 세석기 |
| 뼈 도구 |
| 조개잡이 |
| 전통적인 구조물 |
| 구슬 |
| 광물 채굴 |
| 무늬를 새긴 조각들 |
| 매장 |
| 석촉 |
| 하프팅 |
| 맷돌 |
| 안료 가공 |
| 돌칼 |
| ? 물고기잡이, 대형 동물 사냥, 장거리 수송 |

500   50   400   50   300   50   200   50   100   50   0 천 년 전

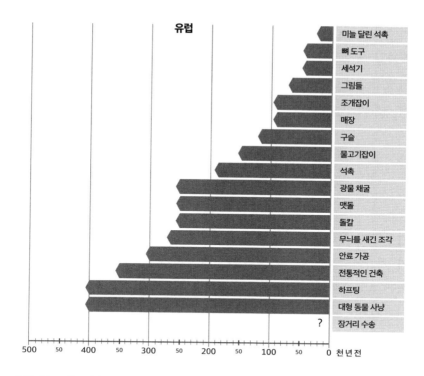

그림 10.1. 아프리카, 근동, 그리고 유럽에서 출현한 현대적인 인지 능력에 대한 고고학적 징후. d'Errico, "Invisible Frontier," 그림 8에 근거함.

며 완전히 통합되기 전에 20만 년 전에서 4만 년 전 사이에 아프리카와 유라시아에서 나타난다(그리고 사라진다).[6]

그 도표가 보여주는 바와 같이 증거는 세 번째인 여러 종 모형을 지지하며, "현대 인간의 행동의 인지상의 선행 조건들이 이미 네안데르탈인과

---

6 Francesco d'Errico and Chris B. Stringer, "Evolution, Revolution or Saltation Scenario for the Emergence of Modern Cultures?," *PTRSB* 366, no. 1567 (April 12, 2011): 1060, https://doi.org/10.1098/rstb.2010.0340.

현생 인류의 조상들 사이에 널리 존재했다"는 것과 "'현대성'과 그것의 결과인 '누적적 문화'는 인간들의 집단들 안에서 대규모로, 그리고 그들의 분류상의 관계에 무관하게, 인지적으로 현대적이었던 도약적인 문화적 진화의 산물"이라는 것을 암시한다.[7]

기술

가장 많은 것을 보여주는 오래된 징후들 몇 가지를 선택적으로 살펴보자. 기술에서의 변화는 명백히 가장 풍부하게 확증되고 쉽게 관찰될 수 있는 고고학적 징후들 중 하나일 것이다.

심지어 가장 원시적인 석기의 제작과 사용도 언뜻 보기에는 상당

---

7   D'Errico and Stringer, "Evolution, Revolution or Saltation," 1061. 약 30만 년 전에 사람들이 목창에 부싯돌 조각을 결합하고, 화로를 갖춘 거처를 짓고, 사냥을 위해 불로 담금질한 창을 만들고 있었다는 것을 주목한 Kevin Laland는 다음과 같이 동의한다. "체계적인 사냥과 불의 사용에 대한 증거와 더불어 아슐 문화의 기술들은 이 무렵에 우리 조상들이 누적적인 문화적 지식의 유익을 누리고 있었다는 데 추호의 의심도 남겨 두지 않는다"(*Darwin's Unfinished Symphony: How Culture Made the Human Mind* [Princeton: Princeton University Press, 2017], 10).

D'Errico와 Stringer의 거울상인, 색다른 주장은 J. M. Lindly et al., "Symbolism and Modern Human Origins," *CA* 31, no. 3(June 1990): 233-61을 보라. Lindly 등은 중기 고석기 시대 동안 해부학적으로 현생 인류인 **호모 사피엔스**들에게서의 상징적인 행동이 그 시기의 구 **호모 사피엔스** 및 네안데르탈인에게서보다 더 많이 보이지 않는다는 것을 근거로 여러 지역 모형에 찬성한다. 불행하게도 그들의 주장은 중기 고석기 시대의 그런 행동들에 대한 좀 더 최근의 발견들을 통해서뿐만 아니라 현생 인류가 아닌 인간들 가운데서의 그런 상징적인 행동을 보여주는 사례들(가령 플로리스바드에서의 나무 도구들)에 대한 그들의 처리를 통해서도 훼손된다. 카프제 동굴과 스쿨 동굴에서 발견된 매장물들에 대해 그들은, 그 무덤들에서 나온 물품들이 비상징적이라고 일축되는 구 **호모 사피엔스**와 관련된 유사한 물건들보다 왜 더 중요한지 설명할 수 없다고 Bar-Yosef 등, Mellars, 그리고 Stringer에게 대답한다. Lindly와 그의 동료들이 단순하게 중기 구석기 시대 동안 상징적인 행동이 널리 나타났다고 주장했더라면 더 좋았을 것이다.

한 인지 능력을 암시한다고 보일 것이다. 그러나 사실 올두바이 석기 도구들의 제작과 사용이 붙잡힌 침팬지들에게 가르쳐졌다.[8] 야생 침팬지들은 바위로 견과를 깨는 법을 익힌 반면에 사로잡힌 특정한 침팬지들은 많은 훈련 후 모나게 쪼개는 기술—바위를 비스듬한 각도로 부딪혀서 조악한 절단 도구로 사용될 수 있는 얇은 조각을 만드는 것—을 배웠다. 이 점이 중요한데, 젊은 침팬지들은 나이 많은 침팬지들의 쪼개는 활동을 관찰한 뒤 모방을 통해 쪼개기 기술을 배웠다. 우리가 그런 활동을 통해 침팬지들이 결국 상당한 인지 능력을 지녔다고 추론하든 올두바이 도구의 제작과 사용이 결국 큰 인지 능력을 요구하지 않았다고 추론하든 간에, 인간이 아닌 영장류가 올두바이 도구들의 제작과 사용을 익힐 수 있기 때문에 그런 유물들은 현대 인간의 행동의 증거가 아니라는 결론은 마찬가지다. 고대 올두바이 도구 문화는 뇌의 크기가 침팬지의 크기보다 컸고 따라서 필요한 기술을 획득할 수 있었을 다양한 오스트랄로피테쿠스계나 **호모 하빌리스**의 유물들과 관련이 있다. 그런 도구들이 고고학 기록에서 믿을 수 없을 정도의 기간인 100만 년 동안이나 변하지 않은 채 지속되었다는 사실은 지적 정체와 인간의 인지 능력에 미치지 못함을 암시한다.[9] 아슐의 두 면이 있는 도구들은 오스트랄로피테

---

8   Sue Savage-Rumbaugh and William Mintz Fields, "Rules and Tools: Beyond Anthropomorphism," in *The Oldowan: Case Studies into the Earliest Stone Age*, ed. Nicholas Toth and Kathy Schick, SAIPS 1 (Gosport, IN: Stone Age Institute Press, 2006), 223-41의 재미있는 설명을 보라. 불행하게도 이 저자들은 모두 인간 이외의 것이 인간과 똑같은 감정을 갖는다고 하는 해석에 빠졌다. 좀 더 객관적이고 과학적인 취급은 Nicholas Toth, Kathy Schick, and Sileshi Semaw, "A Comparative Study of the Stone Tool-Making Skills of *Pan*, *Australopithecus*, and *Homo sapiens*," in Toth and Schick, T*he Oldowan*, 155-222를 보라.

9   Lewin과 Foley는 100만 년이 넘는 기간 동안 석기 도구들에서의 혁신 결여는 현대 인간의 정신에서는 "생각될 수 없다"고 간주한다(Roger Lewin and Robert A. Foley, *Principles of Human Evolution*, 2nd ed. [Oxford: Blackwell, 2004], 319). Richard Fortey

쿠스계가 계속 존재했음에도 불구하고 "거의 확실히 가장 이른 아슐 도구들의 제작자"였던 **호모 에렉투스**의 출현과 관련이 있다.[10] 하지만 르윈과 폴리는 아슐의 혁신이 출현한 정확한 경로는 여전히 불확실하다고 지적한다.[11] 그들은 어떤 초기 손도끼도 오랫동안 세심하게 쪼개서 심미적으로 기분 좋고 완벽하게 대칭적인 눈물방울 모양을 만든 산물이 아니라고 주장한다.

이후의 손도끼들은 예컨대 수백 개의 예가 발견된 영국의 박스그로브의 **호모 하이델베르겐시스**와 관련이 있다. 이런 도구들의 몇몇 디자인 측면들은 효용성은 부족하고, 대칭적인 형태 같은 심미적인 디자인 요소들을 나타냄으로써(그림 10.2를 보라) 예술적인 대칭에 대한 이해를 보여주는데, 이 점은 구체적으로 실현할 선으로서의 기하학적 이상에 대한 이해이고 따라서 진정한 인간의 지적 활동을 반영하는 증거로 여겨졌다.[12]

는 다음과 같이 말한다. "그런 보수주의가 현대인의 기준으로는 놀라울 정도로 창의력이 부족하며 이 초기의 '인간들'은 도구 제작에 별로 생각을 기울이지 않았다는 주장으로 이어졌다. 오히려 그것은 산까치 무리가 둥지를 만드는 것처럼 자동적이었다"(*Life: An Unauthorized Biography* [London: Folio Society, 2008], 324). Laland는 "올두바이 기술의 단순성과 정체는 가장 광의의 돌 쪼개기 기술 개념의 소통만을 가능케 했던, 관찰학습 같은 제한된 형태의 정보 전달을 암시한다"(*Darwin's Unfinished Symphony*, 265)고 생각한다. 올두바이 도구들은 우발적으로 생겨난 것이고 돌을 쪼개는 사람의 마음에서 뚜렷한 정신적인 주형(template)을 요구했을 엄격한 범주에 일치하지 않는다.

10   Richard G. Klein, "The Stone Age Prehistory of Southern Africa," *ARA* 12 (1983): 25–48.

11   Lewin and Foley, *Principles of Human Evolution*, 348.

12   Dennis Bonnette, *Origin of the Human Species*, VIBS 106 (Amsterdam: Rodopi, 2001), 108–9.

그림 10.2. 제작자의 심미적인 감수성을 보여주는, 아름답게 만들어진 아슐의 손도끼. 그것은 노던케이프주의 카투 판에서 발견되었는데 75만-80만 년 전에 만들어진 것으로 추정된다. 남아프리카공화국 킴벌리에 소재한 맥그리거 박물관 소장. 사진 출처: Michael Cope. 허락을 받아 사용함.

돌칼

그러나 맥브리어티와 브룩스가 진정한 인간의 행동의 증거로 호소하는 도구들은 보다 큰 인지 능력을 요구한다. 예컨대 가장 단순하게는 넓이 대 길이의 비율 0.5 이하의 얇은 조각인 돌칼들을 생각해보라. 돌칼을 만드는 다양한 방법이 있지만[13] 반복적이고 일관성이 있는 돌칼의 생산은 일련의 의도적인 기술적 단계들을 요구한다고 한다. "돌칼의 생산은 직접적인 충격에 의하든 간접적인 충격에 의하든 원재료에 의해 미리 정해지는 것이 아니라 가공품 형태를 인식하고, 제조 과정을 삼차원으로 시각화할 인지상의 기량 및 일련의 복잡한 동작과 과정이 진전됨에 따른 수정을 시행할 솜씨를 요구한다."[14] 모드 4 도구 제작의 특징인 돌칼 생산은 매우 오래되었고 **호모 사피엔스**와 네안데르탈인의 특징이다. 프랑스의 코켈, 영국의 크레이포드, 그리고 벨기에의 르 리소리 같은

---

13   D'Errico, "Invisible Frontier," 192.

14   McBrearty and Brooks, "Revolution That Wasn't," 495.

유럽의 중기 구석기 유적지에서 나온 돌칼들은 **호모 사피엔스**가 출현하기 전인 25만 년 전의 것일 수 있는 반면 레반트에서 네안데르탈인과 **호모 사피엔스**가 공유한 아슐-야부르드 문화에 속한 돌칼들은 35만 년 전보다 앞섰을 수도 있다. 아프리카에서는 케냐의 캅투린 층이 후기 아슐 문화의 초기 돌칼들에 대한 명료한 증거를 제공하며, 따라서 "28만 년 전 이전 동부 아프리카에 충분히 개념화되고 잘 집행된 돌칼 생산 방법과 높은 수준의 기술 역량"이 존재했음을 보여준다.[15] 한쪽이 뭉툭한 형태—한쪽 면을 손질해서 다듬은 도구들—의 돌칼들이 잠비아의 트윈 리버스와 칼람보 폴스 같은 유적지에서 발견되었는데 그것들은 약 30만 년 전의 것으로 추정된다. 남아프리카 공화국의 카투 판에서 50만 년 전에 돌칼을 만든 증거가 있다.[16]

석촉

석촉은 돌칼보다 정교하며 의심할 나위 없이 창끝이나 심지어 화살 끝에 달려서 사용되었다. 다듬은 중기 석기 시대 석촉은 아프리카 대륙 전 지역의 유적지들에서 발견되며 지역에 따라 스타일의 변화를 보인다. 그것들은 사출물에 달려 사용되도록 세심하게 만들어졌으며, 얇고, 대칭적이고, 공기역학적이다. 중기 석기 시대 석촉들은 종종 나무 자루에 다는 것을 촉진하기 위해 밑부분을 얇게 다듬거나 자루 속에 들어박히는 부분인 슴베를 만듦으로써 의도적으로 변형되었다. 아프리카에서 다듬은 석촉들은 가장 이른 중기 석기 시대의 유물 중 하나로서 최소

---

15   McBrearty and Brooks, "Revolution That Wasn't," 496.

16   Jayne Wilkins and Michael Chazan, "Blade Production ~500 Thousand Years Ago at Kathu Pan 1, South Africa: Support for a Multiple Origins Hypothesis for Early Middle Pleistocene Blade Technologies," *JAS* 39, no. 6 (2012): 1883–1900.

235,000년 전으로 거슬러 올라간다. 고고학자들은 남아프리카공화국의 카투 판 1에서 믿을 수 없게도 50만 년 전의 것으로 추정되는 석촉을 단 창의 가장 오래된 증거를 발견했다고 주장한다.[17] 윌킨스는 "그 발견은 단순히 석촉을 단 창의 선사를 확장하기만 한 것이 아니라 이런 최초의 창들을 확고하게 **호모 하이델베르겐시스**의 것으로 귀속시킨다"고 말한다.[18]

마찬가지로 늦어도 초기 해양 동위원소 단계 6(186,000년 전)으로 추정되는 유럽과 레반트의 여러 네안데르탈인 유적지에서 르발루아 석촉과 다듬은 무스티에 석촉들이 사냥 무기에 장착되어 사용되었다. 중기 석기 시대와 후기 고석기 시대의 좀 더 가벼운 석촉들에 비해 중기 고석기 시대 창의 석촉들은 밑 부분이 크고 두꺼운데 이는 자루가 크고 무거웠음을 암시한다. 이런 종류의 창은 가까운 범위의 사냥에서 사냥감에게 던지기보다는 그것을 찌르는 데 사용되었을 수 있다.

하프팅과 복합 도구

복합 도구 제작과 석촉을 나무 자루에 다는 것은 인간의 인지 능력의 명확한 특징으로서 단순한 사전 계획뿐만 아니라 디자인도 증명한다. 석촉들을 붙이는 데 사용된 손잡이나 자루의 재료들은 대체로 없어졌지만 석촉들 자체는 그런 목적을 염두에 두고 디자인되었다는 증거를 담고 있다. 맥브리어티와 브룩스는 "석촉의 디자인은 공기역학 및 하프팅을

---

17 J. Wilkins et al., "Evidence for Early Hafted Hunting Technology," *Science* 338, no. 6109 (November 16, 2012): 942–46, https://doi.org/10.1126/science.1227608.

18 Colin Barras, "First Stone-Tipped Spear Thrown Earlier Than Thought," *New Scientist*, November 15, 2012https://www.newscientist.com/article/dn 22508-first-stone-tipped-spear-thrown-earlier-than-thought가 보고하는 바와 같이 말이다.

위한 요건에 의해 엄격하게 제한된다"고 지적한다.[19] 나미비아 남서쪽의 아폴로 11호 동굴의 중기 석기 시대 돌칼에서 접착제의 흔적이 발견되었고, 남아프리카공화국 콰줄루나탈주의 시부두 동굴의 호위슨스 푸르트 지층(65,000-59,000년 전)에서 한쪽이 뭉툭한 작은 조각들이 발견되었는데 후자는 미늘 달린 창이나 화살촉으로 사용되었음을 암시한다. 시리아의 움 엘 트렐의 무스티에 지층들에서는 약 6만 년 전에 돌 긁개와 얇은 조각들이 하프팅을 위해 사용된 역청 접착제의 흔적과 함께 발견되었다. 근처의 훔말에 있는 중기 고석기 시대 지층들은 유사한 흔적을 담고 있다. 이탈리아의 캄피텔로 유적지(해양 동위원소 단계 6)에서 네안데르탈인들은 자작나무 껍질을 섭씨 약 175도로 가열해서 부싯돌 조각들을 자루에 달기 위한 나무 진액을 얻었다.

프랑스 아브리 두 마라스의 네안데르탈인 유적지에서 아마도 하프팅에 사용된, 6.2밀리미터의 세 겹 섬유 끈 조각이 발견되었다.[20] 4만-5만 년 전(해양 동위원소 단계 3)의 것으로 추정되는 도구들과 함께 발견된 그 끈에는 겉씨식물(침엽수)의 속껍질에서 입수한 세 개의 섬유 줄이 있는데 각각은 시계 방향으로 꼬였고(S 꼬임), 전체가 모인 것은 시계 반대 방향으로 꼬였다(Z 꼬임). 발굴자들은 밧줄 제작은 나무껍질 섬유 가공 및 끈을 꼬기 위한 순서에 따른 여러 동작을 계속 수행해야 하는 복잡한

---

19   McBrearty and Brooks, "Revolution That Wasn't," 498. 추가로 Alison S. Brooks et al.,
      "Long-Distance Stone Transport and Pigment Use in the Earliest Middle Stone," *Science*
      360, no. 6384 (April 6, 2018): 90-94을 보라. 저자들은 295,000-320,000년 전의 것으
      로 추정되는, 케냐의 올로르게사일리 분지의 일련의 중기 석기 시대 유적지에 관해 보
      고한다. 이 유적지들의 호미닌들은 준비된 코어와 석촉, 제조된 붉은 안료를 만들었고,
      25-50킬로미터 떨어진 곳에서 석기 도구 재료들을 입수했다.

20   B. L. Hardy et al., "Direct Evidence of Neanderthal Fibre Technology and Its Cognitive
      and Behavioral Implications," *SR* 10, no. 4889 (2020), https://doi.org/10.1038 /
      s41598-020-61839-w.

일련의 동작을 포함한다는 것을 강조한다. B. L. 하디 등은 "실로 밧줄 생산은 요소들을 만들기 위한 수학적 개념들과 숫자 일반 그리고 구조를 만들기 위한 숫자들의 쌍에 대한 이해를 요구한다"고 말한다. 구조가 좀 더 복잡해지면(여러 끈이 꼬여서 밧줄을 형성하고, 밧줄이 얽혀 매듭을 형성한다), 그것은 "인간의 언어에 요구되는 것과 유사한 수준의 복잡한 인지 능력을 요구한다." 하디 등은 그런 밧줄은 훨씬 더 방대한 섬유 기반 기술을 암시할 수 있다고 믿는다. "아브리 두 마라스에서 발견된 끈은 확실히 네안데르탈인들이 밧줄을 만들 능력이 있었음을 보여주며, 훨씬 광범위한 섬유 기술을 암시한다. 꼬인 여러 겹의 끈이 만들어지고 나면 가방, 멍석, 그물, 천, 바구니, 구조물, 덫, 그리고 심지어 배를 만들 수도 있다." 그들은 네안데르탈인의 미술과 기술의 지속적인 관계에 비추어(뒤에서 논의될 예정이다) "우리가 네안데르탈인이 현생 인류와 인지적으로 대등한 존재가 아니라고 간주하기 어렵다"고 생각한다.[21]

독일의 쇠닝겐에서 네 개의 나무 자루들이 발굴되었는데 이는 이미 플라이스토세 중기(해양 동위원소 단계 11)인 40만 년 전에 복합 도구들이 사용되고 있음을 보여준다. 따라서 우리가 "하프팅"을 복합 기술로 간주한다면 데리코의 도표에 수록된 이 항목이 유럽에서 40만 년 전으로 거슬러 올라가야 한다. 실제로 데리코는 무스티에와 근동에서 출토된 하프팅과 복합 도구들에 대한 증거가 아프리카의 중기 석기 시대에서 나온 것보다 우수하며 따라서 네안데르탈인의 인지 능력을 보여준다고 생각한다.[22]

21   Hardy et al., "Neanderthal Fibre Technology."
22   D'Errico, "Invisible Frontier," 194. D'Errico는 Wilkins 등이 Kathu Pan에서 50만 년 된 석촉들을 발견하기 전에 저술했다. D'Errico와 Stringer는 하프팅과 복합 도구에 관한 한 네안데르탈인의 기술 발달 수준이 남아프리카공화국의 약 65,000~59,000년 전

맷돌

인간의 인지 능력의 증거로서 맷돌의 중요성은 돌 자체에 놓여 있는 것이 아니라 가는 행동에 놓여 있다. 가는 행동은 식물 재료의 가공, 그리고 이 점이 가장 중요한 바, 상징적인 행동의 징후 중 하나인 안료의 가공과 관련이 있다. 안료의 중요성에 관해서는 뒤에 좀 더 논의될 것이다. 이집트의 비르 타르파위, 콩고민주공화국의 카탄다, 보츠와나의 기(≠Gi), 그리고 잠비아의 뭄브와 같은 많은 중기 석기 시대 유적지들에 일반적으로 맷돌들이 존재한다는 사실은 중기 석기 시대 동안 식물 음식의 가공이 일상적이었음을 보여준다. 다른 중기 석기 시대 유적지들에서는 맷돌들이 명백히 안료를 가공하는 데 사용되었다. 후기 석기 시대에 많은, 황토로 오염된 흔적이 있는 맷돌들이 짐바브웨의 포몽웨, 남아프리카공화국의 드 켈더스, 그리고 보츠와나의 기(≠Gi) 같은 유적지의 중기 석기 시대 지층들에서도 발견되었다. 남아프리카공화국 플로리스바드의 121,000±6,000년 전 중기 석기 시대 지층들에서 넓은 연마 석판도 발견되었다. 케냐의 바링고 카운티 카프투린 층의 GnJh-15와 잠비아의 트윈스 리버스에서 20만 년 전보다 훨씬 전의 것으로 추정되는, 대자석(代赭石)과 황토로 오염된 맷돌들이 발견되었다.

유럽에서는 안료를 사용한 증거가 아슐 문화로까지 거슬러 올라간다. 스페인의 쿠 에바 델 카스티요와 쿠에바 모린의 무스티에 지층들에서 안료 조각들과 아마도 황토 준비에 사용된 맷돌들이 발견되었다. 프랑스의 팩 드라제 I의 무스티에 지층에서 나온, 451개의 착색제 조각들과 맷돌들로 구성된 가장 풍성한 유물들은 약 6만-5만 년 전의 것으로

호위슨스 푸르트 유적지에서 식별된 기술 수준에 필적하는 것으로 보인다고 생각한다 ("Evolution, Revolution or Saltation," 1064).

추정된다. 이 유물들은 네안데르탈인들도 안료나 식물 음식의 가공과 사용에 관여했음을 암시한다.

경제 및 사회 조직

전문적인 사냥

전문적인, 위험한 대형 동물 사냥은 현대 인간의 고고학적 징후 중 하나로 일컬어진다. 중기 석기 시대 사람들은 단지 음식을 찾아다니고 사자 같은 포식자들에게 죽임당한 먹잇감을 먹기만 한 것이 아니라 위험한 대형 동물을 직접 사냥했다.[23] 기(≠Gi)의 중기 석기 시대 지층들에서 동물 유해들과 더불어 발견된 600개가 넘는 돌 석촉들은 계획적인 사냥이 이루어졌음을 나타낸다. 이런 지층들과 관련이 있는 동물들에는 얼룩말 (*Equus burchelli*와 *E. capensis*), 남아프리카 멧돼지(*Phacochoeorus aethiopicus*) 그리고 좀 더 작은 남아프리카 물소의 멸종한 친척인 거대한(900킬로그램 이상) **펠로로비스**(*Pelorovis*)등의 대형 소과 동물이 포함되는데, 물소는 오늘날 아프리카에서 가장 위험한 대형 사냥감으로 간주된다. 얼룩말 같이 잘 도망가는 무리 동물뿐 아니라 멧돼지와 **펠로로비스** 같이 크고 공격적인 동물들을 잡았다는 사실은 그들의 능숙한 사냥 실력을 입증한다. 그리고 유적지의 위치 및 물에 의존하는 동물의 유해가 존재한다는 점은 그들이 전술적으로 사냥했다는 해석을 뒷받침한다. 클라시스강의

---

23   D'Errico와 Stringer에 따르면 "데이터는 중기 석기 시대 사람들이 대형 유제류 동물에 중점을 둔 유능한 사냥꾼이었을 뿐만 아니라 아마도 덫과 올가미를 이용해서 기회주의적으로 소형 유제류 동물, 민물 거북이와 소형 포유류 동물도 잡아먹었음을 보여준다"("Evolution, Revolution or Saltation," 1062).

중기 석기 시대 지층들에서 석촉 파편이 박힌, 성숙한 **펠로로비스**의 목뼈가 발견되었는데 이는 그들이 대형 동물을 사냥했음을 보여준다. 비슷한 찔린 상처를 보여주는 엘란드(일종의 대형 영양)의 흉부 척추뼈도 발견되었다.

유럽에서 "네안데르탈인들이 들소, 코뿔소, 곰 같은 위험한 동물들을 포함한 광범위한 대형 포유류 동물들을 사냥할 수 있었고 필요한 경우 선택된 종들에 초점을 맞출 수 있었던 사냥 전문가였다는 사실이 점점 더 뚜렷해졌다."[24] 125,000~55,000년 전의 것으로 추정되는 유적지들에서 네안데르탈인들의 생존 전략이 사냥에 입각하고 있었음을 보여주는 증거들이 점점 더 많이 나오고 있다. 프랑스의 모랑에서 네안데르탈인들은 수백 마리의 물소들을 도살하고 그 시체들을 현장에서 처리했다. 프랑스의 라 보르드, 샹플로스트, 그리고 쿠둘루와 독일의 발레르트하임 같은 유적지에서 유사한 활동이 있었다. 네안데르탈인들은 약 58,000~54,000년 전에 독일의 잘츠기터-레벤슈테트에서 체계적으로 순록을 사냥했다. 약 20만 년 전 프랑스의 비아슈 생 바스트에서 네안데르탈인 사냥꾼들은 주로 성숙한 소과 동물들을 사냥했지만 때때로 큰 곰들도 사냥했다. 더욱이 네안데르탈인들의 사냥 장비는 목창들에 국한되지 않았다. 우리가 살펴본 바와 같이 화석 유해에 남은 충격의 상처는 말할 것도 없고 하프팅의 증거는, 늦어도 186,000년 전까지 거슬러 올라가는, 유럽과 레반트의 네안데르탈인들이 자기들의 무기에 석촉을 달았음을 암시한다.

그런 발견들의 결과 "이제 1980년대와 1990년대에 흔히 그랬던 것처럼…네안데르탈인들의 생존 전략이 대형 포유류 동물의 시체를 찾아

---

24   D'Errico, "Invisible Frontier," 190.

다니는 데 의존했다거나, 이 집단들의 계획 수립 역량이 제한되었고 개념화 정도가 낮은 편의적인 기술들만 개발할 수 있었다고 주장하는 학자들은 별로 없다. 이제 우리는 많은 유적지에서 발견된 사냥감들을 통해 네안데르탈인들이 효과적이고 유연한 사냥꾼으로서 불리한 추운 환경에서 살 수 있었고, 때때로 광범위한 육상 자원과 수상 자원도 이용했다는 것을 안다."[25] 이와 관련해서 고인류학자들은 흥미롭게도 네안데르탈인들의 유해들이 이례적으로 높은 빈도의 골절을 보인다는 사실을 지적한다. 크리스 스트링거와 피터 앤드루스에 따르면, 네안데르탈인의 골격 부상 분포를 다양한 육상 경기자 및 스포츠 선수와 비교한 의료 전문가들은 그 부상 분포가 규칙적으로 위험한 대형 동물들과 근접 거리에서 접촉하는 로데오 경기자의 부상 분포와 가장 가깝다는 것을 발견했는데, 이는 네안데르탈인의 많은 부상이 대형 동물 사냥에 기인했을 수도 있음을 암시한다.[26]

현대적인 인지 능력을 암시하는 선사 시대의 사냥에 대한 가장 놀라운 증거는 의심할 나위 없이 1990년대 중반 독일의 쇠닝겐 초기 구석기 시대 유적지에서 발견된 여덟 개의 목창에서 나온다.[27] 거기서 그 창들이 발굴된 노천 굴 석탄광에는 퇴적물 지층들의 여섯 개의 시퀀스가 있다. 그 창들은 세 번째 간빙기인 40만-30만 년 전의 것으로 추정되는 두 번째 시퀀스의 네 번째 층(13.Ⅱ-4)에서 발견되었다. 이 창들은 침팬지들이 자기들의 치아를 갈고 사물들을 찌르는 데 사용하는 막대기들과는

25   D'Errico and Stringer, "Evolution, Revolution or Saltation," 1062.
26   Chris Stringer and Peter Andrews, *The Complete World of Human Evolution*, 2nd ed. (New York: Thames & Hudson, 2012), 223.
27   철저한 설명은 Hartmut Thieme, ed., *Die Schöninger Speere: Mensch und Jagd vor 400 000 Jahren*(Stuttgart: Theiss, 2007)을 보라.

그림 10.3. 독일 쇠닝겐에서 발견된 목창. 이 창들은 현재 수십만 년 동안 압도적인 퇴적물들 아래 놓인 결과 모양이 뒤틀려 있다.

딴판이다. 그것들은 길이가 약 2미터 전후이며, 가문비나무나 소나무 자루로 주의 깊게 만들어졌고 던지기를 위해 디자인되었다(그림 10.3을 보라).

각 창의 처음 삼분의 일은 다른 부분들보다 굵고 끝으로 갈수록 가늘어진다. 그 결과 무게의 대부분이 앞을 향해서 투창처럼 던지기를 지원한다. 사실 쇠닝겐 창들의 모사품들이 만들어졌는데 그것들은 올림픽 투창과 대등한 것으로 판명되었다![28] 쇠닝겐의 수석 발굴자인 하르트

---

28 Hermann Rieder, "Zur Qualität der Schöninger Speere als Jagdwaffen aus der Sicht der Sportwissenschaften," in Thieme, *Die S Schöninger Speere*, 159-62의 재미있는 설명을 보라. 쇠닝겐 창들은 길이가 평균 약 2.2미터이고 무게는 500그램으로 여자 선수들이 던지는 투창보다 약간(100그램) 무거운 수준이다. 그 창들의 나무 복제품 세 개를 만들어 그 것들의 거리, 정확성, 그리고 관통력을 시험했다. 선수들은 그 창으로 연습하지 않고서도 현대의 투창들에 필적할 만한 결과를 달성할 수 있었다. 예컨대 현대의 투창으로 평균 80미터를 던지는 한 선수는 그 복제품으로 77미터를 던졌다. 정확성에 관해서는 그 창들은 25미터 이내에서는 정확성이 좋았고 15미터 이내에서는 정확성이 매우 좋았다. 관통력에 관해서는 그 목창들은 목표물을 23센티미터까지 관통한 반면 금속 첨단을 단 현대의 투창은 29센티미터까지 관통했다. 쇠닝겐 창들은 각각의 사용자에게 적용된 것으로 보이는데, 좀 더 가벼운 1.82미터짜리 III형은 아마도 여성과 청소년에 의해 사용되

무트 티메는 야생 무리 동물의 사냥과 관련된 협력은 말할 것도 없고 그 창들의 제조 하나만으로도 추상적이고 개념적인 사고에 대한 충분한 증거가 된다고 주장한다.[29]

그 창들은 그 사냥꾼들의 사냥감이었던 야생마 떼의 유해와 더불어 발견되었다. 그 유적지에서 다른 동물의 유해들도 발견되었지만 유해의 96퍼센트는 말뼈들인데, 이는 그 사냥꾼들이 말들을 목표물로 삼았음을 암시한다.[30] 그 사냥꾼들은 확실히 말 떼를 호숫가에서 찔렀고 말들을 물 속으로 몰아넣어 탈출이 느려지게 했을 수도 있는데 이는 사냥 전략이 있었음을 증명한다. 티메는 그런 사업이 성공하려면 틀림없이 세부적인 사항에 이르기까지 "사냥꾼들 사이에 극도로 세심한 계획 수립, 조정, 그리고 논의"가 이루어졌을 것이라고 믿는다.[31] "석기들 및 열 마리가 넘는 도살된 말들의 유해들과 더불어 발견된 그 창들은 예견, 계획 수립, 그리고 적절한 기술 사용과 관련된 체계적인 사냥이 현생 인류 전의 호미니드들의 행동 목록의 일부였음을 강력하게 암시한다."[32] 티메는 심지어 이 이른 시기의 사냥꾼들 사이에 틀림없이 "고도로 발전했고, 매우 다양한 구두 소통"이 존재했을 것이라고 믿는다.[33]

대형 동물 사냥은 위험한 일로서 협력 및 아마도 인간의 독특한 능

었고 2.5미터짜리 VI형은 매우 큰 남성에 의해 사용되었을 것이다.

29 Hartmut Thieme, "Der grosse Wurf von Schöningen: Das neue Bild zur Kultur des fruhen Menschen," in Thieme, *Die Schöninger Speere*, 227.

30 Rudolf Musil, "Die Pferde von Schöningen: Skelettreste einer ganzen Wildpferdherde," in Thieme, *Die Schöninger Speere*, 136–40.

31 Hartmut Thieme, "Überlegungen zum Gesamtbefund des Wild-Pferd-Jagdlagers," in Thieme, *Die Schöninger Speere*, 178.

32 Hartmut Thieme, "Lower Paleolithic Hunting Spears from Germany," *Nature* 385, no. 6619 (February 27, 1997): 807.

33 Thieme, "Der grosse Wurf von Schöningen," 227.

력인 언어 능력까지 요구했을 것이다. 영국의 박스그로브 같은 유적지 (약 50만 년 전)에서도 대형 동물이 사냥되었을 수 있다고 주장되었다. 그 곳에서 발견된 말의 어깨뼈에 골절 자국이 있다. 영국의 클랙튼(약 3만 년 전)에서는 목창 조각이 발견되었고 독일의 레링겐(약 125,000년 전)에서는 멸종된 코끼리의 갈비뼈들 사이에서 주목으로 만든 약 2.1미터 길이의 목창이 발견되었다.[34] 박스그로브에서 발견된 여러 마리의 코뿔소들과 말의 골격 유해들은 석제 도구로 해체된 흔적을 담고 있는데 이는 그 해체가 "껍질 벗기기, 관절 절단, 살 발라내기, 뼈 깨부수기의 논리적 순서를 따르는 능숙한" 것이었음을 암시한다.[35] 클랙튼 같은 유적지에서 나온 다듬은 돌조각 긁개의 마모를 현미경으로 분석한 결과는 이런 도구 중 가죽을 긁는 데 사용된 것이 많았음을 보여준다. 가죽들은 담요, 간단한 옷, 물건들을 꿰매거나 묶거나 운반하기 위한 끈으로 사용되었을 수도 있다. 쇠닝겐에서 발견된 그 사냥으로 약 2톤의 고기가 나왔을 텐데, 고기는 굽거나 말려서 보존되었을 수 있고 가죽들은 의복 등으로 사용되었을 수 있다.[36]

앞서 언급된 바와 같이 쇠닝겐에서 창들과 함께 나무의 한쪽 끝에

---

34 Hallam L. Movius Jr., "A Wooden Spear of Third Interglacial Age from Lower Saxony," *SJA* 6, no. 2 (1950): 139 – 42. 이 논문은 그렇게 큰 짐승이 어떻게 사냥되어 죽임당했을 수 있는지에 관한 재미있는 설명을 담고 있다.

35 Stringer and Andrews, *Complete World of Human Evolution*, 222. 더욱이 그들은 항상 다른 육식 동물의 턱 자국 아래에 석기 도구로 떼어낸 자국이 있는데 이는 사람이 그 사냥감들을 다 먹고 나서 그 육식 동물들이 그 시체를 먹었음을 가리킨다고 지적한다. 그리고 코뿔소 같은 동물들은 자연적인 포식자들이 없으므로 틀림없이 그 사람들이 그것들을 죽였을 것이다.

36 Thieme, "Überlegungen," 182 – 83. 많은 질문에 대해 아직 답변이 제시되지 않고 있다. Thieme는 "왜 그 창들이 버려졌는가?"라는 재미있는 질문을 한다. 그는 아마도 원형 종교적 믿음과 관련된 모종의 사냥 제의가 그 창들을 포기하도록 요구했을 수도 있다고 추측한다(188).

석촉이나 돌 조각들을 부착할 수 있도록 대각선의 홈이 새겨진 나무 도구들도 발견되었다. 이 해석이 옳다면 그것들은 지금까지 발견된 복합 도구 중 가장 오래된 것이며 이는 그것들을 만든 사람들의 인지 능력에 대한 추가 증거다.

아쉽게도 쇠닝겐의 창과 연결된 인간의 유해가 발견되지 않아서 우리가 그 사냥꾼들의 신원을 추측할 수밖에 없다. 이 유물들의 믿을 수 없을 정도의 고대성과 그것들과 인간의 유해가 발견된 장소인 클랙튼과 박스그로브의 유물들 사이의 유사성은 **네안데르탈렌시스**와 **호모 사피엔스**의 조상으로 보이는 **호모 하이델베르겐시스**가 그것들을 설계하고 만들었다고 암시한다. 디트리히 마니아는 쇠빙겐의 사냥꾼들이 말기 **호모 에렉투스**에 속한다고 주장한다.[37] 이 말이 옳을 수도 있지만 **호모 에렉투스**는 어느 곳에서도 그 창들이나 복합 도구들 같은 유물이나 진전된 인지를 보여주지 않았다. 마니아는 **네안데르탈렌시스**와 **호모 사피엔스**의 자매 종임이 입증된 그란 돌리나에서 발견된 화석과 대개 **호모 하이델베르겐시스**로 간주되는 독일의 빌징슬레벤, 이탈리아의 체프라노, 프랑스의 아라노 그리고 헝가리의 베르테솔로스에서 발견된 화석 등 다양한 원시인을 **호모 에렉투스**로 일괄적으로 분류하는 경향이 있다. 마니아는 엄격하게 마우어 턱뼈만 **호모 하이델베르겐시스**로 분류하는데,[38] 그는 그것이 직립보행을 했다고 생각한다. 스트링거와 앤드루스는 다음과 같이 언급한다.

이 모든 화석이 마우어 턱처럼 **호모 에렉투스**의 말기 형태라고 보는 견해

---

37 Dietrich Mania, "Wer waren die Jäger von Schöningen?," in Thieme, *Die Schöninger Speere*, 222 – 24.

38 본서 330쪽을 보라.

가 있었지만, 차츰 이 화석들에 **호모 에렉투스**와 구분되는 충분한 차이점이 있다는 것이 인식되었다. 특히 머리뼈가 좀 더 높고 옆 부분에서 밖으로 튀어나왔는데 이 점은 이 화석 인류들의 뇌의 평균 크기가 현생 인류의 뇌의 크기에 가까울 정도로 컸음을 반영한다. 또한 이 그룹의 화석들에서는 **호모 에렉투스**의 특징인 두개골의 뼈의 강화가 감소했다. 얼굴도 불쑥 튀어나온 **호모 에렉투스**의 얼굴에 비해 두개골 아래로 들어갔다.[39]

그 결과 많은 학자가 이 화석들이 **호모 하이델베르겐시스**에 속한다는 것을 인정하게 되었고, **호모 하이델베르겐시스**는 **호모 사피엔스**와 네안데르탈인의 최후의 공통조상으로 간주된다.

공간 사용의 구조화

많은 학자가 공간의 다른 영역들을 다른 활동용으로 지정하는 것은 정교한 인지 기능을 암시하는, 형식화된 공간의 개념화를 보여준다고 생각한다.[40] 원래의 장소가 교란됨으로써 부과된 어려움에도 불구하고 중기 석기 시대의 맥락에서 공간을 구조화하여 사용한 명백한 예들이 많이 있다. 가장 흥미를 끄는 것 중 몇 가지는 큰 돌 더미들의 의도적인 배열과 관련이 있는데 그것들의 목적은 아직 알려지지 않았다. 예컨대 모로코의 다르 에스 솔타네 2에서 지름 1미터 높이 30센티미터 가량의 수수께끼 같은 사암 석판 무더기가 발견되었다. 튀니지의 엘 게타르에서 더 큰 약 60개의 석회석 구슬 무더기가 발견되었다. 마찬가지로 나미비아 빈트후크 인근에 있는 고대의 샘 안에서 각각 600그램에서 1,200그

---

39   Stringer and Andrews, *Complete World of Human Evolution*, 150.
40   McBrearty and Brooks, "Revolution That Wasn't," 517.

램 사이인 돌 구슬 36개가 직경 1.3미터 높이 75센티미터의 무더기로 쌓여 있는 것이 발견되었다. 잠비아의 뭄브와 동굴은 사하라 사막 남부 아프리카의 중기 석기 시대 구조물에 대한 현저한 예를 제공한다. 이 동굴의 꼭대기에서 돌 벽돌, 재, 구운 퇴적물로 만들어진 세 개의 활모양 구조물과 바람막이 역할을 했을 수도 있는 돌과 뼈 부스러기들 및 많은 화로와 말뚝 구멍이 발견되었다. 그 동굴에는 큰 석회석 벽돌과 운반된 돌을 사용해서 의도적으로 구축된 돌을 댄 화로 여섯 개가 있다. 이 화로들 안에는 많은 양의 굳어진 재, 불에 탄 뼈, 그리고 불에 탄 석회석과 퇴적물이 들어있는데 그중 다섯 개는 포개져 있다. 화로들은 그 공간에 대한 명확한 개념과 그 공간이 같은 기능을 위해 의도적이고 반복적으로 사용되었음을 보여준다.

브루니켈 동굴

하지만 공간을 구조화하여 사용한 가장 현저한 예는 프랑스의 브루니켈 동굴 깊은 곳에서 발견되어 2016년에 보고된 고리 모양의 이상한 구조물에서 볼 수 있다. 그 동굴이 플라이스토세 때 자연적으로 폐쇄된 뒤 1990년에 다시 열릴 때까지 어떤 인간도 그곳에 들어가지 않아서 내부의 구조물이 교란되지 않을 수 있었다. 그 동굴 자체는 길고 구불구불한데, 통로의 넓이가 10.15미터이고 높이는 4.7미터이며 길이는 482미터다. 그 구조물은 336미터 깊이의 방에서 발견되었는데 그곳은 칠흑같이 어두웠다. 그것들은 2.2톤에 달하는 약 400개의 온전하거나 부분적인 방해석 석순으로 이루어졌는데 석순 중 긴 것은 길이가 평균 34.4센티미터이고 작은 것들은 길이가 29.3센티미터다. 그 석순들은 두 개의 고리 모양 구조—하나는 6.7미터 × 4.5미터 크기이고 다른 하나는 2.2미터 × 2.1미터 크기다—와 네 개의 좀 더 작은 무더기들로 배열되었다. 두

개의 고리 모양 구조물은 정렬된 석순 1–4개를 쌓은 켜(layer)로 구성되었다. 포개진 켜들 내부에 지지물로서 작은 석순들이 놓여 있으며, 다른 것들은 아마도 그 구조물을 보강하기 위한 받침대로서 주 구조물에 기대어 수직으로 놓여 있다. 여섯 개 구조물 모두에서 불이 사용된 흔적이 발견된다(그림 10.4를 보라).

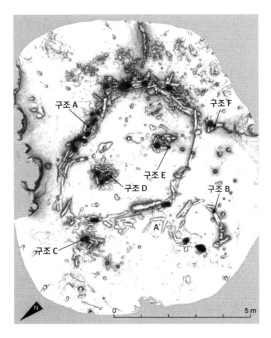

그림 10.4. 브루니켈 동굴 구조물 배치도, 특히 두 개의 좀 더 큰 고리형 구조물. 검정색으로 표시된 영역은 불탄 곳을 나타낸다. 출처: Jaubert et al., "Early Neanderthal Constructions Deep in Bruniquel Cave in Southwestern France," 그림. 1. 허락을 받아 사용됨.

그 구조물들과 연소된 뼈들 위에서 다시 자란 석순을 우라늄 계열 방사능 측정법으로 연대를 추정한 결과와 그 구조물들 첨단의 석순의 연대 추정 결과를 결합하면 그 구조물의 나이가 "176,500년 (± 21,000년)으로 추정되는데, 이 결과는 신뢰할 수 있고 반복될 수 있다. 따라서 이 구조물은 인간이 만든 건축물로서 연대가 알려진 가장 오래된 건축물에 속한다."[41] 그 당시에 네안데

---

41   J. Jaubert et al., "Early Neanderthal Constructions Deep in Bruniquel Cave in Southwestern France," *Nature* 534, no. 7605 (May 25, 2016): 111

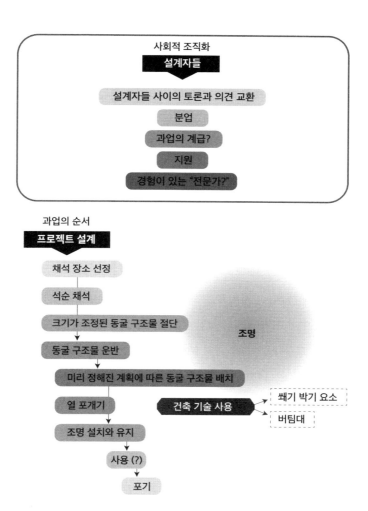

그림 10.5. 브루니켈 동굴의 구조물과 관련된 과업들의 순서. 이는 건축자들의 인지 능력을 보여준다. Jaubert et al., "Early Neanderthal Constructions Deep in Bruniquel Cave in Southwestern France," Extended Data Figure 8에 근거함.

르탈인이 유럽에서 사는 유일한 인간이었다. 그 현장의 수석 인류학자인 자크 조베르에 따르면 초기 네안데르탈인들의 건축의 속성은 두 가지 측면에서 선례가 없다.[42] 첫째, 그것은 현대 이전 인간 종이 깊은 카르스트 공간을 사용했음(조명 포함)을 드러낸다. 둘째, 그것은 전에 보고되지 않았던 정교한 건축물과 관련된다. 이 건축물들은 부분적으로 크기가 조정된, 부러진 석순 수백 개로 이루어졌는데, 그것들은 의도적으로 옮겨져서 현재의 자리에 놓인 것으로 보이며 의도적으로 불을 피운 몇몇 구역이 존재한다.

조베르 등은 이 건축물들과 관련된 과업의 순서(*chaîne opératoire*, 연쇄작업)를 보여주기 위한 그림을 수록한다(그림 10.5를 보라).

그들은 다음과 같이 논평한다.

> 이 유형의 건축물은 사회적 조직화의 시작을 암시한다. 이 조직화는 한 사람 또는 여러 사람에 의해 고안되고 논의된 프로젝트, 동굴 구조물[석순]의 선정·수집·크기 조정 과업 분배, 그것들의 운반과 미리 결정된 계획에 따른 배치를 암시한다. 이 작업에는 적절한 조명도 필요했을 것이다.…그 구조물의 복잡성과 접근의 어려움(동굴 입구에서 335미터)은 이 작업이 집단적인 프로젝트였다는 표지이며 따라서 이미 "현대성"을 향해 나아가고 있는 조직화된 사회의 존재를 암시한다.[43]

그러나 설계를 암시하는 것은 구조의 복잡성만이 아니다. 비버들의 댐과 집은, 획일성과 빈도에서 명백히 알 수 있듯이, 아마도 산까치들의 둥

---

42 Jaubert et al., "Early Neanderthal Constructions," 114.
43 Jaubert et al., "Early Neanderthal Constructions," *Extended Data*, fig. 8. 브루니켈 동굴의 구조물 잔해와 매우 유사해 보이는, 아르시 쉬르 퀴르 동굴의 샤텔페롱 지층의 원형 주거 구조물에 명백한 디자인에 관한 Paul Mellars의 언급("Cognitive Changes and the Emergence of Modern Humans in Europe," *CAJ* 1, no. 1 [1991]: 69)을 참조하라.

지처럼 개념과 계획의 결과가 아니라 맹목적인 본능의 결과일 것이다. 네안데르탈인의 건축물들을 구분시키는 요소는 그것들의 희귀성과, 상징적 사고의 핵심인 배치에서 명백히 볼 수 있는 그것들의 관습이다. 브루니켈 동굴에서의 발견의 중요성을 숙고한 크리스 스티링거는 "이 발견은 네안데르탈인들이 '돌' 구조물들의 계획과 건축에서 인간의 능력을 완전히 지니고 있었다는 명백한 증거를 제공한다"고 언급한다.[44]

무엇이 이 초기 인간들이 횃불을 들고 어두운 동굴 내부로 깊이 들어가 그런 구조물을 만들도록 자극했는지는 아직 결정되지 않았다. 그런 활동은 제의적이거나 상징적인 활동을 나타내고 따라서 관련인들이 인간의 상태에 있었음을 강조할 수도 있다. 조베르 등은 다음과 같이 질문한다. "동굴 입구에서 그렇게 먼 곳에 있는 이 구조물들의 기능은 무엇이었는가? 왜 대다수의 불을 피운 자리가 직접 동굴 바닥 위에서 발견되지 않고 구조물들 위에서 발견되는가? 후기 구석기 시대의 대다수 동굴 진입에 기초해서 우리는 그것들이 모종의 상징적 또는 제의적 행동을 나타낸다고 가정할 수 있지만 그것들이 알려지지 않은 가정용 용도로 사용되거나 단순히 피난처 역할을 했을 수도 있지 않은가?"[45] 단순한 피난처라는 아이디어는 위에서 제기된 질문들에 부적합하며 "알려지지 않은" 용도였다는 답변은 언제나 활용될 수 있다.

---

44 Chris Stringer, "A Comment on the 'Early Neanderthal Constructions Deep in Bruniquel Cave in Southwestern France' Paper Published in *Nature*," press release, Natural History Museum, London, May 25, 2016, https://www.nhm.ac.uk/press-office/press-releases/comment-on-early-neanderthal-constructions-in-brunique-cave.html. 동굴 구조물들이 석순이었기 때문에 돌에 작은 따옴표가 붙어 있다.

45 Jaubert et al., "Early Neanderthal Constructions," 114.

테라 아마타

프랑스의 테라 아마타에서 발견된 계절적인 사냥 야영지의 유적은 잘 보존되지는 않았지만 브루니켈 동굴에 있는 건축물보다 훨씬 놀랍다. 이곳에서 사냥꾼들은 구부린 작은 막대기들을 타원형으로 바닥에 박고 돌로 둘러싼 임시 움막들을 지었다(그림 10.6을 보라).

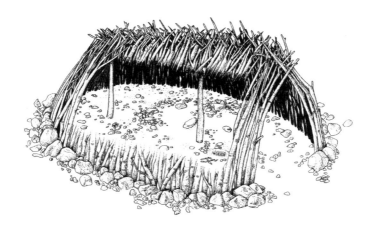

그림 10.6. 화가가 그린, 35만 년 전의 것으로 추정되는 테라 아마타의 사냥꾼의 움막 그림. 출처: Tattersall, *The Fossil Trail*, 169. 허락을 받아 사용했음.

그 움막들의 내부에서 모닥불의 흔적이 발견되었는데 이 점은 이 무렵에 불이 익숙하게 사용되었음을 보여주는 징후다. 움막들의 명백한 설계와 복잡성으로 미루어볼 때 그런 움막들을 만든 사람들은 완전한 인간이었다는 것을 의심할 여지가 없다.

    이 야영지는 놀랍게도 브루니켈 동굴의 연대보다 거의 두 배인 약 35만 년 전의 것으로 추정되었다. 그 사냥꾼들이 **호모 사피엔스**였을 수는 없지만, 틀림없이 **호모 하이델베르겐시스**의 대표자들이었을 것이다. 따라서 그 발견사항은 인간이 매우 오래전에 기원했음을 보강한다.

요약과 계획

우리는 돌칼, 석촉, 하프팅, 복합 도구, 맷돌 등 기술의 영역과 전문화된 사냥과 공간 사용의 구조화 등 경제와 사회적 조직화로부터 고고학적 징후의 예들을 살펴보았다. 이런 징후 중 일부는 호모 사피엔스들에게서만이 아니라 네안데르탈인들에게서도 똑같이 명백하며, 몇몇 징후는 호모 하이델베르겐시스까지 현대 인간의 인지 능력을 지녔음을 보여준다. 다음 장에서 우리는 가장 결정적인 영역인 상징적인 행동을 살펴볼 것이다.

11장

고고학의 증거(하)

상징적인 행동

상징적인 사고는 인간의 전형적인 인지 능력이다. 우리는 앞서 선사 시대의 예술에 의존해서 인간의 기원의 확고한 종점을 확립했다. 이제 우리는 그런 상징적인 행동의 다양한 고고학적 징후들을 조사하려고 한다.

이미지와 회화

최근의 발견들이 선사 예술의 출현 시기를 훨씬 먼 과거로 밀어냈다. 인도네시아의 보르네오섬에서 발견된 동굴 황소 그림은 우라늄-토륨 연대측정 방법으로 그 그림 위의 퇴적물의 탄산칼슘을 테스트한 결과 4만 년도 더 된 것으로 드러났다(그림 11.1을 보라).[1]

---

[1]   M. Aubert et al., "Paleolithic Cave Art in Borneo," *Nature* 564, no. 7735 (November. 7, 2018): 254-57, https://doi.org/10.1038/s41586-018-0679-9. 그림 위의 퇴적물의 나이는 그 그림의 최소 나이를 제시하는 반면 그 위에 그림이 그려진 퇴적물은 그 그림의 최대 나이를 제시할 것이다. 전자가 좀 더 중요하다.

그림 11.1. 보르네오섬 루방 제리지 살레 동굴에서 나온 동굴 그림

인도네시아의 술라웨시에서 발견된, 물소와 돼지들 그리고 아마도 인
간 사냥꾼들을 그린 가장 오래된 것으로 알려진 구상 미술의 예는 그 그
림들 위를 덮고 있는 방해석 퇴적물을 우라늄-토륨 연대측정 방법으로
테스트한 결과 최소 44,000년 전의 것으로 추정되었다(그림 11.2를 보라).[2]

그림 11.2. 술라웨시의 레
앙 불루 시퐁 4번 동굴에
서 나온 동굴 그림

2   Ewen Callaway, "Is This Cave Painting Humanity's Oldest Story?," *Nature*, December
      11, 2019, https://doi.org/10.1038/d41586-019-03826-4.

이 동굴들에는 우리가 살펴본 바와 같이 비슷한 시대의 손바닥 형판들도 있다.

그런데 더 오래된 손바닥 형판들이 스페인의 말트라비에소 동굴에서 발견되었고, 라 파시에가 동굴과 아르달레스 동굴에서 비구상 미술의 다른 예들이 발견되었다. 형판의 위에 있는 탄산염 지각을 우라늄-토륨 연대측정 방법으로 시험한 결과 그것은 적어도 66,700년 전의 것이고 그 그림들은 집합적으로 64,800년 전의 것임이 밝혀졌다. 이 시기는 아직 **호모 사피엔스**가 유럽에 도달하기 약 2만 년 전이었다. "따라서 그 함의는 그 예술가들이 네안데르탈인이었다는 것이다."[3]

이 발견의 중요성을 숙고한 호프만 등은 다음과 같이 진술한다.

이 동굴 예술 활동은 정의상 상징적인 행동을 구성하며 깊이 뿌리 박힌 활동이다. 아르달레스 동굴에서 발견되는 25,000년 이상에 걸친 뚜렷한 에피소드들은 우리가 일회성 폭발을 다루고 있는 것이 아니라 176,500년 ± 2,100년 전 프랑스의 브루니켈 동굴에서 발견된 고리 모양 건축물의 시기까지 거슬러 올라갈 수도 있는 오랜 전통을 다루고 있음을 확증한다. 네안데르탈인들이 바다 조개껍데기들과 광물 안료들을 상징적으로 사용한 시기를 115,000년 전 이전에 위치시키는 스페인 쿠에바 데 로스 아비오네스의 유물이 발굴된 곳의 연대측정 결과는 네안데르탈인이 아주 오래전에 상징을 사용했음을 추가로 뒷받침한다.[4]

---

3   D. L. Hoffmann et al., "U-Th Dating of Carbonate Crusts Reveals Neandertal Origin of Iberian Cave Art," *Science* 359, no. 6378 (February 23, 2018): 912-15, https://doi.org/10.1126/science.aap7778.

4   Hoffmann et al., "U-Th Dating," 915. Dirk L. Hoffmann et al., "Symbolic Use of Marine Shells and Mineral Pigments by Iberian Neandertals 115,000 Years Ago," *SA* 4, no. 2 (February 2018): eaar5255, https://doi.org/10.1126/sciadv.aar5255를 보라. 이 증

미술에서 이미지와 회화의 사용이 **호모 사피엔스**들 사이에서 현대 인간의 행동의 징후라는 점으로 미루어 볼 때 네안데르탈인 예술가들이 인간임을 부정하는 것은 편견일 것이다. 지구의 반 바퀴가 떨어진 스페인과 인도네시아에서 비슷한 동굴 예술이 동시에 출현했다는 점과 네안데르탈인들이 조개껍데기들을 장식용으로 사용한 연대는 상징적인 행동의 기원 및 따라서 그 행동을 한 사람들의 인간성이 훨씬 더 오래되었음을 암시한다. 호프만 등은 다음과 같이 결론짓는다. "이 발견들로부터의 당연한 추론은 상징을 사용하는 능력이 공통조상으로부터 물려받은 속성이라는 것이다. 우리는 현생 인류의 특징인 언어와 발달한 인지 능력이 50만 년도 전에 네안데르탈인 계통이 갈라지기 전에 시작되었을 수도 있다는 연구 가설을 제안한다."[5]

안료

안료 가공과 사용은 선사 예술과 밀접한 관계가 있다. 고고학 기록에 나타난 안료 사용의 흔적은 흔히 적철광이나 황철광 형태로 발견되는 산화철과 관련이 있다. 안료가 예술적 목적으로 쓰였는지 아니면 장식 목적으로 쓰였는지 또는 단지 가죽의 무두질, 햇빛 차단이나 약품 등의 기능적 목적으로 쓰였는지는 따로 떼어서 보면 모호할 수 있지만 샐리 맥브리어티와 앨리슨 브룩스는 우리에게 다음과 같이 상기시킨다. "산화

거에 대해 그들은 "유럽에서의 동굴 그림들이 최소 64,800년 전으로 거슬러 올라간다는 증거와 더불어, 그것은 네안데르탈인들이 초기 현대의 인간들과 상징적인 사고를 공유했다는 데 대해 아무런 의문을 남기지 않으며, 우리가 물질문화로부터 추론할 수 있는 한 네안데르탈인들과 초기 현대 인간들은 인지상으로 구분될 수 없었다"고 결론짓는다. 그런 고대 구슬들의 발견은 앞장에서 "하프팅과 복합 도구"라는 하위 제목하에 조사했던 네안데르탈인들의 섬유 끈 제조 및 사용이 훨씬 더 오래된 것임을 암시한다는 것을 주의하라.

5   Hoffmann et al., "Symbolic Use."

금속이 의심할 나위 없는 예술 작품과 관련하여 발견되거나 거주자들이 잘 표명된 상징체계 안에서 기능한 것으로 알려진 유적지에서 발견되면 그 물질들은 일반적으로 채색하는 매개체로 사용되었다고 가정된다."[6] 그런 심미적 관심은 현대 인간의 징후다.

남아프리카공화국 블롬보스 동굴의 중세 석기 시대 지층들에서 77,000년 된 것으로 추정되는, 비슷하게 새겨진 기하학적 패턴을 담고 있는 황토 조각 두 개가 발견되었다. 프란체스코 데리코는 "인공적인 안료로 새겨진 상징적인 조각의 존재는 중기 석기 시대에 발견된 수천 개의 안료 조각들이 순전히 기능적인 용도에 사용되었을 가능성을 낮추며 그것들이 상징적인 목적에 사용되었음을 암시한다"고 논평한다.[7] 안료가 "비기능적"인 용도로 사용된 증거로는 강렬한 붉은 색조의 의도적인 선호, 먼 곳에서 나는 안료의 선호, 안료의 색을 변경시키기 위한 의도적인 가열, 하나의 대상의 한쪽에만 나타나는 안료의 존재, 조개 구슬들의 채색 등이 있다.[8] 더욱이 우리가 위에서 동굴 예술의 고대성에 관해 살펴보았던 내용이 그 문제를 해결할 것이다.

중기 석기 시대에 아프리카에서 안료의 사용이 오래되었고 널리 퍼져 있었음을 보여주는 증거가 있다. 캅투린 층의 GnJh-15 발굴 현장에서 돌 유물, 그리고 타조 알 껍데기 수집물의 일부로서 70개가 넘는 붉은

---

6   Sally McBrearty and Alison S. Brooks, "The Revolution That Wasn't: A New Interpretation of the Origin of Modern Human Behavior," *JHE* 39, no. 5 (November 2000): 524, https://doi.org/10.1006/jhev.2000.0435.

7   Francesco d'Errico, "The Invisible Frontier: A Multiple Species Model for the Origin of Behavioral Modernity," *EA* 12, no. 4 (August 5, 2003): 188, https://doi.org/10.1002 / evan.10113; 참조. Francesco d'Errico and Chris B. Stringer, "Evolution, Revolution or Saltation Scenario for the Emergence of Modern Cultures?," *PTRSB* 366, no. 1567 (April 12, 2011): 1066, https://doi.org/10.1098/rstb.2010.0340.

8   D'Errico and Stringer, "Evolution, Revolution or Saltation," 1065.

안료들이 285,000년 전의 것으로 추정되는 화산 부스러기로 덮여 있는 것이 발견되었다. 마찬가지로 트윈 리버스의 발굴에서 아슐 문화에서 중기 석기 시대로 전환하던 40만-26만 년 전의 것으로 추정되는 층들에서 176개의 안료 조각이 나왔다.[9] 데리코는 "아프리카(캅투린, 트윈 리버스)에서 나온 좀 더 오래된 안료들의 연대 귀속과 루펨반 석기 도구들 [약 30만 년 전의 것으로 추정된다]의 연결은 안료의 사용이 **호모 하이델베르겐시스**나 구(archaic) **호모 사피엔스**에게서 유래했음을 암시하는 것으로 보인다"고 설명한다. "채색 용도로의 사용이 상징적인 행동에 대한 고고학적 징후라면 전통적으로 해부학적으로 현대적인 인간에게 돌려졌던 이런 능력의 기원이 좀 더 오래된 것으로 여겨져야만 한다."[10] 그 결론은 남아프리카공화국의 파우레스미스에서 50만 년도 더 전인 매우 이른 시기에 경철광—시각적인 전시에만 유용한 적철광의 번쩍이는 형태—이 사용되었다는 증거를 통해 확인된다.[11]

안료 사용은 아프리카의 중기 석기 시대에 국한되지 않는다. 유럽의 네안데르탈인들은 약 30만 년 전부터 대체로 검은 안료를 사용했고 붉은 안료도 사용했다. 체계적인 안료 사용은 6만 년 전 이후에야 일어났지만 말이다. 안료 조각들이 유럽의 중기 구석기 시대와 후기 구석기 시대 유적지 약 40곳에서 나오는데 그중 가장 풍부한 수집품은 6만-5만

---

9   Lawrence S. Barham, "Possible Early Pigment Use in South-Central Africa," *CA* 39, no. 5 (1998): 703-10.

10   D'Errico, "Invisible Frontier," 198.

11   Ian Watts, Michael Chazan, and Jayne Wilkins, "Early Evidence for Brilliant Ritualized Display: Specularite Use in the Northern Cape (South Africa) between ~500 and ~300 Ka," *CA* 57, no. 3 (June 2, 2016): 287-301, https://doi.org/10.1086/686484. "경철광은 철분을 함유하는 물질에 안료 지위를 부여하는 것에 관해 가장 빈번하게 제기되는 이의를 해소한다. 경철광의 유일한 용도는 시각적인 전시로 보이며, 그것이 고고학적 퇴적물의 자연스러운 성분일 가능성은 낮다"(298).

년 전의 것으로 추정되는 팩 드라제 I이다. 마리 소레시와 프란체스코 데리코는 민족지학의 토대에서 안료가 **배타적으로** 기능적으로만 사용된다는 개념을 부정한다. "민족지학에서 연구된 전통적인 사회들에서 안료들은 언제나 상징적인 활동에 사용되었다.…현재의 모형이 네안데르탈인에게 적용될 수 있다면 이 사회들이 안료를 체계적으로 사용한 것은 그들에게 상징적인 문화를 낳을 수 있는 능력이 있었다는 강력한 논거다."[12] 이 주장을 어떻게 생각하든 간에 우리가 살펴본 바와 같이 말트라비에소 동굴, 라 파시에가 동굴, 그리고 아르달레스 동굴은 네안데르탈인들이 64,000년 전 이전에 안료를 예술적 목적에 사용했다는 것을 증거한다. 그런 사용은 인간의 인지 능력이 여러 종에게서 기원했다는 모형을 뒷받침한다.

매장

망자의 매장은 사실은 고고학 기록에서 **호모 사피엔스**에게서보다 네안데르탈인들에게서 더 잘 입증된다. 매장의 증거가 발견된 중기 석기 시대 유적지는 세 곳뿐이다. 이집트의 나즐레트 크하테르와 타람사는 각각 40,000년 전과 68,000년 전으로 연대가 추정되었고 보더 케이브는 가장 오래된 중기 석기 시대 매장지로 보인다. 그 무덤을 덮고 있는 퇴적물은 105,000년 된 것으로 추정되었다. 흥미롭게도 중석기 시대를 통틀어 적철광 연필들이 발견되며 인간의 유아(기원전 3년) 매장지는 곳곳에 적철광을 바른 흔적으로 얼룩져 있었고 그곳에 구멍을 뚫은 **코누스**

---

12   Marie Soressi and Francesco d'Errico, "Pigments, gravures, parures: Les comportements symboliques controverses des Neandertaliens," in *Les Neandertaliens: Biologie et cultures*, ed. Bernard Vandermeersch and Bruno Maureille (Paris: Editions du CTHS, 2007), 306.

(*Conus*) 조개가 있었는데, 그것은 장식적인 용도였을 수도 있다.

호모 사피엔스에서의 매장에 대한 가장 이른 증거는 아프리카에서 나오지 않고 레반트의 카프제 유적지에서 나온다. 그 동굴에서 나온 15명의 개인 중 적어도 네 명은 의도적으로 매장된 것으로 보인다. 12만-9만 년 전의 것으로 추정되는 이 유해들은 구멍이 뚫리고 황토로 얼룩진 **글리시메리스**(*Glycymeris*) 조개와 관련되었다. 사슴뿔이 한 아이의 시신과 함께 매장되었다. 문화적 상징인 물체들이 스쿨의 매장과 관련된 것으로 보인다. 그곳에서 한 사람이 거대한 멧돼지의 아래턱을 잡고 매장되었으며, 카프제의 조개들과 비슷한 조개들이 무스티에 지층들에서 발견된다.

그러나 유럽과 근동에서 알려진 쉰여덟 곳의 중기 구석기 시대 매장지 중에서 서른다섯 곳은 네안데르탈인에게 속한다. 데리코는 고인류학자들 사이에 네안데르탈인들이 그들의 망자를 매장했다는 데 대한 합의가 점점 더 증가하고 있다고 보고한다.[13] 발견된 500개가 넘는 개체 중에서 대체로 완전한 약 20개의 네안데르탈인의 골격이 존재한다. 완전한 골격들은 매우 드물어서 이 망자들은 의도적으로 매장되었을 가능성이 크다고 판단된다. 이런 개체들의 의도적인 매장을 제외하면 중기 플라이스토세의 유럽, 근동, 그리고 아프리카에서 동물의 유해들이 잘 보존된 많은 유적지 동굴들의 좀 더 이른 시기의 점유지에서 왜 분명한 네안데르탈인 골격들이 전혀 없는지를 설명하기가 어렵다. 따라서 "비교적 완전한 네안데르탈인의 골격들의 전부는 아니라 하더라도 대다수가 의도적으로 매장된 것이라는 일반적인 합의"가 이뤄져 있다.[14]

---

13   D'Errico, "Invisible Frontier," 72-73.
14   McBrearty and Brooks, "Revolution That Wasn't," 519. Stringer와 Andrews는 다음과 같이 확인한다. "일부 과학자들은 그것을 논박하지만 네안데르탈인들이 그들의 망자

레반트에 소재한 네안데르탈인의 매장지들은 늦어도 **호모 사피엔스**의 매장지만큼 오래되었다. 타분 동굴의 C층은 열-발광 연대측정법으로 16만 년 된 것으로 추정되어 네안데르탈인 표본 C1이 세계에서 가장 오래된 매장으로 등극했다. 맥브리어티와 브룩스는 망자의 매장과 특별한 처리는 현대 인간 사회들의 상징적인 삶의 일관성이 있는 특징이며 따라서 네안데르탈인들이 그들의 망자를 매장했다는 믿음은 그들이 인간이었다는 인상에 기여하는 중요한 요인이었다고 주장한다.[15] 그러나 이 인상은 매장 절차에 제의적인 의미를 부여하는 데 의존하지 않는다. 그런 의미를 배제하지는 않지만 말이다. 그들의 동료들의 시체가 죽은 동물들과 다르게 취급되었다는 사실은 단순한 집 청소 이상의 모종의 일이 일어나고 있었음을 암시한다.[16]

언어

19세기 언어학자인 막스 뮐러는 "언어는 짐승과 인간 사이의 커다란 장벽 중 하나다. 인간은 말을 하는 반면 한마디라도 발설한 짐승은 없다. 언어는 루비콘강이며 어떤 짐승도 감히 그것을 건너려고 하지 않을 것이다"라고 선언했다.[17] 언어는 상징적이고 자유롭게 확장할 수 있는 소

를 매장했다는 데 일반적으로 합의가 이뤄져 있다"(Chris Stringer and Peter Andrews, *The Complete World of Human Evolution*, 2nd ed. [New York: Thames & Hudson, 2012], 154).

15 McBrearty and Brooks, "Revolution That Wasn't," 518-19. 예컨대 Stringer와 Andrews는 다음과 같이 진술한다. "몇몇은 시체에 대한 특별한 주의와 처리를 보여주는 것처럼 보이기 때문에 그 매장들은…네안데르탈인들의 정신과 삶에서의 복잡성을 암시한다"(*Complete World of Human Evolution*, 154).

16 네안데르탈인이 망자를 주의 깊게 매장한 것과 스페인 아타푸에르카의 시마 데 로스 우에소스에서 시체들을 13미터 아래의 갱도(shaft)로 던진 것을 비교하라.

17 Derek Bickerton, *Adam's Tongue: How Humans Made Language, How Language Made Humans* (New York: Hill & Wang, 2009), 74에 인용됨. 하지만 앵무새들이 단어를 발음

통체계이며, 말은 언어를 소리를 통해 외적으로 표현한 것으로 생각될
수 있다.[18] 소위 동물의 소통 시스템에 관한 방대한 연구는 밀러의 판단

하지 않는가? 그러나 그것들의 발성은 진짜 단어들과 발음이 같지만 지시어(reference)
가 없기 때문에 언어학적 의미에서는 그렇지 않다. 따라서 Tomasello는 언어를 배울 때
단어들의 단순한 연상은 충분치 않다고 강조한다. 아이는 지시대상을 이해해야 한다
　단순한 연상으로 충분하다면 우리는―몇몇 유인원, 원숭이, 돌고래뿐만 아니라―많
은 가정집 개들이 언어를 사용하는 생물이라고 말해야 할 것이다. 한 아이가 한 단어를
언어의 조각으로 이해하려면 그 아이가 그 단어를 성인이 그것을 사용해서 아이로 하여
금 그 환경에서 어떤 지시대상에 주의를 기울이게 하고―성인이 아이에게 그 지시대상
에 자신과 함께 주의를 기울이도록 초대한다―아이가 원한다면 성인에게 반대 방향으
로 주의를 기울이게 할 수 있는 모종의 것으로 이해해야 한다. 그러면 우리는 그 아이가
언어로서의 언어를 이해한다고 말할 수 있다(Michael Tomasello, *Becoming Human: A
Theory of Ontogeny* [Cambridge, MA: Belknap Press of Harvard University Press, 2019],
113).
　유명한 칸지처럼 기호를 사용하도록 가르쳐진 침팬지들에게는 의도를 읽을 능력이
없다(Tomasello, *Becoming Human*, 123 – 24). Laland는 혹자가 쥐나 비둘기에게 신호와
행동 사이에 연상을 형성하도록 훈련시킬 수 있지만, 영장류의 몸짓 언어에는 간단한 연
상 학습 규칙들과 아마도 약간의 모방을 통해 설명될 수 없는 것이 거의 없다고 주장한
다(Kevin N. Laland, *Darwin's Unfinished Symphony: How Culture Made the Human Mind*
[Princeton: Princeton University Press, 2017], 178).
　의도성이 지시대상에, 따라서 진정한 언어에 얼마나 본질적인지에 대한 극적인 예
시는 영화 "미러클 워커"(*The Miracle Worker*, Beverly Hills, CA: United Artists, 1962)
를 보라. 이 영화는 생후 19개월부터 보지 못하고 말하지 못했던 Helen Keller가 어떻
게 사람이 단어들을 사용해서 사물을 가리킬 수 있는지를 갑자기 이해하게 됨으로써 언
어의 획기적인 진전을 이루었는지에 관한 이야기를 말한다. 그 절정의 장면은 https://
www.youtube.com/watch?v=lUV65sV8nu0을 통해 Helen Keller 채널에 의해 2010년 3
월 26일에 포스팅된 "Helen Keller—Water Scene from 'The Miracle Worker,'" YouTube
video, 6:11을 보라. 행위자들의 의도성에 호소하는, 지시대상에 대한 뛰어난 철학적 설
명은 Arvid Båve, "A Deflationary Theory of Reference," *Synthèse* 169 (2009): 51 –73을
보라.

18　Sverker Johansson, "Language Abilities in Neanderthals," *ARL* 1 (2015): 313, https://
　doi.org/10.1146/annurev-linguist-030514-124945. Johansson은 고대 호미닌의 언어
　능력에 관한 논쟁의 많은 부분은 사실은 그들의 말하는 능력에 관한 것임을 지적한다.
　말은 언어가 소리를 통해 외적으로 표현된 것만을 가리키고 다른 발성에는 사용되지 않
　기 때문에 다행히 말의 존재는 언어의 존재를 수반한다. 그러므로 나는 대다수 저자와
　마찬가지로 말과 언어를 서로 구분하는 데 신경을 쓰지 않을 것이다.

을 지지한다.[19] 언어는 상징의 사용, 즉 동물들 자신 외의 뭔가를 가리키기 위한 관습적인 표지들의 사용과 관련된다. 동물의 발성들은 진정한 지시대상을 보여주지 않으며 기껏해야 소위 "기능상의 지시대상"을 보여줄 뿐이다. 예컨대 버빗 원숭이는 인식된 포식자가 표범인지, 뱀인지, 아니면 독수리인지에 따라 다른 외침을 발하지만 그 외침들은 표범, 뱀, 또는 독수리들을 지시대상으로 갖는 단어들이 아니다. 그런 외침들은 관습적이 아니고 진화적으로 조건지워짐으로써 버빗 원숭이의 뇌에 짜 넣어진 것이며, 다른 원숭이들이 그 외침에 반응하는 것은 유사하게 파블로프식으로 조건지워진 결과로 설명될 수 있다. 화재 경보처럼 원숭이가 그 외침을 발하는 것은 예컨대 표범을 가리킬 의도가 없으며 "신호들에 대한 특정한 반응은 단순히 종류별 조건지우기에 근거해서, 그리

---

19 Marc D. Hauser, *The Evolution of Communication* (Cambridge, MA: MIT Press, 1996). 수분을 위해서는 꽃들이 벌들과 소통해야 하고 컴퓨터 프로그래머들이 하드웨어와 소통할 소프트웨어를 설계해야 한다는 Hauser의 단언에서 소통의 이해가 얼마나 약화되는지가 명백히 드러난다(1). "동물의 행동 비교"에 관해서는 추가로 M. D. Hauser et al., "The Mystery of Language Evolution," *FP* 5 (May 7, 2014): 2-5을 보라. 그들은 동물들의 소통체계는 인간의 언어의 기원 이해에 아무 도움이 되지 않는다고 주장한다.

우리가 관심을 가지고 있는 문제는 동물의 신호들에 관해 수수해 보이는 이 주장들이 단어들의 지시성(referentiality)과 추상성뿐만이 아니라 음운론, 형태론, 그리고 구문론의 역할을 통한 구성을 포함한 단어들을 표시할 우리의 능력이 진화된 데 관한 이해에 도움이 되는지 여부다. 동물들에게 있어서 다음과 같은 다섯 가지 이유로 우리의 명쾌한 대답은 "아니오"다. (i) 전체 어휘 습득이 어린 시절 초기까지 완성되며 대다수 종에 있어서 소리들이나 몸짓들은 선천적으로 정해진다. (ii) 이 소리들과 몸짓들은 기껏해야 직접적으로 관찰할 수 있는 물체나 사건들만 가리키고, 정확한 의미에 관한 불확실성이 크며, 감각 경험과 분리된 추상적인 개념에 대응하는 신호들에 대한 증거가 없다. (iii) 소수의 드문 예외를 제외하고 개체들은 하나의 발성이나 몸짓만을 생산하고, 결코 신호들을 결합해서 새로운 구조에 기초한 새로운 의미를 만들어내지 않는다. (iv) 발성들은 전체적이며 별개의 형태론적 요소들의 목록으로부터 도출된 복잡한 구문론적인 조립에 대한 증거가 없다. (v) 발성이나 몸짓들은 문법적인 부류나 합의 등과 조금이라도 닮은 면이 없다. 이 차이들에 비추어 볼 때 인간이 아닌 동물의 언어 형태가 현대 인간의 언어 형태의 선구자로서 기능할 연속성 논제를 경험적으로 뒷받침할 수 없다(4).

고 정보 개념, 외침의 의미 또는 청자에게서의 그 신호의 의도된 지시대상에 대한 정신적 표시에 의존함이 없이 경험을 통해 개발될 수 있다."[20] 동물의 신호들은 "그 신호로 그 원숭이가 무엇을 의미했는가?"나 "그 원숭이가 무엇을 가리키고 있었는가?"와 같은 질문들은 잘못 제기된 것이다.[21] 그런 외침들은 기껏해야 기능상으로 지시할 뿐이다. 즉 상황에 특수한 외침들은 "불이야!" 같은 인간의 단어들과 동일한 방식으로 기능할지도 모르지만, 그것은 관련된 근저의 정신적 과정에 관해서는 아무것도 암시하지 않는다. 따라서 "버빗 원숭이의 표범 경보는 인간의 단어 '표범'과 동일한 방식으로 표범을 가리키지 않는다. 그보다는 청자에게 있어서 그 외침은 표범이 으르렁거리는 것과 같은 방식으로 또는 심지어 표범의 발아래에서 마른 나뭇잎들이 바스러지는 소리와 같은 방식으로 표범이 현존한다는 것을 의미한다."[22] 따라서 기능적인 지시대상은 언어적인 지시대상과는 완전히 다르다. 브랜든 휠러와 줄리아 피셔는 "기능적 지시대상은 그 분야에서 역사적으로 중요하지만, 이제 유용성

---

20 Brandon C. Wheeler and Julia Fischer, "Functionally Referential Signals: A Promising Paradigm Whose Time Has Passed," *EA* 21, no. 5 (September 2012): 199, https://doi.org/10.1002/evan.21319. Tomasello는 유인원들이 자연적으로 대상을 지시하는 방식으로 소통하지 않는 이유는 그들이 인간의 소통이 입각하고 있는 공유된 의도성을 지니지 않기 때문이라고 생각한다(*Becoming Human*, 92–93).

21 Brandon C. Wheeler and Julia Fischer, "The Blurred Boundaries of Functional Reference: A Response to Scarantino & Clay," *AnBehav* 100 (2015): e9–e13, https://doi.org/10.1016/j.anbehav.2014.11.007.

22 Wheeler and Fischer, "Functionally Referential Signals," 203. 그들은 "따라서 기능적으로 지시하는 신호들의 생산이나 인식은 인간의 비기능적으로 지시하는 신호들이나 의사소통과 비슷한 점이 전혀 없다"고 결론짓는다(203). Wheeler와 Fischer는 동물의 행동에서 진정한 지시성을 발견하기 위해 헛되이 더 노력할 것이 아니라 동물의 의사소통 문헌에서 "기능적으로 지시하는 신호들"이라는 용어를 삭제하고 대신 "상황에 특수한 신호들", "포식자에 특수한 경보음" 또는 "음식에 특수한 외침" 같이 좀 더 정확하고 중립적인 묘사를 사용할 것을 추천한다.

이 사라졌고 영장류의 소통과 인간의 언어 사이의 연결 추구에 있어서 헷갈리게 하는 요소가 되었다"고 결론짓는다[23]

마찬가지로 연구자들이 사로잡힌 침팬지들에게 다양한 특정 음식을 얻기 위해 특정한 버튼을 누르거나 동작을 하도록 가르쳤지만, 그 침팬지들이 바나나가 묘사된 단추를 누르거나 그림을 선택할 때 그것들이 바나나를 가리켰다고 생각할 이유가 없다.[24] 그 침팬지들은 훈련을 통해 기껏해야 바람직한 효용을 얻음에 있어서 기능상으로 지시적인 반응–보상 활동에 참여하도록 조건지어졌다. 따라서 훈련된 침팬지들이 진정한 언어 획득에 좀 더 가까워진 것이 아니다.

"언어와 말을 통한 외부로의 표현이 **어떻게** 시작되었는가?"라는 질문이 매혹적이기는 하지만 그 질문은 우리의 관심을 끄는 질문, 즉 "그것들이 **언제** 시작되었는가?"라는 질문에 간접적으로만 관련이 있다. 언어가 동물의 최상의 소통체계와도 구분된다는 사실은 언어가 동물성에 가까운 초기 **호모**속 계통에서 시작되지 않은 어떤 것임을 암시한다. 우리는 언어가 시작된 시기에 관한 어느 정도의 통찰을 얻기 위해 해부학, 유전학, 그리고 고고학의 단서들을 살펴볼 수 있을 것이다.

해부학의 단서

해부학적으로 호미닌에서의 큰 두뇌가 언어 능력의 필요조건이며 큰 두

---

23   Wheeler and Fischer, "Functionally Referential Signals," 195.
24   Dennis Bonnette는 다음과 같이 재치있게 언급한다. "주된 질문은 감각 재능에 국한된 동물들이 지시(referencing)의 성격을 이해할 수 있는지 여부다. 침팬지가 음식을 얻기 위한 적절한 도구를 올바로 식별하고, 그것에 관해 소통하고, 그것을 채택하는 것은 참된 지적 이해에 대한 확증이 아니다. 곤충을 잡기 위해 거미줄을 짜는 거미는 같은 종류의 곤충을 잡기 위해 절묘하게 설계된 같은 유형의 도구를 반복적으로 만들어낸다.… 자연은 거미와 인간과 침팬지를 프로그램한다"(*Origin of the Human Species*, VIBS 106 [Amsterdam: Rodopi, 2001], 59, 56).

뇌의 존재는 언어 능력의 가능성을 높여준다. 따라서 로저 르윈과 로버트 폴리는 호미닌들이 1,000세제곱센티미터가 넘는 뇌의 크기를 달성했을 때 언어 능력이 생겼으며, 그러므로 언어가 늦어도 네안데르탈인에게서 존재했을 수도 있다고 생각한다.[25] "그들의 큰 뇌에 비추어 볼 때 네안데르탈인과 현대의 인간들 사이에 약간의 차이가 존재할 수는 있지만, 그들이 지적이고 유연한 호미닌이었다는 데는 거의 의문이 없다."[26]

뇌의 크기 외에 뇌의 구조화가 매우 중요하다. 언어 능력은 뇌 중에서도 특히 베르니케 영역 및 브로카 영역과 관련이 있다. 호미닌들의 두개강 연구는 **호모 루돌펜시스**와 그 후의 종들에서는 브로카 영역의 표시가 있는 반면에 오스트랄로피테쿠스계에서는 그런 표시가 없음을 보여준다.[27] 따라서 오스트랄로피테쿠스계의 언어 능력에 관한 의문이 제기되었다. 아쉽게도 앞서 언급된 바와 같이 고신경학자들은 화석 두개강으로부터 호미닌의 언어 능력에 관해 그다지 많이 배우지 못한다.

두개강으로부터 얻을 수 있는 정보가 적다는 점에 비추어 연구자들은 말하기에 필수적인 다른 해부학적 특징 연구로 방향을 전환했다. 인간이 말하기 위해서는 듣기가 분명히 중요할 것이다. 인간의 귀의 뼈들이 현생 유인원들 및 화석 호미닌들의 귀의 뼈들과 비교될 수 있다. 침팬지들의 청각 능력은 기본적으로 우리의 능력과 같지만, 인간의 귀는 중이(中耳)의 소골에서의 차이를 반영해서 2.4킬로헤르츠 대역에서 더 높은 민감성을 보인다. 특정한 음성의 핵심적인 특질들은 이 대역 범위 안

25 Roger Lewin and Robert A. Foley, *Principles of Human Evolution*, 2nd ed. (Oxford: Blackwell, 2004), 474.

26 Lewin and Foley, *Principles of Human Evolution*, 397.

27 Lewin and Foley, *Principles of Human Evolution*, 465-66.

에 놓인다.[28] 네안데르탈인과 **호모 하이델베르겐시스**의 화석 유해들은 모두 현대 인간의 귀의 범위에 놓이는 중이 소골을 보인다.[29]

말하기 능력에 관해서는 어떤가? 하우저 등은 **호모 사피엔스** 종을 벗어나서 언어가 존재했을 가능성에 관해 회의적이다. 고생물학의 증거와 관련하여 그들은 다음과 같이 진술한다. "최근의 연구들은 말을 만들기 위해서는 성도(聲道)의 수평 구역과 수직 구역이 대략 같은 비율이어야 함을 암시한다(Lieberman, 2011). 이 구조는 **호모 사피엔스**에게만 존재하는 고유한 형질인데, **호모 사피엔스**에게서만 얼굴이 두개골 아래로 들어갔다. 이 점은 네안데르탈인들과 갈라진 **뒤**에 중요한 변화가 일어났음을 가리킨다."[30] 고고학의 증거와 관련해서 그들은 네안데르탈인들이 "언어를 사용하는 현대 인간의 특징인…상징적인 행동 패턴에 대한 명확한 증거를 남기지 못했다"고 지적한다. 그들에 비해 "약 10만 년 전 이후 아프리카의 중기 석기 시대의 **호모 사피엔스**의 인공물 기록은 매우 다른 이야기를 들려준다. 가장 이른 시기의 상징적인 물체, 복잡한 계획 수립, 다단계의 기술, 그리고 크로마뇽인의 다른 인지적 위업에 반영된 행동에서 질적인 변화가 감지된다." 따라서 "고고학적 증거는…초기 **호모 사피엔스**에게서 상(icon)의 형태로 외면화된 상징적인 표현으로 가득 찬 사상의 언어가 출현했음을 가리킨다…현재의 증거는 이런 일은

---

28   음파들은 헤르츠라 불리는 초당 진동 또는 사이클의 수로 측정된다. 인간의 말을 구성하는 소리는 일정 범위의 주파수에 걸쳐 분포하는데 대체로 100-5,000헤르츠 사이에 있다. 인간이 들을 수 있는 전체 범위는 대략 20-20,000헤르츠 사이다.

29   다음 문헌들을 통해 보고된 것처럼 말이다. Johansson, "Language Abilities in Neanderthals," 317; Stringer and Andrews, *Complete World of Human Evolution*, 44.

30   Hauser et al., "Mystery of Language Evolution," 5(강조는 덧붙인 것임). 참고 문헌은 Daniel E. Lieberman, *The Evolution of the Human Head*(Cambridge, MA: Harvard University Press, 2011)다. 이 사람은 아래에 인용된 Philip Lieberman과는 다른 Lieberman임을 주의하라.

언제나 우리 종이 네안데르탈인과 갈라진 **뒤에**(강조는 덧붙인 것임) 일어났으며 따라서 매우 최근의 사건임을 암시한다."[31]

이 고려들 각각을 좀 더 자세히 살펴보자. 먼저 고생물학을 통해 입증된 해부학적 특징들을 고려하라. 필립 리버만은 후두의 위치가 다른 모든 포유류 동물의 초후두부성도(supralaryngeal vocal tract; SVT)와 현대 인간 성인의 초후두부성도(聲道) 사이의 차이의 핵심이라고 설명한다.[32] 침팬지들의 SVT는 인간의 SVT와 상당히 다르며, 따라서 침팬지들이 우리가 듣는 것을 들을 수는 있지만 명확한 말을 만들어내지는 못한다.[33]

초기 **호모 사피엔스**에서 인간의 얼굴이 두개(頭蓋)와 나란해지도록 두개골이 재구조화되어 상악(上顎)이 앞으로 튀어나온 것이 줄어들었다. 그 과정에서 구강이 짧아져 혀가 뒤로 옮겨져 인후의 위로 들어가게 되었다. 후두는 인후에서 아래쪽으로 밀려서 4, 5, 6번 경추의 맞은편에 위치하게 되었다. 후두 위에 위치하고 인대와 근육에 의해 인후와 연결된 U자형의 뼈인 설골(舌骨) 역시 인후와 함께 아래로 내려갔다. 따라서 성인 인간의 초후두부성도는 부분적으로 "수평" 구강을 점유하고 부분적으로 그것에 직각을 이루는 수직의 인두강을 점유하는 굽은 혀를 특색으로 한다.

---

31 Hauser et al., "Mystery of Language Evolution," 6. 우리가 두개골의 증거를 고고학 기록이 암시하는 바와 결합하면 **명확한**(강조는 덧붙인 것임) 언어는 완전히 현대적인 인간의 독점적인 영역이라는 결론을 피하기 어렵다는 Tattersall의 좀 더 미묘한 주장을 참조하라(Ian Tattersall, *The Fossil Trail: How We Know What We Think We Know about Human Evolution*, 2nd ed. [Oxford: Oxford University Press, 2009], 212). 우리가 보게 되겠지만 이 주장이 명백하게 틀리지 않으려면 형용사 "명확한"이 거대한 무게를 지녀야 한다.

32 Philip Lieberman, "Current Views on Neanderthal Speech Capabilities: A Reply to Boe et al. (2002)," *JP* 35, no. 4 (2007): 552-63. 초후두부성도는 후두 상방의 기도(氣道)다.

33 Hauser et al., "Mystery of Language Evolution," 5. D. Liebermann, *Evolution of the Human Head*, 287에 수록된 그림 8.3을 보라. 그러나 신경 회로의 압도적인 중요성은 본서를 보라.

놀랍게도, 배(胚) 발생에서 아동기까지의 인간의 개체 발생에서 이 과정이 재현된다. SVT의 "수평" 구강과 수직 인두강 비율이 1:1이 될 때까지 혀가 뒤로 옮겨져 인두 안으로 들어가 인두를 아래로 밀어낸다. 생애의 처음 2년 동안 얼굴이 쑥 들어가고 출생 때 비교적 평평한 윤곽을 가지고 있던 두개저(頭蓋底)가 구부러진다. 두세 살이 되면 두개저 굴곡화가 중단되지만, 혀와 후두는 구강과 인두강의 비율이 같아지는 여섯 살에서 여덟 살까지 계속 내려간다.

성인 인간에게서 일어난 후두의 하강으로 인두 위의 공간이 넓어져서 인두로부터 발출된 소리들이 다른 포유류 동물들에게서 가능한 수준보다 더 많이 변화될 수 있다. 현대 인간은 입과 인두에 의해 정의된 직각 공간에서의 혀의 움직임으로 소위 비연속 모음(음성학상으로 구별되는 모음)인 [i], [u] 그리고 [a] 소리를 낼 수 있다(그림 11.3을 보라).[34] 이와 대조적으로 유인원들의 혀들은 인간 신생아들의 혀처럼 거의 전적으로 입안에만 위치해서 이런 모음 소리를 낼 수 없다.

---

34 Lieberman은 안정적인 비연속 모음을 내기 위해서는 SVT의 구강과 인두강 비율이 1:1 이어야 하며 혀가 각각의 구멍을 약 10:1의 비율로 변화시킬 수 있어야 한다고 주장한다. 예컨대 우리가 모음 [i]를 말할 때 혀를 올리고 내밀어서 구강의 횡단면 영역이 인두강보다 약 열 배 작아진다. 그러나 우리가 모음 [a]를 말할 때에는 인두강의 횡단면 영역이 구강보다 약 열 배 작아진다. 발성을 달라지게 하는 혀의 위치와 포먼트 주파수(formant frequencies)를 보여주는 그림 11.3을 보라. Lieberman은 포먼트 주파수는 그 주파수에서 최대의 음파 에너지가 SVT를 통과할 수 있는, F1, F2 등으로 표시된 주파수라고 설명한다. F1과 F2의 상대적인 위치는 대개 어떤 소리를 다른 모든 소리와 충분히 구분한다. 모음을 구분시키는 포먼트 주파수 패턴은 SVT의 모양이 변해서 특정한 포먼트 주파수에서 최대 에너지가 통과하도록 허용함으로써 만들어진다(Lieberman, *Evolution of the Human Head*, 318).

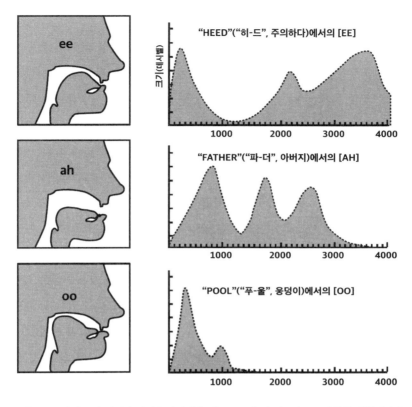

그림 11.3. 혀의 모양 변화가 발성을 달라지게 하는 고조파 피크(포먼트 주파수)를 변화시킨다. [i], [u] 그리고 [a] 소리에 대한 혀의 위치와 포먼트 주파수가 표시되었다.

스쿨 동굴과 카프제 동굴에서 발견된 화석 유해들은 10만 년 전의 구 인류에게서 완전한 인간의 SVT를 드러냈다. 필립 리버만은 인간의 SVT의 생물학적 불이익(음식에 숨이 막힘, 깊숙이 박힌 어금니, 씹기의 효율성 감소 등)이 언어 소통을 좀 더 이해하기 쉽게 만드는 데 사용되지 않는다면 적합성을 감소시킬 것이라고 지적한다.[35] 따라서 "그렇게 이상하고 잘못

35   Philip Lieberman, "On Neanderthal Speech and Human Evolution," *BBS* 19, no.1

적응한 것으로 보이는 배치"는 명료한 언어의 징후다.[36]

다른 고대 호미닌들은 어떤가? 1989년에 이스라엘의 케바라 동굴에서 발견된 네안데르탈인의 설골은 현대 인간의 설골과 사실상 똑같았는데, 몇몇 학자는 이 점을 그들에게 언어 능력이 있었다는 증거로 여겼다. **호모 하이델베르겐시스**에 대해서도 두 개의 유사한 설골이 발견되었다. 이와 대조적으로 **오스트랄로피테쿠스 아파렌시스**에게서 나온 설골은 기본적으로 유인원의 뼈 같았다. 필립 리버만은 따로 떨어진 설골로부터 후두의 위치와 SVT의 형태를 결정하는 것이 불가능하다고 이의를 제기한다.[37] 오히려 SVT 부분들의 비례성이 결정적이다. 현대 인간의 구강은 57 ± 5.1밀리미터인데 이는 **호모 하이델베르겐시스**(68.3 ± 5.1밀리미터)와 **호모 네안데르탈렌시스**(62.3 ± 6.5밀리미터)의 구강보다 작은 크기다.[38] 더욱이 **호모 사피엔스**의 두개저는 약 10.15도만큼 굴곡져 있고 따라서 얼굴이 안쪽으로 들어가 팔레트(pallette) 뒤의 인두 공간이 약 1센티미터 짧다.[39] 그 결과 구 **호모 사피엔스**에서의 "수평" SVT의 골

(1996): 157.

36   D. Lieberman, *Evolution of the Human Head*, 299; 참조. 327.

37   Ruggero D'Anastasio et al.의 논문 "Micro-Biomechanics of the Kebara 2 Hyoid and Its Implications for Speech in Neanderthals," *PLoS ONE* 8, no. 12 (2013), e82261, https://doi.org/10.1371/journal.pone.0082261을 보라. 그들은 케바라 동굴에서 발견된 네안데르탈인의 설골을 현미경을 통해 신체 역학적으로 분석해서 "이 뼈는 현대 인간의 뼈를 닮았을 뿐만 아니라 유사한 방식으로 사용되었다"는 것을 보였다. "이는 내부의 미세 구조가 그것이 일상적으로 마주했던 힘들의 벡터 및 크기에 대한 대응이기 때문이다. 이 발견들은 케바라 2의 네안데르탈인이 언어를 사용했음을 증명하지는 못하지만 그들이 언어를 사용했다는 암시와 일치한다."

38   D'Anastasio et al., "Micro-Biomechanics," 588-89.

39   Lewin과 Foley는 두개저 굴곡이 심지어 좀 더 이전에 출현한 구 **호모 사피엔스**에게서 발견되는 것보다 덜하다는 것이 네안데르탈인의 특징으로 보이기 때문에 진화의 방향이 뒤집혀서 네안데르탈인에게서는 완전히 명료한 언어가 없었던 것처럼 보인다고 생각한다(*Principles of Human Evolution*, 467). 그런 이유로 그에 수반하는 언어의 결함은 인지 능력 저하 때문이 아니라 특정한 종에서 나타나는 청각 감소와 유사한 신체적 결함에

격 길이(10.5센티미터)는 **호모 네안데르탈렌시스**(11.7센티미터)와 **호모 하**
이델베르겐시스(11.8센티미터)의 길이보다 약 10퍼센트 짧다. 구강과 인
두강 비율이 1:1인 현대의 SVT를 가지려면 **호모 네안데르탈렌시스와**
호모 하이델베르겐시스의 수직 SVT가 평균적인 성인 현대 인간의 수
직 SVT보다 2-3센티미터 길어야 할 것이다. 구 호모속에게 현대 인간
의 SVT가 배치된다면 후두가 너무 낮아져 음식물을 삼킬 수 없게 되었
을지도 모른다. 어떤 네안데르탈인의 성도도 인간의 말을 특징 지우는
완전한 범위의 소리들, 특히 "tea"("티-")에서의 [i]나 "to"("투-")에서의
[u] 같은 소위 비연속 모음을 만들어낼 수 없었다.[40] 따라서 네안데르탈
인의 음성 목록(phonetic repertoire)은 선천적으로 제한되었다.

　리버만의 주장들은 도전을 받았다.[41] 그러나 선천적으로 그렇지는

기인한 것이다. Lewin과 Foley는 또한 두개저 굴곡의 정도는 지역에 따라 다르다는 것과 네안데르탈인에게서의 굴곡 축소는 추운 기후에 대한 적응일 수도 있는, 그들의 이례적인 상기도(上氣道)와 관련이 있을지도 모른다고 지적한다.

40　Philip Lieberman and Edmund S. Crelin, "On the Speech of Neanderthal Man," *LI* 11, no. 2 (1971): 213.

41　음성학자들인 Louis-Jean Boe 등은 후두의 높이가 [i, a, u] 같은 모음의 최대한의 대조 실현에 경미한 영향만 준다고 주장했다. 실제로 그들은 혀와 입술의 조음 동작(articulatory gesture)이 구강과 인두강의 크기의 비율 차이를 보완해줄 수 있다고 주장한다. "뇌는 인두가 다소 길거나 짧은 발성 기관을 완전히 통제할 수 있다. 이 차이들은 사실 모음들을 최대로 대조하는 능력을 변화시키지 않는다"(Louis-Jean Boe et al., "The Potential Neandertal Vowel Space Was as Large as That of Modern Humans," *JP* 30, no. 3 [2002]: 481,82, https://doi.org/10.1006/jpho.2002.0170). 그 의견에 대응해서 Lieberman은 네안데르탈인의 두개골이 현대 성인 인간의 SVT 비율 1:1을 뒷받침할 수 있었다는 다른 주장에 도전하지만, 내가 아는 한 그는 비율이 다른 SVT를 보완하는 메커니즘에 관한 그들의 주장을 다루지 않는다(P. Lieberman, "Current Views," 608-22). Lieberman은 Boë 등의 가변 선형 발성 모델(Variable Linear Articulatory Model; VLAM) 컴퓨터 모델링 기법이 신생아들에게서 비연속 모음의 포먼트 주파수 패턴을 만들어내게 할 수 있는, 해부학적으로 불가능한 SVT를 만들어낸다는 근거에서 그들의 주장을 날카롭게 비판한다. 그러나 Lieberman은 네안데르탈인의 언어와 좀 더 적실성이 있는 아동에 관해 말하는 것이 아니라 신생아에 관해 말하고 있음을 주의하라. Lieberman에 대한 뒤이은 답변에서 Boë 등은 연령에 적절한 VLAM을 지닌 문헌으로부

않을지라도 우리 모두 음성 목록에 제한이 있기 때문에, 선천적으로 제한된 음성 목록이 확실히 언어의 부재를 암시하는 것은 아니라는 점이 좀 더 근본적이다. 우리가 어느 특정한 문화에서 태어나 양육된다면 그 언어를 어려움 없이 배울 것이라는 점에서 우리에게 모든 범위의 언어를 발음할 수 있는 능력이 있을지도 모른다. 그러나 외국어를 말하기 위해 애써본 적이 있는 어느 미국인이라도 증언할 수 있는 바와 같이 프랑스어 **쉐르**(soeur, 자매)나 독일어 **묑히**(Mönch, 수도사)처럼 영어를 모국어로 사용하는 사람이 일반적으로 사용하지 않으며 배우기 어려운 소리들이 있다. 사실 현재 사용되고 있는 언어 중 비연속 모음을 전혀 포함하지 않는 언어도 있다.

따라서 리버만은 네안데르탈인에게 언어가 결여되었다는 추론을 도출하지 않는다. 그는 다음과 같이 말한다. "이것이 네안데르탈인에게 말과 언어가 결여되었음을 의미하는가? 아마도 그러지 않을 것이다.… 고고학 기록은 그들에게 모종의 언어와 말이 있었음을 암시한다."[42] "네안데르탈인의 일반적인 문화 수준이 매우 높아서 그들은 이 제한된 발성 능력을 활용했을 것이고 모종의 언어가 존재했을 것이다."[43] 사실 "현대 인간과 네안데르탈인의 조상이었던 구 호미니드에게 틀림없이 언어

터 유아와 아동의 발성에 관한 음파 자료를 비교해서 포먼트 F1에 대해 생후 6개월 이상의 모음 범위와 포먼트 F2에 대해 생후 15개월 이상의 모음 범위를 과대평가함이 없이 그 합의가 세계적으로 상당히 잘 이루어짐을 보여준다(Louis-Jean Boë et al., "Anatomy and Control of the Developing Human Vocal Tract: A Response to Lieberman," *JP* 41, no. 5 [2013]: 379–92). 그들은 "'후두 가설'에 관한 Lieberman의 최초의 논문이 나오고 나서 40년도 더 지난 지금 그의 후두 유전 가설이 옳지 않다는 점이 아주 명확해졌다. 그것은 해부학적으로도 타당하지 않고 음향학상으로도 정확하지 않다"고 결론짓는다(390). 그들은 발성의 주요 문제는 후두의 위치라기보다는 압축과 조절이라고 주장한다.

42   P. Lieberman, "Neanderthal Speech and Human Evolution," 157.
43   Lieberman and Crelin, "Speech of Neanderthal Man," 221.

가 있었을 것이다. 언어가 이미 존재하지 않았더라면 질식으로 인한 사망률을 높이는 대가로 인간종에 특수한 언어를 말하는 해부 구조를 낳은 돌연변이를 유지할 선택상의 이점이 없었을 것이다."[44]

그러나 그는 "하지만 그들의 언어는 우리의 언어와 달랐고 우리의 언어보다 덜 알기 쉬웠다(less intelligible)"고 주의를 준다.[45] 그러나 그렇다면 우리는 누구에게 덜 **알기 쉬웠는지** 질문해야 한다. 확실히 리버만은 단어를 잘못 선택했다. "알기 쉬운"은 "이해할 수 있는"(comprehensible)을 의미한다. 우리가 진지하게 네안데르탈인이 서로 이해하는 데 어려움이 있었다고 생각해야 하는가? 그런 주장은 증거를 훨씬 넘어갈 뿐만 아니라 우리가 네안데르탈인의 문화에 대해 알고 있는 내용으로 볼 때 타당하지 않은 것으로 보인다. 나는 리버만이 네안데르탈인의 발성 범위가 제한된 점에 비추어 "명료한" 같은 단어를 의미했을 것으로 생각한다. 그가 "침팬지의 SVT는 비음화되고 모음이 축소된 말을 발출할 수 있었다. 그것은 비록 사람의 언어처럼 이해하기 쉽지는 않았겠지만 소통에 충분했을 것이다"라고 단언하기 때문이다.[46] 모음이 축소된 언어가 소통에 충분하다면 그것은 상대적으로 명료하지 않더라도 필연적으로 이해될 수 있다. "침팬지들이 **어떤** 언어도 말하지 못하는" 이유는 그것들에게 "언어의 밑바탕을 이루는 복잡하고 무의식적인 **조음** 동작을 규

---

44   P. Lieberman, "Current Views," 559.

45   P. Lieberman, "Neanderthal Speech and Human Evolution," 157.

46   P. Lieberman, "Neanderthal Speech and Human Evolution," 157. Johansson도 마찬가지로 인간의 뇌가 통제한다면 사실상 모든 포유류의 성도가 유용한 말을 낼 수 있다고 언급한다("Language Abilities in Neanderthals," 316). 비연속 모음을 낼 수 없음에도 불구하고 원숭이들과 유인원들이 말을 할 수 있는 음성 능력에 관한 Philip Lieberman, "Vocal Tract Anatomy and the Neural Bases of Talking," *JP* 40, no. 4 (July 2012): 613을 참조하라.

제하는 데 필요한 특화된 뇌의 메커니즘"이 없기 때문이다.[47]

대니얼 리버만은 비연속 모음들이 구두 소통에 중요한 이유는 그것들이 구별되는 소리이기 때문에 다른 모음들과 쉽게 혼동되지 않기 때문이라고 설명한다. 다른 화자들이 무작위 순서로 단어들을 발설할 때 청자들은 종종 대다수 모음에 대해, 예컨대 "beg"(간청하다)에서의 [ε]와 "big"(큰)에서의 [i]를 혼동한다. 그러나 [i]와 [u]는 그리 자주 혼동되지 않는다. 그것들은 화자들 가운데서 거의 겹치지 않기 때문에(그림 11.4를 보라) 구두 소통에 특히 유용하다.

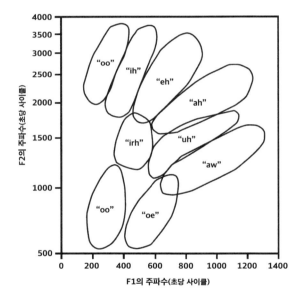

그림 11.4. 여러 화자 표본에서 취한 비연속 모음들. 그 모음들은 그래프상에서 거의 완전하게 겹치지 않는 위치를 점유한다는 의미에서 비연속적이다(구분된다).

---

47   P. Lieberman, "Neanderthal Speech and Human Evolution," 157(강조는 덧붙인 것임). Daniel Lieberman은 다음과 같이 설명한다. "침팬지들 및 다른 포유동물들에게는 확실히 언어를 구성하는 독특한 포먼트 주파수의 빠르고 끝없이 재조합되는 시퀀스를 만들어내기에 충분한 속도, 정확성, 그리고 조합이 달성되도록 입술과 혀를 움직이는 데 필요한 신경회로의 많은 부분이 결여되어 있다"(Evolution of the Human Head, 323).

따라서 화자의 발음이 덜 정확하더라도 청자는 [i], [a], [u] 같은 소리를 상당히 잘 알아들을 수 있다. 대니얼 리버만은 "비연속 모음들은 깔끔하지 않은 발음을 허용한다"고 말한다.[48] 실제로 "우리가 SVT 배치가 다른 비-인간의 성도로 모음들을 발음해보면 포먼트 주파수들이 덜 구분된다."[49] 기준을 잡아줄 비연속 모음들이 없다면 무작위적인 모음 소리들은 이해되기가 덜 쉬울 것이다. 하지만 그럴지라도 우리는 언어에서의 무작위적인 모음 소리를 다루고 있는 것이 아닐 것이다. 우리가 우리의 상상력이 어디로든 마음대로 가도록 허용한다면 우리는 네안데르탈인 중 한 명이 다른 사람에게 "그것은 beg 코뿔소다"("큰"을 의도한 "big"이 "요청하다"를 의미하는 "beg"로 들린다) 또는 "당신께 사냥하러 와 달라고 big합니다"("요청하다"를 의도한 "beg"가 "크다"를 의미하는 "big"로 들린다) 같이 말한다고 상상할 수 있을 것이다. 그러나 명료성에 문제가 있음에도 불구하고 발화의 문맥이 의미를 매우 단순하게 만들어준다. 발음에서의 음성상 차이들이 반드시 네안데르탈인이 서로 말하는 것을 이해할 능력에 심각한 침해를 가한 것은 아니다.

이 대목에서 어린아이들의 말은 멋진 보기를 제공해준다. 아이들은 여섯 살에서 여덟 살까지는 그들의 SVT가 성인의 SVT 배치에 이르지 못함에도 말할 수 있고 이해될 수 있음을 상기하라. 대니얼 리버만은 아직 SVT의 수평 수직 비율 1:1에 이르지 못한 아이들이 "말을 하고 종종 말을 아주 잘 하지만" "그들의 포먼트 주파수들이 비연속이 아니기 때문

---

48   D. Lieberman, *Evolution of the Human Head*, 324.
49   D. Lieberman, *Evolution of the Human Head*, 325. Lieberman은 [i]와—정도는 덜하지만—[u]가 다른 모음 소리를 정확하게 듣기 위한 기준인 수퍼-모음 역할을 한다고 설명한다.

에…청자들의 인식 오류율이 좀 더 높다"는 것을 관찰했다.[50] 그러나 그는 즉시 "하지만 이 문제들 중 일부는 혀의 운동 근육이 덜 통제되는 데 기인할 수도 있다"고 덧붙인다[51]. 물론이다. 그리고 이제 겨우 말하기를 배우기 시작한 어린아이들에게 성인 네안데르탈인과 같은 정도의 명료한 말의 예를 보이기를 기대하는 것은 공정하지 않은 처사일 것이다. 비록 네안데르탈인 성인도 현대의 성인의 SVT를 가지지 못했지만 말이다. 말을 배우는 아이들의 부모들은 그들의 말을 특히 잘 알아듣는데, 우리는 네안데르탈인들도 마찬가지로 서로의 말을 듣고 정확하게 이해하는 데 익숙했을 것으로 짐작할 수 있다. 네안데르탈인이 현대의 SVT를 갖추려면 후두가 불가능할 정도로 가슴의 낮은 곳에 위치했을 것이라는 점을 보여주려는 연구들을 주목한 대니얼 리버만은 다음과 같이 말한다. "만일 이 말이 옳다면, 이 결과가 구 **호모**속의 다른 종이고 초기의 현대 인간일 가능성도 있는 네안데르탈인이 말할 수 없었음을 의미하는가? 물론 그렇지 않다. 특히 그들의 뇌가 크다는 점에 비추어 그들에게 말하는 능력이 결여되었다고 상상하기 어렵다. 그러나 그들의 발음은 현대의 성인 인간의 발음보다는 덜 정확하고, '이-'와 '우-' 같은 완전한 비연속 모음이 결여된 4-6세 아이의 발음과 좀 더 비슷했을 것이다."[52]

하우저 등의 두 번째 요점—즉 네안데르탈인의 인지 능력에 대한 고고학적 증거의 결여—에 관해서는, 고고학적 증거에 대한 우리의 조

---

50 D. Lieberman, *Evolution of the Human Head*, 327.
51 D. Lieberman, *Evolution of the Human Head*, 327.
52 D. Lieberman, *Evolution of the Human Head*, 330-31. 그는 좀 더 큰 구강이 "구 **호모**속이 말할 수 있었다거나 정교한 언어를 가졌을 가능성을 배제하지 않지만, 그것은 아마도 그들의 말이 현대 인간의 4-6세에 해당하는 약간 덜 명료한(구분된) 말이었음을 암시할 것이다"고 말한다(589). 나는 아마도 본서와 같은 대중적인 책에서 내가 두 살 반인 내 손주 올리버가 말할 때 그의 [i] 발음과 [u] 발음이 완벽하게 명확하다고 말해도 독자들이 양해해주리라 믿는다. 그 아이에게는 "j" 같은 자음이 어렵다.

사는 네안데르탈인들이 크로마뇽인의 인지 능력을 예견함에 있어서 중
기 석기 시대의 **호모 사피엔스**에 비해 매우 앞섰다는 사뭇 다른 결론에
도달한다. 나는 댄 대디우와 스티븐 레빈슨의 다음과 같은 말에 동의하
지 않을 수 없다.

> 언어는 문화를 보유할 능력을 지닐 수 있게 해주며(즉 언어가 없으면 진전된
> 기술이 없다), 이 연결 관계가 고고학 기록으로부터의 합리적인 추론을 가능
> 하게 해준다. 그러므로 우리는 네안데르탈인이 우리만큼 명확히 표현할 수
> 있는 존재, 즉 명제에 관한 내용과 발화의 힘이 전달될 수 있게 해주는 많
> 은 어휘와 조합 구조를 지닌 존재였을 가능성이 매우 크다고 생각한다. 그
> 런 발달된 소통 시스템만이 네안데르탈인이 보인 발전된 문화적 적응을 유
> 지할 수 있었을 것이다.…
>
> 우리가 북극에서부터 사냥감이 부족한 지중해 해안까지의 생태 환경
> 에서 생존하는 데 필요한 문화적 기술을 고려한다면 네안데르탈인들에게
> 공간적 장소, 사냥과 채집, 동물과 식물, 사회관계 등에 관해 소통할 수 있
> 는 복잡한 언어 코드가 없었다고 주장하기 어렵다. 이런 활동을 위해서는
> 많은 어휘와 명제적인 기호화가 필요했을 것이다. 우리가 보기에는 네안데
> 르탈인에게 발전된 언어 능력이 있었다고 생각하는 것이 불가피하다.[53]

우리는 증거가 현대적인 인지 능력 발달이 하우저 등이 지지하는 바와
같이 아프리카의 하나의 종에서 기원했다는 모델보다 여러 종에게서 발
달했다는 모델을 지지한다는 것을 살펴보았다. 결국 하우저 등은 다음

---

53   Dan Dediu and Stephen C. Levinson, "Neanderthal Language Revisited: Not Only Us,"
      COBS 21 (2018): 52-53.

과 같이 인정한다. "고고학 기록의 관점에서 우리는 확실히 **호모 사피엔스**가 출현하기 전의 것으로 추정되는…보다 많은 상징적인 유물들이 발견되리라고 생각할 수 있다. 그런 발견물들은 상징적인 능력의 발생을 좀 더 이른 시기로 밀어낼 것이고, 언어의 기원과 그 이후 진화 문제 모두에 대해 좀 더 큰 영향을 제공할 것이다."[54] 스페인의 네안데르탈인 유적지에서 발견된 예술 표현은 그것 자체가 **호모 사피엔스**의 출현 전에 나온 것은 아니라 할지라도 **호모 사피엔스**와 무관한 인지 능력의 증거를 제공한 것으로 보이며, 따라서 그것은 언어의 기원과 진화 문제에 중요하다.

네안데르탈인들에게 언어 능력이 있었다는 해부학상의 다른 단서들이 있는가? 네안데르탈인에게서 언어 능력과 일치하는, 증가된 뇌의 물질대사를 암시하는 동맥 공(孔)에 관한 우리의 논의를 상기하라.[55] R. F. 케이, M. 카트밀, 그리고 M. 벌로우 역시 혀를 통제하는 신경이 지나는 통로인 설하(舌下) 도관이 초기 **호모 사피엔스**뿐만 아니라 **호모 하이델베르겐시스**와 **호모 네안데르탈렌시스**에게도 언어 능력이 있었음을 암시한다고 지적했다. 그들은 이와 대조적으로 오스트랄로피테쿠스계와 아마도 **호모 하빌리스**의 설하 도관들은 현대 인간들의 도관보다 상당히 작을 뿐만 아니라 언어에 필요한 혀와 입술의 운동 근육 조절이 결여된 현대 침팬지의 범위 안에 든다고 지적했다. 케이, 카트밀, 그리고 벌로우는 "**오스트랄로피테쿠스**의 음성 능력은 침팬지의 음성 능력에 비해 유의미하게 진전되지 않은 반면에 **호모속**의 음성 능력은 늦어도 40만 년 전까지는 본질적으로 현대적인 것이었을 수 있다"고 결론짓는

---

54   Hauser et al., "Mystery of Language Evolution," 10.
55   본서의 387-89을 보라.

다.[56]

그러나 이후의 연구들은 설하 도관의 크기와 언어 능력 사이에 어떤 관계도 없음을 발견해서 그들의 결론에 도전했다.[57] 가령 원숭이들에게는 언어 능력이 없지만 측정된 원숭이들의 과반수가 절대적으로 및 입의 크기에 비해 상대적으로 현대 인간의 설하 도관과 같은 크기의 설하 도관을 가지고 있다. 이 결과들은 큰 설하 도관이 언어 능력에 대한 보증이 아님을 보여준다. 그러나 케이, 카트밀, 그리고 벌로우의 주장은 확실히 그것이 아니었다. 혀의 운동 근육 조절 외에도 큰 뇌가 언어의 전제 조건이다. 그들의 주장은 호미니드(사람과)의 큰 뇌와 큰 설하 도관을 함께 고려할 때 호미니드에게 충분히 언어 능력이 있었으리라는 것이라고 이해하는 편이 낫다.[58] 이 주장을 논박하려면 뇌는 크지만 설하 도관

---

56 R. F. Kay, M. Cartmill, and M. Balow, "The Hypoglossal Canal and the Origin of Human Vocal Behavior," *PNAS* 95, no. 9 (April 28, 1998): 5417-19, https://doi.org/10.1073/pnas.95.9.5417, 5417부터 인용됨. 그들은 남아프리카공화국의 스터크폰타인 퇴적층에서 발견된 호리호리한 **오스트랄로피테쿠스 아프리카누스**(그리고/또는 **호모 하빌리스**)의 표본 세 개, 카브웨와 스완스콤베에서 발견된 플라이스토세 **호모속** 표본 두 개, 라 샤펠-오-생과 라 페라시에서 발견된 네안데르탈인 표본 두 개, 그리고 스쿨 동굴에서 발견된 초기 **호모 사피엔스** 표본 한 개를 연구했다.

57 David DeGusta, W. Henry Gilbert, and Scott P. Turner, "Hypoglossal Canal Size and Hominid Speech," *PNAS* 96, no. 4 (February 16, 1999): 1800-804, https://doi.org/10.1073/pnas.96.4.1800. 그들은 다음과 같이 결론짓는다. "인간이 아닌 많은 영장류 표본들이 절대적으로 및 상대적으로 현대 인간의 범위에 해당하는 크기의 설하 도관들을 가지고 있다. **오스트랄로피테쿠스 아파렌시스, 오스트랄로피테쿠스 보이세이**, 그리고 **오스트랄로피테쿠스 아프리카누스**의 설하 도관들도 현대 인간의 도관의 크기 범위에 들어온다. 설하 신경의 크기와 그것이 포함하고 있는 축색 돌기의 수는 설하 도관의 크기와 유의미한 관계가 없는 것으로 보인다. 우리는 설하 도관의 크기가 언어에 대한 신뢰할 수 있는 표시가 아니라고 결론짓는다"(1804).

58 Daniel Lieberman은 혀의 움직임이 실제로 말하는 동안보다 음식물을 입안에서 수송하고 삼키는 동안 더 복잡할 수 있으며 따라서 설하 도관은 혀 신경 분포의 결과로서 말을 위한 것이 아니라 음식물 공급을 위한 것일 수 있다고 지적한다(*Evolution of the Human Head*, 331-32). 그러나 우리가 살펴본 바와 같이 인간에게서 삼키기 목적의 절묘한 혀의 근육운동 조절은 질식을 막기 위한 언어의 적응일 가능성이 크다.

은 짧은 언어 사용자를 제시할 필요가 있을 테지만 그런 사람이 제시된 적은 없다. 적어도, **호모**속의 다양한 종에서 나타나는 큰 설하 도관은 그들이 말할 수 있었다는 사실과 일치한다.

또 다른 해부학적 증거는 인간에게서는 호흡 규제에 사용되는 근육을 조절하는 신경이 지나는 흉부 척추 도관이 커졌다는 사실에서 나온다. 그런 미세한 호흡 조절이 인간의 말에 매우 중요하다. 앤 맥라논과 그웬 휴이트에 따르면 "완전한 인간의 언어는 발성을 위한 숨을 내뿜기와 인간이 아닌 영장류에 비해 따라서 아마도 초기 호미니드에 비해 소리의 크기, 강조, 그리고 억양의 통제 증가를 요구한다. 그런 특성들은 늑간(肋間) 근육과 복부 근육의 빠르고, 복잡하고, 유연하고 통합된 신경 통제를 요구한다."[59] 그렇게 미세한 호흡 통제를 가능하게 해주는 근육들은 모두 가슴에 분포되어 있다.

따라서 맥라논과 휴이트는 세 명의 현대인 표본 외에 **오스트랄로피테쿠스 아파렌시스**, **오스트랄로피테쿠스 아프리카누스**, **호모 에르가스테르**(또는 초기 **호모 에렉투스**), 네 명의 네안데르탈인과 한 명의 초기 **호모 사피엔스**의 흉부 척추 도관을 측정했다. 그들은 네안데르탈인들과 초기 및 현재의 현대 인간들의 상대적인 흉부 도관 횡단 면적이 인간이 아닌 영장류들의 면적보다 크다는 것을 발견했다. "이 증거는 초기 화석 호미니드, 오스트랄로피테쿠스계와 **호모 에르가스테르**에서는 흉부 신경 분포가 인간이 아닌 현생 영장류의 분포와 비슷했지만, 네안데르탈인과 초기 현대 인간들은 현생 인류와 유사한, 확대된 흉부 신경 분포를 지녔음을 암시한다."[60]

---

59   A. M. MacLarnon and G. P. Hewitt, "The Evolution of Human Speech: The Role of Enhanced Breathing Control," *AJPA* 109, no. 3 (1999): 358.

60   MacLarnon and Hewitt, "Evolution of Human Speech," 347.

이처럼 흉부 신경 분포가 증가하게 만들었을 수도 있는 이유들—두발 보행을 위한 자세 조절, 출산의 어려움 증가, 오래달리기를 위한 호흡, 수생의 국면, 질식 회피, 말을 하기 위한 호흡 조절 증가 등—을 조사한 맥라논과 휴이트는 마지막을 제외한 모든 요인은 진화의 시기나 신경학적으로 충분히 엄격하지 않다는 이유로 배제될 수 있다고 주장한다. 이 설명을 긍정적인 증거로 삼아서 그들은 인간의 발화에 관해 연구하는데 그 연구들은 인간의 말이 "인지 요인들에 반응하고 상부 기도의 통제 및 몸의 다른 변화들과 통합된, 성문 하부의 압력(subglottal pressure)에 대한 매우 빠르고 미세한 통제를 요구한다"는 것을 보여준다.[61] 그들은 또한 인간의 발설과 인간이 아닌 영장류의 발성을 비교하는데 이 비교는 인간의 말은 말하는 데 요구되는 호흡 조절에서 독특하다는 것을 보여준다. 맥라논과 휴이트는 다음과 같이 결론짓는다. "네안데르탈인과 초기 현대 인간들은 현재의 인간들과 마찬가지로 흉부 신경 분포를 확대시켰다. 이렇게 증가된 신경 분포가 발전해서 호흡 조절을 증가시켰을 개연성이 있는데, 이렇게 된 가장 가능성이 있는 기능상의 이유는 인간의 말의 진화, 즉 말의 물리적인 발설이었다."[62]

우리가 말하기 위한 호흡 조절의 필요 때문에 흉부 신경 분포가 증가되었다는 설명을 받아들이지 않는다고 할지라도 맥라논과 휴이트의 연구 결과가 암시하는 바는 적어도 네안데르탈인에게서 인간의 말을 위한 다른 조건들과 더불어 하나로는 필요하고 결합해서는 충분한 조건들이 이미 존재하고 있다는 것이다. 이 조건의 존재에 비추어 볼 때 네안데르탈인이 말을 했을 개연성이 말을 하지 않았을 개연성보다 크며, 따라

---

61   MacLarnon and Hewitt, "Evolution of Human Speech," 351.
62   MacLarnon and Hewitt, "Evolution of Human Speech," 358.

서 그 조건은 네안데르탈인이 말을 했다는 증거를 구성한다.

유전학의 단서들

2010년에 파악된 네안데르탈인의 완전한 게놈 서열은 고인류 연구에 혁명을 일으켰다. 우리는 현재 거의 20개의 부분적이거나 완전한 네안데르탈인 게놈 표본을 가지고 있는데 그것들은 현대 인간의 게놈과 비교될 수 있다. 그 결과 네안데르탈인과 **호모 사피엔스** 사이에 혼혈이 있었는가에 관한 논쟁은 이제 유전 물질이 상호 침투한 증거를 토대로 단호하게 긍정적으로 답변되었다(그림 11.5를 보라). 현생 아프리카인이 아닌 모든 사람의 DNA의 약 2퍼센트는 네안데르탈인에게서 유래했고 오세아니아 사람들은 그들의 DNA의 2.4퍼센트를 추가로 데니소바인으로부터 물려받았다.

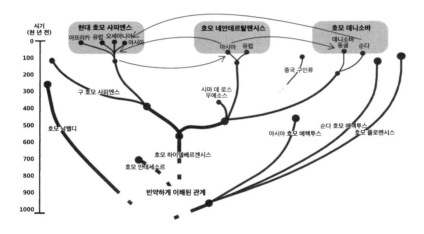

그림 11.5. 고대 인간의 계통들 사이의 혼혈

혼혈이라는 단순한 사실 하나만으로도 네안데르탈인과 데니소바인이 말을 할 능력이 있었음을 암시한다. 그들은 수 만 년에 걸쳐 해부학적인

현대 인간과 거듭 상호작용했으며 데디우와 레빈슨의 유명한 말로 표현하자면 "유전자와 기생충과 문화를 교환했다."[63] 그러한 사회적 및 성적 교류에는 소통이 필요했을 것이고 따라서 언어가 필요했을 것이다. 카이 파이팅 등은 다음과 같이 논평한다. "다른 **호모** 종들 사이의 모든 성적 조우가 합의에 의하지 않은 것이었다고 가정하는 것은 상당히 비합리적으로 보인다. 해부학적으로 현대인을 포함하여 공존하는 **호모** 종들 사이의 혼혈 사례 중 적어도 일부는 소통과 어느 정도의 애정이나 이해의 결과일 가능성이 훨씬 크다. 성관계의 정확한 역학이 무엇이든 간에 우리는 몇몇은 하나의 인간종 이상과 친족 관계를 주장할 수 있는 자손을 낳았다는 점을 확실히 안다."[64] 따라서 혼혈과 **호모 사피엔스** 부모처럼 말을 할 수 있었던 혼혈 자손의 출산은 그것 자체로 혼혈 상대방에게 언어 능력이 있었음을 암시한다.

우리는 이미 **호모 사피엔스**, 네안데르탈인, 그리고 데니소바인이 갈라지기 전 인간의 계통에서 일어났고 따라서 이들 모두가 공유했으며 뇌의 성장에 유의미하게 기여한, *ARHGAP11B* 유전자와 *NOTCH2NL* 유전자에 일어난 결정적인 돌연변이를 언급했다.[65] 우리는 그 결과로 언어 능력에 직접적인 영향이 있었는지는 알지 못한다.

호모 사피엔스의 게놈과 네안데르탈인 및 데니소바인의 게놈의 차이의 중요성은 여전히 잘 이해되지 않고 있다. 안드레 수사 등은 현대 인간 게놈의 소위 인간 가속 영역들(human accelerated regions; HARs)을 조사

---

63   Dediu and Levinson, "Neanderthal Language Revisited," 52.

64   Kai Whiting et al., "Were Neanderthals Rational? A Stoic Approach," *Humanities* 7, no. 2 (2018): 39, https://doi.org/10.3390/h7020039.

65   본서의 398-402을 보라.

해서 그것들을 이 고대의 호미닌들의 게놈 물질과 비교했다.[66] 인간 가속 영역은 포유류 동물의 진화 기간 내내 별로 변하지 않았다가 호미닌들이 침팬지와 갈라진 이후 폭발적인 변화를 경험한 DNA 서열이다. 수사 등은 HAR 대체의 8퍼센트가 네안데르탈인 및 데니소바인에게서는 발견되지 않으며 따라서 파생된 대립유전자가 현생 인류와 구 호미닌들의 공통조상에서 고착된 것이 아니라는 의미에서 최근의 것이라고 판단했다. 이 대체들 중 일부는 현생 인류가 네안데르탈인과 분리된 후 현생 인류에게서 발생한 선택적인 발전의 강한 증거를 보여주는 영역에서 일어난 몇몇 신경상의 특징들과 관련된 유전자인 *AUTS2*의 HAR에서 발견된다. *AUTS2*는 현대 인간과 네안데르탈인을 차별화하는, 가장 유의미하게 가속화된 게놈 영역을 포함하지만 아쉽게도 이 게놈의 기능과 규제는 대체로 알려지지 않았다.

하지만 유명한 *FOXP2* 유전자는 말하는 능력과 좀 더 직접적으로 관련이 있다.[67] 이 유전자의 돌연변이들은 언어 실행 장애(verbal dyspraxia)와 연결되어 왔다. 따라서 인간이 말을 하기 위해서는 *FOXP2*가 필요한 것으로 보인다. 이 점이 중요한데. 인간의 *FOXP2*는 위치를 암호화하는 두 개의 아미노산에서 침팬지 및 고릴라의 *FOXP2*와 다른 반면에 **호모 사피엔스**와 네안데르탈인에게서는 그것들이 같은 것으로 판명되었다.[68]

---

66   A. M. M. Sousa et al., "Evolution of the Human Nervous System Function, Structure, and Development," *Cell* 170, no. 2 (July 13, 2017): 226.40, https://doi.org/10.1016/j.cell.2017.06.036.

67   간략한 개요는 Simon. E. Fisher, "Evolution of Language: Lessons from the Genome," *PBR* 24, no. 1 (2017): 34-40, https://doi.org/10.3758/s13423-016-1112-8을 보라.

68   Johannes Krause et al., "The Derived *FOXP2* Variant of Modern Humans Was Shared with Neandertals," *CB* 17, no. 21 (November 6, 2007): 1908.12. Fisher는 그 두 개의 아미노산 암호화 변화가 유전학적으로 변화된 생쥐들에게 주입되었을 때 그 생쥐들은 피질 기저의 신경질 회로에서 좀 더 높은 수준의 접합 유연성을 보였지만, 생쥐들이 통합

네안데르탈인과 **호모 사피엔스**의 *FOXP2*는 유인원의 *FOXP2*와 다른 바로 그 두 위치(엑손 7에서 911과 977)에서 동일하다. 이 점에서 네안데르탈인과 **호모 사피엔스**는 적어도 이 변화가 가져다주는 언어상의 유익이 무엇이었든 간에 그것을 공유했을 것이다. 요하네스 크라우제 등은 이 변화들을 공유하는 데 대한 가장 그럴듯한 설명은 이 변화들이 현대 인간과 네안데르탈인이 갈라지기 전의 공통조상에게서 일어났다는 것이라고 생각한다.[69]

요약

앞의 두 장에서 우리는 인간의 기원 시기에 대한 고신경학, 고고학, 그리고 유전학으로부터의 증거를 간략하게 조사했다.

고신경학의 증거와 관련해서 우리는 두개강 분석을 토대로 호미닌(사람족)의 진화 과정에서 약 50만 년 전 **호모 하이델베르겐시스**에서 호미닌의 뇌를 현대 인간의 범위에 위치시키는 뇌의 재구조화뿐만 아니라 뇌의 크기와 대뇌화 지수 모두에서 현저한 증가가 일어났음을 보았다. 이 특성들은 인간에게서 나타나는 훨씬 큰 인지 능력과 밀접한 상관관계가 있다. 더욱이 뇌에 혈액을 공급하는 경동맥이 지나는 통로인 동

운동 장애를 일으킨다고 알려진 *FOXP2* 돌연변이를 지니도록 유전적으로 변화되었을 때에는 기능 상실과 일치하게 피질 기저의 신경질 회로에서 좀 더 낮은 수준의 접합 유연성을 보였다고 보고한다(Fisher, "Evolution of Language"). Fisher는 현대 인간과 네안데르탈인의 *FOXP2*를 추가로 비교해서 단백질을 암호화하지 않는 유전자 위치를 조사한 결과 그 유전자가 규제되는 방식에 영향을 줄 수도 있는, 인간에 특유한 변화들을 찾아냈다고 지적한다.

69 Krause et al., "Derived *FOXP2* Variant."

맥 공의 크기는 후기의 **호모 에렉투스** 및 **호모 하이델베르겐시스**에 와서야 현대 인간의 범위에 도달한다. 두개골에서 동맥 구멍이 더 크다는 것은 뇌의 대사율이 높음을 시사하는데 그것은 커진 인지 능력을 암시한다. 화석 호미닌의 치아 연구는 네안데르탈인과 구 **호모 사피엔스** 모두에게서 법랑질이 느리게 성장했음을 보여주는데, 이는 출생 후에서 아동기까지 뇌가 서서히 성숙했다는 지표다. 현대 인간에게서 전형적인 느린 법랑질 성장 궤적은 발달에 있어서 좀 더 유인원을 닮은, 오스트랄로피테쿠스계나 초기 **호모** 속에서는 발견되지 않는다. 따라서 느린 두뇌 발달은 현대 인간의 증가된 인지 능력과 정의 상관관계가 있다. 호미닌 DNA의 유전자 비교는 인간의 신피질의 확대에 기여한 유전자 *ARHGAP11B*에서 일어난 돌연변이가 네안데르탈인과 데니소바인에게도 공유된다는 것을 보여준다. 같은 돌연변이가 세 번 일어났을 가능성이 작으므로 그 변이는 틀림없이 그들의 마지막 공통조상인 **호모 하이델베르겐시스**에게서 파생되었을 것이다. 이 대목에서도 네안데르탈인, 데니소바인, 그리고 **호모 사피엔스**에게 동일한 *NOTCH2NL* 유전자가 존재한다는 점은 그들의 마지막 공통조상의 뇌에서 유전자 재구조화 사건이 일어나 뉴런 줄기세포들의 확대를 가져왔고 따라서 인지 능력을 높였다는 것을 가리킨다.

고대 호미닌들의 인지 능력에 대한 가장 중요한 증거인 고고학의 증거와 관련해서 우리는 일반적으로 인정된 현대 인간의 충분조건들이 다양한 고고학적 징후의 존재를 통해 인식될 수도 있음을 살펴보았다. 이 증거들은 서로를 강화하며, 이 증거들이 결합되면 고대 호미닌들이 현대 인간의 의식을 지니고 있었다는 좀 더 강한 뒷받침을 제공한다. 우리는 기술, 경제, 사회적 조직화 그리고 상징적인 행위의 영역에서의 고고학적 징후들로부터 가장 중요한 증거 몇 가지를 간략하게 살펴보았다.

기술과 관련해서 모드 4 도구 제작의 특징인 돌칼의 생산은 30만 년도 훨씬 더 전에 네안데르탈인과 **호모 사피엔스**에 의해 실행되었는데, 이는 집행하기 위해서는 상당한 인지 능력이 필요한 기술 진보를 나타낸다. 늦어도 186,000년 전에 네안데르탈인과 **호모 사피엔스** 모두가 만들었던 석촉들은 훨씬 정교했는데, 석촉은 50만 년 전 **호모 하이델베르겐시스**에 의해 제작되고 채택되었을 수도 있다. 복합 도구들의 생산과 하프팅은 사전의 고려뿐만 아니라 디자인도 필요로 했으며, 네안데르탈인과 **호모 사피엔스**의 도구 문화들의 특징을 이루었다. 쇠닝겐의 이례적인 발견들은 40만 년 전에 **호모 하이델베르겐시스**가 이미 복합 도구들을 사용했음을 보여준다. 맷돌의 사용은 식물의 가공과 상징적인 행동의 징후 중 하나인 안료의 가공을 가리키기 때문에 인지 능력의 중요한 징후다. 그것들은 중기 석기 시대 유적지와 무스티에 유적지 모두에서 발견되었는데, 이는 아프리카의 **호모 사피엔스**와 유럽의 네안데르탈인 모두 그것들을 사용했음을 가리킨다.

경제 및 사회 조직화에 관해서는, 우리가 대형 동물 사냥은 인간의 의식과 심지어 언어 능력까지 암시하는 협력 행동과 관련된다는 점을 살펴보았다. 그런 행동은 많은 심리학자가 인간에게 독특하거나 심지어 결정적인 인지 기술로 여기는 집단적 의도성의 증거가 된다.[70] 중기 석기 시대의 **호모 사피엔스**와 네안데르탈인 모두 그런 사냥 활동에 관여

---

70 예컨대 다음 문헌들을 보라. Michael Tomasello, *A Natural History of Human Thinking* (Cambridge, MA: Harvard University Press, 2014), 1장; Tomasello, *Becoming Huma*n, 1장. Tomasello는 침팬지들에 의한 집단 사냥은 집단적인 의도성은 고사하고 공동의 의도성과도 관련되지 않는다고 강조한다(모든 침팬지가 자기를 위해 행동한다). 그는 침팬지들의 원숭이 집단 사냥은 사자들과 이리들 같은 다른 사회적 동물들의 집단 사냥과 인지적으로 그다지 다르지 않다고 생각한다. 그러나 초기 인간들—아마도 **호모 하이델베르겐시스**—은 대형 유인원의 유사한 집단 활동들을 진정한 공동의 협력 활동으로 전환한 집합적 의도성의 기술과 동기부여를 발달시켰다(Tomasello, *Becoming Human*, 48).

했다. 이 대목에서도 제작에 이례적인 인지 능력이 필요했을 놀라운 쇠닝겐 창들과 박스그로브 및 클랙튼에서 나온 증거들은 그런 행동이 50만 년 전 **호모 하이델베르겐시스**에 거슬러 올라간다는 것을 보여준다. 176,000년 전의 것으로 추정되는 브루니켈 동굴의 네안데르탈인 건축물도 똑같이 놀랍다. 놀라운 복잡성과 깊이를 지닌 연쇄 작업과 관련된 이런 건축물은 전에는 발견되지 않았다. 이 건축물들은 네안데르탈인 건축자들의 집단적 의도성을 대형 동물 사냥에 나타난 의도성보다 좀 더 명확하게 보여준다. 놀랍게도 테라 아마타의 사냥꾼의 움막은 그것들을 만든 이들의 계획 수립과 디자인을 명확하게 증명한다. 35만 년 전에 **호모 하이델베르겐시스**가 그것들을 만들었을 가능성이 있다.

　　마지막으로, 상징적인 행동의 증거와 관련해서 이제 인도네시아 동굴 예술의 발견으로 **호모 사피엔스** 사이에서의 사상 미술과 구상 미술이 출현한 시기는 4만 년 이전으로 거슬러 올라갔고, 이베리아반도 동굴 예술의 발견으로 네안데르탈인 사이에서의 미술은 66,000년 이전으로 거슬러 올라갔다. 지구 반대편에 있는 스페인과 인도네시아에서 유사한 동굴 미술이 거의 비슷한 시기에 동시에 존재했다는 점은 상징적인 행동, 따라서 인간성의 기원이 훨씬 오래된 것임을 암시한다. 미술이나 몸의 단장에 사용되었을 수 있는 안료 사용이 30만 년 이상 전의 아프리카와 6만 년 이상 전의 유럽의 네안데르탈인에게서 확인되었다. 영적 의미가 부여되었든 그렇지 않았든 간에 죽은 자들의 매장은 동료의 유해를 돌본 것을 나타내는데 이는 그들의 가치에 대한 존중을 보여준다. 12만 년 전의 것으로 추정되는 카프제 유적지에서는 **호모 사피엔스** 가운데서 죽은 자들을 매장한 가장 이른 시기의 증거가 죽은 자들과 함께 매장된 많은 품목과 함께 발견되었고, 16만 년 전의 것으로 추정되는 타분 유적지에서는 네안데르탈인의 매장에 관한 가장 이른 시기의 증거가 발견되었다. 탐지하기 어렵기는 하지만 전형적인 상징적 행동인 언어의 사용은 크고 복잡한 뇌, 인간의 말에 적합한 청각 구조, 그것을 통해 제기된 위험에도 불구하고 발화에 적합한 SVT, 확대된 동맥 공, 넓은 설하 도관, 커진 흉부 척추 도관 같은 해부학적 단서들과, 네안데르탈인과 데니소바인 그리고 **호모 사피엔스** 사이의 혼혈과 아마도 그들이 그들의 공통조상인 **호모 하이델베르겐시스**로부터 물려받았을, 말에 매우 중요한 *FOXP2* 유전자를 공유한다는 유전적인 단서들을 통해 **호모 사피엔스**와 네안데르탈인 모두에게서 뒷받침된다.

따라서 우리는 현대의 인식 능력을 보이는 인간의 행동이 최근에 또는 매우 이른 시기에 **호모 사피엔스** 사이에서만 시작된 것이 아니라, 네안데르탈인 및 데니소바인과 우리의 최후의 공통조상에게 이미 있었다는 매우 강력한 증거를 가지고 있다.

12장
역사적 아담 찾아내기

우리가 탐구해 온 인간의 기원에 대한 증거는 거듭해서 인간성의 원천으로서 **호모 사피엔스**와 **호모 네안데르탈렌시스**의 조상인 "매우 신비한 **호모 하이델베르겐시스**"를 가리킨다.[1] 우리는 그에 관해서 무엇을 아는가?

호모 하이델베르겐시스로서의 아담

1907년 독일의 하이델베르크 인근 마우어의 그라펜라인 모래와 자갈 채석장에서 호미닌의 아래턱이 발견되었다. 약 60만 년 전의 것으로 추정되는 그 턱은 초기 호미닌의 미지의 종에 속하는 것으로 보였다. 이듬해 오토 슈텐사크가 이 종에 **호모 하이델베르겐시스**라는 이름을 붙였다. 1921년 로데시아의 브로큰힐의 금속광 광산에서 마우어에서 발견

---

1 Michael Tomasello, *A Natural History of Human Thinking* (Cambridge, MA: Harvard University Press, 2014), 36.

된 턱뼈에 어울리는 거의 완전한 두개골이 정강이뼈 하나와 더불어 발견되었다. 처음에는 새로운 종인 **호모 로덴시엔시스**로 분류된 새로운 발견물은 궁극적으로 **호모 하이델베르겐시스**의 예로 여겨지게 되었다. 그것의 두개는 현대 인간의 두개에 비해 길고 낮았지만 **호모 에렉투스**의 두개에 비해 높고 좀 더 넓었고, 용량은 800-1300세제곱센티미터로서 현대 인간의 두개 용량 범위와 중복되었다. 브로큰힐에서 발견된 사람은 신장 180센티미터에 체중은 약 72킬로그램이었다. 브로큰힐에서의 발견 이후 영국의 박스그로브, 프랑스의 아라고, 독일의 빌징스레벤, 그리스의 페트라로나, 에티오피아의 보도, 케냐의 카프투린 그리고 남아프리카공화국의 엘렌즈폰타인에서 발견된 유해들을 포함한 많은 발견물이 **호모 하이델베르겐시스**에 속하는 것으로 식별되었다.[2]

40만-30만 년 전의 것으로 추정되는 쇠닝겐 창들 및 50만 년 전의 것으로 추정되는 카투 판 1에서 발견된 창촉들은 아마도 **호모 하이델베르겐시스**에 의해 제작되어 사용되었을 것이다. 그것들의 오래된 연대와 복잡성은 이 방향을 지시하며 빌징스레벤에서 입증된 대형 동물 사냥의 협력 활동도 그 방향을 가리킨다. 약 50만 년 전 박스그로브에서 코뿔소 같은 큰 동물들을 체계적으로 도살한 증거는 쇠닝겐과 빌징스레벤에서의 사냥 활동과 닮았다. 더욱이 말의 어깨뼈에 난 명백한 창촉 구멍은 사냥의 직접적인 증거다.

이안 태터솔은 네안데르탈인과 **호모 사피엔스**로 이어진 유럽과 아프리카 계통의 조상일 수도 있는 **호모 하이델베르겐시스**를 "참으로 전

---

2   **호모 하이델베르겐시스**를 대표할 수도 있는 화석 목록은 Chris Stringer, "The Status of *Homo heidelbergensis* (Schoetensack 1908)," *EA* 21, no. 3 (May 2012): 103, 표 2를 보라; 이 집단의 특징적인 특질 목록은 102, 표 1을 보라.

세계적인 호미니드 종으로 부른다.[3] **호모 하이델베르겐시스**의 기원은 태고에 감춰져 있다. 그는 좀 더 이른 시기에 아시아나 유럽 또는 아프리카에서 생겨나서 다른 지역으로 이동했을 수도 있다.[4]

네안데르탈인의 게놈 분석을 통해 네안데르탈인과 **호모 사피엔스**의 마지막 공통조상의 연대의 범위가 좀 더 과거로 밀려났다. 스반테 페보는 처음에는 그 범위를 69만-55만 년 전으로 추정했지만 1999년에 그 범위를 741,000-317,000년 전으로 넓혔다. 이 아래쪽 경계는 너무 최근이다. 알타이 네안데르탈인의 완전한 게놈 분석을 토대로 할 때 **호모 사피엔스**와 네안데르탈인의 분기 시기에 대한 최상의 추정 연대는 이제 765,000-555,000년 전이다(그림 12.1을 보라).[5]

호모 사피엔스와 네안데르탈인의 마지막 공통조상이 매우 오래전에 존재했다는 사실에 비추어 볼 때 그들을 **호모 하이델베르겐시스**로 적시하기에는 무리가 있다. 그런 고대의 분기는 **호모 사피엔스**와 네안데르탈인 모두의 조상 집단에 속하는 아라고 화석이나 페트라로나 화석 같은 좀 더 젊은 표본들이 **호모 하이델베르겐시스**로 분류되어야 한다는 주장과 조화되기 어렵다.[6] 그러나 설사 이 화석들이 초기 **호모 사피엔**

---

3   Ian Tattersall, *The Fossil Trail: How We Know What We Think We Know about Human Evolution*, 2nd ed. (Oxford: Oxford University Press, 2009), 281.

4   Stringer는 독일(마우어), 중국(윈셴), 그리고 에티오피아(보도)에서 발견된 가장 초기의 예들에 비슷한 연대(~60만 년 전)가 부여되는 점으로 미루어 **호모 하이델베르겐시스**가 아시아에서 유래했을 가능성을 배제할 수 없다고 말한다("Status of *Homo heidelbergensis*," .105).

5   K. Prufer et al., "The Complete Genome Sequence of a Neanderthal from the Altai Mountains," *Nature* 505, no. 7481 (January 2014): 44, https://doi.org/10.1038/nature 12886.

6   M. Meyer et al., "Nuclear DNA Sequences from the Middle Pleistocene Sima de Los Huesos Hominins," *Nature* 531, no. 7595 (March 2016): 506, https://doi.org/10.1038/nature17405.

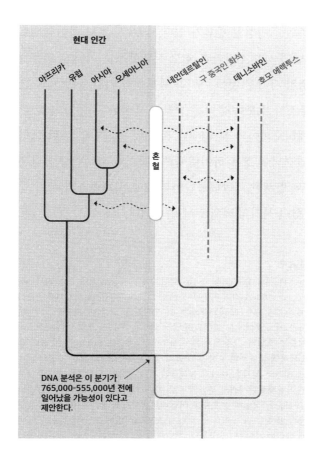

그림 12.1. 네안데르탈인과 **호모 사피엔스**의 분기 시기. 데니소바인이 네안데르탈인으로부터 분기한 시기는 473,000-381,000년 전으로 추정된다.

현대 인간

아프리카 유럽 아시아 오세아니아

네안데르탈인 구 중국인 화석 데니소바인 호모 에렉투스

혼혈

DNA 분석은 이 분기가 765,000-555,000년 전에 일어났을 가능성이 있다고 제안한다.

스나 초기 **호모 네안데르탈렌시스**로 재배정될 필요가 있다고 할지라도[7] 우리는 별도의 계통에 속하는 유기체들이 수십만 년(실로 수백만 년) 동안 그들의 마지막 공통조상과(또는 서로) 형태상으로 다르지 않을 수도 있다

---

7   예컨대 스페인의 시마 데 로스 우에소스에서 발견된 화석들은 한때는 **호모 하이델베르겐시스**로 분류되었는데, 그들의 세포핵 DNA와 미토콘드리아 DNA 분석을 통해 데니소바인 계통과 분리된 후의 네안데르탈인 계통에 속하는 것으로 확립되었다. 다음 문헌들을 보라. J. L. Arsuaga et al., "Neandertal Roots: Cranial and Chronological Evidence from Sima de Los Huesos," Science 344, no. 6190 (June 20, 2014): 1358-63, https://doi.org/10.1126/science.1253958; Meyer et al., "Nuclear DNA Sequences," 504-6.

는 르윈과 폴리의 주의를 명심할 필요가 있다.[8] 더욱이 **호모 하이델베르겐시스**는 네안데르탈인/데니소바인과 **호모 사피엔스**로 이어진 계통들로 분기된 이후 단순히 사라진 것이 아니라 불확실한 기간 동안 계속 존속했다. **호모 에렉투스**가 호모속의 다른 종들이 출현한 후 어느 정도 존속했듯이 말이다. 에티오피아의 보도(60만 년 전)와 스페인의 그란 돌리나(78만 년 전)에서 발견되어 **호모 하이델베르겐시스**로 파악된 표본들은 유럽과 아프리카에서 발생한 네안데르탈인과 **호모 사피엔스**의 줄기 종(stem species)이 존재했던 시기의 범위 안에 존재했다.[9]

---

8   본서의366-68을 보라.

9   G. Philip Rightmire, "Human Evolution in the Middle Pleistocene: The Role of *Homo heidelbergensis*," *EA* 6, no. 6 (December 7, 1998): 218-27, https://doi.org/10.1002/(sici)1520-6505(1998)6:6⟨218::aid-evan4⟩3.0.co;2-6. 스페인의 고인류학자들은 그란 돌리나 화석들에게 다른 어느 곳에서도 입증되지 않은 새로운 분류인 **호모 안테세소르**라는 명칭을 부여하기를 선호했다. 그것의 이름이 무엇이든 간에 Rightmire는 이 종이 네안데르탈인과 **호모 사피엔스** 모두의 조상이 된 줄기 종에 대한 좋은 후보라고 생각한다. 사실 Rightmire는 스페인의 화석을 유럽의 유해들과 아프리카의 유해들을 포함하도록 넓게 정의된 **호모 하이델베르겐시스**로 분류할 좋은 이유가 있다고 생각한다. "아프리카와 유럽에서 나온 화석들이 적절하게 **호모 하이델베르겐시스**로 불리는 하나의 분류군으로 분류될 가능성이 있다. 그란 돌리나 화석 역시 **호모 하이델베르겐시스**라면 이들이 확실히 이른 시기에 유럽에 도달한 것이다. 이 지역에서 빙하 상태에 의해 고립된 집단들이 아마도 궁극적으로 네안데르탈인의 조상이 되었을 것이다. 아프리카를 포함한 이 종이 퍼진 다른 부분들에서는 이후의 말기 플라이스토세 집단들이 **호모 사피엔스**의 방향으로 진화했다는 징후들이 있다. 따라서 **호모 하이델베르겐시스**는 거기서 네안데르탈인과 현대의 인간이 파생된 줄기다"(226).

    Humphrey와 Stringer는 그란 돌리나 화석들, 따라서 네안데르탈인과 **호모 사피엔스**의 줄기 종을 새로운 종인 **호모 안테세소르**로 식별하는 데 좀 더 공감하는 것으로 보인다(Louise Humphrey and Chris Stringer, *Our Human Story* [London: Natural History Museum, 2018], 109, 113). 놀랍게도 그란 돌리나 화석들은 **호모 하이델베르겐시스**의 전형적인 표본들보다 현대 인간을 닮은 얼굴 형태를 지니고 있다.

    이제 고단백질학(질량 분석을 이용한 고대 단백질 분석)이라는 새로운 분야가 고대 호미닌들 사이의 관계를 명확히 밝혀줄 것으로 기대된다. 그란 돌리나에서 나온 치아의 고대 단백질 서열을 분석해서 세 개의 네안데르탈인, 하나의 데니소바인, 그리고 한 무리의 현재 인간들의 단백질 서열과 비교해보니 **호모 안테세소르**와 **호모 사피엔스**, 네안데르탈인, 데니소바인을 포함한 분기군(clade) 사이의 아미노산 서열의 차이가 이 분기 우리가 살펴본 바와 같이 **호모 하이델베르겐시스**는 현대 인간의 행동의 많은 고고학적 징후들과 관련이 있다. 니콜라스 토스와 캐시 쉬크는 나란한 호미닌의 두뇌 발달과 기술 발달을 도표로 정리한다. 두뇌 발달의 가장 진전된 단계(단계 3, 75만-25만 년 전)에 관해 그들은 다음과 같이 쓴다.

이 기간에 큰 뇌를 가진 **호모 하이델베르겐시스**(때때로 "구 **호모 사피엔스**"로 불린다)가 출현했다. 그리고 정교하게 만들어진 아슐 손도끼와 쪼개는 도구도 발달했고 점차 중기 석기 시대/중기 고석기 시대의 박편 석기로 이동했으며 일부는 준비된 코어 기술이 나타났다. 이때부터 목창들과 최초의 제의적 행동일 수 있는 증거도 등장한다.…

　　이 기간 동안 고고학적 기록에서 많은 기술 진보가 관찰된다. 여기에는 훨씬 세련된 형태의 인공물, 좀 더 형식적인 도구 형태들, 새롭고 좀 더

군 자체의 구성원들 사이의 차이보다 컸다. Welker 등은 **호모 안테세소르**가 **호모 사피엔스**, 네안데르탈인, 데니소바인의 마지막 공통조상이 아니라 그들의 마지막 공통조상과 근연 관계에 있는 자매 분류군이라고 추론한다(F. Welker et al., "The Dental Proteome of Homo antecessor," Nature 580, no. 7802 [April 1, 2020], https://doi.org/10.1038/s41586-020-2153-8). 그들은 **호모 안테세소르**의 그러한 계통 발생 위치는 **호모 사피엔스**와 네안데르탈인/데니소바인의 인정된 분기 시기인 765,000-550,000년 전과 일치한다고 지적한다. 그들은 또한 **호모 안테세소르**의 계통 발생 위치는 현대인 같은 얼굴이 **호모** 속에서 상당히 먼 조상에게 근원을 두고 있음이 분명함을 암시한다고 논평한다. Welker 등은 마지막 공통조상의 신원을 다루지 않지만 일반적으로 생각되는 것처럼 그것이 **호모 하이델베르겐시스**라면 **호모 하이델베르겐시스**가 이 모든 종의 마지막 공통조상으로 간주될 수 있을 것이다. 개인적인 서신 교환과 공개적인 인터뷰에서 Welker 등은 **호모 안테세소르**가 "**호모 사피엔스**, 네안데르탈인, 그리고 데니소바인을 포함하는 그룹의 자매 그룹이었고" 따라서 그들은 모두 공통조상을 공유함을 암시한다고 진술한다(University of Copenhagen, Faculty of Health and Medical Sciences, "Oldest Ever Human Genetic Evidence Clarifies Dispute over Our Ancestors," *Science Daily*, April 1, 2020, https://www.sciencedaily.com/releases/2020/04/200401111657.htm; Welker to William Lane Craig, April 3, 2020; Jose-Maria Bermudez de Castro to Craig, April 3, 2020).

정교한 도구 제작, 몇몇 유적지에서 입증되는 새로운 범주의 도구들, 사냥 방법 개선에 대한 간접 증거, 그리고 황토 안료들의 사용을 포함하는 상징적인 행동일 수 있는 증거가 포함된다.

- 정교한 손도끼와 쪼개기 도구…예컨대 혹슨과 박스그로브처럼 잘 보존된 몇몇 유적지에서 나온 후대의 아슐 손도끼에 대한 미세 마모 분석은 동물 도살과 일치하는 마모 패턴을 나타낸다.
- 약 50만 년 전부터 많은 장소에서 뿔, 뼈 또는 상아나 좀 더 부드러운 돌로 만든 부드러운 망치를 사용해서 정교하게 쪼갠 석재 인공물들을 만들었다.…예컨대 박스그로브에서 나온 뿔과 뼈 타진기(percussors)…
- 코어들과 주먹 도끼들의 날에 대한 플랫폼 준비…그런 놀라운 플랫폼 준비는…약 50만 년 전에 시작한다.
- …후기 아슐 시대에 양식상의 규범들이 보다 편만해지고 좀 더 명확하게 정의된다.…
- 이 기간의 후기에…준비된 코어가 나타난다.…
- 독일의 쇠닝겐처럼 잘 보존된 유적지에서 목창들이 나타나며(약 40만 년 전) 영국의 클랙튼에서 부러진 창끝이 나왔다(약 30만 년 전). 세심하게 깎이고 모양이 다듬어진 목창들은 그것들이 손으로 찌르는 무기로서든 던지는 발사체로서든 사냥 도구의 일부였음을 암시한다.
- 영국의 박스그로브의 아슐 문화 유적지 같은 몇몇 장소에서 대형 동물을 사냥했을 수도 있음이 암시되었다(약 50만 년 전). 코뿔소들과 말들의 골격의 유해에 석제 도구로 도살한 흔적이 남아 있다.
- 이 기간의 유적지(예컨대 클랙튼, 혹슨)에서 나온 박편 긁개의 미세

마모 분석은 가죽을 긁는 데 이런 많은 도구가 사용되었음을 나타내는데, 이는 가공된 가죽들이 담요, 간단한 의복, 꿰매기나 물건을 묶기 위한 끈 또는 그릇 같은 항목들에 사용되었음을 암시한다.

- 잠비아의 트윈 리버스 같은 장소에서 나온 지면의 안료 조각들은 약 30만 년 전의 것이라고 믿어진다.…
- 약 30명의 유해가 동굴의…13미터 아래 구멍에 던져진 것으로 보이는 아타푸에르카 지방의 시마 데 로스 우에소스 동굴(약 40만 년 전)에서 제의나 장례의 행동일 수 있는 것이 발견된다.
- 약 28만-40만 년 전의 것으로 추정되는, 독일 동부 빌징스레벤의 유적지에서 코끼리 정강이뼈 조각에서 같은 간격으로 분포된 기하학적인, 부채 모양의 자른 자국을 볼 수 있다. 이것은 흔하지 않고 이례적이며 그런 디자인은 훗날 지금으로부터 10만 년 전에야 다시 나타난다.[10]

이런 징후 중 많은 것들이 이미 **호모 하이델베르겐시스**에게 돌려질 수 있다. 1,260세제곱센티미터의 두 개 용량을 갖춘 그들은 인지상으로 현대적인 행동을 하기에 적합했다. 우리는 또한 네안데르탈인과 **호모 사피엔스**에게서 그들의 공통조상에게서 나온, 뉴런의 증식을 촉진하는 파생된 돌연변이의 증거도 보았다. 언어가 두 번 진화되었을 가능성이 매우 작으므로 네안데르탈인과 **호모 사피엔스** 모두에게 존재했을 개연성이

---

10   Nicholas Toth and Kathy Schick, "Hominin Brain Reorganization, Technological Change, and Cognitive Complexity," in *The Human Brain Evolving: Paleoneurological Studies in Honor of Ralph L. Holloway*, ed. Douglas Broadfield et al., SAIPS 4 (Gosport, IN: Stone Age Institute Press, 2010), 300-301(인용 표시와 강조 표시가 제거되었음).

큰 언어 역시 **호모 하이델베르겐시스**에게서 유래했을 가능성이 크다.

리처드 포티는 다음과 같이 멋지게 요약한다. "뇌가 커지는 경향이 계속 이어졌고 사회적 습관, 도구 제작, 그리고 사냥과 부족들을 모으는 데 사용되는 모든 장비가 당신이 당신 앞에 서 있는 생물에게 '이 사람을 보라'고 말할 수 있을 때까지 하나씩 덧붙여졌다."[11]

그렇다면 아담은 아마도 75만 년 이전에 살았던 **호모 하이델베르겐시스**의 일원으로 적시되는 것이 타당할지도 모른다. 그는 심지어 성경의 에덴동산이 있던 장소인 근동에서 살았을 수도 있다. 물론 일반적으로 생각되는 것보다 훨씬 이른 시기에 살았겠지만 말이다. 그의 후손들이 남쪽으로는 아프리카로 이동해서 **호모 사피엔스**를 발생시켰고 서쪽으로는 유럽으로 이동해서 네안데르탈인/데니소바인으로 진화했다. **호모 사피엔스**가 13만 년 이전에 아프리카 밖으로 이동하기 시작했을 때 그의 후손들의 별개의 계통들이 혼혈하기 시작했다.

고인류학자들은 현대의 인간들이 복수의 종의 점진적인 발달을 통해 출현했는지, 하나의 종 안에서 갑작스러운 돌연변이 사건이 발생해서 출현했는지를 두고 논쟁한다. 프란체스코 데리코와 크리스 스트링거는 다음과 같이 설명한다. "어떤 저자들은 뇌의 기능에 일어난 유전자 돌연변이가 가장 그럴법한 중요한 동인이라고 생각하며, 현대적인 특질을 갑자기 유포시킨 그런 돌연변이가 해부학적으로 현대 인간인 아프리카인들에게서 약 5만 년 전에 일어난 것이 틀림없다고 주장했다. 다른 학자들은 이 신경상의 전환을 6만-8만 년 전 사이에 위치시키며 이 사건을 남부 아프리카에서 이 시기에 기록된 문화적 혁신과 관련시킨다."[12]

---

11   Richard Fortey, *Life: An Unauthorized Biography* (London: Folio Society, 2008), 349.

12   Francesco d'Errico and Chris.B. Stringer, "Evolution, Revolution or Saltation Scenario for the Emergence of Modern Cultures?," *PTRSB* 366, no. 1567 (April 12, 2011):

태터솔은 그런 견해를 옹호하는 것으로 보인다. 그에 따르면 "확실히 포괄적인 의미에서 **호모 사피엔스**는 아마도 DNA 관점에서는 비교적 단순한 변화의 결과로 몸 전체 시스템의 발달상의 중요한 재구조화에서 유래했다."[13] 그는 발생(개체 발생) 과정이 진화적 변화에 가하는 제약과 이 과정에서의 변화가 어떻게 진화적 변화를 촉진하는지를 연구하는 소위 이보디보(evolutionary developmental biology; evo-devo, 진화 발생 생물학)의 출현을 통해 이루어진 주요 진전 덕분에 19세기의 격변론자처럼 들리지 않으면서 그런 주장이 옹호될 수 있다고 생각한다. 유전자 구조에서의 비교적 간단한 변화들을 통해 통합된 구조적 복합체들이 급진적으로 바뀔 수 있음이 입증되었다. 태터솔은 과거의 점진주의와 대조적으로 이제 우리는 유전자들의 구조에 일어나는 비교적 작은 변화들이 한 개체의 성장과 형태 전반에 걸쳐 여러 단계의 영향을 미칠 수 있음을 안다고 설명한다. "구조적인 유전자 차원에서는 경미한 그런 변화가 우리가 오늘날 알고 있는 해부학적 실체로서의 **호모 사피엔스**의 기원과 관련이 있을 수도 있다."[14] 태터솔에게 있어서 그런 시나리오는 이 신체적 혁신에 이어서 곧바로 인지적 혁신이 일어났음을 암시하지 않는다. 행동상의 변화는 고고학 기록에서 **호모 사피엔스**가 해부학적 실체로서 확립되고 나서 매우 오래 뒤에 탐지된다.

이 견해와 대조적으로, 데리코와 스트링거 등 소위 "문화" 모형이라 불릴 수 있는 견해의 옹호자들은 "현대적인 인간의 행동의 인지상의 전

1060-61, https://doi.org/10.1098/rstb.2010.0340.

13 Tattersall, *Fossil Trail*, 243. 포괄적인 의미는 침팬지에 이른 계통과 갈라진 뒤 **호모 사피엔스**에 이른 계통에 있는 모든 생물로 구성된다는 것을 상기하라. 네안데르탈인은 **호모 사피엔스**에 이르는 계통에 있지 않기 때문에 포함되지 않을 것이다.

14 Tattersall, *Fossil Trail*, 244.

제 조건들이 네안데르탈인들과 현대 인간의 조상들 사이에 이미 대체로 존재하고 있었다"고 주장하며 "사회적 요인과 인구학적 요인을 인용해서…아프리카의 '현대인' 집단과 유럽의 '구인' 집단 사이에서 현대의 문화적 특질들이 비동시적으로 출현했다가 사라지고 다시 출현하는 것을 설명한다"고 진술한다. 이 시나리오에 따르면 "'현대성'과 그것의 당연한 결과로서 '누적적 문화'는 대체로 그리고 그들의 계통상의 분류와 무관하게 인지상으로 현대적이었던 도약적인 문화적 진화의 최종 산물이다."[15]

이 두 견해는 상호 배타적이지 않다. 우리는 **호모 하이델베르겐시스**에 속하는 한 구성원 또는 여러 구성원에게, 아마도 신적으로 야기된, 규제상의 돌연변이가 일어나 뇌의 기능에 변화를 일으켜 유의미하게 더 큰 인지 능력이 출현했다고 상상할 수 있다. 이처럼 커진 인지 능력이 행동으로 나타나는 것 중 일부는 즉각적이었을 것이고 다른 것들은 틈새 구축과 유전자-문화 공진화를 통해 이 사람의 후손들 사이에서 서서히 출현했을 것이다. 따라서 우리는 문화 모형과 궤를 같이해서 네안데르탈인과 **호모 사피엔스** 모두 이미 **호모 하이델베르겐시스**에게 존재했던 현대적인 행동을 할 수 있는 인지 능력의 상속자들이라는 것과, 첫 번째 모형과 궤를 같이해서 이렇게 커진 인지 능력 자체는 **호모 하이델베르겐시스**에 속하는 몇몇 조상 개체(또는 개체들)에게 일어난 결정적인 돌연변이의 결과라는 것을 상상할 수 있다.

마이클 토마셀로는 **호모 하이델베르겐시스**의 협동이 집단적 의도성을 나타내는 정도를 과소평가하지만, 그에 따르면 이 종이 "혼자서는 성공적이지 않았을 것이 거의 확실한, 무기를 사용한 큰 동물의 집단 사

---

15   D'Errico and Stringer, "Evolution, Revolution or Saltation," 1061.

냥에 체계적으로 관여하고 때때로 사냥감을 집으로 가져온 최초의 호미닌이다. 이 시기에는 또한 뇌의 크기와 인구의 크기가 급속히 커지고 있었다. 우리는 이 협력적인 수렵 채집인들이 일종의 잠재적인 협력자 풀(pool)로 구성된 다소 느슨한 집단으로 살았다는 가설을 세울 수 있을 것이다."[16] 그는 **호모 하이델베르겐시스** 사이의 그런 협력이 의무가 되었으리라고 생각한다. 그들은 훨씬 더 절실하게 서로 의존하게 되어서 사회적으로 협력적인 개체들을 선택하게 되었을 것이다."[17] 바로 이런 종류의 협동이 현대 인간의 인지의 특징을 이루고 유전자-문화 공진화의 토대를 형성한다.[18] 따라서 혼합된 시나리오가 가능하며, 더욱이 그 시나리오는 우리가 검토한 증거와 일치한다.

시조 부부에 대한 도전들

아담과 하와를 **호모 하이델베르겐시스** 종에 속하는 인류의 시조 부부로 지목한 우리의 제안에 대해 어떤 과학적 이의들이 제기될 수 있는가? 유

---

16   Tomasello, *Natural History*, 36-37.

17   Michael Tomasello, *Becoming Human: A Theory of Ontogeny* (Cambridge, MA: Belknap Press of Harvard University Press, 2019), 15. 나는 집단적인 의도성의 출현을 Tomasello가 제안하듯이 네안데르탈인과 **호모 사피엔스**가 갈라질 때까지 미루는 이유를 알 수 없다.

18   Kevin N. Laland, *Darwin's Unfinished Symphony: How Culture Made the Human Mind* (Princeton: Princeton University Press, 2017), 10, 174, 204을 보라. Laland는 그곳에서 아슐의 기술 및 체계적인 사냥과 불의 사용 증거는 "우리 역사에서 늦어도 이 시기까지는 우리 조상들이 누적적인 문화적 지식의 유익을 누렸다는 데 의문의 여지를 남기지 않는다"고 단언한다. 누적적인 문화의 핵심은 "이례적으로 정확한 모방, 가르침, 그리고 언어 능력을 포함한 충분히 충실한 정보 전달 메커니즘이다." Laland는 아슐 기술의 전달은 몸짓이나 구두의 원형 언어에 의존했을 것으로 추측한다.

전자 연구는 우리의 제안에 대해 시기상의 도전과 지리적 도전을 제기할 수 있을 것이다.

시기상의 도전

시기상의 도전은 집단 유전학 분야에서 나온다. 몇몇 집단 유전학 연구자들은 인간의 인구가 그들의 역사적 위치와 무관하게 겨우 두 명으로 줄어든 것이 불가능하다고 주장해왔다. 따라서 다른 모든 인간의 보편적인 공통조상이라는 전통적인 의미에서의 아담과 하와는 결코 존재할 수 없었다.

이 논의가 매우 전문적으로 전개될 수도 있지만, 이 도전 배후의 기본적인 아이디어는 아주 간단하다. 즉 현대 인간 집단의 특정한 유전적 특질들로 미루어 볼 때 인류는 원래의 한 쌍의 부부에게서 나왔을 수 없다는 것이다. 아쉽게도 인기 있는 문헌들에서 종종 이 특질들이 무엇인지가 잘 정의되지 않아서 다양한 논쟁의 혼동과 혼합으로 이어진다.

시조 부부에 반하는 논거

컴퓨터 생물학자인 조슈아 스와미다스는 최초의 인간 부부와 양립할 수 없다고 주장되는 여섯 가지 유전적 특질을 제시한다.[19]

1. 복수의 대립유전자
2. 유효 집단 크기 추정
3. 종간 변이
4. 대립유전자 변이 분포

---

19   S. Joshua Swamidass to William Lane Craig, June 19, 2018.

5. 대립유전자 변이의 분기

6. 유전자 이입 데이터

이 특질들에 기초한 논거들은 저마다 가치가 다르다. 각각의 논거에 대해 간략히 살펴보자.

데니스 베네마는 이 특질 중 몇 가지에 의존해서 인간이 한 쌍의 부부에게서 유래했다는 주장을 반박한다.[20] 그가 "어느 집단에 존재하는 변이들(대립유전자들)의 수와 그 집단의 크기 사이에는 상관관계가 있어서 과학자들은 어느 한쪽을 사용해서 다른 쪽을 추정할 수 있다"고 말하는 점으로 미루어 그는 **복수의 대립유전자**에 의존하는 것으로 보인다.[21] 그는 어느 종의 각각의 구성원들은 그것의 게놈에서 주어진 DNA 서열에 대해 두 개의 뚜렷한 대립유전자를 가질 수 있으므로, 집단의 크기가 큰 종은 많은 대립유전자를 뒷받침할 수 있다고 지적한다.[22] 따라서 "소

---

20 Dennis R. Venema and Scot McKnight, *Adam and the Genome: Reading Scripture after Genetic Science* (Grand Rapids: Brazos, 2017), 3장: "Adams Last Stand?"; *BioLogos* 편집팀, "Adam, Eve, and Human Population Genetics," *BioLogos* (blog), November 12, 2014, https://biologos.org/articles/series/genetics-and-the-historical-adam – responses-to-popular-arguments/adam-eve-and-human-population-genetics (part 7: "Coalescence, Incomplete Lineage Sorting, and Great Ape Ancestral Population Sizes"); Dennis R. Venema, "Genesis and the Genome: Genomics Evidence for Human-Ape Common Ancestry and Ancestral Hominid Population Sizes," *PSCF* 62, no. 3 (2010): 166-78.

21 Venema and McKnight, *Adam and the Genome*, 46. 대립유전자는 DNA의 일정한 범위(좌위[座位])에서의 이형(異形), 즉 그 DNA의 뉴클레오타이드 염기쌍의 다른 서열이다. 한 집단은 대개 다른 개체들 각각의 좌위에서 다른 대립유전자들을 보인다.

22 인간과 같은 다세포 생물들은 대개 이배성(즉 각각의 세포에 DNA로 이루어진 두 세트의 유사한 염색체들을 지닌다)이므로 그런 생물은 그 쌍의 각각의 좌위에서 두 개의 다른 대립유전자를 가질 수 있다. 따라서 그런 생물의 유전자는 두 개의 대립유전자나 이형들을 가질 수 있다. 우리는 이 대목에서 인간에게서 남성이나 여성을 결정하는 X 염색체와 Y 염색체를 말하고 있는 것이 아니라, 우리 각자가 스물두 쌍씩 지니고 있는 상염색체들에 대해 말하고 있다.

수의 유전자들을 선택해서 그 유전자의 대립유전자들이 현재의 인간들에게서 얼마나 많은지를 측정하는 것"이 우리의 인구가 과거에 얼마나 컸었는지를 측정하는 한 가지 방법이다.[23] 우리는 이 방법을 사용해서 인간의 인구가 10,000명 아래로 떨어진 적이 없음을 발견한다. 사실 베네마는 "단지 두 명의 개인이라는 출발점에서 현재 우리가 보고 있는 대립유전자들의 수를 만들어내려면 우리가 어떤 동물에게서 관찰되는 것보다 훨씬 빠른 돌연변이율을 가정해야 할 것"이라고 말한다.[24] 간단히 말해서 최초의 인간 부부에게서 생겨났다고 하기에는 현재의 인간 집단에 대립유전자들이 너무 많다.

베네마는 또한 두 번째 특질인 **유효 집단 크기**에 의존해서 소위 연관 불평형(linkage disequilibrium)을 사용하여 고대의 인구 크기를 추정한다.[25] 그의 설명에 따르면 두 개의 유전자들이 같은 염색체에서 서로 가까이 위치하면 그것들은 함께 유전되는 경향이 있다는 것이 기본적인 아이디어다.[26] 염색체상에서 두 좌위가 가까울수록 그 대립유전자들이 해체될 가능성이 작은 반면, 두 좌위가 멀수록 그것들의 대립유전자들이 재결합할 가능성이 커진다. 관찰 결과 인간의 게놈에 들어있는 대립

---

23 Venema and McKnight, *Adam and the Genome*, 48.

24 Venema and McKnight, *Adam and the Genome*, 48.

25 유효 집단 크기는 총인구가 아니고 그 집단의 자손을 남기는 하위 집합이다.

26 "Genesis and the Genome," 174-75에서 Venema는 단일 뉴클레오타이드 다형성(single nucleotide polymorphisms; SNPs), 즉 DNA 분자의 주어진 좌위에서 뉴클레오타이드 하나의 대체와 관련된 대립유전자 관점에서 그 논쟁의 프레임을 짠다. 멀리 떨어진 SNPs는 세포 감수 분열 도중 쉽게 재결합하는 반면 가깝게 연결된 SNPs들은 그러지 않는다. 인간의 게놈을 조사해보니 많은 SNP 쌍들이 연관 불평형 상태로 존재하고 있음이 드러났다. 즉 그것들은 우리가 무작위 분포에서 예상할 수 있는 수준보다 빈번하게 다른 SNP 대립유전자들과 연결되어 있다. Venema는 특정한 집단에서 SNP 쌍들의 분포 및 비율과 더불어 재결합이 일어나는 비율을 앎으로써 우리가 시간 경과에 다른 집단의 크기를 추정할 수 있으며, 그것을 통해 인간이 적어도 수천 명의 개체의 조상 집단에서 유래했음을 증명할 수 있다고 주장한다.

유전자들은 연관 불평형을 보인다. 즉 [무작위 분포의 경우] 예상될 수 있는 수준보다 훨씬 많이 재결합된다. 재결합이 발생하는 비율을 알면 우리는 (아마도 가용한 시간 동안) 관측된 연관 불평형을 가져오는 데 필요한 조상의 수를 계산할 수 있다. "그 결과는 우리가 약 10,000명의 개체의 조상 집단에서 유래했음을 암시하는데 이는 대립유전자 다양성만을 사용해서 얻은 결과와 동일하다."[27]

베네마는 또한 연관 불평형에 기초하는 것이 아니라 다양한 개체에 적용된 소위 쌍 순차적 마코비안 병합(pair-wise sequentially Markovian coalescent; PSMC) 모형에 기초한 리와 더빈의 자주 인용되는 과거의 인간 집단 크기 추정에 의존한, **유효 집단 크기**의 다른 이형도 제시한다.[28] 리와 더빈은 최근의 인구 병목 현상을 발견했지만 100만 년 전에서 1만 년 전 사이의 인간의 인구는 결코 몇천 명 아래로 줄어든 적이 없다고 판단했다.

베네마는 소위 **불완전한 계통 분류**에 의존해서 **유효 집단 크기**의 세 번째 이형을 제공한다. 그는 조상 집단에 존재하는 대립유전자들이 후손 종들에게 전달되는 과정에서의 손실 때문에 모든 후손 종에게 완전하게 분류되어 내려가지 않을 수도 있다고 설명한다(그림 12.2를 보라). 따라서 예컨대 침팬지가 고릴라보다 인간과 근연 관계에 있다는 사실에도 불구하고 인간의 게놈에는 침팬지의 게놈보다 고릴라의 게놈과 좀 더 가까운 영역들이 있다.

---

27   Venema and McKnight, *Adam and the Genome*, 51.

28   Heng Li and Richard Durbin, "Inference of Human Population History from Individual Whole-Genome Sequences," *Nature* 475, no. 7357 (2011): 493-96. 그들은 그 모형을 중국인 한 명, 한국인 한 명, 유럽인 세 명, 그리고 [서아프리카의] 요루바인 두 명에게 적용했다. PSMC는 순차적 마코비안 병합 모형(SMCM)이 두 염색체에 적용된 특수한 경우로서 집단의 크기 추정에도 사용된다.

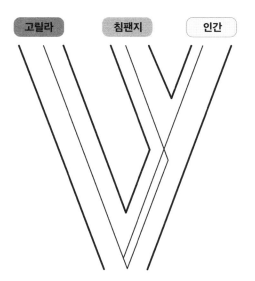

그림 12.2. 불완전한 계통 분류. 넓은 채널들은 고릴라, 침팬지, 그리고 인간의 진화하는 집단들을 나타낸다. 하나의 선들은 이 집단들을 통해 운반되는 특정한 대립유전자들을 나타낸다. 집단들이 충분히 크기 때문에 고릴라와 공유되는 어떤 대립유전자들은 인간 집단 안으로는 전해졌지만 침팬지 집단 안으로는 전해지지 않은 반면에, 다른 대립유전자들은 침팬지 집단 안으로는 전해졌지만 인간 집단 안으로는 전해지지 않았다.

침팬지와 인간이 좀 더 최근의 공통조상으로부터 진화했음에도 어떻게 인간의 DNA가 어떤 측면에서는 침팬지의 DNA보다 고릴라의 DNA와 더 가까울 수 있는가? 불완전한 계통 분류가 이 일이 어떻게 일어날 수 있는지를 설명한다. 그 설명에서는 고릴라와 침팬지 그리고 인간의 조상 집단이 다양한 유전적 특질을 지니기에 충분할 정도로 컸음이 분명하다고 주장한다. 이런 특질 중 일부는 고릴라 계통과 인간의 계통 안으로는 전해졌지만 침팬지 계통은 건너뛰었다. 다른 특질들은 고릴라 계통을 건너뛰고 침팬지 계통과 인간 계통 안으로 전해졌다. 그 결과 인간은 그들의 유전적 특질의 어떤 면에서는 침팬지보다 고릴라를 더 많이 닮았다. 그런 불완전한 계통 분류는 서로 다른 유전적 특질이 분기하는 다양한 계통들에 선택적으로 전해질 수 있도록 마지막 공통조상의 크기가 충분히 클 것을 요구한다. 이 유전 물질의 다양성을 전달하기 위해서는 조상 집단이 1만 명의 개체 범위에 있어야 했다. 베네마는 이 수치는 "(400~600만 년 전에) 침팬지와 분화한 이후 또는 (600~900만 년 전에) 고릴라와 분화한 이후 우리 인간 계통의 유효 집단 크기의 척도다"라고 주장한다.[29] 따라서 우리는 "현재부터 고릴라와 분기된 시점까지" 즉 대략 과거 900만 년 동안 "인간에 이른 계통의 유효 집단 크기를 추론할 수 있다."[30] 이와 동일한 근거에서 베네마는 훗날 그 기간을 확대했다. "과거 1,800만 년 동안 우리의 유효 집단 크기가 가장 작았던 시기는 우리가 이미 인간이 된 시기로서 우리의 조상 중 일부가 아프리카를 떠났을 때였던 것으로 보인다."[31]

저명한 진화생물학자인 프란시스코 아얄라는 세 번째 특질인 **종간 변이**를 토대로 지난 3천만 년 동안 우리의 계통의 평균 인구 크기는 10만 개체였다고 주장했다.[32] 이 평균치가 그동안 인구 병목 현상이 일어났을 수 없었음을 암시하지는 않지만 아얄라는 "인간의 조상 집단의 크기가 지난 수백만 년 동안 어느 때에도 2,000-3,000개체보다 작았을 수 없다"고 추정한다.[33] 우리는 불완전한 계통 분리는 분기하는 종들의 조상 집단이 대립유전자들이 복수의 딸 종들에게 다르게 전달되는 것을 뒷받침하기 위해 충분히 클 것을 요구한다는 점을 살펴보았다. 아얄라는 상당히 많은 대립유전자를 딸 종들에게 전달하기 위해서는 조상 종과 딸

---

29 Venema, "Genesis and the Genome," 174.
30 Venema, "Genesis and the Genome," 174, 그림 2의 설명 글. 그는 다음과 같이 말한다. "인구 유전체학 연구는, 개별적으로 및 집합적으로 취할 경우, 우리의 계통이(그리고 어떤 호미니드나 심지어 오스트랄로피테쿠스계 종들에서도) 지난 900만 년 이상 동안 극단적인 인구 병목 현상을 경험하지 않았다는 것과 우리의 계통이 경험했던 병목 현상은 인구를 후손을 생산하는 몇천 명의 개체들로 감소시키기만 했다는 것을 강하게 암시한다"(175).
31 Venema and McKnight, *Adam and the Genome*, 55.
32 Francisco J. Ayala et al., "Molecular Genetics of Speciation and Human Origins," *PNAS* 91, no. 15 (July 1994): 6787-94, https://doi.org/10.1073/pnas.91.15.6787.
33 Ayala et al., "Molecular Genetics," 6791. 어떤 병목이 있다고 하더라도 특정한 계통을 뛰어넘는 모든 변이를 지니기에 충분한 크기의 집단이 필요하다.

종 각각의 집단이 비교적 커야 한다는 사실에 주의를 기울임으로써 이 논증을 한층 더 심화한다(그림 12.3을 보라).

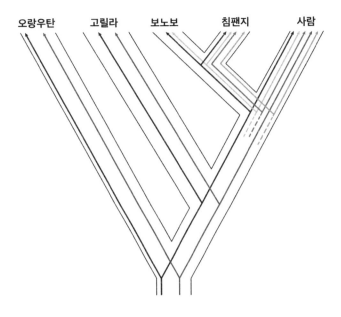

그림 12.3. 종간 변이. 딸 집단에 상당히 많은 수의 대립유전자를 전달하기 위해서는 조상 집단과 딸 집단이 종간 변이를 전달할 수 있을 만큼 충분히 커야 한다.

아얄라는 6번 염색체에 위치한 약 100개의 유전자로 구성된 유전자 좌위들의 배열인 인간 백혈구 항원(human leukocyte antigen; HLA) 복합체와 특히 하나의 2형 HLA 좌위인 *DRB1* 유전자에서의 대립유전자의 다양성에 초점을 맞춘다. 그는 특정한 DNA를 뛰어넘는 다형성(polymorphism), 즉 조상 종으로부터 딸 종에게 전해진 일련의 대립유전자 계통을 파악하고자 한다. 아얄라는 *DRB1* 좌위에 있는 두 개의 인간 대립유전자를 지목하는데, 그것들 각각은 서로보다 침팬지의 대립유전자와 좀 더 가까운 관계에 있다. 58개의 모든 *DRB1* 대립유전자는 50만 년 동안 지속되었는데, 그것들은 1,300만 년 전까지는 열 개의 조상 계통 안으로 병합되었었다. 아얄라는 논의를 전환해서 현존하는 다형성으로부터 조상의 유전자 풀을 새로운 풀로 전환했던 사건으로 거슬러 올라간다. 그는 *DRB1* 좌위의 HLA 다형성은 과거 3,000만 년 동안 평균 유효 크기가 10만 개체이고 한 번도 2, 3천 개체 아래로 줄어든 적이 없어야 한다는 것을 발견했다. 이 발견으로 말미암아 아얄라는 자신이 "노아의 방주 모형"으로 부르는, "구 **호모 사피엔스**로부터 현대의 **호모 사피엔스**로의 이동은 현대의 모든 인류의 조상인 두 명 또는 소수의 개체로 구성된 매우 좁은 병목과 관련이 있다고 제안하는" 모형을 부인한다.[34] "*HLA* 증거는 노아의 방주 모형과 모순되며 현대 인간의 조상의 인구는 결코 수천 개체보다 적었던 적이 없음을 입증한다."[35]

네 번째 특질, 즉 **대립유전자 변이 분포**는 주어진 집단에서의 대립유전자의 복수성을 넘어서 그 집단에서의 대립유전자의 빈도, 즉 특정한 대립유전자가 그 집단의 특정한 좌위에 얼마나 자주 나타나는지를 고려한다. 한 집단에서 그 좌위에서 그 대립유전자를 지니는 염색체의 비율은 얼마인가? 다양한 좌위에 대한 대립유전자 빈도를 모으면 한 집단에서 일련의 좌위에 대한 대립유전자 빈도 분포인 대립유전자 빈도 스펙트럼(allele frequency spectrum; AFS)이 구해진다. 주어진 집단의 AFS는 집단 크기의 변화에 민감하다. 인간에 대해 관찰된 AFS는 인간 집단이 과거에 극심한 병목 현상을 겪었을 경우 예상되는 AFS에 잘 부합하지 않는다고 주장된다. 돌연변이를 통해 만들어진 새 대립유전자가 그 집

---

34   Ayala et al., "Molecular Genetics," 6792.
35   Ayala et al., "Molecular Genetics," 6793.

단에서 5퍼센트만 나타나게 되는 데에도 오랜 기간이 필요한데 그런 대립유전자가 수십만 개 존재한다.

　　스와미다스가 생각하기에 다섯 번째 특질인 **대립유전자 변이의 분기**는 집단 유전학이 한 쌍의 인간 기원에 대해 제기하는 도전의 핵심적인 고려사항이다. 이와 관련해서 우리는 유전자 **분기**와 유전적 **다양성**을 구분할 필요가 있다. "유전적 다양성"과 "유전자 변이/변이성" 같은 용어들은 모호하며, 논쟁의 혼동과 혼합으로 이어진다.[36] 나는 "유전적 다양성" 또는 "변이"를 한 집단에서 나타나는 대립유전자의 복수성을 가리키는 용어로 사용할 것이다. 다른 한편으로 유전자 분기는 한 집단에서 대립유전자들 사이의 돌연변이의 거리와 관계가 있다. 우리는 대립유전자들을 평면상에 점들로 표시함으로써 분기를 시각적으로 나타낼 수 있다(그림 12.4를 보라).[37]

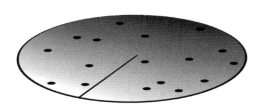

그림 12.4. 유전자 분기. 점들은 한 집단에서 다른 대립유전자들을 나타낸다. 점들 사이의 거리들은 돌연변이들에 기인한 유전자 분기를 나타낸다. 점들을 포괄하는 원의 반경은 그 점들의 유전자 분기에 대한 척도를 제공한다.

돌연변이들이 두 대립유전자를 더 많이 떼어 놓을수록 그 그림에서 대립유전자들의 거리는 더 멀어진다. 가장 중앙에 있는 대립유전자로부터 가장 멀리 있는 대립유전자들 사이

36　Venema는 명확한 정의 없이 이 단어들을 모두 사용하는데, 모호하게 사용하는 것으로 보인다. 예컨대 다음 문헌들을 보라. Venema, "Genesis and the Genome," 173, 174, 175; Venema and McKnight, 44, 45, 46, 47, 48, 51, 53, 55, 60.

37　나는 개인적으로 이 예시를 내게 제공해준 Swamidass에게 빚을 지고 있다.

의 거리를 측정하는 것이 분기를 측정하는 하나의 방법이 될 것이다. 말하자면 모든 점을 둘러싸는 원을 그리면 그 원의 반경이 그 대립유전자들의 유전자 분기의 척도를 제공한다. 대립유전자들의 복수성(유전적 다양성)은 무관함을 주목하라. 대립유전자들의 확산(유전자 분기)이 중요하다. 우리는 인간의 모든 게놈, 또는 적어도 서열이 파악된(인간 게놈의 약 90퍼센트의 서열이 파악되었다) 게놈 전체에 대한 유전자 분기를 계산하기 원한다.[38] 우리는 한 쌍의 유전자 선조들로부터 현재의 집단에서 대립유전자들을 분리시키는 거리가 발생하기 위해 얼마나 오래 그리고 얼마나 신속하게 돌연변이가 일어나야 했는지 질문할 수 있다.[39] 우리는 돌연변이율을 알고 있으므로 유전자 분기를 사용해서 가장 최근의 공통조상의 시기(time of the most recent common ancestor; TMRCA)를 계산할 수 있는데, 그것은 다양한 좌위에 대한 모든 추정치의 중앙값이 될 것이다.[40] 지구상에 호미닌들이 존재했던 기간 동안에는 한 쌍의 유전적 조상이 나올 수 없다고 주장된다.[41]

---

38 Swamidass는 컴퓨터 프로그램 아르그위버(ArgWeaver)와 관련된 최근의 발전 결과 유전학자들이 좌위의 경계점을 과거 어느 때보다 좀 더 정확하게 결정하고 게놈 전체의 "원들"을 좀 더 정확하게 그릴 수 있다고 보고한다. 아르그위버는 한 세대를 25년으로 가정하고 세대당 1.26-8회의 돌연변이가 일어나는 것으로 가정한다. Swamidass는 이것이 좋은 유비이기는 하지만 우리가 진짜로 점들 주위에 원을 그리는 것이 아니라 조상의 계보를 묘사하는 계통수를 계산하는 것이라고 주의를 준다. 그는 실제 모형은 나무보다 좀 더 복잡하다고 알려준다. 조상 재조합 그래프(ancestral recombination graph; ARG)로 불리는 그 모형은 이웃하는 계통수들을(게놈을 따라) 좀 더 유사하게 만들며 여러 좌위에서 나온 데이터를 모아서 시기들을 추정한다.

39 돌연변이상의 거리는 돌연변이율과 시간의 곱이다(D = R × T). 따라서 T = (D/R)이다.

40 개별적인 좌위들에 대한 TMRCA 계산에 있어서의 오차들을 상쇄하기 위해 중앙값을 취한다. 너무 큰 추정치와 너무 작은 추정치가 존재할 수 있다.

41 어떤 저자가 언급하는 바와 같이 이 계산은 아담을 문자적으로 "원숭이의 삼촌"으로 만들 것이다(David Wilcox, "Finding Adam: The Genetics of Human Origins," in *Perspectives on an Evolving Creation*, ed. Keith B. Miller [Grand Rapids: Eerdmans, 2003], 252).

우리의 목록에서 마지막 논거는 **호모 사피엔스**와 다른 고대 종 사이의 혼혈에 관한 **유입 데이터**에 의존한다. 우리는 현대 인간의 게놈은 네안데르탈인과 데니소바인으로부터 물려받은 DNA를 지니고 있음을 보았다. 이들 데이터는 **호모 사피엔스**에 속하는 두 명의 유전자 선조 인간을 상정하기 원하는 모든 사람에게 도전을 제기한다. 그 유입 데이터는 우리의 조상 계통이 외부의 입력에 닫혀 있던 것이 아니라 **호모 사피엔스**가 아니었던 개체들로부터 유전 물질을 흡수했으며, 따라서 시조 부부의 자손이 아니라는 점을 명확히 밝힌다. 우리가 네안데르탈인과 데니소바인이 인간이라고 인정할 경우 인간이 원시 부부의 자손이 아닐 것이기 때문에 그 도전은 한층 더 날카로워진다. 따라서 인간이 원시 부부로부터 계통을 물려받았다고 주장하는 사람은 그 종들의 구성원들이 인간이었음을 부정해야 한다.

위와 같은 증거를 토대로 베네마는 인간이 한 쌍의 인간 부부에서 유래하지 않았다고 확신한다. "과학 분야에서는 새로운 증거가 그것들을 유의미하게 변화시킬 가능성이 낮은, 매우 잘 뒷받침되는 아이디어들이 있는데 이것들이 그런 아이디어에 속한다. 태양이 우리 태양계의 중심에 있고, 인간은 진화했으며, 우리는 집단으로 진화했다."[42] 그는 이

---

42 Venema and McKnight, *Adam and the Genome*, 55. Venema는 인간이 집단으로 진화했다는 사실이 인간이 유인원들과 조상을 공유하는 한편 "시조 부부가 동시에 유인원 같은 그들의 조상으로부터 '변이되어 떨어져 나왔을' 때 시작되었다"는 견해와 양립할 수 없다고 생각한다(Venema and McKnight, *Adam and the Genome*, 44-45). 그는 후에 자기의 주장을 누그러뜨리려고 하면서 다음과 같이 설명한다. "태양 중심의 예시는…인간들(**호모 사피엔스**)에 관한 것이다. 내가 20만 년 전에 인간에 이른 우리의 계통(lineage)에 관해 얘기할 때 나는 '계통' 또는 그것과 유사한 단어를 사용한다(Dennis Venema, comment #308 on Dennis Venema, "Adam, Eve and Population Genetics: A Reply to Dr. Richard Buggs (Part 1)," BioLogos Forum, December 21, 2017, https://discourse.biologos.org/t/adam-eve-and-population-genetics-a-reply-to-dr-richard-buggs-part-1/37039/308). 이 설명에 따르면 우리는 **호모 사피엔스**가 시조 부부로부터 유래

대목에서 최초의 인간 부부에 반대하는 소위 "태양 중심주의 같은 확실성"을 표명한다.[43]

시조 부부에 반대하는 논거에 대한 비판

스와미다스는 위의 논거들에 대해 엄격한 비판을 가했다.[44] 그는 (1)과 (2)에 기초한 주장들을 다음과 같이 일축한다. "그 주장들은 방향을 잘못 잡았다. 그것들은 핵심 질문들과 아무 관련이 없는, 완전히 그릇된 방향이다. 그것들은 범주의 오류다."[45] 단지 오늘날 인간 집단에서 나타나는 대립유전자들의 수나 다양성을 토대로 태곳적 과거의 인간 집단의 크

한 것이 아니라 집단으로서 진화했다는 것을 태양이 태양계의 중심이라는 것만큼이나 확실하게 안다. 덜 심하지만, 이 진술은 여전히 우리가 인간이 시조 부부에게서 유래한 것이 아니라 집단으로 진화했음을 알려면, 인간은 **호모 사피엔스**라는 것을 태양이 태양계의 중심이라는 것만큼이나 확실히 알 것을 요구한다.

　호모 사피엔스(그리고 네안데르탈인과 데니소바인) 전에 그런 시조 부부가 존재했을 가능성에 대해 Venema는 그 전에 다음과 같이 썼다. "지난 1,800만 년 동안 우리의 유효 집단 크기가 가장 작았던 때는 우리 조상 중 일부가 아프리카를 떠났던 시기인 우리가 이미 인간이었던 때로 보인다"(Venema and McKnight, *Adam and the Genome*, 55). 훗날 그는 그 진술에 대해 다음과 같이 언급한다. "'보인다'라는 말이 내가 이것이 태양 중심주의만큼 확실하다고 말하는 것으로 들리는가? 그것은 상당히 약한 표현일 것이다. 그것은 지난 1,800만 년 동안 인간 집단의 크기가 한 번이라도 1만 명 아래로 내려간 병목에 대한 지지를 제공하지 않는, 현재까지 나온 모든 문헌에서의 증거에 대한 요약 진술이다(지금도 그 상태가 유지되고 있다)"(Venema, comment #308). 이 언급은 의미가 명확하지 않다. Venema가 자기의 진술을 철회하는가 아니면 강화하는가? 나는 Venema가 자기의 질문에 부정적인 답변을 기대하며, 태양 중심주의 같은 확실성을 주장한다면 지나친 진술일 것이리라는 것을 의미했다고 생각한다. 뒤에 그가 다음과 같이 요약하기 때문이다. "요컨대 인간은 '태양 중심주의만큼 확실하다.' 지난 수십만 년(예컨대 50만 년 전까지)에 걸쳐 인간에 이른 계통은 상당히 확실하다. 지난 수백만 년에 걸친 계통은 자신이 있지만 결정적이지는 않다"(Venema, comment #308).

43　 S. Joshua Swamidass, "Heliocentric Certainty against a Bottleneck of Two?," *Peaceful Science* (blog), December 31, 2017, https://discourse.peacefulscience.org/t/helio centric-certainty-against-a-bottleneck-of-two/61.

44　 Swamidass, "Heliocentric Certainty."

45　 Swamidass to Craig, June 6, 2018.

기를 추정할 방법이 알려진 바 없다. 오히려 집단에서 나타나는 대립유전자들의 분기가 중요하다. 유전적 다양성으로부터의 논거는 주의를 딴데로 돌린다.[46]

과거의 인구 추정은 일정한 기간에 대한 평균치이며 따라서 그 기간의 최고치 및 최저치와 일치하기 때문에 과거의 집단 크기에 근거한 논거는 오해하게 한다. 베네마는 이 추정치들이 **평균** 인구 크기가 아니라 **최소** 인구 크기에 관한 것이라고 여김으로써 일관되게 오류를 저지른다.[47] 리처드 벅스는 2017년에 두 명의 병목 가설이 사실은 결코 과학적으로 검증되지 않았다고 지적했다.[48]

실제로 스와미다스가 지적하는 바와 같이 우리는—혹자는 "태양 중심주의처럼 확실하게"라는 표현을 덧붙이려는 유혹을 받는다—과거의 어느 시점에 인간의 수는 0이었고 따라서 1만 명의 개체보다 적었다는 것을 안다. 달리 표현하자면 베네마는 "조상"과 "인간"을 모호하게 하는 잘못을 저지른다.[49] 인간에 이른 호미닌들의 조상 집단이 일관성 있

---

46 두 명의 병목은 그 집단의 건강에 재앙적일 것이라는 Venema의 주장에 대한 답변으로 Buggs는 다음과 같이 지적한다. "병목 구간에 한 쌍만 있을지라도 인구가 급격하게 증가한다면 유전적 다양성의 대규모 감소로 이어지지 않을 것이다.…다산한 한 명의 여성의 병목으로부터도 인구가 세대마다 두 배로 증가한다면 여러 세대 후에 그 집단은 병목 전의 이형 접합성(heterozygosity)의 절반 이상을 가지게 될 것이다. 인구가 이보다 빠르게 성장한다면 유지되는 이형접합성의 비율은 더 높을 것이다"(Richard Buggs, "Adam and Eve: A Tested Hypothesis?," *Ecology & Evolution* (blog), October 28, 2017, https://natureecoevocommunity.nature.com/channels/522-journal-club/posts/22075 -adam-and-eve-a-tested-hypothesis). Buggs가 유전적 다양성을 대립유전자의 복수성 및 이형접합성에 관한 것으로 생각하고 따라서 Venema의 관심을 흐리게 하는 것을 추구한다는 점을 주의하라.

47 Venema and McKnight, *Adam and the Genome*, 44, 52, 53, 60.

48 Buggs, "Adam and Eve."

49 Swamidass, "Heliocentric Certainty." Swamidass는 모종의 이유로 이 모호함을 "생태학적 오류"로 부른다.

게 수천 명 이상으로 유지되었더라도 어느 시점에 그 집단에서 정확히 두 명의 인간이 출현했을 가능성을 배제되지는 않는다. 이 사실은 베네마의 불완전한 계통 분리로부터의 논거의 명백한 오류를 두드러지게 한다. 따라서 침팬지와 인간의 공통조상 또는 고릴라와 침팬지와 인간의 공통조상 집단의 크기가 컸다고 하더라도 인간의 집단이 반드시 두 명보다 많았다고 할 수는 없다(그것을 보여주기 위해 우리가 대신 종간 변이의 문제에 의존할 필요가 있을 수도 있는데, 이 점에 관해서는 뒤에서 논의될 것이다).

집단 크기 추정은 모두 인간 및 일정한 기간에 존재했던 인간이 아닌 호미닌들을 모두 포함한다. 스와미다스는 "누구도 두 집단 사이의… 비율을 알아낼 방법을 발견하지 못했고, 연구에서 아무도 그 문제를 질문하지 않았다"고 지적한다.[50] 과거 어느 시점에 비록 당시의 총인구는 훨씬 많았더라도 자손을 낳는 인간이 정확히 두 명이었을 수도 있다. 이 초기 인간들은 그들의 동시대인들과 혼혈했을 수도 있고 그러지 않았을 수도 있다. 그들이 혼혈했다면 그들의 상대방이 인류에 유전자를 주입했을 것이기 때문에 시조 부부들이 우리의 유일한 유전적 조상이 아닐 것이다. 그런 혼혈이 일어나지 않았다면 외부의 입력이 없었으므로 그 시조 부부들이 인류의 유일한 유전적 조상일 것이다.

그렇다면 **종간 변이**로부터의 논거는 어떤가? 그 논거는 얼핏 보면 그럴듯하지만 조사해보면 허약하다는 것이 드러난다. 모든 인간은 두 세트의 유사한 염색체들을 갖고 있으므로(성별을 결정하는 X 염색체와 Y 염색체는 포함되지 않는다), 시조 부부는 자손 집단의 모든 좌위에 최대 네 개의 대립유전자들을 전달할 수 있다. 따라서 종간 변이를 보이는 다섯 개 이상의 대립유전자 계통이 입증된다면 그것은 인간의 시조 부부에 반하

---

50   Swamidass, "Heliocentric Certainty."

는 강력한 증거가 될 것이다. 아얄라는 HLA 유전자 *DBQ1*에서 바로 이 점이 발견된다고 주장했다.

그러나 스와미다스는 아얄라의 결론에 의문을 제기할 이유가 있다고 생각한다. 이 대목에서 두드러진 문제는 우리가 아얄라의 분석을 인정할 경우 종간 계통의 수가 과거의 어느 시점에서든 인간의 최소 인구가 세 명 이상일 것을 요구하는지와 관련이 있다. 그 문제가 여전히 논쟁 중이기는 하지만 대다수 연구는 다섯 개 이상의 대립유전자 계통과 관련된, 인간들과 인간이 아닌 조상들 사이의 종간 변이의 증거를 밝히지 못했다.[51] 모든 게놈에 대한 종간 변이를 조사한 결과, 예외일 수도 있는 HLA 유전자를 제외하고 인간의 종간 변이는 다섯 개 이상의 계통과 관련이 없는 것으로 보인다.[52] 따라서 한 부부의 병목은 확립된 종간 변이의 사례들과 일치한다. 그러므로 아얄라의 논문은 우리의 조상 집단은 어느 시점에든 두 명만큼 작았을 수 없음을 입증하지 못한다.

이 점이 더 중요한데, 아마도 호미닌들 사이의 종간 변이에 대한 그럴법한 대안적 설명이 있을 텐데 수렴성 진화가 바로 그것이다. 우리는 앞에서 수렴성 진화가 호미닌 종들 사이에 흔했을 가능성이 있다는 것을 살펴보았는데, 수렴성 진화는 자손의 계통을 결정할 때 오해를 일으킬 수도 있는 성인적 상동을 낳는다.[53] 그런 경우 대립유전자들이 다른 종들에서 독립적인 돌연변이들을 통해 진화했다. 스와미다스는 수렴성

---

51 Swamidass, "Heliocentric Certainty." 그런 변이가 발견된다고 하더라도 그것은 아담과 하와가 우리의 유일한 유전적 조상이 아님을 가리키는 것이 아니라 인간 집단에 좀 더 많은 대립유전자를 도입한 외부인들과의 혼혈이 있었음을 가리킬 뿐이다.

52 E. M. effler et al., "Multiple Instances of Ancient Balancing Selection Shared between Humans and Chimpanzees," *Science* 339, no. 6127 (March 29, 2013): 1578-82, https://doi.org/10.1126/science.1234070.

53 본서의 372-73을 보라.

진화가 일어날 경우 우리는 계통수와 같은 구조에 들어맞을 수 없는 많은 돌연변이가 일어났다고 볼 것이 아니라, 대립유전자들이 독립적인 경로를 취해서 정사각형이나 다이아몬드 형태를 형성하는 것으로 보아야 한다고 설명한다. 게놈의 특정한 부분에 그런 정사각형의 수가 많은 것은 서열들 사이에서 관찰된 유사성이 공통조상에 기인한 것이 아니라 수렴성 진화에 기인한 것이라는 경고다. 궁극적으로 게놈의 HLA 부분을 연구하는 학자들은 "*HLA* 유전자들이 정사각형들의 막대한 과잉을 가지고 있는데 이는 편만한 수렴성 진화의 명확한 표지"임을 발견했다.[54] 가장 변화무쌍한 HLA 유전자는 *DRB1*인데, 그것은 겨우 약 천 명의 개체들의 DNA에서 500개가 넘는 정사각형을 보인다. 스와다미스에 따르면 "그것은 우리가 그 DNA를 계통수에 표시하려고 한다면 하나의 계통수와 조화되지 않는 **적어도 500개의 돌연변이**를 보리라는 것을 의미한다. 그것은 *HLA-DRB1* 대립유전자들이 하나의 계통수로 잘 묘사되지 않는다는 것을 의미하므로 **놀라운** 결과다. 우리가 보는 변이가 진화를 거듭하는데 이는 참으로 놀라운 일이다."[55] 스와미다스는 "[인용된 연구의] 텍스트에서 아얄라의 유전자 *HLA-DBQ1*가 언급되지는 않지만, 수렴성 진화의 명확한 증거가 있는 유전자들 중 하나로서의 보충 데이터에서 그것이 발견된다"고 지적한다.[56] 이 발견은 종간 변이로부터의 논거에서 입증력을 박탈한다.

우리는 이제 (4) **대립유전자 빈도 스펙트럼**을 살펴볼 것이다. 스와

---

54   Swamidass, "Heliocentric Certainty."
55   Swamidass, "Heliocentric Certainty." 더욱이 수렴성 진화를 통해 만들어진 성인적 상동은 단순한 계통수를 구축하지 못하기 때문에 추정된 TMRCA를 인위적으로 늘릴 것이다.
56   Swamidass, "Heliocentric Certainty."

미다스는 이 분석이 제한된 유전자 데이터의 요약만 고려하고 50만년 전보다 최근의 병목만을 배제하는 것이 이 대목에서의 문제라고 말한다.[57] 따라서 데이터를 좀 더 완전하게 분석하면 어떤 결과가 나올지는 미결 문제로 남아 있다.

결정적인 문제는 오히려 (5) **인간 집단에서의 대립유전자 분기**와 관련이 있다. 베네마는 현재의 집단에서 관찰된 돌연변이 분기가 나오려면 가장 최근의 공통조상의 시기(TMRCA)가 약 290만 년 전이어야 함을 보여주는 DNA의 한 부분의 계통수에 주의를 기울였다(그림 12.5를 보라).

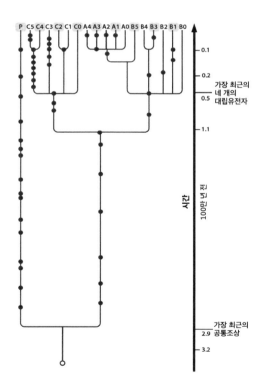

그림 12.5. 게놈의 특정한 장소에서의 인간의 변이 데이터로부터 구축된 계통수. 이 계통수는 약 290만 년 전까지 거슬러 올라가는 공통적인 유전자 조상에 대해 추론된 역사다. 아담과 하와가 이형접합체였다면 우리는 네 개의 대립유전자가 존재하게 된 가장 최근의 시기(TMR₄A)를 살펴봐야 한다. 이 계통수는 TMR₄A가 약 50만 년 전임을 보여준다.

57   Swamidass가 Craig에게 보낸 서신, July 13, 2020.

그러나 스와미다스는 병목 현상이 있었을 때의 부부(또는 시조 부부)가 그들의 염색체 쌍의 모든 좌위에서 두 개의 다른 대립유전자들을 지녀서 그들의 자손에게 어느 좌위에서도 총 네 개의 대립유전자들을 전해주는 이형접합체였을 수도 있다고 지적한다.[58] 그 경우 적실성이 있는 시기는 TMRCA가 아니라 **네 개의 대립유전자들의 가장 최근의 시기** (TMR$_4$A)다.

좌위마다 하나의 시초의 대립유전자가 아니라 네 개의 대립유전자가 있었음을 고려하기 위해 점들과 원들의 예시로 돌아오자면, 우리는 점들의 하위 집합 주위에 하나가 아니라 네 개의 원을 그리고 각각의 원에 대한 TMRCA를 계산한 후 네 개의 값의 중앙값을 취해야 한다(그림 12.6을 보라).

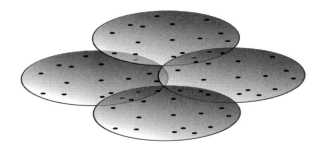

그림 12.6. 이형접합체인 시조 부부로부터 현재 인간 집단의 유전자 분기에 도달하는 데 필요한 시간 계산하기. 이 계산을 하기 위해서는 다이어그램에 표시된 점들을 둘러싸는 네 개의 원을 그려야 한다.

집단이 일정했다고 가정하면 우리는 그 시간이 TMRCA의 사분의 1로 단축될 것으로 예상해야 하므로 약 50만 년 전에 TMR$_4$A에 도달할 수

58   Swamidass, "Heliocentric Certainty."

있었다. 집단 유전학은 TMRCA에만 관심을 기울였고 따라서 스와미다스의 연구 전에는 TMR₄A에 대해 발표된 연구가 없었다. 그래서 그는 자신이 직접 모형을 수립해서 데이터를 구해야 했다.

스와미다스는 아르그위버(ArgWeaver) 데이터 세트를 사용해서 관련된 시기들 사이의 실제 관계는 $TMR_4A = 0.38 \times TMRCA$임을 발견했다. 이는 DNA의 한 부분에 대한 대략적인 추정치만을 낳는다. 우리에게는 모든 좌위에 대한 TMR_4A를 계산하고 그것들의 중앙값을 발견함으로써 구해져야 하는, 게놈 전체 차원의 TMR_4A 추정치가 필요하다. 스와미다스는 매튜 라스무센 등으로부터의 조상 재조합 그래프에 대한 게놈 전체 차원의 데이터를 사용해서,[59] TMRCA와 독립적으로, 431,000년 전이라는 TMR_4A를 구할 수 있었다. 스와미다스는 다른 방법으로 TMR_4A을 계산해서 437,000년 전이라는 시기를 얻었고, 이를 통해 자기의 추정치에 대한 신뢰도를 높였다. 마지막으로 그는 병합들의 가중치를 달리함으로써 자기의 추정치를 가다듬어 495,000년 전이라는 TMR_4A 시기를 얻었다. 그는 관련된 모든 불확실성에 비추어 그 추정치에 ± 10만 년 전이라는 오차 범위를 부여한다.

좀 더 최근에 올라 호세르와 앤 거져를 통해 위의 발견 내용이 확인되었다. 그들은 자기들이 한 쌍의 부부 기원(Single-Couple Origin; SCO) 모형으로 부르는 인류의 기원 모형을 탐구한다.[60] 전에 발표된 후방 시뮬레이션 방법(backward simulation method)과 몇 가지 새로 개발되고 좀 더

---

59   M. D. Rasmussen et al., "Genome-Wide Inference of Ancestral Recombination Graphs," *PLOS Genetics* 10, no. 5 (May 15, 2014): e1004342, https://doi.org/10.1371/journal.pgen.1004342.

60   Ola Hössjer and Ann Gauger, "A Single-Couple Human Origin Is Possible," *BIO-Complexity* 2019, no. 1 (October 2019): 1-20.

빠른 알고리즘을 사용해서 그들은 자기들의 SCO 모형을 돌리고 그 결과를 현재의 유전자 데이터로부터 얻은 대립유전자 빈도 스펙트럼(allele frequency spectra; AFS) 및 연관 불평형(linkage disequilibrium; LD) 통계치들과 비교한다. 그들은 AFS 및 단순한 LD 통계치에 요약된 데이터가 적어도 다음과 같은 두 개의 단순한 SCO 모형과 일치한다는 것을 발견했다. (1) 동형 접합체인 최초의 부부가 약 2백만 년 전에 나타나는 모형, 그리고 (2) 이형 접합체인 최초의 부부가 약 50만 년 전에 살았던 모형. 따라서 그들은 진화 유전학자들이 공유하는 보편적인 가정에 비추어서, 반대되는 주장에도 불구하고, 한 쌍의 부부 기원이 가능하다고 결론짓는다.

따라서 인간의 현재 인구를 통해 드러난 유전자 분기를 통해 최근의 병목은 배제되지만 50만 년 전 이전의 병목은 가능하며, 그 경우 시조 부부는 **호모 사피엔스**, 데니소바인, 그리고 네안데르탈인의 공통조상일 것이다. 스와미다스는 "과학적인 세부사항에서는 아직 명확하게 밝혀지지 않았지만 현재로서는 70만 년 전 이전에 일어난 병목은 유전자 데이터에서는 탐지될 수 없는 것으로 보인다"고 말하는데,[61] 그 시기는 우리가 아담을 **호모 하이델베르겐시스**로 분류하도록 제안하는 시기의 범위 안에 위치한다.

마지막으로, (6) **데이터 유입**에 기초한 논거는 곧바로 일축될 수 있다. 그 주장은 정당한 근거 없이 인간이 **호모 사피엔스**라고 가정하는데, 그것은 바르지 않을 뿐만 아니라 우리가 지금까지 살펴보았던 것처럼 증거가 강력하게 가리키는 방향과 어긋나는 가정이다. 그럼에도 이 여

---

61   S. Joshua Swamidass, "Reworking the Science of Adam," *Peaceful Science* (blog), March 22, 2018, http://peacefulscience.org/reworking-Adam/.

섯 번째 항목은 중요한 문제를 제기하는 역할을 한다. 스와미다스의 모형과 호세르 및 거져의 모형은 가장 최근의 네 개의 대립유전자(또는 대안적으로 가장 최근의 공통조상)가 우리의 유일한 유전자 조상이라고, 즉 그들의 자손들과 외부인 사이의 혼혈이 일어나지 않았다고 가정했다. TMR_4A가 50만 년 전 이전이라면 네안데르탈인과 데니소바인과 **호모 안테세소르** 모두 그들의 후손에 속하기 때문에 한 쌍의 그 부부가 참으로 우리의 유일한 유전자 조상이었을 수 있다. 그러나 베네마가 가정하듯이 **호모 사피엔스**의 구성원들만 인간이라면 현재의 인간 집단에게서 관찰된 유전자 분기는 인간 조상들에게서만 유래한 것이 아니라 외부로부터도 유래한 것이기 때문에 TMR_4A 추정치가 무너진다. 우리는 유전 물질이 "인간의" 게놈에 유입된 것을 고려해서 TMR_4A를 재계산할 필요가 있을 것이다. 유전 물질은 구 **호모 사피엔스[호모 하이델베르겐시스]**로부터 네안데르탈인에게 전달되어 재가공된 후 훗날 우리에게 다시 전달되었기 때문에 아무도 이 재계산을 어떻게 수행해야 하는지를 모른다. 최근의 발견들은 구 아프리카 집단과 네안데르탈인 사이에서도 혼혈이 있었음을 보여주기 때문에 사하라 사막 남쪽의 집단은 유전자 유입을 경험하지 않았다는 것을 근거로 현대의 사하라 사막 남쪽의 집단의 게놈만을 고려하는 것은 아무 소용이 없다.[62] 혼혈을 고려할 경우 우

---

62   L. Chen et al., "Identifying and Interpreting Apparent Neanderthal Ancestry in African Individuals," *Cell* 180, no. 4 (January 2020): 677-87. 그들은 "네안데르탈인의 게놈의 잔존물이 지금까지 연구된 현대의 모든 인간 집단에게서 살아남았다"고 결론짓는다. Arun Durvasula and Sriram Sankararaman, "Recovering Signals of Ghost Archaic Introgression in African Populations," *SA* 6, no. 7 (February 12, 2020), https:// doi. org/10.1126/sciadv.aax5097도 보라. 그들은 네 개의 서부 아프리카 집단이 그들의 유전자의 2-19퍼센트를 현대의 인간과 네안데르탈인의 조상 집단이 현대의 인간과 네안데르탈인으로 갈라지기 전에 그 조상 집단으로부터 물려받았음을 보여준다고 주장한다; B. Lorente-Galdos et al., "Whole-Genome Sequence Analysis of a Pan African Set of Samples Reveals Archaic Gene Flow from an Extinct Basal Population of Modern

리가 아는 것은 **호모 사피엔스**에서의 병목은 가깝게는 20만 년 전에 일어났을 수도 있다는 것이 전부이기 때문이다.[63]

베네마는 벅스, 스와미다스 등과의 광범위한 논의 후[64] 한 쌍의 부부 기원에 반대하는 자신의 논거가 실패했음을 인정하게 되었다. "몇몇 새로운 시뮬레이션 및 우리가 의존한 몇몇 다른 연구들을 기초로 우리는─이와 같은 사건이 일어났다면─이 일이 50만 년 전보다 최근에 일어났다면 우리가 그것을 탐지할 수 있으리라는 데 동의하게 되었다. 그것은 내게는 확실히 놀라웠다. 나는 전에는 그런 사건은 훨씬 더 전에 나타나리라고 생각했다."[65] 그가 "그런 사건이 일어났다는 긍정적인 증거가 없다"는 주장을 강화하지만,[66] 아무도 증거가 있다고 단언하지 않기 때문에 그 주장은 논점을 관계가 없는 곳으로 돌리는 처사다.

벅스는 다음과 같이 합의된 진술을 제공한다.

인간의 계통에서 두 명의 병목이 있었다는 가설은 게놈 전체의 인간의 다양성 데이터를 사용한 과학 문헌에서 직접 다뤄지지 않았다. 그럼에도 불구하고 우리가 검토한 인간의 다양성에 관한 연구들로부터 및 현재의 이론

Humans into Sub-Saharan Populations," *GB* 20, no. 1 (April 26, 2019), https://doi.org/10.1186/s13059-019-1684-5도 보라. 그들은 서부 아프리카에서만 아니라 "아프리카 대륙에서도…심원한 구 인간 집단의 하부 구조의 존재"의 증거를 발견한다.

63 S. Joshua Swamidass, "Three Stories on Adam," *Peaceful Science* (blog), August 5, 2018, https://peacefulscience.org/three-stories-on-adam/.

64 그 대화에 관한 매혹적인 개인적 회고에 관해서는 Swamidass, "Three Stories on Adam" 을 보라.

65   Dennis Venema, "Adam─Once More, with Feeling," *Jesus Creed* (blog), November 24, 2019, https://www.patheos.com/blogs/jesuscreed/2019/11/04/adam-once-more-with-feeling/. 그의 진술은 필요조건과 충분조건을 혼동하는 것을 주의하라. Venema는 "그것이 일어난 경우에만"이라고 말해야 한다.

66 Venema, "Adam─Once More, with Feeling."

에 대한 우리의 이해에 기초해서 우리는 잠정적인 결론들을 도출했다. 우리는 현재의 인간의 유전적 다양성 데이터가 약 40만-700만 년 전 사이에 인간의 계통에서 두 명의 병목이 있었을 가능성을 배제하지 않지만 그 데이터가 그런 병목이 발생했음을 보여주지도 않는다고 결론짓는다. 현재의 분석과 모형들은 두 명의 병목이 지금부터 약 40만 년 전 이내라는 기준선에서는 발생하지 않았음을 암시한다. 이 분야에서 좀 더 많은 연구가 필요하며 이 기준선은 뒤나 앞으로 이동할 수 있다.[67]

이런 정서에 동의하면서도 베네마는 50만 년 전 이전에 시조 부부가 존재했을 가능성에도 불구하고 그런 부부의 존재는 개연성이 매우 낮다고 주장한다. "이 일이 작동하려면 우리가 한 세대 안에 두 명을 제외하고 그들 모두 없어졌다고 제안해야 할 것이다."[68] 시조 부부는 좀 더 넓은 집단의 일부로서 존재했고 그들의 자손들이 좀 더 넓은 집단과 혼혈했을 수도 있고 혼혈하지 않았을 수도 있기 때문에 이 대담한 주장은 옳지 않다. 베네마는 이상하게도 계통상의 조상이 아니라 유일한 유전적 조상 관계에 집착한다. "유일한 유전적 조상을 가지려면 아담과 하와의 자손과 혼혈할 수 있는 다른 모든 호미닌이 어떻게 해서든 제거되거나 아담과 하와가 번식 측면에서 고립되어야 한다.…지리적 격리는 통하지 않을 것이다. 결국 이 부부의 자손이 궁극적으로 전 세계에 퍼지게 되는

---

67 Richard Buggs, comment #592 on Venema, "Adam, Eve, and Population Genetics," BioLogos Forum, February 11, 2018, https://discourse.biologos.org/t/adam-eve-and-population-genetics-a-reply-to-dr-richard-buggs-part-1/37039/592. Buggs는 "다양성"을 "분기"와 동의어로 여김으로써 내가 앞서 불평했던 용어의 모호성을 두드러지게 한다는 데 주의하라.

68 Venema, "Adam—Once More, with Feeling."

데 그것은 격려되지 **않을** 것을 요구한다."[69] 그러나 역사적 아담과 하와가 존재했다고 해서 특히 수만 년 동안 그들이 유일한 유전적 조상이었음을 암시하는 것은 아니다. 그리고 그들의 자손들이 한동안 번식 측면에서 고립되었다고 하더라도 그런 고립은 우리가 상상할 수도 있는 인구 감소뿐만 아니라 지리적 고립, 부족 중심주의, 언어 장벽, 외국인 혐오, 인지 능력 차이, 인종주의, 단순한 혐오 등 여러 요인에 기인한 사회적 거리 두기에서 비롯되었을 수도 있다. 아마도 때때로 이 장벽들이 무너졌을 것이다. 그러나 우리는 그런 결합을 통해 인간의 계통에 유전자를 유입시킨 자손이 태어났는지에 대해 알지 못한다. 물론 우리는 아담과 하와의 자손들이 **호모 하이델베르겐시스**를 대체하고 난 뒤 확대된 인간 가족 사이에 혼혈이 있었다는 것을 알지만, 그 중간에 무슨 일이 있었는지에 대해서는 추측만 할 수 있을 뿐이다.

---

69 Venema, "Adam—Once More, with Feeling." Denis Alexander의 유사한 선입견을 참조하라. 그는 오늘날 살아 있는 개체들은 설사 그 특정한 부부의 유전자 사본들을 포함하고 있다고 할지라도 매우 적은 사본만을 포함할 것이기 때문에 고대의 시조 부부가 등장하는 모형은 과학적으로 연구하는 것이 아니라고 주장한다.

추정상의 아담과 하와가 이런 초기 집단 중 하나의 어딘가에 심겨 있다고 생각함으로써 신학적으로 무엇을 얻을 수 있는지 확실하지 않다. 그들이 인간 전체의 물리적 조상이었을 수 없으므로 유전을 통해 그들의 죄를 인간 전체에게 전달한 한 쌍의 부부라는 아이디어는 그런 시나리오를 통해 유지될 수 없다. 그들의 유전자가 이후 세대들의 인간 집단에게 기여했으리라는 것은 사실이지만 그 전 세대 및 후 세대의 그들의 공동체에 속한 다른 모든 사람의 유전자들도 그랬을 것이다(Denis R. Alexander, *Creation or Evolution: Do We Have to Choose?*, 2nd ed. [Oxford: Monarch Books, 2014], 298–99).

이 한 문단에서 Alexander는 (1) 인간 전체의 물리적 조상이 되기 위해서는 아담과 하와가 모든 인간의 유일한 유전적 조상이었어야 한다고 틀리게 주장하고, (2) 아담과 하와가 모든 인간의 유일한 유전적 조상이었을 수 없다고 그릇되게 주장하며, (3) 아담과 하와가 우리의 유일한 유전적 조상이려면 그들의 유전자가 오늘날 우리에게 전해져 내려왔어야 한다고 틀리게 주장하고, (4) 원죄 교리와 부모로부터 자녀로의 죄의 유전적 전달을 그릇되게 연계하고, (5) 한 쌍의 부부로부터의 인간의 기원에서 얻을 수 있는 신학적 유익은 원죄 교리 하나뿐이라고 잘못 가정하고 따라서 창세기 원역사의 중심적인 강조점인 하나님이 인간을 다루는 것의 보편성을 무시한다.

지리적 도전

우리는 증거는 현대 인간의 인지 능력에 대한 단일 종 기원 모형을 지지하는 것이 아니라 현대적인 인지 능력이 아시아, 아프리카, 그리고 유럽에서 발달했다는 복수 종의 문화적 모형을 지지한다는 것을 보았다. 우리는 수십만 년 전의 아프리카와 유럽으로 거슬러 올라가는 현대적인 행동의 놀라운 고고학적 징후들을 조사했는데 브루니켈 동굴의 건축물과 쇠닝겐 창 같은 몇몇 징후는 상당히 놀랍다. 그런 증거를 숙고한 데리코와 스티링거는 다음과 같이 단언한다. "우리의 현재의 유전적 다양성과 마찬가지로 '현대성'은 한 시기, 장소, 그리고 집단에서 발생한 독특한 아프리카 원산의 패키지가 아니라 여러 시기와 아프리카 대륙 밖을 포함한 여러 장소에서 출현해서 공유되었거나 동시에 발달한 요소들의 복합체였다. 이것들은 다양한 경로와 과정들을 통해 점진적으로 결합되어서 우리가 현재 행동상의 현대성으로 인식하는 것을 취하게 되었다."[70]

그렇다면 이렇게 널리 퍼진 문화적 진화의 원천이었을 만큼 충분히 이른 시기의 한 쌍의 인간을 찾아내는 것이 지리적 도전 과제다. 우리는 **호모 사피엔스**와 네안데르탈인이 공통조상으로부터 75만-55만 년 전에 갈라져 한 집단은 아프리카에 남거나 아프리카로 이동해서 궁극적으로 현대의 인간이 되었고 다른 집단은 유라시아로 이동해서 네안데르탈인과 데니소바인이 되었다는 것을 보았다. 아마도 그보다 더 전에 또 다른 집단이 갈라져서 **호모 안테세소르**가 되었을 것이다. 현대적인 행동들은 대체로 이 집단들 안에서 동시에 그리고 아마도 간혹 서로 협력하여 출

---

70   D'Errico and Stringer, "Evolution, Revolution or Saltation," 1067.

현했다. 현재 유행하는 "범아프리카 발생설"[71]은 현대적인 행동이 아프리카의 한 장소에서만 시작된 것이 아니라 아프리카 대륙 전체에서 시작되었다고 주장하는데, 그것은 **호모 사피엔스**에서의 현대적인 행동의 출현과만 관련이 있기 때문에 이 시나리오와 불일치하지 않는다. 전체 인류에 대해서는 유럽 및 아시아도 포괄하는 좀 더 넓은 관점이 필요하다.

우리가 개연성이 낮은 우연의 일치를 가정하지 않는 한 현대적인 인지 능력의 출현은 이미 이 모든 종의 공통조상의 특징이었고 모든 자손 종에게 전달되었음이 분명하다. 우리는 거듭해서 **호모 하이델베르겐시스가** 공통조상일 가능성이 가장 큰 후보임을 발견했다. 이 대목에서 우리가 그 조상 종을 뭐라 부르든 관계가 없지만 말이다. "**호모 하이델베르겐시스**"는 단순히 우리 모두 그 종으로부터 진화했고 현대적인 인지 능력의 원천이었던, 뇌가 큰 종을 부르는 이름으로 간주될 수 있다. 박스그로브나 바우어에서 발견된 치아에 대한 고단백체 분석이 이 신원을 확인할 때까지는 말이다.

호모 하이델베르겐시스의 원시 인지 능력은 차츰 스스로를 표출하고 궁극적으로 우리에게 발견될 수 있는 흔적을 남겼을 것이다. 마크 키셀과 아구스틴 푸엔테스는 멋진 요약을 제공한다.

20만-40만 년 전 **호모** 속의 뇌의 크기는 현대 인간의 뇌의 크기와 같았고, 그것의 기능상의 능력은 우리의 능력과 거의 같지는 않았을지라도 우리의 능력에 가까웠다. 같은 시기에 언어를 위한 내이(內耳)와 발성 기관이 발달했고 언어를 위한 신경조직이 존재했을 가능성이 있다. 이 시기에 아프리

---

71   Robin McKie, "The Search for Eden: In Pursuit of Humanity's Origins," *Guardian*, January 5, 2020, https://www.theguardian.com/world/2020/jan/05/the-search-for-eden -in-pursuit-of-humanitys-origins.

카와 유라시아 전 지역의 **호모** 집단들에게서 도구들과 생활방식이 상당히 복잡해졌다는 증거가 있다. 불의 사용이 도처에 편만해졌고 적어도 몇 가지의 "상징적인" 물질들의 제작과 사용, 점점 더 복잡한 도구들의 제작과 사용, 그리고 심지어 망자의 최초의 매장일 수도 있는 행위에 대한 증거가 있다. 인간의 틈새가 변하고 있었다. 좀 더 복잡한 정보가 교환되었고, 더 많은 도구와 용도들이 개발되었으며, 성공적으로 **호모** 속의 구성원이 되기 위해서는 더 많은 배움과 가르침이 필요했다. **호모** 속의 집단들이 세상 및 서로와 상호작용한 방식들의 복잡성이 심오해졌고, 의미를 만드는 능력이 이 집단들에게 가능성의 문을 여는 데 일익을 담당했을 가능성이 있다.[72]

우리는 고대라는 흐릿한 안개에 싸인 모종의 시기와 장소에 **호모 하이델베르겐시스**와 관련이 있게 될, 인지 능력이 부여된 시초의 인간 부부가 있었다는 가설을 세운다. 가설상의 시조 부부가 살았던 정확한 시기와 장소는 아직 좀 더 명확하게 밝혀질 수 없다.

앞서 언급된 바와 같이 혹자는 아담과 하와의 자손이 행동상으로 현대적이 되는 데 왜 그렇게 오랜 기간이 소요되었는지 질문할 수도 있을 것이다. 그러나 우리는 고대의 인지 능력의 발현이 단속적으로 진행되어, 나타났다가 사라지고 그 후 오랜 기간이 지난 후 다시 나타났다는 것을 명심해야 한다. 인간의 인지 능력의 성취에 대해 고르지 않은 고인류학의 기록이 전적으로 고고학 기록의 불완전성에 기인하는 것은 아니다. 오히려 그것은 변화하는 환경 조건이 인간의 인지 능력에 잠재된 행동들을 불러내는 데 기여했을 개연성이 있다. 행동상의 현대성이 서서

---

72 Marc Kissel and Agustin Fuentes, "'Behavioral Modernity' as a Process, Not an Event, in the Human Niche," *TM* 11, no. 2 (April 3, 2018): 176, https://doi.org/10.1080/175 1696x.2018.1469230.

히 제고된 것은 킴 스터렐니가 "단순 반사 모형"으로 부르는 것을 가정할 경우에만 문제가 된다. 그 모형은 행동상의 현대성은 단지 향상된 인지 능력의 반영이라고 주장한다.[73] 스터렐니가 선호하는 틈새 구축 모형은 인지 자원의 동원에 필수적인 근본적인 능력들이 발전된 이후에도 불가피하고, 일정하고, 한 방향인 동원을 예측하지 않는다. "이는 발달상의 환경이 매우 중요하고 다양한 경로의 방해를 겪기 때문이다."[74] 인지 능력이 학습과 교수에 적응한 것조차도 그것 자체로는 행동상의 현대성을 표출하기에 충분하지 않았다. "적응된 학습 환경―도제식 전달로 이해되는 것이 가장 좋다―과 유리한 인구 프로필도 필요했다." 요컨대 "현대성을 구성하는 특정한 징후들(상징 사용, 복합 도구 제작, 생태적 넓이 등)은 이 인지 및 문화 능력에 대한 속기 쉬운 징후일 뿐이다."[75]

요약과 결론

인간의 기원에 대한 과학적 증거에 관한 우리의 연구에 풍성한 보상이 있었다. 추상적 사고, 계획 수립의 깊이, 다양한 종류의 혁신성 그리고 특히 상징적인 행동 등 인간 됨의 전형적인 예들을 토대로 우리는 인간의 특징과 해부학적으로 충분히 유사한 특징을 지닐 경우 인간으로 여겨지기에 충분하다고 생각될 수 있는 몇 가지 특징을 묘사할 수 있음을

---

73 Kim Sterelny, "From Hominins to Humans: How sapiens Became Behaviourally Modern," *PTRSB* 366, no. 1566 (March 27, 2011): 813, https://doi.org/10.1098/rstb.2010.0301.

74 Sterelny, "From Hominins to Humans," 813.

75 Sterelny, "From Hominins to Humans," 814.

보았다. 뇌의 크기 및 발달에 관한 고신경학의 증거는 우리로 하여금 **호모 하이델베르겐시스**와 **호모 네안데르탈렌시스** 같은 고대의 종들을 우리와 같은 인간으로 간주하게 한다. 고고학의 많은 증거는 결합해서 누적적으로 고대의 이 종들이 인간이라는 강력한 증거를 제공하는, 인간의 인지 능력에 대한 충분조건과 관련된 고고학적 징후들, 특히 상징적인 행동을 암시하는 예술과 언어를 보여준다. 현대적인 이런 인지 능력들이 **호모** 속의 고대 종들 가운데서 독립적으로 발달했을 가능성이 지극히 작으므로 그런 능력은 대개 **호모 하이델베르겐시스**로 파악되는 공통조상에게서 물려받은 것으로 간주하는 것이 가장 좋다. 그들은 75만 년 전 이전에 유라시아나 아프리카 어느 곳에든 유래했을 수 있는, 뇌가 크고 세계적인 종이었다. 이 종의 구성원들이 다양한 지역으로 이동했는데 그들은 지역에 따라 **호모 사피엔스**, 네안데르탈인 및 기타 인간 종으로 진화했다.

따라서 아담과 하와는 **호모 하이델베르겐시스**의 구성원이자 모든 인간 종의 근원에 위치한 시조 부부로 지목되는 것이 타당할 수 있다. 이 가설에 대한 집단 유전학에 근거한 도전은, 주로 우리가 현재의 인간에게서 나타나는 유전자 분기를 토대로 50만 년 전 이전에 존재했던 우리의 가장 최근의 공통조상이 과거든 현재든 인류 전체의 유일한 유전적 조상일 가능성을 배제할 수 없기 때문에 실패한다. 인간이 지리적으로 넓게 분포한다는 도전도 아담과 하와를 **호모 사피엔스**, 네안데르탈인, 그리고 기타 종들이 갈라지기 전에 위치시키고 그 후에 그들의 후손이 가는 곳마다 환경의 변화에 대응해서 여러 종의 문화적 진보가 일어났다고 응답함으로써 해결된다.

4부
역사적 아담에
관한 숙고

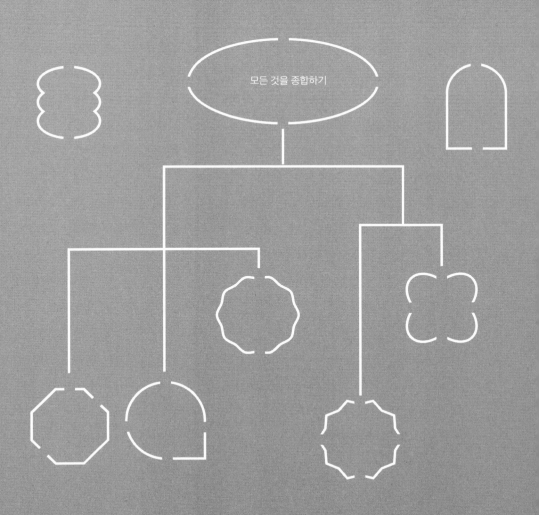

모든 것을 종합하기

13장
모든 것을 종합하기

창세기 1-11장의 원역사의 상세한 장르 분석을 토대로 우리는 이 장들을 이스라엘의 이웃들에 대비한 그들의 선택과 정체성을 위한 보편적인 근본적 헌장 역할을 하는 히브리의 신화-역사로 보는 것이 타당하다고 결론지었다. 이 내러티브들이 문자적인 역사로 읽힐 필요는 없지만 명백하게 역사적인 인물로 여겨지는 사람들에게서 끝나는, 순서에 따른 계보들의 존재와 신약성서에서 아담이 세상에 끼친 영향에 관한 바울의 가르침—그것은 순전히 문학적인 인물의 경계를 무너뜨린다—은 성경에 충실한 그리스도인들로 하여금 아담과 하와의 역사성을 긍정하게 만든다. 아담과 하와는 모든 인간의 원천, 이 행성에서 살았던 모든 인간의 계보상의 조상이었다고 주장된다.

우리가 인간의 기원 시기에 관한 과학적 증거에 대해 검토한 결과, 널리 인정된 인간의 인식 능력에 대한 기준의 토대에서 인간은 **호모 사피엔스**로만 식별될 것이 아니라 네안데르탈인도 포함하는 것으로 생각되어야 한다는 것이 밝혀졌다. 모든 인간이 시조 부부의 후손이라는 점에 비추어—과학적 헌신이 아니라 신학적 헌신이다—아담과 하와는 일반적으로 **호모 하이델베르겐시스**로 명명되는, **호모 사피엔스**와 네안데르탈인의 마지막 공통조상으로 지목되는 것이 타당할 수도 있을 것이다. 그런 파악은 시기적으로 및 지리적으로 50만 년 전 이전의 두 명의 이형접합체인 유일한 유전적 조상의 존재를 배제하지 않는 집단 유전학의 데이터와 일치한다. 이 마지막 장에서 우리는 그런 파악의 부차적인 영향을 숙고하고자 한다.

종말론적 숙고

유대-기독교의 물리적인 몸의 종말론적 부활 교리에 비추어 볼 때 아담과 하와 및 그들의 직근 자손들이 부활한 성도들 대다수에게 불쾌하게 생각될 정도로 아담과 하와가 형태상 우리와 판이했더라면 문제가 있을 것이다. 다행히도 **호모 하이델베르겐시스**는 모종의 유인원-인간의 잡종이 아니라 알아볼 수 있을 정도로 인간이었다(그림 13.1을 보라).

사실 우리가 살펴본 바와 같이 **호모 사피엔스**와 네안데르탈인의 자매 종인 **호모 안테세소르**는 놀라울 정도로 현대적인 형태를 지녔는데 이는 현대적인 얼굴이 인간의 진화 역사에서 깊이 뿌리를 내리고 있음을 암시한다. 많은 고인류학자의 견해로는 네안데르탈인의 큰 코를 포함한 네안데르탈인과 현대 인간들 사이의 형태상의 차이는 빙하 시대 기후에 대한 적응일 수도 있으며, 따라서 조상에게서 전해 내

그림 13.1. 골격 유해를 토대로 화가가 재생한 호모 하이델베르겐시스(일명 호모 로덴시엔시스)

려온 차이가 아니라 파생된 차이다.[1] 우리가 오스트레일리아 원주민, 북유럽의 라플란드인, 캐나다와 그린란드의 이누이트인 등 현대의 인간 집단 안에서의 다양성을 생각하면 인간 가족에 구인류를 포함하는 것이 그리 급진적인 걸음은 아니다. 많은 서구인은 아담과 하와를 유럽의 백인으로 생각하는, 깊이 뿌리내린 경향이 있는데 이는 문화적 및 인종적 편견에 지나지 않는다. 우리가 아담과 하와가 백인들보다는 아프리카의 산족[부시맨]과 더 닮았을 수도 있다는 생각에 익숙해질 수 있다면, 우리는 확실히 아담과 하와가 우리와 더 닮은 것이 아니라 **호모 하이델베르겐시스**와 더 닮았을 것이라는 아이디어에 익숙해질 수 있다. 실제로 나는 종말에 네안데르탈인들과 다른 구인류들이 특별한 대우를 받을지 모른다고 상상할 수 있다. "당신들은 인류가 시작한 가까운 시기에 있었지요? 그때의 모습이 어땠는지 알려 주세요!"

네안데르탈인들과 다른 구인류들이 우리 그리스도인들과 "새 하늘과 새 땅"(계 21:1)이라는 종말론적 지위를 공유할지도 모른다는 생각은 인간 가족의 구성원들로서 네안데르탈인, 데니소바인 등이 우리와 마찬가지로 하나님이 사랑하고 그리스도가 그들을 위해 죽은 사람들이었다는 놀라운 깨달음을 가져온다. 바울은 어떻게 하나님이 "[사람이] 알지 못하던 시대에는 [죄를] 간과했는지"(행 17:30), 그리고 그리스도가 도래하기 전에는 어떻게 "전에 지은 죄를 간과"했는지를(롬 3:25) 묘사한다. 그리스도의 죽음은 아담의 죄까지 거슬러 올라가는, 인간의 이전의 죄

---

1   James Hurd는 고인류학자들은 "만일 네안데르탈인이 오늘날 정장을 입고 뉴욕에서 지하철을 탄다고 해도 과도한 시선을 끌지 않을 것"이라고 생각한다고 보고한다(James P. Hurd, "Hominids in the Garden?," in *Perspectives on an Evolving Creation*, ed. Keith B. Miller [Grand Rapids: Eerdmans, 2003], 217). 아마도 이것이 뉴욕 사람들의 무관심에 관한 언급은 아닐 것이다!

를 속죄했다. 우리가 제한된 속죄라는 이상한 가르침을 받아들이지 않는 한 그리스도의 속죄 죽음은 틀림없이 이런 구인류의 죄를 포함했을 것이다. 이 깨달음은 욥처럼 이스라엘과 맺은 구약성서 언약의 테두리 밖에서 살았던 사람이 구원에 접근할 수 있었는가라는 어려운 문제를 제기한다. 그러나 자연과 양심에 나타난 하나님의 일반계시 같은, 그 문제에 대한 답변은 네안데르탈인 및 다른 구인류에게도 준용될 수 있다.[2] 따라서 우리는 종말에 그들 중 일부를 볼 수도 있는데, 나는 우리가 그들을 보게 되면 반가워하리라고 생각한다.

하나님의 형상

아담과 하와가 네안데르탈인과 구 인류의 조상이었다면 그들이 창세기 1:26-27의 일반적인 진술에 포함되므로 이 종들의 구성원들도 아담과 하와처럼 하나님의 형상대로 지어졌다. 우리가 이것을 어떻게 이해해야 하는가? 격찬을 받는 책 『자유롭게 하는 형상: 창세기 1장에 나타난 하나님의 형상』(*The Liberating Image: The* Imago Dei *in Genesis 1*)에서 리처드 미들턴은 하나님의 형상에 대한 실체적, 관계적, 기능적 해석을 구분한다. 미들턴은 하나님의 형상을 하나님과 사람 사이의 존재론적 유사성이나 사람이 하나님이나 다른 사람과 "나-당신" 관계에 설 수 있는 능력에서 찾는 것이 아니라 하나님의 형상(*imago Dei*)에 대한 기능적 해석을 지지

---

2 그리스도만을 통한 구원 교리와 그것에 대한 도전에 관한 논의는 나의 논문 "'No Other Name': A Middle Knowledge Perspective on the Exclusivity of Salvation through Christ," in *The Philosophical Challenge of Religious Diversity*, ed. Philip L. Quinn and Kevin Meeker (Oxford: Oxford University Press, 2000), 38-53을 보라.

한다. "이 독법에서 하나님의 형상은 왕의 직분 또는 인간을 세상에서의 하나님의 대표자 또는 대리인으로 부르는 것, 지구의 자원들과 생물들에 대한 하나님의 통치 또는 관리에 참여할 수 있도록 부여된 권한을 가리킨다."[3] 미들턴은 오늘날 구약 학자들이 사실상 만장일치로 기능적 해석을 선호한다고 보고한다.

기능적 해석을 지지하는 근거로 미들턴은 우선 창세기 1장의 맥락이 같은 장 26절과 28절에서 하나님의 형상을 땅을 정복하고 다스리라는 명령과 밀접하게 연결하는 데서부터 뚜렷한 제왕적 특질을 지닌다고 지적한다. 거기서 하나님은 인간에게 땅과 땅의 생물을 지배하라고 명령한다. 더욱이 그의 형상과 모양대로 인간을 창조한 하나님은 우주의 왕 또는 주권자로 묘사된다. 그는 왕적 포고를 통해 다스리며―"~이 있으라!"―"우리가 우리의 형상을 따라 사람을 만들자"라고 말함으로써 천사적인 존재들이 참석하는 하늘 궁정의 신적 어전회의를 주재한다. 이처럼 저자는 하나님을 하늘과 땅을 관장하는 왕으로 묘사한다. 인간은 이 세상에서 하나님의 통치를 대표 또는 표상하는 특별한 역할을 지녔다는 점에서 하나님과 같은 모양으로 창조된다.

이 땅에서 왕적 의무 또는 역할이 창세기 1:26-27에서 명확하게 배정되었기 때문에 구약 학자들이 인간이 이 의무와 역할을 지닌다고 보는 것은 확실히 옳다. 그러나 그 사실 자체가 하나님의 형상이 바로 그 기능임을 암시하는 것은 아니다. 오히려 인간의 왕적 의무는 하나님이 인간에게 수행하라고 부여한 **역할**일 수도 있다. 그러나 미들턴은 창세기 1:26에 나타난 인간의 왕적인 기능 또는 목적은 모종의 방식으로 인

---

3   J. Richard Middleton, *The Liberating Image: The Imago Dei in Genesis 1* (Grand Rapids: Brazos, 2005 [『해방의 형상』, SFC출판부 역간]), 27.

간의 본질 또는 본성으로부터 분리될 수 있는 단순한 부가물이 아니라고 주장한다. 그는 다스림이 문법적으로 창세기 1:26의 형상의 목적일 뿐 정의는 아닐 수도 있지만 그 텍스트의 전반적인 수사의 세계는 그것이 형상의 필요하고 분리할 수 없는 목적이며 따라서 사실상 형상을 구성한다고 말한다.

그러나 미들턴의 결론은 과도하다. 우선 하나님이 인간에게 부여한 왕적 역할이 우발적이고 하나님이 자유롭게 준 유산이 아닌지가 명백하지 않다. 하나님은 인간에게 그 기능을 부여함이 없이 인간을 창조할 수도 있었다. 그가 궁창이나 하늘의 발광체들에게 배정한 기능을 주지 않고서 그것들을 창조했을 수도 있듯이 말이다.[4] 둘째, 그리고 이 점이 더 중요한데, 어떤 것이 필요하고 분리할 수 없는 목적을 갖는다는 점이 그것의 정의인 것은 아니다. 예컨대 사람을 운송하는 것은 자동차의 본질적인 기능 중 하나이지만 그것이 자동차의 정의는 아니다. 창세기가 **하나님의 형상과 모양**을 정의하지 않고 놔둔다는 것은 엄연한 사실이다.

구약 학자들 사이의 합의—메소포타미아와 이집트에서 왕의 기능을 신들의 형상으로 묘사하는, 고대 근동의 왕들에 대한 이데올로기—가 미들턴의 기능적 해석에서 핵심적인 두 번째 요소다. 많은 학자가 고대 왕들이 종종 자신의 통치하에 있는 먼 땅에 자기의 조상(彫像)이나 상

---

4   Middleton은 창 1:6이 분리의 기능이 궁창에 비본질적인 것이 아니라 그것의 본성을 정의한다는 점을 보여준다는 점과 1:14-18이 두 광명체의 본질적인 목적을 묘사하는데 그것은 그 광명체들의 존재와 분리될 수 없다는 것을 주장한다. 그것들의 존재가 기능이나 목적을 통해 명시적으로 정의되는 창조물에 대한 이 두 가지 예들이 창 1:26에 나타난 인간의 왕적 기능이나 목적이 인간의 본질 또는 본성으로부터 분리될 수 없다는 추정을 가능케 한다고 주장된다. 이 논증은 매우 허약하다. 하나님은 궁창에 다른 목적, 예컨대 하늘의 광명체들을 고정시킬 장소를 배정했을 수도 있다. 그리고 광명체들 자체가 시간과 계절과 연들을 표시하는 기능에 봉사하지 않으며 그보다는 오히려 조명과 난방 역할을 할 수도 있다.

을 세우곤 했다는 사실에 우리의 주의를 끌겠지만 미들턴은 이 관행의 의미가 논쟁거리라고 주장한다. 그 상들은 왕들과 그들의 업적에 대한 단순한 기념물일 수도 있다. 이 상들 중 많은 것들이 신들에게 바쳐진 봉헌물이다. 미들턴이 보기에 이집트의 파라오들이 모종의 방식으로 부재하는 왕을 나타내기 위해 자신의 상을 세우던 관행이 좀 더 중요하다. 미들턴은 이 대표 개념이 고대 근동에서 상을 이해하는 데 본질적이기 때문에 왕들이 먼 땅에 자기의 상을 세우는 관행을 하나님의 형상대로 인간을 창조한 것에 대한 정당한 병행으로 간주하는 것이 매우 타당해 보인다고 생각한다. 인간은 하나님의 형상으로서 땅에서 하나님과 그의 권위를 대표한다.

이러한 왕의 관행이 흥미롭기는 하지만 그것이 실제로 인간이 하나님의 형상과 모양으로 창조된 데 대한 정당한 병행인지는 명확하지 않다. 창세기는 땅을 하나님이 부재하는 먼 땅과 같다고 묘사하지 않는다. 오히려 하나님은 이 세상에서 적극적으로 활동한다. 하나님은 자기를 대신할 모종의 대리인을 필요로 하지 않는다. 더욱이 먼 땅에 있는 왕의 조상은 실제로 왕을 대신해서 기능하지 않는다. 그것은 사실상 아무것도 하지 않는다. 그것은 단지 그 땅에 대한 왕의 권위를 나타낼 뿐이다. 왕의 조상은 다소 우리의 경찰서나 우체국들의 벽에 걸려 있는 대통령의 사진들과 비슷하다. 그 사진들은 대통령의 권위를 나타낸다. 그러나 인간은 살아 있는 하나님의 형상이다. 인간은 고대 근동의 조상의 의미에서의 하나님의 형상이 아니다.

하지만 미들턴은 하나님의 형상에 대한 고대 근동의 가장 좋은 병행은 다양한 왕들과 제사장들 자신을 신들의 형상으로 묘사하는 텍스트들이라고 주장한다. 이것은 가장 널리 인용되는, 창세기 1:26-27에 대한 일련의 병행 텍스트다. 몇 가지 예를 들어보자. 파라오 아흐모세 1세는

"레의 왕자, 케브의 자녀, 그의 상속자, 레가 창조한 레의 형상, 복수자(또는 대표자), 자기를 위해 그가 땅에 세운 자"로 묘사된다. 하트셉수트 여왕은 "아몬의 당당한 형상, 지상에서의 아몬의 형상, 영원토록 아몬-레의 형상, 지상에서 그의 살아 있는 기념비"로 묘사된다. 아멘호테프 2세는 "레의 형상", "호루스의 형상", "아툼의 형상", "신들의 주의 거룩한 형상", "레의 으뜸 형상", "레의 거룩한 형상", "아몬의 거룩한 형상", "레와 같은 아몬의 형상" 등으로 다양하게 묘사된다.[5]

미들턴은 이 텍스트들에 관해 다음과 같이 논평한다.

> 우리가 이 아이디어의 의미와 기능을 이해하기 위해서는 이집트에서의 왕권의 좀 더 넓은 이데올로기를 파악할 필요가 있다. 파라오의 신성이 이 이데올로기에서 핵심적인 요소였고 그것을 통해 파라오는 다른 모든 인간과 구별되었다.…신의 형상으로서 파라오 개념은 이 맥락에서 이해되어야 한다. 어떤 의미에서는 형상 개념은 파라오의 신적 기원과 신들에 대한 그의 친족 관계를 표현하는 다른 많은 방법 중 하나에 지나지 않는다.…파라오는 상당히 강력한 의미에서 이교 신의 조상이나 상과 유사한, 신의 신체적·지역적 화신으로 생각되었다.…커티스는 "살아 있는 신의 형상으로서의 왕은 이교의 조상과 마찬가지로 신이 자신을 현시하는 장소이자 그 신이 지상에서 그것을 통해 일하는 주요 수단이었다"고 설명한다.[6]

이 텍스트들은 창세기에 기록된 하나님의 형상에 대한 기능적 해석을

---

5   Middleton, *Liberating Image*, 109에 인용됨.
6   Middleton, *Liberating Image*, 109-10. Middleton이 위에서 인용한 글의 출처는 Edward Curtis, "Man as the Image of God in Light of Ancient Near Eastern Parallels"(PhD diss., University of Pennsylvania, 1984)다.

뒷받침한다고 주장된다.

그러나 미들턴의 주장을 훼손하는 두 가지 중요한 결함이 있다. 첫째, 미들턴은 기능적 해석이 실질적 해석을 배제하지 않으며 심지어 그것을 전제한다는 것을 인정한다. 그는 다음과 같이 쓴다. "형상에 대한 기능적 해석과…관계적 해석 모두 실질적 해석과 마찬가지로 인간의 본성에 관해 존재론상의 가정을 한다는 점에서 엄격하게 말하자면 형이상학적이다.…기능적 해석은 행동 이론의 특정한 버전과 일치하는 것으로 보일 수도 있다.…책임 있게(또는 무책임하게) 행동하는 사람들에게 초점이 맞춰진다. 이 모형에서 행동은 본질적인 통일체로서 대리인의 생각 등 그가 하는 모든 것을 포함한다."[7] 미들턴은 인간의 기능이 존재론에 뿌리를 두고 있음을 인식하기 때문에 이 인정은 그가 순전히 기능적인 해석을 지지하는 근거를 훼손한다. 더욱이 그것은 인격적인 행위에 뿌리를 두고 있는데 인격적인 행위는 기능이 아니다. 그것은 인격적인 행위자들, 즉 인격적이고 인과관계상으로 효과적인 존재들의 속성이다. 존재론과 기능 사이의 관계는 비대칭적이라는 것도 주목하라. 기능은 존재론에 뿌리를 두지만, 존재론은 기능에 뿌리를 두지 않는다. 실질주의자는 인간이 하나님에 의해 기능을 수행하도록 창조되었음을 기꺼이 인정한다. 그러나 인간은 자신의 정체성 때문에, 즉 자신이 인격적인 행위자이기 때문에 기능을 수행할 수 있다. 따라서 기능이 인격적인 행위자로서 인간의 존재론에 입각한다는 점에서 기능적 해석은 사실상 실질적 해석을 전제한다.[8]

그 주장에서 두 번째 결함은 인용된 메소포타미아와 이집트의 텍스

---

7   Middleton, *Liberating Image*, 27 각주 39.
8   이 대목에서 나의 요점이 Middleton 개인을 공격하는 것이 아님을 주의하라. 오히려 그는 기능이 존재론에 입각한다고 본다는 점에서 옳다.

트들이 사실은 기능적 해석을 지지하는 것이 아니라 다른, 네 번째의 해석을 뒷받침한다는 것이다. 미들턴이 설득력 있게 보여주는 바와 같이 고대 근동 텍스트들이 어떤 우상이나 파라오를 신의 형상으로 말할 때 그 말의 의미는 그 우상이나 파라오가 그 신의 구현 또는 화신이라는 것이다. 그 신이 그 우상이나 왕 안에서 그리고 그것을/그를 통해서 산다. 문제는 이것은 기능적 해석이 아니라는 점이다. 그것은 우상이나 왕과 신 사이의 관계에 대한 형이상학적 관점이다. 그러므로 그것을 **화신적 해석**으로 부르는 것이 좀 더 정확하다. 왕은 신의 화신이고 우상은 신의 체현이다. 하지만 그 경우 이 해석은 창세기 텍스트들의 해석과 무관한데, 이는 창세기의 텍스트들이 인간을 하나님이 그들을 통해 이 세상에서 살면서 행동하는 하나님의 화신으로 생각하지 않기 때문이다. 유대교처럼 상을 만드는 데 적대적인 종교는 인간이 신의 체현이라는 아이디어를 채택하지 않았을 것이다.[9]

따라서 실제로 실질적 해석이 불가피해 보인다.[10] 이 행성에서 하나님의 섭정으로 기능하기 위해 인간은 합리성, 자아의식, 의지의 자유 같은 특정한 능력을 가져야 한다. 따라서 우리는 하나님의 형상에 대한

---

9   아마도 그것이 창 1:26-27에서 히브리어 전치사가 사용되어 하나님의 형상을 따라(be)와 하나님의 모양대로(ke)라고 표현된 이유일 것이다. 인간은 하나님의 형상 또는 모양이라고 언급되지 않는다.

10   창 5:1-3에서 셋이 아담의 모양 곧 아담의 형상과 같이 태어났다고 언급된다. 그것은 결정적으로 실질적 해석을 지지하는 것처럼 보인다. 셋은 아담의 대표 또는 섭정이 아니었기 때문이다. 그것은 사실상 "형상"에 대한 기능적 해석을 배제한다. 기능주의자는 형상을 따른 존재라는 말이 중간적인(transitive) 관계("~보다 덜"처럼)이며 따라서 셋이 단지 아담의 형상을 따르기만 한 것이 아니라 하나님의 형상을 따랐다고 대꾸할 것이다. 문제는 닮은 관계가 중간적인 것이 아니라는 점이다. 딸이 어머니를 닮았고 어머니는 또 자기의 어머니를 닮았지만, 그 손녀가 할머니를 닮지 않을 수도 있다. 셋은 (아담이 그렇게 창조된 것처럼) 하나님의 형상과 모양으로 태어났다고 언급되지 않고 아담의 형상과 모양으로 태어났다고 언급된다. 즉 아담은 자기와 같은 또 다른 인간을 낳았다.

기능적 이해 대 실질적 이해의 결판을 내려고 하지 말아야 한다. 우리가 하나님이 우리에게 명령한 대로 기능할 수 있는 이유는 우리가 하나님의 형상대로 창조되었기 때문이다. 즉 우리는 우리를 하나님의 대표자와 섭정 역할을 할 수 있게 해주는, 존재론적으로 하나님과 어느 정도 유사한 면을 갖고 있다. 이 관점에서는 우리가 이 행성에서 하나님의 섭정과 대표로서 역할을 할 수 있는 이유는 우리가 하나님의 형상대로 지어졌기 때문이다. 즉 우리가 하나님이 인격체인 것과 마찬가지로 인격체이며 따라서 인격체의 속성들을 지녔기 때문이다. 이 인격의 속성들은 바로 우리가 인간 됨의 증거로서 의존했던 인지 행동들을 통해 현시된다.

몸-영혼 이원론/해석

창세기 1:26-27은 인간을 전인적으로 하나님의 형상을 따라 창조된 것으로 취급한다. 그것은 하나님의 형상을 합리적인 이성으로만 파악하는 것을 배제하지만, 전체로서의 인간이 하나님의 형상을 따른 존재인 이유는 하나님이 인간을 사람으로 만드는 합리적 영혼을 불어넣어 주었기 때문이라는 주장과 일치한다. 구약성서에서 우리는 영혼과 몸 사이의 명확한 용어상의 구분을 발견하지 못하는데, 이로 말미암아 몇몇 신학자는 인류학적 일원론(물질주의)을 단언한다. 하지만 스올에서의 그늘이라는 히브리어 개념은 몸에서 분리된 영혼이라는 그리스의 개념에 상응하는 것으로 보인다. 스올로 내려가는 사람들은 유령들로서 죽은 자들의 지하의 영역에서 일종의 희미한 존재를 갖는 것으로 간주된다. 그들은 죽을 때 소멸되지 않는다. 그런다기보다는 그들은 완전히 인간이 아닌 상태에서 지내는 것으로 보인다. 아무튼 제2성전기 유대교에서 인류학적 이원론이 표준적인 유대교의 믿음이 되었는데, 그것은 신구약 중간기 문헌에서 풍부하게 입증된다(가령 「바룩2서」 30.1-5; 「에스라4서」 7.26-44; 「에녹1서」 22.1-5). 사람이 죽으면 그의 몸(특히 그의 뼈들)은 심판의 날까지 땅에서 쉬는 반면에 그의 영혼은 심판의 날까지 안전하게 보관되는 곳으로 가서 하나님과 함께 있는다.[11] 심판의 날에 영혼과 몸이 재결합하고 그 사람이 심판을 받을 것이다.

신약성서의 언어는 전체에 걸쳐 명백하게 이원론적이다. 신약성서는 일관성 있게 영혼과 몸을 구별한다. 우리가 몸의 죽음과 부활 사이의 중간 상태를 고려하면 이 구별이 단지 비유적이거나 기능적인 것이 아니라 문자적으로 의도되었음이 확실하다(고후 5:1-10; 참조. 빌 1:21-23). 바울은 부활을 고대하는 중간 상태에 관한 전형적인 유대교의 믿음을 받아들인다. 바울의 견해에서는 그리스도인이 죽으면 영혼은 그리스도께 가서 그리스도가 재림해서 심판할 때까지 그와 함께 지낸다. 그리스도가 재림할 때 아직 살아 있는 사람들은 바울이 벌거벗음으로 묘사하는, 몸이 없는 존재라는 중간 상태를 거칠 필요 없이 즉각적으로 그들의 부활의 몸으로 변화될 것이다. 바울은 만일 그것이 자기의 길이라면 그리스도가 재림할 때까지 살아서 그 중간 상태를 겪을 필요가 없게 되기를 바란다. 하지만 그는 그런 상태가 그리스도와 좀 더 가까운 교제를 가져올 것이라는 사실로 위안을 받는다. 그리스도가 재림할 때 몸의 남은 부분이 있다면 그것은 썩을 수 없고, 불멸의 존재이고, 강력하고, 성령으

---

11 다음 문헌들을 보라. Robert H. Gundry, *Sōma in Biblical Theology: With Emphasis on Pauline Anthropology* (Cambridge: Cambridge University Press, 1976), 87-93; Paul Hoffmann, *Die Toten in Christus: Eine religionsgeschichtliche und exegetische Untersuchung zur paulinischen Eschatologie*, 3rd ed., NTA 2 (Munster: Aschendorff, 1978), 26-174.

로 충만한 몸으로 변화할 것이고 영혼은 동시에 그 몸과 연합할 것이다. 그때 살아 있는 사람들은 마찬가지로 그들의 부활의 몸으로 변화될 것이다(고전 15:42-52; 참조. 살전 4:14-17).

그러므로 우리는 영혼의 중간 상태에 관한 가르침에서 성경에 나타난 이원론적인 언어가 진지하게 여겨져야 한다는 것과, 인간은 연합되어 있지만 각각 독립적으로 존재할 수 있고 따라서 존재론적으로 구분되는, 영과 몸으로 구성된 종합적인 실체라는 것을 믿을 충분한 성경적 근거를 갖고 있다.[12]

동시에, 정신-몸의 문제에 관한 환원주의적 및 비환원주의적 물질주의가 개연성이 낮다는 점은 영혼이 뇌와 구분되는 영적인 실체라는 개념을 뒷받침한다.[13] 노벨상을 받은 신경학자인 존 에클스 경은 이원론/상호작용설과 관련해서 영혼이 뇌와 똑같지는 않지만, 피아니스트가 피아노를 도구로 사용해서 연주하듯이, 영혼이 뇌를 생각하기 위한 도

---

12 더욱이 영의 실재를 부인하면 기독교 신학의 모든 것을 위협하는 신학적 함의가 수반된다. 몸이 없는 정신으로서 하나님은 우리 몸이 죽을 때 몸이 없는 영혼이 되는 것과 유사한 방식으로 몸이 없는 영혼이기 때문이다. 따라서 혹자가 몸이 없는 영혼이 가능하다는 것을 부인하면, 하나님이 바로 몸이 없는 영혼이기 때문에, 하나님의 존재를 일관성 있게 믿기가 매우 어렵다.

13 정신과 몸과 관련하여 이원론/상호작용설의 대표적인 옹호는 다음 문헌들을 보라. Jonathan J. Loose, Angus J. L. Menuge, and J. P. Moreland, eds., *The Blackwell Companion to Substance Dualism* (Oxford: Wiley-Blackwell, 2018); Richard Swinburne, *Mind, Brain, and Free Will* (Oxford: Oxford University Press, 2013); Mark C. Baker and Stewart Goetz, eds., *The Soul Hypothesis: Investigations into the Existence of the Soul* (London: Continuum, 2011); Alvin Plantinga, "Materialism and Christian Belief," in *Persons: Human and Divine*, ed. Peter van Inwagen and Dean W. Zimmerman (Oxford: Oxford University Press, 2007), 99-141; E. J. Lowe, *Personal Agency: The Metaphysics of Mind and Action* (Oxford: Oxford University Press, 2008); William Hasker, *The Emergent Self* (Ithaca, NY: Cornell University Press, 1999). 나는 이 문헌들을 추천해준 Angus Menuge에게 고마움을 표한다.

구로 사용한다고 설명한다.[14] 음이 맞지 않는 피아노가 음악가의 연주 능력을 손상하듯이 손상된 뇌는 영혼의 사고 능력을 손상한다.

우리는 정신-몸의 이원론에 관한 논쟁을 추구함으로써 지나치게 본론을 벗어나기를 원하지 않지만, 인간의 정신과 몸에 관한 이원론/상호작용설 견해를 간략하게 옹호할 가치가 있다. 정신 철학자인 앵거스 메뉴지는 물질적 또는 물리적 정신 철학이 직면하는 몇 가지 문제들을 언급한다.

> **환원적** 또는 제거적 형태의 물질주의는 우리의 정신적인 삶을 설명하지 못한다. 그러나…다양한 비환원적 물질주의 역시 정신적 인과 관계를 설명하지 못한다. 만일 이런 [비환원적인] 이론들이 물질주의에 충실하다면 수반되거나 불쑥 나타나는 정신적 속성들은 아무튼 일어날 일에 대해 따라서 그것들의 물리적인 기저의 속성들에 새로운 아무것도 더할 수 없다. 우리가 의식, 정신적 인과 관계, 그리고 추론을 설명하기를 원한다면 우리는 몸 이상의 어떤 실체를 필요로 한다. 이 실체는 단순해야 하고, 분리할 수 없는 부분으로서 생각을 지녀야 하며, 통일체로서 오래 지속되어야 하고, 적극적인 힘을 지녀야 한다. 그것은 영혼처럼 들린다.[15]

이 대목에서 메뉴지는 두 유형의 물질주의를 구분한다. 첫 번째는 환원주의적 또는 제거적 물질주의다. 환원주의적 또는 제거적 물질주의는

---

14 Karl R. Popper and John C. Eccles, The Self and Its Brain: *An Argument for Interactionism* (New York: Springer, 1977). 나는 John 경이 1978년에 뒤셀도르프에서 열린 제16차 세계 철학 학술 대회에서 그 도발적인 비교를 하는 것을 들었다.

15 Angus Menuge, "Why Not Physicalism?"(November 19, 2011 캘리포니아주 샌프란시스코에서 열린 세계성서학회 복음주의 철학 협회 패널에 발표된 논문). 강조는 덧붙인 것임.

점점 인기를 잃고 있다. 그런 관점은 메뉴지가 지적하는 바와 같이 물리학적인 실체로서 뇌가 특정한 용량, 질량, 밀도, 위치 또는 형태 같은 물리적 특성들만을 가지고 있으므로 우리의 정신적 삶을 설명하지 못하는 것으로 보인다. 그러나 이 견해에서 뇌는 정신적 속성을 가지고 있지 않다. 비록 뇌가 우리에게 기쁨, 슬픔, 그리고 고통 같은 경험을 주는 신경회로와 관련이 있음에도 뇌는 기쁘지 않고, 슬프지 않으며, 고통스럽지도 않다.

따라서 환원주의적 물질주의는 우리의 정신적 삶을 설명하지 못한다. 두려움 현상을 예로 들어 보자. 우리가 공포를 경험할 때 공포 경험과 관련된 뇌의 활동이 있다. 이원론/상호작용설은 이에 동의한다. 즉 영혼이 뇌와 독립적으로 작동하는 것으로 보이지 않는다. 오히려 공포 경험에 뇌와의 상호작용이 있다. 그러나 뇌 자체는 두려워하지 않는다. 두려움이 그런 뇌의 상태와 관련이 있기는 하지만 우리는 두려움을 물리적인 뇌의 상태로 축소할 수 없다. 따라서 환원주의적인 물질주의는 명백히 지지될 수 없는 것처럼 보인다. 그것은 우리의 정신적 경험과 조화될 수 없다.

이 사실로 인해 뇌가 기쁨이나 슬픔 또는 고통처럼 수반하거나 부수하는 주변적인 의식 상태를 일으킨다는 모종의 비환원적인 물질주의를 지지하는 사람이 많아졌다. 그러나 그런 경우들에서 아무것도 이런 경험을 하지 않는다. 즉 영혼이나 정신은 이런 것들을 경험하지 않는다. 오히려 뇌가 유일하게 참으로 존재하는 실체이며 이런 정신적 상태들은 뇌의 상태들에 지나지 않는다. 메뉴지는 이 견해의 여러 문제를 적시한다.

첫째, 그는 그것은 장기간에 걸친 자아 정체성과 양립하지 않는다고 지적한다. 뇌가 어느 순간에서 다음 순간까지 지속되면 뇌는 시간에 따른 동일성을 가지지만, 뇌의 의식 상태는 어느 순간에서 다음 순간까지로 지속되지 않는다. 어느 순간에서 다음 순간까지 지속되는 자아—즉 "나"—가 없다. 이 견해의 자아—"나"—는 영혼 또는 자아가 양초의 불꽃과 같은 것이라고 말하는 불교의 자아관과 닮았다. 양초와 심지는 어느 순간에서 다음 순간까지 지속하지만 불꽃은 지속하지 않는다. 양초가 타는 동안의 각각의 순간에 존재하는 불꽃은 각기 다른 불꽃이다. 불꽃은 양초가 타고 있는 동안 꺼지지 않는다는 점에서 일종의 연속성을 보이지만, 시간에 따른 불꽃의 진정한 동일성은 없다. 의식 상태의 상황도 마찬가지다. 각각의 시간마다 뇌의 상태는 그것과 관련된 의식 상태를 지니지만, 어느 순간에서 다음 순간까지 지속되는 자아나 "나"는 없다.

이로 말미암아 알렉스 로젠버그 같은 자연주의 철학자는 대담하게도 지속되는 자아가 없다고 주장한다. 자아의 존재는 환상이라는 것이다.[16] 따라서『실재에 대한 무신론자의 안내서』(The Atheist's Guide to Reality)에서 로젠버그는 "나는 존재하지 않는다"고 단언한다. 마찬가지로 우리는 5분 전에 존재했던 사람과 동일인이라는 환상에 빠져 있다. 사실은 시간에 따른 개인적 동일성이 없기 때문에 우리는 같은 사람이 아니다. 따라서 우리가 존재하며 5분 동안 지속되었다고 **실제로** 믿으려면 우리는 자아에 대한 비환원주의적 물질주의를 거부해야 한다.

둘째, 비환원주의적 물질주의에서는 의도적인 의식 상태가 말이 되는 것으로 보이지 않는다. 의도성의 속성은 어떤 것에 관한 것 또는 어떤 것이 된다는 것의 속성이다. 예컨대 나는 내 여름 휴가나 내 아내에 관해 생각할 수 있다. 물리적인 대상들은 이런 종류의 속성을 가지지 않는다. 의자나 식탁이 무엇에 관한 것이거나 무엇의 소유가 아닌 것처럼 뇌는

---

16   Alex Rosenberg, *The Atheist's Guide to Reality: Enjoying Life without Illusions* (New York: Norton, 2011), 147, 223-24, 315.

무엇에 관한 것이 아니다. 생각만이 어떤 것의 소유이고 따라서 그것에 관한 것이나 의도성을 지닌다. 그러나 비환원주의적 물질주의에서는 상태나 의도성을 지닌 자아가 없다. 따라서 의도성은 사실상 환상이다.

또한 로젠버그는 사실은 우리가 결코 어떤 것에 관해 생각하지 않는다고 말한다. 그것은 우리가 의도적인 상태를 지니고 있다는 환상이다.[17] 그는 의도성이 없다면 문장들은 아무것에 관한 것도 아니기 때문에 (문장들은 종이 위에 표시된 잉크일 뿐이고 따라서 아무것에 관한 것도 아니다) 의미가 없음을 인정한다. 따라서 그는―그 문장을 포함해서―자기 책에 나오는 모든 문장이 의미가 없다고 단언한다. 의도적인 상태의 부인은 경험에 반할 뿐만 아니라―우리는 로젠버그의 주장들에 **관해** 생각하고 있다―실제로 스스로를 논박한다. 무엇이 환상인가? 환상은 언제나 어떤 것**의** 환상이다. 따라서 환상 자체가 하나의 의도적인 상태다. 의도성의 환상은 의도적인 상태다. 즉 우리는 어떤 것**의** 환상을 갖는다. 따라서 의도성이 단순히 환상이라는 견해는 자가당착이며 사리에 맞지 않는다.

셋째, 환원주의적 물질주의나 비환원주의적 물질주의에서는 의식 상태들 사이에 인과 관계가 없으므로 자유 의지는 어떤 형태의 물질주의와도 조화되지 않는 것처럼 보인다. 유일한 인과 관계는 순전히 물리적인 차원에서만 존재하며, 그것은 전적으로 자연법칙과 최초의 물질의 상태를 통해 결정된다. 따라서 자유 의지의 여지가 없다. 그것은 자유로운 행위자로서의 우리의 경험에 정면으로 어긋난다. 나는 자유의사로 무엇에 관해 생각하거나, 자유의사로 어떤 일을 하거나 하지 않기로 선택할 수 있다. 따라서 우리가 어떤 것을 자유롭게 한다고 믿는다면 우리가 영혼의 실재를 믿고 환원주의적 또는 비환원주의적 물질주의 견해를

---

17   Rosenberg, *Atheist's Guide to Reality*, 170-93.

거부해야 할 이유가 있다.

넷째, 메뉴지는 우리가 추론에 대해 설명하기를 원한다면 우리에게 영혼이 필요하다고 지적한다. 전제들로부터 결론으로 추론하는 자아가 없다면 우리는 단지 우리가 "2", "+", "2" 버튼을 누르고 "=" 버튼을 누르면 "4"를 보여주는 휴대용 계산기와 비슷할 것이다. 그러나 계산기는 추론을 해서 그 계산에 도달하지 않는다. 그런 장치에서는 전혀 추론이 일어나지 않는다. 따라서 우리가 추론해서 결론에 도달한다고 생각한다면 우리는 자신이 로봇 이상의 존재이며, 사실 우리가 그런 추론을 수행하는 자아라고 생각해야 한다.

마지막으로, 메뉴지가 지적하는 마지막 현상은 정신적 인과 관계다. 비환원적인 물질주의 견해에서 유일한 인과 관계의 화살표는 물리적인 뇌의 상태(B)에서 다른 뇌의 상태 또는 부수 현상의 정신 상태 방향(M)으로 가는 것임을 주목하라(그림 13.2를 보라).

부수 현상의 정신 상태는 아무것도 일으키지 않는다. 그것들은 인

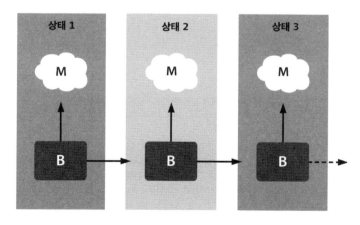

그림 13.2. 정신 상태와 뇌의 상태. "M"은 정신 상태를 나타내고 "B"는 뇌의 상태를 나타낸다. 화살표들은 그런 상태들 사이의 인과관계적인 연결을 나타낸다.

과관계상으로 완전히 무기력하다. 따라서 의식 상태로부터 뇌로 반환되는 인과 관계가 없다. 왜 그런가? 아무것도 없기 때문이다. 뇌에 인과관계상의 영향력을 행사할 수 있는 영혼이나 정신이 없다. 따라서 이 견해에서는 인과 관계 화살표는 한 방향으로만 간다. 그것은 뇌에서 이런 부수 현상의 상태들로만 간다.

그것은 어떤 일들을 일으킬 수 있는 우리의 능력에 관한 우리의 내적 이해와 양립하지 않는다. 나는 그렇게 하기를 원함으로써 내 팔이 들리게 만들 수 있다. 메뉴지는 신경가소성(neuroplasticity)에 대해서도 논의하는데, 그것에 따르면 사고가 실제로 뇌에 영향을 줄 수 있다.[18] 혹자가 특정한 방식으로 생각하면 그것이 뇌에 영향을 준다. 환자의 행동을 변화시킴에 있어서 약물보다 인지 치료가 더 유용한 경우도 있다. 사람이 무엇인가에 관해 생각하는 방식을 바꾸면 그것이 그 사람을 생리학적으로 변화시킬 것이다.[19]

따라서 이 모든 이유로 인해 우리는 물질주의 견해를 거절하고 모종의 이원론/상호작용설을 선호해야 한다. 즉 우리는 성경이 확증하는 바와 같이 영혼과 몸의 복합체이며 영혼과 몸ー특히 뇌ー이 협력해서 생각한다.

---

18 Angus Menuge, "Is Downward Causation Possible? How the Mind Can Make a Physical Difference," *Philos. Christi* 11, no. 1 (2009): 93–110, https://doi.org/10.5840/pc20091117을 보라.

19 Rosenberg는 그의 책에서 당신이 이 모든 것이 울적하게 만든다는 것을 발견하더라도ー자아가 없고, 시간 경과에 따른 동일성이 없고, 자유 의지가 없고, 의도성이 없더라도ー"언제나 항우울증 약이 있다"고 말하기 때문에 이 점이 중요하다(*Atheist's Guide to Reality*, 315). 그는 진지하다! 물질주의자가 달리 무슨 말을 하겠는가? 그는 자기의 독자들에게 뇌를 변화시키는 약을 먹으면 기분이 나아질 것이라고 충고한다. 나는 우리가 언제나 약에 의존할 필요는 없다는 Menuge의 지적을 통해 Rosenberg의 충고가 얼마나 해로운지가 드러난다고 생각한다. 사람의 사고를 변화시키는 것이 실제로 뇌를 변화시키고 정신 건강을 향상시키는 인지 치료들이 존재한다.

아담의 동시대 존재들

네안데르탈인들 및 기타 구 인류들은 인간으로서 하나님의 형상을 지녔고 따라서 본질적인 도덕적 가치와 인간의 소명을 공유한다. 그러나 아담과 하와의 자손이 아니었던 그들의 동시대 존재들은 어떠한가? 진화적 시나리오에서 아담과 하와는 좀 더 넓은 호미닌 집단에서 나왔다.[20] 아담과 하와는 모든 인간의 원천이기 때문에 필연적으로 아담과 하와의 동시대 존재들은 인간이 아니었고 따라서 하나님의 형상을 지니지 않았다. 인간이 된다는 것은 하나님의 형상을 지닌다는 것이기 때문이다. 창세기 1장의 설명에 따르면 인간 외의 어떤 생물도 하나님의 형상과 모양대로 창조되지 않았다.

시조 부부를 인간의 차원으로 고양시켰던 급격한 변화는 아마도 신적으로 야기된 생물학적 및 영적 혁신과 관련이 있을 것이다.[21] 우리가

---

20 우리는 Swamidass 및 Hossjer와 Gauger처럼 아담과 하와의 새로운 창조를 가정할 수도 있을 것이다. 그러나 그 경우 우리는 어려운 딜레마에 직면한다. 우리는 우리가 유전적으로 침팬지와 비슷한 것을 유사한 신적 계획의 반복적 사용을 토대로 설명하거나 인간이 아닌 동물들과의 상당한 혼혈을 토대로 설명해야 한다. 첫 번째 설명은 우리가 침팬지와 공유하는 고장난 위(僞)유전자를 설명하는 데 어려움이 있다(Dennis R. Venema, "Genesis and the Genome: Genomics Evidence for Human-Ape Common Ancestry and Ancestral Hominid Population Sizes," *PSCF* 62, no. 3 [2010]: 167.73). 두 번째 설명은 하나님이 우리 선조들의 야수성을 눈감아 주는 것처럼 보인다.

21 Kemp는 아담과 하와에게 결정적인 돌연변이가 일어나 그들을 생물학적으로 이성적인 영혼에 적합한 존재로 만들었다는 Andrew Alexander의 견해에 반대한다. "그는 불가능하지는 않지만 개연성이 지극히 낮은, 똑같은 돌연변이가 대략적으로 동시에 일어나는(하나는 남성에게서 그리고 다른 하나는 여성에게서) 것을 상정할 필요가 있다"(Kenneth W. Kemp, "Science, Theology, and Monogenesis," *ACPQ* 85, no. 2 [2011]: 231, https://doi.org/10.5840/acpq201185213). 그러나 우리가 기적적인 사건이 일어났다고 생각하면—합리적 영혼의 주입은 아무튼 그것을 필요로 한다—확실히 이 대목에서 아무 문제가 없다. 이 견해에서는 생물학적 인간과 신학적 인간이 동시에 존재하기 때문에 그것들 사이에 존재론적 구분이 없음을 주의하라. 마찬가지로 철학적 인간 부류를 구분할 필요나 여지도 없다. 유비로서 말(horse)을 생각해 보라. 말은 생물학적 관점

본 바와 같이 규제상의 돌연변이가 일어나 뇌의 인지 능력을 다른 호미닌 종이 누리지 못하는 수준으로 향상시켰다고 생각될 수도 있다.[22] 그런 변화는 이성적인 영혼을 뒷받침할 신경 구조를 지닌 조직을 갖출 수 있었을 것이다.[23] 그 경우 아담은 유전자 공학자들이 유전자 변형 생물체(genetically modified organism; GMO)로 부르는 사례였을 것이다. 이 대목에서 중요한 점은 아담과 하와에게 유입된 변화는 유전될 수 있고 따라서 그들이 또 다른 인간을 낳았다는 것이다(창 5:3). 체세포 유전자 치료에서 유전자 변형은 GMO에게만 영향을 주고 그 자손에게는 영향을 주지

이나 재무적 관점 또는 오락적 관점에서 생각될 수 있지만, 그 말은 세 마리가 아니라 한 마리다.

22 Bonnette는 그들의 동물의 몸이 신적으로 변화되어 진정한 사람의 몸으로 바뀐 것은 하나님이 성인 인간의 물질적인 몸에 인간의 영혼을 불어넣은 순간에 일어났을 수 있다고 지적한다. 대안적으로, 그 변화가 접합체 단계에서 일어나 고도로 진화된 비인간 유인원이 그런 인간의 아이를 자기들의 자녀로 기르고 보호했을 수도 있다(Dennis Bonnette, *Origin of the Human Species*, VIBS 106 [Amsterdam: Rodopi, 2001], 114.15). 이 후자의 시나리오가 Tattersall이 염두에 두는 변화인 것으로 보인다(본서 481을 보라).

23 그런 견해는 인간인 "**해부학적**" **호모 사피엔스**(하나님의 형상을 지닌 자들)와 비인간인 "**해부학적**" **호모 사피엔스**(하나님의 형상을 지니지 않은 자들)를 구분하는 Andrew Loke의 견해보다 낫다(*The Origin of Humanity: Science and Scripture in Conversation*, 2022, 5장). 이 대목에서 "**호모 사피엔스**"의 사용은 인습적이다. 혹자가 아담을 그 부류로 분류하기 원하는 어떤 종으로도 대체될 수 있다. Loke의 견해에서 중요한 이슈는 몸의 계획이나 형태론에 관한 것이 아니라 유전자 구조에 관한 것이기 때문에 "해부학적"이라는 말에 주의를 주는 인용부호가 달려 있다. "하나님의 형상"은 특정한 능력, 즉 온 세상과 모든 종류의 식물과 동물에게 확장될 수 있는 독특한 지배 능력, 이 지배에 대해 창조주 하나님께 대해 책임을 느낄 능력, 그리고 그리스도에 순응해질 수 있는 능력 관점에서 구조적으로 이해된다. 따라서 같은 유전자 구조를 지닌 호미닌들이 이 능력을 지녔는지 여부에 따라 인간일 수도 있고 인간이 아닐 수도 있다고 주장된다. 나는 인격적인 행위자임을 반영하는 이런 능력들을 결여하는 호미닌이 그런 능력을 지닌 누군가와 유전적으로 동일할 수 있다는 것을 강하게 의심한다. 만일 동일할 수 있다면 Loke의 견해는 오늘날 우리와 같은 모습으로 보이지만 하나님의 형상을 지니지 않았고 따라서 인간보다 못한 존재인 사람이 있을 수 있다는 무서운 결론으로 이어질 수 있다. 그러므로 비인간인 하담과 하와의 동시대의 존재들은 그들과 생물학적으로 및 영적으로 달랐다고 말하는 편이 낫다.

않는 반면에, 생식세포 유전자 치료에서는 정자나 난자 세포에 가한 변형이 이후의 세대들에 유전될 수 있다. 아담과 하와에게서 유전될 수 있는 변화를 만들기 위해 하나님은 심지어 배아 상태에서도 그들 안에서 돌연변이를 일으킨 것이 아니라, 그들의 부모들의 생식체에 돌연변이를 일으켜 아담과 하와가 잉태될 때부터 인간이 되게 했을 수도 있다. 다른 한편으로 몇몇 유전자 치료는 체세포와 생식세포를 분리시키는 소위 바이스만 장벽을 무너뜨려서 체세포의 유전자 조작을 통해 생식세포가 영향을 받아서 체세포에서 일어난 돌연변이가 유전될 수 있게 된다. 그 경우 하나님이 아담과 하와에게 가한 신경 조작에 기인한 기능 강화가 그들의 자녀들에게 전달되었을 것이다.

따라서 하나님의 아담과 하와 창조는 생물학적 혁신과 영적 혁신을 모두 필요로 했을 개연성이 크다. 생물학적 변화는 그들의 두뇌에 합리적으로 사고하는 기관으로서의 역량을 갖춰주기 위함이었고 영적 변화는 그들에게 인간이 아닌 다른 동물들이 소유하리라고 생각될 수 있는 것과는 다른, 합리적인 영혼을 갖춰주기 위함이었다. 이렇게 해서 아담과 하와는 완전히 새로운 존재가 되었다.

그렇다면 아담과 하와는 인간이 아닌 그들의 동시대의 존재들과 어떻게 어울렸는가? 우리는 현대 인간의 의식과 언어 능력을 갖춘 존재로서 아담과 하와가 인간이 아닌 그들의 동시대의 존재들과 점점 더 거리감을 느꼈고 그들의 자손이 늘어남에 따라 그들의 종족이 자연스럽게 점점 더 스스로 고립되는 경향이 있었을 개연성이 크다고 추측할 수 있을 것이다. 인간이 아닌 호미닌과의 성적 교접이 있었다면 그것은 타락한 종족에게 완전히 놀라운 일은 아니었겠지만 인간에 대한 하나님의 뜻에 어긋나는 수간(獸姦) 사례였을 것이다.[24] 궁극적으로 아담과 하와의 자손들이 다른 호미닌 종들을 대체함에 따라 그런 관계의 가능성이 사라졌다.

따라서 우리는 케네스 켐프처럼 여러 측면에서 인간과 비슷하지만 합리적 사고 능력은 결여된, 예컨대 5,000명의 호미닌이라는 최초의 집단을 상정할 수 있을 것이다.[25] 하나님이 이 집단에서 두 명을 선택해서 그들의 뇌를 혁신하고 그들에게 합리적인 영혼을 부여함으로써 그들에게 지성을 갖추어주었다. 어느 시점에 그들이 하나님의 도덕적 요구를 인식하게 되었고 그것이 그들을 책임이 있는 도덕적 행위자로 만들었다.[26] 불행하게도 그들은 (최초의) 죄 또는 위반을 저지르기로 선택함으로

---

24   일부 학자들은 진화된 다른 호미닌 종들과의 혼혈에 의존해서 아담과 하와가 생명이 없는 물질로부터 새롭게 창조되었으면서도 그들의 후손이 어떻게 원래의 기능이 중단된 위유전자 등 침팬지들과 그토록 현저한 유사성을 보일 수 있는지를 설명했다(S. Joshua Swamidass, *The Genealogical Adam and Eve: The Surprising Science of Universal Ancestry* [Downers Grove, IL: IVP Academic, 2019]). Dennis Venema가 인간의 게놈은 우리가 침팬지 및 고릴라 같은 다른 종들과 공통조상을 공유한다는 증거로 가득하다는 점을 근거로 Hossjer와 Gauger의 새로운 창조를 비판하는 것을 참조하라(Dennis Venema, "Adam Once More, with Feeling," *Jesus Creed* (blog), November 4, 2019, http://www.patheos.com/blogs/jesuscreed/2019/11/04/adam-once-more-with-feeling). 우리가 아담과 하와가 침팬지 및 다른 대형 유인원들과 공통조상을 공유한 호미닌 집단에서 출현했다고 생각하면 그렇게 혼혈에 의존할 필요가 없다. 실제로 본서에서 제안된 견해에서는 아담과 하와가 우리의 유일한 유전적 조상으로서 그들의 자손들이 결코 인간이 아닌 호미닌과 수간에 빠질 필요가 없었거나 적어도 그런 관계로부터 자손을 낳지 못했을 수 있다.

25   Kemp, "Science, Theology, and Monogenesis," 231-32.

26   앞서 언급된(338-39을 보라) Daryl Domning의 말을 상기하라. "우리가 '죄'로 부르는 인간의 행동 중 인간이 아닌 동물들에게서 발견되지 않는 것은 거의 없다.…그러나 인간의 지성이 진화해서 그런 행동이 도덕적으로 책임이 있는 존재에 의해 저질러질 수 있게 될 때까지는 그런 명백한 행동들이 죄악된 성격을 획득하지 않았다(Daryl P. Domning, "Evolution, Evil and Original Sin," *America*, November 12, 2001, http://americamagazine.org/issue/350/article/evolution-evil-and-original-sin). 다소 유사한 견해는 Robin Collins, "Evolution and Original Sin," in *Perspectives on an Evolving Creation*, ed. Keith B. Miller (Grand Rapids: Eerdmans, 2003), 469-501을 보라. 비록

써 그들의 자유 의지를 오용했고 그럼으로써 하나님 앞에서 도덕적으로 유죄가 되었으며 자신을 하나님에게서 멀어지게 만들었다. 비록 하나님이 그들에게 계속 사랑과 용서를 제공했지만 말이다. 우리가 창세기 3장, 고린도전서 15장, 그리고 로마서 5장 연구에서 살펴본 바와 같이 생물학적 유기체로서 아담과 하와는 자연적으로 필멸의 존재였기 때문에 그들은 인류에게 육체적 죽음을 들여온 것이 아니라 영적 죽음을 들여왔다.

우리는 하나님이 아담과 하와에게 부여했던, 하나님과 관계를 맺을 기회를 아담과 하와의 동시대 존재들에게 확장하지 않은 것이 불공정하다고 생각할지도 모른다. 그러나 켐프는 그런 사고에 들어있는 결함을 효과적으로 드러내며 다음과 같이 질문한다.

> 하나님이 아담과 하와에게 합리적 영혼이라는 선물, 그들을 완전히 인간으로(그리고 불멸의 존재로) 만들어주고 천국에서 하나님과 함께 영원한 행복을 누릴 전망이 부가된 선물을 준 반면에, (알렉산더의 설명에서는 아니지만 나의 설명에서는[27]) 합리적 활동을 유지하기에 충분한 몸의 구조를 지녔던 그들의 형제들과 사촌들은 동물의 상태로 남겨주는 것이 불공정하지 않겠는가? 나는 그렇지 않다고 생각한다.…하나님은 아담과 하와의 사촌들에게 합리적이고 따라서 불멸의 영혼을 빚지 않았다. 사실 하나님이 그 사촌들에게 합리적 영혼을 빚졌다는 아이디어는 앞뒤가 맞지 않을 위험이 있다. 하나님이 어떻게 어떤 존재에게는 그것이 존재하지 않게 하고 다른 존재에게

나는 아담이 개인이 아니라 단지 "도덕적·영적 의식을 획득한 진화하는 호미니드들의 최초의 집단"에 대한 이상적인 인물에 지나지 않았다(486)고 생각할 이유를 알지 못하지만 말이다.

27 이 대목에서 참조처는 Andrew Alexander, "Human Origins and Genetics," *CR* 49 (1964): 344-53이다.

는 그것이 존재하게 할 빛을 질 수 있는가?[28]

우리가 알렉산더처럼 아담과 그의 선조들의 생물학적 차이를 인식한다면—우리가 마땅히 그래야 하는 것처럼 보인다—동물을 동물로 대우하는 데 불공정한 것이 전혀 없으므로 켐프의 답변은 아주 옳은 것으로 보인다.

결론

데이터의 불완전성과 과학의 잠정적인 성격에 비추어 볼 때 역사적 아담 탐구는 의심할 나위 없이 우리의 생애나 다른 사람의 생애에 결코 결론이 나지 않을 것이다. 다행스럽게도 고고학의 이론적인 정도가 비교

---

28 Kemp, "Science, Theology, and Monogenesis," 233. 우리가 합리적인 영혼 부여가 아담과 하와를 적어도 육체적으로 불멸의 존재로 만든다는 Kemp의 가정에 동의할 필요는 없다(본서 pp. 344-46을 보라). 나는 "선택된 백성의 존재가 구원사에서 중심주제인 신학은 선택된 부부의 존재를 확실히 수용할 수 있다"는 Kemp의 언급을 빠뜨렸다. 제안된 시나리오에서는 하나님이 많은 무리 중에서 한 쌍의 인간 부부를 선택한 것이 아니기 때문이다. 다른 인간들은 없었다. 우리가 창세기의 원역사에 대한 논의에서 살펴본 바와 같이 우리는 그것을 선택의 관점에서 생각함으로써 원역사를 구원사로 붕괴시키려는 시도에 저항해야 한다. 하나님은 아브라함은 그런 목적으로 선택했지만 아담과 하와의 선조들이나 동시대 존재들을 구원하기 위해 아담과 하와를 선택한 것이 아니다.
     더욱이 나는 Kemp가 도덕적 의무, 또는 빚진 것을 강조하는 데 동의하지 않는다. 신적 명령 윤리 이론에 따르면 하나님의 명령이 그 명령을 받은 존재의 도덕적 의무를 구성하는데 하나님은 자신에게 명령을 내리지 않으므로 하나님은 아무에게도 어떤 의무도 지지 않는다. 따라서 호미닌들에게 무엇을 "빚진다"는 언어는 범주의 오류다. 오히려 문제는 하나님이 아담과 하와의 선조들에게 인간의 지위를 주지 않음으로써 하나님이 자신의 본성과 일치하지 않는 뭔가를 하느냐 여부다. 하나님이 **호모 에렉투스**를 **호모 에렉투스**로 대우하는 것은 펠리컨을 펠리컨으로 대우하고 코끼리를 코끼리로 대우하며 침팬지를 침팬지로 대우하는 것만큼이나 일관성이 있다.

적 낮으므로 우리의 잠정적인 결론은 철저한 변화를 겪을 가능성이 크지 않다. 브루니켈 동굴 구조물과 쇠닝겐 창들은 없어지지 않을 것이다. 기껏해야 그것들은 연대가 다시 추정될 수 있을 뿐인데, 연대들은 좀 더 최근의 시기로 수정될 수도 있지만 이것들과 대다수 사례에서는 그럴 가능성이 작다. 혹시 연대가 재추정된다면 대체로 좀 더 먼 시기로 수정된다.

이 탐구가 결정적이지 않음에도 불구하고 우리는 역사에서 아담의 위치에 관한 기회의 창을 상당히 좁힐 수 있었다. 아담은 아마도 100만–75만 년 전의 어느 시점에 살았을 텐데 이 결론은 집단 유전학의 증거와 일치한다. 고생물학과 고고학의 추가 발견으로 종점이 아마도 더 뒤로 밀려날 수 있을 것이다. 우리는 **호모 하이델베르겐시스** 종의 유해들의 고단백체 분석을 통해 이 종이 유래한 장소가 명확해지리라고 기대할 수도 있을 것이다. 그 이름은 적어도 **호모 사피엔스**와 인간 가족의 다양한 자매 종들의 조상이었던 뇌가 큰 인간 종을 가리키는 유용한 이름 역할을 할 것이다. 우리는 불확실성과 더불어 살 수 있다. 지금은 우리가 [청동] 거울을 통해 희미하게 보지만 어느 날 얼굴과 얼굴을 마주하여 볼 것이기 때문이다(고전 13:12). 그동안 우리는 흥분과 기대를 안고서 새로운 발견을 기다린다.

참고 문헌

Alexander, Andrew. "Human Origins and Genetics." *Clergy Review* 49 (1964): 344-53.

Alexander, Denis R. *Creation or Evolution: Do We Have to Choose?* 2nd ed. Oxford: Monarch Books, 2014.

————. "The Various Meanings of Concordism." *BioLogos* (blog), March 23, 2017. http://biologos.org/blogs/guest/the-various-meanings-of-concordism.

Alexander, Hartley Burr. *Latin-American.* Vol. 11 of *The Mythology of All Races,* edited by Louis Herbert Gray and John Arnott MacCulloch. New York: Cooper Square, 1964.

Alexander, T. Desmond, and David W. Baker, eds. *Dictionary of the Old Testament: Pentateuch.* Downers Grove, IL: InterVarsity Press, 2003.

Allen, James P. *Genesis in Egypt: The Philosophy of Ancient Egyptian Creation Accounts.* Yale Egyptological Studies. San Antonio, TX: Van Siclen Books, 1988.

Ananikian, Mardiros H., and Alice Werner. *Armenian and African.* Vol. 7 of *The Mythology of All Races,* edited by Louis Herbert Gray and John Arnott MacCulloch. Boston: Marshall Jones, 1925.

Arnaud, Daniel. *Corpus des textes de bibliothèque de Ras Shamra-Ougarit (1936-2000) en sumérien, babylonien et assyrien.* Barcelona: Editorial AUSA, 2007.

Arnold, Bill T. *Genesis.* New Cambridge Bible Commentary. Cambridge: Cambridge University Press, 2009.

————. "The Genesis Narratives." In *Ancient Israel's History: An Introduction to Issues and Sources,* edited by Bill T. Arnold and Richard S. Hess, 23-45. Grand Rapids: Baker Academic, 2014.

————. "Pentateuchal Criticism, History of." In Alexander and Baker, *Dictionary of the Old Testament,* 622-31.

Arnold, Bill T., and David B. Weisberg. "A Centennial Review of Friedrich Delitzsch's 'Babel und Bibel' Lectures." *Journal of Biblical Literature* 121, no. 3 (2002): 441-57.

Arsuaga, J. L., I. Martinez, L. J. Arnold, A. Aranburu, A. Gracia-Téllez, W. D. Sharp, R. M. Quam, et al. "Neandertal Roots: Cranial and Chronological Evidence from Sima de los Huesos." *Science* 344, no. 6190 (June 20, 2014): 1358–63. https://doi.org/10.1126/science.1253958.

Aubert, M., P. Setiawan, A. A. Oktaviana, A. Brumm, P. H. Sulistyarto, E. W. Saptomo, B. Istiawan, et al. "Palaeolithic Cave Art in Borneo." *Nature* 564, no. 7735 (November 7, 2018): 254,57. http://doi.org/10.1038/s41586-018 -0679-9.

Averbeck, Richard E. "A Literary Day, Intertextual, and Contextual Reading of Genesis 1–2." In Charles, *Reading Genesis 1-2*, 7–34.

————. "Reading the Torah in a Better Way: Unity and Diversity in Text, Genre, and Compositional History." In *Paradigm Change in Pentateuchal Research*, edited by Matthias Armgardt, Benjamin Kilchör, and Markus Zehnder, 21–43. Beihefte zur Zeitschrift für altorientalische und biblische Rechtsgeschichte. Wiesbaden: Harrassowitz Verlag, 2019.

————. "Responses to Chapter Three." In Charles, *Reading Genesis 1-2*, 94.

Ayala, Francisco J., Ananías Escalante, Colm O'Huigin, and Jan Klein. "Molecular Genetics of Speciation and Human Origins." *Proceedings of the National Academy of Sciences* 91, no. 15 (July 1994): 6787–94. http://doi .org/10.1073/pnas.91.15.6787.

Baaren, Th. P. van. "The Flexibility of Myth." In Dundes, *Sacred Narrative*, 217–24.

Baker, D.W. "Arts and Crafts." In Alexander and Baker, *Dictionary of the Old Testament*, 49–53.

Baker, Mark C., and Stewart Goetz, eds. *The Soul Hypothesis: Investigations into the Existence of the Soul*. London: Continuum, 2011.

Barham, Lawrence S. "Possible Early Pigment Use in South-Central Africa." *Current Anthropology* 39, no. 5 (1998): 703–10.

Barr, James. *Fundamentalism*. Philadelphia: Westminster, 1978.

————. "The Meaning of 'Mythology' in Relation to the Old Testament." *Vetus Testamentum* 9, no. 1 (1959): 1-10.

Barras, Colin. "First Stone-Tipped Spear Thrown Earlier Than Thought." *New Scientist*, November 15, 2012. http://www.newscientist.com/article/dn 22508-first-stone-tipped-spear-thrown-earlier-than-thought/.

Barrett, Matthew, and Ardel B. Caneday. "Adam, to Be or Not to Be?" In Barrett and Caneday, *Four Views on the Historical Adam*, 13–36.

————, eds. *Four Views on the Historical Adam*. Counterpoints. Grand Rapids: Zondervan, 2013.

Barrick, William D. "A Historical Adam: Young-Earth Creation View." In Barrett and Caneday, *Four Views on the Historical Adam*, 197-227.

Bascom, William. "The Forms of Folklore: Prose Narratives." In Dundes, *Sacred Narrative*, 5-25.

Bauckham, Richard J. *Jude, 2 Peter*. Word Biblical Commentary 50. Waco: Word, 1983.

Båve, Arvid. "A Deflationary Theory of Reference." *Synthèse* 169 (2009): 51-73.

Beall, Todd. "Reading Genesis 1-2: A Literal Approach." In Charles, *Reading Genesis 1-2*, 45-59.

Beckwith, Martha. *Hawaiian Mythology*. New Haven: Yale University Press, 1940.

Berger, Arno, and Theodore P. Hill. "Benford's Law Strikes Back: No Simple Explanation in Sight for Mathematical Gem." *Mathematical Intelligencer* 33 (2011): 85-91. https://digitalcommons.calpoly.edu/cgi/viewcontent.cgi ?article=1074&context=rgp_rsr.

Bickerton, Derek. *Adam's Tongue: How Humans Made Language, How Language Made Humans*. New York: Hill & Wang, 2009.

BioLogos Editorial Team. "Adam, Eve, and Human Population Genetics." *BioLogos* (blog), November 12, 2014. https://biologos.org/articles/series /genetics-and-the-historical-adam-responses-to-popular-arguments /adam-eve-and-human-population-genetics.

Blocher, Henri. *Original Sin: Illuminating the Riddle*. Grand Rapids: Eerdmans, 1997.

Boë, Louis-Jean, Pierre Badin, Lucie Ménard, Guillaume Captier, Barbara Davis, Peter MacNeilage, Thomas R. Sawallis, and Jean-Luc Schwartz. "Anatomy and Control of the Developing Human Vocal Tract: A Response to Lieberman." *Journal of Phonetics* 41, no. 5 (2013): 379-92. http://doi.org/10.1016/ j.wocn.2013.04.001.

Boë, Louis-Jean, Jean-Louis Heim, Kiyoshi Honda, and Shinji Maeda. "The Potential Neandertal Vowel Space Was as Large as That of Modern Humans." *Journal of Phonetics* 30, no. 3 (2002): 465-84. https://doi.org/10.1006/jpho.2002.0170.

Bond, Helen K. "What Are the Gospels? And Why Does It Matter?" Paper presented at the Annual Meeting of the Society of Biblical Literature, Synoptic Gospels Section, Denver, CO, November 17, 2018.

Bonnette, Dennis. *Origin of the Human Species*. Value Inquiry Book Series 106. Amsterdam: Rodopi, 2001.

Broadfield, Douglas, Michael Yuan, Kathy Schick, and Nicholas Toth, eds. *The Human Brain Evolving: Paleoneurological Studies in Honor of Ralph.L. Holloway*. Stone Age

Institute Publication Series 4. Gosport, IN: Stone Age Institute Press, 2010.

Bromage, Timothy G., and M. Christopher Dean. "Reevaluation of the Age at Death of Immature Fossil Hominids." *Nature* 317, no. 6037 (October 10, 1985): 525–27.

Brooks, Alison S., John E. Yellen, Richard Potts, Anna K. Behrensmeyer, Alan L. Deino, David E. Leslie, Stanley H. Ambrose, et al. "Long-Distance Stone Transport and Pigment Use in the Earliest Middle Stone Age." *Science* 360, no. 6384 (April 6, 2018): 90–94.

Buggs, Richard. "Adam and Eve: A Tested Hypothesis?" *Ecology & Evolution* (blog). October 28, 2017. https://natureecoevocommunity.nature.com/channels/522-journal-club/posts/22075-adam-and-eve-a-tested-hypothesis.

Bultmann, Rudolf. "Adam and Christ according to Romans 5." In *Current Issues in New Testament Interpretation*, edited by William Klassen and Graydon F. Snyder, 143–65. London: SCM, 1962.

Burridge, Richard A. *What Are the Gospels? A Comparison with Graeco-Roman Biography.* 2nd ed. Waco: Baylor University Press, 2018.

Burstein, Stanley Mayer, ed. *The "Babyloniaca" of Berossus.* Sources from the Ancient Near East 1/5. Malibu, CA: Undena, 1978.

Carson, D. A. "Adam in the Epistles of Paul." In *In the Beginning…: A Symposium on the Bible and Creation*, edited by N. M. de S. Cameron, 28–43. Glasgow: Biblical Creation Society, 1980.

Cassuto, Umberto. *A Commentary on the Book of Genesis*, part 1, *From Adam to Noah.* Translated by Israel Abrahams. Skokie, IL: Varda Books, 2005.

Castellino, G. "The Origins of Civilization according to Biblical and Cuneiform Texts." In Hess and Tsumura, *"I Studied Inscriptions from before the Flood,"* 75–95.

Cavigneaux, Antoine. "Les oiseaux de l'arche." *Aula Orientalis* 25, no. 2 (2007): 319–20.

Charles, J. Daryl, ed. *Reading Genesis 1-2: An Evangelical Conversation.* Peabody, MA: Hendrickson, 2013.

Chen, L., A. B. Wolf, W. Fu, L. Li, and J. M. Akey. "Identifying and Interpreting Apparent Neanderthal Ancestry in African Individuals." *Cell* 180, no. 4 (January 2020): 677–87.e16.

Childs, Brevard S. *Introduction to the Old Testament as Scripture.* Philadelphia: Fortress, 1979.

————. *Myth and Reality in the Old Testament.* 2nd ed. Studies in Biblical Theology, 1st ser., 27. 1962. Reprint, Eugene: Wipf & Stock, 2009.

Clifford, Richard J. *Creation Accounts in the Ancient Near East and in the Bible*. Catholic Biblical Quarterly Monograph Series 26. Washington, DC: Catholic Biblical Association of America, 1994.

Clines, David J. A. *The Theme of the Pentateuch*. 2nd ed. Journal for the Study of the Old Testament Supplement Series 10. Sheffield: Sheffield Academic Press, 1997.

Collins, C. John. "Adam and Eve as Historical People, and Why It Matters." *Perspectives on Science and Christian Faith* 62, no. 3 (September 2010): 147–65.

_____. *Did Adam and Eve Really Exist? Who They Were and Why You Should Care*. Wheaton: Crossway, 2011.

_____. *Reading Genesis Well: Navigating History, Poetry, Science, and Truth*. Grand Rapids: Zondervan, 2018.

_____. "Response from the Old Earth View." In Barrett and Caneday, *Four Views on the Historical Adam*, 126–33.

_____. "Responses to Chapter Four." In Charles, *Reading Genesis 1-2*, 137.

Collins, Robin. "Evolution and Original Sin." In Miller, *Perspectives on an Evolving Creation*, 469–501.

Conner, Samuel R., and Don N. Page. "Starlight and Time Is the Big Bang." *Creation Ex Nihilo Technical Journal* 12, no. 2 (1998): 174–94.

Cooke, Gary A. "Reconstruction of the Holocene Coastline of Mesopotamia." *Geoarchaeology* 2, no. 1 (1987): 15–28.

Copan, Paul, and Douglas Jacoby. *Origins: The Ancient Impact and Modern Implications of Genesis 1-11*. New York: Morgan James, 2019.

Cornford, F. M. *The Unwritten Philosophy and Other Essays*. Cambridge: Cambridge University Press, 1950.

Craig, William Lane. *Atonement and the Death of Christ: An Exegetical, Historical, and Philosophical Exploration*. Waco: Baylor University Press, 2020.

_____. *God and Abstract Objects: The Coherence of Theism; Aseity*. Berlin: Springer, 2017.

_____. " 'No Other Name': A Middle Knowledge Perspective on the Exclusivity of Salvation through Christ." In *The Philosophical Challenge of Religious Diversity*, edited by Philip L. Quinn and Kevin Meeker, 38–53. Oxford: Oxford University Press, 2000.

Craig, William Lane, and Erik J. Wielenberg. *A Debate on God and Morality: What Is the Best Account of Objective Moral Values and Duties?* Edited by Adam Lloyd Johnson. Abingdon, UK: Routledge, 2020.

Currid, John D. *Ancient Egypt and the Old Testament*. Grand Rapids: Baker Books, 1997.

————. "Theistic Evolution Is Incompatible with the Teachings of the Old Testament." In *Theistic Evolution: A Scientific, Philosophical, and Theological Critique*, edited by J. P. Moreland, Stephen C. Meyer, Christopher Shaw, Ann K. Gauger, and Wayne Grudem, 839–78. Wheaton: Crossway, 2017.

Curtis, Edward. "Man as the Image of God in Light of Ancient Near Eastern Parallels." PhD diss., University of Pennsylvania, 1984.

Dalley, Stephanie, ed. *Myths from Mesopotamia: Creation, the Flood, Gilgamesh, and Others*. Rev. ed. Oxford: Oxford University Press, 2000.

D'Anastasio, Ruggero, Stephen Wroe, Claudio Tuniz, Lucia Mancini, Deneb T. Cesana, Diego Dreossi, Mayoorendra Ravichandiran, et al. "MicroBiomechanics of the Kebara 2 Hyoid and Its Implications for Speech in Neanderthals." *PLoS One* 8, no. 12 (2013): e82261. http://doi.org/10.1371/journal.pone.0082261.

Davis, Jud. "Unresolved Major Questions: Evangelicals and Genesis 1–2." In Charles, *Reading Genesis 1-2*, 207–36.

Day, John. *From Creation to Babel: Studies in Genesis 1-11*. Library of the Hebrew Bible/Old Testament Studies 592. London: Bloomsbury, 2013.

————. "The Serpent of the Garden of Eden: A Critique of Some Recent Proposals." Paper presented at the Annual Meeting of the Society of Biblical Literature, Denver, CO, November 18, 2018.

Dean, Christopher, Meave G. Leakey, Donald Reid, Friedemann Schrenk, Gary T. Schwartz, Christopher Stringer, and Alan Walker. "Growth Processes in Teeth Distinguish Modern Humans from Homo erectus and Earlier Hominins." *Nature* 414, no. 6864 (December 6, 2001): 628–31.

Dediu, Dan, and Stephen C. Levinson. "Neanderthal Language Revisited: Not Only Us." *Current Opinion in Behavioral Sciences* 21 (2018): 49–55.

DeGusta, David, W. Henry Gilbert, and Scott P. Turner. "Hypoglossal Canal Size and Hominid Speech." *Proceedings of the National Academy of Sciences* 96, no. 4 (February 16, 1999): 1800–1804. http://doi.org/10.1073/pnas.96.4.1800.

Delitzsch, Friedrich. *Babel und Bibel: Ein Vortrag*. Leipzig: Hinrichs, 1902.

D'Errico, Francesco. "The Invisible Frontier: A Multiple Species Model for the Origin of Behavioral Modernity." *Evolutionary Anthropology* 12, no. 4 (August 5, 2003): 188–202. https://doi.org/10.1002/evan.10113.

D'Errico, Francesco, and Chris B. Stringer. "Evolution, Revolution or Saltation Scenario for the Emergence of Modern Cultures?" *Philosophical Transactions of the Royal*

Society B 366, no. 1567 (April 12, 2011): 1060-69. http://doi.org/10.1098/rstb.2010.0340.

Domning, Daryl P. "Evolution, Evil and Original Sin." *America*, November 12, 2001. http://www.americamagazine.org/issue/350/article/evolution-evil-and-original-sin.

Doty, William G. *Myth: A Handbook*. Tuscaloosa: University of Alabama Press, 2004.

Du, Andrew, and Zeresenay Alemseged. "Temporal Evidence Shows Australopithecus sediba Is Unlikely to Be the Ancestor of Homo." *Science Advances* 5 (May 2019): eaav9038. http://doi.org/10.1126/sciadv.aav9038.

Dundes, Alan. "Earth-Diver: Creation of the Mythopoeic Male." In Dundes, *Sacred Narrative*, 270-94.

_____. "Introduction." In Dundes, *Sacred Narrative*, 1-4.

_____, ed. *Sacred Narrative: Readings in the Theory of Myth*. Berkeley: University of California Press, 1984.

Dunn, James D. G. *Romans 1-8*. Word Biblical Commentary 38A. Grand Rapids: Zondervan, 1988.

Durvasula, Arun, and Sriram Sankararaman. "Recovering Signals of Ghost Archaic Introgression in African Populations." *Science Advances* 6, no. 7 (February 12, 2020): eaax5097. https://doi.org/10.1126/sciadv.aax5097.

Eliade, Mircea. *Myth and Reality*. Translated by Willard R. Trask. New York: Harper & Row, 1963.

Ellis, E. Earle. *Paul's Use of the Old Testament*. Grand Rapids: Baker Books, 1981. Reprint, Eugene: Wipf & Stock, 2003.

Enns, Peter. "Adam and the Genome: Responses; Some Thoughts from Pete Enns." *Biologos* (blog), January 30, 2017: http://biologos.org/articles/adam-and-the-genome-responses.

_____. *The Evolution of Adam: What the Bible Does and Doesn't Say about Human Origins*. Grand Rapids: Brazos, 2012.

Erho, Ted, Frederic Krueger, and Matthias Hoffmann. "Neues von Pharaos Zauberern." Welt und Umwelt der Bibel 2 (2016): 70-72.

Etz, Donald V. "The Numbers of Genesis V 3-31: A Suggested Conversion and Its Implications." *Vetus Testamentum* 43, no. 2 (1993): 171-89.

Fee, Gordon D. *The First Epistle to the Corinthians*. New International Commentary on the New Testament. Grand Rapids: Eerdmans, 1987.

Fiddes, I. T., G. A. Lodewijk, M. Mooring, C. M. Bosworth, A. D. Ewing, G. L. Mantalas, A. M. Novak, et al. "Human-Specific *NOTCH2NL* Genes Affect Notch Signaling and Cortical Neurogenesis." *Cell* 173, no. 6 (May 31, 2018): 1356-69.e22. http://doi.org/10.1016/j.cell.2018.03.051.

Firth, Raymond. "The Plasticity of Myth: Cases from Tikopia." In Dundes, *Sacred Narrative*, 207-16.

Fisher, Simon E. "Evolution of Language: Lessons from the Genome." *Psychonomic Bulletin and Review* 24, no. 1 (2017): 34-40. http://doi.org/10.3758/s13423-016-1112-8.

Fitzmyer, Joseph A. *Romans*. Anchor Yale Bible 33. New Haven: Yale University Press, 1993.

Fleagle, John G. "Beyond Parsimony." *Evolutionary Anthropology* 6, no. 1 (1997): 1.

Florio, M., T. Namba, S. Pääbo, M. Hiller, and W. B. Huttner. "A Single Splice Site Mutation in Human-Specific *ARHGAP11B* Causes Basal Progenitor Amplification." *Science Advances* 2, no. 12 (December 7, 2016): e1601941. https://doi.org/10.1126/sciadv.1601941.

Foley, Robert. "Striking Parallels in Early Hominid Evolution." *Trends in Ecology and Evolution* 8, no. 6 (June 1993): 196-97.

Fortey, Richard. *Life: An Unauthorized Biography*. London: Folio Society, 2008.

Fowler, Alastair. "The Life and Death of Literary Forms." In *New Directions in Literary History*, edited by Ralph Cohen, 77-94. London: Routledge & Kegan Paul, 1974.

Fox, William Sherwood. *Greek and Roman*. Vol. 1 of *The Mythology of All Races*, edited by Louis Herbert Gray and John Arnott MacCulloch. New York: Cooper Square, 1964.

Frankfort, Henri, and H. A. Frankfort. "The Emancipation of Thought from Myth." In Frankfort, Frankfort, Wilson, Jacobsen, and Irwin, *The Intellectual Adventure of Ancient Man*, 363-88.

―――――. "Myth and Reality." In Frankfort, Frankfort, Wilson, Jacobsen, and Irwin, *The Intellectual Adventure of Ancient Man*, 3-27.

Frankfort, H., H. A. Frankfort, John A. Wilson, Thorkild Jacobsen, and William A. Irwin. *The Intellectual Adventure of Ancient Man: An Essay on Speculative Thought in the Ancient Near East*. Chicago: University of Chicago Press, 1946.

Frazer, James G. "The Fall of Man." In Dundes, *Sacred Narrative*, 72-97.

Freedman, R. David. "The Dispatch of the Reconnaissance Birds in Gilgamesh XI."

Journal of the Ancient Near Eastern Society of Columbia University 5 (1973): 123–29.

Fuentes, Agustín. *The Creative Spark: How Imagination Made Humans Exceptional*. New York: Dutton, 2017.

Gaster, Theodor H. "Myth and Story." In Dundes, *Sacred Narrative*, 110–36.

George, Andrew R. *The Babylonian Gilgamesh Epic: Introduction, Critical Edition, and Cuneiform Texts*. 2 vols. Oxford: Oxford University Press, 2003.

_____. "Shattered Tablets and Tangled Threads: Editing Gilgamesh, Then and Now." *Aramazd* 3, no. 1 (2008): 7–30. https://eprints.soas.ac.uk/7497/.

Gertz, Jan Christian. "The Formation of the Primeval History." In *The Book of Genesis: Composition, Reception, and Interpretation*, edited by Craig A. Evans, Joel N. Lohr, and David L. Petersen, 107–36. Supplements to Vetus Testamentum 152. Leiden: Brill, 2012.

Gray, Louis Herbert, and John Arnott MacCulloch, eds. *The Mythology of All Races*. 13 vols. 1916–33. Reprint, New York: Cooper Square, 1964.

Green, William Henry. "Primeval Chronology." *Bibliotheca Sacra* (1890): 285–303.

Gundry, Robert H. *Sōma in Biblical Theology: With Emphasis on Pauline Anthropology*. Cambridge: Cambridge University Press, 1976.

Gunkel, Hermann. *The Legends of Genesis: The Biblical Saga and History*. Translated by W. H. Carruth. New York: Schocken Books, 1964.

Halton, Charles, ed. *Genesis: History, Fiction, or Neither? Three Views on the Bible's Earliest Chapters*. Grand Rapids: Zondervan, 2015.

Hamilton, Victor P. *The Book of Genesis: Chapters 1-17*. New International Commentary on the Old Testament. Grand Rapids: Eerdmans, 1990.

Hardy, B. L., M. H. Moncel, C. Kerfant, M. Lebon, L. Bellot-Gurlet, and N. Mélard. "Direct Evidence of Neanderthal Fibre Technology and Its Cognitive and Behavioral Implications." *Scientific Reports* 10, no. 4889 (2020). http://doi.org/10.1038/s41598-020-61839-w.

Harlow, Daniel C. "After Adam: Reading Genesis in an Age of Evolutionary Science." *Perspectives on Science and Christian Faith* 62, no. 3 (2010): 179–95.

Hasel, Gerhard F. "The Polemic Nature of the Genesis Cosmology." *Evangelical Quarterly* 46 (1974): 81–102.

Hasker, William. *The Emergent Self*. Ithaca, NY: Cornell University Press, 1999.

Hauser, Marc D. *The Evolution of Communication*. Cambridge, MA: MIT Press, 1996.

Hauser, M. D., C. Yang, R. C. Berwick, I. Tattersall, M. J. Ryan, J. Watumull, N. Chomsky, and R. C. Lewontin. "The Mystery of Language Evolution." *Frontiers in Psychology* 5 (May 7, 2014). http://doi.org/10.3389/fpsyg.2014.00401.

Hays, Christopher M., and Stephen Lane Herring. "Adam and the Fall." In *Evangelical Faith and the Challenge of Historical Criticism*, edited by Christopher M. Hays and Christopher B. Ansberry, 24-54. Grand Rapids: Baker Academic, 2013.

Heide, M., C. Haffner, A. Murayama, Y. Kurotaki, H. Shinohara, H. Okano, E. Sasaki, and W. B. Huttner. "Human-Specific *ARHGAP11B* Increases Size and Folding of Primate Neocortex in the Fetal Marmoset." *Science* 369, no. 6503 (July 31, 2020): 546-50. https://doi.org/10.1126/science.abb2401.

Heidel, Alexander. *The Babylonian Genesis: The Story of Creation*. 2nd ed. Chicago: University of Chicago Press, 1951.

Hendel, Ronald. "Genesis 6:1-4 in Recent Interpretation." Paper presented at the Annual Meeting of the Society of Biblical Literature, Genesis Section/Pentateuch Section, San Diego, CA, November 24, 2019.

Hess, Richard S. "The Genealogies of Genesis 1-11 and Comparative Literature." In Hess and Tsumura, *"I Studied Inscriptions from before the Flood,"* 58-72.

———. *Israelite Religions: An Archaeological and Biblical Survey*. Grand Rapids: Baker Academic, 2007.

Hess, Richard S., and David Toshio Tsumura, eds. *"I Studied Inscriptions from before the Flood": Ancient Near Eastern, Literary, and Linguistic Approaches to Genesis 1-11*. Sources for Biblical and Theological Studies 4. Winona Lake, IN: Eisenbrauns, 1994.

Hill, Carol A. "Making Sense of the Numbers in Genesis." *Perspectives on Science and Christian Faith* 55, no. 4 (2003): 239-51.

Hill, Theodore P. "The Significant-Digit Phenomenon." *American Mathematical Monthly* 102, no. 4 (April 1995): 322-27.

Hirsch, E. D., Jr. *Validity in Interpretation*. New Haven: Yale University Press, 1967.

Hoffmann, Dirk L., Diego E. Angelucci, Valentín Villaverde, Josefina Zapata, and João Zilhão. "Symbolic Use of Marine Shells and Mineral Pigments by Iberian Neandertals 115,000 Years Ago." *Science Advances* 4, no. 2 (February 2018): eaar5255. https://doi.org/10.1126/sciadv.aar5255.

Hoffmann, D. L., C. D. Standish, M. García-Diez, P. B. Pettitt, J. A. Milton, J. Zilhão, J. J. Alcolea-González, et al. "U-Th Dating of Carbonate Crusts Reveals Neandertal Origin of Iberian Cave Art." *Science* 359, no. 6378 (February 23, 2018): 912-

15. https://doi.org/10.1126/science.aap7778.

Hoffmann, Paul. *Die Toten in Christus: Eine religionsgeschichtliche und exegetische Untersuchung zur paulinischen Eschatologie*. 3rd ed. Neutestamentliche Abhandlungen 2. Münster: Aschendorff, 1978.

Hoffmeier, James K. "Genesis 1–11 as History and Theology." In Halton, Genesis, 23–58.

_____. "Some Thoughts on Genesis 1 & 2 and Egyptian Cosmology." *Journal of the Ancient Near Eastern Society of Columbia University* 15, no. 1 (1983): 39–49.

Holloway, Ralph L. "The Human Brain Evolving: A Personal Retrospective." In Broadfield, Yuan, Schick, and Toth, *The Human Brain Evolving*, 1–14.

Honko, Lauri. "Der Mythos in der Religionswissenschaft." *Temenos* 6 (1970): 36–67.

_____. "The Problem of Defining Myth." In Dundes, *Sacred Narrative*, 41–52.

Hornung, Erik. *Conceptions of God in Ancient Egypt: The One and the Many*. Translated by John Baines. Ithaca, NY: Cornell University Press, 1982.

Horowitz, Wayne. *Mesopotamian Cosmic Geography*. Winona Lake, IN: Eisenbrauns, 2011.

Hössjer, Ola, and Ann Gauger. "A Single–Couple Human Origin Is Possible." *BIO-Complexity* 2019, no. 1 (October 2019): 1–20.

Hublin, J. J., A. Ben-Ncer, S. E. Bailey, S. E. Freidline, S. Neubauer, M. M. Skinner, I. Bergmann, et al. "New Fossils from Jebel Irhoud, Morocco and the Pan-African Origin of *Homo* sapiens." *Nature* 546, no. 7657 (June 8, 2017): 289–92. http://doi.org/10.1038/nature22336.

"Humans' Big Brains May Be Partly Due to Three Newly Found Genes." *Genetic Engineering and Biotechnology News*, June 1, 2018. https://www.genengnews.com/topics/omics/humans-big-brains-may-be-partly-due-to-three-newly-found-genes/.

Humphrey, Louise, and Chris Stringer. *Our Human Story*. London: Natural History Museum, 2018.

Humphreys, D. Russell. *Starlight and Time: Solving the Puzzle of Distant Starlight in a Young Universe*. Green Forest, AR: Master Books, 1996.

Hurd, James P. "Hominids in the Garden?" In Miller, *Perspectives on an Evolving Creation*, 208–33.

Hurowitz, Victor. *I Have Built You an Exalted House: Temple Building in the Bible in Light of Mesopotamian and North-West Writings*. Library of Hebrew Bible/Old Testament Studies 115. Sheffield: JSOT, 1992.

Irwin, William A. "The Hebrews: God." In Frankfort, Frankfort, Wilson, Jacobsen, and

Irwin, *The Intellectual Adventure of Ancient Man*, 223–54.

Jacobsen, Thorkild. "The Eridu Genesis." In Hess and Tsumura, *"I Studied Inscriptions from before the Flood,"* 129–42.

_____. "Mesopotamia: The Cosmos as a State." In Frankfort, Frankfort, Wilson, Jacobsen, and Irwin, *The Intellectual Adventure of Ancient Man*, 125–84.

_____. *The Sumerian King List*. Assyriological Studies 11. Chicago: University of Chicago Press, 1939.

Jaubert, J., S. Verheyden, D. Genty, M. Soulier, H. Cheng, D. Blamart, C. Burlet, et al. "Early Neanderthal Constructions Deep in Bruniquel Cave in Southwestern France." *Nature* 534, no. 7605 (May 25, 2016): 111–14.

Johansson, Sverker. "Language Abilities in Neanderthals." *Annual Review of Linguistics* 1 (2015): 311–32. http://doi.org/10.1146/annurev-linguist-030514-124945.

Kaiser, Walter C., Jr. "The Literary Form of Genesis 1–11." In *New Perspectives on the Old Testament*, edited by J. Barton Payne, 48–65. Waco: Word, 1970.

Kalebic, N., C. Gilardi, M. Albert, T. Namba, K. R. Long, M. Kostic, B. Langen, and W. B. Huttner. "Human-Specific *ARHGAP11B* Induces Hallmarks of Neocortical Expansion in Developing Ferret Neocortex." *eLife* 7 (November 28, 2018): e41241.

Kay, R. F., M. Cartmill, and M. Balow. "The Hypoglossal Canal and the Origin of Human Vocal Behavior." *Proceedings of the National Academy of Sciences* 95, no. 9 (April 28, 1998): 5417–19. http://doi.org/10.1073/pnas.95.9.5417.

Keel, Othmar, and Silvia Schroer. *Creation: Biblical Theologies in the Context of the Ancient Near East*. Translated by Peter T. Daniels. Winona Lake, IN: Eisenbrauns, 2015.

Kemp, Kenneth W. "Science, Theology, and Monogenesis." *American Catholic Philosophical Quarterly* 85, no. 2 (2011): 217–36. https://doi.org/10.5840/acpq201185213.

Kennett, Douglas J., and James P. Kennett. "Early State Formation in Southern Mesopotamia: Sea Levels, Shorelines, and Climate Change." *The Journal of Island and Coastal Archaeology* 1 (2006): 67–99.

Kilchör, Benjamin. "Challenging the (Post-) Exilic Dating of P/H: The Most Important Issues." Paper presented at the Annual Meeting of the Society of Biblical Literature, San Diego, CA, November 22, 2019.

Kirk, G. S. *Myth: Its Meaning and Functions in Ancient and Other Cultures*. Sather Classical Lectures 40. Cambridge: Cambridge University Press, 1970.

_____. "On Defining Myths." In Dundes, *Sacred Narrative*, 53–61.

Kissel, Marc, and Agustín Fuentes. "'Behavioral Modernity' as a Process, Not an Event, in the Human Niche." *Time and Mind* 11, no. 2 (April 3, 2018): 163–83. http://doi.org/10.1080/1751696X.2018.1469230.

Kitchen, K. A. *On the Reliability of the Old Testament.* Grand Rapids: Eerdmans, 2003.

Klein, Richard G. "The Stone Age Prehistory of Southern Africa." *Annual Review of Anthropology* 12 (1983): 25–48.

Koslicki, Kathrin. T*he Structure of Objects.* Oxford: Oxford University Press, 2008.

Kramer, Samuel Noah. "The 'Babel of Tongues': A Sumerian Version." In Hess and Tsumura, *"I Studied Inscriptions from before the Flood,"* 278–82.

———. Review of *The Intellectual Adventure of Ancient Man: An Essay on Speculative Thought in the Ancient Near East. Journal of Cuneiform Studies* 2, no. 1 (1948): 39–70.

———. *Sumerian Mythology: A Study of Spiritual and Literary Achievement in the Third Millennium B.C.* Rev. ed. New York: Harper & Row, 1961.

Labuschagne, C. J. "The Life Spans of the Patriarchs." In *New Avenues in the Study of the Old Testament,* edited by A. S. van der Woude, 121–27. Leiden: Brill, 1989.

Laland, Kevin N. *Darwin's Unfinished Symphony: How Culture Made the Human Mind.* Princeton: Princeton University Press, 2017.

Lambeck, Kurt. "Shoreline Reconstructions for the Persian Gulf Since the Last Glacial Maximum." *Earth and Planetary Science Letters* 142, nos. 1–2 (1996): 43–57.

Lambert, W. G. "Mesopotamian Creation Stories." In *Imagining Creation,* edited by Markham J. Geller and Mineke Schipper, 15–59. IJS Studies in Judaica 5. Leiden: Brill, 2007.

———. "A New Look at the Babylonian Background of Genesis." *Journal of Theological Studies,* n.s., 16, no. 2 (1965): 287–300.

Lamoureux, Denis O. *Evolution: Scripture and Nature Say Yes!* Grand Rapids: Zondervan, 2016.

———. "No Historical Adam: Evolutionary Creation View." In Barrett and Caneday, *Four Views on the Historical Adam,* 37–65.

Leffler, E. M., Z. Gao, S. Pfeifer, L. Ségurel, A. Auton, O. Venn, R. Bowden, et al. "Multiple Instances of Ancient Balancing Selection Shared between Humans and Chimpanzees." *Science* 339, no. 6127 (March 29, 2013): 1578–82. http://doi.org/10.1126/science.1234070.

Legarreta-Castillo, Felipe de Jesús. T*he Figure of Adam in Romans 5 and 1 Corinthians*

15: *The New Creation and Its Ethical and Social Reconfiguration*. Minneapolis: Fortress, 2014.

Levering, Matthew. *Engaging the Doctrine of Creation: Cosmos, Creatures, and the Wise and Good Creator*. Grand Rapids: Baker Academic, 2017.

Levison, John R. *Portraits of Adam in Early Judaism: From Sirach to 2 Baruch*. Journal for the Study of the Pseudepigrapha Supplement Series 1. Sheffield: JSOT Press, 1988.

Lewin, Roger, and Robert A. Foley. *Principles of Human Evolution*. 2nd ed. Oxford: Blackwell, 2004.

Li, Heng, and Richard Durbin. "Inference of Human Population History from Individual Whole-Genome Sequences." *Nature* 475, no. 7357 (2011): 493-96.

Lieberman, Daniel E. *The Evolution of the Human Head*. Cambridge, MA: Harvard University Press, 2011.

Lieberman, Philip. "Current Views on Neanderthal Speech Capabilities: A Reply to Boe et al. (2002)." *Journal of Phonetics* 35, no. 4 (2007): 552-63.

————. "On Neanderthal Speech and Human Evolution." *Behavioral and Brain Sciences* 19, no. 1 (1996): 156-57.

————. "Vocal Tract Anatomy and the Neural Bases of Talking." Journal of Phonetics 40, no. 4 (July 2012): 608-22.

Lieberman, Philip, and Edmund S. Crelin. "On the Speech of Neanderthal Man." *Linguistic Inquiry* 11, no. 2 (1971): 203-22.

Lindly, J. M., G. A. Clark, O. Bar-Yosef, D. Lieberman, J. Shea, Harold L. Dibble, Phillip G. Chase, et al. "Symbolism and Modern Human Origins." *Current Anthropology* 31, no. 3 (June 1990): 233-61.

Loke, Andrew. *The Origin of Humanity: Science and Scripture in Conversation*. 2022.

Longman, Tremper, III. *Genesis*. The Story of God Bible Commentary. Grand Rapids: Zondervan, 2016.

————. "Responses to Chapter Two." In Charles, *Reading Genesis 1-2*, 67.

————. "What Genesis 1-2 Teaches (and What It Doesn't)." In Charles, *Reading Genesis 1-2*, 103-28.

Longman, Tremper, III, and John H. Walton. *The Lost World of the Flood: Mythology, Theology, and the Deluge Debate*. Downers Grove, IL: IVP Academic, 2018.

Loose, Jonathan J., Angus J. L. Menuge, and J. P. Moreland, eds. *The Blackwell Companion to Substance Dualism*. Oxford: Wiley-Blackwell, 2018.

Lorente-Galdos, B., O. Lao, G. Serra-Vidal, G. Santpere, L. F. K. Kuderna, L. R. Arauna, K. Fadhlaoui-Zid, et al. "Whole-Genome Sequence Analysis of a Pan African Set of Samples Reveals Archaic Gene Flow from an Extinct Basal Population of Modern Humans into Sub-Saharan Populations." *Genome Biology* 20, no. 1 (April 26, 2019): 77. https://doi.org/10.1186/s13059-019-1684-5.

Lowe, E. J. *Personal Agency: The Metaphysics of Mind and Action.* Oxford: Oxford University Press, 2008.

MacCulloch, John Arnott. *Eddic.* Vol. 2 of *The Mythology of All Races*, edited by Louis Herbert Gray and John Arnott MacCulloch. New York: Cooper Square, 1964.

MacLarnon, A. M., and G. P. Hewitt. "The Evolution of Human Speech: The Role of Enhanced Breathing Control." *American Journal of Physical Anthropology* 109, no. 3 (1999): 341-63.

Maddy, Penelope. "Believing the Axioms I." *Journal of Symbolic Logic* 53, no. 2 (1988): 481-511.

―――――. "Believing the Axioms II." *Journal of Symbolic Logic* 53, no. 3 (1988): 736-64.

―――――. *Defending the Axioms: On the Philosophical Foundations of Set Theory.* Oxford: Oxford University Press, 2011.

Malinowski, Bronislaw. "The Role of Myth in Life." In Dundes, *Sacred Narrative*, 193-206.

Mania, Dietrich. "Wer waren die Jäger von Schöningen?" In Thieme, *Die Schöninger Speere*, 222-24.

Marshall, I. Howard. *The Gospel of Luke.* New International Greek Testament Commentary. Grand Rapids: Eerdmans, 1978.

Mathews, Kenneth A. *Genesis 1-11:26.* The New American Commentary 1A. Nashville: Broadman & Holman, 1996.

Maudlin, Tim. "The Tale of Quantum Logic." In *Hilary Putnam*, edited by Yemima Ben-Menahem, 156-87. Contemporary Philosophy in Focus. Cambridge: Cambridge University Press, 2005.

McBrearty, Sally, and Alison S. Brooks. "The Revolution That Wasn't: A New Interpretation of the Origin of Modern Human Behavior." *Journal of Human Evolution* 39, no. 5 (November 2000): 453-563. https://doi.org/10.1006/jhev.2000.0435.

McGee, David. "Creation Date of Adam from the Perspective of Young-Earth Creationism." *Answers Research Journal* 5 (2012): 217-30.

McKnight, Scot. "Adam and the Genome: Responses; Some Thoughts from Scot

McKnight." *BioLogos* (blog), January 30, 2017. http://biologos.org/articles/adam-and-the-genome-responses.

Mellars, Paul. "Cognitive Changes and the Emergence of Modern Humans in Europe." *Cambridge Archaeological Journal* 1, no. 1 (1991): 63-76.

Menuge, Angus. "Is Downward Causation Possible? How the Mind Can Make a Physical Difference." *Philosophia Christi* 11, no. 1 (2009): 93-110. https://doi.org/10.5840/pc20091117.

_____. "Why Not Physicalism?" Paper presented at the Annual Meeting of the Society of Biblical Literature, Evangelical Philosophical Society Panel, San Francisco, CA, November 19, 2011.

Métraux, Alfred. "The Guaraní." In *Handbook of South American Indians*, vol. 3, *The Tropical Forest Tribes*, edited by Julian H. Steward, 69-94. Washington, DC: Smithsonian Institution and United States Government Printing Office, 1948.

_____. "The Guarayú and Pauserna." In *Handbook of South American Indians*, vol. 3, *The Tropical Forest Tribes*, edited by Julian H. Steward, 430-38. Washington, DC: Smithsonian Institution and United States Government Printing Office, 1948.

Meyer, M., J. L. Arsuaga, C. de Filippo, S. Nagel, A. Aximu-Petri, B. Nickel, I. Martínez, et al. "Nuclear DNA Sequences from the Middle Pleistocene Sima de los Huesos Hominins." Nature 531, no. 7595 (March 2016): 504-7. http://doi.org/10.1038/nature17405.

Middleton, J. Richard. The Liberating Image: *The* Imago Dei *in Genesis 1*. Grand Rapids: Brazos, 2005.

Millard, A. R. "A New Babylonian 'Genesis' Story." In Hess and Tsumura, *"I Studied Inscriptions from before the Flood,"* 114-28.

Miller, Keith B., ed. *Perspectives on an Evolving Creation*. Grand Rapids: Eerdmans, 2003.

Moo, Douglas J. *The Letter to the Romans*. 2nd ed. New International Commentary on the New Testament. Grand Rapids: Eerdmans, 2018.

Moreland, J. P., and William Lane Craig. *Philosophical Foundations for a Christian Worldview*. 2nd ed. Downers Grove, IL: InterVarsity Press, 2017.

Movius, Hallam L., Jr. "A Wooden Spear of Third Interglacial Age from Lower Saxony." *Southwestern Journal of Anthropology* 6, no. 2 (1950): 139-42.

Müller, W. Max. *Egyptian Mythology*. Vol. 12 of *The Mythology of All Races*, edited by Louis Herbert Gray and John Arnott MacCulloch. New York: Cooper Square, 1964.

Musil, Rudolf. "Die Pferde von Schöningen: Skelettreste einer ganzen Wildpferdherde." In Thieme, *Die Schöninger Speere*, 136-40.

Neubauer, S., J. J. Hublin, and P. Gunz. "The Evolution of Modern Human Brain Shape." *Science Advances* 4 (2018): eaao5961.

Neugebauer, Otto. T*he Exact Sciences in Antiquity*. 2nd ed. New York: Dover, 1969.

Northup, Lesley A. "Myth-Placed Priorities: Religion and the Study of Myth." *Religious Studies Review* 32, no. 1 (2006): 5-10.

Numazawa, K. "The Cultural-Historical Background of Myths on the Separation of Sky and Earth." In Dundes, *Sacred Narrative*, 182-92.

Nuttle, X., G. Giannuzzi, M. H. Duyzend, J. G. Schraiber, I. Narvaiza, P. H. Sudmant, O. Penn, et al. "Emergence of a Homo sapiens-Specific Gene Family and Chromosome 16p11.2 CNV Susceptibility." *Nature* 536, no. 7615 (August 3, 2016): 205-9. http://doi.org/10.1038/nature19075.

Ortlund, Gavin R. *Retrieving Augustine's Doctrine of Creation: Ancient Wisdom for Current Controversy*. Downers Grove, IL: IVP Academic, 2020.

Osawa, Koji. "Jannes and Jambres: The Role and Meaning of Their Traditions in Judaism." *Frankfurter Judaistische Beiträge* 37 (2011): 55-73.

Otzen, Benedikt. "The Use of Myth in Genesis." In Myths in the Old Testament, by Benedikt Otzen, Hans Gottlieb, and Knud Jeppesen, and translated by Frederick Cryer, 22-61. London: SCM, 1980.

Pannenberg, Wolfhart. "The Doctrine of Creation and Modern Science." In *Toward a Theology of Nature: Essays in Science and Faith*, edited by Ted Peters, 29-49. Louisville: Westminster John Knox, 1993.

Pettazzoni, Raffaele. "The Truth of Myth." In Dundes, *Sacred Narrative*, 98-109.

Pietersma, Albert, ed. and trans. *The Apocryphon of Jannes and Jambres the Magicians. Religions in the Graeco-Roman World* 119. Leiden: Brill, 1994.

Plantinga, Alvin. "Materialism and Christian Belief." In *Persons: Human and Divine*, edited by Peter van Inwagen and Dean W. Zimmerman, 99-141. Oxford: Oxford University Press, 2007.

———. *Where the Conflict Really Lies: Science, Religion, and Naturalism*. Oxford: Oxford University Press, 2011.

Plantinga, Cornelius, Jr. *Not the Way It's Supposed to Be: A Breviary of Sin*. Grand Rapids: Eerdmans, 1995.

Popper, Karl R., and John C. Eccles. *The Self and Its Brain: An Argument for Interactionism*. New York: Springer, 1977.

Poythress, Vern S. "Rain Water versus a Heavenly Sea in Genesis 1:6-8." *Westminster*

Theological Journal 77 (2015): 181-91.

Pritchard, James B., ed. *The Ancient Near East: An Anthology of Texts and Pictures.* Princeton: Princeton University Press, 2011.

Prosee, Reinier. "The Mutation That Allowed Our Brain to Grow." *Science Breaker*, August 24, 2017. http://thesciencebreaker.org/breaks/evolution-behaviour/the-mutation-that-allowed-our-brain-to-grow.

Prüfer, K., F. Racimo, N. Patterson, F. Jay, S. Sankararaman, S. Sawyer, A. Heinze, et al. "The Complete Genome Sequence of a Neanderthal from the Altai Mountains." *Nature* 505, no. 7481 (January 2014): 43-49. http://doi.org/10.1038/nature12886.

Rad, Gerhard von. *Genesis: A Commentary.* Rev. ed. Old Testament Library. Louisville: Westminster John Knox, 1972.

Rasmussen, M. D., M. J. Hubisz, I. Gronau, and A. Siepel. "Genome-Wide Inference of Ancestral Recombination Graphs." *PLOS* Genetics 10, no. 5 (May 15, 2014): e1004342. http://doi.org/ 10.1371/journal.pgen.1004342.

Reich, David. *Who We Are and How We Got Here: Ancient DNA and the New Science of the Human Past.* New York: Pantheon Books, 2018.

Richelle, Matthieu. "La structure littéraire de l'Histoire Primitive (Genèse 1,1-11,26) en son état final." *Biblische Notizen* 151 (2011): 3-22.

Richter, D., R. Grün, R. Joannes-Boyau, T. E. Steele, F. Amani, M. Rué, P. Fernandes, et al. "The Age of the Hominin Fossils from Jebel Irhoud, Morocco, and the Origins of the Middle Stone Age." *Nature* 546, no. 7657 (June 8, 2017): 293-96. http://doi.org/10.1038/nature22335.

Rieder, Hermann. "Zur Qualität der Schöninger Speere als Jagdwaffen—aus der Sicht der Sportwissenschaften." In Thieme, *Die Schöninger Speere*, 159-62.

Rightmire, G. Philip. "Human Evolution in the Middle Pleistocene: The Role of *Homo heidelbergensis.*" *Evolutionary Anthropology* 6, no. 6 (December 7, 1998): 218-27. https://doi.org/10.1002/(sici)1520-6505(1998)6:6⟨218::aid-evan4⟩3.0.co;2-6.

Rochberg, Francesca. *Before Nature: Cuneiform Knowledge and the History of Science.* Chicago: University of Chicago Press, 2016.

———. *The Heavenly Writing: Divination, Horoscopy, and Astronomy in Mesopotamian Culture.* Cambridge: Cambridge University Press, 2004.

Rogerson, J. W. *Myth in Old Testament Interpretation.* Beiheft zur Zeitschrift für die alttestamentliche Wissenschaft 134. Berlin: de Gruyter, 1974.

_____. "Slippery Words: Myth." In Dundes, *Sacred Narrative*, 62–71.

Rosas, A., L. Ríos, A. Estalrrich, H. Liversidge, A. García-Tabernero, R. Huguet, H. Cardoso, et al. "The Growth Pattern of Neandertals, Reconstructed from a Juvenile Skeleton from El Sidrón (Spain)." *Science* 357, no. 6357 (September 22, 2017): 1282–87.

Rose, Jeffrey I. "New Light on Human Prehistory in the Arabo-Persian Gulf Oasis." *Current Anthropology* 51, no. 6 (2010): 849–83.

Rosen, Gideon, and John P. Burgess. "Nominalism Reconsidered." In *The Oxford Handbook of Philosophy of Mathematics and Logic*, edited by Stewart Shapiro, 515–35. Oxford: Oxford University Press, 2005.

Rosenberg, Alex. *The Atheist's Guide to Reality: Enjoying Life without Illusions*. New York: Norton, 2011.

Ross, Allen P. *Creation and Blessing: A Guide to the Study and Exposition of Genesis*. Grand Rapids: Baker Books, 1998.

Ross, Hugh. Navigating Genesis: A Scientist's Journey through Genesis 1-11. Covina, CA: Reasons to Believe, 2014.

Sailhamer, John H. *Genesis: Text and Exposition. Expositor's Bible Commentary* 2. Grand Rapids: Zondervan, 1990.

_____. *Genesis Unbound: A Provocative New Look at the Creation Account*. Sisters, OR: Multnomah, 1996.

Salamon, Hagar, and Harvey E. Goldberg. "Myth-Ritual-Symbol." In *A Companion to Folklore*, edited by Regina F. Bendix and Galit Hasan-Rokem, 119–35. Oxford: Wiley-Blackwell, 2012.

Sandmel, Samuel. "Parallelomania." *Journal of Biblical Literature* 81, no. 1 (1962): 1–13.

Sanford, Ward E. "Thoughts on Eden, the Flood, and the Persian Gulf." *Newsletter of the Affiliation of Christian Geologists* 7 (1999): 7–10.

Sarfati, Jonathan D. *The Genesis Account: A Theological, Historical, and Scientific Commentary on Genesis 1-11*. Powder Springs, GA: Creation Book Publishers, 2015.

Sarna, Nahum M. *Genesis*. JPS Torah Commentary. Philadelphia: Jewish Publication Society, 1989.

Sauer, James. "The River Runs Dry." *Biblical Archaeology Review* 22, no. 4 (1996): 52–64.

Savage-Rumbaugh, Sue, and William Mintz Fields. "Rules and Tools: Beyond Anthropomorphism." In Toth and Schick, *The Oldowan*, 223–41.

Schilbrack, Kevin. "Introduction: On the Use of Philosophy in the Study of Myths." In *Thinking through Myths: Philosophical Perspectives*, edited by Kevin Schilbrack, 1–17. London: Routledge, 2002.

Schoenemann, P. Tom. "The Meaning of Brain Size: The Evolution of Conceptual omplexity." In Broadfield, Yuan, Schick, and Toth, *The Human Brain Evolving*, 37–50.

Schwartz, Jeffrey H., and Ian Tattersall. "Defining the Genus Homo." *Science* 349, no. 6251 (August 28, 2015): 931–32.

Seely, Paul H. "The Firmament and the Water Above, Part I: The Meaning of raqia' in Gen 1:6–8." *Westminster Theological Journal* 53, no. 2 (1991): 227–40.

_____. "The Firmament and the Water Above, Part II: The Meaning of 'the Water bove the Firmament' in Gen 1:6–8." *Westminster Theological Journal* 54, no. 1 (1992): 31–46.

Segal, Robert A. "Myth as Primitive Philosophy: The Case of E. B. Tylor." In *Thinking through Myths: Philosophical Perspectives*, edited by Kevin Schilbrack, 18–45. New York: Routledge, 2002.

_____. *Myth: A Very Short Introduction*. 2nd ed. Oxford: Oxford University Press, 2015.

Seymour, R. S., V. Bosiocic, E. P. Snelling, P. C. Chikezie, Q. Hu, T. J. Nelson, B. Zipfel, and C. V. Miller. "Cerebral Blood Flow Rates in Recent Great Apes Are Greater Than in Australopithecus Species That Had Equal or Larger Brains." *Proceedings of the Royal Society B* 286, no. 1915 (November 13, 2019): 20192208. https://doi.org/10.1098/rspb.2019.2208.

Skelton, Randall R., and Henry M. McHenry. "Evolutionary Relationships among Early Hominids." *Journal of Human Evolution* 23 (1992): 309–49.

Smith, Benjamin D., Jr. *Genesis, Science, and the Beginning*. Eugene: Wipf & Stock, 2018.

Soressi, Marie, and Francesco d'Errico. "Pigments, gravures, parures: les comportements symboliques controversés des Néandertaliens." In *Les Néandertaliens: Biologie et cultures*, edited by Bernard Vandermeersch and Bruno Maureille, 297–309. Paris: Éditions du CTHS, 2007.

Sousa, A. M. M., K. A. Meyer, G. Santpere, F. O. Gulden, and N. Sestan. "Evolution of the Human Nervous System Function, Structure, and Development." *Cell* 170, no. 2 (July 13, 2017): 226–47. http://doi.org/10.1016/j.cell.2017.06.036.

Sparks, Kenton L. "Genesis 1–11 as Ancient Historiography." In Halton, *Genesis*, 110–39.

_____. "Response to James K. Hoffmeier." In Halton, *Genesis*, 63–72.

Speiser, E. A. "The Rivers of Paradise." In Hess and Tsumura, *"I Studied Inscriptions from* before the Flood," 175-82.

Steiner, V. J. "Literary Structure of the Pentateuch." In Alexander and Baker, *Dictionary of the Old Testament*, 544-56.

Sterelny, Kim. "From Hominins to Humans: How sapiens Became Behaviourally Modern." *Philosophical Transactions of the Royal Society B* 366, no. 1566 (March 27, 2011): 809-22. https://doi.org/10.1098/rstb.2010.0301.

Stringer, Chris. "A Comment on the 'Early Neanderthal Constructions Deep in Bruniquel Cave in Southwestern France' Paper Published in Nature." Press release. Natural History Museum, London. May 25, 2016. https://www.nhm.ac.uk/press-office/press-releases/comment-on-early-neanderthal-constructions-in-brunique-cave.html.

————. "The Status of *Homo heidelbergensis* (Schoetensack 1908)." *Evolutionary Anthropology* 21, no. 3 (May 2012): 101-7.

Stringer, Chris, and Peter Andrews. *The Complete World of Human Evolution*. 2nd ed. New York: Thames & Hudson, 2012.

Swamidass, S. Joshua. *The Genealogical Adam and Eve: The Surprising Science of Universal Ancestry*. Downers Grove, IL: IVP Academic, 2019.

————. "Heliocentric Certainty against a Bottleneck of Two?" *Peaceful Science* (blog), December 31, 2017. https://discourse.peacefulscience.org/t/heliocentric-certainty-against-a-bottleneck-of-two/61.

————. "Reworking the Science of Adam." *Peaceful Science* (blog), March 22, 2018. http://peacefulscience.org/reworking-Adam/.

————. "Three Stories on Adam." *Peaceful Science* (blog), August 5, 2018. http://peacefulscience.org/three-stories-on-adam/.

Swinburne, Richard. "Authority of Scripture, Tradition, and the Church." In *The Oxford Handbook of Philosophical Theology*, edited by Thomas P. Flint and Michael C. Rea, 11-29. Oxford: Oxford University Press, 2011.

————. Mind, *Brain, and Free Will*. Oxford: Oxford University Press, 2013.

Tattersall, Ian. T*he Fossil Trail: How We Know What We Think We Know about Human Evolution*. 2nd ed. Oxford: Oxford University Press, 2009.

————. "The Genus *Homo*." *Inference* 2, no. 1 (February 2016).

Teixeira, Pedro. *The Travels of Pedro Teixeira*. Edited by William F. Sinclair and Donald Ferguson. London: Hakluyt Society, 1902.

Teller, J. T., K. W. Glennie, N. Lancaster, and A. K. Singhvi. "Calcareous Dunes of the

United Arab Emirates and Noah's Flood: The Postglacial Reflooding of the Persian (Arabian) Gulf." *Quaternary International* 68-71 (2000): 297-308.

Thieme, Hartmut, ed. *Die Schöninger Speere: Mensch und Jagd Vor 400 000 Jahren*. Stuttgart: Theiss, 2007.

_____. "Der grosse Wurf von Schöningen: Das neue Bild zur Kultur des frühen Menschen." In Thieme, *Die Schöninger Speere*, 224-28.

_____. "Lower Paleolithic Hunting Spears from Germany." *Nature* 385, no. 6619 (February 27, 1997): 807-10.

_____. "Überlegungen zum Gesamtbefund des Wild-Pferd-Jagdlagers." In Thieme, *Die Schöninger Speere*, 177-90.

Thompson, Stith. *Motif-Index of Folk-Literature: A Classification of Narrative Elements in Folktales, Ballads, Myths, Fables, Mediaeval Romances, Exempla, Fabliaux, Jest-Books, and Local Legends*. Rev. ed. 6 vols. Bloomington: Indiana University Press, 1955.

Tigay, Jeffrey H. *The Evolution of the Gilgamesh Epic*. Philadelphia: University of Pennsylvania Press, 1982.

Tomasello, Michael. *Becoming Human: A Theory of Ontogeny*. Cambridge, MA: Belknap Press of Harvard University Press, 2019.

_____. *A Natural History of Human Thinking*. Cambridge, MA: Harvard University Press, 2014.

Toth, Nicholas, and Kathy Schick. "Hominin Brain Reorganization, Technological Change, and Cognitive Complexity." In Broadfield, Yuan, Schick, and Toth, *The Human Brain Evolving*, 293-312.

_____, eds. *The Oldowan: Case Studies into the Earliest Stone Age*. Stone Age Institute Publication Series 1. Gosport, IN: Stone Age Institute Press, 2006.

Toth, Nicholas, Kathy Schick, and Sileshi Semaw. "A Comparative Study of the Stone Tool-Making Skills of Pan, Australopithecus, and Homo sapiens." In Toth and Schick, *The Oldowan*, 155-222.

Tsumura, David Toshio. *Creation and Destruction: A Reappraisal of the* Chaoskampf *Theory in the Old Testament*. Winona Lake, IN: Eisenbrauns, 2005.

_____. "The Earth in Genesis 1." In Hess and Tsumura, *"I Studied Inscriptions from before the Flood,"* 310-28.

_____. "Genesis and Ancient Near Eastern Stories of Creation and Flood: An Introduction." In Hess and Tsumura, *"I Studied Inscriptions from before the Flood,"* 27-57.

Turner, L. A. "Genesis." In Alexander and Baker, *Dictionary of the Old Testament*, 350-59.

University of Copenhagen, the Faculty of Health and Medical Sciences. "Oldest Ever Human Genetic Evidence Clarifies Dispute over Our Ancestors." *Science Daily*, April 1, 2020. http://www.sciencedaily.com/releases/2020/04/200401111657.htm.

Upton, John. "Ancient Sea Rise Tale Told Accurately for 10,000 Years." *Scientific American*, January 26, 2015. http://www.scientificamerican.com/article/ancient-sea-rise-tale-told-accurately-for-10-000-years/.

Vallender, Eric J., and Bruce T. Lahn. "Study of Human Brain Evolution at the Genetic Level." In Broadfield, Yuan, Schick, and Toth, *The Human Brain Evolving*, 107-18.

Van De Mieroop, Marc. *Philosophy before the Greeks: The Pursuit of Truth in Ancient Babylonia*. Princeton: Princeton University Press, 2016.

Venema, Dennis R. "Adam—Once More, with Feeling." *Jesus Creed* (blog), November 4, 2019. http://www.patheos.com/blogs/jesuscreed/2019/11/04/adam-once-more-with-feeling/.

————. "Genesis and the Genome: Genomics Evidence for Human-Ape Common Ancestry and Ancestral Hominid Population Sizes." *Perspectives on Science and Christian Faith* 62, no. 3 (2010): 166-78.

Venema, Dennis R., and Scot McKnight. *Adam and the Genome: Reading Scripture after Genetic Science*. Grand Rapids: Brazos, 2017.

Veyne, Paul. *Did the Greeks Believe in Their Myths? An Essay on the Constitutive Imagination*. Translated by Paula Wissing. Chicago: University of Chicago Press, 1988.

Von Hendy, Andrew. *The Modern Construction of Myth*. Bloomington: Indiana University Press, 2002.

Walton, John H. "Creation." In Alexander and Baker, *Dictionary of the Old Testament*, 155-68.

————. "Eden, Garden of." In Alexander and Baker, *Dictionary of the Old Testament*, 202-7.

————. *Genesis 1 as Ancient Cosmology*. Winona Lake, IN: Eisenbrauns, 2011.

————. "A Historical Adam: Archetypal Creation View." In Barrett and Caneday, *Four Views on the Historical Adam*, 89-118.

————. *The Lost World of Adam and Eve: Genesis 2-3 and the Human Origins Debate*. Downers Grove, IL: IVP Academic, 2015.

_____. *The Lost World of Genesis One: Ancient Cosmology and the Origins Debate.* Downers Grove, IL: IVP Academic, 2009.

_____. "Response from the Archetypal View." In Barrett and Caneday, *Four Views on the Historical Adam*, 66-71.

_____. "Responses to Chapter One." In Charles, *Reading Genesis 1-2*, 43.

Walton, Kendall L. *Mimesis as Make-Believe: On the Foundations of the Representational Arts.* Cambridge, MA: Harvard University Press, 1990.

Wasserman, Nathan. *The Flood: The Akkadian Sources.* Leuven: Peeters, 2020.

Waters, Guy Prentiss. "Theistic Evolution Is Incompatible with the Teachings of the New Testament." In *Theistic Evolution: A Scientific, Philosophical, and Theological Critique*, edited by J. P. Moreland, Stephen C. Meyer, Christopher Shaw, Ann K. Gauger, and Wayne Grudem, 879-926. Wheaton: Crossway, 2017.

Watts, Ian, Michael Chazan, and Jayne Wilkins. "Early Evidence for Brilliant Ritualized Display: Specularite Use in the Northern Cape (South Africa) between ~500 and ~300 Ka." *Current Anthropology* 57, no. 3 (June 2, 2016): 287-310. https://doi.org/10.1086/686484.

Welker, F., J. Ramos-Madrigal, P. Gutenbrunner, M. Mackie, S. Tiwary, R. Rakownikow Jersie-Christensen, C. Chiva, et al. "The Dental Proteome of Homo antecessor." Nature 580, no. 7802 (April 1, 2020): 235-38. https:// doi.org/10.1038/s41586-020-2153-8.

Wenham, Gordon J. "Genesis 1-11 as Protohistory." In Halton, *Genesis*, 73-97.

_____. *Genesis 1-15.* Word Biblical Commentary 1. Grand Rapids: Zondervan, 1987.

_____. "Response to James K. Hoffmeier." In Halton, Genesis, 59-62.

Werner, Alice. "African Mythology." In *Armenian and African*, vol. 7 of *The Mythology of All Races*, edited by Louis Herbert Gray and John Arnott MacCulloch. Boston: Marshall Jones, 1925.

Westermann, Claus. *Genesis 1-11: A Continental Commentary.* Translated by John J. Scullion. Minneapolis: Fortress, 1994.

_____. "Sinn und Grenze religionsgeschichtlicher Parallelen." *Theologische Literaturzeitung* 90, no. 7 (1965): 489-96.

Wheeler, Brandon C., and Julia Fischer. "The Blurred Boundaries of Functional Reference: A Response to Scarantino & Clay." *Animal Behaviour* 100 (2015): e9-e13.

_____. "Functionally Referential Signals: A Promising Paradigm Whose Time Has

Passed." *Evolutionary Anthropology* 21, no. 5 (September 2012): 195–205. http://doi.org/10.1002/evan.21319.

Whiting, Kai, Leonidas Konstantakos, Greg Sadler, and Christopher Gill. "Were Neanderthals Rational? A Stoic Approach." *Humanities* 7, no. 2 (2018): 39. http://doi.org/10.3390/h7020039.

Wilcox, David. "Finding Adam: The Genetics of Human Origins." In Miller, *Perspectives on an Evolving Creation*, 234–53.

————. "Updating Human Origins." *Perspectives on Science and Christian Faith* 71, no. 1 (2019): 37–49.

Wilkins, J., B. J. Schoville, K. S. Brown, and M. Chazan. "Evidence for Early Hafted Hunting Technology." *Science* 338, no. 6109 (November 16, 2012): 942–46. https://doi.org/10.1126/science.1227608.

Wilkins, Jayne, and Michael Chazan. "Blade Production ~500 Thousand Years Ago at Kathu Pan 1, South Africa: Support for a Multiple Origins Hypothesis for Early Middle Pleistocene Blade Technologies." *Journal of Archaeological Science* 39, no. 6 (2012): 1883–1900.

Wilson, John A. "Egypt: The Nature of the Universe." In Frankfort, Frankfort, Wilson, Jacobsen, and Irwin, *The Intellectual Adventure of Ancient Man*, 31–122.

Wilson, Robert R. *Genealogy and History in the Biblical World.* New Haven: Yale University Press, 1977.

————. "Genealogy, Genealogies." In *Anchor Bible Dictionary*, edited by David Noel Freedman, 2:929–32. New York: Doubleday, 1992.

Wiseman, D. J. "Genesis 10: Some Archaeological Considerations." In Hess and Tsumura, *"I Studied Inscriptions from before the Flood,"* 254–65.

Wittgenstein, Ludwig. *Philosophical Investigations.* Edited by G. E. M. Anscombe and R. Rhees. Translated by G. E. M. Anscombe. Oxford: Blackwell, 1953.

Wright, J. Stafford. "The Place of Myth in the Interpretation of the Bible." *Journal of the Transactions of the Victorian Institute* 88 (1956): 18–30.

Young, Davis A. "The Antiquity and Unity of the Human Race Revisited." *Christian Scholar's Review* 24, no. 4 (1995): 380–96.

Young, Dwight Wayne. "The Influence of Babylonian Algebra on Longevity among the Antediluvians." *Zeitschrift für die Alttestamentliche Wissenschaft* 102 (1990): 321–35.

————. "On the Application of Numbers from Babylonian Mathematics to Biblical Life Spans and Epochs." *Zeitschrift für die Alttestamentliche Wissenschaft* 100 (1988):

331–61.

Younger, K. Lawson, Jr., ed. *The Context of Scripture*. Vol. 4, *Supplements*. Leiden: Brill, 2017.

역사적 아담을 추적하다

성경적·과학적 탐험

Copyright ⓒ 새물결플러스 2023

1쇄 발행 2023년 11월 30일

지은이 윌리엄 레인 크레이그
옮긴이 노동래
펴낸이 김요한
펴낸곳 새물결플러스

편 집 왕희광 정인철 노재현 이형일 나유영 노동래
디자인 황진주 김은경
마케팅 박성민
총 무 김명화 이성순
영 상 최정호 곽상원
아카데미 차상희

홈페이지 www.holywaveplus.com
이메일 hwpbooks@hwpbooks.com
출판등록 2008년 8월 21일 제2008-24호
주 소 (우) 04114 서울시 마포구 신촌로28가길 29
전 화 02) 2652-3161
팩 스 02) 2652-3191

ISBN 979-11-6129-265-6 93230

책값은 뒤표지에 있습니다.